기독교문서선교회(Christian Literature Center: 약칭 CLC)는 1941년 영국 콜체스터에서 켄 아담스에 의해 시작되었으며 국제 본부는 미국 필라델피아에 있습니다.
국제 CLC는 약 650여 명의 선교사들이 59개 나라에서 180개의 서점을 운영하며 이동 도서 차량 40대를 이용하여 문서 보급에 힘쓰고 있으며 이메일 주문을 통해 130여 국으로 책을 공급하고 있는 국제적 문서선교 기관입니다.

추천사 1

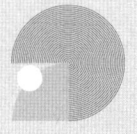

송 태 근 목사
삼일교회 담임, (사) 미셔널신학연구소 이사장

　이 책은 그리스도 중심의 개혁주의 공공선교신학을 명확하고 체계적으로 설명하면서, 독자들에게 깊은 신학적 통찰을 제공하고 있다. 또한, 이 주제에 대한 성경적 기반을 충실히 다지면서도 현대 사회의 복잡한 문제들에 대해 구체적이고 실질적인 해결책을 모색해 나가는 것을 시도한다.
　개인의 구원을 넘어 공동체와 사회를 향한 그리스도인의 책임이 무엇인지를 선명히 밝히고, 그리스도인들이 세상 속에서 빛과 소금의 역할을 어떻게 실천할 수 있는지를 제시한다는 점에서 저자의 목소리에 귀 기울여야 한다고 생각한다. 개혁주의 신학의 깊이를 유지하면서도, 공공신학을 통해 신학적 지경을 넓혀 실천적 지혜를 나누는 이 책을 통해 경건한 그리스도인들이 세상 속에서 하나님의 공공선을 추구하는 삶을 살아가게 될 것을 기대한다.

추천사 2

최 현 범 박사
총신대학교 신학과 초빙교수, 기독교통일학회 회장, 부산중앙교회 은퇴목사

내가 바라고 기다리던 책이 송영목 교수를 통해 나오게 되었다. 나는 오래 전부터 현재와 미래 한국 교회에 가장 시급한 것은 교회의 공공성, 공적 영역에서의 교회와 그리스도인들의 역할에 관한 복음적인 교육이라 생각해 왔다.

왜 이것이 중요한가는 불과 40년 전 교회가 처했던 상황을 돌아보고 지금과 비교하면 이해할 수 있을 것이다. 당시 권위주의적인 사회, 정보의 교류가 단절된 폐쇄적인 사회에서는, 교회가 사회와 분리된 채 게토처럼 자기 울타리에 갇혀 있는 것이 별로 문제가 되어 보이지 않았다. 그저 교회와 가정을 신앙 영역의 전부로 여기고 그 울타리 밖의 세상에 대해서는 전도가 유일한 사명이라 생각하면서, 국가에서 어떤 일이 일어나든, 우리 사회가 가진 구조적인 문제가 무엇이건 나와는 상관없는 일처럼 여기는 신앙인이 대부분이었다.

그러나 민주화의 과정을 거치고 정보 사회를 맞이하면서 우리 사회는 빠른 속도로 변했고, 이제는 공적 영역과 사적 영역의 구분이 어려울 만큼 모든 면에서 열린 사회가 되었다. 그런 가운데 원하건 원하지 않건 교회는 공적인 광장으로 내몰려 그 광장에서 자리매김도 하고, 더 나아가 자기 목소리도 내지 않으면 안 되는 시대가 되었다. 그런데 여전히 공적인 영역에 관심이 없는 교회는 이 광장에서 어리석은 헛발질을 보이면서 세상의 웃음거리가 되고 있다. 더 심각한 문제는 이 열린 사회에 누구보다도 익숙한 청년들이 답답함을 느끼면서 교회를 떠나가고 있다는 사실이다.

그럴 수밖에 없는 것이 지금까지 공적 영역의 문제가 무엇인지, 그것이 우리 신앙과 어떤 연관성이 있는지 고민하지 않고 배우지 않았으며, 그것을 가르쳐야 할 목회자의 설교는 여전히 개인적인 영성, 교회 생활, 교회 성장, 전도와 선교에 치우쳐져 있기 때문이다. 이런 상황 속에서 출간된 이 책은 한국 교회, 특별히 복음적인 신앙을 추구하는 성도에게 단비와 같은 역할을 할 것이 생각한다. 나는 크게 두 가지로 이 책의 탁월성을 짚어보고 싶다.

첫째, 독자로 하여금 성경 전체를 통전적으로 이해하는 눈을 갖게 해주는 것이다. 우리는 상황이 변화되었기에 거기에 맞추어서 공공신학이라는 새로운 신학에 귀를 기울이려는 것이 아니다. 이미 성경이 교회의 공공성을 가르치고 있고, 복음이 그 본질에서 공공신학적인 성격을 담지하고 있지만, 이원론적인 신앙에 익숙해진 교회가 그것을 인지하지 못했을 뿐이다. 이 책은 왜 우리 신앙이 개인적이고 교회공동체적이면서 아울러 사회 문제를 담지한 통전적 신앙이 되어야 하는가를 강조하면서, 아울러 그 복음의 통전성을 철저히 성경의 기반 위에 세우고 있다. 성경신학자답게 먼저 구약과 신약 전반을 두루두루 훑어가며 치밀한 해석의 과정을 통해 공공성의 기초를 견고하게 다져가는 저자의 모습에 감탄을 금할 수 없다.

둘째, 다양한 삶의 영역에 대한 깊은 이해와 적용을 보여주고 있다. 소위 성경을 앞세우는 신학은 상황에 대한 올바른 정보를 결여하면서, 공감대를 갖기 어려운 무리한 적용이나 문자주의의 함정에 빠지기 쉽다. 그러나 저자는 이 책에서 지금 공적 영역에서 진행되는 사회적 문제들 즉 가정과 청년 문제, 성과 젠더 문제, 정치와 경제와 사회복지 문제, 평화와 통일, 4차 산업혁명 더 나아가 부동산, 주식, 애견에 이르기까지 다양한 문제들에 대한 깊은 이해를 보여준다. 진지한 그리스도인이라면 일상 속에서 어떻게 이해하고 신앙적으로 대처해야 할지, 성경은 무엇이라 가르칠지에 대해 질문하고 싶은 문제들이 여기서 다 다루어지고 있다.

이처럼 성경(text)과 상황(context) 모두를 균형 있고 깊이 있게 다루는 이 책은, 독자로 하여금 광장에 서는 기독교가 어떤 것이 되어야 하는지를 제대로 배울 수 있도록 인도해 줄 것이다. 이 소중한 책이 한국의 그리스도인들, 특별히 목회자와 신학생들에게 꼭 읽히기를 진심으로 바라며 추천한다.

추천사 3

문 장 환 목사
진주 삼일교회 담임, 한국동남성경연구원장

  이 책은 우리 시대의 논쟁적인 이슈들에 한 성경신학자가 성경을 들고 뛰어든 결과물이다. 저자는 이슈들과 관련된 성경 본문들을 주해하여 그 위에서 이슈들을 이해하고 적절한 제안들을 던지는데, 의도하는 목표점이 있다. 그것은 바로 선교와 선교적 교회다. 중심점도 있다. 그리스도시다.
  『그리스도 중심 공공선교신학』은 우리 시대가 요청하는 공공신학과 선교적 교회를 잘 연계하여서, 21세기를 살아가는 우리에게 많은 유익을 준다.
  무엇보다 그간 이론적이거나 실천적으로 접근한 이슈들을 그리스도 중심적 성경 주해를 바탕으로 살펴보게 한다. 그리고 여러 이슈로 인해 성경 이해와 주해를 확장하거나 심화해 준다. 또한, 개혁주의 공공선교신학 전통을 발굴하고 발전시킨다. 중요한 신학적 주제들과 다양한 현실적 문제들을 다룬다. 교회의 시대적 사명을 깨우치고 실제적 방안을 제시한다. 다양하고도 방대한 참고 자료를 제공한다.
  공공선교신학에 관심있는 사람, 현실 문제와 연관해서 성경을 연구하려는 사람, 우리 시대의 교회가 제대로 역할하기를 바라는 사람, 모두가 곁에 두어야 할 책으로 추천한다.

추천사 4

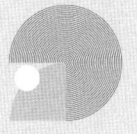

권효상 박사
고신대학교 신학대학원 선교학 교수

저자는 가정, 평화, 통일, 복지, 투자, 장애인, 치유, 젠더 이념, 애완동물, 생태, 양극화 등 동시대가 교회를 향해 답변해 주기를 원하는 공적 영역의 주제들을 대담하게 다루었다. 아무리 소신 있는 신학자라고 해도 공고한 자기 신학이 뒷받침되지 않으면 쉽지 않은 작업을 해낸 것이기에, 이 책은 그 가치를 더한다. 나는 저자가 다년간 공공신학의 주제들을 깊이 묵상하며 정직하게 자신만의 해석학적 길을 찾아 나가는 여정을 지켜보는 기쁨을 누려왔는데, 이 책은 그 결실 중 하나다.

지금까지 일관되게 보여주고 있는 선교적 교회와 공공신학의 접목, 성자 중심의 삼위일체신학, 개혁주의 종말론 등에 기초한 성경 주해 안에서 공공신학의 주제들을 다루기에 저자의 글에는 힘이 있다.

동시대의 중요한 질문들을 개혁신학의 빛 아래에서 읽기를 원하는 이들에게, 또한 공공신학의 과제를 성경신학과 신앙고백서들 안에서 어떻게 풀어갈 수 있을지에 대해 진지하게 고민하는 이들에게 이 책을 적극 추천한다.

추천사 5

정 성 국 박사
아신대학교 신학과 교수

개혁주의 전통에 깊이 뿌리내린 신약학자가 한국적 상황 속에서 공공신학과 선교적 교회 담론을 통합한 특별한 책이 출판되었다. 저자는 복음과 교회가 근본적으로 '공적'이라는 해석학적 신념 아래, 신학과 역사, 성경과 현실 사이를 숙련된 솜씨로 넘나든다.

이 책에서 저자가 보여주는 관심의 영역은 실로 방대하다. 공공선교신학에 대한 신학적, 성경적 논의에서부터, 코로나19와 4차 산업혁명이라는 시대적 정황, 도시와 농촌, 그리고 갈릴리와 지중해와 부산항이라는 공간, 저출산에서부터 사회적 양극화와 한반도 통일이라는 현실 문제에 이르기까지, 우리 삶의 가장 첨예하면서도 일상적인 이야기들이 공동선과 선교의 논의 선상에 오른다.

저자의 목소리는 학자의 깊이를 잃지 않으면서도 때로는 제사장의 목소리로, 때로는 예언자의 목소리로 들린다. 교회가 그 자신을 위해서 존재하지 않고 하나님께서 일하시는 세상을 위해 존재하며, 신학이 공적 대화에 참여하여 공공선을 추구하지 않는다면 교회를 위한 신학은 될 수 있어도 세상을 변혁하는 신학에는 미치지 못한다는 그의 외침에는 오늘 우리를 성경과 역사 앞에 다시 멈추어 서게 하는 힘이 있다.

신학적으로나 방법론적으로나, 앞으로 한국의 그리스도인들이 펼쳐갈 담론의 방향을 제시하는 책이다.

그리스도 중심 공공선교신학

Christ-Centered Public-Missional Theology
Written by Youngmog Song
All rights reserved.
Korean Edition Copyright ⓒ 2024 by Christian Literature Center, Seoul, Korea.

그리스도 중심 공공선교신학

2024년 12월 25일 초판 발행

| 지 은 이 | 송영목

| 편　　집 | 이신영
| 디 자 인 | 소신애, 서민정
| 펴 낸 곳 | (사)기독교문서선교회
| 등　　록 | 제16-25호(1980. 1. 18.)
| 주　　소 | 서울특별시 동대문구 천호대로71길 39
| 전　　화 | 02-586-8761~3(본사) 031-942-8761(영업부)
| 팩　　스 | 02-523-0131(본사) 031-942-8763(영업부)
| 이 메 일 | clckor@gmail.com
| 홈페이지 | www.clcbook.com
| 송금계좌 | 기업은행 073-000308-04-020 (사)기독교문서선교회
| 일련번호 | 2024-100

ISBN 978-89-341-2767-3 (93230)

이 책의 출판권은 (사)기독교문서선교회가 소유합니다.
신저작권법에 의하여 한국 내에서 보호를 받는 저작물이므로 무단 전재와 무단 복제를 금합니다.

목차

추천사 1 송태근 목사 | 삼일교회 담임, 사단법인 미셔널신학연구소 이사장   1
추천사 2 최현범 박사 | 총신대학교 신학과 교수   2
추천사 3 문장환 목사 | 진주삼일교회 담임, 한국동남성경연구원 원장   4
추천사 4 권효상 박사 | 고신대학교 신학대학원 선교학 교수   5
추천사 5 정성국 박사 | 아신대학교 신학과 교수   6

저자 서문   12

서론 신학, 무엇이며 어떻게 할 것인가?   13

제1부 신약성경의 공공선교신학

제1장 공공선교신학의 연구 경향에 대한 평가   26
제2장 공공영역 선교에 대한 성경적 고찰   37
제3장 공공선교적 성령론: 교회와 세상 속의 성령님   59
제4장 공공선교신학에서 본 갈릴리, 지중해 그리고 부산항   79
제5장 공공선교신학에서 본 산과 부산   95
제6장 공공선교신학에서 본 도시와 농어산촌   105
제7장 공공선교신학에서 본 요한계시록의 하늘과 바다   118
제8장 신약성경의 공공/공동선과 선교   132
제9장 갈라디아서의 명령형과 선교적 교회의 윤리   155
제10장 요한계시록의 공공신학적 해석: 양극화를 넘어섬   185
제11장 성경의 가상 공간과 선교적 함의   219
제12장 공공선교적 시간 신학   241

제2부 공교회성과 교회의 공공성

제1장 코로나19로부터 생각해 보는 공교회성 회복 　　　256

제2장 제4차 산업혁명 시대의 교회의 공공성 　　　280

제3장 그리스도인과 광장 　　　292

제3부 가정, 평화, 통일, 복지, 투자, 치유, 이념 그리고 애완동물

제1장 그리스도 완결적 언약과 사랑의 공공선교신학 그리고 저출산 문제 　　　311

제2장 누가-행전의 평화와 3.1운동의 평화 그리고 크리스천의 공적 평화 실천 　　　332

제3장 신약성경에서 본 한국 통일 　　　360

제4장 사회복지와 기본소득에 대한 성경적 연구 　　　374

제5장 성경에서 본 주식 투자와 부동산 투자 　　　393

제6장 장애(인)신학 　　　407

제7장 성경의 치유에 나타난 공공선교적 특성 　　　428

제8장 후기 식민주의 퀴어 신약해석에 대한 평가: Jeremy Punt를 중심으로 　　　450

제9장 애완동물의 부활과 장례식 　　　489

제4부 국가, 교회의 공적 역할 그리고 개혁주의 신앙고백서들

제1장 교회와 국가의 관계: 아파르트헤이트와 신약성경 해석을 중심으로 　　　508

제2장 남아프리카공화국에 정착한 위그노의 공적 역할에 대한 평가 　　　537

제3장 하이델베르크 교리문답서의 공공선교신학 　　　549

제4장 신약성경에서 본 벨하신앙고백서 　　　570

제5장 신약성경에서 본 아크라신앙고백서 　　　596

마무리하는 말 　　　**619**

저자 서문

송영목 박사
고신대학교 신학과 신약학 교수

　예수 그리스도는 우리의 구원에 이르는 신앙과 앎 그리고 일상의 중심이시다. 그리고 구주와 주이신 예수님은 사랑과 정의로 충만하시기에 교회와 세상의 유일한 주권자시다. 예수쟁이의 삶의 터전인 물리적-가상적 장소와 시간에 그리스도의 선교적 영께서 임하셔서 일하시고 영광을 받기 원하신다.
　따라서, 그리스도에게 속하여 그분을 따르는 그리스도인은 공적 존재로서 공교회를 구성하기에, 공공선교적 교회여야 한다.
　예수님 중심으로 성경을 정확하게 주해한 결론이야말로 가정, 평화, 통일, 복지, 투자, 장애인, 치유, 젠더 이념, 애완동물, 생태, 양극화, 국가 등을 이해하는 데 있어 가장 중요한 길잡이임을 믿는다.
　필자는 이런 중요한 여러 주제를 외면치 않고 교회의 공공선교적 역할을 두고 씨름했던 개혁주의 신앙고백서들에게 빚지고 있다. 예수님 중심의 개혁주의 공공선교신학에 열의를 가지고 주님의 영광과 교회의 회복을 위해 헌신하는 그리스도인이 많아지기를 소망한다.
　필자의 『시대공부』(생명의양식)와 『공공선교를 지향하는 해석과 설교』(근간)도 함께 추천한다.
　귀한 추천사로 졸고에 빛을 발하게 해주신 분들에게 깊이 감사드린다.

　　- 고신대학교 연구실에서 언제나 그 자리를 지키는 오륙도를 바라보면서

서론

신학, 무엇이며 어떻게 할 것인가?[1]

들어가면서

최초의 기독교 신학교는 A.D. 1세기 알렉산드리아의 교리 학교였다.[2] 그 후 중세 신학(theologia)의 자리(locus theologicus)는 성당(대성당 부설학교)과 수도원이었다. 이탈리아 볼로냐대학교(1088년 설립)와 '주의 집에 빛나는 등불'이라 불린 파리대학교 등 대학에서 신학 고등 교육이 본격적으로 이루어졌는데, 점차로 신학은 하나님에 관한 교리를 넘어 기독교 교리 전체를 포괄하는 '성스러운 학문 분과'를 의미하게 되었다.[3]

중세 초에 동방-헬라 신학과 서방-라틴 신학이 나뉘었는데, 학문의 주체와 객체이신 하나님 때문에 신학은 '학문의 여왕'(queen of the sciences)이었다. 그 당시 사람들은 인문학 등을 섭렵한 후에 최고의 학문인 신학에 입문했다.

오늘날 (기독교) 대학에서 신학 교육은 포괄적인 주제를 학적으로 다룰 수 있기에, 교회와 더 밀접하여 고백적 신학을 추구하는 '세미너리'(신학교)와 차이가 있다.[4] 기독교 대학에서 신학과는 기타 학과들에 성경적 기초를 제공한

---

1 이 글은 송영목, "고신대학교 신학 학사와 목회학 석사의 연계 교육 과정 제안: 개혁주의 공공-선교지향적 신학 교육을 중심으로," 『고신신학』 26 (2024), 9-13을 보완했다.
2 W. H. Oliver, "The Catechetical School in Alexandria," *Verbum et Ecclesia* 36/1 (2015), 1-12.
3 J. M. Womack & J. Pillay, "From the Tower to the Pews: A Call for Academic Theology to re-engage with the Local Context," *HTS Teologiese Studies* 75/4 (2019), 1; A. E. McGrath, 『신학이란 무엇인가』 (*Christian Theology: An Introduction*), 김기철 역 (서울: 복있는 사람, 2020), 210.
4 M. Nel, "Teologie as Wetenskap: Noodsaak van Dialoog," *Koers* 83/1 (2018), 4-5. "헌신에 대한 감각을 가진 신학교 모델은 교육과 이해의 함양에 대한 관심을 상당 부분 잃어버린 반면, 종합 대학 모델은 어디에도 얽매이지 않는 객관성을 추구하면서 교육과 이해의 함양에 대한 관심을 유지하고 있는 것은 유감스러운 일이다." R. A. Muller, 『신학 공부 방

다.[5] 한국에서 1985년경부터 신학은 전문적으로 교수되기 시작했다.

아래에서 신학은 무엇이고 어떤 분과들로 구성되는지 그리고 신학하는 방법이 무엇인지 차례로 살펴보자.

1. 신학이란 무엇인가?

신학(θεολογία)은 하나님을 향해 겸손히, 맑고, 밝고, 깊고, 넓게 말하는 것이다.[6] 신학하는 사람(theologos)은 하나님을 향해 말하는 사람이다. 삼위 하나님께서 자신을 계시해 주신 만큼 아는 신학도는 그분에게 그리고 그분에 관해 말할 수 있다. 신학도는 2인칭 인격자이신 하나님을 향해 찬양과 기도로 송영(doxologia)하며 말해야 한다.[7] 이는 특별한 은혜다. 따라서, 송영으로서의 신학

법』(*The Study of Theology*), 김재한 역 (서울: 부흥과개혁사, 2011), 51.

5 캄펀신학교(since 1854)를 모델로 하여 설립된 미시간 칼빈신학교(sinve 1876)가 일반은총과 학문성을 강조하는 암스테르담자유대학교(since 1880)와 교회를 위한 신학을 강조하는 캄펀신학교의 중간에 위치한다는 논의는 J. Bolt, "Grand Rapids Between Kampen and Amsterdam: Herman Bavinck's Reception and Influence in North America," *Calvin Theological Journal* 38 (2003), 263-80을 보라. 칼빈신학교는 1920년대에 독일 할레대학교에서 수학한 박사를 교수로 채용한 후에 신학 논쟁에 휩싸였으며, 1980년대까지 반지성주의 바이러스에 감염되었다는 비판을 받기도 했다.

6 명사 θεολογία는 철학자 플라톤이 처음으로 사용한 것으로 보인다. 알렉산드리아의 클레멘트(A.D. 150-215)는 신학을 '하나님에 대한 기독교의 진리 주장'이라고 정의하면서 이교의 신화적 진술(mythologia)과 구별했다. McGrath, 『신학이란 무엇인가』, 209; A. Louth, "What is Theology?: What is Orthodox Theology?" *St Vladimir's Theological Quarterly* 51/4 (2007), 435-36.

7 이동영, 『송영의 삼위일체론』 (서울: 새물결플러스, 2017), 17-21. 참고로 신학이 송영이어야 하는 당위성은 하나님께서 하신 일 그리고 지금도 하고 계시며 장차 하실 일 때문에 신학도는 하나님을 경외하며 찬송할 수 있기 때문이다. 하나님께서 성도를 향하여 행하신 일은 송영적이다(롬 6:4). 왜냐하면, 하나님의 사역은 자신의 영광을 드러내는 것이므로, 성도는 성령의 능력으로써 찬양할 수 있기 때문이다. 송영은 하나님을 영화롭게 하는 찬송의 제사다. 송영은 사랑과 은혜가 풍성하신 하나님을 찬양함에 있어 '살아 있는 신앙의 언어'(the living language of faith)다. 송영은 한 분 하나님에게 우리의 신앙, 신뢰, 감사, 찬양을 표현한다. 그리고 송영은 하나님을 영화롭게 하는 성도의 태도와 행실, 즉 하나님과 함께하는 삶 자체다(롬 12:1; 엡 1:12; 벧전 4:9-11; 웨스트민스터 대교리문답 1문). 성도가 송영의 삶을 살 때에 하나님의 영광은 살아 있는 실재가 된다. 성도는 새 노래로써 과거에 행하신 삼위 하나님께서 지금과 장차 새 일을 행하실 것을 기대하며, 명예와 영광과 찬송과 감사를 드린다(시 96:1-3). 16-17세기 하나님과 교제하는 것을 무엇보다 중요하게 여겼던 청교도들에게 참된 신학의 목적은 다름 아니라 하나님을 찬송하는 것이었다.

은 참된 기도 그리고 하나님의 말씀을 읽고 연구하는 것을 기초로 삼는다(롬 3:2; 히 4:12; 벧전 4:11).

신학은 하나님과 관련된 모든 것에 대해 명료하게 말하는 시도다.[8] 신학은 하나님의 계시와 신앙이라는 토대에 서 있어야 하므로, 종교학(religious studies)처럼 중립적인 학문과 다르다.[9]

신학(θεογνῶσις)은 하나님을 논리적으로 알아가는 시도다. 신학은 우리가 흠모하고 예배하는 하나님에 대한 성찰이며, 기독교의 기본 개념에 관한 체계적 탐구이기도 하다.[10]

어떻게 하나님과 기본 개념을 정확히 알 수 있는가?

신학도는 하나님의 '자기 계시', 즉 말씀 안에서 삼위일체 하나님 자신의 심정을 토로하는 것과 같은 성경을 통해 하나님을 안다(In U Lig; In die Skriflig; 헤르만 바빙크가 좋아한 구절이자 기독교 고등 교육을 위한 포체프스트룸대학교[PUCHE]의 표어로 시 36:9에 기초함).

성경 계시는 하나님에 관한 명제적 지식과 같다. 그러므로 신학함(doing theology, theologein)의 전제는 영감 된 성경을 주신 하나님을 신앙하는 것이다.[11]

성도는 하나님을 위해 삶으로써 하나님을 영화롭게 한다. 그리고 하나님의 성품에 참여하면서 삶과 관계 속에서 하나님을 더욱 알아가는 성도는 예수님을 닮아 십자가를 지고 하나님의 생명과 선교에 참여하면서 선교적 교회로서 송영하며 살아간다(빌 2:6-11; 벧후 1:4-7). I. T. Dietterich, "Sing to the Lord a New Song: Theology as Doxology," *Currents in Theology and Mission* 41/1 (2014), 23-28; P. Beck, "Worshiping God with Our Minds: Theology as Doxology among the Puritans," *Puritan Reformed Journal* 5/2 (2013), 193-203; J. Purves, "The Missional Doxology of the Philippian Hymn," *Baptistic Theologies* 3/1 (2011), 15-30에서 요약.

8 참고. R. A. Muller, 『신학 서론』 (*Post-Reformation Reformed Dogmatics: Prolegomena to Theology*), 조호영 역 (서울: 부흥과개혁사, 2018), 238.

9 이 사실은 천주교 신학자도 인정하는 바이다. 참고. M. P. Gallagher, "What are We doing when We do Theology?" *Landas* 28/1 (2014), 2.

10 McGrath, 『신학이란 무엇인가』, 206, 209.

11 전 12:12는 공부를 지나치게 하면 건강이 상할 수 있으니 학생과 연구자는 건강을 챙겨야 한다는 일반은총적 원칙을 가르치는가? 혹은 "출판하지 않으면 망한다"라는 학문 세계의 냉엄한 현실을 꾸짖는가? 문제는 전도서의 결론 단락에 이런 원칙은 불필요하고, 탈문맥적이라는 사실이다. 전도자 솔로몬은 하나님을 경외하는 지혜로운 교사로서 백성에게 지식을 가르치는 일과 숙고하면서 연구하여 잠언을 많이 짓는 데 진력했다(전 1:13; 12:9-10, 13; 참고. 왕상 4:32; 잠 1:7; 마 23:37-39). 따라서, 12절은 하나님의 계명을 준행하고 사랑을 실천하여 주님을 경외하는 데 관심을 두지 않고, 채찍과 못의 기능을 하는 창조주와 목자이신 하나님의 말씀을 제쳐둔 채(전 12:1, 11), 연구자가 피조물임을 잊고 자율적

신앙 없이 신학할 수 있으나, 그 신학에는 송영이 없다.

사랑과 진리의 삼위 하나님에 대한 신앙을 전제하여 그분을 송영하며 신학할 때, 자신과 공동체 그리고 사회의 변혁을 소망할 수 있다.

2. 신학의 분과들[12]

요리에 다양한 재료가 필요하듯이, 신학의 재료도 여럿이다(성경, 종교 경험, 이성, 전통 등). 경험, 이성, 전통은 성경 아래에 두어야 하며, 그런 재료를 비평적으로 활용해야 한다.[13] 이때 반지성주의와 반신앙주의 모두 경계해야 한다. 아래와 같이 신학은 여러 분과로 구성된다.

1) 성경-주경신학

성경-주경신학을 위해 성경 히브리어와 헬라어 그리고 라틴어는 기초 필수과목이 되어야 한다. 성경을 제대로 읽기 위한다면 읽기, 글쓰기, 논리학과 같은 인문학적 소양을 갖추어야 한다.

신약학자(Homo Nuwetestamenticus)는 성경 번역과 해석학, 사본학, 복음서, 사도행전, 바울서신, 일반서신, 계시록, 계시 역사(revelation history) 혹은 성경신학(biblical theology), 신약의 구약 사용 등을 연구한다. 구약학은 성경해석학

으로 무제한으로 끝(קֵץ)없이 연구하면 할수록 번뇌와 근심만 쌓이고 피곤하며 헛될 뿐임을 경고한다(전 1:8, 18). 크리스천 연구자는 지혜의 왕이신 예수님과 지혜의 성령님께서 미리 준비해 두신 성경을 기초 본문으로 활용하고 빛이신 하나님의 조명 아래 기독교 학문의 수월성을 힘껏 추구해야 한다(시 36:9). 사탄과 바리새인들이 성경을 오용했다면(마 4:1-11; 21:33-44), 성경에서 독립하려는 학자들은 자신의 이성을 우상으로 숭배한다. 비기독교 학문의 성과는 아무런 의미가 없다기보다(meaningless), 그 자체로는 모든 진리의 배후에 계신 하나님과 그분의 세계를 파악하지 못한다(전 5:7). 설교자는 성경 본문을 원어로 읽고, 각주 달린 주석을 읽어 탁월하게 설교한다고 구원 받는 게 아니다. 설교자는 먼저 설교할 본문에 계시된 하나님을 믿고 경외하고 예배해야 한다. 참고. D. A. Carson (ed), *NIV Biblical Theology Study Bible* (Grand Rapids: Zondervan, 2018), 1135; I. Provan, *Ecclesiates/Song of Songs* (Grand Rapids: Zondervan, 2001), 228-33.

12 참고. McGrath, 『신학이란 무엇인가』, 216-25.
13 McGrath, 『신학이란 무엇인가』, 250.

(비평학과 영향사 등), 오경, 역사서, 시가서, 선지서, 고대근동학 등을 연구한다. 성경학(biblical studies)은 모든 신학 분과들의 성경적 근거를 제시하는 기초돌과 같다. 그리고 성경학은 현대이슈들을 성경의 관점에서 연구함으로써, 다른 신학 분과들이 더 세밀하게 그런 주제를 탐구하도록 기초를 놓아준다. 예를 들어, 주식 투자와 부동산 투자를 성경의 관점에서 연구한다면, 기독교윤리학에서 더 구체적으로 발전시킬 수 있다. 그리고 신약성경에서 이슬람이 예수님을 이해하는 방식을 비판해 두면, 선교학에서 선교적 대응과 실천 사항을 다듬을 수 있다.

성경학적 연구는 신학의 타 분과의 연구를 위한 기초돌을 넘어, 기독교 경제학이나 교회 음악 같은 기독교 학문도 섬기게 된다.[14]

2) 역사신학과 조직신학

역사신학은 기독교 역사에 대한 연구로서 초대교회사, 교부학,[15] 중세교회사, 종교개혁사, 근대 및 현대교회사, 한국 교회사, 교리사 등을 다룬다.[16]

교리신학은 조직신학 혹은 교의학으로서 신론, 인간론, 교회론, 종말론, 변증학, 신조학 등을 체계적으로 조직화하려고 노력한다.

---

14 미국 신학 교육에서 목회학석사(M.Div.)보다 문학석사(M.A.) 과정을 통해 목사가 배출된다면, 성경 언어들과 경건 훈련이 취약할 수밖에 없다. 그리고 자칫 그리스도를 닮은 통전적 지식인과 실천인을 양육하기보다, 대형 교회를 경영하는 서구인을 양성하기 십상이다. 참고로 1920년대 그레샴 메이천은 웨스트민스터신학교 취임 연설에서 통합적인 신학 교육을 통한 성경 전문가와 신실한 설교자 양성을 목표로 제안했다. 참고. 휘튼대학교 구약 교수 A. T. Abernethy, "The Bible and Theological Education: How should We teach the Bible Effectively," (한국복음주의신학회 제78차 정기논문발표회 발제논문, 열린교회당, 2022년 4월 30일), 3-5; J. E. Kim, "The Bible in Theological Education," (한국복음주의신학회 제78차 정기논문발표회 발제 논문, 열린교회당, 2022년 4월 30일), 3-8.

15 송영목, "교부들의 요한계시록의 주석 평가: 빅토리누스와 오이쿠메니우스를 중심으로," 『ACTS 신학저널』 50 (2021), 130-88.

16 Muller, 『신학 공부 방법』, 131.

3) 기독교윤리학

기독교윤리학은 교회의 도덕과 실천을 염두에 두는데, 생태계 파괴와 같은 현대 이슈에 관해서도 해답을 제공한다.

4) 교회법(교회 질서, 교회 정치, church politics)

교회법을 위해 성경, 신앙고백, 교리, 교회사 등을 알아야 한다.[17] 천주교 신학 교수들 중 교회법을 전공한 법학 박사들이 많다(참고. 한국 교회법학회).

5) 실천(봉사)신학

실천신학은 예배와 목회적 돌봄에 필요한 예전학, 교회 음악, 설교학, 목회학, 영성학(혹은 경건학, 제자도학),[18] 상담학 그리고 기독교교육학 등을 포괄한다. 개혁주의 설교학 중에서 '구속사적 내러티브 설교'는 왕 같은 본문(*Textus Rex*)으로부터 하나님 중심의 구속사적 메시지(then and there)를 찾아서, 현대 회중에게 예수 그리스도 안에 있는 해답을 통해 신학적 역전을 찾아 적용하는 방식이다(now and here).[19]

---

[17] 참고. 임경근, "교회법이란 무엇인가?" (http://reformedjr.com/board02/24743). 참고로 한국 장로교의 생명력을 앗아가는 상하 위계질서 구조와 전통은 유교 관습이 빚어낸 것이라기보다, 스코틀랜드 장로교와 미국 장로교(PCUSA) 그리고 한국에 왔던 선교사들의 행정 방식에서 기인한다는 교회법적 분석은 김희정, "Presbyterianism and Hierarchical Characteristics of Polity of the Presbyterian Church in Korea in the Period 1884-1922," (Ph.D. Thesis, North-West University, 2024), 137-41을 보라. 그리고 K-W. de Jong, "Een Verkennend Onderzoek naar de Receptie van Een Anti-Hiërarchisch Beginsel in Nederlandse Kerkorden van het Gereformeerde Type," *In die Skriflig* 52/2 (2018), 1-9와 A. L. R. du Plooy, "Die Grondslag en Relevansie van die Gereformeerde Kerkreg as Teologiese Wetenskap," *In die Skriflig* 29/1-2 (1995), 135-59도 참고하라.

[18] D. Lewis and A. E. McGrath (ed), *Doing Theology for the People of God: Studies in Honor of J. I. Packer* (Downers Grove: IVP, 1996), 16.

[19] J. Seo & J-A. Meylahn, "Redemptive-Historical Narrative Preaching as a Homiletical Alternative for Preaching on Suffering," *HTS Teologiese Studies* 77/4 (2021), 1-8.

6) 공공선교신학

공공신학은 다양하게 정의되지만, 하나님께서 세상을 사랑하신다는 명제를 가지고, 그리스도인이 공적 영역에서 그 사랑을 실천하는 원칙과 방법을 간학제적으로 연구한다.[20] 간학제적인 공공선교신학은 최근에 주목받는 신학 분과로, 하나님 나라의 가치를 공적 영역에 소통하고 구현하기 위한 신학적 탐구다. 예를 들어, 공공신학적 청년신학(youth theology)은 청년이 직면한 어려운 현실을 간학제적으로 분석하여 성경적으로 해석하여 신학적 대안(예. 성경적 청년 취업지원금, 청년임금, 청년 공론장)을 구성하여 청년이 주체가 되어 사회에서 실천할 수 있도록 제시하는 것이다.[21]

한국 신학도는 미국이나 서구 신학에 함몰되거나 답습하지 말고, 한국 상황을 염두에 둔 채 세계의 선도적 신학을 비평적으로 수용해야 한다.

7) 철학신학

철학신학은 신학적 성찰을 위한 도구인 철학적 방법론과 통찰력을 활용하여 하나님과 사람과 생물, 사물에 관한 진리를 신학적으로 명료화하는 작업이다.[22] 그리고 철학신학은 기독교 신앙과 다른 지적 활동 사이에 공통된 근거를 찾는 작업인데, 아테네와 예루살렘 그리고 플라톤의 아카데미아와 교회가 서로 관계를 맺고 있음을 인정한다.[23]

---

20 N. N. Koopman, "For God so loved the World: Some Contours for Public Theology in South Africa," *NGTT* 50/1-2 (2009), 409-426.
21 D. G. van der Merwe, "The Use of the Bible in Theology: Theology as a 'Lived Experience' of God," *HTS Teologiese Studies* 76/4 (2020), 5; 성석환, "공공신학적 청년신학의 필요성과 방법론," 『선교와 신학』 46 (2018), 33-34.
22 S. M. Ogden, "The Task of Philosophical Theology: A Restatement," *Journal of Religion* 98/2 (2018), 247-60.
23 McGrath, 『신학이란 무엇인가』, 219-20.

8) 요약

위에 소개한 신학 분과들은 서로 유기적으로 연결되어야 하며, 다양성 속에서 통일성을 갖추어야 한다.[24] 이런 유기적 통합 위에 실천성을 갖춘다면, 신학과 신앙의 누전(漏電)을 방지할 수 있다.[25]

3. 신학하는 방법

신학 재료들을 숙지하고 성경과 신학 언어들을 익히며 실제 사역에 적용하고 자신의 인격적 변화를 이루는 것은 쉽지 않다. 소명 의식과 주님의 은혜가 반드시 필요하다.

첫째, 소명으로 학업의 사명을 이루자. "만일 목회를 안 하고도 견딜 수 있다면, 그것은 소명이 아니다"(스펄전; 참고. 계 11:7).[26] 이를 위해, 신학 교수는 개별 상담과 소그룹 활동을 통해 신학생들이 소명을 강화하도록 멘토링해야 하는데, 이때 학생상담센터 등과 협력할 수 있다.[27]

둘째, 기도와 실천(검증)과 송영이라는 선순환을 이루어 교회를 섬기는 신학을 추구하자. 락탄티우스(A.D. 240-320)는 하나님을 알고 예배하는 사람을 '신학자'라 불렀으며, 그들의 지식에 '신학'이라 이름을 붙였다.[28] 신학생은 신학의 중요한 자리인 교회에서 구체적으로 봉사하면서 학교에서 배운 지식을 검증하고 적용해야 한다(Theologia ad intra). 그리고 학교와 교회 그리고 세

24　McGrath, 『신학이란 무엇인가』, 208.
25　Muller, 『신학 공부 방법』, 16.
26　김남준, 『자네, 정말 그 길을 가려나』, 2판 1쇄 (서울: 생명의말씀사, 2021), 32, 36.
27　A. L. du Plessis, "Making Theology Practical: The Inclusion of Experiencia Fide in the Contextualisation of Practical Theological Training," *In die Skriflig* 54/2 (2020), 7. 참고로 개혁신학에서 '소명'은 자신이 속한 공동체와 세상 안에서 천국 백성의 덕을 실천하려는 자세와도 직결된다. N. Vorster, "Reformed Identity revisited: Proposals in the Spirit of Ecclesia Semper Reformanda est," *In die Skriflig* 54/1 (2020), 7.
28　참고. Muller, 『신학 서론』, 235.

상 속에서 하나님을 알아가면서 영광을 드려야 한다(Theologia ad extra). 이것이 하나님과 교회, 이웃을 사랑하며 봉사하는 개혁신학의 특징이다. 개혁교회의 "신학은 항상 개혁되어야 한다"(Theologia semper reformanda est). 왜냐하면, 교회는 물론 신학도 죄성과 사회와 문화의 영향을 받기 때문이다.[29]

프린스턴신학교 조직신학 교수 벤자민 워필드(d. 1921)는 '신학생의 경건 생활'이라는 제목의 채플 설교에서 "신학생은 신학적 지식과 함께 뜨거운 복음의 영성을 함께 지녀야 한다. … 때때로 10시간 책에 몰두하는 것보다 (하나님 앞에) 10분 무릎 꿇는 것이 하나님을 더 참되고 깊게 이해할 수 있다. … (신학생은) 하나님께 기도함으로부터 다시 책으로 (우리의 눈길을) 돌려야 하며, 책에서 다시 [우리의 눈길을] 하나님께 돌려야 한다"라고 역설했다.

"신학생은 헬라어를 익숙하게 함으로 잘 죽는 법을 체득해야 하지만"(프린스턴신학교의 Philip Lindsay의 어록), 공부만 하고 기도하지 않는 마르다를 주의해야 한다(눅 10:40).[30]

셋째, 뜨거운 기도를 통해 '영혼의 보약'인 눈물을 귀하게 여기며, 학습 내용을 자신의 것으로 소화하며 묵상해야 한다.[31] 건조한 채로 머물러 신앙화되지 않아서 감동이 없는 신학은 사탄에게 미혹되어 나태와 범죄와 후회로 이끈다.[32] 사탄은 영적으로 메마른 신학생을 쉽게 보고 매순간 노린다. 메마른 눈(dry-eyed)으로는 볼 수 없는 것은 기도하는 사람의 슬픔과 눈물을 통해 볼 수 있다.[33] 소망주의자(spessimist) 스프롤(R. C. Sproul)의 고백을 들어보자.

> 나의 삶에 가장 큰 죄 가운데 하나는 하나님의 말씀을 이해하기 위해서 지극한 헌신과 열정을 가지고 나의 생각을 훈련하는 데 헌신하지 않는 지적인 게

29　Vorster, "Reformed Identity revisited," 1.
30　M. A. Noll (ed), *The Princeton Theology 1812-1921* (Grand Rapids: Baker, 2001), 263-66.
31　1933년 본회퍼가 베를린대학교에서 강의를 멈추고 런던의 작은 교회에서 목회했을 때, 신학생은 우월한 신학 지식이나 자기 의가 아니라, 오직 용서받은 은혜로 살아야 한다고 가르쳤다. 그리고 그는 신학은 신앙의 언어는 물론 그것을 넘어서는 기도의 언어라고 주장했다. 참고. J. G. Botha, "We owe the World Good Theology: On Reformed Faith and Public Theology," *NGTT* 48/1-2 (2007), 339-41.
32　김남준, 『자네, 정말 그 길을 가려나』, 178.
33　J. Dickie, "Practising Healthy Theology in the Local Church: Lamenting with Those in Pain and Restoring Hope," *Stellenbosch Theological Journal* 7/1 (2021), 8.

으뜸일 것이다. … 하루가 지날 때마다 나는 '저는 이 세상을 언제 떠날지 모릅니다. 주님! 부디 당신의 진리를 추구하고, 그것이 무엇이든지 간에 드러내기 위해서 저를 훈련시켜 주시고 저에게 경건한 열심을 주옵소서'라고 기도한다. … 우리가 주님께 우리 지성을 어느 정도 쏟아붓는다고 할지라도 거기에 가슴이 없다면 아무 소용이 없다.[34]

신학생은 은혜 가운데 영적 힘을 유지해야 한다. 그뿐 아니라, 타인의 신학서적을 읽었다면 자신의 책도 써야 한다.[35]

넷째, 사랑과 현장감 있는 신학을 추구해야 한다. 이것은 사도와 교부 그리고 종교개혁자들의 신학적 특징이었다. 신학 지식은 생산 그 자체가 목적이 아니라, 교회와 사회의 변혁을 위해 활용되어야 한다.[36] 그리고 한국적 상황과 시대적 표징을 성경을 통하여 분별해야 한다.

다섯째, 진리의 성령님의 충만을 받고 자신의 성화를 촉진하는 신학을 추구해야 한다. 먹든지 마시든지 무엇을 하든지 하나님의 영광을 위해 살아야 하듯이 신학도 마찬가지다(고전 10:31). 신앙의 정통과 코람데오와 생활의 순결을 실천하는 신학함이 개혁주의의 특징이다.[37]

---

34 R. C. Sproul, 『웨스트민스터 신앙고백 해설 2』(*Truths We confess*), Vol. 2, 이상웅 외 역 (서울: 부흥과개혁사, 2011), 240-41. 참고로 루터의 95개조 반박문의 기초가 된 '97개조'는 13세기 이래로 이어진 신학의 스콜라주의(scholastic theology)를 비판했다. 인간의 이성과 의지를 무한히 긍정하거나 신뢰한다면 신앙은 사라질 것이다. R. Potgieter, "The 97 Theses (04-05 September 1517): A Precursor to the 95 Theses (31 October 1517)?" *In die Skriflig* 52/1 (2018), 4.

35 기스베르투스 푸시우스(1589-1676)는 화란 유트레흐트대 신학 교수 취임식에서 '젊은 학자를 위한 경건 연습'이라는 주제로 신학을 준비하기 위한 7가지 패턴을 강조했다(lectio, meditatio, auditio, scriptio, collatio, collegia, and enotatio). Kim, "The Bible in Theological Education," 12.

36 계몽주의가 이성과 신앙을 분리함으로써, 신학 교육에서도 신학교와 지역 교회 사이의 연관성이 사라지기 시작했다. 신학교가 중요하게 여기는 서구 방식의 대학 랭킹 역시 이런 연관성을 약화시킨다. Womack & Pillay, "From the Tower to the Pews," 2-5.

37 P. P. Kruger, "Certitudo Coram Deo: Reframing a Fascinating Feature of Dort," *In die Skriflig* 54/2 (2020), 4. 참고로 '영국의 칼빈'이라 불린 17세기 청교도 신학자 존 오웬(1616-1683)은 옥스퍼드대학교 부총장 때 학생들의 경건을 위해 '신자에 있어 죄 죽이기'(롬 8:13)에 관한 연속 설교와 책을 출판했다(1656). 윤종훈, "Doing Theologian: 청교도주의의 족장, 대들보, 존 오웬(John Owen)의 생애와 사상," 『신학지남』 71/2 (2004), 328.

많은 목회자가 성공한 것은 그 사람 자체가 바로 설교였기 때문이다. 하나님의 사자는 자기 안에서 메시지가 이미 구체화된 사람이다. 가장 효과적인 설교는 그들 자신이 곧 설교가 되는 것이다(조지 휫필드).

여섯째, 신학 멘토와 가이드인 교수 그리고 학우와 더불어 신학해야 한다. 학생들은 학점 경쟁을 하는 경쟁자가 아니다. 신앙과 학문의 공동체라는 관계 속에서 사랑을 실천하는 신학이 바람직하다. 그리고 신학 교수는 신학교에 목양을 위해 파송된 선교사임을 기억해야 한다.

일곱째, 교회를 위하고 천국을 세상에 심는 공공선교적-실천적 신학도 중요하다(예. 성경적 기본소득과 사회복지).

여덟째, 학문의 통섭(統攝[큰 줄기를 잡음], consilience), 즉 간학문적 연구 방법이 유용하다.[38]

아홉째, 신학에서 해석자의 이데올로기는 적절히 통제되어야 한다. 여성(feminist)신학, 해방(liberation)신학, 흑인(black)신학, 번영(prosperity)신학, 퀴어(queer)신학, 식민후기(postcolonial)신학은 이념이 출발점이므로 주의해야 한다.[39]

---

38 교회가 신학에 과도히 간여하는 것에 반대하고 신학의 학문성 강화를 위해 헤르만 바빙크는 캄펀신학교 교수직을 사임하고 자유대학교로 옮겼고, 게할더스 보스는 그랜드래피즈의 CRC신학교(칼빈신학교)에서 프린스턴신학교로 옮겨 교수했다. 참고. G. Harinck, "Herman Bavinck and Geerhardus Vos," *Calvin Theological Journal* 45 (2010), 25-27.

39 아프리카와 지방은 중요한 신학의 좌소(座所)다. 신학교와 더불어 교회는 '신학의 좌소'(locus theologicus)다. 신학교가 신학이 표출되는 현장인 지역 교회의 필요와 목소리를 겸손히 살피고 경청할 이유이다. 범위를 더 좁혀보면, 예전(禮典)은 지역 교회가 신학을 추구하는 하나의 좌소다. 그런 신학의 좌소가 튼튼해지려면 하나님 나라 내러티브를 석의하고 설교하는 '해석의 좌소'(locus hermeneuticus)가 건강해야 한다. 해석의 좌소와 신학의 좌소의 건전성은 상호 비례한다. 글로컬 시대임에도 유럽과 북미가 주도하는 듯한 현대 신학은 신학의 중요한 한 좌소였던 아프리카에 큰 빚을 졌다. 이 대륙의 남부와 북부는 칠십인역 비롯하여, A.D. 1세기의 기독교 첫 번째 신학교와 2-4세기의 성경 사본과 역본 그리고 주요 교부의 본거지였다. 1980년대부터 아프리카 신학은 이른바 제1세계로부터 거의 독립했다. 아프리카에서 백인 신학자들의 해외로의 유출과 개혁교회의 쇠락으로 인해 정통 개혁신학의 전통과 영향력은 줄어가고 있다. 흥미롭게도 남아공에는 아직도 비잔틴신학을 연구하는 저널이 있다. 흑인 여성-해방신학, 후기 식민주의, 토착화와 맞물린 은사주의 그리고 비평적 상황화라는 깔때기들로 연결된 큰 싱크홀에 빠져들어 가는 듯하다. 아시아와 남미의 형편도 크게 다르지 않으리라 짐작된다. 교회와 신학교가 쇠락하는 상황에서 서울 블랙홀로 몰아가던 깔때기들을 신학의 좌소인 지역 신학교와 교회로 원위치시켜 세상을 섬기는 신학을 수행한다면, 지방 소멸을 막는 한 방안이 되리라

나오면서

신학생은 성경을 통해 하나님을 명료하고도 깊게 그리고 풍성하게 말하고 송영해야 한다. 신학 탐구의 결과물은 먼저 신학도 자신에게 통전적으로 먼저 적용되어야 한다. 그다음 교회와 세상을 섬길 수 있도록 실천적 노력을 기울여야 한다. 신학은 생명과 경건의 학문이다.[40]

자신의 신학적 능력을 남과 겨루어 검증할 필요가 없는 대가(大家)에게는 지혜와 사랑과 소망 그리고 여유로운 유머가 배어있다. 그것은 하나님의 성품들이기도 하다.

소망한다. 참고. C. A. Odia, "The Role of Scripture in Theology: Is Africa getting It Right?" *International Bulletin of Mission Research* 43/2 (2019), 139; Journal of Theology for Southern Africa, "Journal of Theology for Southern Africa 169-171 2021 Index," *Journal of Theology for Southern Africa* 171 (2021), 118-23.

40 도르트회의(1618-1619)는 목회자 후보생을 선발할 때, 국가, 학교, 부모, 교회가 협력했다. 신학생의 조건은 경건한 부모를 두고, 건강하며, 정신적 능력이 충분하고, 윤리적 자질을 갖추는 것이다. 그리고 장학금을 통해 5-6년간 신학 교육을 할 것을 제안했다. 홍주현, "도르트 총회가 제시하는 목회자 세움 방안과 예배 회복," (개혁신학회 제36차 학술대회 발제 논문, 2022년 4월 9일, 총신대학교), 59-83.

제1부

신약성경의
공공선교신학

제1장

공공선교신학의 연구 경향에 대한 평가

들어가면서

'기독교 신학'은 예수 그리스도를 증언해야 하며, 교회와 무관하지 않아야 하고, 믿음의 공동체와 세상에 도움이 되어야 한다.[1] 그러므로 모든 신학 분과는 선교적 특성을 가진다.

최근 발전 중인 공공신학(public theology)과 선교적 교회(missional church)를 결합하는 것은 가능한가?

공공선교신학(public missional theology)이 가능하다면, 예수 그리스도를 중심으로 전개할 수 있다. 왜냐하면, 예수님은 온 교회와 만유의 주인이시기 때문이다. 아래에서는 넓게는 복음주의 진영, 좁게는 개혁주의 진영에서 공공선교신학이 어떻게 진행되어 왔는가를 추적하고 방향성을 제시해 본다. 한국 장로교와 개혁주의 진영의 논의를 중심으로 살필 것이다.[2]

1. 복음주의 및 개혁주의 공공선교신학 연구 현황

신생 신학 분과들인 공공신학과 선교적 교회는 계속 발전 중이다.[3] 이런 발전은 무조건적으로 수용할 수 없고, 다각도로 비평이 필요하다. 그리고 두 신

---

1 S. J. Hagley, "Sharing Witness along the Way: Engaging the Lived Theology of an Urban Congregation in Evangelical, Public, and Missional Strands," (Ph.D. Thesis, Luther Seminary, 2010), 34-37.
2 독자들은 역사적 개혁주의와 신약신학에 익숙한 사람의 관점에서 분석과 평가를 시도한 것임을 염두에 두기 바란다.
3 예를 들어, 죄와 고난과 비관주의가 넘실거리는 코로나19 시대에 예수님께서 이미 결정

학 분과는 제대로 통섭되기 위해 전공자와 시간이 더 필요하다.

김민석 박사는 남아프리카공화국(이하 남아공) 스텔렌보스대학교에서 칼빈의 신학에 나타난 공공신학을 독일 공공신학자인 베드포드-슈트롬(H. Bedford-Strohm)의 패러다임을 따라 연구했다. 이것은 개혁신학을 16세기에 묶어 두지 않고 현대에 적용하려는 유의미한 시도다.[4] 현재 그는 스텔렌보스대학교의 베이어스나우데공공신학센터(Beyers Naude Centre for Public Theology) 연구원이자 '한국공공신학연구소'의 설립자 겸 소장으로, 성경과 개혁신학과 신앙 그리고 간학문적 지식을 가지고 세상을 섬기려고 시도 중이다. 또 그는 선교적 교회를 공공신학과 접목시키는 데 관심을 두고 있다. 하지만, 그의 연구에 성경 주해를 보완할 필요가 있다.

김민석 박사의 지도교수인 폴스터(D. A. Forster)는 공공신학과 선교적 교회를 접목하고 있다.[5] 그의 연구가 성경 주해에 기초한 통합적 방식인 것은 신약

지으신 인간의 역사의 방향을 통해 교회에게 소망과 승리를 제시하는 '묵시적 선교신학'을 주창하는 A. M. Meiring, "An Apocalyptic Agenda for Mission in Our Time," *Verbum et Ecclesia* 41/1 (2020), 3-7 그리고 '공공관계적 신학'을 제안하는 문영빈, "비판적 공공관계신학: 기독교의 공적 신뢰도 제고를 향한 공공신학의 새 지평," 『신학과 선교』 46 (2015), 117-56을 보라. 참고로 장로회신학대학교의 성석환은 공공신학과 영화학을 접목했다. "이제 영화는 독립된 학문 영역일 뿐 아니라 뚜렷한 사회적 행위의 집합체이자 언어의 집합체이고 하나의 산업이 되었다. 신학이 영화와 대화하고, 신학적 비평을 실천한다는 것은 영화를 통해 신학적 이슈를 추출해내는 작업이 아니다. 그것은 이미 사회적 행위의 집합체가 된 영화가 제대로 말할 수 있도록 신학적 자원을 지원하는 것이고, 영화를 관람하는 이들에게 발생하는 사건들에 대해 사회문화적으로 해명하는 것이다." 성석환, "공공신학적 영화 비평의 가능성 연구," 『장신논단』 47/1 (2015), 163. '평화학', '공공신학' 그리고 '미디어 연구'를 결합하는 S. D. Kim, "A Public Theology for Peace Photography: A Critical Analysis of the Roles of Photojournalism in Peacebuilding, with Special Reference to the Gwangju Uprising in South Korea," (Ph.D. Thesis, University of Edinburgh, 2017); 김상덕, "[나의 박사 논문을 말한다] 평화를 위한 공공신학: 광주항쟁과 사진 연구를 중심으로," 『기독교사상』 738 (2020), 164-77도 보라.

4 M. S. Kim, "John Calvin as Public Theologian?: Reading Calvin's Theology in the Light of Contemporary Discourses in Public Theology with Reference to the Korean Context," (Ph. D. Thesis, Stellenbosch: Stellenbosch University, 2020). 이 논문은 2021년에 독일에서 출판되었다.

5 D. A. Forster, "A State Church?: A Consideration of the Methodist Church of Southern Africa in the Light of Dietrich Bonhoeffer's 'Theological Position Paper on State and Church'," *Stellenbosch Theological Journal* 2/1 (2016), 61-88; D. A. Forster & J. W. Oostenbrink, "Where is the Church on Monday?: Awakening the Church to the Theology and Practice of Ministry and Mission in the Marketplace," *In die Skriflig* 49/3 (2015), 1-8.

학과 공공신학을 모두 전공한 결과물이다.

잠시 남아공의 공공선교신학에 대해 더 살펴보자.[6] 남아공 신학은 한국 신학교와 교회에 계속적으로 영향을 미치고 있으며, 스텔렌보스대학교 교수를 역임한 스미트(D. J. Smit)는 프린스턴신학교에서 공공신학을 교수하고 있다.

또 남아공 신학자들은 코로나19 시대에 교회의 공적 역할을 매우 활발히 연구하고 있다. 남아공 노스웨스트대학교 필립 베이스(P. Buys) 박사는 남아공 개혁교회(GKSA)의 흑인 개혁주의 목회자를 양성하는 무깐요신학교(Mukhanyo Theological College, since 1994)에서 오랜 기간 교수했다. 그는 성경 주해에 근거하여 하나님의 선교(Missio Dei)와 선교적 교회를 연구하고 있다.[7] 그는 남아공 상황에서 코로나19 시대에 선교적 교회의 사명도 다룬 바 있다.[8] 오늘날 개혁주의 선교학자 중 톱 클래스로 평가되는 베이스는 성경 주해와 개혁주의에 충실한 선교적 교회에 대한 연구를 성경적 상황화와 더불어 시도 중이다.[9] 그러나 그의 연구가 개혁주의 공공신학과 긴밀히 결부되지 못한 점은 아쉽다.

노스웨스트대학교의 벤 드 클레르크(B. J. de Klerk)는 자신의 두 전공인 성경 주해와 실천신학적(예배학) 주제들을 결합한다. 그는 남아공 상황을 염두에 두고, 개혁주의 성경 주해에 근거한 선교적 교회를 논한다.[10] 드 클레르크는 성경 주해와 예배학, 선교적 교회를 통합적으로 연구하는 데 탁월하지만, 그의

---

[6] 남아공의 공공신학에 신자유주의에 대한 비판, 해방신학, 정치신학, 흑인신학, 페미니즘 그리고 아프리카신학 등이 혼재하는데, 해방신학에서 공공신학으로 전환하려고 시도하는 브라질의 신학계가 이를 참고하려고 한다. R. von Sinner, "Brazil: From Liberation Theology to a Theology of Citizenship as Public Theology," *International Journal of Public Theology* 1 (2007), 361-62.

[7] P. J. Buys, "Strome van Lewende Water: Nuwe Testamentiese Perspektiewe op die Missionêre Karakter van die Kerk," *In die Skriflig* 47/1 (2013), 1-11.

[8] P. J. Buys, J. M. Korevaar and G. R. Stubbs, "COVID-19 and Resilience through Integral Mission: The Impact of Social Enablement as Mission in Previously Disadvantaged Communities in South Africa during the COVID-19 Disaster," *In die Skriflig* 54/1 (2020), 1-14.

[9] Buys와 약간 유사한 선교적 교회에 대한 연구 경향은 C. J. P. Niemandt, "Acts for Today's Missional Church," *HTS Teologiese Studies* (2010), 1-8을 보라. 그러나 Buys와 달리 Niemandt는 자신이 속한 교단(DRC)이 지지하는 WCC를 종종 언급한다. 그리고 한국의 선교적 교회에 대한 실천적 시도와 평가는 H. C. Kang, "Missional Understanding of Gospel, Church and Culture of Pastors in the Korean Church: Three Case Studies," (Ph.D. Thesis, Trinity International University, 2017)를 보라.

[10] B. J. de Klerk, "Enhancing Ecological Consciousness through Liturgical Acts of Doxology and Lament," *Verbum et Ecclesia* 35/2 (2014), 1-8.

연구에 공공신학적 논의가 보완될 필요가 있다.

신약학 전공자인 송영목은 한국과 미국의 자료는 물론, 남아공의 공공신학과 선교적 교회에 대한 다수의 자료를 반영하여 '하나님 나라 복음과 교회의 공공성'을 성경신학적으로 논했다.[11] 따라서, 사회과학적 논의나 실천적 제안이 보완될 필요가 있다.

최경환은 프레토리아대학교에서 공공신학(석사과정)을 연구한 후, '기독연구원 느헤미야'와 '인문학&신학연구소 에라스무스'에서 활동 중이다. 그는 세속화된 다원주의와 민주화 시대에 공공신학이 적절하게 자리를 잡도록 만들기 위해, 현대 정치철학이나 사회학 이론과의 대화에 집중한다.[12] 최경환은 공공신학을 선교학과 무관하게 분리하지 않지만, 교회를 적극적으로 돕고 세우려는 공공신학의 역할에 대한 진지한 고민, 성경신학과 신학의 여러 분과의 통찰이 논의에 보완될 필요가 있다.[13] 그리고 그의 연구와 공공신학과 공공철학(public philosophy)의 차이가 무엇인지 나타내 보일 필요가 있다.

김창환은 장로회신학대학교에서 목회학석사를 마치고 케임브리지대학교에서 박사학위를 받은 후, 현재 풀러신학교의 공공신학 교수로 재직하고 있다. 그는 *International Journal of Public Theology*(since 2007)의 초대 편집장이었다. 그는 공공신학을 "이 세상에 하나님 나라를 이루기 위하여 성경의 지혜를 바탕으로 공동의 선을 추구함으로써 공적 영역에서 신학의 비평적이고, 반영적이며, 합리적인 참여"로 정의한다.[14] "이 책의 각 장은 공공신학에 대한 밀도 있는 정의를 풀어 설명한 뒤, 현대 사회가 당면한 윤리적 문제에 공공신학이 어떻게 이바지할 수 있을지에 관한 구체적 사례를 제시한다."[15] 그러나 최경환의 연구와 마찬가지로 성경신학적 통찰로 보완될 필요가 있다.

---

11 송영목, 『하나님 나라 복음과 교회의 공공성』 (서울: SFC출판부, 2020).
12 최경환, 『공공신학으로 가는 길』 (고양: 도서출판 100, 2019). 참고, 김진혁, "공공신학을 소개하는 두 가지 다른 목소리: 김창환의 『공공신학과 교회』와 최경환의 『공공신학으로 가는 길』," 『기독교사상』 749 (2021), 184.
13 정지영, "세상에 생명을 주는 신학, 공공신학: [서평] 최경환, 『공공신학으로 가는 길』," https://cemk.org/16044/(2021년 6월 10일 접속).
14 김창환, 『공공신학과 교회』 (서울: 대한기독교서회, 2021), 9.
15 참고. 김진혁, "공공신학을 소개하는 두 가지 다른 목소리," 181.

김승환은 장로회신학대학교에서 박사학위를 받고 '인문학&신학연구소 에라스무스'의 회원으로 활동 중이다. 그는 후기 세속주의 시대에 걸맞는 교회의 공공성과 공동체성 회복과 새로운 패러다임을 제시하려고 시도하는데, 급진정통주의 등에 관심을 둔다.[16]

장로회신학대학교에서 신학을 수학 후 영국에서 구약을 전공한 김근주는 '기독연구원 느헤미야'에서 활동 중이다. 그는 구약성경의 하나님 형상, 희년, 정의 구현, 약자에 대한 관심 등을 통해 복음의 공공성을 찾으려고 시도했다.[17] 그런데 예장 합동은 김근주의 신학이 기존의 복음 이해와 상충한다고 판단하여 교류 금지를 결의한 바 있다. 역사적 정통 기독교와 예수님을 중심으로 하는 구원 계시의 점진을 파악하는 데 장점을 가진 개혁주의 성경 해석을 약화시키는 새로운 시도는 인기에 영합하기 쉽다.

정진화는 계명대학교에서 공공신학적 설교 연구로 박사학위를 취득했다.[18] 그의 설교학은 공공성을 살린 설교 적용을 위해 유익한 통찰력을 제공하지만, 철저한 성경 주해 및 선교적 교회와 연계하여 보완될 필요가 있다.

2010년 이래로 공공신학과 선교적 교회를 연결하려는 시도가 있었다. 미국 복음주의 루터교권에서 도시 교회와 목회를 염두에 둔 채, 공공신학과 선교적 교회를 통합하려고 시도한 바 있다.[19]

이런 유의미한 시도에도 불구하고 성경신학적 연구가 미비했으며, 공공신학적 요소가 선교적 교회 논의에 종속된 느낌이 있다. 또한, 버지니아신학교 선교학 교수 히니(R. S. Heaney)는 공공신학과 공공선교학(public missiology)을 결합하는데, 공동체와 같은 실체들 간의 상호 대화와 작용을 중요하게 여기지만 성경 주해와 방법론적 구체성이 떨어진다.[20] 김창환도 공공신학과 '공적 삶의 선교학'(public missiology, missiology of public life)의 공통점에 기반하여 대화를 시도했다. 전공인 공공신학을 선교학으로 확장시킨 시도지만 성경 주해가

---

16 김승환, 『공공성과 공동체성』 (서울: CLC, 2021).
17 김근주, 『복음의 공공성: 구약으로 읽는 복음의 본질』 (파주: 비아토르, 2017).
18 정진화, "설교의 공적차원에 대한 새로운 이해: 찰스 캠벨의 설교신학에 대한 비판적 연구," (철학박사 학위논문, 계명대학교, 2016).
19 Hagley, "Sharing Witness along the Way," 115-32.
20 R. S. Heaney, "Public Theology and Public Missiology," *Anglican Theological Review* 102/2 (2020), 203-212.

보완되어야 한다.[21] 미국의 도시 목회자들의 재교육에 헌신하는 데이비드 프렌착(D. Frenchak)이 밝힌 대로, 공공신학은 세상 속에서 하나님의 현존과 활동과 어젠다에 대해 신학적으로 분석한 바를 논리적으로 실천하기 위한 소명(calling)이기 때문이다.[22] 이를 위해 설교자는 회중이 살게 될 월요일의 세상을 염두에 두고, 선교적 성경 해석이 담긴 설교를 통해 공적 증언을 구체적으로 도와야 한다.[23]

이처럼 하나님의 나라와 뜻은 하늘에서처럼 이 땅에서도 이루어져야 하기에 공공선교신학은 특정 신학자의 전유물이 아니라 모든 그리스도인의 즐거운 책무와 같다(마 6:10). 첨언하면, 오늘날 공공신학이 하나님의 현존과 활동과 뜻을 거스르는 악한 영적 세력을 전혀 언급하지 않는 것은 큰 문제가 아닐 수 없다. 홍콩침례신학교 사회윤리 교수 후엔(C. W. Huen)이 공공신학에 대해 비판한 것은 시의적절하고 유의미하기에 길지만 아래에서 인용한다.

주로 영어권에서 수행되고 있는 공공신학은 치명적인 부족함을 겪고 있는데, '공공의 신학'의 결핍 때문이다. 공적-사적 구분에 대한 기독교 및 비평적 관점을 고려함 없이, 공공신학자들은 정치적 추정과 세속주의와 자유주의 의제를 지지하고 있다. … 일반적으로 공공신학자들이 '공적 영역으로 가라'고 촉구하기 위해 활용하는 정치 지형학은 세속적 체제를 기정사실로 수용하는데, 기독교 신앙이 완전히 사사화되어 공적 영역에서 퇴출되어 왔다고 본다. 따라서, 그들은 그리스도인이 다시 교회당 바깥의 사회 안으로 복음을 가지고 나가야한다고 주장한다. 교회와 사회 간의 이런 공간적 상상은 이미 기독

---

21 해방신학(해방신학적 성경 해석을 통해 약자 편에서 사회를 혁명적으로 전복하려험)과 공공신학(독점에 반대하면서 기독교사회 윤리와 정치철학을 활용한 개혁성)의 차이점 그리고 공공신학(공공선을 추구)과 공공선교학(다양한 사람의 공익을 공적 영역에서 성취하기 위해 공개성과 존경을 겸비한 대화를 추구)의 차이점을 부각시키는 S. Kim, "Mission's Public Engagement: The Conversation of Missiology and Public Theology," *Missiology* 45/1 (2017), 14-21; 공공선교학의 기원을 George Hunsberger와 Charles West에게서 찾는 토론토대학교 녹스칼리지의 C. J. Fensham, "The Conversation between Public Theology and Missiology: A Response to Sebastian Kim," *Missiology* 45/4 (2017), 397-404.

22 D. Frenchak, "The Pursuit of God in the World," https://www.youtube.com/watch?v=VisWuVqnvX0(2021년 6월 11일 접속).

23 M. Laubscher, "Sunday's Sermon for Monday's World: Preaching to shape Daring Witness," *Acta Theologica* 40/2 (2020), 383-88.

교의 세속적 정치화에 굴복한 것에 다름 아니다. 다시 말해, 기독교 신앙이 자신의 언어를 가지고 정치적으로 적절한 방식으로 사회 안으로 들어가지 않는다면, 그것은 개인적이고 열등하거나 불완전한 것으로 남게 된다고 주장한다. 하지만, 공공신학 지지자들이 간과한 것은 생명의 길이자 하나님의 통치 대상인 교회는 그 자체로 공적이라는 사실이다. 따라서, 공공신학자는 그릇된 종류의 공공성을 헛되게 찾고 있다. 또한, 공공신학은 잘못된 종류의 학문에 빠지게 만든다. 공공신학은 학문 세계에서 존중받기를 열망하고 자신의 시도가 종종 간학제적 메타담론이 될 것이라고 열망하면서, 교회와 교의라는 학문으로부터 자유하기 원한다. 공공신학은 제자도와 중요한 학문성을 희생하면서까지 세상 속의 시민성을 강조하기에, 무교회와 비구체화 및 뿌리내리지 못함이라는 현상에 빠지고 만다. 그리고 공공신학에서 '하나님'은 추상적인 초월성을 위한 공허한 암호에 불과하다. 다시 말해, 그 하나님은 신학적 담론에서 선행하는 공공성을 확보하기 위한 보증에 불과하므로, 경륜적으로 역사하시는 실제 삼위 하나님은 아니다.[24]

공공신학은 기존의 것과 단절된 새로운 신학을 추구하기보다 이전의 개혁신학에 내재된 공공성을 더욱 선명히 부각하는 작업이다. 이때 삼위 하나님과 교회에 대한 올바른 신앙고백을 견지하고, 신학적 추상화와 혼합주의 그리고 종교 다원화를 경계해야 한다.

2. 복음주의 및 개혁주의에서 본 공공선교신학

대한예수교장로회라는 이름을 내건 보수 교단들에서 공공신학에 대한 연구는 찾아보기 어렵다.
이유가 무엇일까?

---

24 C. W. Huen, "Public Theology: Whose 'Public'? How 'Theological'?" *Hill Road* 31 (2013), 63.

복음과 하나님 나라에 대한 편협한 이해 때문이다. 그리고 개인의 영혼 구원과 내세 지향 및 개교회 중심주의는 복음의 공공성에 관심을 두는 데 걸림돌로 작용한 것으로 보인다. 또한, 복음주의교회들은 20세기 중후반의 도시산업선교회의 사회복음에 대해 거부 반응을 보였을 수 있다. 심지어 지금도 일부 복음주의 신학계에서 공공신학을 '자유주의신학'이라고 섣불리 단정하기도 한다. 이런 부정적이고 우려스런 평가는 공공신학이 우선적으로 교회의 유익을 추구하기보다 교회당 밖의 이슈를 다루고, 종교 혼합적 요소를 보이기 때문으로 판단된다(예. 에를랑겐-뉘른베르크대학교 RUPRE 공공신학의 종교 간 대화).[25] 하지만, 최근 한국 개혁주의 진영에서도 공공신학 및 선교적 교회에 대한 연구가 진행 중이다.[26] 이것은 일종의 안전장치를 갖춘 공공신학이라 할 수 있다.

위에서 살핀 대로, 예장통합과 '기독연구원 느헤미야'가 추구하는 공공신학은 정확하고 철저한 성경 주해에 근거하지 않을 뿐 아니라, 선교적 교회 연구와 유기적으로 연결되지 못한다. 성경이 아닌, 현대 세상이나 사회과학에 의존하면서 현대 신학 사조나 인기에 편승하는 운동이어서는 곤란하다. 그리고 해석가의 이데올로기가 공공신학의 전제가 되지 않도록 주의해야 한다.[27]

개혁주의 진영의 조직신학(교의학)자나 기독교(사회)윤리학자가 공공선교신학을 시도할 때도, 중세나 현대 신학자들의 이론을 출발점으로 삼는 것은 지양할 일이다.

모든 신학의 출발점은 성경 주해이므로, 모든 신학자의 이론은 성경으로 검토 받아야 마땅하다.[28] 복음주의 혹은 개혁주의 공공선교신학은 본문 주해와

---

25 미국 천주교 안에서도 반문화(counterculture) 및 교회 중심을 추구하는 신도를 중심으로 공공신학을 반대하는 기류가 있다. *America: The Jesuit Review*가 이런 주제를 다루고 있다. https://www.americamagazine.org.

26 고신대학교 출신의 신구약 전공자들이 성경신학적으로 연구한 논문을 모은 한국동남성경연구원, 『고난과 선교, 어떻게 설교할 것인가?』(서울: SFC출판부, 2021). 하지만, 이 책의 모든 글이 선교적 교회에 충실한 것은 아니다.

27 참고. R. P. Carbine, "Ekklesial Work: Toward a Feminist Public Theology," *Harvard Theological Review* 99/4 (2006), 433-55.

28 성경신학으로 미셔널 교회를 풀이하면서, 하나님에게서 기원하며 그리스도 중심적이고 성령께서 추동하시는 선교적 교회로의 체질 전환을 제시하는 연구는 B. S. Cho, "Being Missional, Becoming Missional: A Biblical-Theological Study of the Missional Conversion of the Church," (Ph.D. Thesis, Asbury Theological Seminary, 2019), 270-74를 보라.

온 교회적·만유적 기독론 그리고 하나님 나라의 관점에서 전개되어야 한다.[29] 이 장에서 다루지 않은 스코틀랜드 에든버러대학교(Centre for Theology and Public Issues), 영국 체스터대학교(The Global Network for Public Theology[GNPT]),[30] 미국 프린스턴신학교(The Center of Theological Inquiry and the Global Network for Public Theology), 미국 게렛복음주의신학교, 호주 찰스스튜어트대학교(Centre for Public and Contextual Theology[PACT])의 공공신학 연구는 종교 간의 대화를 지양하고 선교적 교회와 유기적으로 연결됨으로써 교회를 섬길 수 있어야 한다.[31] 물론, 공공신학을 교회를 위한 신학 분과로 간주하지 않을 경우 공공철학이나 공공사회과학으로 기울어져 선교적 교회와 연결되기 더 어렵게 되고 만다.

개혁주의 공공선교신학의 '기초'와 '근거'를 위한 성경신학과 올바른 기독론과 성령론의 정립이 급선무다.[32] 따라서, 무엇보다 개혁주의 성경신학자들의 분발이 요청된다. 그리고 공공선교신학에 '안전장치'가 필요하다.

두 가지를 제안한다.

---

29 황창기, 『예수님, 교회 그리고 나』 (서울: 성광문화사, 1998). 참고로 성경의 하나님 나라에 관한 그랜드 내러티브가 아니라 특정하고 구체적인 개인의 경험과 전통과 같은 비조직적이고 단편적인 내용을 공공신학에서 중요하게 여기는 경향, 곧 단편화된 공공신학에 대해서는 W. Myatt, "Public Theology and 'the Fragment': Duncan Forrester, David Tracy, and Walter Benjamin," *International Journal of Public Theology* 8 (2014), 88-93, 105를 보라.

30 체스터대학교의 GNPT가 펼치는 사역은 다음과 같다. 참여하는 기관들 간의 교수와 박사과정 학생 교류와 같은 다차원적인 횡적 교류 강화, 공공신학 연구에 참여하는 기관들의 사역을 홍보함, 글로벌 연구 프로젝트를 공동으로 추진함, IJPT저널을 지원하고 개발함, 다른 공공신학을 추진하려는 계획이나 네트워크를 격려함. 참고. https://www.chester.ac.uk/node/15316(2021년 6월 11일 접속)

31 해외 대학교 안의 공공신학 현황은 https://www.garrett.edu/public-theology; https://ctpi.div.ed.ac.uk; https://www.csu.edu.au/pact를 보라.

32 참고. J. W. Freeland, "God's Missional Spirit: The Acts and Agency of the Holy Spirit in the Missional Life," (D.Min. Thesis, Asbury Theological Seminary, 2019), 31. 참고로 20세기 중순에 미국의 신율주의자(theonomist)는 구약의 율법을 통해 세상을 하나님 나라로 변혁시키려고 나름 공공신학을 추구했다. 그들이 위로부터 아래로의 사회 변혁을 추구할 때, 구약과 신약의 차이점을 파악하는 데 실패했다. 다시 말해, 구약의 그리스도 중심 및 완결적 해석이 제대로 작동하지 않았다. 참고. J. Somner, "Covenants, Law, & Nature: A Response to Gary DeMar," https://joshsommer.org/covenants-positive-law-nature-a-response-to-gary-demar(2021년 6월 11일 접속)

첫째, 신학을 위해 기타 관련 학문들을 대등하게 두기보다 보조적으로 사용하는 모델이다. 이때 관련 학문들의 전제와 방법은 검토 및 비평이 필요하다.

둘째, 공공선교신학에서 성령님의 역할과 신앙적 요소를 빠트릴 수 없다. 하지만, 불행하게도 오늘날 공공신학 논의에서 이 점들은 간과되는 형국이 아닌지 되물을 필요가 있다.[33]

공공신학은 본래 통합적 학문이다. 마찬가지로 공공선교신학을 건실히 정립하려면 성경 주해, 예배학, 설교학, 선교학, 교회 정치(교회법, 교회 질서), 공공신학, 기독교윤리학, 기독교육학 등이 통합적으로 연구되어야 한다. 이때 통섭 연구의 한계도 염두에 둘 필요가 있다.

> 공공신학을 대할 때 우리가 경계해야 할 것 중 하나는 공공신학이 정치, 사회, 경제, 문화의 문제를 종합적으로 해결하고, 교회의 잃어버린 공공성을 신속히 회복시켜줄 것이라는 과도한 기대다. 우리가 추구할 것은 단 하나의 완벽한 형태의 신학이 아니다. 우리에게는 공론의 장에 참여하는 다중의 목소리를 경청하고 다양한 방법론을 포용하는 실천적 지혜 그리고 서로를 관용하면서도 변화와 성숙을 위해 오래 기다릴 줄 아는 인내가 필요하다.[34]

공공선교신학이 최근에 시작되었다 하더라도, 이전의 신학 전통과 유산으로부터 빚을 지고 있다(예. 칼빈, 신칼빈주의, 프란시스 쉐퍼).[35] 공공신학과 선교적 교회가 복음을 해설하는 방식에 있어 이전과 차이가 있더라도, 귀중한 신학적 유산을 창조적으로 발전시켜야 한다.

---

33 예외적으로 성령의 역할을 강조한 경우는 Heaney, "Public Theology and Public Missiology," 205를 보라.
34 김진혁, "공공신학을 소개하는 두 가지 다른 목소리," 186.
35 L. W. Lyon, "The Enduring Value of the Public Theology of Francis Schaeffer," (Ph.D. Thesis, Southeastern Baptist Theological Seminary, 2016), 204-206.

나오면서

모든 신학 분과는 그것들의 일차 좌소(locus)이자 생장점(sitz im leben)인 공교회를 마땅히 섬길 수 있어야 한다. 교회에서 검증된 신학이야말로 공교회적이기에 세상을 제대로 섬길 수 있을 것이다. 공동선을 구현하기 위해 파라 처치(para church)에 해당하는 기독교 시민 단체나 NGO의 역할도 물론 중요하다.

복음의 공공성과 선교를 탐구하려면, 성령께서 영감을 주신 하나님의 말씀을 겸허히 경청하는 자세를 갖추는 것이 중요하다. 만유의 통치자이신 예수님을 머리로 모시는 공교회를 통해 구원의 복음이 세상에 소통된다면, 탈종교화와 세속화에 물든 세상은 하나님 나라로 점진적으로 변혁될 것이다.

공공선교신학은 하나님의 통치와 그분의 선교를 반대하고 저항하는 영적 세력에 대한 경계심을 늦추지 말아야 한다. 그리고 공공선교신학을 추구하는 사람은 영생의 복음과 성령, 사랑과 정의로 충만하도록 늘 하나님의 은혜를 구해야 한다. 개혁주의 공공신학의 1차 관심은 사회 현상이나 공공선이 아니라, 교회와 세상의 주님이신 삼위 하나님이다.

2010년경부터 논의 중인 공공선교신학이 풍성한 개혁주의 신학과 교회의 틀 속에 먼저 자리 잡기를 소망한다.

제2장

공공영역 선교에 대한 성경적 고찰[1]

들어가면서

　죄와 죽음, 가난과 비참에 빠진 죄인과 세상을 구원하시려 독생자 예수 그리스도를 보내신 하나님의 선교(missio Dei) 덕분에 영생, 곧 구원을 얻은 그리스도인에게 선교는 선택이 아니라 사명(使命)이다(참고. 하이델베르크 교리문답 제3-5문, 제60문).
　교회는 예배하고 선교함으로써 존재를 증명한다. 지(地)교회는 예배와 양육과 교제와 더불어, 선교를 우선순위에 두어야 마땅하다. 그리고 교회의 모든 활동은 선교라는 띠로 묶여야 한다.
　구약 시대에 예루살렘으로 모였던 구심적 선교(사 66:20; 렘 3:17; 슥 14:16; 참고. 눅 24:47)는 신약 시대에 오순절 성령의 강림과 A.D. 70년의 예루살렘 성전 파괴 이후에 온 세상으로 복음 전파자가 본격적으로 흩어지는 원심적 선교로 전환되었다(마 24:14; 행 1:8; 19:10; 15:28; 26:23).
　제4차 산업혁명 시기에는 온라인과 오프라인으로 선교 플랫폼을 구축하기에 편리할 것으로 예상된다. 이런 올 라인(all-line)의 시대적 흐름에 발맞추어, 선교적 교회(missional church)를[2] 통한 구심적 선교와 원심적인 선교의 종합도 계발해야 한다. 복음주의권은 물론 개혁주의 교회에서도 수용하고 있는 선교적 교회가 구심적 활동을 펼칠 수 있는 것은 물리-공간적으로 밖으로 나가지

1　이 글은 『KPM R&D』 5 (2021), 30-54에 실렸다.
2　'선교적 교회'는 특정인만 주로 해외의 타 문화권에 파송된 선교사라는 전통적인 관점을 넘어, 세상의 구원을 주도하시는 하나님의 구원 계획에 모든 그리스도인이 선교사로 동참함으로써 세상에서 교회로 자리매김하면서 말과 행실로써 복음을 증언해야 한다는 의미다.

않고도 디지털 미디어와 인터넷 환경을 통해 선교할 수 있기 때문이다.[3] 동시에 선교적 교회가 원심적으로 활동할 수 있는 이유는 그리스도인이 주중에 교회당 바깥의 모든 영역(領域)에 흩어져 선교사로서 하나님 나라를 현시해야 하기 때문이다.

지 교회가 선교 플랫폼을 이용하여 복음을 전하거나 사회 속으로 흩어져 선교사로 역할을 감당한다면, 선교는 하나의 교회의 활동으로 국한되지 않는다. 선교적 교회가 제대로 동력을 얻어 복음을 증언한다면, 타 문화권에 선교사를 파송하는 전통적 원심적 선교에도 더 관심을 보이고 참여할 것이기 때문이다.

이 장은 '영역 선교'(sphere mission)의 성경적 근거를 탐구한다. 성경적 근거가 있다면, 영역 선교를 구현하는 방법이 무엇인지도 살핀다. 마지막으로 개혁주의에서 영역 선교와 공공신학(public theology)의[4] 결합을 모색함으로써, 그리스도인이 공적 영역(public sphere)에서 어떻게 선교적 사명을 수행할 수 있는지를 살펴보는 것으로 마무리한다.

1. 영역 선교에 대한 성경적 근거

1) 영역 선교와 관련된 개념과 운동

'영역 선교'라는 용어와 개념 그리고 운동은 이미 통용되고 있다.

변혁한국(Transform Korea)과 한국세계선교협의회(KWMA)는 2010년 10월 7일에 열린 '7M세미나: 영역별 21세기 지도자 양성'에서 7대 영역 선교를 토의했다(교회, 정부, 가정, 교육, 미디어, 예술, 경제; 참고. 계 5:12).[5] 그리고 통일과

---

[3] 복음주의 선교적 교회 확립에 David Bosch, C. J. H. Wright, Lesslie Newbigin, GOCN, Darrel Guder, Alan Roxbourgh 등의 기여를 인정하는 김선일, "선교적 교회론의 복음주의적 수용연구: 실천신학적 관점에서," 『복음과 실천신학』 36 (2015), 150-52; 정기묵, "뉴미디어 시대와 미디어 선교," 『선교와 신학』 32 (2013), 96-98.

[4] '공공신학'은 교회당 울타리 밖의 공적 영역에 선교적 교회가 하나님의 현존과 사역을 현시하는 것을 가리키는데, 사회의 공공선을 위해 공감과 사랑을 기초로 한 토론과 협력을 증언의 중요한 수단으로 간주한다. R. Doronzo, "Opinione Pubblica, Chiesa e Dignità della Persona," *Apulia Theologica* 3/1 (2017), 118-30.

[5] http://www.missionmagazine.com/main/php/search_view.php?idx=2848(2021년 6월 26

열방선교를 위한 네트워크인 포타미션(FOTA Missions, 대표 김영식, since 2016)은 2021년 3월 24일-6월 15일까지 매주 화요일 저녁 7시에 기독 청년들을 위한 '영역 선교 기초과정 훈련'을 실시했다.[6] 대한예수교장로회(예장) 고신(高神)의 학생신앙운동(SFC)의 강령에 따르면, '국가, 학원 그리고 세계'라는 세 영역의 복음화를 사명으로 담아낸다.[7] SFC의 영역운동은 '교회 중심'이라는 독특성을 견지하고 있다. 예장 고신이 직영하는 고신대학교는 기독교 대학을 지향하기에, 영역운동과 영역 선교에 최적화된 일꾼들을 양성하는 데 더욱 진력해야 마땅하다.

영역 선교는 자신의 전문 분야를 활용하여 타 문화권에서 원심적 선교를 수행하는 '전문인 선교'와 유사하지만 구별된다. 유사점은 자신의 역량을 발휘할 수 있는 영역에 복음을 전하는 데 있고, 차이점은 전문인 선교와 달리 영역 선교는 타 문화권으로 반드시 범위가 확대될 필요가 없다는 데 있다.

여기서 '영역'은 '영토', 즉 지리적 공간과 다른 개념임을 인식하는 것이 중요하다. 성경은 도시, 농어산촌, 작은 마을, 산, 바다, 강 그리고 하늘과 같은 물리적 공간을 언급한다. 성경은 세속화의 위협을 항상 받는 도시를 비롯한 모든 공간에 하나님의 사랑과 공의와 자유와 진리가 구현되어야 한다고 가르친다.[8] 그런데 공간은 비물리적 개념인 영역과 구분된다.

공공신학의 열기가 일어나자 덩달아 아브라함 카이퍼(A. Kuyper, 1873-1920)도 개혁주의 공공영역신학자로 인식되고 있다.[9] 카이퍼는 암스테르담 새교회당에서 열린 자유대학교 개교 연설의 주제를 '영역 주권론'(souvereiniteit in eigen kring, 1880)으로 잡았다. 그는 만유의 주재이신 예수 그리스도의 통치를 받아야 할 영역으로 특히 가정, 국가, 교회, 교육(학교) 그리고 사회를 언급한 바

일 접속).

6 www.fotamissions.net.

7 유영업 (ed),『웨스트민스터 신앙고백서 대교리문답에 기반한 SFC영역운동의 방향과 실천: 영역운동 매뉴얼』(서울: SFC총동문회 영역운동본부, 2017).

8 V. Rosito, "Teologia e Urbanizzazione: Oltre la Città Globale e Secolare," *Apulia Theologica* 4/1 (2018), 183.

9 참고로 사랑의교회는 '사랑글로벌아카데미'(SaGA) 산하 '아브라함 카이퍼 연구소'를 운영 중인데, 성도 개인이 그리스도께서 우주의 왕이심을 삶의 전 영역에서 실천하도록 돕고 있다.

있다.[10] 카이퍼에게 "영역은 기독교 밖의 세계관을 가진 사람들을 지칭하기도 하므로, 기독교적 세계관과 비기독교적 세계관의 대결과 반제(antithesis)를 보여준다."[11] 국가나 국민이 아닌 하나님의 절대주권을 강조한 카이퍼는 신칼빈주의 운동과 기독교 대학을 비롯한 영역 선교의 기초를 놓은 인물로 평가된다.[12]

최근 교회가 공적 여론의 형성에 참여할 때, 무엇보다 인간의 존엄성을 존중하기 데 기여해야 한다는 논의가 있다. 이때 '영광 영역'(doxasphere)라는 개념이 등장하는데, 천주교 신학자 도론조(R. Doronzo)의 주장을 소개하면 아래와 같다.

> 공적 의견이라는 주제는 인간의 존엄성과 밀접하다. 교회는 여론을 정확히 만들어내는 과정에 참여하는데, 사람의 존엄을 올바로 세우고 보호하는 중요한 사회적 역할을 수행해야 하기 때문이다. … 영광 영역(doxasphere)은 사회적 행동의 한 부분으로서 모든 사람이 공적 의견을 형성하는데 협력한다는 개념이다. 이 개념은 교회 안의 사회적 역동성을 묘사하는 데 있어 상당히 유용하다. 사회적 영광 영역에 있어, 지역 교회는 그 영역 안에서 다른 모든 행위자와 마찬가지로 사회정치적 역할은 물론 양심을 진작시켜 개인의 유익과 공동선을 위해 실천하도록 도와야 한다. 이를 위해, 교회는 동정의 메시지를 전해야 하는데, 그런 작업은 개인과 공동체의 관계를 특징지어야 하고, 인간의 위엄을 파괴하지 않는 공적 의견을 생성해야 한다.[13]

---

10 A. Kuyper, 『아브라함 카이퍼의 영역 주권: 인간의 모든 삶에 미치는 하나님의 주권』(*Souvereiniteit in Eigen Kring*), 박태현 번역 및 해설 (서울: 다함, 2020); 유영업 (ed), 『웨스트민스터 신앙고백서 대교리문답에 기반한 SFC 영역 운동의 방향과 실천: 영역 운동 매뉴얼』(서울: SFC총동문회영역운동본부, 2017), 26-28.
11 박태현, "아브라함 카이퍼의 영역 주권," 『신학지남』 318 (2014), 184.
12 "모든 진리의 근본이요 모든 참된 지식의 원천이시며 모든 지혜의 근원이신 하늘에 계신 우리 아버지! 우리가 당신께 감사드립니다. 당신을 떠나 헤매는 당신의 피조물은 영혼의 어두움 외에, 침체 외에, 속박 외에 다른 것을 발견할 수 없나이다. 하지만, 우리는 당신께 가까이 나아가며, 당신의 생명 속에 우리를 담그고, 빛이 우리를 둘러싸고, 힘이 우리의 정맥 속에 고동치고, 신앙의 자유가 복된 환희 가운데 펼쳐집니다." 박태현, "아브라함 카이퍼의 영역 주권(2)," 『신학지남』 319 (2014), 254.
13 Doronzo, "Opinione Pubblica, Chiesa e Dignità della Persona," 131.

위에서 언급한 영역 선교와 연관된 여러 관련 개념과 운동을 염두에 두면서, 무엇보다 가장 주요한 성경적 근거를 찾아야 한다.

2) 영역 선교에 관한 구약성경의 근거

성경은 창조와 문화명령으로 시작하여(창 1:1, 28), 새 창조와 천국 확장의 완성으로 마무리된다(계 21:1-22:5). 성경은 하나님 나라를 보여주는 선교의 그랜드 내러티브와 같다.

영역 선교의 구약적 근거는 무엇인가?

구약성경에서 명사 קָנֶה(카네)는 갈대를 가리킨다.[14] 그런데 이 명사는 그리스어 κανών(카논)이 '갈대'와 더불어 '영역'을 가리키는 것과 사뭇 다르다. 영역을 가리키는 히브리어 두 명사 שָׂדֶה(구약에 320회)와 שָׂדַי(구약에 13회)는 야생 혹은 경작이 가능한 들판이나 영역을 가리키는 아카드어 사두(śadu)에서 유래했다.[15] 두 히브리어 명사는 삶에서 모든 종류의 일들이 일어날 수 있는 공간이나 영역(창 41:48; 출 22:5-6; 신 32:13; 삿 9:32; 삼상 6:14; 20:5, 24; 겔 26:6), 곧 파종과 추수, 전쟁, 이웃의 토지를 보호하라는 율법 준수의 공간, 묘지 그리고 피난처 등의 역할을 수행한다.

하나님께서는 자신과 언약을 맺은 이스라엘의 농경, 경제, 종교, 군사 등의 영역에 계명의 정신이 구현되기를 의도하셨다. 따라서, 하나님의 언약에 신실한 백성은 삶의 모든 영역에서 하나님의 법의 통치, 즉 하나님 나라를 구현하도록 애써야 했다. 또한, 제사장 나라인 이스라엘 백성의 활동 영역은 이방 나라로 확대되어야 한다(출 19:6).

여기서 빠트리지 말아야 할 중요한 영역이 더 있다. 하나님께서 아담 부부에게 문화명령을 주신 후에 가정 제도가 확립되었다(창 1:28; 2:24). 그러므로 가정은 세상 모든 영역에 하나님의 백성이 하나님의 통치를 구현해야 한다는

---

14 J. K. Hoffmeier, "קָנֶה," in *NIDOTE*, Volume 3, ed. W. A. VanGemeren (Grand Rapids: Zondervan, 1997), 942-43; J. P. Louw and E. A. Nida, *Greek-English Lexicon on the New Testament based on Semantic Domains*, Volume 1 (Cape Town: BSSA, 1993), 707.

15 M. A. Grisanti, "שָׂדֶה/שָׂדַי," in *NIDOTE*, Volume 3, ed. W. A. VanGemeren (Grand Rapids: Zondervan, 1997), 1217. 참고로 지역이나 경계(region, boundary)를 가리키는 גְּבוּל(LXX ὅριον)도 참고하라(대상 4:10; 참고. 마 2:16).

문화명령의 도구와 같다. 부부가 낳은 언약의 자녀 역시 문화명령을 수행하기 위해 번성하고 온 세상에 흩어져 충만해야 한다.

문화명령은 문화를 공동선을 만들어내는 하나님의 선물로 인식하면서, 사탄이나 악이 아니라 문화의 근원이자 목표 지향점이신 하나님을 향하고 그분을 드러내어 높이는 문화를 창출하는 방식으로 구현되어야 한다.[16] 하나님을 지향하는 문화를 건설하라는 명령은 타락한 세상을 하나님 나라의 복음으로 재창조하라는 명령이기도 하다.[17]

구약 선지자들도 온 세상 나라와 모든 영역은 여호와의 것이라고 천명했다(욥 1:21). 하나님의 보좌이자 발등상인 예루살렘 성전은 하늘의 영역과 땅의 영역을 연결하는 소우주(microcosm)와 같다(시 78:69).[18] 성전 뜰의 놋 바다와 물두멍 10개 그리고 이방인의 뜰은 열방을(왕상 7:23, 40), 번제단은 이스라엘 땅을(출 20:24-25), 지성소와 휘장에 새겨진 그룹들은 하늘을(출 26:31-33; 삼하 6:2) 그리고 남자의 뜰과 여자의 뜰도 이스라엘을 상징한다(참고. 히 8:5; 9:23-25).[19]

예루살렘 성전에서 일했던 레위인들이 성전 바깥의 일반적이고 공적인 영역에서 관원과 재판장, 곧 공무원처럼 역할을 수행했다는 사실은 매우 중요하다(대상 26:29). 물론, 제사장 나라로 부름받은 이스라엘 백성에게 가장 거룩한 종교적 영역은 예루살렘과 그 안의 성전이었다. 하지만, 하나님은 거룩한 백성을 통해 거룩함이 원심적으로 퍼져나가 모든 영역에 구현되기를 의도하셨던 것이다(레 11:44).

거룩함은 이스라엘 백성이 삶의 영역에서 사랑을 실천할 때 우선적이고 적극적으로 성취된다(레 19:18). 제사장은 곰팡이나 전염성 피부병의 발병과 치유 여부를 판단했다(레 14장). 그런 환자는 이스라엘 진영에서 격리되었다.

---

16   S. T. Kgatla and D. G. Kamukwamba, "Mission as the Creation of a God-ward Culture: A Critical Missiological Analysis," *Verbum et Ecclesia* 40/1 (2019), 3.

17   Kgatla and Kamukwamba, "Mission as the Creation of a God-ward Culture," 5-6.

18   L. Brouwer, "Temple Symbolism and Mission in the Pauline Churches," *Missionalia* 46/1 (2018), 87.

19   참고. G. K. Beale, 『성전신학』 (*The Temple and The Church's Mission*), 강성열 역 (서울: 새물결플러스, 2014), 42, 45-47; J. B. Jordan, 『새로운 시각으로 본 성경적 세계관』 (*Through New Eyes: Developing a Biblical View of the World*), 이동수·정연해 역 (서울: 로고스, 2002), 288-302.

후천성 장애인 므비보셋의 결혼과 출산 그리고 다윗에 의한 지위의 회복도 중요하다(삼하 9:3-13; 사 56:3, 6-8). 이러한 질병과 장애의 예방과 치유는 의료 영역에 속하는데, 오늘날 백신 접종 같은 일반은총과 밀접하다.[20] 의료 영역도 하나님의 통치에서 벗어나지 않는다.

3) 영역 선교에 관한 신약성경의 근거

신약성경에서 남성 명사 κανών(카논)은 지리와 기능에 있어 '영역'(sphere) 혹은 '지역'(area, territory)을 가리키는 용례로 바울만 3회 사용한다(고후 10:13, 15, 16).[21] 한글개역개정은 고린도후서 10:15-16에서 κανών을 '규범'으로 번역하지만, 10장 13절에서는 '범위'라고 일관적이지 않게 번역한다. 바른성경은 고린도후서 10장 15-16절에서 '한계'로, 10장 13절에서는 '분량'이라고 역시 일관적이지 않게 번역한다. 바울은 선교 활동에서 다른 선교사의 사역 한계와 영역을 침범하지 않으려고 주의한다. 따라서, 바울은 κανών을 선교사의 사역과 기능이 미치는 지역적 한계나 영역이라는 의미로 3회 사용한다.[22]

창세기의 문화명령은 예수님께서 승천하시기 전에 제자들에게 주신 지상명령으로 성취된다(마 10:5-6; 28:19-20). 열방의 빛이신 예수님께서 하늘과 땅, 즉 총체적 영역의 권세를 가지고 계시기 때문이다(참고. 창 1:1; 사 49:6; 눅 2:32).[23] '선교 복음서'라 불리는 마태복음은 마태공동체의 유대인과 이방인

---

20 S. Bishop, "Kuyper and Vaccinations: A Case Study in Kuyper's Approach to an Ethical Issue," *Koers* 84/1 (2019), 2-5.
21 한글개역개정은 고후 10:15-16에서 κανών을 '규범'으로 오역한다. 참고. Louw and Nida, *Greek-English Lexicon on the New Testament based on Semantic Domains*, Volume 1, 707.
22 C. G. Kruse, *2 Corinthians* (EGGNT, Nashville: B&H Academic, 2020), 211. 참고로 고후 10:13, 15에서는 '규칙'으로, 10:16에서는 '사역의 영역이나 지역'으로 일관적이지 않게 번역한 경우는 F. J. Long, *II Corinthians: A Handbook on the Greek Text* (Waco: Baylor University Press, 2015), 192-94를 보라. 그리고 고후 10:13, 15에서는 '사역을 위한 할당'(assignment)으로, 10:16에서는 '할당된 지역'(allotted territory)로 본 경우는 M. J. Harris, *The Second Epistle to the Corinthians* (NIGTC, Grand Rapids: Eerdmans, 2005), 723을 보라.
23 C. Barrett, "Luke's Contribution to the Light Motif in Scripture as It Relates to the Prophetic Ministry of Christ and His Disciples," *Puritan Reformed Journal* 5/1 (2013), 36-37; C. J. H. Wright, 『하나님 백성의 선교』 (*The Mission of God's People*), 한화룡 역 (서울: IVP, 2012), 236.

선교 사역에 대한 이야기가 아니라, 다윗 언약과 아브라함 언약을 성취하심으로써 유대인과 이방인의 왕이신 예수님께서 자기 백성과 함께하셔서 주도하시는 하나님 나라의 선교에 대한 메시지다(마 1:1, 23; 28:20).[24]

'다윗의 후손'이신 예수님은 통전적 치료를 베푸셨기에, 여기서 육체는 물론 정신 및 영적 건강을 위한 의료 영역 선교의 정당성을 볼 수 있다(눅 18:38). 마태복음의 1차 독자는 마지막 28장의 지상명령을 들은 후, 내러티브 세계에서 실제 삶의 세계로 이동해야 했기에, 마태복음을 선교 복음서로 쉽게 파악할 수 있었을 것이다.[25] 이런 현상은 마가복음에도 해당한다(참고. 막 16:9-20).

예수 그리스도는 십자가 죄 패에 기록된 대로 '나사렛 예수, 유대인들의 왕'(Ἰησοῦς ὁ Ναζωραῖος ὁ βασιλεὺς τῶν Ἰουδαίων)이시다(요 19:19). 예수님은 주권적 권세를 가지고 시행하신다. 그런데 이 문구는 히브리어, 라틴어 그리고 그리스어로 기록되었다(요 19:20). 이 사실은 예수님의 왕권이 종교 영역(히브리어), 정치 영역(라틴어), 문화 영역(헬라어)에 예외 없이 작동되어야 함을 암시한다(참고. 눅 3:12-13; 요 18:37; 19:3; 계 19:16).[26]

여기서 잊지 말아야 할 사실은 모든 영역의 중심축은 살아계신 하나님이시라는 점이다.[27] 하나님은 그리스도인의 앎과 삶의 중심이시며, 만유의 머리이며 중심이시다. 중심이신 하나님을 인정할 때 영역 선교는 좌우로 치우치지 않는다.

승천하심으로써 만왕의 왕이신 예수님께서 보내신 성령으로 충만한 교회의 선교적 사명은 구원 받은 것으로 만족하는 것이 아니라, 세상 나라가 하나님 나라로 변혁되는 데 있다(계 11:15).

요한은 그리스도인이 반기독교 사회에서 영역 선교를 수행하는 세 방법으로 어린양의 피와 복음의 증언 그리고 순교적 각오를 소개한다(계 12:11). 예수

24　D. R. Bauer, "The Theme of Mission in Matthew's Gospel from the Perspective of the Great Commission," *Asbury Journal* 74/2 (2019), 241-42.

25　마태복음의 기독론과 구원론과 교회론 등은 '선교'라는 글자가 새겨진 리본으로 서로 묶여 있다. Bauer, "The Theme of Mission in Matthew's Gospel from the Perspective of the Great Commission," 243.

26　아브라함 카이퍼(1880)도 이 사실에 넌지시 동의한 바 있다. B. Goudzwaard, "The Principle of Sphere-Sovereignty in a Time of Globalisation," *Koers* 76/2 (2011), 359-60.

27　Goudzwaard, "The Principle of Sphere-Sovereignty in a Time of Globalisation," 361.

님은 온 교회적인 분인 동시에, 만유의 머리로서 유지하신다(엡 1:10; 골 1:17). 여기서 만유(τὰ πάντα)는 우주와 세상의 모든 영역을 가리킨다. 예수님은 교회를 통해 만유를 갱신하시고 충만하게 하신다(엡 1:10; 계 21:5). 그러므로 교회를 향한 하나님의 목적은 세상을 향한 목적과 분리되지 않는다.[28]

에베소서는 '경륜'(οἰκονομία)과 '충만'(πλήρωμα)이라는 두 주제어로 하나님의 선교를 설명한다. 하나님의 비밀스런 경륜, 곧 구원의 계획은 예수님을 통한 선교로써 명백해진다(엡 1:9-10).

다시 말해, 성부께서 영원 전부터 가지고 계신 구원의 뜻이 결정적으로 이루어진 때(καιρός)는 아들 예수님을 세상에 보내신 시간이다(엡 1:5-7, 10, 20-21; 2:5, 13; 3:9; 4:32).[29] 세상에 파송된 성자는 교회를 자신의 생명과 통치로 충만케 하시고(엡 1:22), 그것은 교회의 선교로 이어진다(엡 1:10). 하나님의 선교는 하나님의 경륜을 받드는 교회를 통해 만유가 하나님의 충만으로 채워지는 것으로 귀결된다(엡 1:10; 3:19; 4:10, 13).[30] 에베소 교회는 바울의 제3차 선교 여행 때 소아시아 전역의 선교 거점이었으므로(행 19:10), 에베소서가 강조하는 선교적 메시지를 잘 이해할 수 있었을 것이다.

4) 요약

예수님의 가르침을 따라, 사도 바울은 성부께서는 성자와 성령 충만한 교회를 통하여, '하늘의 『'과 '땅의 영역', 곧 만유를 회복하신다는 복음을 힘주어 강조한다.[31]

영역 선교에 관한 성경적 근거에 의하면 영역 선교는 육체와 정신과 영혼 그리고 종교를 비롯하여 정치, 경제, 사회, 문화의 영역을 아우르는 통전적 선교다. 이런 통전적 선교에서 만남의 중요성은 아무리 강조해도 지나치지 않다.

28　T. A. van Aarde, "The Relation of God's Mission and the Mission of the Church in Ephesians," *Missionalia* 44/3 (2016), 285.
29　L. Floor, "Een Blauwdruk voor de Toekomst," *In die Skriflig* 45/2-3 (2011), 471-72.
30　Van Aarde, "The Relation of God's Mission and the Mission of the Church in Ephesians," 286.
31　Floor, "Een Blauwdruk voor de Toekomst," 477.

선교적 교회의 사역이 공적 프로젝트의 형태로만 진행되어서 인격적 접촉이 부차적으로 밀려나는 것에 반대한다. … 사람과의 만남에 중점을 두고 그 만남으로부터 삼위 하나님의 역사를 감지하고, 함께 공동의 생활 양식을 모색하는 가운데, 진정한 인격적 교류로 말미암아 회심과 영적 교제가 일어나기를 기대해야 한다.[32]

하나님의 선교는 교회와 만유가 예수님의 죽으심과 부활과 승천 그리고 그분의 선교로 방향 지어진 새 창조에 맞추어 살도록 인도한다.[33]

2. 영역 선교에 대한 성경적 방법

1) 구약성경에 나타난 영역 선교의 방법

하나님의 선교와 하나님 백성의 선교라는 두 주제는 전체 구약 내러티브에 나타난다. 하나님의 선교의 산물이자 증거인 구약성경은 아브라함 언약이 제사장 나라인 이스라엘 백성과 이방인들에게 성취되어 그들이 우상을 버리고 여호와만 경배할 것을 목표로 삼는다(창 12:1-3; 출 19:6; 시 22:27-28; 사 48:18-19; 눅 1:55; 갈 3:26-29).[34] 하나님께서 온 세계를 향한 그분의 목적과 목표를 성취하시기 위해 자기 백성을 죽어가는 자들에게 파송하실 때, 이방인과 구별된 예배와 윤리와 믿음의 순종을 실천하라고 명하신다(창 45:7; 출 3:10).[35]

출애굽 사건이라는 총체적 영역에서 구원을 경험한 이스라엘 백성은 희년법에 근거하여 사회복지와 기본소득을 준수해야 했다(레 25:8-55; 민 36:1-12).[36] 경제 영역에서 선지자들도 '고엘'이 필요한 약자를 보호하라고 목소리를 높

---

32 김선일, "선교적 교회론의 복음주의적 수용연구," 172.
33 참고. Floor, "Een Blauwdruk voor de Toekomst," 469.
34 C. J. H. Wright, 『하나님의 선교』 (*Mission of God*), 정옥배·한화룡 역 (서울: IVP, 2010), 35, 57, 239, 302, 315.
35 Wright, 『하나님 백성의 선교』, 18-19, 126, 140.
36 Wright, 『하나님 백성의 선교』, 148-49; 송영목·이은수, "사회복지와 기본소득에 대한 성경적 연구," 『영산신학저널』 56 (2021), 60-81.

였다(사 61:1 이하; 렘 34:8-11; 겔 46:16-18; 암 8:4-7; 참고. 룻 3:9-13; 느 5:1-13; 눅 4:17-19). 이스라엘의 최고 재판관인 솔로몬은 법정 영역에서 정의가 시행되지 않는다고 전도서에서 탄식한 바 있다(전 3:16; 참고. 암 5:12-15의 '성문'). 그리고 단 한 명의 악한 자가 언약공동체의 많은 선, 곧 공공선을 무너지게 만들기도 했다(전 9:18).

이스라엘에서 경제이건 법정이건 어느 영역이건 하나님의 법이 다스려야 했다.

2) 신약성경에 나타난 영역 선교의 방법

구약의 언약들과 선교는 여호와의 종이신 예수님에 의해 그리고 예수님을 위해 성취된다.[37] 예수님의 교훈을 따라 그리스도인은 하나님 나라가 하늘에서처럼 땅에서도(ἐπὶ γῆς) 이루어지도록 기도한다(마 6:10). 여기서 하나님의 다스림이 이루어져야 할 영역인 '땅'(γῆ)은 그분을 대적하는 세력의 보금자리와 같은데, 거기에 예수님께서 패배시킨 사탄이 활동한다(고전 2:8; 계 12:5-12).[38]

삼위 하나님의 종말론적 목적은 땅이 천국으로 변력되는 것인데, 주님의 재림 때까지 현재 진행형이다.[39] 하나님의 이름은 해가 뜨는 곳에서부터 지는 곳까지, 곧 모든 이방 나라들과 모든 영역에서 높임을 받으셔야 한다. 그러므로 하나님의 백성은 그 영역들로 흩어져 복음을 전파해야 한다(말 1:11; 마 28:19; 행 1:8; 딤전 2:7; 딤후 4:17).[40]

팍스 로마나는 종교와 정치와 군사와 문화 그리고 경제 영역 등을 아울렀다. 예수 그리스도의 나라도 마찬가지다.

그런데 쿰란공동체의 도피적이며 은둔적 태도는 적극적인 영역 선교에 있어 걸림돌이다. 열심당의 전복적 활동 역시 점진적 개혁성을 지지하는 영역

---

37 Wright, 『하나님 백성의 선교』, 72.
38 G. Maier, 『마태복음』 (*Matthäus-Evangelium*), 송다니엘 역 (서울: 진리의깃발, 2017). 232.
39 Van Aarde, "The Use of οἰκονομία for the Missional Plan and Purpose of God in Ephesians 1:3-14," 51.
40 A. J. Köstenberger, "An Investigation of the Mission Motif in the Letters to Timothy and Titus with Implications for the Pauline Authorship of the Pastoral Epistles," *Bulletin for Biblical Research* 29/1 (2019), 57-60.

선교에 부적합하다. 영역 선교는 개혁적이므로 게토화와 전복적 혁명으로는 달성될 수 없다.

그리스도인이 영역 선교를 개혁적인 방식으로 수종 들려면 세 직분을 수행해야 한다. 예수 그리스도께서 수행하는 세 직분으로부터 모든 그리스도인에게 부여된 세 직분이 파생한다(참고. 『기독교 강요』 2.15). 제사장, 선지자 그리고 왕이다. 이 직분들은 하나님의 구원의 경륜을 모든 영역에 이루기 위한 방편이다. 하나님의 선교 경륜은 만유의 미래에 대한 설계도와 같기에 우주론적이며 종말론적이다(엡 1:10).[41] 총체적 영역 선교를 위해서는 교회 전체가 필요하다.[42] 그리스도인이라면 누구나 선교에 참여해야 한다.

첫째, 그리스도인의 만인 제사장 직분과 관련하여(벧전 2:9), 주일에 집중적으로 제사장과 예언자의 사역을 감당하는 목회자는 일반 신자의 주중 제사장적 역할을 억누르기 위해 임직한 것이 아니라, 그들의 제사장적 역할을 격려하기 위해 세움 받았음을 잊어버리지 말아야 한다.[43] 예수님 당시 바리새인들은 제사장에게 국한된 세수의 율법(출 30:19)을 오용하여 모든 유대인에게 식사 전에 손을 씻도록 강요했다(막 7:9). 그들은 장로의 전통을 따라 왜곡된 방식으로 제사장 나라를 건설함으로써, 유대인들을 억누르고 통제하려 했다(참고. 출 19:6).[44] 하지만, 제사장들로 구성된 하나님 나라는 자발적이며 즐거운 헌신과 정결, 은혜와 평강의 나라이다(계 1:6).

둘째, 그리스도인의 만인 선지자 직분은 복음 전파를 위한 것인데, 온 세상에 선교하시는 일곱 영(계 1:4; 3:1; 4:5; 5:6)을 따라 구원과 은혜와 평강을 전하는 것이다.[45] 바울의 '성전' 이미지는 성령이 내주하시는 성도의 정체성 역시

41　Van Aarde, "The Use of οἰκονομία for the Missional Plan and Purpose of God in Ephesians 1:3-14," 46, 49.

42　Wright, 『하나님의 선교』, 405.

43　박영호, "만인제사장론과 선교적 교회: 베드로전서 2장 9절의 해석을 중심으로," 『선교와 신학』 43 (2017), 199; 송영목, 『하나님 나라 복음과 교회의 공공성』 (서울: SFC출판부, 2020), 150-58.

44　송영목, "마가복음 7:9 본문비평과 해석," 『신약논단』 28/2 (2021), 408.

45　송영목, "요한계시록의 일곱 영에 대한 언약적 이해," 『영산신학저널』 43 (2018), 211-41.

이런 선교를 강조한다(고전 3:16-17).[46] 예수님께서 약속하신 임마누엘의 은혜는 성령의 내주로써, 이는 선교를 위한 것이며 아브라함의 언약을 성취하는 것이기도 하다(창 15; 마 1:1; 28:18-20; 딤후 4:17).[47] 덧붙여 가짜 뉴스가 범람하는 유튜브와 같은 미디어와 언론 영역에서 참된 지식에까지 새롭게 되어야 하는 그리스도인은 경계심을 늦추어서 안 된다(골 3:10).[48]

'하나님의 경제'(theo-economy)를 달성하기 위한 그리스도인의 선지자적 목소리는 특히 야고보서에서 볼 수 있다(약 5:4-5). 야고보는 약 57회의 명령형 동사를 통해, 그리스도인은 시련 중에서라도 하나님의 지혜를 사랑과 정의와 거룩함으로써 활용하여 하나님과 그분의 복음을 세상에 드러내라는 선교적 메시지를 제시한다.[49] 요한계시록 18장 12-13절 역시 경제 영역에서 선교를 위해 사치와 독점을 비판해야 할 그리스도인의 예언자적 목소리를 가르친다.[50] 또한, 종이 주인에게 충성해야 한다는 가정 규례(haustafel)는 직업이라는 경제 영역 선교에 대한 지침을 제공한다(벧전 2:18-25).[51]

지구촌 시장 경제(cosnomonic)에 모든 가치와 결정권을 맡겨버리는 신자유주의 시대에 영역주권은 어떤 처방을 줄 수 있는가?
영역 선교는 하나님의 경제(God's oikonomia)를 거역하는 맘몬이라는 유물이 지배하는 무신론적 체계가 양산한 수많은 문제를 교정할 수 있는가?

---

46 Beale, 『성전신학』, 329-53; Brouwer, "Temple Symbolism and Mission in the Pauline Churches," 98, 105.
47 참고. A. J. Köstenberger, "An Investigation of the Mission Motif in the Letters to Timothy and Titus with Implications for the Pauline Authorship of the Pastoral Epistles," *Bulletin for Biblical Research* 29/1 (2019), 57-59.
48 그리스도인이 미디어의 공동선과 공익적 가치를 판단하려면, 신문사나 방송국이 추구하는 뉴스 미디어의 환경이나 이념 그리고 그들의 주요 타깃을 파악해야 한다. 그리고 실시간으로 보도하는 hard뉴스와 장기적 가치를 가진 soft뉴스의 균형도 잘 살펴야, 미디어 영역이 공공악(public bad)을 만들지 않도록 예방할 수 있다. N. Theys, A. van Deventer & D. Mulder, "Optimising Publicity: Towards a Theoretical Model," *Acta Academica* 41/4 (2009), 229-31.
49 송영목, "야고보서의 명령형과 선교적 교회," 『교회와 문화』 41 (2018), 43.
50 송영목, "경제 정의와 한국 교회(계 18:12-13)," 『본문과 설교』 3 (2010), 133-59.
51 참고. Wright, 『하나님의 선교』, 524; C. Lienemann-Perrin, "Women's Work in Mission: Between Household and Public Sphere," *Reformed World* 54/2 (2004), 81-90. 참고로 *Reformed World*는 WCC와 밀접한 WCRC 저널이므로 비평적 읽기가 필요하다.

그리스도인조차 월요일부터 토요일까지 하늘 대신에 시장의 지배를 받으려고 하지 않는가?
웨스트민스터 신앙고백서를 채택하면서도 청교도식 주일 성수를 골동품 취급하는 교인들에게는 주일조차 시장이 주인 노릇을 하지 않는가?

여기서, '시장 경제나 자본주의, 신자유주의 자체가 악하다고 말할 수 있는가?'라는 질문이 제기될 수 있다. 하지만, 하나님이 아닌 '자본'이 고삐 풀린 소처럼 제 맘대로 하나님 노릇하며, 남의 소유를 부당하게 노리거나 가상화폐, 부동산 투기처럼 불로소득과 탐심을 부추기는 것은 우상 숭배다(골 3:5).[52]
하나님의 형상이라는 인간의 신적 기원이 무시되면, 필연적으로 동물(원숭이)로부터의 진화와 같은 유물주의의 노예가 될 수밖에 없다. 이에 관해 카이퍼가 교훈을 준 바 있다.

> 이것이 진실이다. 절대적인 재산은 오직 하나님에게 속한다. 우리의 모든 소유는 그분에게서 빌려온 것이다. 우리는 청지기로서 재산을 관리한다. 따라서, 한편으로 우리 주 하나님만 우리를 그런 책무로부터 배제하실 수 있다. 그러나 다른 한편으로, 하나님 아래에 있는 우리는 다른 사람들과의 유기적 연합이라는 상황을 벗어난 채 다스리는 권한을 가지고 있지 않다. 따라서 우리는 타인의 소유와도 유기적으로 연합되어 있다.[53]

그리스도인의 경제 활동이 하나님께서 부여하신 청지기직 수행과 사회의 공동선 촉진이라는 목적을 제쳐둔다면, '24/7 경제'는 자기 충족적이고 그 자체가 목적이 되어 변질되고 만다.[54]
셋째, 그리스도인의 만인 왕 직분은 교회와 국가의 관계 설정에 있어 중요하다. 로마서 13장과 디모데전서 2장 1-3절의 국가 영역 선교와 관련하여, 그

52　Goudzwaard, "The Principle of Sphere-Sovereignty in a Time of Globalisation," 366-67.
53　A. Kuyper, *The Problem of Poverty*, ed. J. Skillen (Grand Rapids: Eerdmans, 1991), 67. Goudzwaard, "The Principle of Sphere-Sovereignty in a Time of Globalisation," 362에서 재인용.
54　E. Beukes, "Christian Faith and Economic Life: Some Kuyperian Themes," *Acta Academica* 38/2 (2006), 13-14.

리스도인은 천국 시민권을 지혜롭게 활용함으로써 지상 국가의 국민의 의무에 충실해야 한다. 그리고 왕이신 예수님은 질병과 장애를 치료하셨기에, 의료 영역에서도 그리스도인의 왕적 직무가 중요하다(마 20:30; 눅 11:14; 요 9장). 또 예수님은 악령 들린 자들을 치료하셨기에, 악한 영적 세력을 대항하여 수행하는 영적 전투는 그리스도인이 자신의 왕직을 수행하는 중요한 방편이다(막 1:26; 행 10:38).

덧붙여 베드로후서 3장 10-13절과 계시록 21장 1절, 5절은 환경-생태 영역에서의 선교를 위한 중요한 본문들이다.[55] 생태의 청지기는 폭군처럼 하나님의 창조세계를 훼손하지 않고 그것의 신음소리를 듣는다(롬 8:18-22).[56]

세상에 파송된 그리스도인이 예수 그리스도로 옷 입고 사는 생활(롬 13:14; 갈 3:27; 골 3:10)은 신적 성품에 참여하여 세상 속에서 믿음과 사랑으로써 선을 행할 때 가능하다(벧후 1:4-7). 그리스도인이 주중에 교회당 바깥 영역에서 그리스도라는 유니폼을 벗고 산다면, 교회 실종을 초래하여 영역 선교는 불가능하게 되고 만다. 그리스도를 옷 입기 원하는 사람이라면, 월요일 오전 11시에 교회는 어디에 있는지 물어야 한다.

선교적 교회 안에 승천하신 예수님의 현존은 성령을 통하여 가능하다. 그 성령은 바울과 에베소 교회로 하여금 선교를 위해 기도하고 하늘의 영역(엡 1:3)을 지상의 모든 영역에 가시화하도록 장려하신다(엡 1:15-23; 2:6).[57]

교회는 세상을 지배하지 않고, 온 세상에 하늘 영역을 심어 선교한다. 이를 위해 먼저 교회가 머리이신 예수님 안에서 통일, 즉 그분의 발아래 정위치하여, 믿음과 사랑, 진리와 은사와 직분이 작동되게 해야 한다(엡 3:19; 4:12-15).[58]

---

55 송영목, "종말론과 크리스천의 환경 책무: 베드로후서 3:10-13을 중심으로," 『갱신과 부흥』 27 (2021), 65-96.
56 생태 영역에서의 선교를 위해 세대주의자들의 휴거 열망론을 극복하고 피조계와 맺은 하나님의 언약을 잘 고려해야 한다. 신현태, "생태 성서 해석학에 대한 소고: 데이빗 호렐(David G. Horrell)과 어니스트 콘라디(Ernst M. Conradie)의 나선형 성서해석을 중심으로," (제70차 한국복음주의신약학회 정기논문발표회 발제논문, 2021년 6월 26일 ZOOM), 8-9.
57 T. A. van Aarde, "The Use of οἰκονομία for the Missional Plan and Purpose of God in Ephesians 1:3-14," *Missionalia* 43/1 (2015), 51.
58 Contra 엡 1:10의 ἀνακεφαλαιόω를 "머리(κεφαλή) 아래 굴복하다"가 아니라 "요점

에베소서 1장 10절의 '하늘에 있는 것들'(τὰ ἐπὶ τοῖς οὐρανοῖς)은 천사는 물론 2장 6절의 하늘에 앉힌 성도를 가리킬 수 있다. 그렇다면 중생한 성도는 계속 회개하고 성화를 이루어 머리이신 예수님의 통치를 받아야 한다. 교회의 준비된 자세는 선교보다 앞선다.

모든 그리스도인은 선교로 부름을 받았는데(엡 4:1-2), 하나님 나라의 영역은 복음의 선포로 확장된다(엡 1:13; 2:17; 3:6, 8; 6:19). 복음과 은사는 그리스도의 몸인 믿음의 공동체를 세우고, 세상 영역의 변화라는 하나님의 경륜을 성취하도록 만든다(엡 4:7-12).[59] 초대 교회의 직분자들인 사도, 선지자, 복음 전하는 자, 교사로서의 목사는 모든 그리스도인에게 사도적 신앙과 예언자적 통찰력 그리고 복음을 깨닫고 성령 충만한 상태에서 전파하도록 훈련시켜야 했다(엡 4:11). 그런 훈련을 받은 그리스도인은 지 교회를 든든하게 건설할 뿐 아니라(엡 4:16), 가정 영역과 세상 속에서 영적 전투를 잘 수행하게 된다(엡 4:15; 5:22-6:9, 11).

그리스도인은 다양한 영역에서 자신의 정체성에 적합한 에토스를 실천해야 한다. 모든 영역은 주님의 것이라고 선언하는(고전 10:26) 고린도전서의 경우, 그룹 간(inter-group) 관계(고전 12:13)와 그룹 내(intra-group) 관계(11:2-16, 17-34)의 갈등을 관리해야 했다. 그리고 고린도 교회는 지 교회 바깥의 사회적 생활(extra-congregational social life, 고전 6:1-8; 8:1-13; 10:23-11:1)과 지 교회 바깥의 개인적 생활(extra-congregational private life, 고전 5:1-13; 7:1-40)에서도 불신자와 구별된 윤리를 실천해야 했다.[60] 요약하면, 그리스도인이 정체성의 경계선을 유지하면서 에토스를 적용해야 할 영역은 지 교회 안과 밖이다.

바울은 고린도후서에서 구약을 인용할 때 예수님의 십자가와 부활과 성령의 강림이라는 관점에서 구약을 해석하여 인용함으로써 고린도 교회를 설득

(κεφαλαιόν, main point)으로 요약된다"(to bring to summary)라고 보는 Van Aarde, "The Use of οἰκονομία for the Missional Plan and Purpose of God in Ephesians 1:3-14," 52; Floor, "Een Blauwdruk voor de Toekomst," 473.

59 이 단락은 T. A. van Aarde, "The Missional Church Structure and the Priesthood of All Believers (Ephesians 4:7-16) in the Light of the Inward and Outward Function of the Church," *Verbum et Ecclesia* 38/1 (2017), 5-7에서 요약.

60 이 단락은 J. Kok. "Mission and Ethics in 1 Corinthians: Reconciliation, Corporate Solidarity and Other-Regard as Missionary Strategy in Paul," *HTS Teologiese Studies* 68/1 (2012), 1-2에서 요약.

한다. 이런 고린도후서에서 그리스도 완결적(Christotelic) 해석의 몇 가지 실례를 든다면, 세상을 복음의 빛으로 새롭게 회복시키기 위해 부요하신 예수님을 닮은 구제를 실천해야 한다(고후 4:4, 6, 10; 8:9, 15, 19).

고린도 교회는 구약의 선지자들과 연합하지 않고, 구약의 성취자이시자 지향점이신 예수님 안에 거해야 했다. 그들은 고린도의 세속화된 영역에서 구약의 선교적 예언이 예수님에 의해서 놀랍게 성취되었음을 깨닫고 실천해야 했다. 구약의 선교가 예수님에게서 성취되었으므로, 고린도 교회와 신약 성도는 예수님의 선교에 기반을 두고 그 선교를 계속 이어가야 한다.

영역 선교에 통찰을 제공하는 해석법은 그리스도 완결적 해석에 국한되지 않는다. 에베소서의 삼위완결적(Trinititelic) 해석은 구원의 창시자와 완성자이신 삼위 하나님의 은덕(恩德)을 입은 그리스도인이 삶의 예배로 찬양을 올려드리는 선교와 윤리적 삶을 제시한다(엡 1:3, 12, 14).[61] 참고로 에베소서는 옥중서신이므로, 감옥이라는 영역도 선교지에 포함된다. 세례 요한, 베드로, 바울, 요한 등에게 복음 전파를 위한 투옥은 수치가 아니라 명예였으며, 오늘날도 마찬가지다.

노아 언약은 홍수 심판 후에 회복될 신천신지를, 아브라함 언약은 열방이 복을 받을 것을, 모세 언약은 하나님의 처소가 출애굽한 백성에게 임할 것을, 다윗 언약은 거룩한 성 예루살렘을, 새 언약은 죽임 당한 어린양의 보혈로 말미암은 구원을 예고하는데, 모든 것은 요한계시록 21-22장에서 성취된다.[62]

다시 말해, 모든 언약은 메시아적이며 선교적인데, 자연의 영역과 온 세상에 퍼진 하나님의 선교적 백성의 활동 영역에 구원과 재창조의 복이 성취된다. 하나님 나라를 위해서 훈련된 서기관들은 천국의 불변하는 사랑과 정의라는 오래된 원칙들을(παλαιά) 새로운 환경과 영역들(καινά) 안에 적용해야 한다(마 13:52; 참고. 시 89:14).[63] 예수님은 그들의 사역을 통해 세상을 하나님 나라로 새롭게 만드신다(마 19:28).

---

61 송영목, "엡 1-2장의 3위 완결적 해석과 교회 완결적 적용," 『교회와 문화』 16 (2006), 57.
62 Wright, 『하나님의 선교』, 446-47.
63 B. J. Syiemlieh, "Portrait of a Christian Scribe (Matthew 13:52)," *Asia Journal of Theology* 20/1 (2006), 65.

예수님 당시의 중요한 문화적 가치인 '명예와 수치', '후견인과 피후견인', '제한적인 재화' 그리고 '정결과 부정결'이라는 틀에서 영역 선교를 논할 수 있다. 하나님은 구원을 베푸시는 명예로운 후견인과 같다. 이런 호의는 중보자 예수님을 통해서 후견인에게 나아갈 자격조차 없던 죄인들에게 전달된다. 초대 교회 당시의 호혜 문화를 고려할 때, 교회는 투옥과 같은 위협을 무릅쓰고서 하늘 후견인에게만 명예를 돌려야 한다. 그렇게 할 수 있는 방법은 후견인과 중보자의 끝없는 호혜를 믿고 그분을 닮아가는 정결한 생활이다. 거꾸로 교회가 일상 영역에서 신격화된 로마를 숭배한다면, 명예와 경배를 독점하기 원하는 후견인에게 큰 수치를 안기는 것이다.[64]

3) 요약

선교적 내러티브와 같은 성경은 영역 선교의 방식이 하나님 나라가 세상에 임하는 통전적 방식을 따라야 할 지침을 제시한다. 그리고 예수 그리스도의 삼중직에서 그리스도인의 삼중직이 파생한다. 세 직분은 다양한 직무를 여러 영역에서 수행해야 함을 의미한다.

영역 선교를 위해 지역 교회 목회자의 선교적 교회에 관한 이해와 인식 전환이 무엇보다 중요하다.

3. 개혁주의 신학에서 본 영역 선교와 공공신학의 통합

영역 선교와 공적 영역(public sphere)에서 그리스도인의 활동을 연구하는 공공신학 사이에 어느 정도 공통분모가 있다.

먼저 공공신학에 대한 간단한 평가가 필요하다. 1997년경부터 본격적으로 논의된 공공신학은 그리스도인이 공론장에서 합리적이고 긍정적으로 대화하

64　D. A. deSilva, 『문화의 키워드로 신약성경 읽기: 명예, 후원, 친족, 정결 개념 연구』 (*Honor, Patronage, Kinship & Purity: Unlocking New Testament Culture*), 김세현 역 (서울: 새물결플러스, 2019), 220.

며 참여하기를 소망한다.[65]

그런데 공공신학의 연구 경향은 몇 가지 문제점과 취약점을 보인다. 홍콩침 례신학교 기독교사상 교수 탕(A. S. Tang)의 평가는 귀 기울여 들을 만하다.

> 맥스 L. 스택하우스(Max L. Stackhouse)에게 공공신학은 신학의 본래 특징으로서 특정한 교의학과 신조학을 통해 공공을 향해 말하는 것이다. 성경은 공공영역의 이슈를 설명하기 위하여 공적 추론과 가치로써 평가된다. 기독교 신앙에 대한 형이상학적·도덕적 비전과 원칙을 발견하기 위해 공공신학은 다른 종교의 관점 그리고 인간 학문과 사회 과학의 발견과 양립한다. 요약하면, 신학의 특성과 방법 및 원천은 주로 공적 추론과 공적 영역에 의해 결정된다. … 존 웹스터(John B. Webster)에 따르면, 신학은 주로 연구의 대상인 삼위 하나님에 의해 결정된다, 교회가 고백하는 내용은 바로 하나님이신데, 그분은 공공신학을 비롯하여 모든 신학을 가능하게 하신다. 웹스터는 17세기 개혁신학자 요하네스 볼레비우스(Johanns Wollebius)의 신학 전제를 상술한다. 볼레비우스의 전제는 '하나님의 말씀으로 알 수 있는 원칙, 다시 말해 신학이 존재하는 원칙은 하나님이시다'다. … 이에 따르면, 공공신학은 주로 형용사 '공적'으로 정의되지 않는다. 오히려, '신학'이 추론과 영역이라는 개념을 가진 '공적'보다 앞설 뿐 아니라 '공적'을 결정짓는다. 따라서, 본래 신학은 공적이라기보다 신학적이다. 우리는 오직 이 조건 아래에서 공공신학의 한 가지 종류의 신학을 신학적으로 논의하고 개발할 수 있다.[66]

위에서 언급한 공공신학의 문제점들을 개선한다면, 공공신학은 영역 선교와 적절히 결합하여 시너지 효과를 기대할 수 있다.

---

65   D. Veldsman, "Discussing Publicness on the Public Square?" *Stellenbosch Theological Journal* 3/2 (2017), 557. 참고로, 공공신학자들이 종종 인용하는 위르겐 하버마스(J. Habermas)는 1962년부터 공적 영역에 관심을 보여 왔다. 역설적이게도 세속적 사상가인 하버마스는 종교가 공공영역에서 기여할 수 있음을 최근에 더 강조한다. 이를 위해 그는 공공신학자들이 자신의 전제를 합리적으로 다듬고 세상의 언어로 번역할 수 있어야 한다고 주장한다. 참고. J. S. Dreyer and H. J. C. Pieterse, "Religion in the Public Sphere: What can Public Theology learn from Habermas's Latest Work?" *HTS Teologiese Studies* 66/1 (2010), 2-6.

66   A. S. Tang, "Public Theology, What Theology?: Some Radical Reflections," *Hill Road* 31 (2013), 30.

어떻게 이 둘을 통합할 수 있는가?

공공신학은 산과 바다 그리고 도시와 같은 '공간 신학'(space theology)에 관심을 보이고 있는데, 그런 공간들이 지니는 공공선교적 의미는 영역 선교와 적절히 접목될 수 있을 것이다.[67]

선교적 교회는 이중 언어를 구사할 수 있도록 노력해야 한다. 즉, 신앙의 언어를 불신자가 알아들을 수 있도록 표현하는 능력이 필요하다. 참고로 선교적 교회에게 성경 번역은 성경 문맹자들에게 통전적 선교를 수행하는 첫걸음과 같다. 1611년의 KJV 서문에서 확인하듯이, 성경 번역의 목적은 하나님을 만남으로 살아 있고 성장하는 믿음을 가지도록 만드는 데 있다.[68] 매우 전문적인 성경 번역의 영역조차 선교적 목적을 가지고 있음이 분명함에도 불구하고, 여전히 '왜 그리스도인은 공적 영역에서 사적 생활을 추구하지 않는가?'라는 의문을 지울 수 없다.

그리스도인의 공적 신앙을 훈련하기 위해, 교회가 자체적으로 재정을 조달함으로써, 정부의 부당한 간섭이나 비성경적 내용으로부터 자유로운 영역 선교를 시도하는 것도 유의미하다. 영생의 선물을 받은 그리스도인은 인간 사회와 생태 환경을 비롯한 모든 영역에서 선교적 자세를 취하는 게 마땅하다. 세상 보존을 위한 노아 언약의 수혜자인 교회는 하나님의 형상을 지닌 인간과 그들이 사는 환경을 귀하게 여기며, 그들의 생명과 존엄을 보호하고 하나님의 회복적 정의가 시행되도록 애써야 한다(창 8:21-22; 9:9-17).[69]

---

67 참고. 남아공의 농장과 가정이라는 목소리가 잘 반영되지 않는 비 공적 영역(unpublic sphere)의 노동자 가족이 직면한 취약성(왜곡된 가부장 제도, 가정 폭력, 에이즈 감염 등)에 대한 교회의 역할과 공공신학적 연구는 C. Landman, "A Public Theology for Intimate Spaces," *International Journal of Public Theology* 5 (2011), 63-77을 보라.

68 K. J. Franklin, "Searching for Shalom: Transformation in the Mission of God and the Bible Translation Movement," *HTS Teologiese Studies* 76/4 (2020), 8-9.

69 언약을 경시하고 탐욕에 빠진 사람은 노아 언약의 대상인 다른 피조물(창 9:10)의 동의를 구하지 않은 채 생태를 파괴함으로써 지구가열화와 식량 위기를 초래했다. 양재훈, "'우리에게 일용할 양식을 주옵시고': 성서의 눈으로 보는 식량문제,"『Canon & Culture』 7 (2013), 96. 윤철원, "사도행전의 생태학적 읽기,"『한국기독교신학논총』 30 (2003), 107-130; 이후천, "생명선교의 범주와 영역에 대한 일고찰,"『한국기독교신학논총』 91/1 (2014), 298-313도 참고하라.

나오면서

영역 선교의 성경적 근거는 하나님께서 제사장 나라인 이스라엘 백성과 언약을 맺으셔서 그들의 삶의 모든 영역에서 하나님의 법의 통치가 임하도록 의도하신 것에 있다. 그리고 예수 그리스도의 온 교회적이며 만유적인 존재야말로 그분의 주권적 통치가 미치지 않는 영역이 없음을 가장 분명히 증거한다.

성경적인 영역 선교의 방법은 아브라함 언약의 성취, 지상명령 그리고 예수 그리스도의 삼중직에서 파생한 그리스도인의 삼중직 수행에 나타난다. 무엇보다 교회는 부활과 영생의 질서로써 만유라는 총체적 영역을 새롭게 만들고 계신 예수님의 사역에 동참해야 한다.

효과적인 영역 선교를 위해, 교회 안의 연령 및 신앙의 연륜을 따라 세밀한 영역에 대한 분석도 필요하다.[70] 이를 통해 맞춤식 선교 교육과 실천 방안을 제시할 수 있기 때문이다. 한 예로, 디지털 세대가 애용하는 SNS의 영역에서 어떻게 선교할 수 있을지 별도의 연구가 필요하다. 페이스북의 '좋아요'와 '공유'의 숫자를 통해 사용자 자신에 대한 타인의 지식을 통제하여 왜곡된 이미지를 만들기도 한다.[71] 소셜 미디어 영역에 선교와 구원의 손길이 효율적으로 미치지 못하고 있는 실정인데, 교회는 그런 영역을 어떻게 활용하며 그것이 초래하는 문제를 직시하고 해결할 수 있는지 지침을 마련해야 한다.[72] 이를 위해, 목회자가 일반 성도 가운데 전문가들을 적극 활용한다면, 자칫 배타적이거나 불균형과 편협에 빠진 선교 방식을 예방하는 데 도움을 얻을 수 있을 것이다. 또 지역의 선교 대상들도 분석해야 그들의 필요에 적절한 효율 있는 선교가 가능할 것이다.

---

70 청년의 신앙 성장도는 교회에서 봉사와 같은 외형적 모습으로 주로 평가된다. 청년은 성도와의 영적 연대감을 유지하면서, 무엇보다 중생의 확신과 개인 경건 생활 전반에 있어 시급히 향상시켜야 한다(참고. 루터의 95조 반박문 중 보화와 같은 내적 신앙을 중요시하는 제62조). 김영수, "교회 청년들의 종교성: 한국기독교장로회를 중심으로," 『신학과 실천』 63 (2019), 592, 595.

71 J-A. Meylahn, "Doing Public Theology in the Anthropocene towards Life-Creating Theology," *Verbum et Ecclesia* 36/3 (2015), 8.

72 참고. D. E. de Villiers, "Does the Christian Church have any Guidance to offer in solving the Global Problems We are faced with Today?" *HTS Teologiese Studies* 76/2 (2020), 3-4.

영역 선교와 더불어, 전통적 선교와 기존의 전도, 즉 구령(救靈)도 소홀히 할 수 없다.

공공영역 선교(public sphere mission)는 전통적 선교를 배격하지 않고 그것의 약점을 보완하는 중요한 도구로 자리매김할 수 있다.

코로나19와 같은 전염병이 창궐하고, 탈종교화가 심화되고, 불확실성이 커져가는 시대에 목회자에게 필요한 영성과 지도력은 무엇인가?

목회자가 성령 충만을 유지하여 하나님, 성도, 비기독교인과 올바른 관계를 맺음으로써 전인적 성숙을 이루어간다면, 섬김의 멘토링과 선교적 변혁을 성취할 수 있다.[73] 이를 위해 신학교의 교과목에 기독교 사회봉사와 같은 선교 실천적인 과목의 개설도 적극 고려해야 한다.[74]

이 세상에 단 한 평이라도 주 예수 그리스도의 것이 아닌 영역이 없기 때문이다.

---

[73] 김승호·문병하, "21세기 한국 개신교 목회자의 바람직한 영적 지도력에 관한 연구," 『복음과 실천신학』 17 (2008), 192-95, 207-211.

[74] 요한 힌리히 비헤른(d. 1881)을 필두로 한 독일의 전도를 위한 디아코니에 대해서는 이승열, "독일 개신교회의 디아코니 영성과 사회복지," 『교회와 사회복지』 13 (2015), 65-71을 보라.

제3장

공공선교적 성령론: 교회와 세상 속의 성령님

들어가면서

 교회는 '하나님 나라의 복음과 보혜사 성령님'이라는 두 날개로 균형을 이루어 비상한다.[1] 하나님의 기록된 말씀은 '성령님'(רוּחַ אֱלֹהִים; τό πνεῦμα)으로 시작하고 마친다(창 1:2; 계 22:17). 세상의 시작과 종말은 창조주시며 종말의 은사이신 성령님을 제쳐두고는 불가능하다.[2]

 교회가 삼위 하나님의 영원한 구원의 경륜이 실행되는 선교에 동참하는 공공선교적 신학(public missional theology)은 개교회 중심에서 하나님 나라 중심으로, 사람이나 교회 중심에서 삼위 하나님 중심으로 방향의 전환을 강조한다.

 이런 맥락에서 하이델베르크 교리문답 21주일 54번(교회, 교제, 사죄)은 하나님의 선교 및 공공선교적 교회에 대해 다음과 같이 설명한다.[3]

---

1 참고. B. A. deVries, "Divine Empowerment: The Holy Spirit and Church Revitalisation," *In die Skriflig* 49/1 (2015), 4-5; N. T. Wright, 『바울과 하나님의 신실하심. 하』 (*Paul and the Faithfulness of God*), 박문재 역 (서울: 크리스챤 다이제스트, 2015), 463-68.

2 G. D. Badcock, "Doctrine of the Holy Spirit," in *Dictionary for Theological Interpretation of the Bible*, ed. K. J. Vanhoozer (London: SPCK, 2005), 303.

3 현재 활발한 선교적 교회에 대한 논의를 무비판적으로 수용한다면, 그 개념은 각자가 원하는 바를 채워 넣는 빈 바구니와 같게 된다. 하나님의 속성이나 사역이 '선교'로만 축소되어서는 안 되며, (특히, WCC에 찬성하는 학자들의) '하나님의 선교'(*missio Dei*)에는 예수님의 속죄의 은혜의 복음을 직접 전함으로써 불신자를 거듭나게 하여 교회의 일원으로 받아들여 그들이 성령충만함으로 거룩하게 살도록 만드는 노력이 부족하며, 성부가 성자를 보내고 성부와 성자가 성령님을 보내며 성령님이 교회를 세상에 보낸다는 개념에는 삼위 하나님의 각각의 사역만 부각되고 협력 사역은 잘 나타나지 않으며, 그리스도인 각 사람이 예수님과 영적으로 연합됨으로써 악한 영을 대적해야 한다는 영적 측면에 대한 강조가 약하며, 천국과 죄를 하나님의 샬롬에 참여하거나 방해하는 것이라고 피상적으로 말한다는 비판은 G. Breed, "'N Kritiese Blik op Missio Dei in die Lig van Efesiërs," *In die Skriflig* 48/2 (2014), 2-9를 보라. 그러나 하나님 나라의 회복은 하나님의 영원한 구속 경륜을 따

나는 하나님의 아들이 온 인류로부터, 영생하도록 택하신 자들을, 자신의 성령님과 말씀을 통해, 참된 믿음의 통일을 위해, 세상의 처음부터 마지막 날까지 친히 불러 모으고 보존하심을 믿습니다.

본 장은 공공신학 논의에서 간과되는 성령님에게 초점을 두면서, 두 가지 질문을 염두에 둔다.

첫째, 성령님의 내주(內住, indwelling)하심은 구약의 성도에도 해당되는가?
둘째, 성령님의 은사는 교회당 밖 세상 속에서도 활용 가능한가?

질문의 해답을 찾기 위해, 먼저 성령님의 내주가 구약 성도에게도 있었다는 입장과 반대 입장을 차례로 살핀 후, 신구약 중첩기의 성령님의 사역을 탐구한다. 두 번째 질문의 답을 찾기 위해, 성령님의 은사가 세상 속에서 활용될 수 있는 방식을 탐구한다. 그리하여 성령님의 지속적 내주는 신약의 성도에게만 임하며, 성령님은 신약 교회가 은사를 교회당 안은 물론 세상 속에서 활용하게 하심으로써 복음과 교회의 공공성을 가능하게 하심을 논증할 것이다.

1. 구약 성도에게도 성령님께서 내주하셨다는 주장

구약성경에 하나님의 영이 '거룩하다'라고 불린 경우는 3회뿐이다(시 51:11; 사 63:10-11).[4] 그러나 신구약 중간기와 신약 시대에 이런 현상은 보편화되었다.[5] 구약에서 '여호와/하나님의 영'(27회+19회) 그리고 '나/당신/그의 영'은 '성령'보다 더 자주 등장한다(14회+4회+6회).[6] 따라서, 성령은 다름 아닌 여호

라 통전적 선교를 통해서 이루어짐은 성경적 진리다.

4   M. Turner, "성령," in 『IVP성경신학사전』, ed. T. D. Alexander and T. D. Rosner, 권연경 외 역 (서울: IVP, 2005), 750.

5   T. Paige, "Holy Spirit," in *Dictionary of Paul and His Letters*, ed. G. F. Hawthorne and R. P. Martin (Leicester: IVP, 1993), 404.

6   J. Moskala, "The Holy Spirit in the Hebrew Scriptures," *Journal of the Adventist Theological Society* 24/2 (2013), 26; W. Hildebrandt, "Spirit of Yahweh," in *Dictionary of the Old Testament*

와의 영이시다.

구약 성도에게 성령님이 내주하셨다는 주장은 구약 교회와 신약 교회의 연속성과 통일성을 강조하는 사람에게서 더 자주 나타난다. 이 주장을 지지하는 사람들에 따르면, 구약의 성령님의 역사는 예수님의 죽으심과 부활로써 보증되었으므로, 구약의 신자들은 오실 그리스도를 믿음으로써 예기적으로(proleptically) 의롭게 되었고 구원 받았다(계 13:8).[7] 그리고 구약 성도에게 부어진 성령님은 신약 성도에게 '새롭게' 부어질(new outpouring) 따름이다.[8]

해밀턴(J. M. Hamilton Jr.)은 신구약 성도의 중생과 성령님의 내주를 6가지 범주로 설명한다.[9]

(1) 구약의 남은 자들과 신약 성도는 성령님의 중생과 내주의 은혜를 받았다는, 연속성을 강조하는 입장(J. Owen, B. B. Warfield, J. O. Buswell, A. Kuyper, W. C. Kaiser,[10] R. C. H. Lenski, L. J, Wood, S. Ferguson, G. Fredricks, D. Fuller, J. A. Moyter).

(2) 구약의 남은 자들은 성령님의 중생과 내주를 경험했지만 그들의 경험은 신약 성도보다 열등했다는, 불연속성보다 연속성을 더 강조하는 입장(어거스틴, 칼빈, D. I. Block, G. W. Grogan, W. Grudem, and G. E. Ladd).

(3) 성령님은 구약 성도를 중생시켰지만 내주하시지 않았고 신약 성도는 중생과 내주의 은혜를 받는다는, 연속성과 불연속성을 모두 인정하는 입장(M. Erickson, G. F. Oehler, J. I. Packer, L. D. Pettegrew, J. Rea, W. A. VanGemeren, B. A. Ware).

(4) 구약의 남은 자들은 하나님의 역사로 활동했지만 성령님의 중생과 내주를 받지 못했다는, 연속성보다 불연속성을 더 강조하는 입장(노바티안, M. Lu-

---

Prophets, ed. M. J. Boda and J. G. McConville (Downers Grove: IVP Academics, 2012), 748.

7   Moskala, "The Holy Spirit in the Hebrew Scriptures," 19.
8   참고. Badcock, "Doctrine of the Holy Spirit," 303.
9   J. M. Hamiltion Jr., "He is with You and He will be in You: The Spirit, the Believer, and the Glorification of Jesus," (Ph.D. Thesis, The Southern Baptist Theological Seminary, 2003); "Old Covenant Believers and the Indwelling Spirit: A Survey of the Spectrum of Opinion," Trinity Journal 24 (2003), 37-54; "Were Old Covenant Believers indwelt by the Holy Spirit?" Themelios 30/1 (2004), 12-24. 해밀턴의 6가지 범주 요약은 최윤갑 교수의 글을 참조했다.
10 참고. M. V. van Pelt, W. C. Kaiser Jr., and D. I. Block, "רוּחַ," in NIDOTE, Volume 3, ed. W. A. VanGemeren (Grand Rapids: Zondervan, 1997), 1076.

ther, L. S. Chafer, C. Blaising, D. L. Bock, D. A. Carson, M. Green).

(5) 성령님은 구약 신자들과 무관하다는, 불연속성의 입장.

(6) 그리스도 사건 이후로 성령님의 사역은 새로운 특성을 가지지만 그 사역은 구약 성도가 성령님을 체험한 것과 다르지 않다는, 모호한 불연속성 입장(오리겐, 이레니우스, 터툴리안, 크리소스톰, C. K. Barrett, R. E. Brown, G. M. Burge, C. C. Ryrie, J. F. Walvoord).

위의 견해들을 간단히 평가해 보면, 다음과 같이 말할 수 있다.

(1)과 (2)는 구약 성도에게 내주하신 성령님의 사역을 지지하는데, 구약 본문에 나타난 성령님의 역사를 너무 많이 말한 것은 아닌가?
반대로, (3)과 (6)은 성령님께서 구약 성도에게 내주하셨음을 반대하는데, 구약 본문에 나타난 성령론을 너무 적게 말한 것은 아닌가?
구약 성도의 중생을 성령님의 사역과 단절하는 (4)와 (5)는 수용할 수 없다.
구약 성도에게 성령님의 내주가 있었다는 (1)과 (2)의 근거는 무엇인가?

첫째, 성령님은 사람을 중생시킨 후 떠나지 않으시고 내주하신다(사 63:11; 학 2:5).[11]

둘째, 구약 성도가 하나님과 동행하면서(히 11:5) 주님을 영화롭게 하고, 의롭고 거룩하게 살 수 있었던 것은 그들 자신의 능력이 아니라, 바로 성령님의 내주 덕분이었다(창 6:9; 레 11:44; 욥 1:1).[12]

셋째, 구약의 성령님의 내주와 역사가 신약 시대에는 더 분명해지고 가시화되었을 뿐이다.

넷째, 신약 시대에 성령님께서 중생, 곧 구원을 주도하셨다면(딛 3:5), 그 원칙은 구약에도 그대로 적용되어야 마땅하다.

---

11 L. J. Wood, 『구약성경의 성령론』 (*The Holy Spirit in the Old Testament*), 이순태 역 (서울: CLC, 1999), 8, 64, 89-90; Moskala, "The Holy Spirit in the Hebrew Scriptures," 48. 참고로 Moskala는 구약에서 성령님의 다양한 역사를 언급하는 구절들에서는 내주를 언급하지만, 성령님의 역사를 요약할 때는 내주를 생략한다.

12 나이로비 국제신학교 G. Fredricks, "Rethinking the Role of the Holy Spirit in the Lives of the Old Testament Believers," *Trinity Journal* 9 (1988), 85-86.

다섯째, 내주하시는 성령님은 죄를 용서하시고, 성화 곧 정결하게 하신다 (레 11:44; 말 3:3). 구약의 모든 중생, 회개, 찬양, 부흥도 성령님의 내주 역사다. 예를 들어, 남유다 왕들이 시행한 종교개혁도 성령님의 역사다(대하 14:2-5; 15:1-8; 17:6; 29:15; 34:4-7). 그리고 하나님의 형상을 따라 지음받은 구약의 언약 백성이 하나님과 언약적 교제를 누리려면(중생, 양자, 성화, 은사의 영이신) 성령님께서 역사하셔야만 했다(창 1:26; 참고. 엡 4:23-24).[13]

구약에도 성령의 내주가 있었다는 주장을 더 살펴보자. 구약 성도에게 성령님의 내주가 있었음에도, 성령은 하나님의 특별한 일을 위해 부름받은 특별한 사람들의 봉사를 인도하셨다. 성령께서 임한 사람들은 모세(민 11:17, 29), 여호수아(민 27:18), 70인의 장로(민 11:25-29), 장인들(출 28:3; 31:3; 35:31), 사사(삿 3:10; 6:34; 11:29; 13:25; 14:6, 19; 15:14), 왕(삼상 10:1-11; 삼상 16:13), 선지자(왕상 18:12; 왕하 2:16; 대하 15:1; 20:14; 겔 2:2; 참고. 벧전 1:11; 벧후 1:21), 제사장(대하 24:20; 학 2:4-5) 등이다. 따라서, 신약 성도가 구약 성도보다 윤리 수준이 더 높다고 단정할 수 없다.[14] 성령님의 은사가 충만한 고린도 교회의 죄악상이 이를 방증한다.

하지만, 신약의 오순절 이후에야 모든 성도가 은사를 받아 봉사하게 된 것은 사실이다(참고. 잠 1:23; 사 44:3; 렘 31:31-34; 겔 36:26-27; 37:1-14; 39:29; 욜

---

13 참고. W. Krusche, 『칼빈의 성령론』(*Das Wirken des Heiligen Geistes nach Calvin*), 정일권 역 (부산: 고신대학교 개혁주의학술원, 2017), 96, 105-107, 157.

14 요 7:38-39를 주해하면서 Goldingay는 구약과 신약 성도 안에서 역사하신 성령님의 역할의 '연속성'을 강조한다. 하지만, 신약 성도는 그리스도 사건에 대한 성령님의 증언을 받았으므로, 하나님께서 신약 성도에게 구약 성도보다 더 높은 수준의 삶을 기대하신다. 따라서, 성령님의 사역은 신약 성도에게 더 넓고 더 깊게 역사하신다. J. Goldingay, "Was the Holy Spirit Active in Old Testament Times?: What was New about the Christian Experience of God?" *Ex Auditu* 12 (1996), 14-28. Goldingay와 유사하게, Fredricks에 의하면, 성령님께서 신자의 삶에서 일하시는 주요 사역은 3가지, 곧 (1) 구원(중생)의 능력 부여, (2) 성화를 위한 능력 부여, (3) 봉사를 위한 능력 부여와 관련 있다. 이 가운데 (1)과 (2)는 구약과 신약의 모든 성도에게 공통적이지만, (3)은 구약 신자에게는 선별적이고 신약 신자에게는 공통적이다. 따라서, Fredricks는 구약과 신약 성도의 삶에서 역사하시는 성령님의 연속적 사역을 강조하면서도, 신약 시대에 성령님의 더 보편화된 사역을 인정한다. G. Fredricks, "Rethinking the Role of the Holy Spirit in the Lives of Old Testament Believers," *Trinity Journal* 9 (1988), 81-104. Goldingay와 Fredricks의 주장은 최윤갑교수의 글을 참고했다.

2:28-29; 벧전 4:10). 구약에서 볼 수 없는 예수 그리스도를 증거하는 성령님의 역사가 신약에만 나타나는 것도 사실이다(요 15:26; 16:7-10; 요일 5:6-8). 따라서, 예수님의 승천 후 첫 번째 오순절부터 성령님의 시대가 본격화했음을 알 수 있다.

위의 주장을 여러 가지로 비평할 수 있다.

(1) 성령님께서 구약의 언약 백성 안에서 '내적 사역'을 하셨음을 인정하더라도, 그것을 성령님의 '내주'라고 부르는 것은 다른 문제다. 구약 성도가 의롭게 살고 찬송하며 회개하고 종교개혁을 단행한 것은 성령님께서 그들에게 내주하시는 방식으로 일어난 것인지 확실하지 않다. 성령님의 사역은 그분의 내주를 포함하는 넓은 개념이기 때문이다.

(2) 예수님께서 승천하신 후, 제자들은 성령님을 기다려야 했다. 만일, 성령님의 내주가 구약 성도에게 있었다면, 예수님께서 성령님을 보내실 것이라는 약속을 하실 필요가 없었을 것이다.

(3) 성령님의 내주가 구약의 모든 성도에게 있었다면, 그들 모두에게 성령님의 은사가 주어졌고 그들은 열매를 맺어야 했다. 그러나 이런 언급을 구약성경에서 볼 수 없다.

(4) 성령님이 구약 성도에게 내주하셨다는 몇 가지 구절을 정확히 검토해야 한다. 학개 2장 5절의 전치사(בְּ)를 따르는 남성 단수 명사 '타웨크'(תָוֶךְ, in the midst of)는 성령님께서 '너희', 즉 이스라엘 백성 가운데 거하심을 강조한다. 이는 개인에게 성령님이 내주하신다는 의미가 아니라, 이스라엘 가운데 (among them) 거하신다는 뜻이다(참고. 느 9:20, 30).[15] 유사한 의미를 가진 이사야 63장 11절에는 전치사(בְּ)를 따르는 남성 단수 명사 '케렙'(קֶרֶב, inward part)에 접속된 3인칭 남성 단수 대명사(him, 비교. 개역개정은 '그들')가 사용된다. 여기서 '그'(him)는 이스라엘 백성을 가리키는 집합 단수 명사다. 따라서, 구약에서 성령님께서 임재하시는 일반적 방식은 한 개인 안에 들어와 거하시기보다, 언약 백성 가운데 '지속적으로 외주'(external dwelling)하는 방식이다.

---

15 M. J. Boda, *Haggai, Zechariah* (Grand Rapids: Zondervan, 2004), 122-23.

(5) 성령님이 내주하시는 사람을 가리키는 '성령님의 전'(ναὸς θεοῦ)이라는 표현은 구약에 나타나지 않는다(고전 3:16).

(6) 성령님의 지속적 내주가 구약 모든 선지자에게 있었다면, 거짓 선지자 발람에게 성령님의 내주가 일시적이며 가변적이었던 것을 설명할 수 없다(민 24:2; 참고. 삼상 16:14, 23; 호 9:7).[16] 하지만, 성령님의 내주는 사람의 상태에 좌우되지 않고 불변하며 영원하다.

(7) 구약의 언약 백성들 가운데 하나님의 현존은 성전과 법궤로 표현되었으므로, 성령님의 내주를 언급하는 몇 가지 구절로 내주 사상을 일반화하는 것은 무리다.[17]

(8) 신구약 중첩기의 언약 백성인 유대인들에게 성령님의 내주와 은사는 찾아보기 어렵다(요 7:39).

결국, 위의 8가지 비평은 하나님의 구원 계시 역사의 점진적 발전과 맞물려 있다. 구약과 신약의 연속성과 통일성 때문에 하나님의 구원 역사의 '동질적 요소'가 나타난다고 볼 수 있다. 하지만, 구속사는 발전하므로, 구약과 신약 사이의 '동일성'(homo-equality)을 지지하기 어렵다.[18]

따라서, 성령님의 역사는 구약과 신약에서 동질성과 연속성을 가진다 해도, 성령님의 역사의 방식(mode)은 계시의 발전 때문에 동일하지 않다. 그러므로 계시 역사의 발전을 따라, 성령님의 임재와 역사의 방식은 연속성과 불연속성을 균형 있게 고려해야 한다.

---

16   L. R, Neve, 『구약의 성령론』(*Spirit of God in the Old Testament*), 차준희·한사무엘 역 (서울: 새물결플러스, 2017), 66-69.

17   참고. P. Maré, "Die Metafoor 'Julle is die Tempel van God' as 'n Etiese Kernmoment in 'n Postmoderne Leefwêreld," *In die Skriflig* 49/2 (2015), 3-4.

18   여기서 '동질성'과 '동일성'은 이기업 목사의 표현이다.

2. 신약 성도에게만 성령님께서 내주하신다는 주장

신약성경에 '성령'(τό ἅγιος πνεῦμα)은 90회 등장한다. 성령님은 '그리스도의 영' 혹은 '영'으로도 나타난다. 신약 성도에게만 성령님의 내주가 있다는 주장은 구약 교회와 신약 교회의 불연속성에 주목한다(G. C. Morgan, T. E. Mc-Comiskey, F. D. Bruner, M. A. Inch, H. Green, L. Morris, J. D. G. Dunn, M. J. Erickson).

구약에 성령님께서 하나님의 백성과 '함께' 하셨고(참고. 외주[外住]), 신약에 성령님은 그리스도인 '안에' 거하신다(고전 3:16; 고후 6:16; 약 4:5; 요일 2:27; 3:24; 4:13). 구약에서 성령님의 내주는 특정한 사명을 받은 사람들에게 일시적으로 해당하므로, 그들의 사역을 인도하시는 방식으로 임하셨다.[19]

그러나 구약의 예언이 성취된 새 출애굽과 새 언약 시대에 모든 새 이스라엘 백성인 교회는 성령님을 받는다(사 32:15; 렘 31:31-40; 겔 39:29; 욜 2:28; 갈 6:16). 이 일은 성령님의 역사를 따라 행하실 종말의 그 선지자와 그 종과 그 왕, 곧 예수님을 통해 이루어진다(신 18:15; 사 11:1-9; 42:1).[20]

예수님은 부활하신 직후에, 선교 사명을 감당해야 할 제자들에게 성령님의 능력을 맛보기로 보이셨고(요 20:22; 예. 칼빈, 뱅겔, 메이어), 승천하신 후에는 성령님을 교회에게 부으셨다(행 2:1-4).[21] 따라서, 제자들은 성령님으로 충만하게 세례를 받도록 기도하며 기다려야 했다(요 7:37-39; 행 1:4).[22]

---

19 Neve, 『구약의 성령론』, 165.
20 Turner, "성령," 751-52.
21 M. J. Harris, *John*, EGGNT (Nashville: B&H Academic, 2015), 331; contra 요 20:22를 오순절 사건에 대한 예고라고 이해하는 Grotius, Maier, Carson에 동의하며 '받아라'(λάβετε)를 예언적 아오리스트로 이해하는 P. H. R. van Houwelingen, *Johannes: Het Evangelie van het Woord* (Kampen: Kok, 1997), 395-96. 참고로, 요한복음에 동사 '받다'(λαμβάνω)가 성령님을 목적어로 삼는 경우는 3회인데, 내러티브 전개상 앞의 두 구절(요 7:39; 14:17)은 마지막 세 번째에서 성취된다(요 20:22; 참조. 창 2:7; 겔 37:3-14). R. D. Quinn, "Expectation and Fulfillment of the Gift of the Holy Spirit in the Gospel of John," (Ph.D. Thesis, The Southern Baptist Theological Seminary, 2010), 146-49; 송영목, "요한복음 7:38의 구약 사용," 『교회와 문화』 32 (2014), 69-96.
22 예수님이 승천하신 후 이미 거듭난 주님의 제자들은 오순절에 성령 세례를 받아서 복음의 증인으로 능력 있게 활동했다(행 1:5, 8). 오순절에 성령님이 강림하신 후, 하나님께서 성령님을 주심(성령 세례)은 죄인이 예수님을 구주로 영접하는 개종의 순간에 발생한다는 언급이 적지 않다(행 19:2; 롬 8:15; 고전 15:45; 고후 3:6; 갈 3:2; 4:6; 살전 1:4). 같은 맥락에서 바울은 개종 전에 성령님의 조명의 은사가 율법을 연구할 때 필요하다고 여겼

오순절에 성령님의 강림은 '성령공동체'이자 '은사가 충만한 몸'으로서 신약 교회를 출범시킨 영 단번의 사건이다. 그러므로 성령 세례와 성령님의 열매들과 성령님의 은사가 신약성경에만 명시적으로 나타나는 사실은 이상하지 않다(마 3:1; 갈 5:22-23).

신약 교회는 한 성령님을 마셨으므로, 성령님은 모든 성도의 영혼의 깊은 곳에 내주하신다(고전 12:13). 이런 공교회성은 보편교회의 머리이자 온 교회적인(whole church) 분이신 예수 그리스도(totus Christo) 덕분에 가능하다(행 9:4; 고전 12:12).[23] 그리고 예수님과 성도, 성도와 성도를 연결하는 띠이신 성령님 때문에 공교회성은 강화된다(고후 13:13).

3. 신구약 중첩기 성령님의 사역

신약성경에 묘사된 성령님은 구약과 신약의 중첩기(overlapping period)에 일하셨다. 그런데 신구약 중첩기에 주목하는 사람은 그리 많지 않다. 왜냐하면, 예수님의 성육신으로 구약이 종식되었다는 단순한 시간관 때문이다. 예수님의 초림(B.C. 6)부터 예루살렘 성전의 파괴(A.D. 70)까지, 약 76년은 구약과 신약의 요소를 모두 가지고 있던 특수한 시기다.[24] 물론, 구약의 마지막 주자인 세례 요한의 선언대로, 중첩기 동안 구약의 옛 그림자 요소는 반드시 줄어들어야 했다(요 3:30).

구약 성도에게 성령님의 내주가 있었는가를 해결하기 위한 중요한 단서는 신구약 중첩기의 특성을 살피는 것이다. 구약 성도에게 성령님의 내주가 있었다면, 각자는 선교적 교회, 즉 제사장 나라로 살기 위해 노력했을 것이다. 그러나 신구약 중첩기에 살았던 산헤드린의 회원 니고데모와 같은 유대인은 성

는데, 자신이 성령님을 통해 그리스도 환상(Christophany)을 보고 들음으로써 개종했으며 그때 이방인의 사도로 소명을 받았고 이방인들도 성령님을 받을 수 있음을 믿었다(참고. 고후 3:6; 4:4-6). C. S. Keener, *Acts: An Exegetical Commentary*, Volume 1 (Grand Rapids: Baker Academic, 2012), 986; F. Philip, *The Origins of Pauline Pneumatology* (Tübingen: Mohr Siebeck, 2005), 167-75, 190-92; Wright, 『바울과 하나님의 신실하심. 하』, 471.

23   황창기, 『예수님, 교회 그리고 나』 (서울: CLC, 1998), 211, 246.
24   황창기, 『예수님, 교회 그리고 나』, 283.

령님의 역사로 거듭난다는 사실조차 몰랐다(요 3:10). 바울이 만난 에베소의 그리스도인 12명은 성령님의 이름이나 역사를 듣거나 알지 못했고, 세례 요한의 세례만 받았던 이방인이었다(행 19:1-7). 이 12명은 '제자'라고 불렸지만, 성령님이 내주하시지 않은 구약의 언약 백성의 형편에 처했다가 바울을 통해 온전한 신약 성도로 변화되었다.[25]

오순절 이전에 예수님의 제자들은 복음 전파를 통해, '예수님에게 임한 성령님의 활동과 교제'를 누렸다(눅 9:1-10:22).[26] 그런 교제는 오순절 이후에 신약 교회가 더 충만하게 경험하게 될 것이다.

신구약의 중첩기 이후 성령님의 사역은 신약성경에 어떻게 나타나는가?

만약 요한서신이 A.D. 70년 이후에 기록되었다면, 성령님은 모든 성도에게 내주하시고 기름부음을 주셔서 복음을 깨닫고 적그리스도, 곧 이단을 배격하도록 이끄셨을 것이다(요일 2:18-20, 27; 4:13). 신구약의 중첩기는 예수님의 성육신으로 시작되었고, 오순절 성령님의 강림으로 결정적 전환점을 맞이했으며, 예루살렘 돌 성전의 파괴로 완전히 종료되었다.

4. 세상 속의 성령님과 세상 속에서 활용해야 할 성령님의 은사들

성령님의 은사(χάρισμα)는 일반은총에 속하는 천부적 재능과 다르다. 성령님의 은사는 성령님께서 중생한 성도에게 교회와 하나님 나라를 섬기도록 주신 선물이다.[27]

---

25 송영목, "에베소 교회의 종말론적 변혁자, 성령님!: 사도행전 19:1-7의 계시사적 성령 이해," 『신약연구』 7/2 (2008), 247-72.
26 M. Turner, 『성령과 권능』 (*Power from on High*), 조영모 역 (서울: 새물결플러스, 2020), 492.
27 성령님의 은사를 (1) 모든 신자에게 주어진 일반적 은사(구원, 영생), (2) 개별적/특별 은사(예언적 은사[예언, 지혜, 가르침, 방언, 방언 통역], 제사장적 은사[자비, 구제], 왕적 은사[믿음, 능력, 치유, 다스림, 영 분별]) 그리고 (3) 직분적 은사(고전 12:28; 엡 4:11; 딤전 4:14; 딤후 1:6)로 나눈 경우는 H. G. van der Westhuizen, "Charismatiese Bewegings," *HTS Teologiese Studies* 57/3-4 (2001), 869-71을 보라. 하지만, 은사의 범위 및 교회의 직분과 은사의 관계가 정확하게 규명될 필요가 있다.

개핀(R. B. Gaffin Jr.)에 따르면, 성령님의 여러 은사(gifts)를 논의하는 출발점은 유일한 은사(the Gift)를 규명하는 것이다. 유일한 은사는 교회에게 영생을 주시는 예수님의 영이시다(행 2:38; 롬 5:15-17; 6:23; 고전 15:45; 고후 9:15). 그리고 성령님의 은사들은 성경과 기도와 성례와 같은 은혜의 방편과도 다르다(히 10:29; 유 20; HC 주일 45).

은사의 일차 기능과 목적은 생명의 복음이 은사를 활용하는 성도의 말과 행동의 봉사로 작동함으로써, 그리스도의 몸이 건강하게 세워져 하나님께서 영광을 받으시는 데 있다(벧전 4:11).[28] 성령님은 자신의 속성에 맞추어 그리스도인에게 은사를 주신다. 그리하여 그리스도인은 은사를 활용함으로써 성령님의 형상에 참여하고 하나님의 선교에 참여한다.[29]

『21세기 찬송가』에 '은사'(χάρισμα) 찬송가는 두 곡이다. 먼저, '성령의 은사를'(1878년 작사, 196장)은 '성령님의 은사를 활용하여 사랑하며, 정결하게 그리고 더러운 탐욕을 버리며 살게 하소서'라는 소망을 담는다. 이런 성도의 삶은 교회당 밖도 염두에 둔 것이다. 그리고 '은혜가 풍성한 하나님은'(1922년 작사, 197장)은 '성령의 은사들을 오늘도 내려주시고 성령의 뜨거운 불길로 오늘도 충만케 하소서'라고 후렴에서 반복하면서 성도가 성령의 충만을 받는 것은 물론, 그들이 성령의 은사를 받는 것도 현재 진행형이라고 노래한다.

28　R. B. Gaffin Jr., "The Gifts of the Holy Spirit," *Reformed Theological Review* 51/1 (1992), 3-10; 사도, 예언, 기적, 방언의 은사가 중단되었다고 보는 J. F. Walvoord, "The Holy Spirit and Spiritual Gifts," *Bibliotheca Sacra* 570 (1986), 111-15; F. B. Stanger, "Gift, Gifts, Fruits," *The Asbury Seminarian* ND, 13-14. 참고로 개핀은 성령님의 은사가 교회당 안팎에서 활용된다고 말하지만, 결국 그리스도의 몸을 세우는 역할을 한다고 제한함으로써 자체 모순을 보인다.

29　명사 '선교'(mission)는 16세기 예수회가 '불신자에게 복음을 전함'이라는 의미로 처음 사용했다고 알려진다. 가나의 오순절교회는 은사 갱신과 성령세례를 강조하는데, 성령 충만하면 은사(방언, 예언, 신유, 환상, 계시)를 받아 하나님의 선교에 참여한다고 주장하는데, 그 선교는 화해와 해방 사역을 포함한다. P. White and C. J. P. Niemandt, "The Missional Role of the Holy Spirit: Ghanaian Pentecostals' View and Practice," *In die Skriflig* 49/1 (2015), 2-6. 하지만, 성령세례와 성령충만을 구분해야 하고, 더 이상 지속되지 않은 은사도 분별해야 한다. 그리고 일부 은사는 중단되었지만, 믿음으로써 초자연적 현상이 일어날 수 있다. 참고. H. H. van Alten, "John Calvin on the Gifts of the Holy Spirit in His Commentary on Acts," *Koers* 82/2 (2017), 11-12; contra 순교자 저스틴, 이레니우스, 대 바실, 예루살렘의 시릴, 스펄전 등을 예로 들면서 예언과 신유 등의 은사가 A.D. 1세기에 중단된 것이 아니라고 주장하는 A. Wilson, "The Continuation of the Charismata," *Themelios* 44/1 (2019), 18-22.

그리스도인은 성령님의 은사를 세상 속에서 어떻게 활용할 수 있는가?

성령님은 온 세상에 두루 다니시며 선교하시는 분이다. 요한계시록은 이 사실을 잘 보여주는데, '일곱 영'은 언약과 선교의 영이시다(계 1:4; 3:1; 4:5; 5:6; 슥 3:9; 4:10).[30] 이근삼은 성령님의 은사 중 섬김과 구제와 긍휼의 은사는 오늘도 지속된다고 보면서, "교회와 선교, 문화와 역사 속에서 (성령께서) 일하시는 광범위한 역사를 알아야 한다"라고 주장한다.[31]

신약성경에서 성령님의 은사는 그리스도인이 세상을 섬기고 선교할 때 활용될 수 있는가?

선교적 성령님(missional Spirit)께서 모든 그리스도인에게 주신 은사는 세상 속에서도 활용 가능하다(고전 13:3; 15:28). 정기묵의 주장을 들어보자.

> 은사는 성령님께서 성도에게 교회와 세상을 위해 섬기도록 주신 것이므로, 은사는 교회를 통하여 세상을 위해 사용될 수 있도록 해야 한다. 또한, 성령님을 떠나서 은사가 존재할 수 없듯이, 은사의 활용도 지역 교회공동체의 합의된 범위와 방식을 통하여 사용되어야 한다. … 은사를 활용함에 있어서 교회 안과 지역공동체라는 장소와 범위의 구분을 둘 필요는 없지만, 교회와 상관없는 은사의 활용은 바람직하지 못하다는 것이다. 왜냐하면, 성도는 예수 그리스도를 중심으로 하는 교회공동체의 지체로서 은사를 사용하는 것이기 때문이다.[32]

그리스도인이 성령님의 은사를 활용하여 세상을 섬길 때, 교회와 관련을 가져야 한다는 정기묵의 주장은 아래에서 살펴볼 칼빈의 주장과 차이가 있다. 성령님은 지혜와 총명의 은사를 그리스도인에게 주셔서, 하늘과 땅에 있는 모든 것을 그리스도 안에서 통일(ἀνακεφαλαιόω)하신다(엡 1:8-10; 골 3:10; 참고. 약 3:17-18).[33] 예수님은 교회의 머리이실 뿐 아니라, 만유이시기 때문에(골 3:11),

---

30 송영목, "요한계시록의 일곱 영에 대한 언약적 이해," 『영산신학저널』 43 (2018), 211-41.
31 이근삼 전집 편찬위원회, 『개혁주의 조직신학 개요 2』 (서울: 생명의양식, 2007), 170, 185-86. 참고로 성령님의 은사에 대해 칼빈의 견해는 H. H. van Alten, "John Calvin on the Gifts of the Holy Spirit in His Commentary on Acts," *Koers* 82/2 (2017), 8-11을 보라.
32 정기묵, "선교적 교회를 위한 평신도 은사 활용," 『복음과 선교』 18 (2012), 216-17.
33 참고로 야고보서에 하늘로부터 임하는 '지혜'는 성령님의 사역과 정체성을 드러내므로

예수님이 만유되심은 선교적 성령님과 선교적 교회를 통해 증명되어야 한다.

여기서 고려할 사항은 선교와 예배 그리고 송영의 관계다. 선교는 하나님의 주권과 영광을 기리는 송영에 뿌리를 내리므로(사 42:8; 45:6; 48:11),[34] 성령으로 충만한 예배는 흐르는 생수의 강들의 한 지류와 같은 지역 교회의 선교를 촉진하고(요 4:24; 7:37-39), 선교는 최종적으로 예배로 귀결되어야 한다.[35]

사랑은 하나님의 성품이자, 선교적 교회가 성령님의 은사를 교회당 안팎에서 활용하는 길이다(벧후 1:7; 고전 12:31). 하나님과 이웃을 진심으로 사랑할 때 송영적 선교와 예배가 가능하다.

예수님의 공생애 사역은 이후 그리스도인 안에서 역사하시는 성령님의 사역의 패턴을 미리 보여준다(참고. 눅 4:18; 히 7:16; 9:14).[36] 환언하면, 예수님의 가르침과 치유 사역은 성령님의 역사였는데(행 10:38; 계 5:6), 그리스도인은 성령님을 통해 세상을 섬기고 천국을 세상에 현시한다(창 41:38).[37] 선교와 예배는 성령의 주도로만 가능하다.

구약의 성막과 성전 공사에서 볼 수 있듯이 성령님은 '예술의 영'이시다. 성령님은 문학과 음악과 미술의 은사를 주셔서 하나님의 아름다움을 세상에 표현하게 하신다.[38] 그리스도인은 자신이 속한 문화와 선교적으로 대면하기(missionary encounter) 위해 은사를 적절히 활용해야 한다.[39] 그런데 예언과 방언과 같은 은사는 교회당 밖이 아니라 그리스도의 몸을 위해서 활용된다(고전 12). 지혜와 지식의 은사는 교회를 건강하게 만드는 소프트웨어 같은 기능을

'지혜 성령론'(wisdom pneumatology)이 가능하다는 주장은 중동대학교의 안식교 학자 L. L. Lichtenwalter, "The Person and Work of the Holy Spirit in the General Epistles and the Book of Hebrews," *Journal of the Adventist Theological Society* 23/2 (2012), 79-80을 보라.

34 김은수, "개혁주의 선교 개념의 확장: 송영(Doxology)으로서의 선교 -이사야 42:1-9의 '이방의 빛'을 중심으로," 『성경과 신학』 50 (2009), 272.

35 P. J. Buys, "Strome van Lewende Water: Nuwe-Testamentiese Perspektiewe op die Missionêre Karakter van die Kerk," *In die Skriflig* 47/1 (2013), 4-5; 김은수, "개혁주의 선교 개념의 확장," 279.

36 Paige, "Holy Spirit," 407.

37 Neve, 『구약의 성령론』, 71.

38 Krusche, 『칼빈의 성령론』, 166-70.

39 한 예로, 식물이나 동물을 사랑하고 소통하는 달란트가 있는 그리스도인은 환경 보존을 위해 기여할 수 있다. D. A. Woodard-Lehman, "Being and Bearing the Witness of the Spirit: Towards a Postcolonial Missional Politics," *Pro Ecclesia* 18/4 (2009), 444.

하지만, 세상 속에서도 활용될 수 있다. 예를 들어, '지혜와 지식의 말씀'이라는 은사(고전 12:8)가 설교자에게 필수적이라면, 설교자는 불신자를 긍휼히 여기고 사랑함으로써 복음을 효과적으로 전할 수 있어야 한다.[40] 또 교회당 안에 불신자나 위선자가 있으므로, 설교자는 전도 설교를 정기적으로 해야 한다(롬 9:6; 고전 10:6-12; 14:25; 히 3:12-13; 요일 2:9).[41]

'마을 선교사'와 같은 설교자가 지식의 은사를 활용하려면, 불신자를 사랑하고 그들이 알아들을 수 있는 언어로 말하는 훈련을 해야 한다. 이런 훈련은 무엇보다 정기적인 전도와 전도 설교로부터 통찰력을 얻을 수 있다. 마을의 목회자가 세상과 소통하는 선교적 리더십을 구비하려면, 전통적인 '목사만의 사고와 행동'(sola pastora)을 극복할 필요가 있다.[42]

이처럼 사랑의 훈련을 통해 성령님의 은사는 빛나게 되며, 궁극적으로 하나님께서 영광을 받으신다.

5. 성령님의 교회(당) 내외적 사역의 관계

성령님은 예수님과 그분의 지체인 교회를 하나로 묶으신다(고전 12:12-13). 성령님은 죽어가는 교회에 회개의 영을 주셔서 다시 활성화하시고(계 3:2),[43]

---

40 C. Cangelosi, "The Church is a Missionary Society, and the Spirit of Missions is the Spirit of the Gospel: The Missional Piety of the Southern Presbyterian Tradition," *Puritan Reformed Journal* 5/1 (2013), 210-11.

41 Buys, "Strome van Lewende Water," 6-7. 참고로 호주기독개혁교회(CRCA) 2006년 총회는 성령 충만하여 불신자를 전도할 것을 결의했다.

42 참고. A. J. Roxburgh and F. Romanuk, 『선교적 교회의 리더십: 21세기의 성공하는 교회 세우기』(*The Missional Leader: Equipping Your Church to reach a Changing World*), 전석재 역 (서울: CLC, 2018), 286.

43 DeVries, "Divine Empowerment," 3. 참고로 목회 상담에서 점점 중요성을 인정받는 '기도 치료'(gebedsterapie)는 세 단계로 진행되는데, 각 단계마다 성령의 인도를 받는 기도가 중요하다. 첫째, 치료적 대화를 통하여 상담자는 내담자의 과거에 겪은 트라우마와 현재의 증상 사이의 인과 관계를 파악한다 그리고 내담자가 하나님 앞에서 저지른 거짓과 죄를 파악한다. 둘째, 대화적 기도는 상담자가 내담자로 하여금 자신의 문제를 하나님의 현존으로 가지고 가도록 인도하는 단계다. 기도를 통해 하나님께서 내담자의 감정적 및 영적 치료와 갱신을 이루시도록 한다. 기도는 단순한 대화가 아니라 하나님과 인간 사이의 상호작용인데, 성령의 인도가 필요하다. 이때 내담자 안의 분노와 거짓과 같은 치료의 장

성도의 성화를 주도하시는데, 이는 세상 속에 잘 드러나야 한다(벧후 1:4).⁴⁴

보혜사 성령님은 신자공동체에 그리스도 사건을 펼쳐 보이시며, 그들을 지속적으로 더 깊은 진리 가운데로 인도함으로써 교회의 선교에 권능을 주신다 (요 15:26-27; 16:7-15).⁴⁵ 선교를 통한 하나님 나라의 확장을 중심 주제로 삼는 성경을 선교적으로 해석할 때, 현대 독자는 자신의 상황을 원 저자의 선교적 정신과 대면시켜야 한다. … 요한은 교회의 이 선교 지향성을 성령님의 제2의 구별된 은사에 연결시키기보다 회심 때에 모든 그리스도인에게 주어진 보혜사 성령님 자신에게 연결시킨다.⁴⁶

이 사실을 2010년 10월 남아공 케이프타운에서 개최된 로잔회의가 발표한 '케이프타운 서약: 신앙고백과 행동'(CTC)의 I.5-I.6이 잘 설명한다.

우리는 삼위일체의 하나 됨 가운데 성부 하나님과 그의 아들과 함께 성령 하나님을 사랑한다. 성령님은 하나님의 선교적 교회에 생명과 능력을 불어넣는 선교적 성부 하나님과 선교적 아들의 영이시다. 그리스도에 대한 성령님의 증거가 없는 한 우리의 증거는 헛되기에, 우리는 성령님을 사랑하며 그분의 임재를 위해 기도한다. 죄를 깨닫게 하시는 성령님의 사역이 없다면 우리의 설교는 헛되며, 성령님의 능력이 없는 우리의 선교는 단지 인간적인 노력일 뿐이다. 성령님의 열매 없는 우리의 무기력한 삶은 복음의 아름다움을 결코 반영하지 못한다. … 우리는 그리스도의 복음을 위해 복음을 믿을 뿐 아니라, 순종함으로써 하나님의 말씀에 대한 우리의 사랑을 증명하는 것에 헌신

애물도 제거해야 한다. 마지막 단계는 정신적 및 영적 성장을 위한 사후 돌봄과 안내인데, 내담자의 일상의 습관과 행동의 변화를 위하여 지속적인 기도의 지원과 도우미와의 연결이 필요하다. A. J. du Plessis and B. J. de Klerk, "Gebedsterapie in die Verwerking van Traumageheue," *In die Skriflig* 46/2 (2012), 3-7.

44　V. E, Bacote, 『아브라함 카이퍼의 공공신학과 성령』 *The Spirit in Public Theology*, 이의현·정단비 역 (서울: SFC, 2019).

45　M. Turner, 『성령과 은사』 (*The Holy Spirit and Spiritual Gifts*), 김재영·전남식 역 (서울: 새물결플러스, 2011), 288, 304.

46　T. A. van Aarde and L. Li-M, "A Fruitful Missional Exegesis for a Missional Hermeneutic and Missiology," *In die Skriflig* 51/2 (2017), 3-5.

할 것을 다시 한번 다짐한다. 성경적 삶 없이 성경적 선교는 없다.[47]

종말의 은사이신 성령님은 세상에 파송된 그리스도인들에게 다양한 은사를 주셔서 선교하도록 하신다. 선교적 성부(missional Father)와 선교적 성자(missional Son)께서 교회에 부으신 성령으로 충만한 그리스도인은 '누구에게든지' 악을 악으로 갚지 않고, '모든 사람'을 친절히 선으로 대하며, '범사'에 감사하며 선을 붙잡고 악을 버리기 위해서 성령님을 소멸하지 말아야 한다(살전 5:15-22). 성령님은 세상 속에 파송된 그리스도인이 공동선(common good)을 추구하도록 힘과 지혜를 주신다. 성령님과 교제하는 그리스도인의 삶은 세상 속에서 긍휼과 자비의 선행으로 나타나야 마땅하다(빌 2:1).

요하네스버그대학교 종교학과의 마레(P. Maré)는 성령님의 전(殿)이라는 그리스도인의 정체성과 그 정체성에 맞추어 사는 그리스도인의 선교적 에토스의 관계가 오늘날도 적실하다고 보는데, 그의 주장은 다음과 같이 요약된다.

예수님을 구주로 믿음으로써 성령님이 내주하시는(고전 3:16; 엡 2:22) 새 사람(엡 2:15)이 된 그리스도인은 세상에서 거룩하고 선한 행동을 실천함으로써 (엡 2:10) 하나님의 현존을 보여야 한다. 성령님의 내주는 그리스도인에게 거룩한 정체성을 부여하며, 그런 정체성은 포스트모던 시대에 그리스도인이 예수님의 증인으로 살기 위해서 매우 중요하다. 그리스도인의 선행은 자신이 받은 구원과 성령님의 내주를 증명한다.[48]

그리스도인이 성령님의 은사를 활용한다면, 의무에서 나온 일회성 도덕의 실천을 극복할 수 있다. 그리스도인의 은사 활용은 도덕적 삶의 거친 모서리를 부드럽게 다듬고, 예수님을 닮은 윤리를 지속적으로 실천하는 정체성을 형

---

47 그리스도인의 복음 전파가 실패하는 주요 이유를, 선포된 예수님과 선포자가 닮지 않았기 때문이라고 분석한 존 스토트는 매일 아침 다음과 같은 기도로 하루를 열었다. "하늘에 계신 아버지, 오늘 제가 주님의 임재 안에 살고 주님을 더욱더 기쁘시게 하기를 기도합니다. 주 예수님, 오늘 제가 저의 십자가를 지고 주님을 따르기를 기도합니다. 성령님. 오늘 성령님이 저를 충만하게 채워 주시고 성령님의 열매, 곧 사랑과 희락과 화평과 오래 참음과 자비와 양선과 충성과 온유와 절제가 제 삶 속에서 익어갈 수 있도록 해 주시기를 기도합니다." C. J. H. Wright, 『성령의 열매: 그러면 우리는 어떻게 살 것인가?』(*Becoming like Jesus: Cultivating the Fruit of the Spirit*), 박세혁 역 (서울: CUP, 2019), 13, 288, 291.

48 Maré, "Die Metafoor 'Julle is die Tempel van God' as 'n Etiese Kernmoment in 'n Postmoderne Leefwêreld," 5-6.

성하도록 만든다.[49]

위에서 살핀 대로, 그리스도인이 성령님으로써 자신의 몸의 행실을 죽이며 살아야 하는 영역은 교회당 안과 밖 모두 해당한다(롬 8:13). 그리스도인은 주일 공적 예배 후 세상 속에 이웃의 유익을 위해 봉사할 때도 성령님의 교제케 하심을 믿어야 한다(민 6:24-26; 고후 13:13; 빌 3:3). 그리스도인은 소명으로서의 직업은 물론, 모든 일과 활동을 통해 성령님과 더불어 새 창조의 일을 수행해야 한다. 위의 논의와 관련된 칼빈의 설명을 들어보자.

> 시민적이고 정치적인 삶에서의 공정성도 성령님께서 개인에게 합법적인 질서들을 수립하고 보호하도록 능력을 주실 때에만 가능하다. 이런 특별한 성령님의 선물 주심이 없이는 누구도, 가장 현명하고 재능이 있는 자라 할지라도 백성을 통치할 수 없다. … 공직의 은사는 공직의 특정한 요구들을 위해 구비된 마음과 정신의 채비, 곧 왕의 정신, 영웅적 본성, 고결한 호기라는 선물이며 또한 군사적 전략이라는 은사도 포함된다.[50]

칼빈은 그리스도인의 모든 은사가 이웃의 선을 위해 선교적 목적으로 활용되어야 한다고 주장한다(『기독교 강요』 3.7.5; 벧전 4:10).

성령님은 교회가 삼위 하나님의 선교(Missio Trinitatis)를 수행하도록 만든다. 생명수이신 성령님은 만국의 치유를 담당하는 선교적 교회의 사역을 활성화하신다(계 22:1-2).[51]

선교적 교회의 모습은 구약에서 볼 수 있다. 아브라함의 언약이 발전하여 여호와의 종의 사역을 통해 열방이 구원과 정의의 빛을 경험하며(시 22장; 사

---

49 참고. C. E. Bouchard, "Recovering the Gifts of the Holy Spirit in Moral Theology," *Theological Studies* 63/3 (2002), 555-58.

50 칼빈의 삼상 8:7 이하와 10:6 설교 및 마 12:18 주석 in Krusche, 『칼빈의 성령론』, 177-78; M. Volf, 『일과 성령: 새 창조와 성령론적 일 신학』(*Work in the Spirit*), 백지윤 역 (서울: IVP, 2019).

51 P. J. Buys, "Strome van Lewende Water: Nuwe-Testamentiese Perspektiewe op die Missionêre Karakter van die Kerk," *In die Skriflig* 47/1 (2013), 1-11; J. J. Knoetze, "Important Missiological Perspectives from the Acts of Dordrecht for a Missional Church in the 21st Century," *In die Skriflig* 53/4 (2019), 1-2.

49:6), 온 세상은 하나님의 영광을 알게 될 것이다(겔 37:14; 44:4; 47:22).[52] 이 일에 아브라함의 후손인 이스라엘은 제사장 나라로 부름을 받았다. 사도행전에 따르면, 성령님은 선교적 교회이자 해석공동체인 초대 교회가 확장되는 단계마다 말씀의 빛에서 상황을 분별하도록 인도하셨고, 갈등을 생산적으로 해결하며, 인종과 전통의 경계를 넘어 환대를 실천할 수 있는 힘을 불어넣으셨다(행 2; 6; 13).[53]

성령님은 그리스도인이 옛 성품과 새 성품 사이의 전투에서 이기도록 인도하신다(롬 7:5-6; 8:12-14; 23; 갈 5:5, 16-26).[54] 이 영적 전투는 대개 교회당 밖 세상에서 벌어진다. 성령의 9가지 열매는 교회당 안에서만 맺어야 하는 것이 아니다(갈 5:22-23; 참고. 벧후 1:4-7).[55] 성도가 세상 속에서 선한 양심과 선한 행실로 살 때, 불신 이웃들은 성도 안에 있는 소망을 이상하게 생각하면서 물을 것이다(벧전 3:15-17; 4:4). 이 사실을 베드로가 예수님의 승귀와 성령론적 맥락에서 설명한다는 사실에 주목해야 한다(벧전 3:18-19).

세상 속에서 그리스도인으로서 거룩하게 살다가 치욕을 당하면, 성령님께서 그 사람과 함께하셔서 영광을 받으신다(벧전 4:14). 성령님은 그리스도인이 세상 속에서 거룩하고 정의롭게 살도록 힘을 주신다(벧전 1:2).

> 공의와 정의는 언약 백성이 구원과 새 창조를 경험하기 위해 실천해야 할 가장 중요한 삶의 양식이다. … 남은 자들은 공의와 정의를 행함으로써 '새 창조'와 '영광'을 맛보게 될 것이다. 하나님의 영(성령)이 지도자와 백성에게 지혜와 능력을 주실 때 그들은 공의와 정의를 실천하게 된다(사 11:1-5; 42:1-4).

---

52 H. F. van Rooy, "Die *Missio Dei* en die Bestudering van die Ou Testament," *In die Skriflig* 51/2 (2017), 8-9; 김은수, "개혁주의 선교 개념의 확장," 271.
53 C. J. P. Niemandt, "Acts for Today's Missional Church," *HTS Teologiese Studies* 66/1 (2010), 5-7. 참고로 성령님께서 자발적으로 물질을 평균케 하셨던 초대 예루살렘 교회는 자본주의의 맘몬 영성과 극명하게 대조된다. 그리스도인은 축재(蓄財)를 위해 상품화된 돈을 교환과 신뢰 그리고 공공선을 위한 수단으로 자리매김하도록 해야 한다. U. Duchrow, "Spirituality for Democracy and Social Cohesion versus the Spirituality of Money," *Verbum et Ecclesia* 35/3 (2014), 6-7.
54 Paige, "Holy Spirit," 409.
55 Wright, 『성령의 열매: 그러면 우리는 어떻게 살 것인가?』, 289.

이것이야말로 이사야가 말하는 회복과 새 창조의 길이 아니겠는가?
또한, 이는 우리가 이 땅 가운데 하나님의 거룩하심을 드러내며 하나님 나라를 세우는 삶의 방식이 될 것이다.[56]

이를 위해 예를 들어, 교회가 지역주의나 특정 인종우월주의 혹은 제국주의 요소를 반대하고 제거하여 성령님 안에서 화해와 연합의 공동체를 이룬다면, 사회의 연합과 일치도 촉진할 수 있을 것이다.[57]

나오면서

성령님의 현존과 사역의 방식은 구원 계시 역사의 발전을 따라 이해해야 한다.

구약의 언약 백성 가운데 남은 자들은 예외 없이 성령님의 내주의 은혜를 입었다고 보기 어렵다. 하지만, 칼빈이 주목하듯이, 신정국가 이스라엘의 왕들에게 성령님의 은사가 주어졌다는 사실은 신약 그리스도인이 공공선교적 은사를 세상 속에서 활용하기 위한 통찰력을 제공한다. 신구약 중첩기에 성령님의 내주와 은사는 구약 시대보다 더 강화되었으므로, 구약 방식의 성령님의 현존과 사역은 차츰 사라졌다.

일차적으로 성령님의 여러 은사는 예수 그리스도의 몸인 믿음의 공동체를 든든히 세우기 위해 주어졌다. 믿음의 공동체가 하드웨어라면, 여러 은사는 그 하드웨어를 작동하는 소프트웨어와 같다. 동시에 그런 은사들은 그리스도인이 세상 속에서 선교와 봉사를 위해서도 활용할 수 있음은 구약과 신약이 가르치는 사실이다. 이렇게 세상 속에 복음과 교회가 드러나는 공공성의 실현은 온 세상에 선교하시는 성령님의 역사로 가능하다(행 1:8).[58]

56　최윤갑, 『구속사로 읽는 이사야』 (서울: 새물결플러스, 2020), 81, 282.
57　Woodard-Lehman, "Being and Bearing the Witness of the Spirit," 457-58.
58　성령님은 종말에 오신 그리스도의 영이시다(행 2:17). 새 시대를 촉진하시는 일곱 영은 온 땅에 두루 다니시는 선교적 성령이시다(행 1:8; 계 5:6). 승천하신 예수님은 선교의 성령님을 통하여 자신의 원수를 발등상으로 삼으신다. 성령님은 성도가 약함 중에서라도 '능력과 정의와 용기'로 충만케 하셔서, 저 세상주의와 비관주의를 극복하도록 도우신다

예수님은 교회의 머리이시자 만유이시므로, 그리스도의 영께서도 온 세상에 두루 다니시며 역사하신다. 이때 선교의 영은 단독으로 세상에 임재하시고 역사하시지 않는다. 오히려 예수님의 성육신을 가능하게 만드신 성령님은 자신이 세상에 파송하신 교회가 성육신적 선교를 수행하도록 그들과 함께하시고 능력을 주신다.[59] 따라서, 선교적 교회 논의나 공공신학에서 성령님의 역사를 간과하고 주의 깊게 논하지 않는 오류는 반드시 시정되어야 한다.

하나님의 선교에 동참하는 그리스도인이 성령님께서 도래시키신 새로운 시대의 표지와 천국의 선취자로 산다면, 영원한 복음과 하나님 나라를 세상에 보여주는 선교사로서 역할을 감당하게 된다(계 14:6). 이를 위해, 성령의 전은 주일에 함께 모여 '성찬과 더불어 성령님과 그분의 은사로 충만한 예배'(eucharismatic worship)를 정기적으로 드려야 한다(요 4:23-24; 계 4-5).

그런 예배는 다시 그리스도인으로 하여금 전통적 의미의 전도 곧 불신자의 개종을 위해 헌신하도록 만든다. 더 나아가 그런 예배는 그리스도인이 선교적 교회로 살도록 힘과 통찰력을 제공한다.

(미 3:8). 성령으로 충만하신 신적 전사이신 예수님께서 새 시대의 종말에 가지고 오신 하나님 나라는 인간을 사탄과 죄와 사망에서 구원하시는 '묵시적 행위'다(슥 13:2; 눅 4:18). 성령님은 하늘을 찢어 요단강 안에 계신 예수님에게 묵시적으로 임하셨다(막 1:10). 교회가 그리스도의 영께서 주시는 능력으로 종말론적으로 변혁된다면(행 19:6), 세상의 변혁(transformatio mundi)을 주도할 수 있다(행 3:21). 따라서, 성령님으로 충만한 이런 남은 자들에게는 하나님 나라의 '이미'와 '아직 아니' 사이의 긴장보다 '종말론적 연속성'이 더 크다. 오순절에 성령의 강림과 그 이후의 선교적 성령의 사역은 묵시적, 종말론적 그리고 공적 사건이다. 성령론적 선교 종말론은 '행방불명된 손가락'(the missing finger)을 찾는 데서 시작한다(눅 11:20).

59 공공신학과 선교적 교회를 위해, 추후 연구 사항은 그리스도 완결적(Christotelic) 해석과 성령 완결적(pneumatelic) 그리고 교회 완결적(ecclesiotelic) 해석의 관계이다. 또한, 선교학은 그것의 출발점과 기초와 같은 성경신학, 이론적 토대와 같은 조직신학 그리고 선교의 역사를 제공하는 교회사 등과 상호 연계하는 방법도 연구해야 한다. 참고로 남아공 개혁교회(GKSA)의 2006년 총회는 '선교 지향'(missiologiese gerigtheid)이라는 제목으로 신학 모든 과목에서 선교가 반영되어야 한다고 결의했으며, 그후 3차례 총회는 이 사항을 다듬어 보완했다. 참고. Van Rooy, "Die *Missio Dei* en die Bestudering van die Ou Testament," 7-8.

제4장

공공선교신학에서 본 갈릴리, 지중해 그리고 부산항

들어가면서

기독교의 주변화와 사사화의 극복을 위한 방안으로 공공신학에 대한 담론이 발전 중이다. 공공신학의 역사가 깊지 않다 보니, 합의된 정의는 없으며 연구 경향도 획일적이지 않다. 다른 신학 분과처럼 공공신학도 신학의 원천인 성경 주해에 근거해야 한다. 신약성경에 나타난 공간과 시간은 공공신학을 위한 중요한 두 가지 단서가 됨에도 불구하고, 별다른 주목을 받지 못했다.

최근 장소(place)는 신학과 사회학 등에서 재조명받고 있다. 교회가 하나님의 영광을 위해 하나님의 선교를 수행하려면 특정한 장소와 환경에서 그리스도인으로서 신실하게 자신의 현존을 드러내면서 이웃과 소통해야 한다.[1] 다시 말해, 예수님에게 뿌리내린 선교적 교회가 현존하는 장소라면 어디든지 하나님의 생명이 아름답게 회복되어야 마땅하다.[2]

신약 내러티브는 지중해와 예루살렘과 같은 공적 장소와 유월절과 오순절과 같은 공적 시간을 배경으로 전개된다. 신약성경의 중심 주제인 천국 복음은 세상의 한쪽 모퉁이에 머물고 은닉될 수 없기 때문이다.[3]

그런데 아직까지 신약성경에 등장하는 산과 바다, 도시 같은 실제 공간을 고려한 공공신학은 찾아볼 수 없다. 한 가지 예외는 홍콩 침례신학교의 창(S.

1　C. J. P. Niemandt, "Rooted in Christ, grounded in Neighbourhoods: A Theology of Place," *Verbum et Ecclesia* 40/1 (2019), 2-3.
2　Niemandt, "Rooted in Christ, grounded in Neighbourhoods," 9.
3　프레토리아대학교의 Van Eck는 약자와 아웃사이더를 위해 정의를 구현하신 예수님을 '공공신학자'로 묘사한다. 하지만, 그의 연구에 죄 사함을 통한 구원 그리고 점진적 구속사를 약화시키는 해방신학적 요소가 담겨있다. E. van Eck. "A Prophet of Old: Jesus the Public Theologian," *HTS Teologiese Studies* 66/1 (2010), 2-9.

Tsang)이 마가복음의 중요한 공간인 갈릴리 바다를 중심으로 공공신학을 시범적으로 제시한 것이다. 창은 예수님께서 갈릴리 바다라는 공적 장소를 어떻게 창조적으로 활용하셔서 마가복음의 1차 독자에게 공공적 메시지를 제시하는가를 연구한다.[4] 하지만, 창의 공공신학에서 시간은 초점이 아니다.

복음서에서 예루살렘은 유대인들에게 가장 거룩한 도시였다. 그곳은 산헤드린과 돌 성전 그리고 로마군의 안토니아 요새가 있던 다국적인 공적 장소였다. 무엇보다 하나님의 구속사에 따라 예루살렘에서 유대 종교 지도자들, 로마 총독 그리고 예수님 간의 갈등이 공적으로 나타났다. A.D. 70년 돌 성전의 파괴는 '이중 평화'(Ἱεροσόλυμα)라는 도시의 뜻을 무색하게 만들었다(마 24:2; 요 20:19, 21). 그곳은 유월절과 같은 절기에 지중해 연안의 유대인들이 모여들었기에 가장 다문화적이며 공적인 장소였다. 또 신약성경에서 도시 예루살렘 못지않게 바다도 공적 장소인 동시에 경쟁하는 세력들이 갈등하고 충돌한 곳이었다.[5]

공적 공간과 관련하여, 은둔적 쿰란공동체가 있던 사해(死海)보다 지중해와 갈릴리 바다가 대표적이다. 지금도 지중해는 북아프리카의 난민들로 인해 국제적으로 관심을 끄는 장소다. 본 장은 바다의 공공선교적 의미를 그레코-로마 배경과 신약성경에서 찾아 부산항에 적용한다.

1. A.D. 1세기 로마제국의 바다신학

영어 'Mediterranean'은 라틴어 medius terra(내륙[midland])로부터 유래했으며, 고전 로마 문학에서 이 두 단어는 '바다'와 연결되지 않았다.[6] B.C. 5500년 혹은 B.C. 3000년경부터 해상 활동이 있던 것으로 보이는 '지중해'(地中海),

---

[4] S. Tsang, "Introduction to a Public Theology of the New Testament: Markan Public Theology of the Sea of Galilee as a Test Case," *Hill Road* 31 (2013), 85-117.

[5] P. Horden & N. Purcell,, "The Mediterranean and the New Thalassology," *American Historical Review* 111/3 (2006), 732.

[6] D. N. Freedman (ed), *The Anchor Bible Dictionary*, Volume 4 (New York, Doubleday, 1992), 664.

즉 땅들 사이의 바다는 땅들을 분리시키는 장벽과 같았다.[7]

하지만, 지중해는 유럽, 아시아와 아프리카, 즉 유라시아-아프리카 대륙과 여러 문명을 이어 교류하게 하는 보편적 바다(mare universalis)이며 공적이고 개방적 공간으로 변모했다.[8] 고대와 중세 그리고 근대의 그리스문명, 로마문명, 비잔틴문명, 아랍-이슬람문명 그리고 르네상스는 모두 지중해를 배경으로 한 글로컬(glocal) 문명이었다.[9]

고대부터 중세 말까지 서유럽과 동남아시아를 연결하는 상업 노선은 크게 두 갈래로 나눠져 있었다. 주로 육로를 이용하는 북쪽 노선은 흑해와 소아시아를 경유하는 노선이었고, 바다를 이용하는 남쪽 노선은 시리아와 이집트를 경유하는 노선이었다. 각 노선은 작은 지류들과 연결되어 있었다. 운송료 기준에서 보면 해로를 이용하는 남부 노선이 훨씬 경제적이었고 그런 연유로 북부 노선보다는 남부 노선을 통해 훨씬 더 많은 상품이 오고갔다.[10]

1980년대 이래 '지중해하기'(Mediterraneanization, Ian Morris의 용어)는 정적이고 지엽적인 역사가 아니라, 유동성과 상호작용의 틀로 지중해 연안 세계의 역사를 간본문적으로 파악하는 경향을 가리킨다.[11]

도시 국가 로마는 B.C. 146년에 지중해의 두 열강 카르타고와 마케도니아를 제압한 후 복합적인 해양문명 제국으로 발돋움했다(예. 미노아문명, 미케네문명, 에게문명, 크레타문명, 파라오문명 등).[12] A.D. 1세기 지중해 연안의 로마제국

---

7   C. Broodbank, "The Origins and Early Development of Mediterranean Maritime Activity," *Journal of Mediterranean Archaeology* 19/2 (2006), 199; 정수일, "지중해 문명과 지중해학," 『지중해지역연구』 5/1 (2003), 9. 참고로 고대세계에 다양한 우주관이 경쟁했는데, 그중에 신이 바다에 잠수하여 지구를 형성할 물질을 가지고 나왔다는 신화가 있다. J. T. Fitzgerald, "Cosmologies of the Ancient Mediterranean World," *In die Skriflig* 47/2 (2013), 4.
8   김정하, "지중해, 다문화 문명의 바다," 『통합유럽연구』 5/2 (2014), 28.
9   윤용수, "고대 지중해 문명 교류의 거대사적 해석," 『지중해지역연구』 18/4 (2016), 102-103.
10 남종국, "비잔티움 제국의 몰락과 지중해 향신료 무역," 『해항도시문화교섭학』 18 (2018), 151.
11 정수일, "지중해 문명과 지중해학," 2; 차영길, "지중해는 로마 제국을 새롭게 이해하게 하는가?" 『지중해지역연구』 7/1 (2005), 65, 69.
12 정수일, "지중해 문명과 지중해학," 4.

에서 '바다학'(thalassology)은 항해자의 신 이시스(Isis)와 해적과 풍랑을 제압하여 평화를 준다고 추앙 받은 황제를 제쳐두고 논할 수 없었다. 로마제국은 5월 5일 봄 축제 때, 항해를 시작하면서 이시스를 숭배했다.[13] B.C. 3세기 말 무렵부터 지중해의 강자로 부상한 로마에서 명사 '오이쿠메네'는 로마가 정복한 지역을 가리켰는데, orbis terrarum(전 지구)은 orbis Romanus(로마인의 세계)가 되었다.[14] A.D. 2세기경 당시 전 세계 인구의 5분의 1에 해당하는 인구 6천만(혹은 1억 명)에 달한 로마제국은 영국, 스페인, 지브롤터, 동유럽, 흑해, 나일강, 갈릴리까지 정복 전쟁을 펼쳤다.[15] 해상 운송비는 육상 운송비의 60분의 1에 불과했기에, 지중해 무역은 융성할 수밖에 없었고 A.D. 1세기 지중해에 침몰한 배도 183척에 달했다.[16] '해양지배설'(sea power theory)이 현실이 되어갔다.

로마제국의 1차 관심은 바다가 아니라 땅에 있었다는 사실은 간과되지 말아야 한다.[17] 해안 도시들은 경작지가 부족했기에 더욱 가치 있었다. 하지만, 티베리스(Tiberis) 강을 가진 도시 로마 근교의 오스티아(Ostia) 항에서 보듯이, 내륙의 도시도 강을 통해 바다 그리고 해안 도시와 연결된 것도 사실이다.

로마 황제는 지중해를 통해 자원을 수탈했기에, 그 바다는 '폐쇄적 바다', 혹은 항아리 모양의 '로마의 앞마당'과 같았다(mare nostrum[우리의 바다/로마의 호수]).[18] 한 예로, 로마 시민들이 분배 받은 곡물은 '지중해의 빵 창고' 이집트와 '로마의 돈줄' 스페인 등에서 수탈한 것이다. B.C. 2세기까지 빵을 몰랐고 보리죽을 먹었던 로마인들은 A.D. 1세기에 무상으로 제공된 빵을 가룸(garum)에 찍어 먹었다. 그리스의 액젓 가로스(garos)에서 유래한 가룸은 지중해의 멸치 등으로 만든 소스인데, 로마인들에게 주요 단백질 공급원이었다.[19]

---

13 이승호, "마가공동체의 지리적 위치," 『피어선신학논단』 8/1 (2019), 34.
14 정덕희, "누가의 세계관: 에베소 소요사건(행 19:21-41)에 등장하는 오이쿠메네를 중심으로," 『Canon & Culture』 14/1 (2020) 113.
15 차영길, "지중해는 로마 제국을 새롭게 이해하게 하는가?" 75.
16 차영길, "지중해는 로마 제국을 새롭게 이해하게 하는가?" 77.
17 차영길, "지중해는 로마 제국을 새롭게 이해하게 하는가?" 74.
18 정덕희, "사도행전에서의 복음의 공간 이해: 지역과 길을 중심으로," 『장신논단』 51/5 (2018), 122; 김정하, "지중해, 다문화 문명의 바다," 30.
19 예수님 당시 로마 도시에 무상으로 빵을 공급받은 사람은 30만 명이었다. 로마인들은 올리브유를 1년에 약 20리터나 먹었다. 생선 소스는 올리브유만큼 값어치 있었다. 권은중,

B.C. 6세기부터 500년 동안 기축통화는 그리스의 드라크마였는데, 로마의 데나리온이 그것을 대체하여 지중해는 물론 아시아의 무역과 세금 징수에 활용했다.[20] 그 결과 로마의 제국주의는 견고해졌다. 로마제국은 제국 확장의 도구로 그리스어를 인정하여 활용했는데, A.D. 1세기 황제들도 그 언어를 배웠으며 결국 라틴어를 압도했다.[21] 심지어 로마에서 그리스 출신 노예들이 그리스어를 가르치기도 했는데, 황세는 정복시의 언어 사용을 금하지 않았다.[22]

황제는 로마의 콜로세움에서 지중해 전투를 재현함으로써 로마의 군사적 위력을 선전했다. 로마제국은 약 15만 명에 달한 육군은 물론, 막강 해군도 보유했다. 데나리온과 노예 제도 그리고 군사력은 로마제국을 떠받쳤다. 하드리안 황제(d. 138) 때, 로마제국의 상비군은 375,000명에 달했다.[23]

2. 신약성경의 바다신학

1) 복음서

성경 내러티브에서 공간적 관점은 플롯과 저자의 신학을 이해하는 데 중요하다. 내러티브에 등장하는 공간의 지정학적(geopolitical), 지리적(topographical), 건축학적 의미를 잘 파악해야 한다.[24]

지중해와 비교할 때, '갈릴리 바다'(ἡ θάλασσα τῆς Γαλιλαίας)는 24어종이 있고, 염분이 없으며, 해수면보다 211미터 낮고, 길이 20킬로미터, 폭 11킬로미터에 불과하다. 갈릴리 바다는 하나님 나라 복음의 시작과 전파에 있어 공적

"멸치, 로마제국을 먹여살리다," 『인물과 사상』 235 (2017), 125-28, 132-33; R. A. Baergen, "Re-Placing the Galilean Jesus: Local Geography, Mark, Miracle, and the Quest for Jesus of Capernaum," (Ph.D. Thesis, University of St. Michael's College, 2013), 70.
20 권은중, "멸치, 로마제국을 먹여살리다," 136.
21 김덕수, "팍스 로마나(pax Romana)시대 지중해 세계의 언어들," 『역사학보』 210 (2011), 304-309.
22 김덕수, "팍스 로마나(pax Romana)시대 지중해 세계의 언어들," 321.
23 윤용수, "고대 지중해 문명 교류의 거대사적 해석," 117.
24 김재현, "마가복음의 '바다'에 관한 고찰," 『동서인문학』 58 (2020), 181.

이며 보편적인 바다였다(마 4:18; 15:29; 막 1:16).²⁵ 예수님의 제자 중 어부는 7명에 달했다(베드로, 안드레, 빌립, 야고보, 요한, 도마, 나다나엘[마 4:18, 21; 요 1:44; 21:2]).²⁶

'지중해하기'처럼 '갈릴리하기'(Galileenization), 다시 말해, 갈릴리 바다 근처의 역사를 '개별 부분 단위의 문화의 안정성'으로 이해하기보다, 유동성과 역동성 그리고 전체 상호작용성으로 파악하는 노력이 필요하다. 그런 연구는 갈릴리 바다와 인근 지역의 유대적 요소, 로마적 요소, 경제와 문화 및 정치적 요소, 지정학적 요소, 지리적 요소, 건축학적 요소, 신학적 요소를 망라한다.

'임마누엘 복음서'인 마태복음의 교차대칭구조에 따르면, 갈릴리 바다의 "나다. 너희는 두려워하지 말라"(ἐγώ εἰμι· μὴ φοβεῖσθε, 마 14:27)가 중앙에 위치한다. 요약하면 아래의 도표와 같다.²⁷

A. 주의 사자: 무서워하지 말라; 임마누엘; 자기 백성을 구원하실 것이다 (1:18-25).
  B. 예수님은 제자들에게 세례 요한이 엘리야라고 말씀하심(11:2-19).
    C. 예수님은 무리에게 자신을 알리지 말라고 명하심; "보라. …내 마음에 기뻐하는 바 내가 사랑하는 자로다"(12:15-21).
      D. 종교 지도자들이 표적을 요구함: 요나의 표적만 주어짐; 헤롯 안디바는 예수님을 부활한 세례 요한으로 인식함(12:38-42; 14:1-12).
        E. 오천 명을 먹이심(14:13-21).
          F. 갈릴리 바다에서 신현: "나다. 너희는 두려워하지 말라" (14:22-33).
          서기관들과 바리새인들의 도전: 율법의 외적 vs 내적 측면 (15:1-20).
          예수님의 사역의 중앙: 가나안 여인의 강렬한 믿음(15:21-28).

---

25 O. E. Costas, "Evangelism from the Periphery: The Universality of Galilee," *Apuntes* 2/4 (1982), 75, 77.

26 J. D. Douglas (ed), 『새성경사전』 (*New Bible Dictionary*) (서울: 기독교문서선교회, 1996), 539.

27 C. A. Decaen, "An Embedded Chiastic Order in Matthew?" *CBQ* 83/1 (2021), 70.

    E′. 사천 명을 먹이심(15:29-39).
    D′. 종교 지도자들이 표적을 요구함; 요나의 표적만 주어짐; 몇몇은 '당신은 세례 요한입니다'라고 말함(16:1-4; 16:13-20).
  C′. "이는 내 사랑하는 아들이요, 내가 그를 기뻐하노라"; 예수님은 제자들에게 이것을 말하지 말라고 경고하심(17:1-8).
 B′. 예수님께서 제자들에게 세례 요한은 엘리야라고 말씀하심(17:9-13).
A′. 주님의 천사와 예수님: "두려워 말라; 내가 너희와 함께 한다"; "그러므로 가서 모든 나라를 제자 삼아라"(28장).

'갈릴리 복음서'(the Gospel of Galilee)라 불리는 마가복음에 '바다'(θάλασσα)는 17회나 언급된다(막 1:16ab; 2:13; 3:7; 4:1ade, 39, 41; 5:1b, 13ab, 21d; 6:47b, 48b, 49; 7:31).[28] 하나님의 아들이신 나사렛 예수님의 천국 복음은 갈릴리의 제자들은 물론 이방 무리에게도 전파되었다(막 7:31-37).[29] 예수님께서 회당에서 바다로 자리를 옮기시는 장면에, 복음이 유대인에게서 열방의 많은 무리에게 전파될 것이 암시된다(막 3:1, 7).[30]

마가는 '바다'처럼 '배'(πλοῖον)를 17회 언급하여, 예수님의 갈릴리 사역의 중요한 공간적 배경으로 제시한다(막 1:19, 20; 4:1b, 36ab, 37ab; 5:2, 18b, 21b; 6:32, 45b, 47a, 51, 54; 8:10b, 14; 참고. '작은 배'[3:9]).[31] 예수님 당시, 주민 50명 이상의 마을이 갈릴리 주변에 가버나움, 게네사렛, 벳세다, 막달라, 고라신, 디베랴, 가나, 나사렛, 세포리스를[32] 비롯하여 약 200개나 있었으며, 주민은 15만 명

---

28 마가공동체가 호수가 아니라 바다 근처에 있어서, 마가는 명사 '바다'를 자주 사용했다는 주장은 이승호, "마가공동체의 지리적 위치," 32를 보라.
29 마가복음의 독자들의 거주지는 로마로 알려지지만, 이 복음서가 '갈릴리'를 강조하기에 갈릴리로 보기도 한다. 참고. 마가공동체의 위치를 갈릴리 혹은 두로로 보는 이승호, "마가공동체의 지리적 위치," 38.
30 박노식, "마가복음의 문학적 구성과 공간: 마가복음 3:7-6:6a를 중심으로," 『신약논단』 24/3 (2017), 419.
31 김선욱, "마가복음의 배 모티프의 문학적 기능과 신학적 의의: 문학적 접근 방법을 통한 막 4:35-8:21 연구," 『신약논단』 26/1 (2019), 37-38. 참고로 마가복음에 중요한 주제어인 '길'은 16회 나타난다(막 1:2, 3; 2:23; 4:4, 15; 6:8; 8:3, 27; 9:33, 34; 10:17, 32, 46, 52; 11:8; 12:14).
32 세포리스는 B.C. 55년경에 로마 행정관 Gabinus에 의해 갈릴리 지역의 주요 도시로 건설되었다(『유대고대사』 14.5.4). 헤롯 대왕 사후(B.C. 4), 유다 벤 히스기야는 세포리스 시

이상으로 추정된다. 갈릴리는 남북으로 70킬로미터, 동서로 40킬로미터의 직사각형 지역인데, 복음서의 배경은 주로 하부 갈릴리(lower Galilee)다.[33] 갈릴리 지역의 서쪽 경계는 지중해, 남쪽 경계는 이스르엘 평원, 동쪽 경계는 갈릴리 바다이며, 북쪽 경계는 레바논의 리타니(Litani)강의 계곡이다.[34]

신약성경에 '갈릴리인'(Γαλιλαῖος)은 11회 언급되는데, 누가-행전에 8회 등장한다(눅 13:1-2 등). 갈릴리 지역은 비옥했기에 마을마다 주민이 많았고 놀리는 땅이 거의 없었으며 밀과 포도주와 올리브를 생산하여 이집트로 수출했다(유대전쟁사 3.42-43).

예수님 당시 갈릴리 지역도 가뭄과 무거운 세금, 전쟁, 전염병 그리고 폭정을 비켜가지 못했다.[35] 주님은 바로 이곳에서부터 하나님 나라의 복음과 회복적 정의를 공적으로 드러내고 세우셨다. 그 마을들은 종교 지도자들의 본거지 예루살렘에서 멀리 떨어진 국경 근처이므로, 보다 더 개방적 자세로 헬라어를 비롯하여 두로와 같은 외국 문물을 접하기에 용이했다.[36]

팔레스타인 중에서 비가 가장 많이 내리는 사마리아와 갈멜 산지를 제외하면, 갈릴리는 연 60일 정도 비가 내려 강우량은 (도시 로마와 마찬가지로) 600밀리미터에 달하는 비옥한 지역이다.[37] 분봉 왕 헤롯 안디바(B.C. 21-A.D. 39)는 갈릴리 지역의 부정한 묘지 터 위에 티베리아스를 건설했기에, 갈릴리 바다

민을 이끌어 독립 전쟁을 일으켰다가 로마 총독 Varus에 의해 진압당하고 그 도시는 폐허로 변했다(유대전쟁사 2.4.1). 헤롯 안디바는 세포리스를 재건했다. 참고. Strange, "Galilee," 393.

33　히브리어 '갈릴'(גָּלִיל)은 고리나 원을 가리킨다(수 20:7; 왕상 9:11; 사 9:1; 참고. 민 34:11; 수 12:3). Douglas (ed), 『새성경사전』, 54.

34　J. F. Strange, "Galilee," in *Dictionary of New Testament Background*, ed. C. A. Evans and S. E. Porter (Leicester: IVP, 2000), 391.

35　S. Freyne, "Galilee as Laboratory: Experiments for New Testament Historians and Theologians," *NTS* 53/2 (2007), 158; M. H. Jensen. "Climate, Droughts, Wars, and Famines in Galilee as a Background for Understanding the Historical Jesus," *JBL* 131/2 (2012), 308; R. L. Brawley, "Homeless in Galilee," *HTS Teologiese Studies* 67/1 (2011), 6.

36　갈릴리인들이 정결법을 철저히 준수하지 않았다는 주장은 M. Cromhout, "Review Article: Ancient Galilee and the Realities of the Roman Empire," *HTS Teologiese Studies* 68/1 (2012), 5; Freyne, "Galilee as Laboratory: Experiments for New Testament Historians and Theologians," 155를 보라.

37　Jensen. "Climate, Droughts, Wars, and Famines in Galilee as a Background for Understanding the Historical Jesus," 311.

는 티베리우스 황제를 기념해 '디베랴 바다'라 불렸다(요 6:1; 21:1;『유대고대사』 18.36).[38]

안디바는 분봉국의 수도 '세포리스'(Sehpporis)를 로마황제의 칭호인 '아우토크라토르'(Autokrator[유일한 통치자])로 개명했다. 여우와 같은 안디바는 하나님의 포도원을 허물고서, 궁전, 주화, 대리석, 수로, 극장, 경기장, 군대를 동원하여 도시화된 '로마의 갈릴리'(Roman Galilee)로 탈바꿈시켰다(눅 13:32).[39] 안디바가 주조한 화폐는 갈릴리와 골란에 유통되었는데, A.D. 2세기 이전까지는 왕이나 황제의 얼굴과 같은 이미지는 없었지만, '네로', '카이사르', '티베리아스', '평화의 도시'라는 글자는 새겨졌다.[40] 아그립바 2세 때는 갈릴리에 황제 숭배가 퍼졌는데, 갈릴리의 민족주의자들이 제1차 유대-로마 반란 때 격렬히 저항하도록 만든 한 가지 원인이었다(눅 13:1-2; 유대전쟁사 3.40-41).[41]

'이방의 갈릴리'(마 4:15; 1마카비 5:15)라는 용어에서 그 지역의 인종, 정치, 문화에 있어 동화 현상을 짐작할 수 있다.[42] 그런데 하나님 나라와 구속사적 관점으로 볼 때, 갈릴리는 예수님께서 제자를 부르고 양육하여 천국을 건설하는 공적 장소다(막 1:16-20). 이것은 고통, 흑암 그리고 이방의 땅에서 메시아께서 사역하실 것이라는 이사야 9장 1절의 성취다.[43]

예수 그리스도의 천국 복음이 갈릴리에서 헬레니즘을 물리친다. 갈릴리 '바다에 떠 있는 배에 앉으셔서'(εἰς πλοῖον ἐμβάντα καθῆσθαι ἐν τῇ θαλάσσῃ) 설교하신 예수님의 모습은 복음이 온 세상에 전파될 것이라는 선교적 함의를 가진다

---

38   큰 바다 지중해 선교를 경험한 누가는 갈릴리 '바다'가 아니라 '호수'라 부른다(눅 5:1). 누가만 사용한 자료가 '호수'(λίμνη)라고 표현했는지는 의문이다. Contra R. S. Notley, "The Sea of Galilee: Development of an Early Christian Toponym," *JBL* 128/1 (2009), 185.

39   M. H. Jensen, "Herod Antipas in Galilee: Friend or Foe of the Historical Jesus?" *Journal for the Study of the Historical Jesus* 5/1 (2007), 10, 19.

40   Strange, "Galilee," 397; Cromhout, "Review Article," 8-9; Jensen, "Herod Antipas in Galilee," 29.

41   Cromhout, "Review Article," 9. 참고로 "요세푸스는 '갈릴리인들'이란 용어를 이중적으로 사용하고 있음을 알 수 있다. 하나는 일반적으로 갈릴리 지역 안에 살거나 그 지역 출신의 주민들, 즉 '지리적인 갈릴리인들'을 가리키는 것이고, 다른 하나는 갈릴리라는 지역성을 벗어난, (하스모니안 왕조의 재건을 꿈꾼) 혁명주의적인 '정치적 갈릴리인들'을 가리키는 것이다." 이우경, "정치적 갈릴리인 그리고 지리적 갈릴리인: 요세푸스를 통한 누가복음 13:1-3 읽기,"『신약논단』25/2 (2018), 315, 318.

42   참고. Freyne, "Galilee as Laboratory," 150, 153.

43   Notley, "The Sea of Galilee," 186.

(막 4:1). 바다로 둘러싸인 '섬'(νῆσος)과 '바다'는 열방을 상징하기 때문이다(사 41:1; 계 16:20; 17:15). 예수님은 갈릴리 바다 동쪽의 이방인 지역과 서쪽의 유대인 지역을 번갈아 가며 사역하셨다(막 4:35; 5:1; 6:45; 8:13 등).

따라서, 갈릴리 바다는 동서의 장벽이 아니라 서로 연결하는 공공선교적 가교와 같으며, 주님의 배 여행은 하나님 나라의 확장을 알린다.[44] 이것은 장차 바울의 지중해 선교를 알리는 신호탄과 같다.

마가복음에서 바다는 여러 기능을 하는데, 제자를 부르신 곳(막 1:16-18, 1:19-20), 무리가 모인 곳(2:13; 3:7; 4:1; 5:21; 6:53-54), 말씀을 가르치신 곳(2:13; 4:1; 8:14-21), 신적 현현과 기적의 장소다(4:35-41; 6:45-52).[45] 마태는 바다의 신적 현현과 기적 기능과 관련하여, 베드로가 낚은 생선 입에 있던 한 세겔을 통해 예수님께서 유대인과 불필요한 마찰을 예방하신 사건을 추가한다(마 17:27).[46] 예수님은 돌 성전의 주인이신 성부의 아들이시므로 성전세를 납부하실 필요가 없다(마 17:26). 하지만, 주님은 돌 성전이 무너지기 이전까지의 '신구약 중첩기'라는 과도기 상황에서 자신의 권한을 제한하셔서, 성전세를 거둔 유대인들을 실족시키시지 않았다. 예수님은 하나님 나라와 복음의 공공성을 나타내기 위해 불필요한 마찰을 예방하는 지혜가 필요함을 교훈하신다.

베드로의 낚시는 주님의 부활 이후로 이어진다. 부활하신 예수님은 제자들이 갈릴리 바다에서 153마리를 어획하도록 하셨다(요 21:11). 153은 17, 즉 두 완전수인 10과 7의 합에 대한 삼각형 수다(참고. 10계명, 10재앙, 7일 창조). 이것은 제자들의 세계 선교의 결실이 많을 것을 보여준다.[47] 친로마주의자요 여우인 헤롯 안디바의 과도한 세금 정책과 어부의 생존권을 통제하는 압박 상황조차 갈릴리 출신 어부들이 하나님 나라의 제자들로 부름 받아 선교 활동하는

---

44 박노식, "마가복음의 문학적 구성과 공간," 436; 김재현, "마가복음의 '바다'에 관한 고찰," 195; 김선욱, "마가복음의 배 모티프의 문학적 기능과 신학적 의의," 66.

45 김선욱, "마가복음에 나온 바다(θάλασσα)의 문학적 기능과 신학적 의미 그리고 마가복음 7:31 번역 재고,"『신약연구』16/2 (2017), 44-51.

46 A. J. Köstenberger et als,『신약개론: 요람·십자가·왕관』(Introduction to the New Testament: The Cradle, the Cross, and the Crown), 김경식 외 역 (서울: CLC, 2015), 272.

47 박호용, "숫자 17과 큰 물고기 153표적(요 21:11)의 의미,"『Canon & Culture』13/1 (2019), 237, 254.

것을 가로막을 수 없었다(마 13:52).[48]

바다는 영적인 메시지를 비롯하여, 반로마 및 반유대적 메시지도 제공한다. 갈릴리 바다는 자연과 사탄의 세력을 다스리고 제압하시는 예수님의 주권적 능력이 나타나는 공적 장소였다(막 4:39; 6:45-53).[49] 예수님께서 군대 악령을 내쫓으실 때, 거라사의 돼지 2,000마리는 갈릴리 바다에 몰사했다(막 5:13). 여기서 예수님께서 로마 군대(λεγιών)를 떠올리는 무수한 악령을 물리치시는데, 반로마적 메시지가 나타난다.[50]

네로가 군사력으로 통치할 동안 제국의 심장부 로마에서 복음서를 기록한 마가와 1차 독자들에게 '진정한 신, 하나님의 아들, 주'가 누구인지는 큰 관심 사항이었다.[51] 또 주님의 제자들은 복음의 대적인 유대인들의 중심지인 시온산이 바다(지중해), 즉 로마제국의 손에 빠져 패망하도록 믿음으로 기도해야 했다(마 21:21). 예수님의 예언대로 불신 유대인들은 로마제국에게 토사구팽 당했지만(막 13:2), 하나님 나라의 복음은 A.D. 70년 이전까지 이방인의 거주지인 만국(바다, 섬)에 전파되었다(막 13:10).[52]

유대-로마 전쟁 중인 A.D. 67년에 네로가 파견한 베스파시안 장군이 군사 6만 명(최정예 제5, 10, 15군단 포함)을 동원하여 두로에서 출발하여 갈릴리를 시

48　갈릴리 어부의 수익성이 좋았다는 주장은 Baergen, "Re-Placing the Galilean Jesus," 70을 보라. 어부는 중산층이었다. Strange, "Galilee," 395. 참고로 요한복음에 드물게 나타나는 '바다'는 유대 지역의 사람들처럼 예수님의 사역에 반대하는 부정적 배경이 아니라 긍정적인 증인 역할(요 6:16-21; 21:21-14)을 한다는 주장은 D. Flippin, "Characterizing the Sea in the Fourth Gospel: The Sea as a Witness to Jesus' Identity," *American Baptist Quarterly* 35/1 (2016), 46-47을 보라.

49　이방인에게 복음을 전하기를 꺼렸던 요나와 이방인에게 복음을 전하러 배 여행을 떠나셨다가 풍랑을 만난 예수님 사이의 유사성과 차이점은 A. I. Wilson, "In the Same Boat?: Jonah and Jesus as Wave-beaten Heralds," *In die Skriflig* 55/1 (2021), 3-6을 보라.

50　이성민, "마가가 전한 기쁜 소식: 예수 그리스도가 통치하는 로마제국," 『신학과 세계』 88 (2016), 314.

51　이성민, "마가가 전한 기쁜 소식: 예수 그리스도가 통치하는 로마제국," 281.

52　마가복음이 A.D. 70년 직후에 북 갈릴리나 남 시리아에서 기록되었다고 주장하는 근거는 이 복음서가 농어촌을 배경으로 하며 유대-로마 전쟁을 언급하기 때문이다. 그러나 사복음서 모두 농어촌 배경을 가지며, 감람산 강화는 '사건 발생 후 미래 예언처럼 기록한 것'(prophetia ex eventu)으로 볼 수 없다. Contra S. S. Kimondo, "Reading Mark's Gospel in Light of the Roman-Jewish War of 66-70 C.E.: Jesus' Story as a Contrast to the Events related to the War," (Ph.D. Thesis, Lutheran School of Theology at Chicago, 2011), 97-98, 195-213.

계 반대 방향으로 정복한 방식과 예수님께서 갈릴리에서 선교하신 것은 대조된다(유대전쟁사 3.1-8).

로마 군대 맨 앞에 승리를 상징하는 독수리 앰블럼이 앞장서고, 그 뒤에 나팔수들과 군인들이 뒤따랐다.[53] 하지만, 십자가와 부활이라는 예수님의 천국 복음은 비둘기 같은 성령으로 충만한 복음의 나팔수들이 전파했다(마 24:31). 베스파시안은 갈릴리 전쟁에서 한밤중에 기습하거나 굶주려 죽이는 전략을 구사했는데, 예수님도 밤에 제자들에게 나타나신 바 있지만 무리를 배불리 먹이셨다(막 6:30-44, 45-52; 8:1-9; 13:32-37).[54] 요세푸스는 베스파시안의 갈릴리 정복 결과 유대인 약 8만 명이 사망했다고 전하며(유대전쟁사 3.305-514), 갈릴리 바다는 시체로 썩어갔고 피로 변했다.[55] 유대-로마 전쟁 때 지중해의 유대인 함대는 괴멸되었으며, 황제들은 'Victoria Navalis'를 새긴 기념 화폐를 주조했다(『유대고대사』 3.41.9).[56] 그러나 예수님은 자기 목숨을 많은 사람의 대속물로 주셔서 그들을 살리셨다(막 10:45). 로마 군대가 갈릴리를 정복한 후 예루살렘을 함락한 것은 예수님께서 감람산 강화에서 예고하신 대로 하나님께서 배교한 유대인들을 심판하신 사건이다.

2) 사도행전

이방인의 사도 바울을 통해서 복음이 지중해 연안에 전파된 것은 감람산 강화의 성취다(마 24:14; 막 13:10). 지중해는 사도 바울의 선교에 있어 중요한 지리적 배경이다(행 13:4, 13). 바울은 네로 황제에게 재판받으러 갈 때도 험한 지중해를 건넜으며, 심지어 배와 섬에서 복음을 전했다(행 27-28).[57] 바울은 로마

---

53 Kimondo, "Reading Mark's Gospel in Light of the Roman-Jewish War of 66-70 C.E.," 195-97.
54 Kimondo, "Reading Mark's Gospel in Light of the Roman-Jewish War of 66-70 C.E.," 198-99.
55 송영목, "요한계시록의 생태신학적 해석의 적합성," 『개혁논총』 20 (2011), 9-42.
56 참고. Freedman (ed), *The Anchor Bible Dictionary*, Volume 4, 665.
57 요나와 A.D. 58-59년에 로마로 항해하던 바울 간의 병행은 C. S. Keener, *Acts: An Exegetical Commentary 24:1-28:31* (Grand Rapids: Baker Academics, 2015), 3559, 3597을 보라. 참고로 Keener의 사도행전 주석은 참고 문헌만 300페이지다.

를 지나 지중해를 건너 스페인에서도 선교했다(롬 15:28).[58] '지중해의 발코니'라 불리는 바르셀로나 근교 타라코(Taracco)에 세워진 바울의 석상에 '인류 역사에서 가장 위대한 인물'이라 적혀 있다.[59] 사도행전은 수많은 지명과 길 이름은 물론, 바닷길과 섬도 언급한다. 그 안에 신학적 메시지가 담겨 있다.

> 로마인들에게 있어서 길은 제국의 힘이 전파되고 유통되는 공간이었던 반면, 초기 기독교에서의 길은 복음의 힘이 전파되고 유통되는 공간이며, 여기에서 한걸음 더 나아가 그 자체로 신학적 메시지를 담고 있는 거대한 담론 그 자체였기 때문이다. 복음이 전파되는 통로로서 그 자체로 복음의 공간이 되었을 뿐만 아니라, 교회가 세워진 수많은 지역을 거미줄과 같이 촘촘히 연결하며 네트워크를 만들어서 독자들 마음속에 하나님 나라의 심상(mental image)을 형성케 하는 중요한 근간이 된다.[60]

하나님 나라의 관점에서 볼 때, 마치 '거룩한 인터넷'과 같은 모든 도로망은 로마를 향하지만, 실제로 그 길은 복음과 천국을 위한 수단이었다.

3) 요한계시록

요한계시록에서 '바다'는 중요한 지리적 배경이다. 바다 짐승인 로마제국이 크리스천을 박해했다(계 13:1). 동시에 불신 유대인을 가리키는 음녀 바벨론도 '많은 물', 곧 바다에 앉아 위력을 발휘했다(계 17:1). 하나님은 음녀 바벨론이 저지른 불공정과 사치로 얼룩진 바다 무역을 심판하신다(계 18:12-13).

유대-로마 전쟁 중에 갈릴리 바다는 피로 변하여 유대인들이 심판을 받았다(계 8:8). 로마제국을 상징하는 섬과 바다는 간 곳이 없어짐으로 군사력이 지배하던 옛 세상은 심판을 받는다(계 16:20). 그래서 요한은 '새 하늘과 새 땅'

---

58 D. M. Bossman, "Paul's Mediterranean Gospel: Faith, Hope, Love," *Biblical Theology Bulletin* 25/2 (1995), 71-78.
59 전승에 따르면 바울은 타라코에 A.D. 63년경 도착했다. A. M. Melgar, *The Tarraco of the Early Christians* (Tarragona: ACSF, ND), 19, 23.
60 정덕희, "사도행전에서의 복음의 공간 이해," 136.

만 언급할 때, 하나님을 향한 반역과 혼돈의 세력의 출처인 '바다'는 생략한다(계 21:1). 하나님은 앞에 유리 바다가 펼쳐진 보좌 위에서 영광스러운 위엄의 통치를 온 세상에 시행하신다(계 4:6; 15:2).

3. 공공선교 허브(Public missional hub)를 추구해야 할 부산항

1407년에 조선 태종은 부산항을 일본과의 교역 지역으로 정했다. 1876년에 부산항이 본격적으로 개항한 후, 부산은 외세의 침략과 교류의 주요 무대가 되었다.[61]

신라 신문왕(d. 692) 때부터 유명세를 떨친 동래온천은 물론 해운대온천은 20세기 초에 일본인들이 전철로 연결하여 (축제와 퇴폐적) 관광지가 되었다.[62] 후쿠오카 출신 향추원태랑(香椎源太郎, b. 1867)은 부산에 거주하는 일본인 가운데 3대 부자에 들었다. 그는 1905년에 부산에 와서 수산, 전기, 도기(陶器, 1920년경 절영도에 본점을 둠), 상업은행(보험, 신탁) 사업으로 거부가 되었다.[63] 이것은 지중해 패권으로 부를 축적했던 로마제국인과 흡사하다.

2013년 3월 29일, 부산시 중구 광복로 입구 쌈지공원에 알렌, 언더우드 그리고 아펜젤러가 부산에 발을 디딘 것(1884-1885)을 기념하는 표지석이 새워졌다. 호주 장로교 선교사 덕배시(Joseph Henry Davies, 1856-1890)는 1890년 4월 4일에 부산에 도착했으나 이내 천연두 등으로 인해 순교했다. 그 후 선교사 배위량(Wiliam Baird, 1862-1931)은 1891-1895년 동안 부산에 머물며 영남 지역을 순회 전도했다. 그러나 부산과 경남 선교는 1891년 12월부터 호주 장로교

---

61 조선 동래부 사천면 소속 절영도에 1600년경 일본인을 위한 가왜관(假倭館)이 있었고(비교. 초량왜관), 1881년부터 외세의 침략에 대비하기 위해 군사 시설을 갖추었는데, 현재 부산체고 자리는 참사용이 있었기에 '진내(鎭內) 마을'이라 불렀다. 1910년 영도에 일본인은 1,060명이 거주했는데, 섬 인구의 4-8퍼센트였다. 그리고 1934년 부산의 재제염(再製鹽)공장 11개 대부분은 영도에 있었는데, 그것은 어묵 생산과 무관하지 않다. 김강식, "개항기 해항도시 부산의 絶影島鎭 설치와 운영," 『역사와 경계』 90 (2014), 224-26, 239.
62 김승, "일제강점기 해항도시 부산의 온천 개발과 지역 사회의 동향," 『지방사와 지방 문화』 14/1 (2011), 207-253.
63 김동철, "식민지 도시 부산의 대자본가 香椎源太郎의 경제 활동," 『역사문화학회 학술대회 발표자료집』 (2004), 110-15.

선교회가 주도했다. 그들은 보수적이며 유교적 관습이 강한 부산과 경남지역에 교회 개척, 여성 구제, 나환자 돌봄, 학교 설립 등을 통해 통전적으로 선교를 펼쳤다.[64] 호주 장로교회의 신앙적 보수성은 경남에서 일제 신사 참배 반대가 강력했던 요인으로 꼽힌다.[65]

이런 사실은 여전히 복음화율이 낮은 '해양 수도' 부산과 경남의 교회가 어떤 선교적 교회로 발돋움해야 할지 교훈한다. 부산은 탈서울을 넘어, '해양특별시'로 승격하여 제2의 홍콩이나 싱가포르와 같이 허브항으로 발전해 가는 동시에, 선교의 허브가 되어야 한다.

나오면서

바다는 특정 나라의 전유물이 아니다. 따라서, '지중해학'이라는 용어는 로마제국이나 유럽 중심 세계관을 부추길 수 있고, '갈릴리학'은 유대 중심 역사관을 조장할 수 있다. 바다는 아말감과 같이 상호작용 속에서 이해하는 것이 균형감 있다.

신약성경이 제시하는 '바다신학'은 하나님 나라의 확장을 위한 배경이며, 성격에 있어 공공선교적이다. 신약 저자들은 예수님과 사도가 하나님 나라의 복음과 구속사적 신학을 적절한 공간 속에서 담아낸다. 특히, 바다를 통해 신앙적이며 영적 의미를 지리에서 발견할 수 있으므로, 바다를 로마제국의 정치-경제적 의미로 축소하는 것은 금물이다. 그래서 신약성경은 바다를 통해 펼쳐진 하나님 나라의 선교가 유대인들의 편협성과 로마제국주의를 거부한다고 설명한다.

선교적 교회는 무엇보다 구령의 열정을 가지고 복음 전파를 통한 불신자 전도에 힘써야 한다. 동시에 지역 문화 속에서 교류와 공공선도 추구해야 한다.

다시 강조하지만, 공공선교적 논의에서 전통적인 전도 활동을 약화시키지 않도록 주의해야 한다. 부산 지역 교회들은 복음화율이 매우 낮은 부산의 복

---

64 정병준, "이분법을 넘어서: 호주 장로교 선교사들의 통전적 선교 이해와 한국 선교에 대한 공헌1889-1942,"『한국기독교역사연구소소식』70 (2005), 27-28.

65 정병준, "호주 기독학생운동의 발전과 한국선교, 1889~1942,"『한국기독교와 역사』24 (2006), 231.

음화를 위해, 그리고 더 나아가 부산항을 어떻게 선교 거점화로 만들 수 있을지 머리와 가슴을 맞대어야 한다.

또한, 부산의 교회는 일제 수탈의 역사와 호주 장로교선교회의 헌신적 선교를 교훈 삼아 부산의 그리스도인들은 '해양 수도'에 어울리는 매력적인 글로컬(glocal) 담론을 만들고, 그것을 하나님 나라의 거대 담론으로 승화시켜야 한다.

제5장

공공선교신학에서 본 산과 부산

들어가면서

성경에서 공간은 내러티브의 배경 정보를 제공할 뿐 아니라, 신학적 의미도 전달한다. 성경에서 '산'은 무려 약 500회나 언급된다.[1]

구약성경에서 '산'은 두 명사로 나타난다. 융기된 지역을 가리키는 גִּבְעָה(가보하)는 약 60회 사용된다(창 7:19).[2] 가보아의 유사어로 산과 산악 지형을 가리키는 일반적인 명사는 הַר(하르)다(창 7:19). 신약성경에서 중성 ὄρος(오로스)는 산 혹은 언덕과 산지를 가리키는 일반적인 명사다(마 5:14; 17:1). 누가복음에만 2회 사용된 βουνός(부노스)는 언덕(hill)을 의미한다(눅 3:5; 23:30). 누가만 2회 사용한 ὀρεινή(오레이네, hilly area)도 있다(눅 1:39, 65).[3]

성경의 '산'을 공공선교신학으로 해석할 수 있을까?

답은 산이 공적 장소인가에 달렸다. 답은 '매우 그렇다'다.

산은 하나님 나라 및 선교와 공적으로 관련있는가?

역시 매우 그렇다.

그렇다면 공공선교신학에서 관점에서 산의 의미를 찾은 후, 부산(釜山)에 적용하는 것은 유의미하고 적실하다.

---

[1] L. Ryken et als (ed), *Dictionary of Biblical Imagery* (Downers Grove: IVP Academics, 1998), 572.

[2] R. L, Cohn, "The Mountains and Mount Zion," *Judaism* 26/1 (1977), 98; W. A. VanGemeren (ed), *NIDOTE*, Volume 1 (Grand Rapids: Zondervan, 1997), 798.

[3] 이 단락은 J. D. Douglas (ed), 『새성경사전』 (*New Bible Dictionary*)(서울: 기독교문서선교회, 1996), 781-82; W. Bauer, *BDAG* (Chicago: University of Chicago Press, 2003), 182, 721에서 요약.

1. 구약 산의 공공선교적 메시지

1) 모세오경

영구성을 함의하는 산은 제일 먼저 창조된 것처럼 묘사된다(창 49:26; 참고. 욥 15:7; 시 125:1; 잠 8:25). 그래서 산도 창조주 하나님을 찬양한다(참고. 시 114:4, 6). 한글개역개정 성경에 따르면, 아담 부부의 거처 에덴은 물 댄 '동산'이다(창 2:8). 국어사전에서 '동산'은 마을이나 집 근처의 낮은 언덕을 가리키지만, 동산의 히브리어 גַּן(간)은 산보다 밭이나 정원에 가깝다(참고. 신 11:10).

홍수 후 노아의 방주는 아라랏산에 도착했다(창 8:4). 노아 식구 8명은 그 산에서부터 문화명령을 다시 수행해야 했다(창 9:1). 아브라함은 모리아 땅에 있던 산에서 독자 이삭을 바치려고 순종했다(창 22:2). 따라서, 모리아산은 시험과 계시의 장소다. 시내산, 곧 호렙산은 여호와의 현현 그리고 율법 수여와 언약 체결 장소다(출 3:1-3; 19-24). 모세는 느보산의 비스가 꼭대기에서 가나안을 바라보았고 거기서 죽었다(신 3:27; 34:1-5). 여기서 산은 계시의 장소다. 나에 엘리야도 시내산에서 하나님의 계시를 받았다(왕상 19:8). 이런 의미에서 산은 하늘과 땅의 접점과 같다(출 19:18; 24:17; 참고. 사 30:29; 렘 17:26).[4]

2) 역사서

산과 광야는 팔레스타인에서 가장 두드러진 지형적 특징이다. 여호수아 당시 출애굽 2세대는 에발산에서 언약을 갱신했다(수 8:30-35). 다윗은 여부스 족속의 거주지인 세속적인 시온산을 정복하여, 언약궤를 거기로 옮김으로써 그곳을 거룩한 도시로 바꾸었다(삼하 5-6).[5] 솔로몬은 아라우나의 타작마당이 있던 시온산에 성전을 세웠다(삼하 24:18; 왕상 6). 그래서 예배의 장소 시온산은

---

4 북 시리아의 자폰(Zaphon)산은 가나안의 신 바알의 공식적인 거처이며, 올림푸스산도 헬라 신들의 공적 거처이다. M. J. Boda & J. G. McConville, *Dictionary of the Old Testament Prophets* (Downers Grove: IVP Academic, 2012), 554; B. D. Russell, "The Song of the Sea and the Subversion of Canaanite Myth: A Missional Reading," *Asbury Journal* 72/2 (2017), 110.

5 Cohn, "The Mountains and Mount Zion," 115.

'성소' 혹은 '거룩한 산'이라 불린다(참고. 시 68:17; 욜 3:17).

그런데 예루살렘 성전이 있음에도 산당(בָּמָה; high place)은 거의 청산되지 않아 우상 숭배의 본거지가 되었다(왕상 12:31; 17:9; 18:1-8, 17-46; 참고. 사 14:13; 겔 6:13).[6] 선지자 엘리야는 갈멜산에 여호와의 제단을 보수했다(왕상 18:30).

산은 피난처로 활용되었다(삿 6:2; 삼상 14:22; 참고. 시 68:15, 22; 마 24:16). 그러나 산은 황량함도 의미한다(대하 18:16; 참고. 렘 13:16).

3) 시가서

시인은 자신이 보고 느낀 산과 자연을 통하여 하나님을 노래한다. 산은 창조주 하나님의 능력을 가리키므로 시인에게 용기를 주었다(시 65:6; 121:1; 124:8). 예루살렘을 두른 산들의 모양은 하나님께서 자기 백성을 둘러 영원히 보호하심을 교훈한다(시 125:2). 산은 하나님께서 주시는 풍요로움을 뜻한다(시 104:10, 13; 147:8; 참고. 암 9:13). 갈멜산은 아름답고 비옥하다(아 7:5; 참고. 사 35:2). 시온산(기드론골짜기보다 55m 위)과 헐몬산(2760m)은 여호와의 복이 이스라엘에게 임하는 그림 언어와 같다(시 133:3).

산은 하나님께서 구원하시고 위로하시며 심판하시기 위해 나타나심을 기뻐하며 찬양한다(시 98:8-9; 참고. 사 44:23; 49:13; 55:12). '북방의 시온산'은 하나님께서 세상을 통치하시는 궁전과 같다(시 48:2-3). 그래서 이사야도 종말에 율법은 여호와의 성전의 산 즉 시온에서 나오므로, 그 산은 '제2의 시내산'과 같다고 설명한다(사 2:2-3).

산은 하나님의 통치 곧 그분의 나라를 설명하는 그림 언어다.

4) 선지서

선지서에서 산은 다양한 의미를 가지고 있으므로, 선지자들이 산의 이미지를 어떻게 활용하는지 잘 분변해야 한다.[7] 여호와는 산에서 일하신다(사 25:10;

6　Douglas (ed), 『새성경사전』, 783.
7　Boda & McConville, *Dictionary of the Old Testament Prophets*, 554.

28:21). 산은 세상의 권세, 혹은 정반대로 메시아의 권력을 가리킨다(렘 51:25; 단 2:45; 슥 4:7).

메시아 시대의 복은 산에서 포도주와 기름이 흘러내리는 이미지로 나타난다(암 9:13). 그래서 이스라엘의 남은 자와 이방은 율법과 메시아의 복이 흘러나오는 시온산을 향해 순례한다(사 2:2-3; 25:6-10; 27:13; 35:40-66; 겔 40-48; 렘 31:1-25; 미 4:2; 슥 2:6-12; 8:20-23).[8] 시온산은 하나님의 보좌 혹은 새 성전이 설 장소다(사 18:7; 27:13; 미 4:6-7; 참고. 솔로몬의 송가 17:21-46; 희년서 1:29).[9] 영원하고 견고하신 하나님처럼 산은 지속성과 안정성을 상징한다(사 54:10; 참고. 신 33:15). 선지자들은 묵시적 표현을 동원하여 갱신된 세상이 산 위에 건설된다고 묘사한다(사 11:9; 25:6; 렘 31:5; 겔 20:40; 욜 3:18; 암 9:13; 슥 8:3).[10]

종말에 메시아께서 밟고 서실 예루살렘 동편의 감람산은 갈라진다(슥 14:4; 참고. 겔 11:23). 출애굽 당시 홍해와 요단강이 갈라졌듯이(출 14; 수 3), 포로로 잡혀간 이스라엘의 남은 자들은 감람산이 갈라져 생긴 골짜기를 통과해 예루살렘으로 돌아올 것이다.[11]

이사야 14장 13절에서 바벨론제국의 왕은 이방 종교를 가리키는 '북극 집회의 산' 위에 앉아 있다(참고. 욥 37:22; 시 68:16; 사 16:12; 겔 28:13). 여기서 이사야는 마치 바벨론 신들의 거처와 같은 산이라는 이방 전설을 염두에 두고, 신격화되어 교만한 바벨론의 왕을 꾸짖는다.[12] 하나님께서 이스라엘과 이방 나라를 심판하실 때 산이 흔들리는 것처럼 설명한다(미 6:1; 이하; 참고. 시 18:7).

하나님은 이스라엘 땅이나 그 안의 산에서만 역사하시지 않았으므로, 지리적으로 국한된 우상이나 신들과 다르시다.

구약에서 각 나라는 대개 자신의 신, 혹은 후견 신들을 가지고 있었다. 그러므로 한 신이 지상에서 부리는 권위와 힘은 그 신을 섬기는 국가로 제한된다

---

8   T. D. Alexander & B. S. Rosner, 『IVP성경신학사전』(*New Dictionary of Biblical Theology*), 권연경 외 역 (서울: IVP, 2005), 726.
9   J. B. Green et als (ed), *Dictionary of Jesus and the Gospels* (Leicester: IVP, 1992), 563.
10 Ryken et als (ed), *Dictionary of Biblical Imagery*, 574.
11 장세훈, 『스가랴』(서울: SFC출판부, 2017), 468-70.
12 Cohn, "The Mountains and Mount Zion," 105; J. R. Beeke (ed), *The Reformation Heritage Study Bible* (Grand Rapids: RHB, 2014), 974.

고 여겨졌다. … 따라서, 신전 혹은 만신전은 지상에서 자신의 권위가 미치는 지역에 세워졌다.[13]

아무리 큰 산이라 해도 이스라엘 백성의 죄를 가릴 수 없다(호 10:8; 참고. 눅 23:30; 계 6:16). 하나님의 백성은 죄를 덮어두지 말고 회개해야 한다. 그리고 산은 장애물과 곤경을 가리킨다(렘 13:16; 슥 4:7).

5) 소결론

하나님은 노아, 아브라함, 모세, 엘리야 등을 산에서 만나서 그들과 언약을 맺으시고 자신의 뜻을 계시하셨다. 특히, 시온산은 여호와와 메시아께서 예배를 받으시고 언약적 구원과 심판이라는 우주적 통치를 시행하시는 중심지다.

2. 신약 산의 공공선교적 메시지

1) 복음서

마태는 예수님의 주요 사역이 산에서 일어났다고 소개한다. 시험(마 4:8-10), 가르침(마 5:1-8:1), 군중을 먹이심(마 15:29-31; 요 6:3, 15), 변모(마 17:1-9), 종말 강화(마 24-25) 그리고 지상명령(마 28:16-20).[14] 흥미롭게도 마태복음의 '산'은 개괄적으로 볼 때 '믿음'과 교차적 순서로 나타나는데, 아래와 같이 요약된다.[15]

---

13 J. J. de Bruyn, "A Clash of Gods: Conceptualising Space in Daniel 1," *HTS Teologiese Studies* 70/3 (2014), 3.
14 Alexander & Rosner, 『IVP성경신학사전』, 726.
15 Volschenck, "The Mountain Motif in the Plot of Matthew," 8.

장절	믿음	산
4:8		지극히 높은 산으로
5:1		산에 올라가
5:14		산 위에 있는 동네가
8:1		산에서 내려오시니
8:10	이스라엘 중에 아무에게서도 이만한 믿음을	
8:13	네 믿은 대로	
9:2	예수님께서 그들의 믿음을 보시고	
9:22	네 믿음이 너를 구원하였다	
9:28	너는 믿느냐	
9:29	네 믿음대로 되라	
14:23		따로 산에 올라가시니라
15:28	여자여 네 믿음이 크도다	
15:29		산에 올라가
17:1		높은 산에 올라가셨더니
17:9		산에서 내려올 때에
17:20a	너희 믿음이 작은 까닭이니라	
17:20b	믿음이 겨자씨 한 알 만큼만 있어도	이 산을 명하여
18:6	나를 믿는 이 작은 자 중 하나를	
21:21	무엇이든 믿고 구하는 것은	이 산더러 들려 바다에 던져지라 하여도
21:22	무엇이든지 믿고	
21:25	어찌하여 그를 믿지 아니하였느냐	
21:32a	너희는 그를 믿지 아니하였으되	
21:32b	세리와 창녀는 믿었으며	
23:23	정의와 긍휼과 믿음은	
24:23	믿지 말라	
24:26	믿지 말라	
27:42	우리가 믿겠노라	
28:16		예수님께서 지시하신 산에 이르러

예수님은 설교하러 산에 오르셨고(마 5:1), 마치신 후 하산하셨다(마 8:1). '새 모세'의 산상설교(마 5-7)와 눈물을 흘리신 '새 예레미야'의 감람산 강화(마 24-25)가 보여주듯이, 갈릴리 바다 주변의 산과 예루살렘 인근의 산은 설교와 치유의 공적 공간이었다(마 15:29-30). 이것은 구약 선지자들이 예언한 바다. 예를 들어, 이사야와 미가는 종말의 시온산을 예고하면서 예수님의 치유 기적을 예언했다(사 35:5, 10; 미 4:6-7). 그래서 치유와 구원의 장소인 시온산에서 메시아께서 베푸시는 잔치가 벌어진다(사 25:6-10).[16]

> 산들은 잠재적이면서도 종말론적인 활동이 일어날 약속의 장소로 간주되었다. … 종말론적 산은 언약의 산의 특별한 한 형태다. 언약의 약속이 완성되는 곳은 다름 아닌 산이다. 결론적으로, 마태복음은 산이 종말론적이며 메시아적인 장소라는 관심이 고조되었을 때 기록되었다.[17]

세상의 빛과 같은 그리스도인은 산 위에 있는 동네와 같다(마 5:14). 부활하신 예수님은 제자 삼으라는 전도 명령을 산에서 주셨다(마 28:16-20). 이것은 오늘날 가난한 이들의 거처인 달동네가 가지는 부정적 이미지와 사뭇 다르다. 예수님은 선교 사명을 띤 제자들에게 혼자 기도하시러 산을 찾으신 모범을 보이셨다(마 14:23; 눅 6:12).

사마리아인들에게 그리심산은 예배를 위한 공적 장소였다(요 4:20-21). 그러나 사마리아의 그 산이 아니라, 성령 안에서 실체로 드리는 예배가 중요하다(요 4:23-24). 나사렛인들은 예수님을 나사렛 근처 산벼랑까지 끌고 가서 떨어뜨려 죽이려 했다(눅 4:29). 고향 산에서 위협을 당하신 예수님은 결국 산, 즉 골고다에서 죽으셨다. 그곳은 사형수를 공개적으로 처형하는 곳이다.

주님의 제자들은 믿음으로써 꿈쩍도 안 할 것 같은 산조차 옮긴다(마 17:20). 그런데 A.D. 70년 사건은 시온산이 열방을 상징하는 바다에 던져지는 이미지로 설명된다(마 21:21; 막 11:23).

---

16 Green et als (ed), *Dictionary of Jesus and the Gospels*, 564.
17 G. J. Volschenck, "The Mountain Motif in the Plot of Matthew," *HTS Teologiese Studies* 66/1 (2010), 4.; T. L. Donaldson, *Jesus on the Mountain: A Study in Matthean Theology* (Sheffield: JSOT Press, 1985), 83.

예루살렘과 돌 성전의 파괴는 구속사에서 매우 중요한 공적 사건이다. 왜냐하면, 거룩한 장소 예루살렘이라는 구심점이 사라지고, 신구약의 중첩기가 종료됨으로써, 원심적 선교가 본격화되기 때문이다.

2) 사도행전과 서신서

예수님은 감람산에서 승천하셨다(행 1:12). 아라비아에 있는 시내산은 종노릇하는 하갈의 자손을 가리킨다(갈 4:24). 이것은 시내산에서 받은 율법의 준수를 구원의 조건으로 내거는 유대주의자들을 향한 사도 바울의 경고다. 그리스도인이 도착한, 하늘에 있는 예루살렘은 시내산이 아니라 시온산으로 나타난다(히 12:22). 구속사의 전진을 따라서, 신약 교회는 두려워하는 율법과 종의 상태에서 자유하여, 하나님의 현존을 이미 여기서 즐기며 축하하는 새 언약의 백성이다.[18]

3) 요한계시록

어린양은 시온산에 144,000명과 함께 서 계신다(계 14:1). 구약 선지자들이 예언한대로, 시온산은 메시아의 통치가 이루어질 장소이기 때문이다(옵 21). 큰 바벨론 음녀가 타고 있는 일곱 산은 일곱 황제를 가리킨다(계 17:9). 하나님께서 불신 로마와 불신 유대인을 심판하실 장소는 '아마겟돈'인데, 므깃도산(Har)을 뜻한다(계 16:16). 하나님께서 심판하실 때 산악, 곧 불신 유대인들은 옮겨지거나 사라지고 만다(계 6:14; 16:20). 부분적 과거론에서 볼 때, 산의 사라짐은 A.D. 70년 사건을 가리킨다(계 8:8). 참고로 요한은 환상 중에 계시를 산에서 보았다(계 21:10).

18　H. Ramantswana, "Mount Sinai and Mount Zion: Discontinuity and Continuity in the Book of Hebrews," *In die Skriflig* 47/1 (2013), 3, 6.

4) 소결론

예수님의 공생애와 그리스도 사건(죽으심, 부활, 승천)은 산과 밀접하다. 제자들의 선교 역시 산의 이미지로 설명된다. 서신서와 요한계시록에서 율법주의에 빠진 유대인들을 가리키는 산의 파멸은 하나님 나라의 확장으로 이어진다고 밝힌다.

3. 부산(釜山)과 봉래산(鳳來山)의 공공선교적 적용

대한민국 동남쪽의 부산은 가마솥(釜) 모양의 산(山)이라는 뜻이다. 부산은 해양수도를 지향하지만, 언덕과 터널이 많은 산악 지대다. 부산에는 봉래산, 백양산, 장산, 승학산, 황령산, 구덕산 등이 있다. 바다 조망의 최적 장소는 산이다. 부산은 산과 바다가 어우러진 도시이다. 부산의 그리스도인은 산 위의 동네처럼 복음을 널리 그리고 밝게 전해야 한다.

고신대학교가 위치한 영도구 '봉래산'(鳳來山)은 최고 해발 395미터로, 정상에서 태평양과 부산의 인근 여러 구(區)를 볼 수 있다. '봉래산'은 절영진의 제3대 첨사 임익준이 산세가 마치 봉황(鳳)이 날아드는 것(鳳來) 같다고 하여 명명했다. 봉래산은 약 2000년경까지 일본식 '고갈산'(枯渴山), 곧 '목이 마른 산'이라 불리기도 했는데, 이것은 일본인이 땅의 기운을 없애려고 붙인 부정적 명칭이다.[19] 봉래산 정상에 영도의 수호신과 같이 여겨진 '할매 바위'가 있다. 더불어 봉래산은 고구마가 처음 재배된 시배지다. 부산의 산악 지역인 영도구의 복음화는 '영도 할매'로 대변되는 온갖 미신을 타파하고, 영도 지역 교회들의 공교회적 연합에 달려있다.

김해시 생림면의 무척산(702m)에 고신대학교 경건훈련원이 있다. 일제강점기 동안 부산과 경남의 신앙의 선배들이 기도의 불을 지핀 곳이다.[20]

---

19 http://busan.grandculture.net/Contents?local=busan&dataType=01&contents_id=GC04213346(2021년 6월 4일 접속; 부산역사문화대전).
20 김영산, 『무척산 기도원: 休 그리고 힐링』(부산: 고신대학교출판부, 2019).

바알과 아세라의 우상 숭배자들과 같은 일제에 순응한 친일 종교인들에 맞서서 순수한 신앙을 지키려면, 주님의 능력을 기도로 붙잡을 수밖에 없었던 것이다. 그런데 요즘 부산의 산에는 이런 기도원이 거의 없는 실정이다.

잠잠히 하나님과 그분의 말씀을 묵상하며 기도할 수 있는 산에 위치한 건전한 기도원이 그립다. 기도하지 않고 공공선교신학을 논하는 우를 범하지 말아야 한다.

제6장

공공선교신학에서 본 도시와 농어산촌

들어가면서

오늘날 도시화된 세계를 '지구 마을'(global village)이라 부르는 점은 흥미롭다. 이런 세계화 추세 속에서 한국은 과도한 도시화로 인해 농촌과 산촌은 쇠멸되어간다. 신도시 개발로 인해 도시 안에서 구도심이 설 자리는 별로 없다. 그리고 서울 및 수도권 공화국화로 인해 지방의 도시들도 활기를 잃어간다. 공적 공간인 도시와 농어산촌 마을의 공공성은 지역에 따라 편차가 크다. 거주민들의 지역 이동에 나타난 특성은 그 지역 교회의 정체성과 사역에도 영향을 미친다.[1]

일반인이 도시를 생각할 때, 대형 병원, 대형 교회당, 대학교, 공공건물, 아파트 투기, 성시화 운동, 도시 재생, 거미줄 같은 도로망과 번잡한 지하철, 대기오염, 교통혼잡비용, 도시 슬럼화, 불안한 치안과 범죄, 젠트리피케이션, 향락적인 다운타운, 혹은 미국 드라마 <섹스 앤 더 시티>를 떠올릴 것이다.

그런데 뉴욕 리디머장로교회의 팀 켈러와 뜻을 함께 하는 이들은 '시티센터 교회'를 통해 세속화된 도시에서 신선한 목회를 시도하고 있다.[2] 그리고 총회와 노회는 농어촌의 복음화를 위해, 농어촌위원회나 관련 부서를 두고 있다. 본 장은 에덴동산에서 새 예루살렘 도시로 흐르는 성경 내러티브에 나타난 도시와 농어산촌 마을의 공공선교적 메시지를 차례로 찾는다.

---

1 한국 전쟁으로 월남한 기독교인들은 떠난 고향을 그리워하면서 단결하는 모습을 보였지만, 농어산촌에서 도시로 유입된 그리스도인의 경우는 새로운 지역의 교회를 중심으로 탄력성 있게 활동한다. 류금주, "韓國敎會 地域理解의 變化: 地域移動의 問題를 中心으로," 『신학논단』 41 (2005), 171-72.

2 참고. D. Evans, "The City in Acts: The Relevance of Paul's Urban Mission for Luke's Purpose," *Reformed Theological Review* 75/3 (2016), 145.

1. 공공선교적 도시의 의미

성경 내러티브는 에덴동산의 농부 부부 두 사람으로 시작하여, 신천신지의 셀 수 없이 많은 하나님의 백성, 곧 새 예루살렘 도시로 마친다.[3] 온 세상에 하나님 나라의 백성은 기하급수적으로 확대된다. 성경은 실로 공공선교적 메시지다.

1) 구약성경의 도시

B.C. 3300-2000년의 초기 청동기 시대에 고대 근동에서 도시화가 조금 이루어졌다.[4] B.C. 1900년경 도시 인구는 약 5.5퍼센트였다.

구약성경에 '도시'를 뜻하는 명사 ריע(이르)는 1090회나 등장한다. 구약의 도시에 제국이나 국가의 수도(首都)나 대도시가 대표적이다. 이집트의 라암셋과 비돔, 페르시아의 수산, 앗수르의 니느웨, 바벨론의 우르와 하란, 스페인의 다시스, 남유다의 예루살렘, 북이스라엘의 사마리아 그리고 에돔의 데만 등이다(참고. 창 10:10-12; 수 15:21-60). 이 가운데 도시 니느웨는 "나만 있고 나 외에는 없다"라고 심히 교만하다가 하나님의 심판으로 패망하여 비웃음의 대상으로 전락했다(습 2:15).

고대 도시는 크기와 상관없이 벽과 문으로 보호 받는 거주지(fortified habitation)였다.[5] 그런 도시 안의 많은 거주민은 공동체적으로 문명을 누렸으며, 야생 짐승이나 적군으로부터 보호 받았다.

그런데 하나님의 도시가 개발되려면 정치(궁전)-종교적(신전) 관심사가 결합된 사회적 연대가 필요했다.[6] 따라서, 이방 나라의 경우 왕이 신이나 신의

---

[3] J. Timmer, "The Bible and the City: From Eden to the New Jerusalem," *Reformed Journal* 23/8 (1973), 21.

[4] T. D. Alexander & B. S. Rosner, 『IVP성경신학사전』 (*New Dictionary of Biblical Theology*), 권연경 외 역 (서울: IVP, 2005), 638.

[5] L. Ryken, et als (ed), *Dictionary of Biblical Imagery* (Downers Grove: IVP Academics, 1998), 150. 참고로 성경 번역상, 도시(city), 동네(town) 그리고 마을(village)로 구분되기도 한다. P. Ellingworth, "신약의 도시(Cities), 동네(Towns), 마을(Villages)," 『성경원문연구』 35 (2014), 347-50(윤철원 역).

[6] Ryken, et als (ed), *Dictionary of Biblical Imagery*, 150.

아들로 승인되었으며, 하나님의 거룩한 도시 예루살렘과 대비되었다. 그런데 예루살렘 시민들이 이방에 동화될 경우 거주할 도시를 찾지 못하여 황량한 광야를 떠돌아다녔다(시 107:4).

하나님의 형상을 지닌 사람이라면 하나님의 영광을 드러내는 도시를 건설해야 했다. 그러나 타락 이후의 도시 문명은 하나님을 대적했다. 성경의 첫 번째 도시는 아벨을 죽였던 가인이 아내와 동침하여 낳은 에녹의 이름을 따라 지은 '에녹'(חֲנוֹךְ, 뜻: 바치다)이었다(창 4:17). 도시 건축가(city builder) 가인은 하나님의 현존과 예배로부터 멀리 떨어진 '세속 도시'를 세웠다.[7] 구속사적으로 보면, 가인의 자손들이 거주한 도시와 그곳의 문화는 뱀의 후손에 속했다(창 3:15; 4:12).[8] 에녹 이후에 도시 문화는 홍수로 파멸되었지만, 바벨에서 보듯이 더 비대해졌다(창 4:18-22; 11:1-9). 도시 바벨과 고도의 기술로 쌓아올린 탑을 통해 사람들은 문화명령을 거슬러 흩어지지 않으려 했다(창 1:28; 11:4). 바벨은 하나님 없이 안전과 번영을 추구한 모든 도시의 원형이다. 그 후 하나님의 영광을 무시한 자들에게 임할 심판은 도시 소돔과 고모라의 멸망으로 이어졌다(창 19; 참고. 벧후 2:7-8).

하지만, 여자의 후손에 속한 에녹은 도시민이 아니라 하나님과 함께 걸었던 나그네 이미지로 나타난다(창 5:22-24). 아브라함도 대도시 우르를 떠나 가나안으로 이동했다(창 12). 도시 정착민이 아니라 거류민으로 살았던 에녹과 아브라함에게 안전을 준 것은 성곽으로 둘린 도시가 아니라 하나님 자신이었다(창 15:1; 23:4; 참고. 슥 2:5; 히 11:9). 아브라함은 하나님께서 친히 만드실 도시를 소망한 나그네였다(히 11:10).

야곱의 자손들은 이집트의 도시들인 비돔과 라암셋을 건설하는 프로젝트에 동원되었다(출 1:8-14; 5:5-21). 가나안 정복 전쟁 때, 성벽이 하늘에 닿은 여리고를 비롯한 도시들은 멸망했다(수 1:28; 5; 6:10).

만유의 왕이신 하나님께서는 자신의 이름을 거룩한 도시 예루살렘의 성전에 두셨다(신 12; 삼하 5; 왕상 5; 시 46:4-5; 48:8; 68:29). 따라서, 원칙상 예루살렘을 공격하는 자는 하나님을 공격하게 되어 그분의 심판을 받게 된다(시 79:1, 9; 125:2).

---

7   Timmer, "The Bible and the City," 22.
8   Ryken, et als (ed), *Dictionary of Biblical Imagery*, 150.

하나님은 다윗 언약을 기억하셔서 예루살렘을 보호하시고 구원하신다(사 37:35; 38:6). 도시는 이스라엘 백성이 궁극적으로 소망해야 할 종말론적인 하나님의 도시에 대한 모형이었다.[9] 그러나 예루살렘 시민들은 '거룩한 도시 출신'이라는 자부심을 가지고 있었지만, 진실과 공의에는 무관심했다(사 48:1-2). 우상 숭배에 빠진 예루살렘 시민은 하나님의 심판을 받았고, 도시는 폐허가 되었으며 그들은 포로가 되었다(시 137:5; 잠 11:11; 사 14:21; 렘 13:9-14; 미 3:11-12). 예루살렘을 정복한 느부갓네살은 810만 평방미터 이상에 달하는 거대한 도시 바벨론을 통해 자신의 힘, 권세, 위엄, 영광을 드러냈다(단 4:30).[10]

유대인들은 포로 생활 중에서 바벨론의 도시에 평화가 임하도록 기도해야 했다(사 60-62; 렘 29:7). 그러나 출바벨론 이후 예루살렘 도시는 다시 번성하게 될 것이다(겔 40-48; 슥 8:4-5). 도시 시온이 안정된 처소인 예루살렘인 이유는 하나님께서 그곳의 왕과 구원자이시기 때문이다(사 33:20). 그곳은 지구의 배꼽으로서 진리와 예배의 도시가 된다(슥 8:3; 14:16). 이것은 신약 교회가 진리의 성령과 말씀으로 예배드리는 공동체임을 내다본다(참고. 요 4:23-24).

가나안의 도시들을 이스라엘에게 선물로 주셨던 하나님은 선지자 요나를 통하여 이방 도시 니느웨를 구원하시기 원하셨다(신 6:10). 도시의 죄는 하나님 대신 도시 자체를 의지하여 안전을 얻으려는 무신론적 태도다. 도시는 구원의 은혜가 필요한 공적 장소다.[11]

2) 신약성경의 도시

신약성경의 주요 도시(πόλις)는 로마, 아테네, 알렉산드리아, 폼페이, 고린도, 빌립보, 에베소, 서머나, 다메섹, 나사렛(마 2:23), 사마리아(마 10:5), '큰 임금의 도시'이자 '거룩한 도시'인 예루살렘(마 4:5; 5:35; 21:10, 17; 26:18; 27:53; 28:11) 등이다. 큰 도로와 항구와 강과 바다 근처에 건설된 로마 세계의 도시들

---

9   Ryken, et als (ed), *Dictionary of Biblical Imagery*, 152.
10 Alexander & Rosner, 『IVP성경신학사전』, 640.
11 김성태, "개혁주의 관점에서 본 도시 선교운동의 전략연구," 『신학지남』 61/4 (1994), 322.

은 고대 민주주의와 문명의 요람이었던 그리스의 폴리스를 본딴 것이다.[12]

B.C. 1세기부터 로마제국은 이탈리아 바깥 식민지에 그레코-로마 도시들을 건설했는데, 신전, 도로, 포럼, 아고라, 극장, 목욕탕, 경기장 등을 갖추었다. 도시 로마에서 부자들은 도시 밖의 빌라 혹은 시내 아파트에 거주했다.[13]

> 신약성경에서 다음에 제시되는 각각의 장소는 도시(πόλις)로 생각되었다. 아리마대(눅 23:51), 상징적인 바벨론(계 18:10, 21), 베들레헴(눅 2:4b), 벳새다(눅 9:10; 요 1:44), 가버나움(눅 4:31), 다메섹(고후 11:32), 에베소(행 19:35), 에브라임(요 11:54), 새 예루살렘(계 3:12; 21:2, 10), 욥바(행 11:5), 라새아(행 27:8), 나인(눅 7:11), 나사렛(마 2:23; 눅 1:26; 2:4a, 39), 로마(암시적으로, 행 21:39), 소돔과 고모라(벧후 2:6), 수가(요 4:5) 그리고 두아디라(행 16:14).[14]

헤롯 대왕은 그리스 스타일의 도시 건축에 욕심을 냈다. 그는 아우구스투스의 호의를 기념하여 시리아 안디옥의 한 대로에 대리석을 깔았다. 그리고 사마리아에 지붕 달린 스타디움을 비롯하여 그리스 스타일로 도시를 재건하여 '세바스테'(헬. 아우구스타)라고 불렀다. 또 그는 예루살렘의 많은 부분도 극장과 스타디움을 추가하여 그리스 스타일로 재건했다. 헤롯 대왕은 B.C. 25-13년에 지중해 연안에 인조 항구, 포럼, 목욕탕, 거리, 극장, 경마장, 수로, 스타디움 등이 포함된 가이사랴 마리티마(Caesarea Maritima)도 건설했다.[15] 결과적으로, 그는 건축 프로젝트를 통해 팍스 로마나에 일조했다.

예수님은 여러 도시에서 전도하셨는데, 도시민들의 불신앙과 저항이 거셌다(마 11:1, 20). 공관복음과 비교하면, 요한복음은 여러 도시와 장소를 더 빈번히 그리고 구체적으로 언급한다.[16] 마태는 구약 예언의 성취를 따라 지명을 언급한다(마 2:1-8, 16-18). 그는 가버나움을 예수님 '자신의 도시'(ἰδία πόλις)라

---

12 C. A. Evans and S. E. Porter (ed), *Dictionary of New Testament Background* (Leicester: IVP, 2000), 212.
13 Evans and Porter (ed), *Dictionary of New Testament Background*, 214.
14 Ellingworth, "신약의 도시(Cities), 동네(Towns), 마을(Villages)," 348.
15 이 단락은 Evans and Porter (ed), *Dictionary of New Testament Background*, 213에서 요약 인용.
16 J. B. Green et als (ed), *Dictionary of Jesus and the Gospels* (Leicester: IVP, 1992), 46.

명명한다(마 9:1).[17] 그 도시는 하나님 나라 확장의 전초 기지였다. 로마제국과 결탁한 불신 유대인들은 예수님의 천국 운동에 거세게 저항했다. 예수님은 공생애 말엽에 '예루살렘아, 예루살렘아'라고 부르시며, 그 도시에 임할 하나님의 심판 때문에 애통해하셨다(마 23:37). 유대-로마 전쟁 중에 열심당이 예루살렘 도시를 방어하려는 시도는 무산으로 돌아갔다.

예수님은 십자가 처형과 부활 그리고 승천을 앞두고 예루살렘 도시 안으로 들어오셨다(마 21장). 예수님의 '출애굽'은 죽으심과 부활과 승천인데, 모두 예루살렘에서 이루어졌다(눅 9:31). 예수님은 '모든 도시와 모든 마을을'(τὰς πόλεις πάσας καὶ τὰς κώμας) 두루 다니며 복음을 전하셨다(마 9:35). '모든 마을'은 도시의 마을은 물론이거니와 농어산촌의 마을도 배제할 필요가 없다. 그곳들은 제자들의 사역 현장이기도 했다(마 10:11). 요단강 동편의 이방인의 10개 도시(Δεκάπολις)에도 복음이 전파되었다(마 4:25; 막 7:31).

사도행전은 그레코-로마 도시들에 천국 복음이 전파된 선교 역사를 소개한다. 히브리서는 하나님의 도시(πόλις θεοῦ)에 이미 도착한 그리스도인에게 장차 하나님께서 계획하시고 만드실 도시를 향한 순례를 계속함으로 안식을 얻으라고 권면한다(히 11:10; 12:22).

요한계시록은 '하나님의 도시'(계 3:12)를 새 예루살렘 성, 곧 예수님의 신부로 언급한다(계 21:2). 상징적으로 '큰 (도시) 음녀 바벨론'도 있다(계 14:8; 17-18). 최근 이집트의 클레오파트라를 바로 이 음녀 바벨론 도시라고 보는 경우도 있다.[18] 하지만, 요한이 환상 중에 본 음녀 바벨론은 불신 유대인을 가리킨다.[19] 구약의 도시 예루살렘이 불의와 피와 교만으로 가득했듯이(사 1:21; 렘 13:9 이하; 미 3:5), 큰 도시 음녀 바벨론도 그러했다(계 18:7, 24). 하나님께서 보내신 선지자들을 죽인 예루살렘 도시는 진멸되고 불탈 것이다(마 22:7; 23:34). 음녀 바벨론의 대척점에 위치한 거룩한 새 예루살렘 도시는 공교회이자 하나님의 도시다(계 21:2-22:5).[20]

---

17 Green J. B. et als (ed), *Dictionary of Jesus and the Gospels*. 45.
18 K. H. Valentine, "Cleopatra: New Insights for the Interpretation of Revelation 17," *Evangelical Quarterly* 87/4 (2015), 311-28.
19 Contra Alexander & Rosner, 『IVP성경신학사전』, 640.
20 E. M. Räpple, *The Metaphor of the City in the Apocalypse of John* (New York: Peter Lang, 2004), 164; C. R. Koester, "Revelation's Vision of New Jerusalem: God's Life-Giving Reign

3) 요약

인류 역사상 첫 도시는 인류의 타락 후에 발생했는데, 그곳은 인간의 자만과 인본주의로 물들었다. 가나안 땅에 정착한 후, 이스라엘 백성은 하나님의 이름이 있던 거룩한 도시 예루살렘을 중심으로 생활했다. 원래 이방인이 건설한 예루살렘 도시가 하나님의 임재로 거룩해졌다. 하나님의 통치와 그 통치에 합당한 예배가 있어야만 시온 도시는 안전했다.

구원 계시사의 발전을 따라, 구약의 장소로서의 도시 예루살렘은 신약의 공교회, 즉 믿음의 공동체로 성취된다. A.D. 70년에 배교한 유대인들의 본거지인 예루살렘 도시가 철저히 파괴되면, 예루살렘으로 모여드는 구심적 선교 대신에 원심적 선교가 본격화한다. 그래서 사도행전 이후로 팍스 로마나와 헬레니즘이 퍼진 도시를 배경으로 하여 복음이 전파되는 과정을 그린다.

성경은 인본주의와 제국주의의 물결이 도시에 범람했음을 알린다. 그런 도시에도 문화명령과 하나님의 언약이 성취되고, 주님의 나라가 확장되고 있다.

2. 공공선교적 (농어산촌) 마을의 의미

성경에 적은 수의 거주민과 건물이 있는 '동네'(town)와 '마을'(village)은 약 450회나 언급된다.[21] 농어산촌의 마을도 도시나 도시의 마을 못지않게 공적 장소였다. 도시의 정반대 편에 있는 광야조차 공적이다(사 40:3; 마 3:1-2).

1) 구약성경의 (농어산촌) 마을

도시와 비교할 때, 농어산촌의 들판(שָׂדֶה, LXX ἀγρός)과 마을은 행정과 조직에 있어 더 단순하고 거주민들 사이의 친밀감이 높다(창 2:5; 14:7; 출 1:14; 9:3; 레 14:7; 25:4; 민 20:17; 룻 2:2). 마을에는 보호 장치인 탑이나 성벽도 없다(레

---

for the World," *Word & World* 40/2 (2020), 112-19.
21　Ryken, et als (ed), *Dictionary of Biblical Imagery*, 912.

25:31; 겔 38:11). 따라서, 마을은 비상시 인근 도시에 도움을 요청했다. 마을 촌락은 씨족을 중심으로 유목 및 농경 문화를 공유했다(수 13:23; 느 11:25; 아 7:11; 사 28:25-28).

가나안 땅에는 젖과 꿀이 흐르고 포도원이 있다(민 16:14). 십계명에 따르면, 이웃의 논과 밭을 탐내지 말아야 했다(신 5:21). 들판은 하나님의 계명이 적용되는 공적 장소다. 왕정 시대에 (성전) 문지기들은 약 212명이었는데 주로 레위인들로서 자신의 마을별로 족보에 기록되었다(대상 9:18, 22, 25-26).[22] 따라서, 왕정 시대에도 도농(都農)은 분리되기보다 연결됨을 알 수 있는데, 이스라엘은 기본적으로 농경과 유목 사회였다.

농경 문화에서 명예와 복은 하늘의 지혜를 가지고 하나님의 계명을 받들어 바른 길로 행하며, 부지런히 일하여 파종하고 추수하는 사람에게 주어진다(잠 10:4-5, 8-9; 참고. 약 3:17). 반면, 수치는 독을 품은 입을 가지고 굽은 길로 행하는 게으른 자가 당하는 부끄러움이다(잠 10:5, 9, 11).

잠언은 농경 문화를 배경으로 하나님을 경외하는 복과 명예를 누릴 것을 권면한다. 잠언의 지혜는 공정한 사회를 구현하는 데로 확장되는데, 그것은 참 지혜이신 예수님의 나라의 확장으로 완결된다(참고. 고전 1:30).[23] 참고로 선지자들은 당시 농경 문화를 배경으로 메시아 시대의 복을 예언했다(사 11:6-9).

2) 신약성경의 (농어산촌) 마을

신약성경에서 도시(πόλις)보다 마을(κώμη)의 용례는 훨씬 드물다(예. 베다니 [요 11:1], 베들레헴[요 7:42]).[24] κώμη(코메)는 농어산촌 마을만 가리키지 않고, 더 넓은 πόλις(폴리스)의 한 지역(district, quarter)을 가리킨다.[25] 그러므로 '마을'은 '도시'의 일부이기에, '도시'로 총칭할 수 있다. 바울은 도시 선교에 집중했고, 그 도시들의 교회들에게 편지를 썼기 때문에 '마을'이 덜 등장한다. 계

---

22 A. E. Hill, *1 & 2 Chronicles* (Grand Rapids: Zondervan, 2003), 181-82.
23 한동구, "잠언의 지혜 신학에 반영된 '공정한 사회의 이념'," 『구약논단』 17/3 (2011), 12-33.
24 Ellingworth, "신약의 도시(Cities), 동네(Towns), 마을(Villages)," 348.
25 F. Montanari, *The Brill Dictionary of Ancient Greek* (Leiden: Brill, 2015), 1200.

시록의 수신자인 일곱 교회도 마찬가지다.

농촌의 야외 경작지인 '들판'(ἀγρός)은 도시와 다르다(마 13:24, 44; 19:29; 22:5; 24:18, 40; 막 13:16; 16:12; 눅 15:25; 17:35).[26] 예수님의 탄생과 설교의 배경에는 농촌 마을 문화가 중요하다(마 13:3-6, 18-32, 36-44; 21:33-41; 눅 2:8; 6:17). 당시 유대인들 가운데는 소작농이 다수였다. 예수님과 제자들은 농어산촌의 한 마을에서 사역하시고 이웃 마을로 가서 복음을 전파하셨다(마 9:35; 10:11; 막 1:38).

마가복음 1장 38절에 유일하게 언급되는 κωμόπολις(코모폴리스, village-city)는 적당한 크기의 마을(village of moderate size)을 의미한다.[27] 이 복합 명사로부터 도농의 공생과 상생 원칙을 찾을 수 있다(막 8:33-34). 부활 승천하신 예수님께서 갱신 중이신 세상은 '신천신지'라 불린다(계 21:1, 5). 새 하늘과 새 땅은 농촌과 도시 모두를 아우른다.

3) 요약

성경에서 '도시'에 비해 '마을'의 용례는 적다. 그리고 마을이 가지고 있는 선교적 의미에 대한 연구가 미진하다. 분명한 사실은 예수님과 제자들의 농어산촌 마을 사역이 공적이었다는 점이다.

3. 도시 선교와 (농어산촌) 마을 선교

남아공에서는 '도시 흑인 공공신학'이나 도시의 높은 실업률에 맞서 하나님의 경제(God's economy) 정의와 긍휼이라는 원칙을 따라 '지역경제개발과 연계된 선교'와 같은 맞춤식 도시 선교(urban mission) 전략이 제시되었다.[28] 비슷

---

26 W. Bauer, *BDAG* (Chicago: University of Chicago Press, 2003), 15-16.
27 R. J. Decker, *Mark: A Handbook on the Greek Text* (Waco: Baylor University Press, 2014), 36.
28 해방신학적 입장을 따르는 V. S. Vellem, "The Task of Urban Black Public Theology," *HTS Teologiese Studies* 79/3 (2014), 6; L. C. Mangayi, "Mission as Local Economic Development in the City of Tshwane: Towards Fostering a Grass Roots, 'Glocal' Alternative Vision, with Specific Reference to Luke 16:19-31," *HTS Teologiese Studies* 70/3 (2014), 5-8. 그리고 도시에서 음식 제공, 영적 돌봄, 취업, 주택, 공동체 형성이라는 다차원적 사역을 펼치는 경

한 맥락에서 한국 학자는 유럽 중심이 아니라 아시아의 도시와 농촌 선교에 관해 논한 바 있는데,[29] 한 걸음 더 나아가 한국적 상황에서 도농 선교도 논의해 왔다. 먼저 20세기에 본격적으로 논의된 도시 선교의 근원에 바울의 선교가 있다. 바울의 선교 특성은 로마제국의 주(州)의 거점이 되는 중심 도시(centrum mission)를 중심하는 팀 사역이었다.[30] 사도행전에서 제국의 수도 로마는 물론, 마케도니아의 데살로니가, 아가야의 고린도, 소아시아의 에베소 등은 바울의 선교 거점 도시들이었는데, 그곳에 교회들이 세워졌고 지역 교회의 사역자들은 바울의 선교 동역자였다.

로마 도시에서의 선교로 마무리하는 사도행전에서 도시는 회당의 유대인들과 이방인들 가운데 믿음으로 반응한 사람들에게 주어지는 보편적 구원을 보여주는 배경인 동시에, 그리스도인공동체가 갈등과 법률적 시련을 직면하는 장소이기도 하다.[31] 이 사실로부터 오늘날 도시 안의 다양한 부류에 맞춘 선교 전략이 필요하며, 반기독교적 상황을 염두에 두고 대처해야 함을 배운다.

바울의 도시 중심 선교는 개혁주의 도시 선교에 빛을 비춘다. 도시 선교는 도시 자체를 악으로 규정하지 않고, 도시 자체가 아니라 하나님을 안전과 구원으로 모실 수 있도록 문화명령과 전도명령을 수행하는 장소(theocratic city)로 볼 때 가능하다(신 6:10).[32]

도시 선교를 위해 도시 안의 복합적인 구조를 잘 이해하여, 개인과 구조적 갱신을 총체적으로 이루어야 한다.[33] 이를 위해 도시 교회들은 연대하여 교회당 울타리 바깥에서 문화적 변혁을 이루도록 돕는 공공선교적 모델을 개발해야 한다. 그리고 도시 선교를 위해 농어산촌과 차별된 선교 전략을 구사해야

우는 https://www.urbanmission.org를 참고하라.

[29] 1958년에 '아시아 도시농촌선교회'(Urban & Rural Mission)가 설립되었는데, 그것은 1960년대 말부터 아시아 여러 나라들에 설립된 '도시산업선교회'(Urban & Industrial Mission)의 근간이 되었다. 도시산업선교회는 사회의 구조적 악에 맞서 마르크스 이념을 따른 정의 사회 구현에 관심을 두기도 한다. 이상윤, "아시아 도시농촌선교의 이해,"『기독교사상』 39/10 (1995), 265-71.

[30] 이승호, "중심도시 선교-동역자 선교-교회 선교: 바울의 선교 전략,"『선교와 신학』 16 (2005), 204-207.

[31] Evans, "The City in Acts," 168.

[32] 김성태, "개혁주의 관점에서 본 도시 선교운동의 전략연구," 321-22.

[33] 김성태, "개혁주의 관점에서 본 도시 선교운동의 전략연구," 326.

하며, 선교의 타킷이 되는 대상자들(특히, 빈자들)과 더불어 살며 전도하는 성육신적 사역이 필요하다.[34]

집값 상승과 자녀 교육 등 여러 요인으로 지역 교인이 교회당에서 멀리 떨어진 곳에 사는 경우가 많다. 따라서, 주일 저녁 예배보다 오후 예배가 대세다. 그럼에도 도시든 농어산촌이든 지역 교회는 마을 목회(village ministry)를 시도해야 한다.[35] 해외의 사례를 보면, 과테말라의 기독교인들은 아래로부터 그 도시를 거듭나도록 시도한다. 그들의 신학은 예수님의 성육신과 하나님의 형상인 인간에 대한 이해, 하나님의 대속과 구원과 십자가를 지는 선교적 삶, 하나님께서 선교의 성령을 통하여 일하심, 육신의 가족과 하나님의 가족을 통한 선교, 하나님의 활동장인 음녀 바벨론 도시에 은혜와 기쁨의 새 예루살렘 도시를 심기, 폭력 사회에 샬롬을 불어넣어 변화시키기다.[36]

도시에 거주하는 그리스도인은 그곳에 하나님의 정의와 평화와 공존을 심어야 한다.[37] 도시 변혁을 위한 교회 청년의 역할은 그들에게 하나님 나라의 통전적 복음과 지역의 특성에 맞는 선교적 마인드를 심어주는 것으로 시작한다.[38] 그래야 그들이 도시 거리에서도 역량을 드러내어 봉사할 수 있는 천국 일꾼으로 활동할 수 있다.

신자유주의 시장 경제를 닮은 도시의 대학교들은 생존을 위해 효율성과 성과주의에 몰두한다. 하지만, 하나님 나라의 가치를 추구하는 기독교 대학과 지역 교회들이 연계한다면, 정부나 불신 단체가 할 수 없는 방식으로 도시의

---

34 도시 선교가 사회복음이나 민중신학 운동에 빠져 축소 및 왜곡되지 않도록 주의해야 하며, 번영신학을 지지해서도 안 된다. 정병관, "도시 선교의 문제점과 전략적 원리들," 『신학지남』 67/4 (2000), 62-63, 68-70, 86.

35 예수님의 사역이 통전적 마을 목회였다는 주장과 마을 속에 그리스도인공동체가 스며 들어간 목회의 실례는 김도일, "마을 목회, 마을학교에 관한 기독교교육적 고찰," 『기독교교육논총』 59 (2019), 175-89를 보라.

36 M. L. Ribbens & J. van Dyke, "Born from below: Urban Regeneration through Incarnational Theological Formation in Guatemala City and Beyond," *HTS Teologiese Studies* 74/3 (2018), 4.

37 김승환, 『도시를 어떻게 구원할 것인가?: 도시에 관한 신학적 성찰과 상상』 (서울: 새물결플러스, 2021).

38 E. Baron, "The Role of Church Youth in the Transformation Agenda of South African Cities," *HTS Teologiese Studies* 73/3 (2017), 4-5.

샬롬과 번영 그리고 변화를 도모할 수 있다.[39]

마지막으로, 농어산촌 마을 선교에 대해 살펴보자. 농어산촌 목회자는 여러 요인으로 인해 도시로 사역지를 옮기는 경우가 많다.

노회와 총회 차원의 농촌 선교는 어느 정도 효과가 있는가?

총회와 노회는 지역의 현황, 필요, 문제, 위기, 갈등의 상황을 분석하여, 신앙공동체적으로 실천할 수 있는 해법을 찾아야 한다.[40] 물론, 노회나 시찰 간의 협력이 이루어지면, 도시 교회와 농촌 교회의 공교회적 협력은 강화될 것이다. 건강한 교회와 지역공동체를 이루기 위해, 리더들이 공교회성의 가치를 존중하고, 섬김과 연대의 정신을 갖추는 것이 매우 중요하다.[41] 도농의 실질적 협력을 위해, 비(非)농민의 농지 과다 소유의 심화, 농민이 아닌 유통업자들의 고수입, 외국 농산물의 유입, 이농의 심화, 귀농민에 대한 지원, 외국인 근로자의 유입과 국제결혼, 환경 보존, 교회 사회복지 활동을 통한 마을 목회,[42] 그리고 농어산촌 지역 학생들의 도시 유학 지원 등을 참작해야 한다.[43]

---

39 De Beer는 교회와 대학이 도시의 빈자들과 연대하여 진실된 성육신적 공동체성을 함양하고, 악에 저항하기 위해 상상력을 발휘하는 예언적 활동을 제시한다. 그는 해방신학적 입장을 견지하기에 주의가 필요하다. S. de Beer, "The University, the City and the Clown: A Theological Essay on Solidarity, Mutuality and Prophecy," *HTS Teologiese Studies* 71/3 (2015), 3-4, 7-9.

40 Yoshiro Ishida, "도시세계를 위한 선교: 후기현대의 상황 안에서의 선교신학을 향하여," 『복음과 신학』 5 (2002), 235(김진영 역); 황금봉, "21세기 농촌 선교 정책의 전망: 농촌 쇠퇴기 과정에 대한 총회와 노회의 교회적 역할과 기능을 중심으로," 『신학과 목회』 11 (1997), 144.

41 B. S. Hughey, "Thy Kingdom come: Four Key Mission Principles to help Guide Effective Cross-Cultural Mission Efforts," *Lutheran Mission Matters* 27/2 (2019), 302-303.

42 마을 목회의 범위는 대개 도시의 '동'과 농어산촌의 '면' 단위이다. 마을 목회의 실례는 박승탁, "마을 목회에 대한 교회사회복지의 실천 방안 고찰," 『신학과 목회』 53 (2020), 237, 254-55를 보라.

43 황금봉, "21세기 농촌 선교 정책의 전망," 150-51, 172.

나오면서

　도농은 공적 장소다. 거기에 공적 선교사인 그리스도인들은 공적 복음을 전파해야 한다.

　하나님 나라 안에는 도농의 구분이 없다. 성경은 천국의 축소판인 에덴동산에서 시작하여 새 예루살렘이 거할 신천신지로 마치는 장엄한 그랜드 스토리이다. 도시든 농어촌이든, 그 자체로 악하거나 선하지 않다. 도농 모두, 그리고 도시의 마을이든 농어산촌 마을이든 하나님의 구원 은총이 필요하며, 그곳들은 통전적 천국 복음으로 변혁되어야 할 공적 장소다.

　또한, 선교적 교회 운동을 통한 한국 교회의 사회적 신뢰성 회복도 시급하다.[44]

---

[44] S. H. Choi and M. A. Rynkiewich, "Face and the Loss of Reputation in the Korean Protestant Church," *Journal of Missional Theology and Praxis* 11 (2020).
　　http://missiodeijournal.com/issues/md-11/authors/md-11-choi-rynkiewich (2021년 6월 8일 접속).

제7장

공공선교신학에서 본 요한계시록의 하늘과 바다

들어가면서

기독교가 공적 영역에서 감동과 영향을 끼치지 못하여 사사화 및 주변화되고 있다고 이구동성으로 평가한다.

차제에 공공신학과 선교적 교회가 해결책과 돌파구로 각각 제시되고 있다.

파디슨(A. Paddison)은 충만하고 온전한 생명에 대한 선교적 관심이 공공신학의 첫 번째 표식(first mark)이라고 주장한 윌리엄스(R. Williams)에 동의한다(요 10:10).[1] 이런 종합적인 통찰에 발맞춰 대략 2010년 이래로 공공신학과 선교적 교회를 접목시킨 공공선교(public missional)신학이 시도되고 있다.

하지만, 한쪽 신학이 다른 편에 종속되어 유기적으로 연결되지 않거나, 관련 성경 구절을 철저히 주해하지 않으며, 성령님, 사탄과 같은 영적 요소를 간과하는 한계를 보이고 있다.[2]

본 장은 공공선교적 해석을 요한계시록의 부분적 과거론(partial pretersim)과 연결하여, 계시록의 하늘과 바다의 의미를 찾아본다. 이를 위해, 먼저 공공선교적 해석과 부분적 과거론을 간략히 소개한다. 그다음 요한계시록의 하늘과 바다의 공공선교적 의미를 차례로 살핀다.

---

1 A. Paddison, "Theological Interpretation and the Bible as Public Text," *Journal of Theological Interpretation* 8/2 (2014), 180.

2 R. S. Heaney, "Public Theology and Public Missiology," *Anglican Theological Review* 102/2 (2020), 201-212.

1. 공공선교적 해석과 요한계시록의 부분적 과거론적 해석

1) 공공선교적 해석

공공선교신학은 공공신학과 선교적 교회를 유기적으로 통합한 신생 신학 분과다. 이런 통합은 이 두 신학의 공통점들 때문에 가능하다.[3] 그리스도인이 신앙하고 고백하는 예수님 안에 공교회는 물론, 만유(萬有)가 서 있고 통치 받아야 한다(엡 1:10; 골 1:17). 교회가 사사화되는 시대에 그리스도인의 삶이 '개인주의'나 '저세상주의'를 극복하기 위해, 선교적 마인드를 갖추어 세상 속에 신실히 존재하여 복음을 현시하고 공동선을 추구해야 한다.

예수님과 초대 교회는 물론 그 이후 이레니우스를 비롯한 속사도가 추구한 신학과 사역은 복음으로써 세상을 하나님 나라로 변혁시키는 데 있었기에, 내재적으로 공공선교적 특징을 가진다.[4]

2) 요한계시록의 부분적 과거론적 해석

요한계시록은 소아시아 일곱 교회에 보내진 공적 편지로서 공적 예배에서 낭독되었다. 또한, 요한계시록을 비롯한 모든 성경은 그리스도인을 교회당 울타리 건너편의 사회 문제와 생활과 연결하는 공적 본문이다.[5]

요한계시록의 전통적 4가지 해석법은 미래주의, 과거주의, 역사주의 그리고 이상주의다. 미래주의는 종말론의 실현된 측면을 간과한다. 역사주의는 계시록의 예언이 각 시대의 세상과 교회 안에 성취되어 왔다고 이해하기에, 21세기와 관련 없는 내용이 많다고 본다. 이상주의는 선과 악의 대결을 중요하게 여기므로, 공공선교적으로 해석하고 적용하기에 큰 무리는 없다. 마지막으로 요한계시록의 대부분 내용을 A.D. 1세기에 성취된 것으로 간주하는 과거

---

3   S. Kim, "Mission's Public Engagement: The Conversation of Missiology and Public Theology," *Missiology* 45/1 (2017), 7-24.

4   J. A. Rodriguez, "Irenaeus's Missional Theology: Global Christian Perspectives from an Ancient Missionary and Theologian," *JETS* 59/1 (2016), 144-45; Paddison, "Theological Interpretation and the Bible as Public Text," 183.

5   Paddison, "Theological Interpretation and the Bible as Public Text," 185.

주의적 해석은 계시록 4-22장을 예루살렘 성전 파괴와 결부시키는 철저 과거론과 계시록 20장 이후로 예수님의 재림을 인정하는 부분적 과거론으로 나뉜다. 부분적 과거론은 계시록 1-19장이 요한 당시에 성취된 것으로 파악한다.[6] 따라서 일곱 인, 일곱 나팔 그리고 일곱 대접 심판은 소아시아 일곱 교회를 박해한 불신 유대인과 로마제국을 동시에 대상으로 삼는다.[7]

얼핏 표면상, 계시록 예언의 A.D. 1세기의 성취는 현대 교회와 무관하게 보인다. 그러나 공공선교신학과 요한계시록의 부분적 과거론은 유기적으로 통합되기에 적절하다. 왜냐하면, 하나님 나라가 교회의 내외적 대적의 박해에도 불구하고 온 세상에 확장하고 승리함을 가장 강조하는 해석 방법이기 때문이다. 다시 말해, 소아시아 일곱 교회는 승리하신 하나님의 선교라는 하늘의 관점을 견지하면서, 황제 숭배와 유대주의에 빠지지 않기 위해 일상에서 비평적 거리 두기를 하면서 창조와 구원과 심판의 하나님을 목숨을 다해 예배하고 증언하며 살아야 했다(계 11:7, 15; 14:6-7; 21:24).[8]

요약하면, 요한계시록은 교회 중심적 메시지를 넘어서, 하나님 중심으로 세상과 만유의 종말론적 변혁과 새 창조를 공공선교적으로 강조한다.[9]

3) 요약

공공신학과 선교적 교회의 결합도 일반적이지 않지만, 공공선교신학을 부분적 과거론과 결합한 경우는 아직 없다. 그러나 공공선교적 해석은 요한계시록의 부분적 과거론이 강조하는바, 복음으로써 세상을 변혁시키는 메시지에 절묘하게 부합한다.

---

6 참고. P. J. Leithart, *Revelation 1-11* (London: T&T Clark, 2018), 13, 40; K. L. Gentry Jr., *The Divorce of Israel: A Redemptive-Historical Commentary on the Book of Revelation*, Volume 1 (Dallas: Tolle Lege, 2017), 42, 86-99. 참고로 역사주의와 이상주의의 취약점을 인지하면서, 과거론과 미래론을 혼합하려는 경향은 J. R. Sharp, "Historical Models of Interpreting the Book of Revelation," *Hill Road* 6 (2000), 12-21을 보라.
7 참고. 송영목, "통합적 부분적 과거론적 해석: 요한계시록 이해의 새로운 패러다임," 『진리와 학문의 세계』 11 (2004), 20-37.
8 D. Flemming, "Revelation and the Missio Dei: Toward a Missional Reading of the Apocalypse," *Journal of Theological Interpretation* 6/2 (2012), 168-70.
9 Paddison, "Theological Interpretation and the Bible as Public Text," 188.

2. 요한계시록의 하늘신학

공공신학에서 공간의 중요성이 다시 부각되는데, 이에 보조를 맞추어 최근에 마가복음의 공적 공간인 바다에 관한 해설이 시도되었다.[10] 구약과 유대 문헌에서 '하늘'은 '바다와 땅'과 대비되므로, 바다와 땅은 한쌍처럼 간주된다.[11] 또 '하늘'(שָׁמַיִם, οὐρανός)의 어원은 물이나 비를 담은 장소를 가리키기에, 하늘과 바다도 서로 무관하지 않다(신 28:12; 욥 9:8; 사 55:10).[12] 신약성경에 '하늘'은 272회, 요한계시록에는 52회 나타나는데, 우주관은 물론 구속사적으로도 중요한 단어다.[13]

하늘과 바다와 관련하여, 요한계시록에서 요한이 공공선교적 차원에서 구약 암시를 활용하는가?
환언하면, 수많은 구약 암시를 가진 요한계시록에서 하늘과 바다는 공적 영역이며, 하나님 나라 확장을 위한 선교적 의미를 가지는가?
요한이 익숙하여 활용할 수 있었던 구약 선지서들은 하늘과 바다를 통해 종말의 국제적인 하나님 나라에 대해 예언하는가?
그레코-로마 세계와 유대교에서 하늘과 바다는 어떤 신학적 의미를 가지는가?

이런 질문들을 염두에 두고 하늘의 공공선교적 의미부터 연구할 차례다.
여기서 하늘과 바다를 포함하는 계시록의 우주관을 간략히 살펴볼 필요가 있다. 요한계시록에 따르면, 하나님은 태초에 세상(우주, κόσμος)을 창조하셔서 다스리시는데, 그중 상징적 의미로 자주 언급되는 하늘은 일부다(계 11:15;

---

10 S. Tsang, "Introduction to a Public Theology of the New Testament: Markan Public Theology of the Sea of Galilee as a Test Case," *Hill Road* 16/1 (2013), 85-117.
11 강대훈, "마태복음의 우주론: 하늘 표상과 상징성의 역할을 중심으로," 『Canon & Culture』 8/2 (2014), 243.
12 D. T. Tsumura, "שָׁמַיִם," in *NIDOTE*, Volume 4, ed. W. A. VanGemeren (Grand Rapids: Zondervan, 1997), 160; H. Bietenhard, "Heaven," in *NIDNTT*, Volume 2, ed. C. Brown (Grand Rapids: Zondervan, 1986), 188.
13 Bietenhard, "Heaven," 192.

13:8; 17:8).¹⁴ 요한이 명사 κόσμος를 드물게 사용한 것은 그가 '하늘, 땅, 바다'로 구체적으로 설명하기 때문이다(참고. 출 20:4). 우주를 구성하는 세 요소가 모두 등장하거나(계 5:3, 13; 9:1; 10:6; 14:7; 21:1; 참고. 출 20:11; 느 9:6), 일부만 언급되기도 한다(하늘과 땅[계 6:13; 20:11; 21:1; 참고. 창 1:1; 대상 29:11], 바다와 땅[계 7:1, 2, 3; 10:2, 5, 8; 12:12]).¹⁵ 분명한 것은 하나님께서 우주, 곧 하늘과 바다와 땅을 다스리신다는 사실은 요한계시록의 우주관에 있어 기초 신학과 같다는 사실이다.¹⁶

구약과 유대 묵시문헌에서 '하늘'은 하나님과 통치와 영생의 장소(사 66:1; 3마카비 6:18), 하나님의 어전 회의 장소와 심판을 위한 법정(시 18:9; 사 64:1; 욥 2:1; 슥 3:1; 4Q 403; 1에녹 58-60; 스바냐 묵시록 3:6-9)이자 의인들이 거할 장소다(4에스라 7:47).¹⁷ 이와 유사하게 요한계시록에서 '하늘'은 하나님의 보좌를 중심으로 펼쳐지는 구원과 심판 환상의 출발점이다(계 4-5장).

1) 하나님의 보좌 환상의 배경

환상 중에 요한의 영이 통과한 하늘의 열린 문(계 4:1; 19:11)은 하나님의 구원과 심판의 통치가 계시되는 적절한 배경이다(참고. 마 5:34; 행 7:49). 그래서 하나님은 '하늘의 하나님'이라 불린다(계 11:13; 16:11; 참고. 느 1:4; 마 5:16).

---

14 G. J. C. Jordaan, "Cosmology in the Book of Revelation," *In die Skriflig* 47/2 (2013), 2.
15 요한계시록에 82회나 언급되는 '땅'에 대하여 별도 연구가 필요하다. 참고. 김경식, "요한계시록의 '땅에 거하는 자들'과 가나안 정복 모티브," (한국복음주의신약학회 논문발표회 줌, 2021년 6월 26일), 3-15. 참고로. 구약에서 '그 땅'은 이스라엘 백성의 거주지를 가리켰으나, 신약에서는 그리스도인공동체를 가리키므로, 땅 짐승(계 13:11)은 배교한 기독교를 가리킨다는 주장은 H. A. Cotro, "Up from Sea and Earth: Revelation 13:1, 11 in Context," (Ph.D. Thesis, Andrews University, 2015), 274를 보라. Cotro는 소아시아 7교회는 바다 짐승(계 13:1, 유대주의자들과 로마제국)과 땅 짐승(배교한 기독교)의 박해를 받았다고 주장한다. 하지만, Cotro가 안식교 소속으로서 기성 교회에 대한 부정적 선입견을 해석에 반영한 것으로 추정된다.
16 Jordaan, "Cosmology in the Book of Revelation," 2.
17 J. A. du Rand, *A-Z van Openbaring* (Vereeniging: CUM, 2007), 226-27; 강대훈, "마태복음의 우주론," 249-52. 참고로 구약(왕상 22; 사 6; 겔 1-11; 단 7) 및 계 4-5장의 천상의 법정 환상과 관련 유대 묵시문헌을 비교하면, 후자는 하나님의 보좌 주위의 등장인물과 천사의 분류와 역할을 세부적으로 다양하게 언급한다(1에녹 9:1; 20:1-8). R. D. Davis, "The Heavenly Court Scene of Revelation 4-5," (Ph.D. Thesis, Andrews University, 1986), 133.

그레코-로마 세계에서 무속인(shaman)의 영은 하늘과 같이 이 세상의 실재 바깥 영역으로 올라가 황홀경 상태에서 초자연적 세상과 소통한다고 인식되었다.[18] 하지만, 구약 선지자들의 경우처럼 요한의 영은 성령의 인도를 통해 하늘로 올라가 분명한 의식을 가진 채로 환상을 보았다(겔 1:3; 37:1). 그레코-로마 세계에서 신들과 영웅들은 승천으로써 신격화되었는데, 티투스(Titus)는 독수리를 타고 승천하여 신격화되었다고 선전되었다.[19]

하지만, 요한계시록에서 하나님은 처음부터 하늘 보좌에 계신다(참고. 왕상 22:19; 욥 6:3; 사 6:3; 단 7:9). 유대 묵시문헌에서 하늘(보좌, Merkabah)로 오름은 주로 남성에게 해당하는데, 점성술을 통하거나 아니면 빛이나 불 혹은 천사의 형상으로 변화하여 하늘로 올라가 신격화되어 불가해한 하나님의 방식을 이해하려 했다(4에스라 4:8; 필로의 모세의 생애 1.158; 4Q 491).[20] 그러나 하늘 문으로 올라간 요한의 경우, 그의 형상이 변화되지 않았고 점성술이나 황홀경 또는 의식의 변화(altered states of consciousness)나 신격화와 무관하다.[21]

영화롭고 거룩한 하늘에 거하시는 하나님의 통치에 이십사 장로와 네 생물 그리고 모든 피조물이 반응한다(계 4:8-11; 5:13; 참고. 사 63:15). 다시 말해, 요한계시록 4장에서 "하늘은 하나님의 통치의 원천으로서 하나님의 구속 계획이 수립되고 발현되는 곳이며 모든 피조 세계의 원천이다. 이것은 계시록 4장 11절에서 하나님께서 만물의 창조주이시며 섭리하시는 분으로 찬양받으시는 이유다."[22]

하늘의 문은 영광의 보좌 위에 계신 성부 하나님과 어린양의 성전으로 통한다(계 4:2-10; 5:1-13; 11:19; 14:17; 15:5; 16:17; 19:11; 22:1-3).[23] 요한은 환상 가운데 하늘에서 땅으로 말하는 음성을 듣는데, '반드시 속히 일어날 일들'이다

18　J. M. Scott, "Heavenly Ascent in Jewish and Pagan Traditions," in *Dictionary of New Testament Background*, ed. C. A. Evans and S. E. Porter (Leicester: IVP, 2000), 448.

19　Scott, "Heavenly Ascent in Jewish and Pagan Traditions," 447.

20　Scott, "Heavenly Ascent in Jewish and Pagan Traditions," 448-50.

21　Contra 요한을 의식의 변화(ASC)를 겪은 점성(astral) 선지자로 간주하는 B. J. Malina and J. J. Pilch, *Social-Science Commentary on the Book of Revelation* (Minneapolis: Fortress, 2000), 70, 76, 245.

22　이필찬, "요한계시록에서 '하늘'의 개념과 그 기능: 4:1-8을 중심으로," 『성경과 신학』 50 (2009), 151.

23　Jordaan, "Cosmology in the Book of Revelation," 3.

(계 1:1; 10:4, 8; 11:12, 15; 12:10; 14:2, 13; 18:4; 19:1; 21:3). 하늘의 성부께서 의도하시고 결정하신 일들은 어린양을 통하여 이 세상에 계시되고 성취되어 왔다.[24]

요한계시록에 나타나는 약 열여섯 개의 찬송은 번영의 상태가 아니라, 고난과 박해 중에 있던 그리스도인의 공적 신앙고백과 같다. 황제 숭배는 당시 가장 보편적인 종교이자 문화였다. 일곱 교회가 하늘 보좌 위에 계신 하나님을 향하여 부르는 찬송은 '아우구스티아니'(Augustiani)나 '네로니안'(Neronian)이 아니라 그리스도인임을 확인하는 방편이므로, 찬송은 종교 및 정치적 함의를 가진다.[25]

황제 숭배의 중심지는 도시 로마였지만, 계시록의 찬송의 중심지는 하늘 보좌다. 빛난 보좌 위에 계신 성부와 어린양을 찬양하는 교회는 '그리스도 완결적 공동체'(Christotelic community)다. 어린양은 성부께서 의도하신 구원의 목적을 성취하셨으므로, 그리스도 완결적 교회는 승귀하신 그리스도의 전권 대사로서 온 세상 속에 부활의 생명과 능력을 불어넣어 만왕의 왕을 경배하도록 훈련시켜야 하기 때문이다.[26] 새 예루살렘 성의 출처는 하늘이다(계 21:2). 하늘의 시민권을 가지고 어린양의 정결한 신부로 사는 것이 선교다.

2) 예수님과 두 증인의 승천과 사탄의 추락

예수님의 승천(계 12:5)에 이어, 사탄의 추락이 언급된다(계 12:8). 승리하신 예수님을 머리로 모신 교회가 수행하는 선교는 그리스도의 승리에 근거하여 그 승리를 증언하는 노력이다. 따라서, 그리스도의 구원 사역의 결정체인 교회가 그리스도의 파송(Missio Christi)을 받은 것은 복된 명예이자 즐거운 선교적 책무(Missio δεῖ)다.[27]

그런데 선교는 두 증인이 순교자가 된 사실에서 보듯이 승리주의에 도취될 일이 아니다(계 11:7). 하지만, 두 증인은 순교한 후 부활하여 하늘로 올라간다

---

24 Jordaan, "Cosmology in the Book of Revelation," 4.
25 L. A. Powery, "Painful Praise: Exploring the Public Proclamation of the Hymns of Revelation," *Theology Today* 70/1 (2013), 70-71.
26 S. C. Hawthorne, "Let All the Peoples praise Him: Toward a Teleological Paradigm of the Missio Dei," (Ph.D. Thesis, Fuller Theological Seminary, 2013), 320, 328-29.
27 Hawthorne, "Let All the Peoples praise Him," 338.

(계 11:12). 그리고 하늘의 성전에 언약궤가 보인다(계 11:19). 언약궤는 하나님께서 구원과 심판을 시행하실 때 나타나는 언약적 신실성을 가리킨다.

3) 심판의 출처

요한계시록에서 하늘은 여러 심판의 출처로 나타난다(계 8-9; 16; 20:9). 하나님께서 하늘 보좌에 계시므로, 그분의 심판이 하늘에서 시행되는 것은 자연스럽다.[28] 또 하늘은 천사들의 출처다(계 10:1; 12:7; 18:1; 20:1; 참고. 시 103:20-22). 천사 기독론으로 보면 이 천사는 예수님을 가리킨다. 바다와 땅을 밟은 천사는 하늘, 곧 우주의 창조주 하나님을 향해 손을 들고 지체하지 않을 것이라 맹세한다(계 10:5-6; 참고. 왕상 8:22; 대하 6:13). 소아시아 일곱 교회를 박해한 악의 세력들은 어린양으로부터 곧 심판을 받게 된다. 하늘에서 내려오신 예수님께서 사탄과 음녀 바벨론을 심판하시고, 용을 결박하여 무저갱에 천 년 동안 가두신다. 예수님이 성부와 하늘 보좌를 공유하시므로(요 3:21), 내러티브상 하늘에서 내려오셔서 심판하시는 것은 자연스럽다.

하늘은 복음을 증언하다 목숨을 잃은 순교자들의 거처다(계 11:12; 18:20). 이런 의미에서 하늘은 사탄과 짐승 그리고 불신자들이 던져질 무저갱이나 유황불 못과 정반대다. 순교자가 하나님의 거처로 옮겨지는 것은 당연하다.

예수님께서 재림하실 때, 첫 하늘은 떠나 가버리는데(계 20:11), 새 하늘로 변화되기 위해서다(계 21:1). 창세기가 무(無)에서 우주 창조를 다룬다면, 요한계시록은 무에서 천지, 곧 만유와 새로운 인간공동체의 회복을 다룬다.[29]

요한계시록 6장 12-13절과 8장 12절의 하늘의 해와 달과 별의 변화는 악한 권세에 대한 심판을 가리킨다(참고. 사 13:10; 마 24:29; 1에녹 80:1-4; 80:4-8;

28　Nunes는 계시록에서 '하늘 보좌 주제'는 총 13회 나타난다고 주장한다(1:12-20; 3:12; 4-5; 7:15; 8:1-5; 11:1-2, 19; 13:6; 14:1, 15-18; 15:5-16:1, 17; 19:1-10; 21:1-22:5). 그러나 이 가운데 '하늘'과 '보좌'가 많은 경우 언급되지 않는다는 사실을 간과하지 말아야 한다. L. G. Nunes. "Function and Nature of the Heavenly Sanctuary/Temple and Its Earthly Counterparts in the New Testament Gospels, Acts, and the Epistles: A Motif Study of Major Passages," (Ph.D. Thesis. Andrews University, 2020), 467-72.

29　박창건, "새 하늘, 새 땅, 새 예루살렘: 요한계시록 21,1-22,5의 해석," 『신학과 세계』 41 (2000), 85.

102:2; 시빌린신탁 3:65; 3:710-14; 3:796-803; 5:418-20; 5:475-80; 5:513-17; 8:203, 232; 레위의 유언 4:1; 모세의 유언 10:4-5; 위필로 19:13; 4에스라 5:4-5). 요한은 하늘에 올라가서 환상을 보았는데, 그 환상에 하늘과 바다가 등장한다.

요한계시록 1장 7절은 '하늘'을 언급하지 않고 하늘의 구름을 타고 오시는 인자를 소개한다. 이때 '그 땅의 그 지파들'인 불신 유대인들이 통곡한다. 안식교 소속 김기곤은 계시록 6장 13절을 재림과 종말의 물리적 표징으로, 8장 12절을 상징적 심판으로 따로 분류한다.[30] 그러나 이 두 구절이 공통적으로 상징하는 바는 하나님께서 요한계시록의 1차 독자들을 박해하던 악의 세력들을 속히 심판하시는 데 있다.[31]

4) 성도의 출처와 거주지

하늘로부터 내려오는 새 예루살렘 성은 하나님으로부터 거듭나서 하늘에 시민권을 둔 교회를 가리킨다(계 3:12; 21:2, 10; 참고. 13:6). 그런데 간본문인 이사야 65장과 계시록 21장의 해석을 두고, 데이비스(R. D. Davis)는 상충하는 두 의견을 발견한다.

새 예루살렘 성은 신천신지(사 65:17-18; 계 21:1)와 공존하는 하나의 동일한 실체로서 전 세계적 도시라는 장소를 가리키는가?(예. P. J. Gentry)
다시 말해, 아담 언약과 노아 언약 그리고 아브라함 언약이 성취된 새 언약 공동체에 편입된 열방의 중심지인가?
아니면, 새 예루살렘 성은 새 창조의 복이 임하여 열방이 몰려와 하나님을 경배하는 종말의 다국적 도시인가?(사 2:3; 11:12; 35:8-10; 60:4, 11, 19; 65:18-19; 예. R. D. Davis)[32]

---

30 K. K. Kim, "The Signs of the Parousia: A Diachronic and Comparative Study of the Apocalyptic Vocabulary of Matthew 24:27-31," (Ph.D. Thesis, Andrews University, 1994), 407.

31 계 16:8에서 하늘의 해는 넷째 대접의 심판의 대상이다. 이것을 하나님께서 하늘을 심판하신다고 확대 해석하기보다, 144,000명이 해의 열기로부터 상해를 받지 않는다는 계 7:16의 역전으로 이해하면 된다.

32 참고. R. D. Davis, "The Heavenly Court Scene of Revelation 4-5," (Ph.D. Thesis, Andrews University, 1986), 153-57.

두 견해를 비평해 보자. 이사야 65장 18절에서 새 예루살렘은 새 언약 백성이 거주할 기쁨의 새 에덴동산처럼 장소로 나타난다. 그러나 요한계시록 22장 1-2절에서 신천신지는 갱신된 장소, 새 예루살렘 성은 그곳의 거주민인 어린양의 신부들이다.

그런데 요르단(G. J. C. Jordaan)은 계시록 내러티브에 따르면, 하늘 안에서 시간과 공간은 재림 때 하나로 통합된다고 본다. 다시 말해, 재림 때 하늘 하나님의 보좌는 새 예루살렘 성과 더불어 지상으로 내려온다(계 21:3-5; 22:1-3). 이를 뒷받침하는 근거는 요한계시록 4장에 묘사된 것처럼 보좌 방이 요한계시록 21장의 새 예루살렘 성을 위한 모든 구성 요소를 제공한다는 추론이다. 상술하면, 요한계시록 4장에서 요한은 땅에서 하늘로 올라가 환상을 보았는데, 거기에 벽옥과 홍보석과 같은 분이 에메랄드와 같은 무지개 아래 보좌에 계시며, 그 보좌 앞에 수정 같은 유리 바다가 펼쳐졌다. 비슷하게 요한계시록 21장에서 요한은 하늘에서 내려오는 수정 같은 빛난 새 예루살렘 성을 소개하는데, 벽옥과 청옥과 옥수와 기타 보석들로 장식되어 있다. 그러므로 요한계시록 21-22장의 하나님 처소는 새 땅 위에 자기 백성 가운데 있다. 따라서, 하나님의 천상의 거처와 지상 사이에 다리를 놓을 수 없는 공간적 거리에 대한 어떤 개념이라도 계시록의 이 마지막 두 장에서 반박된다.[33]

요르단의 주장은 비평이 필요하다. 성경은 예수님의 재림 때에 물리적인 하늘과 땅이 결합한다고 밝히지 않는다. 무엇보다 요한은 새 예루살렘 성을 장소로 소개하지 않는다. 요한계시록 4장의 하늘 보좌 환상과 21장의 새 예루살렘 환상은 차이점이 선명하다. 예를 들어, 전자가 보좌 위의 하나님의 통치의 영광과 위엄을 묘사한다면, 후자는 어린양의 신부인 교회의 영광스러움을 상징적으로 묘사한다(계 21:2, 9). 그리고 추상적인 하늘과 땅의 합일은 요한계시록의 1차 독자에게 직접적인 위로가 될 수 없다. 또 전체 성경의 결론인 계시록이 하늘과 땅의 합일이라는 장소에 대한 메시지로 마친다면, 1차 독자에게 더더욱 위로와 소망의 메시지가 될 수 없다.

덧붙여, 요한계시록 21장은 주님의 재림 이후의 미래적 상황만 언급하지도 않는다. 요한은 재림 이전의 선교적 교회의 모습을 강조하기 때문이다(계

33　이 단락은 Jordaan, "Cosmology in the Book of Revelation," 4에서 요약 인용함.

21:25-26). 선교적 교회는 예배를 통하여 하늘의 신앙의 세계와 땅의 현실의 세계 사이의 합일을 경험했다.

5) 요약

요한계시록에서 매우 공적인 장소인 하늘은 요한이 본 환상의 중심지인 하나님의 보좌가 있는 곳이다. 하늘에 하나님이 계시므로 두 증인은 거기로 승천한다. 하늘은 성도의 시민권이 있는 출처이자 영원한 거주지인 동시에, 불신자에게는 심판의 출처다.

3. 요한계시록의 바다신학

바다는 공적 영역이며, 하나님 나라 확장을 위한 선교적 의미를 가지는가? 로마제국과 유대교에서 바다는 어떤 신학적 의미를 가지는가?

요한계시록이 기록될 무렵, 로마 황제가 바다와 해적을 다스린다는 선전은 팍스 로마나의 일부였다. 바다의 신 이시스(Isis)를 숭배하면서 황제는 지중해를 통해 식민지에서 수탈한 자원을 로마로 운송했기에, 바다는 역설적으로 폐쇄적인 로마의 앞마당(mare nostrum)과 같았다.

구약에 395회, 요한계시록에 26회 등장하는 '바다'(יָם, θάλασσα)는 지리적 배경을 넘어 신학적 의미를 가지는데, 성경 저자들은 자신의 신학을 위해 바다와 관련된 이방 신화를 의존하는 것이 아니라, 하나님의 유일성과 권세를 강조하기 위해 그런 신화적 요소를 암시하기도 한다(사 27:1).[34]

---

[34] M. A. Grisanti, "יָם," in *NIDOTE*, Volume 2, ed. W. A. VanGemeren (Grand Rapids: Zondervan, 1997), 463-64; C. Y. S. Ho, "The Origin of the Imageries of the 'Sea' and 'Death' in the Book of Revelation," *Hill Road* 3/2 (2000), 63-74.

1) 유리 바다

하나님은 수정같은 유리 바다가 펼쳐진 보좌 위에서 영광스러운 위엄의 통치를 온 세상에 시행하신다(계 4:6; 15:2). 불이 섞인 유리 바다는 피조물과 구분되는 하나님의 초월과 거룩과 위엄은 물론, 악과 혼돈의 세력에게 심판을 내리시는 주권을 가리킨다(참고. 출 15장의 홍해).[35]

흥미롭게도 구약과 유대 묵시문헌은 '하늘의 바다', 즉 천상의 하나님 보좌 밑바닥을 바다처럼 묘사한다(시 29:10; 1에녹 14:19; 54:7; 레위의 유언 2:7).[36] 그래서 바다 안의 피조물은 보좌 위의 하나님을 찬양한다(계 5:13). 호흡 있는 모든 피조물은 마땅히 창조주를 송축해야 한다(시 150:6).

2) 심판의 대상인 바다 짐승과 큰 성 음녀 바벨론의 배경으로서 바다

많은 물과 바다는 열방을 상징한다(계 17:15). 요한과 소아시아 일곱 교회에게 바다는 로마제국이다. 바다에서 올라온 짐승은 크리스천을 박해하던 로마제국을 가리킨다(계 13:1; 참고. 사 17:12-13; 단 7:3). 요한 당시의 유대인들은 '바다'를 암컷 괴물인 레비아탄의 거처, 악의 본거지로 간주했다(1에녹 60:2; 2바룩 29; 참고. 렘 6:23).[37] 그런데 역설적으로 불신 유대인은 음녀 바벨론으로서 악의 본거지인 바로 그 바다에 앉아 위력을 발휘했다(계 17:1; 참고. 렘 51:13).[38] 이를 지켜보시던 하나님은 음녀 바벨론이 저지른 불공정과 사치로 얼룩진 바다 무역을 심판하신다(계 18:12-13).

부분적 과거론은 네로 황제 때 기록된 계시록을 '반드시 속히 일어날 일들'로 파악한다. 요한계시록의 예언의 성취의 일부분인 유대-로마 전쟁 중에, 갈릴리 바다는 유대인들의 피로 변하여 음녀 바벨론이 심판을 받았다(계 8:8). 그

---

35   김선욱, "요한계시록의 바다의 등장(4:6)과 전개(15:2)와 퇴장(21:1) 과정에 나타난 신학적 의의와 새 출애굽," 『성경원문연구』 44 (2019), 141-42; H. Y. Son, "The Background of Exodus 15 in Revelation 15: Focusing on th Song of Moses and the Song of the Lamb," (Ph.D. Thesis, New Orleans Baptist Theological Seminary, 2015), 117.

36   G. K. Beale, *The Book of Revelation* (Grand Rapids: Eerdmans, 1999), 328.

37   Du Rand, *A-Z van Openbaring*, 413.

38   Du Rand, *A-Z van Openbaring*, 502.

리고 로마제국을 상징하는 섬과 바다도 간곳없어짐으로써, 특히 네로 사후의 내전으로 인해 군사력이 지배하던 옛 세상은 심판을 받았다(계 6:14; 16:20).[39] 바다의 3분의 1이 피가 되고 그 안의 생명체가 죽는다(계 7:2; 8:9; 16:3). A.D. 68년에 네로가 자살하자 바다, 즉 로마제국은 권력 다툼 때문에 내전이 벌어져 심각한 혼란에 빠져들었다.

3) 부활의 장소

바다는 죽은 자들을 내놓는다(계 20:13). 사망과 하데스도 죽은 자를 내 준다. 따라서, 바다와 사망과 하데스는 동의어로, 의인화된 악의 세력을 가리킨다.[40]

4) 새 바다의 유무 문제

'새 하늘과 새 땅'을 언급할 때(계 21:1), 요한은 하나님을 향한 반역과 혼돈의 세력의 출처인 '바다'는 생략한다. 출애굽 주제를 강조하는 시편과 이사야서는 하나님의 심판으로 말라버린 홍해(시 106:9; 사 17:13; 50:2), 도망치는 바다(시 114:3)를 언급한다.[41]

그런데 예수님께서 갱신 중이신 '만유'에 하늘과 바다도 포함된다(계 21:5). 성부와 어린양의 보좌로부터 생명수의 성령께서 흘러나와 새 예루살렘 교회를 통하여 세상을 변혁시킨다(계 22:1). 교회를 통한 세상의 변혁은 불신자가 새 예루살렘 성 안으로 들어오는 전도와 균형을 이룬다(계 21:25).[42]

미래 종말에 바다가 사라지는 것은 요한계시록의 많은 구절에서 바다가 공간적 의미로 나타나지 않았음을 마지막으로 증명하는데, 만약 바다가 물리적으로 사라진다면, 하나님의 창조의 일부가 재창조가 아니라 무위(無爲)로 돌

---

39 P. J. Leithart, *Revelation 12-22* (London: T&T Clark, 2018), 160.
40 김선욱, "요한계시록의 바다의 등장(4:6)과 전개(15:2)와 퇴장(21:1) 과정에 나타난 신학적 의의와 새 출애굽," 148-49.
41 김선욱, "요한계시록의 바다의 등장(4:6)과 전개(15:2)와 퇴장(21:1) 과정에 나타난 신학적 의의와 새 출애굽," 153.
42 Paddison, "Theological Interpretation and the Bible as Public Text," 179.

아가게 되고 만다.⁴³ 요한계시록 21:1에서 물리적 이미지처럼 묘사된 바다는 신천신지의 한 부분이 될 것이다.

5) 요약

요한계시록에서 주로 상징적 의미로 등장하는 바다는 먼저 하나님의 통치를 가리킨다. 그리고 바다는 심판의 두 대상인 로마제국과 불신 유대교의 배경으로, 반 로마적-유대교적 메시지를 가진다. 요한계시록의 1차 독자들은 바다, 곧 온 로마제국에 복음을 전해야 했다. 증인들은 바다에서 죽더라도 거기서 부활하여, 새 바다가 있는 신천신지에 거할 것이다.

나오면서

성경에서 하늘과 바다와 같은 공간의 역할은 정적인 무대 배경 장식(decor) 이상이다. 반대로 하늘과 바다는 공적인 장소로 공간적 현저성을 가진다.

예수 그리스도의 계시인 요한계시록에서 공공선교신학적 메시지는 하늘, 곧 그리스도의 우주적 통치를 바다 곧 열방에 심는 것으로 요약할 수 있다. 하늘과 바다가 함께 등장하는 첫 환상에 따르면, 하나님의 보좌는 유리 바다를 정원처럼 삼는다. 원래 하늘은 바다와 한쌍으로 매우 긍정적이고 영광스럽다. 천해(天海)가 만나는 모든 시간은 '그리스도의 날'과 같다. 그리스도의 통치의 완성은 재림 때다. 그 이전에 요한계시록의 1차 독자들은 하늘에서 추락한 사탄이 바다, 즉 온 로마제국에서 횡포를 부릴 것을 인지해야 했다. 하늘과 바다를 부분적 과거론이 아니라, 다른 방법들로 해석한다면 상이한 결론이 도출될 것이다.

따라서, 본서는 하나의 타당한 방법과 결론으로 자리매김한다. 본서가 앞으로 예수 그리스도 중심의 공공선교신학 연구를 위한 촉매제가 되기를 소망한다.

43　Jordaan, "Cosmology in the Book of Revelation," 7.

제8장

신약성경의 공공/공동선과 선교

들어가면서

자율적인 권한을 가진 특정인이 개인적으로 누리는 웰빙을 '제한적 선'(limited good)이라 명명한다면, 다른 편에 '공공선'(公共善, public good) 혹은 '공동선'(共同善, common good)이 자리한다. 공공/공동선은 공공신학이 추구하는 중요한 결과물이다.[1]

코로나19를 지난 후 복음과 교회의 공공성이 시급한 주제로 회자된다. 윤리와 규범 준수, 악에 대한 심판을 강조하는 종교가 '종교적 동물이자 정치적 동물'인 사람이 활동하는 사회의 질서를 유지하는 데 기여한다면 그 자체로 공공/공동선이다.[2]

---

1 대중적인 인터넷 자료인 위키백과사전은 공공선과 공동선을 구분하지 않고, 공동선으로 수렴하여 정의한다. 하지만, '공공'(公共, publicus)은 국가나 사회의 구성원인 국민에게 두루 관계되는 것을 의미하는데, 이때 공공복리와 공개성이 중요하다. '공동'(共同, commune)은 둘 이상의 사람이나 단체가 힘을 합하여 일을 같이한다는 의미다. "공공선이 공적 질서라든지 개인이나 부분과는 다른 전체의 이익 등을 언급한다면, 공동선은 사회구성원 간의 합의나 동의 등에 바탕한 공동의 이익을 지시한다." 김경희, "국가와 공공선/공동선: 절대선과 개별선 사이의 마키아벨리," 『정치사상연구』 18/1 (2012), 35. 참고로 개신교의 공공/공동선이 하나님과 이웃 사랑의 거룩한 삶으로 요약된다면(마 22:37-40; 벧전 1:16, 22), 천주교의 공동선은 인간의 존엄성과 같은 공적 도덕에 관한 사회 및 공동체적 차원에서 특정인이 자원을 독점함으로써 갈등을 유발하는 것을 극복하려 한다(참고. 1800년대 산업화가 초래한 문제에 관한 레오 13세의 교서 Rerum Novarum[1891년 5월 15일]). 참고. 한규성, 『구약 예언서의 공공신학』 (서울: 새물결플러스, 2018), 98-99; A. R. Brunson, "The Limited Public Good of a Confession: A Public Theological Reflection on Enhancing the (Public) Good of the Belhar Confession in the Reformed Church Family of South Africa," *Stellenbosch Theological Journal* 1/2 (2015), 349-50; J. M. Vorster, "A Reformed Perspective on the Concept of the 'Common Good' and Its Relevance for Social Action in South Africa Today," *In die Skriflig* 50/2 (2016), 1, 4, 8.

2 R. Sherlock, "Religiosity as a Public Good," *Politics and the Life Sciences* 27/2 (2008), 2-9.

경찰력으로는 공공/공동선을 유지하는데 한계가 있고 비용이 소요되기에, 기독교와 같은 종교가 사회-정치적으로 기여할 기회는 적지 않다. 공공/공동선에 관한 성경 주해적 연구는 드물다.[3] 그럼에도 그리스도인에게 모든 선한 일을 행할 능력을 갖추게 만드는 것은 성경이라는 사실은 분명하다(딤후 3:16-17). 성경은 공공/공동선을 해석하는 최종 규범이지만, 또한 공적 삶이 동반하는 이슈와 도전과 문제를 통해 성경이 해석될 필요도 있다.

이런 사항들을 염두에 두면서 본 장은 신약성경의 공공/공동선을 탐구하기 위해, 그레코-로마 세계와 구약성경 및 유대 문헌의 공공/공동선을 살핀 후, 신약성경의 공공/공동선의 의미를 논구하고, 이것이 선교적 교회와 접맥됨을 논증할 것이다.

1. 그레코-로마 세계의 공공/공동선

1) 그리스제국

플라톤과 아리스토텔레스에게 그리스어 동사 προτίθημι(프로티쎄미)는 "공적으로 보이거나 설명하다"라는 의미였다.[4] 이 동사는 신약성경 중 바울서신에만 3회 나타나는데, 바울이 로마를 방문할 것을 공적으로 알리고(롬 1:13),

---

3 한국동남성경연구원, 『교회의 공공성, 어떻게 설교할 것인가?』 (서울: SFC출판부, 2023)는 교회의 공적 특성을 성경 주해로 탐구한 의의가 있지만, 선교적 교회와 공공신학적 논의 간의 상호 작용을 설명하는 데 한계를 보인다. 그리고 W. Brueggemann, 『월터 브루그만의 복음의 공공선』 (*Journey to the Common Good*), 정성묵 역 (서울: 두란노, 2021)은 피라미드식 불평등한 공공선을 추구한 황제 바로의 불안 이데올로기에서(창 41:1-7의 양식 부족에 관한 악몽) 하나님의 풍성한 은혜를 거쳐 사랑을 실천하는 공동선을 설명하고(특히, 77-83, 99페이지), 그의 다른 저작인 『하나님, 이웃, 제국: 하나님의 신실하심과 공동선 창조』 (*God, Neighbor, Empire: The Excess of Divine Fidelity and the Command of Common Good*), 윤상필 역 (서울: 성서유니온, 2020)은 부를 착취하고 인간을 상품화하기 위해 폭력과 종교를 활용하는 세상 제국에 맞서는 '정의(구성원이 안전, 존엄, 행복을 누리도록 조장함)와 은혜(보응과 무관하게 긍휼을 베풂)와 율법'(사회의 재화를 공정하게 분배하고 약자를 보호함)으로 공공선을 풀이한다(특히, 18-27페이지). 따라서, 몇몇 키워드를 중심으로 공동선을 찾는 브루그만은 주석적 기초 연구인 어휘 의미론적 분석과 주해를 충실히 수행하지 않는 한계를 보이고, 공공선과 공동선을 구분하지 않는다.

4 C. Brown (ed), *NIDNTT*, Volume 1 (Grand Rapids: Zondervan, 1986), 696-97.

성부께서 예수님을 화목제물로 삼으셔서 자신의 구원을 이루실 것을 공적으로 알리는 맥락이다(롬 3:25; 엡 1:9). 바울이 구원과 복음의 공공성을 드러냈다면, 그리스 철학자들은 공공성을 선교와 구원이라는 종교적 의미로 파악하지 않았다.

플라톤은 Πολιτεία(정치)에서 파괴적인 악에 맞서 무언가를 보존하고 지탱하는 선이야말로 모든 것을 포괄하는 지고의 개념이라 규정했고(정의와 같은 영혼의 선, 건강과 같은 육체적 선, 명예와 같은 사회적 선), 아리스토텔레스는 Ἠθικὰ Νικομάχεια(니코마코스 윤리)에서 인간관계 안에서 모든 행동이 지향하는 바는 자신의 것을 남과 나눔으로써 공동선을 달성하는 것으로 보았으며, 헬레니즘 유대교의 창시자 필로는 중용, 경건, 지혜로써 지고선(至高善)이신 하나님을 찾을 수 있다고 보았다.[5] 플라톤은 Συμπόσιον(심포시온, 향연)에서 에로스로써 지탱되고 보존되는 선을 세상에서 찾고 인식할 수 있다고 보았다.[6]

요약하면, 그리스 철학의 두 거장에 따르면, 선이 세상을 보존하기에, 그 세상 안에 사는 사람은 선을 공적인 목표로 삼되 사람의 용기와 위대함에 영감을 주는 에로스를 활용해야 했다. 반면, 그 당시 유대인 필로의 선 개념은 그리스 철학자들보다 더 종교적이어서 선하신 하나님을 찾는다.

그리스인들에게 이상적인 생활과 교육은 두 형용사 καλός(칼로스)와 ἀγαθός(아가쏘스)로 표현되었는데(참고. 눅 8:15), 귀족은 모범이 되는 행실과 예술로써 마땅히 선하게 살아야 하는 방식을 교육했다.[7] 유리피데스(d. c. B.C. 406) 이래로 명사 χρηστότης(크레스토테스)는 통치자와 같이 중요한 공적 인물의 명예로운 호칭으로 사용되었는데, 그런 사람의 친절함과 온화함을 가리켰다.[8]

요약하면, 그리스 사상에서 이상적인 선은 귀족과 통치자가 배워 갖추어야 하는 성품이자 덕이므로, 모든 사람에게 공통적으로 해당하지는 않았다고 볼 여지가 있다.

---

5   Brunsdon, "The Limited Public Good of a Confession," 349; C. Brown (ed), *NIDNTT*, Volume 2 (Grand Rapids: Zondervan, 1986), 99.
6   참고. Brown (ed), *NIDNTT*, Volume 2, 103.
7   Brown (ed), *NIDNTT*, Volume 2, 102.
8   Brown (ed), *NIDNTT*, Volume 2, 105.

아리스토텔레스는 정치적 공동체를 공동선으로 여기면서 그것이 인간의 선과 개인의 웰빙을 증진한다고 보았는데, 궁극적 공동선은 정치적 공동체의 질서를 따라 개인이 삶과 행복을 추구하는 원칙에서 나온다고 보았다(Πολιτικά 1261b 33-35; 1332a 29-38).[9] 그리스인들에게 개인의 과도한 물질적 탐욕은 비극으로 간주되었고, 그것은 공적 복지와 정의 그리고 페어플레이로써 통제되어야 했다. 따라서, 그리스 사상에서 이상적인 선과 공동선은 귀족과 같은 특정인의 전유물로 보기 어렵다.

B.C. 440-430년에 그리스 폴리스의 통치자는 공동선과 공적 복지(public welfare)를 위해, 공적 자산인 강을 오염시키는 행위를 금지하는 칙령을 내렸다.[10] 고대 그리스인들에게 생태는 사람의 활동을 위한 공공선에 해당했기에 생태적 사회 정의가 중요했다(참고. 롬 8:21). 그리스인들은 공공/공동선에 생태 정의를 포함할 정도로 포괄적인 선 개념을 가지고 있었다.

2) 로마제국

그리스제국의 공공/공동선의 일부 개념은 로마제국으로 이어졌다. 로마제국의 공공/공동선은 황제 숭배 때문에 그리스 철학보다 더 종교성을 강하게 띠었는데, 팍스 로마나와 맞물려 있다. 힘센 시혜자(εὐεργέτης)인 신들을 숭배하는 황제는 악을 정복하여 평화를 주고, 신격화되어 비와 추수와 번영을 베푸는 인물로 간주되었다(Menander Rhetor Treatises 2:1-2; 377:20-22; 참고. 눅 22:25; 행 10:38의 εὐεργετῶν; 14:17).[11]

로마 황제가 파견한 총독급의 고위직을 가리키는 형용사 남성 단수 호격 κράτιστε(각하여)는 ἀγαθός의 최상급이다(참고. 눅 1:3; 행 24:2-3). 황제와 총독은 공적 인물로서 전체 제국민의 공동의 평화와 안녕과 개선을 추구한다고 하여 종교적으로 숭상되었다(참고. 행 24:3).

---

9 참고. Boudouris, "Environment as Common Good and Ecological Crimes," 30-31.

10 참고. S. K. Boudouris, "Environment as Common Good and Ecological Crimes," *Phronimon* 6/2 (2005), 29-30.

11 참고. C. S. Keener, *Acts: An Exegetical Commentary*, Volume 2 (Grand Rapids: Baker, 2013), 2172; H. Conzelmann, *Acts of the Apostles*, Hermeneia (Minneapolis: Fortress, 1987), 84.

그레코-로마 세계에서 재판정의 공공/공동선을 부패시키고 파괴하는 뇌물은 중대한 범죄였다(참고. 행 24:26).[12] 로마 세계에서 공동체의 가치와 유익을 역행하거나, 폴리스의 안녕보다 개인의 안녕을 염두에 둔 채 군인이 도망친다면 수치였다.[13] 반대로 전투에서 목숨을 바친 군인처럼, 타인의 선을 위해 자신의 목숨을 버리는 희생은 관대함의 극치였다(참고. 고후 5:15; 딛 2:14).[14] A.D. 1세기에 가장 중요한 가치인 명예의 반대말은 수치이며, 수치는 공동/공동선의 대척점에 있다.

3) 요약

위의 설명을 요약하면 아래 표와 같은데, 공공선보다는 공동선을 자세히 다루지만, 실제로 이 둘을 구분하기 쉽지 않다.

공공선		공동선	
그리스제국	로마제국	그리스제국	로마제국
공적으로 무언가를 보여주어 설명함이라는 철학적 개념. 공적 복지를 위해 자연을 보존함.	신과 황제는 평화와 번영을 주는 시혜자로서 팍스 로마나를 주관함.	악에 맞서 에로스로써 세상을 보존하고 소유를 서로 나눔. 공적 인물이 갖추어야 하는 모범과 친절과 정치적 공동체 안에 개인이 행복을 누림.	뇌물과 공동체의 유익을 훼손하지 말아야 함. 공동선을 위해 희생하고 관대하다면 명예임.

---

12 M. T. Speckman, "Destroying the City, Burning the Fields: Towards a New Testament Concept and Definition of Corruption," *Pharos Journal of Theology* 103/2 (2022), 9–10.
13 D. A. deSilva, 『문화의 키워드로 신약성경 읽기: 명예, 후원, 친족, 정결 개념 연구』 (*Honor, Patronage, Kinship & Purity: Unlocking New Testament Culture*), 김세현 역 (서울: 새물결플러스, 2019), 32.
14 DeSilva, 『문화의 키워드로 신약성경 읽기: 명예, 후원, 친족, 정결 개념 연구』, 193.

2. 구약성경과 유대 문헌의 공공/공동선

1) 구약성경의 공공/공동선

게제니우스(W. Gesenius)는 형용사 '공공의'를 동사 הָלַךְ(걷다)와 연결한다(창 26:26).[15] 많은 사람이 걸으며 행동하는 대표적인 공적 장소는 '광장'(רְחֹב)이다 (신 13:17; 대하 29:4; 32:6; 에 4:6; 6:9; 느 8:1, 16; 욥 29:7; 잠 1:20; 사 59:14; 렘 5:1; 단 9:25).[16] 그리고 게제니우스는 형용사 '공동의'의 개념을 명사 אֱנוֹשׁ(에노쉬), 즉 보통 사람(common people)에서 찾는다(사 8:1).[17] 일반인이 걸으며 활동한다는 게제니우스의 공공/공동에 관한 설명은 두루뭉술한데, 이는 해당 단어의 히브리어 용례를 찾기 쉽지 않음을 방증한다.[18]

오랜 연구의 축적물을 반영하는 ChatGPT는 '공공의'는 צִיבּוּרִי(tziburi)로, '공동의'는 שָׁטִיחַ(shatiakh) 혹은 שָׁטוּחַ(shatuakh)로 설명한다. 그러나 צִיבּוּרִי(tziburi)는 '쌓아 올린 더미'나 '전체'를 가리키고, 뒤의 두 단어는 사물과 관련하여 '늘여진' 혹은 '확장된'이라는 뜻이다(민 11:32; 왕상 10:16-17; 대하 9:15-16; 욥 12:23; 렘 8:2).[19] 따라서, 이 세 단어는 사람공동체와 관련된 '공공/공동의'와 다소 차이가 난다.

구약성경에서 선(טוֹב)의 개념은 다양하지만 선명하다. 선이란 선하신 하나님 께서 정해두신 목적이나 상황에 적합한 상태나 기능을 가리킨다(창 2:9; 45:18;

---

15 *Gesenius's Hebrew and Chaldee Lexicon to the Old Testament Scripture*, trans. by S. P. Tregelles (Grand Rapids: Eerdmans, 1980), 224.

16 W. A. VanGemeren (ed), *NIDOTTE*, Volume 3 (Grand Rapids: Zondervan, 1997), 1092.

17 *Gesenius's Hebrew and Chaldee Lexicon to the Old Testament Scripture*, 63, 278.

18 ChatGPT에 따르면, 구약성경에 '공동선'(תּוֹעֶלֶת צִיבּוּרִית[to'elat tziborit])에 해당하는 단어는 없지만, 공동체의 선을 위한 본질적인 원칙인 의(צֶדֶק), 정의(מִשְׁפָּט), 동정(רַחֲמִים) 그리고 이웃을 돌봄(רֵעַ)으로 설명된다. ChatGPT는 '공공선'의 경우, '동정'(רַחֲמִים) 대신에 '자비'(חֶסֶד)를 추가하기에, 사실상 공공선과 공동선을 동의어로 간주한다. 그리고 ChatGPT는 신약성경의 공공/공동선(κοινός ὄφελος)도 구약성경처럼 '사랑, 동정, 정의, 이웃을 돌봄'이라는 주제어들로 설명하면서, 여기에 '유익'(ὠφέλεια)을 추가한다. 결국 성경의 공공/공동선은 공동체를 유지하는 '사랑과 정의'로 요약되는데, 이는 하나님의 통치 원칙이기도 하다(시 89:14).

19 L. Koehler and W. Baumgartner, *The Hebrew and Aramaic Lexicon of the Old Testament*, Volume 2 (Leiden: Brill, 2001), 999, 1474.

출 33:19; 신 6:11; 삼하 7:28; 대상 16:34; 느 2:8; 욥 2:10; 20:21; 시 14:1; 52:9; 85:12; 86:5; 119:65; 잠 24:25; 31:12; 전 7:1; 사 52:7; 63:7; 65:14; 렘 8:15; 호 10:11; 암 5:4, 6; 미 6:8; 참고. 창 24:10, 시 16:2와 65:11 등의 טוֹבָה).[20] 하나님은 선과 헤세드로 세상과 만물을 유지하시고 보존하신다(시 136:1, 5-9). 선은 사람이나 사물, 아름다움, 행복, 번영, 웰빙 등을 아우르며,[21] 종종 '샬롬'(שָׁלוֹם)과 유사하다.[22] 칠십인역에서 ἀγαθωσύνη(아가쏘쉬네)는 물질, 번영, 경험하는 좋은 것 그리고 하나님의 선함을 가리켰다(전 4:8; 7:14; 2에스드라 19:25).[23]

이와 유사한 맥락에서 칠십인역은 טוֹב(토브)를 χρηστότης(크로스토테스)로 종종 번역하는데, 이 그리스어 명사는 시편 13장 1, 3절과 52장 4절에서 사람의 올곧음과 경건을 가리키지만, 다른 본문들에서는 하나님의 선하고 자비로운 성품과 행동을 가리켰다.[24]

하나님의 선한 성품과 행동이 이스라엘 안에 제한될 수 없는 이유는 그분이 열방의 주재(主宰)시기 때문이다(대하 29:11; 시 22:28; 82:8; 욥 1:21). 잠언이 '좋은 것'과 '복'이 하나님을 의지하여 순종하는 데 달렸다고 본다면(잠 16:20), 유교는 생명과 부귀가 (비인격적인) 하늘과 운명에 달려있다고 본다.[25] 이처럼 구약과 타 종교의 선의 근원과 방법은 다르지만 유사하기에, 비판적 상황화를 거친 후에 성경적 토착화를 위한 접촉점으로 활용할 수 있다.[26]

아브라함 언약은 하나님께서 이스라엘을 통하여 열방에게 선, 즉 복과 웰빙을 주시는 하나님의 선교를 중요 내용으로 삼는다. 다시 말해, 하나님께서 아브라함과 맺으신 언약은 출애굽의 구원과 이스라엘이 모든 족속의 복으로서

---

20 W. A. VanGemeren (ed), *NIDOTTE*, Volume 2 (Grand Rapids: Zondervan, 1997), 353-57; *Gesenius's Hebrew and Chaldee Lexicon to the Old Testament Scripture*, 319-20.

21 L. Koehler and W. Baumgartner, *The Hebrew and Aramaic Lexicon of the Old Testament*, Volume 1 (Leiden: Brill, 2001), 372.

22 F. Brown (ed), *The New Brown-Driver-Briggs-Gesenius Hebrew and English Lexicon* (Peabody: Hendrickson, 1979), 375.

23 H. Balz and G. Schneider (ed), *Exegetical Dictionary of the New Testament*, Volume 1 (Grand Rapids: Zondervan, 1993), 7.

24 Balz and Schneider (ed), *Exegetical Dictionary of the New Testament*, Volume 1, 475-77.

25 G. Ogden, "Biblical and Confucian Thought: A Consideration of Some Common Teachings," *Taiwan Journal of Theology* 4 (1982), 220.

26 Ogden, "Biblical and Confucian Thought," 226.

선교해야 하는 근거가 된다(창 12:3; 15:16). 창세기 34장의 세겜에서 디나가 겁탈 당한 사건은 창세기의 1차 독자인 출애굽한 이스라엘 백성이 가나안 땅에 들어간다면 동해보복이나 과도한 보복이 아니라 모든 족속의 복으로 살아야 함을 교훈한다(창 12:3; 49:7).[27]

하나님의 선교적 백성은 은혜의 방편인 성례(할례, 세례)를 오용하지 말아야 하며, 이웃에게 저주가 되어 악취를 내는 대신, 하나님의 향기를 발해야 한다(창 34:15, 30; 참고. 고후 2:15). 가나안 족속의 죄가 절정에 이를 때, 그들을 심판하셔서 아브라함의 자손에게 그 땅을 주시는 것은 하나님의 소관이지만(창 15:16), 그 이전에 이스라엘 백성은 선으로 악을 이기며 하나님의 선교에 동참해야 한다(참고. 삼상 24:17; 잠전 5:15; 벧전 2:23).

브루그만이 주장하듯이 예배가 '하나님의 새로운 통치에 반응하는 공동체의 상상 행위'라면, 구원을 받은 하나님의 백성은 도망친 노예조차 보호하며(신 23:15-16; 참고. 몬 1:16), 압제와 가난을 정의와 치유와 경제 혁신(안식년, 희년)과 예배적 삶으로 극복하여 새로운 세상을 꿈꾸고 실현해야 한다(레 25:8-12; 사 58:6-8; 61:2; 65:17-25).[28] 이처럼 여호와께서 세상을 선하게 갱신하시는 통치에서 경제와 정의는 예배와 직결된다. 하나님의 공급하시는 은혜를 불신하는 탐욕에서 나오는 축재(蓄財)는 공동선을 허문다.[29]

구약성경의 메타 내러티브를 고려하여 공공/공동선을 해석하면, 먼저 선하신 하나님은 사람과 세상을 선하게 창조하셨다(창 1-2). 하지만, 하나님의 백성이 범죄로 웰빙을 상실하여 포로 생활을 하더라도, 그들이 잡혀간 도시의 샬롬을 위해 힘쓰고 기도해야 평안히 살 수 있다(렘 29:7, 10, 32; 참고. 딤전 2:1-2). 하나님은 자기 백성을 우상 숭배와 죄악이 관영한 이방 나라의 도시에 살게 하실 때 그 도시를 미워하고 악에게 넘겨주고 포기하라고 부르시지 않고 믿음을 견지하며 성육신적 삶을 살라고 파송하신다(참고. 요 17:15-18).[30] 하나

27　B. Wielenga, "How should We then live?: A Missiological Reading of Genesis 34-A Redemptive Historical Approach," *In die Skriflig* 57/1 (2023), 1-9.
28　브루그만이 '계시'를 '상상'이라고 치환하는 것은 인간 저자의 창작적 역할을 지나치게 강조하는 것으로 보인다. Brueggemann, 『월터 브루그만의 복음의 공공선』, 92, 174-80.
29　Brueggemann, 『하나님, 이웃, 제국: 하나님의 신실하심과 공동선 창조』, 135.
30　S. Bell, "Serving Christ in the City," 6-7 (https://digitalcommons.andrews.edu/pubs/167; 2023년 10월 5일 접속).

님의 백성은 이민자와 같은 포로 생활 중에서라도 압제자에 주목하는 대신 하나님의 섭리를 인정하고 거기서 기도하며 샬롬을 추구할 때 신천신지의 복을 미리 맛볼 수 있다(신 20:5-7; 사 65:17, 21-23; 렘 29:5-7).[31]

이처럼 선은 장소와 인종의 범위를 넘어서서 정의와 사랑을 실천하며 하나님과 동행하는 삶 자체다(미 6:8).

2) 유대 문헌의 공공/공동선

제2성전 시대 유대교는 바벨론제국, 페르시아제국, 조로아스터교 그리고 그레코-로마 사상과 접촉하면서 수용했다. 당시 바벨론 포로 중의 유대인들이 자신의 유배 원인에 대한 일정 부분의 답을 조로아스터교의 신학에서 쉽게 찾았다면, 선하신 하나님과 악한 마귀 간의 우주적 대결에서 후자의 편에 선 결과로 유배당했다고 결론을 내렸을 것이다.[32] 그렇다면 유대교는 선하신 하나님을 저버리면 공공/공동악에 빠지게 된다고 판단했을 것이다.

노아가 홍수 때 방주에서 밖으로 내보낸 비둘기는 그의 개인 소유가 아니라 땅에서 나온 모든 사람을 위한 공동선이었다(창 8:8-12; 필로의 미드라쉬 8:12:2). 이전의 유대교 사상을 반영하여 A.D. 4세기 이후에 편찬된 예루살렘 탈무드는 공공선의 여러 경우를 다음과 같이 소개한다. 시간을 들여 남의 장례식과 혼인식에 참석하고 환자를 방문하며 고통을 나누는 것(Peah 1:1:1), 이방인에게 팔린 밭을 유대인이 구매하여 얻은 첫 소산물을 기부하는 것(Gittin 4:9:1), 포로나 인신매매의 희생자를 대속하려고 몸값을 과도히 매기지 않는 것(Ketubot 52b:1), 율법 두루마리와 성구함을 이방인에게서 적정 가치 이상으로 구매하지 않는 것이다(Gittin 4:6:1).[33]

미드라쉬와 탈무드는 공공선과 공동선을 구분하지 않으며, 공동체의 경조사에 협조하고 시장 질서를 적절히 유지하여 유대인들의 공익을 추구하는 것

31　T. D. Mashau, "Seek the Shalom of the City: Homelessness and Faith Communities in Diaspora," *Stellenbosch Theological Journal* 5/1 (2019), 250-57; B. Katho, "Seek the Peace of the City … : For in Her Peace There shall be Peace for You (Jeremiah 29:4-9)," *Old Testament Essays* 26/2 (2013), 360-62.

32　참고. A. Geyser-Fouche, "Hemel en Hel," *HTS Teologiese Studies* 71/3 (2015), 3.

33　이 단락의 자료는 https://www.sefaria.org/texts(2023년 10월 7일 접속)에서 검색한 것임.

을 귀하게 여긴다.

유대 묵시문헌은 공공/공동선을 어떻게 소개하는가?

묵시문헌이 기록된 목적은 악이 지배하는 시대에 사는 선민에게 공적으로 위로하고 권면하기 위함인데, 악을 정복하실 메시아의 이미지는 다양하다. 악을 심판하실 메시아는 공동체의 군주, 다윗의 가지, 대제사장, 율법의 해석자, 하나님의 아들, 하나님의 종, 의로운 분, 인자다(1에녹 34-71; 4Q 285, 521, 2바룩, 4에스라).[34] 따라서, 공공/공동선의 온전한 성취는 미래에 도래할 메시아에게 달렸다. 동시에 하나님은 현재적으로 자연을 다스리고 농사의 결실을 복으로 주신다(1에녹 21:1-5:3; 이사갈의 유언 5:4).[35]

유대인들에게 공공/공동선을 세우기 위한 전제는 선과 악을 분별하는 것이다. 쿰란공동체는 20세가 되어야 선과 악을 도덕적으로 판단할 수 있기에 혼인할 수 있다고 보았지만, 바리새인은 17세 무렵에 혼인할 것을 가르쳤다(바벨론 탈무드 Kiddusin 29; M. Abot 5:21; 1QS; 비교. 창 2:17; 사 7:15; 고전 7:1-9).[36] 유대인들은 윤리적인 분별력을 혼인의 전제 조건으로 간주했고, 혼인을 통해 공동선을 세운다고 보았다.

쿰란공동체는 하나님께서 자신의 위대한 선함, 즉 자비로 자기 백성의 죄악을 덮어주신다고 믿었으며, 선을 주시고 악으로부터 지켜달라는 기도로 제의를 시작했다(1QS 2:2-3; 11:14; 참고. 1마카비 4:24; 사 65:2).[37] 또한, 공동체 구성원에게 자비롭고 영원한 선을 실천하라고 가르쳤지만(1QS 2:24; 4:3), 선하지 않은 길을 걷는 어둠의 자식들은 영원히 증오의 대상이었다(1QS 4:17; 1QH 15:18; 비교. 사 19:24-25; 롬 12:14, 17, 20; 빌 2:4).[38] 이처럼 쿰란공동체는 폐쇄적이고 선택적 선행을 가르쳤기에, 선은 자신들 안에서만 공공/공동적으로 작동하는 것으로 여겨졌다.

---

34 J. J. Collins (ed), *The Encyclopedia of Apocalypticism*, Volume 1 (New York: Continuum, 2000), 224-26.
35 참고. Keener, *Acts: An Exegetical Commentary*, Volume 2, 2172.
36 R. Gordis, "The Knowledge of Good and Evil in the Old Testament and the Qumran Scrolls," *Journal of Biblical Literature* 76/2 (1957), 124, 136-38.
37 VanGemeren (ed), *NIDOTTE*, Volume 2, 356.
38 Brown (ed), *NIDNTT*, Volume 2, 105.

이러한 쿰란의 폐쇄적이고 차별적인 선 개념을 비롯하여, 유대인들에게 선은 다양하게 나타났다. 예를 들어, B.C. 2세기 무렵에 작성된 집회서는 선과 관련하여 여성을 비하하는 내용을 담는다.

> 여자의 분노보다 고약한 분노는 없다. 내게는 사자와 용과 사는 것이 악한 아내와 사는 것보다 낫다 … 여자의 악은 여자에게서 나온다. 선을 행하는 여자보다 남자의 악이 더 낫다. 부끄러움과 수치를 가져오는 것은 여자다(집회서 25:15-16; 42:13-14; 참고. 잠 18:22; 전 7:26, 28).

그레코-로마 세계의 가장 중요한 가치였던 명예의 반대편에 있는 수치와 분노와 악은 유대교에서는 여성의 몫이었다.

요약하면, 유대 묵시문헌, 쿰란문헌, 유대 지혜서는 미래적이고 폐쇄적인 그리고 성과 인종 차별적 선 개념을 강하게 견지하기에 공공/공동선이라고 부르기에 모자란다.[39]

3) 요약

구약성경과 유대 문헌의 공공/공동선을 비교하면, 전자는 선하신 언약의 하나님께서 제사장 나라에게 사랑과 정의와 긍휼이 어우러진 통전적 샬롬과 공공/공동선을 허락하시고 주변 나라에 선교하도록 인도하신다고 보지만,[40] 후자는 미래적이고 폐쇄적이며 여성 비하적인 특성을 띤다.

이런 현상은 구약과 유대교 간의 불연속성에서 기인한다. 로마제국의 공공/공동선이 신과 황제를 중심으로 평화와 번영과 제의, 공동체 안에서 개인의 행복으로 요약된다면, 구약의 경우는 하나님을 중심으로 통전적 샬롬과 열방에로의 전파와 예배로 요약된다. 이때 로마제국의 신과 황제는 구약의 선하시고 언약을 이루시는 사랑과 정의의 여호와와 대조된다.

---

39 예수님께서 죽으실 때 예루살렘 성전의 휘장이 찢어졌는데, 레위 족속 제사장들만 거기로 들어가던 한계가 사라져서 공공/공동선이 회복되었다(마 27:51; 참고. 고전 3:17; 갈 3:28; 계 3:12).

40 Brueggemann, 『하나님, 이웃, 제국: 하나님의 신실하심과 공동선 창조』, 63.

3. 신약성경의 공공/공동선

1) 선하신 삼위 하나님

'공공의'(public)에 해당하는 그리스어 형용사는 δημόσιος(공적인, 행 5:18)와 φανερός(가시적, 분명한, 공적인, 롬 1:19)다.[41] 이와 관련된 명사는 παρρησία(공적 영역에서 담대함, 요 7:13, 26), 부사들은 δημοσίᾳ(공적으로, 행 16:37; 18:28; 20:20), δημόσιος(공중 앞에서, 행 16:37; 18:28; 20:20), φανερῶς(공개적으로, 요 7:10), 전치사구들은 ἐν τῷ φωτί(빛 가운데, 마 10:27), ἐπὶ τῶν δωμάτων(지붕 위에서, 마 10:27), ἐν παρρησίᾳ(담대히, 요 7:4)다. 그리고 동사는 ἀποδείκνυμι(공개적으로 드러내다, 고전 4:9)다.[42] 위의 단어들은 공중 앞에서 가시적이고 공개적이며 담대한 공공성을 가리킨다.

'공동의'(common)에 해당하는 형용사는 κοινός다(행 2:44; 4:32; 딛 1:4; 유 3).[43] 이 단어의 용례를 요약하면, 믿음의 공동체가 하나가 되어 믿고 사는 생활을 묘사한다. 그런데 신약성경에서 형용사 βέβηλος는 '모든 사람이 접근 가능한'이라는 고전적 의미를 상실한 채, 하나님의 구원에서 멀어진 부정적 상태를 가리킨다(딤전 1:9; 4:7; 히 12:16).[44]

'선'(good)과 관련된 그리스어 명사들은 ἀγαθωσύνη(윤리적 선함, 롬 15:14; 갈 5:22; 엡 5:9), εὐεργεσία(치유라는 선행, 행 4:9), χρηστότης(자비로운 선함, 롬 2:4; 3:12; 고후 6:6; 갈 5:22; 엡 2:7; 골 3:12; 딛 3:4), εὐποιΐα(예배로 인정되는 구제라는 선행, 히 13:16)다. 이와 관련된 형용사들은 καλός(선한, 적절한, 마 7:17; 막 9:5), ἀγαθός(선한, 눅 8:8), φιλάγαθος(선행을 좋아하는, 딛 1:8), ἀγαθοποιός(일반은총

---

41 H. Balz and G. Schneider (ed), *Exegetical Dictionary of the New Testament*, Volume 3 (Grand Rapids: Zondervan, 1993), 412-13.

42 J. P. Louw and E. A. Nida, *Greek-English Lexicon on the New Testament based on Semantic Domains*, Volume 1 (Cape Town: BSSA, 1993), 338, 343; Brown (ed), *NIDNTT*, Volume 1, 736.

43 Louw and Nida, *Greek-English Lexicon on the New Testament based on Semantic Domains*, Volume 1, 559

44 Balz and Schneider (ed), *Exegetical Dictionary of the New Testament*, Volume 1, 211.

적으로 선을 행하는, 벧전 2:14)다.⁴⁵ 이와 관련된 '선을 행하다'라는 동사로는 ἀγαθοποιέω(변증적 선, 벧전 2:15), ἀγαθοεργέω(일반은총적 선, 행 14:17) 그리고 εὐεργετέω(성령론적 선, 행 10:38)다.⁴⁶ 그리스도인의 선대는 선대로 갚아줄 사람만 선대하는(ἀγαθοποιέω) A.D. 1세기의 주고받는 사회적 통념을 넘어선다(눅 6:33, 35).⁴⁷ 그리고 부사 καλῶς(well)와 동사 ποιέω(행하다)가 함께 선을 표현하기도 한다(마 12:12; 눅 6:27).

요약하면, 하나님과 그리스도인 그리고 불신 통치자에게 있어 선은 윤리적 선함이 자비와 구제와 치유와 같이 적절한 선행으로 사람들에게 표현되는 상태다. 위에서 살핀대로 구약의 공공/공동선이 선하신 언약의 여호와 중심으로 나타난다면, 신약은 삼위 하나님 중심으로 더 선명하게 나타난다.

여기서 더 주목할 분사는 고린도전서 12장 7절에서 성령과 함께 나타나 공동선을 언급하는 τὸ συμφέρον이다(참고. 마 5:29 이하; 18:6; 19:10; 요 18:14; 행 20:20; 고전 6:12; 7:35; 10:23, 33; 12:7; 고후 8:10; 12:1; 히 12:10). 동사 συμφέρω는 전치사 σύν과 동사 φέρω의 합성어다. '모으다'는 기본 의미에서 "공덕심이 있는(civic-minded) 사람이 누구/무언가에 공적으로 도움이 되다"라는 의미다(참고. 프리에네 비문 119, 23).⁴⁸ 성령 충만한 성도는 교회당 울타리 바깥에서도 공덕심을 가지고 사람들에게 도움을 준다.

하늘 아버지와 예수 그리스도 그리고 성령은 선하시다(마 19:17; 눅 11:13; 요 10:11; 갈 5:22; 약 1:17; 참고. 시 136:1). 은인이자 후견인이신 하늘 아버지는 호흡과 해와 비를 악인과 선인 모두에게 주신다(마 5:45; 행 14:17; 17:25; 롬 11:35-36; 계 4:11; 14:6-7; 참고. 눅 6:35).⁴⁹ 이것은 불신자가 알 수 없는 일반은총이다. 그리고 선하신 하나님의 말씀과 능력은 예수 그리스도와 성령을 통해 공적 공

45　Louw and Nida, *Greek-English Lexicon on the New Testament based on Semantic Domains*, Volume 1, 301, 623, 627, 743-44.

46　W. E. Vine, *Vine's Concise Dictionary of Bible Words* (Nashville: Thomas Nelson Publishers, 1999), 160.

47　눅 6:27-38에서 '사랑'은 '자비'와 '선행'을 품은 우산 단어이다. J. G. van der Watt, "Jy moet Jou Naaste asook Jou Vyand liefhê: Liefde in Lukas 6:27-38 en 10:25-37," *In die Skriflig* 55/1 (2021), 3, 7.

48　F. W. Danker (ed) *BDAG* (Chicago: The University of Chicago Press, 2003), 960; F. Montanari, *The Brill Dictionary of Ancient Greek* (Leiden: Brill, 2015), 2012-2013.

49　DeSilva, 『문화의 키워드로 신약성경 읽기: 명예, 후원, 친족, 정결 개념 연구』, 179.

간에서 공중에게 선으로 나타났다(막 3:4; 행 10:38). 여기서 공공선과 공동선이 접맥한다. 일반은총이 공공/공동선으로 발전하면, 특별은총의 준비 단계에 도달한다.

삼위 하나님께서 다스리시는 나라는 모든 개인과 사회와 국가와 피조 세계의 주요 배경이다. 다시 말해, 성육하셨고 승천하신 예수 그리스도는 만유의 주로서 세상 안에서 쟁기를 쥐고 하나님 아버지의 영광을 드러내시지만(요 20:15), 불신 세상은 일반은총의 수혜자임에도 이 사실을 인식하지 못한다(롬 13:6).[50] 천국 백성은 왕이신 그리스도에게 순종함으로써 천국을 이 세상과 만유에 보여주는 그리스도의 몸이어야 한다(행 17:24, 26-28; 엡 1:23).[51]

교회는 하나님의 형상으로 창조된 모든 사람이 누리는 하나님의 일반은총을 겸손히 인내하며 대화하는 자세로 증언하되, 종교 혼합주의를 경계해야 한다(창 1:26; 롬 12:20-21).[52]

2) 공적 존재인 그리스도인의 선교적 선

세상의 '좋은 소금'인 그리스도인의 선한 행실에 감동을 받은 사람들이 하나님께 영광을 드릴 수 있다면 그런 그리스도인은 선교적 교회로 산다(마 5:13-14, 16; 막 9:50; 참고. 엡 5:9; 빌 2:15). 이 사실은 이미 세례 요한의 설교에 나타났는데, 세리와 군인과 같은 직업인들이 거듭났다면 과도한 세금 징수, 강탈, 거짓 고발, 불만족 등으로 공공/공동선을 해치지 않아야 한다(눅 3:11-14).

공공/공동선을 확립하는 주요 방법은 우리의 도움을 필요로 하는 이웃을 사랑하는 것이다(눅 10:27, 36-37). 성도는 '정직하고 선한 마음'(καρδία καλῇ καὶ ἀγαθῇ)으로 복음을 듣고 굳게 붙잡아 인내하면 결실한다(눅 8:15, 21; 14:18-20; 21:19; 참고. 마 7:17; 골 2:7; 계 1:3). 하지만, 그리스도인의 마음이 일상의 염려, 재물과 향락에 빼앗겨 질식하여 결실하지 못한다면, 나름 절제하며 자족하고

---

[50] P. Coertzen, "Religion and the Common Good in a Pluralistic Society: Reformed Theological Perspectives," *NGTT* 51/3-4 (2010), 10.

[51] Coertzen, "Religion and the Common Good in a Pluralistic Society," 14.

[52] T. Salurante et als, "Common Grace as Theological Encouragement for Interreligious Dialogue," *Acta Theologica* 43/1 (2023), 145-51; Coertzen, "Religion and the Common Good in a Pluralistic Society," 16-17.

고난을 견디는 불신자에게 본이 되지 못하기에 공공/공동선을 세울 수 없다(눅 8:14).

쿰란공동체는 '벨리알의 그물'이라 불리는 삼중 장애물에 이스라엘 백성이 걸렸다고 보았는데, 세 가지는 '예루살렘 성전을 더럽힘', '과도한 부' 그리고 '일평생에 두 아내를 두는 것'이다(CD 4:15-5:10).[53] 이 중 '과도한 부'는 누가복음 8장 14의 '재물'과, '두 아내를 두는 것'은 그 구절의 '향락'에 접맥한다.

오순절 성령으로 충만한 예루살렘 교회는 사도의 가르침에 순종하면서, 예배와 사랑으로 돌보는 일에 집중함으로써 부흥을 경험했다(행 2:42-46). 여기서 빠트릴 수 없는 부흥의 또 다른 비결은 하나님의 '은혜'(χάρις)를 '모든 백성에게'(πρὸς ὅλον τὸν λαόν) 나눈 선교다(행 2:47). 만약 예루살렘 교회가 불신 이웃으로부터 칭송을 받았다면, 명사 χάρις(은혜)가 아니라 τιμή(칭송, 명예)가 사용되고, 전치사 πρός(-에게)가 아니라 ὑπό(-에 의해)가 사용되었을 것이다.[54]

초기 예루살렘 교회는 특별은총을 일반은총 안에 공공/공동적으로 훌륭하게 표현했다. 반면, 아나니아와 삽비라 부부의 거짓말과 명예욕 그리고 성령을 시험한 범죄는 초기 예루살렘 교회가 공유한 질서와 웰빙과 가치, 즉 공동선(apanta koine)을 파괴했다(행 5:1-11).[55]

공공선과 공동선의 다른 접맥은 사도행전 10장 36-38절에 나타난다. 성부께서 만유의 주되신 성자에게 성령을 부으시자 예수님은 마귀에게 눌려 고통당하던 많은 사람에게 치유라는 선한 일(εὐεργετῶν)을 행하시며 온 유대를 공적으로 다니셨다.

그렇다면 예수님의 선한 사역을 이어받은 오늘날 교회는 이런 영적인 선한 일에 특장(特長)을 갖추고 있는가?

그리스도인은 '모든 사람'을 위해 간구와 기도와 도고를 해야 하는데, 이것은 하나님 앞에 선하고 받으실 만한 것이다(딤전 1:2-3). 그리스도인이 통치자들을 존경하며 그들을 위해서 기도해야 하는 이유는 경건과 단정함으로 고요하고 평안한 공적 생활을 영위하기 위해서다(딤전 2:2; 벧전 2:17).

---

53 D. L. Bock, *Luke 1:1-9:50*, BECNT (Grand Rapids: Baker, 1994), 737.
54 사도행전의 깊고 방대한 주석인 C. S. Keener, *Acts: An Exegetical Commentary*, Volume 1 (Grand Rapids: Baker, 2012), 1038도 이런 문법 사항을 간파하지 못한다.
55 Speckman, "Destroying the City, Burning the Fields," 12-13.

그리스도인이 성령의 은사와 능력을 받아 활용하면 공동선을 이루어 갈 수 있다(고전 12:7). 예를 들어, 오래 참음과 선은 성령의 열매인데(갈 5:22), 그리스도인이 참는 가운데 선을 행하면서 명예를 추구한다면 신적 후견인이신 하나님으로부터 예수님 안에 나타난 은혜인 영생을 보상으로 받는다(롬 2:7; 5:21). 바울은 명사 '선'(ἀγαθωσύνη)으로써 그리스도인이 악으로 병든 사회에서 도덕적 아름다움과 품위를 불어넣을 것을 강조한다(롬 15:14; 갈 5:22; 엡 5:6; 살후 1:11).[56]

로마제국은 '명예의 제국'이라 불렸고, 키케로는 큰 명예를 가진 소수가 도시 로마의 도덕을 교정하거나 부패시킬 수 있다고 보았다(De Legibus 3.32).[57] 바울과 키케로의 공동 분모는 명예와 윤리적 선이지만, 후자에게 영생은 나타나지 않는다. 따라서, 기독교의 명예와 윤리와 공공/공동선은 로마제국의 그것을 능가함을 알 수 있다.

하나님께서 자신의 사역자로 세우신 권세가들은 공공의 선을 세워야 한다는 로마서 13장 1-7절은 문맥상 8-14절과 연결하여 이해해야 한다.[58] 그리스도인은 세상의 국민과 시민으로서 조세의 의무를 수행함은 물론(롬 13:6-7), 이웃을 사랑하여 간음, 살인, 도둑질, 탐심을 물리치고 공동선을 촉진해야 한다(롬 13:8-10). 나아가 그리스도인이 로마제국에서 흔히 발견된 어둠의 일들인 방탕과 음란과 술취함과 호색과 다툼과 시기에 빠지지 않고 공동선을 세우려면, 주 예수 그리스도의 옷, 즉 빛의 갑옷을 항상 입어야 한다(롬 13:12-14; 참고. 갈 3:27; 골 3:8).

이렇게 예수님이라는 공적 유니폼을 착용하고 사는 그리스도인의 독특한 생활에서 공공/공동선을 세워 선교하는 공공선교적 교회의 참 면모가 나온다. 로마서 13장의 이전 문맥도 이런 교훈을 지지한다. 그리스도인은 박해하는 불신자를 축복하고, 우는 자들과 함께 울고, '모든 사람'에게 '선한 일'을 도모하며, 주린 원수를 먹임으로써 선으로 악을 이겨야 한다(롬 12:14-21).

로마서 12-13장의 선을 요약하면, 로마서 13장 3절의 '선한 일'과 '선', 4절의 '선'은 예수님을 믿어 구원을 얻는 것이라기보다 시민적 선이나 공익을

---

56   T. R. Schreiner, *Galatians*, ZECNT (Grand Rapids: Zondervan, 2010), 350.
57   참고. R. Jewett, *Romans*, Hermeneia (Minneapolis: Fortress, 2007), 204-206.
58   J. W. Marshall, "Hybridity and Reading Romans 13," *JSNT* 31/2 (2008), 171-72.

가리키는데, 세상 나라의 국민인 성도를 향한 하나님의 선한 뜻(롬 12:2)은 사랑이라는 추진력을 통해(롬 12:9) 모든 사람에게 선한 일을 도모하는 것이다(롬 12:17).[59] 즉, 성도는 모든 사람을 향해 선행을 통해 국가 권세자가 추구하는 선한 일에 협력해야 한다.

바울의 권면은 미쉬나 Abot 3:2의 "통치자의 샬롬을 위해 기도하라. 통치자를 두려워하지 않는다면 사람들은 서로 잡아 먹게 될 것이다"와 일맥상통하며, 하나님께서 세상 권세자를 세워 평화를 주신다는 구약성경의 가르침과도 일치한다(참고. 잠 21:1; 렘 25:9; 27:1-15; 단 2:21).[60] 한 예로, A.D. 66년에 유대-로마 전쟁이 발발하기 전까지 예루살렘 성전에서 하루 두 번씩 로마 황제와 로마인들을 위한 기도가 드려졌다. 그리스도인은 권세가를 향해 거리를 두면서 비평할 뿐 아니라, 인내하고 존경해야 한다.[61]

그리스도인은 범사에 신중하게 판단하여 선한 것(τὸ καλὸν)을 항상 고수하고 따라야 하며, 신자는 물론 불신자들에 대해 정직하고 품위 있게 행하면서 공적 시혜자로서 공공선을 추구해야 한다(살전 4:12; 5:14-15). 바울과 베드로는 그리스도인이 불신자를 대할 때 긍정적 이미지를 심어주어 공적 평판을 얻음으로써, 교회를 향한 적대감은 경감시키고 복음 전파를 달성할 것을 강조했다(고전 10:32-33; 골 4:5; 살전 4:5; 딤전 3:7; 딛 3:1-2; 벧전 2:12).[62]

바벨론제국의 도시에서조차 공공/공동선을 세우라는 예레미야 29장 7절의 권면은 유비를 통해 신약 교회에 적용할 수 있다. 이 세상에서 그리스도인은 거류민과 나그네(벧전 2:11-12; 히 11:13)로 살되 이 세상을 벗어나려고 애써서는 안 되고(요 17:14-16), 불신자에게 저주를 받을 때도 그들을 축복해야 하며(롬 12:14; 고전 4:12), 세상이 줄 수 없는 하나님의 선물인 평화를 공공/공동선

---

59 D. H. Bertschmann, "The Good, the Bad and the State: Rom 13.1-7 and the Dynamics of Love," *NTS* 60/2 (2014), 235-44.

60 J. B. Prothro, "Distance, Tolerance, and Honor: Six Theses on Romans 13:1-7," *Concordia Journal* 42/4 (2016), 297-98.

61 Prothro, "Distance, Tolerance, and Honor: Six Theses on Romans 13:1-7," 300-301.

62 살전 5:21의 '범사'(πάντα)와 '그 좋은 것'(τὸ καλὸν)은 문맥상 성령의 은사 가운데 예언과 관련된 것으로 보인다. J. A. D. Weima, *1-2 Thessalonians*, BECNT (Grand Rapids: Baker, 2014), 299-300, 408.

으로 추구해야 한다(요 14:27; 히 12:14).[63]

그리스도인 종이 섬기는 불신자 주인 가운데 선한(ἀγαθός) 사람이 있었다(벧전 2:18). 하지만, 불신 주인 중에서 선하지 않고 사악한 자들도 있으므로, 그리스도인 종이 범사에 순종하려면 성령의 도움을 간구해야 한다(벧전 2:17-18; 4:14, 16, 19).[64] 불신 통치자를 위해 기도하면 평안한 생활을 할 수 있는데, 이것은 하나님 앞에 선하고 받으실 만하다(딤전 2:2-3; 참고. 렘 29:7). 하나님의 사역자인 불신 통치자도 자기 백성이 행하는 선한 일을 칭찬하고 선을 베푼다(롬 13:3-4). 선하신 하나님께서 세우신 (불신) 통치자는 시혜자(εὐεργέτης)로서 공동선을 촉진해야 한다(참고. 눅 22:25).

관용의 사람인 그리스도인은 선한 양심과 선한 행실로써 자신을 비방하는 불신자들을 부끄럽게 만들 수 있어야 한다(롬 12:17-21; 빌 4:5; 벧전 2:15; 3:16). 잠언 22장 9절의 '선한 눈'(טוֹב-עַיִן)은 빈자를 구제하는 복된 사람의 특성이지만, 잠언 23장 6절과 28장 22절의 '악한 눈'(רַע עַיִן)은 맘몬 숭배자의 특성인데 빈자를 무시하고 다툼을 일으키며 하나님의 저주를 받는다(잠 28:25, 27).

구제는 모든 사람이 인정하는 선행이다(고후 8:21). 그리스도인이 불신자를 사랑으로 구제함으로써, 믿음의 공동체의 명예를 함양해 갈 때 불신 사회의 반응에 일희일비하지 말아야 한다(마 5:46; 살전 3:12; 5:15).[65]

신로마공화주의에서 자유란 법치와 덕성이 조화를 이루어 개인선과 공동선이 모두 실현되는 것이다.[66] 따라서, 자유는 법과 덕과 선의 조화다. 베드로후서는 그리스도인의 자유와 덕과 선이 개인선과 공동선을 어떻게 실현하는가를 보여준다. 베드로후서 1장 5절의 '덕'은 하나님의 성품이자 그리스도인이 닮아야 할 성품인데, 남을 배려하여 공동선을 이루는 것이다(참고. 벧전 2:9;

63　G. Hall, "Jeremiah 29: A Theological Foundation for Urban Mission?-A Case Study in Old Testament Hermeneutics," *Stone-Campbell Journal* 20 (2017), 61.
64　형용사 σκολιός는 도덕적으로 '구부러진'(crooked)이지만, LXX와 신약성경의 일반적 용례는 '사악한'(wicked)이다(행 2:40; 빌 2:15). M. Dubis, *1 Peter: A Handbook on the Greek Text* (Waco: Baylor University Press, 2010), 72.
65　DeSilva, 『문화의 키워드로 신약성경 읽기: 명예, 후원, 친족, 정결 개념 연구』, 101.
66　박성근, "신로마 공화주의에서 공동선 개념의 의미: 「윤리와 사상」 '개인선과 공동선의 조화' 학습 내용과 관련하여," 『도덕교육연구』 33/1 (2021), 153.

4:9-10의 서로 대접하고 봉사함; 벧전 2:15; 3:11, 13, 16, 17; 4:19의 선행).[67] 그리고 베드로후서 2장 7절의 '무법'과 8절과 16절의 '불법'은 소돔과 고모라 및 거짓 선지자 발람의 불경건한 죄들인 성적 타락과 불의한 삯을 염두에 둔다. 2장 19절의 쾌락을 일삼은 거짓 교사들의 선전 구호인 '자유'는 멸망과 타락으로 귀결된다(참고. 벧후 2:14, 18의 음심과 음란). 마지막으로 베드로후서 3장 11, 14절의 거룩한 행실과 경건, 점과 흠이 없음은 개인선과 공동선과 관련된다. 베드로는 일반은총이 제시한 자유와 법과 덕과 선을 무시하지 않으면서, 그리스도인의 독특한 생활을 제시한다.

그리스도인은 남의 유익을 배려함으로써 개인 및 공동체적 덕성을 훈련해야 하고, 성적 타락과 불의한 대가를 바란다면 무법과 불법에 빠질 수밖에 없음을 기억해야 하고, 자유와 방종을 구분하며, 거룩하고 경건한 삶을 통해 선을 추구해야 한다. 이런 생활은 성적 타락과 자기 자랑과 뇌물이 만연했던 로마제국과 전혀 다른, 차별화된 대안 사회의 매력적인 모습이다.

어린양의 신부공동체는 예수 그리스도 안에서 눈물이 닦아지고 사망과 애통과 곡함과 아픔과 주림과 목마름이 해결되는 경험을 했기에, 이웃에게 이런 일을 할 수 있어야 한다(계 7:16-17; 21:4; 참고. 사 65:18). 그리스도인은 사회의 공공/공동선을 탁월하게 촉진하는 좋은 시민이어야 한다. 바울과 요한에 따르면, 특별은총을 받은 사람이라면 일반은총에 실패할 수 없는 법이며, 그리스도인은 만물을 섬기는 종이다(루터).

그리스도인은 세상의 갱신을 위해 부름을 받은 공적 존재로, 의가 거하는 새 하늘과 새 땅을 소망한다(벧후 3:13; 계 21:1; 참고. 사 65:17; 66:22).[68] 죄와 비참에 빠진 세상의 갱신은 그리스도인이 두려움, 불신, 흉악, 살인, 음행, 거짓말, 가증함을 멀리하는 다소 소극적인 생활을 통해서 나타난다(계 21:8, 27). 더 나아가 그리스도를 닮아 그분을 옷 입고 일상을 살아내는 적극적 생활도 필요하다(롬 13:14; 고후 4:10; 갈 3:27; 골 3:10). 그리스도인이 새 피조물로서 살 수 있는 궁극적인 근거는 예수님께서 세상을 갱신하시기 때문이다(마 1:1; 고후 5:17;

67　D. J. Harrington, *Jude and 2 Peter*, Sacra Pagina (Collegeville: The Liturgical Press, 2008), 250.

68　해방신학적 평화와 정의 찬송가는 J. Aldredge-Clanton and L. Schultz, *Inclusive Hymns for Liberation, Peace, and Justice* (Austin: Eakin, 2011)를 보라

계 11:15; 21:5). 십자가를 지신 그리스도를 닮아 선한 일을 위해 희생하는 삶에 세상 갱신을 위한 능력이 나타난다(막 8:34; 10:45; 고전 2:2; 4:12-13; 고후 12:9; 엡 2:10; 계 1:18; 5:6; 14:4).[69]

그리스도인은 하나님 나라의 제사장공동체다(계 1:6; 5:10). 새 하늘과 새 땅은 기독교를 박해한 네로와 같은 황제가 아니라 보좌 위의 하나님과 어린양을 경배하여, 세상을 하나님 나라로 변혁함으로써 미리 경험할 수 있다(계 11:15).[70] 그리고 그리스도인은 하나님 나라의 선지자로서 많은 백성과 임금을 쳐서 예언해야 하는데, 부를 독점하고 노예 제도를 통해 인간을 상품화하여 공공/공동선을 저해하는 범죄를 비판하고 거부해야 한다(계 10:11; 18:12-13). 바로 여기에서 황제가 다스리는 세상 나라와 하나님 나라 사이에 공적 긴장이 발생한다.

새 창조의 은혜는 성도 안에 이미 역사하고 있다(계 3:12).[71] 그리스도인은 보좌 위에 계신 하나님의 통치를 만국에 실현하시는 성령의 생수를 마심으로써 음녀 바벨론과 로마제국에 물들어 죽어가는 만국을 치료하는 새 창조의 역군으로 살아야 한다(계 14:8; 22:2). 치료는 먼저 의사와 환자가 만나서 상처를 진료하여 처치하고 치유하는 일련의 과정을 거친다. 그리스도인은 만국, 즉 족속, 방언, 백성, 나라의 상처를 보듬어 치유받도록 하여 하나님을 경배하는 공동체 안으로 들어오도록 인도해야 한다(계 5:9-10; 7:9; 15:4; 21:24).[72]

로마제국의 도시 성문은 밤마다 닫혀서 일용직 노동자 같은 비엘리트 계층의 출입을 막았지만, 새 예루살렘의 열두 성문은 항시 만국을 위해 개방되어 있다(계 21:24-25).[73]

---

69 M. S. Stephens, "Cruciformity and the Public Intellectual: Christian Weakness for the Common Good," *Christian Scholar's Review* 49/4 (2020), 330-39.

70 DeSilva, 『문화의 키워드로 신약성경 읽기: 명예, 후원, 친족, 정결 개념 연구』, 60.

71 K. L. Gentry Jr., *The Divorce of Israel: A Redemptive-Historical Interpretation of Revelation*, Volume 2 (Dallas: Tolle Lege, 2017), 727.

72 D. Flemming, *Foretaste of the Future: Reading Revelation in Light of God's Mission* (Downers Grove: IVP, 2022), 191.

73 새 예루살렘 시민은 생수의 강물을 마시고 생명을 얻지만(계 22:1-5), A.D. 1세기 로마제국을 떠받든 '정치적 경제' 체제 아래에서 팔레스타인 유대인들은 소득의 35-40퍼센트를 세금으로 바쳤다. B. J. Malina and J. J. Pilch, *Social-Science Commentary on the Book of Revelation* (Minneapolis: Fortress, 2000), 222-23.

선교적 백성은 겸손히 다음과 같이 말할 수 있어야 한다.

> 만약 당신이 하나님께서 치유하시고 회복하는 현존을 분명히 보기 원한다면, 만왕의 왕이신 어린양의 백성인 우리 공동체를 보라.[74]

신약성경이 가르치는 공공/공동선은 구약 및 유대교 그리고 그레코-로마 세계와 어떤 면에서 차별되는가?

신약의 공공/공동선은 구약이 가르치는 사랑과 정의와 긍휼이 어우러진 통전적 선과 유사하지만, 신약은 더 분명하게 성령과 예수 그리스도의 복음이 공적 존재인 그리스도인의 선교와 삶으로 구현되어야 한다는 공공/공동선을 강조한다. 교회와 만유의 머리이신 예수님의 복음이 온 세상에 전해져야 진정한 공공/공동선이 실현된다(엡 1:10; 골 1:17-19).

그리스도인이 그리스도의 몸의 일원으로서 은사를 활용하여 공동체의 덕을 세울 수 있다면(롬 12:7-9), 사회적 몸의 일원 역할을 잘 감당할 것이다.

3) 요약

선교를 지향하는 그리스도인의 공공/공동선은 선하신 아버지 하나님께서 보내신 십자가를 지신 예수 그리스도와 성부께서 주신 좋은 은사이신 성령님에 정초한다.

그리스도인은 세상 갱신을 위해 선한 양심과 행실에 힘써야 한다. 그러나 그리스도인은 하나님 나라를 거스르는 황제의 나라를 비판하고, 치유하며 변혁해야 한다.

로마제국의 공공/공동선이 신과 황제를 숭배함으로써 평화와 번영과 행복을 공동체 안에서 개인이 누리는 것이라면, 신약의 경우 삼위 하나님을 중심으로 선교적 교회가 선행으로써 모든 영역을 아우르는 세상을 갱신하는 데 방점이 있다.

---

[74] Flemming, *Foretaste of the Future*, 192.

나오면서

신약성경의 선과 세속의 선은 어느 정도 차이가 나며 충돌하는가?

이런 차이와 충돌은 위에서 살핀대로 그레코-로마 세계와 구약과 유대교의 공공/공동선과의 비교에서 알 수 있다.

그렇다면 그리스도인은 신하신 하나님을 어떻게 세상에 드러내며 공공/공동선을 세울 수 있는가?

신약성경은 일관되게 하나님의 특별한 은혜를 받은 그리스도인은 선한 양심과 선한 행실로 세속의 선을 뛰어넘어야 한다고 가르친다. 선하신 하나님으로부터 특별은총을 받은 사람은 공공/공동선을 위해 일반은총을 구속(救贖)해야 한다.

교회는 교회 자체만을 위해 존재하지 않고 하나님께서 일하시는 세상을 위해 존재하므로, 그리스도인의 선교적 리더십은 신뢰에 기반한 파트너십 관계를 사회와 형성할 때 가능하다.[75] 신학이 공적 대화에 참여하여 공공/공동선을 추구하지 않는다면, 교회를 위한 신학은 될 수 있지만, 하나님의 소유인 세상을 섬기고 공적 복음으로 변혁하는 신학에는 못 미친다(창 9:11; 시 24:1). 공적 신학이 사회 이슈에 관하여 하나님 나라의 가치를 제시한다면, 그런 이슈를 올바른 방향으로 재형성하고 재정위할 수 있다.[76]

이때 어떤 종말론을 견지하는가가 중요하다. 현세 비관적이고 내세 지향적인 종말론이라면 공공/공동선을 위한 동력을 얻기 어렵다. 교회는 하나님께서 도래시키신 종말에 참여하면서 세상 변혁적인 하나님 나라 신학을 정립하고 강화해야 한다.[77] 그리고 구약과 신약의 윤리를 공공/공동선 확립이라는 관점에서 연구해야 한다. 지 교회에 떠도는(floating) 교인이 늘어나고 개인주의 성향이 강해지기에 공공/공동선에 대한 교육이 강화될 필요가 있다.

구성원 개인의 선(bene particulare)이 희생되지 않으면서도 공공/공동선을 추구할 수 있는가?

---

[75] N. Niemandt, *Missional Leadership* (Cape Town: AOSIS, 2019), 137-38, 152.

[76] B. Kasera, "Social Justice and the Search for the Common Good in Southern Africa: A Public Theological Perspective," *Stellenbosch Theological Journal* 8/1 (2022), 6-7, 17-18.

[77] Niemandt, *Missional Leadership*, 160.

공(公, publicus)은 'pubes'(성숙함)의 영향을 받아 'populus'가 변한 단어이므로, 성숙한 공동체는 법에 동의하고 공동(公同)의 이익을 인정한다.[78] 공동체가 위기에 처한 경우는 공동체의 존립과 이익을 우선하는 공공선이 중요하고, 공동체가 안정된 경우는 구성원의 이익이라는 공동선이 더 중요하다.[79] 미숙한 구성원이 사적 이익만 추구한다면 그런 개별선은 공공선과 공동선에 해악일 뿐이다. 이 원칙을 신앙공동체에 적용해 보자. 하나님 나라의 중핵(中核)과 같은 교회의 구성원은 하나님 나라의 법인 공의와 사랑을 따라 행해야 하며, 천국 백성의 이익을 존중해야 한다(시 89:14).[80]

초대 교회 당시처럼 교회가 제국의 박해를 받는 경우, 개체 지역 교회의 결속은 물론 공교회의 결속이 중요했다. 어느 시대든지 교회의 경우, 선하신 하나님께서 다스리시는 나라와 그 나라의 복음은 개인 안에 체득되어야 할 뿐 아니라, 공적 특성을 가지고 있음을 인식해야 한다. 그리고 그리스도의 몸을 구성하는 지체들이 각각 받은 은사를 활용하여 공동체의 선을 이루는 것이 중요하다(고전 12:7, 12). 지 교회 안의 공공/공동선의 구현은 사회 안에서 그리스도인이 자신의 선을 성취하면서 동시에 자신이 속한 공동체의 선을 이루는 데 통찰력을 제공할 수 있다. 그리스도인은 성령님과 더불어 세상에 파송된 예수 그리스도의 대사라는 공적 신분을 가지고 있기 때문이다(요 20:21; 계 5:6).[81]

---

78 참고. 김경희, "국가와 공공선/공동선: 절대선과 개별선 사이의 마키아벨리," 40.
79 참고. 김경희, "국가와 공공선/공동선: 절대선과 개별선 사이의 마키아벨리," 38.
80 Brueggemann, 『하나님, 이웃, 제국: 하나님의 신실하심과 공동선 창조』, 40.
81 위의 원칙을 신앙과 학문이 통합된 공동체인 기독교 대학에 적용할 수 있다. 세상의 소금과 빛을 양성하는 기독교 대학이라면, 무엇보다 선교적 교수, 선교적 학생, 선교적 직원이 만유의 주이신 예수 그리스도의 탁월함을 드러내기 위해서 자신의 소명과 사명을 분명하게 해야 한다. 기독교학문연구회와 같은 단체가 추구하는 선교적 교수(missional professor)란 자신의 일과 삶을 성과 속으로 이분화하지 않고 하나님의 선교로 의식하며 수행하는 사람이다. 캠퍼스에 파송된 선교적 교수는 자신이 얼마나 탁월한 학자인지를 증명하기보다 자신을 파송하신 그리스도께서 얼마나 위대하시고 선하신가를 보여주어야 한다. P. M. Gould et als (ed), 『선교적 교수, 터무니없는 생각인가?』(*The Outrageous Idea of the Missional Professor*), 홍병룡 역 (서울: SFC출판부, 2023), 26, 29, 91. 세속 대학에 속한 기독교 교직원에게도 이 원칙이 적용되어야 하는데, 신앙과 지식을 통합하고, 캠퍼스에 파송된 선교사로서 영혼과 지식을 구원해야 한다. 기독교계와 정치권 등에 혐오를 부추기고 적을 만들면서 자신의 무능과 악을 감추면서 사익을 추구하는 지도자들이 많다. 교회와 교단 안에도 계파 간의 경쟁과 갈등은 사람들을 줄 세운다. 교회가 연대와 상생과 상호 존중이라는 공공/공동선을 먼저 실천해야 한다.

제9장

갈라디아서의 명령형과 선교적 교회의 윤리

들어가면서

이방인의 사도, 바울의 선교 활동은 사도행전 중반 이후에 의사 누가의 관점으로 설명되기에, 바울의 선교신학을 파악하는 데 있어 사도행전이 중요하기는 하지만 2차 자료와 같다.[1]

바울은 자신의 선교 상황에서 타인이 아니라 자신의 관점에서 편지, 곧 선교 문서를 기록했다. 매우 논리적이고 변증적 편지로 인식되고 있는 갈라디아서에 선교와 윤리에 관한 메시지가 적지 않다(갈 1:8-9, 15-16, 23; 2:7-9; 3:8; 5:11). 갈라디아 교회는 복음이 이방인 지역으로 확장되던 무렵 선교사 바울에 의해 설립되었다(행 13-14). 갈라디아서 1장 1절의 명사 '사도'(ἀπόστολος)는 보냄을 받은 사람, 즉 전권대사로서 선교사를 가리키며, 갈라디아서 1-2장에서 '삼 년 후에'(1:18), '십사 년 후에'(2:1), "게바가 이르렀을 때"(2:11)는 바울의 선교 사역에서 새로운 장면으로 넘어가는 표현이다.[2]

바울의 선교 사역은 그리스도 예수님 안에서 아브라함의 언약이 성취되어 이방인이 복을 누리도록 만든 것이다(갈 3:8-9, 14). 그러나 외부에서 몰래 들어온 율법주의자들의 선교는 누룩처럼 퍼져 갈라디아 교회를 어지럽혔다(갈 5:9, 12). 따라서, "바울의 선교적 사유와 실천은 그리스도인 개인과 공동체의 복음에 기초한 윤리 인식(ethics)과 그것이 형성하는 삶의 방식(ethos)에 대한 문제와 깊은 관련성을 가지는 것을 의미한다."[3]

---

1   강보영, "하나님의 선교(Missio Dei)와 바울: '바울의 선교'에서 '선교의 바울'로의 관점 전환을 모색하며," 『선교신학』 42 (2016), 14.
2   F. W. Weidmann, *Galatians* (Louisville: WJK, 2012), 4.
3   강보영, "하나님의 선교(Missio Dei)와 바울," 19.

갈라디아 교회는 예루살렘 교회와 모종의 연결고리를 견지한 것으로 추정되는 유대-그리스도인 율법주의자들의 미혹과 도전에 직면했으며, 심지어 예수 그리스도와 은혜에서 떨어져 나갈 위기에 처했다(갈 2:12; 4:10; 5:2, 4).⁴ '거짓 형제'(ψευδάδελφος)라 불리는 자들은 율법을 행하지 않으면서도 율법의 대명사인 할례를 받게 하는 자기모순에 빠져 있었는데(갈 2:4; 6:13), 갈라디아 교회 안으로 '몰래 들어와서'(παρείσακτος), '첩자처럼 엿보면서'(κατασκοπέω) 다른 복음을 전했다(갈 1:6-7; 2:4; 4:3, 8; 참고. 고후 4:4; 11:4, 13, 15; 엡 2:2; 딤후 2:26).⁵

갈라디아서를 이해할 때, 바울의 비난의 수사학을 참고하면서 사탄의 미혹이라는 영적 측면을 간과할 수 없다(참고. 요 8:44). 갈라디아 교회가 기독교의 기본적인 복음과 교리에서 이탈한다면, 필연적으로 윤리에 있어서도 부패하여 불명예 상태에 빠질 수밖에 없었다. 이런 상황에서 참 사도인 바울은 악한 세대와 구약 율법이 주인 노릇하던 시대가 성부께서 파송하신 예수님의 성육신과 죽으심과 부활로써 종결되었을 종말론적이고 묵시적 방식으로 선언하면서 이 서신을 시작한다(갈 1:1, 4; 3:22; 4:4-6).⁶ 인사말에서 반복되는 1인칭 대명사 '우리'는 바울과 갈라디아 교회가 구원의 은혜를 주신 성부와 성자와 연합되어 있다는 공동체적 신분을 강조한다(갈 1:3-4). 그후 바울은 갈라디아서 1-2장에서 과거를 회상하면서 자전적 진술을 자세히 소개하고, 갈라디아서 3장부터 예수님과 연합된 교회의 새로운 정체성에 걸맞게 살라고 명령한다.⁷

하나님께서 친히 종말론적 새 시대를 개시하셨기에, 바울과 갈라디아 교회는 새 시대에 어울리는 생활과 복음 증언으로써 선교에 참여해야 했다.⁸ 갈라

---

4 B. Witherington III, *Grace in Galatia: A Commentary on Paul's Letter to the Galatians* (Grand Rapids: Eerdmans, 1998), 25; J. D. G. Dunn, *The Epistle to the Galatians* (Grand Rapids: Baker, 1993), 9, 347; T. R. Schreiner, *Galatians*, ZECNT (Grand Rapids: Zondervan, 2010), 46.

5 C. Breytenbach & D. S. du Toit (ed), *Focusing on Paul: Persuasion and Theological Design in Romans and Galatians* (Berlin: De Gruyter, 2007), 51; W. Brooks, "Pauline Spiritual Warfare: How a Warfare Mentality shaped Paul's Approach to Missions," *Great Commission Research Journal* 3/1 (2011), 100, 107; C. E. Lawless, "Spiritual Warfare and Missions," *SBJT* 9/4 (2005), 34-35.

6 M. C. de Boer, *Galatians* (Louisville: WJK, 2011), 261; G. M. H. Loubser, "Paul's Ethic of Freedom: No Flash in the Galatian Pan," *Neotestamentica* 39/2 (2005), 317-19.

7 한천설, "갈라디아서에 나타난 선교적 관점: 사회학적 접근," 『성경과 신학』 73 (2015), 146-47. 이 논문에서 한천설은 갈라디아서의 선교적 해석을 집중적으로 탐구하지 않았다.

8 G. F. Hawthorne and R. P. Martin (ed), *Dictionary of Paul and His Letters* (Leicester: IVP,

디아 교회 외부에서 다른 복음을 전한 율법주의자들이 들어왔기에, 바울의 권면은 교회 내적인 논쟁에 국한되지 않고, 교회 외적인 태도와 사명과도 직결된다.[9]

전통적으로 갈라디아서는 전반부에 나타난 구원과 교회에 대한 직설법과 그것을 후반부에 이어받은 윤리에 대한 명령법이라는 구조를 따라 연구되어 왔다.[10] 그런데 화행론에서 본다면, 성도의 윤리는 명령법 동사에만 국한되지 않고, 직설법 동사에도 나타날 수 있다.[11]

다시 말해, 진술된 내용이라는 '발화 행위', 발화 행위로 어떤 행위(경고, 위협, 비난, 약속 등)가 수행되는가를 다루는 '발화 수반 행위' 그리고 독자/청자의 반응이라는 '발화 효과 행위'에 근거한다면, 직설법 동사(발화 행위)로도 명령의 의미(발화 수반 행위)를 전달하여 독자/청자에게 명령에 순종할 것을 기대할 수 있다(발화 효과 행위).[12]

직설법과 명령법을 지나치게 이분법적으로 구분하는 것은 바람직하지 않기에 이 둘은 서로 통합되며, 직설법은 명령법을 위한 변혁적 기초다.[13] 그럼에도 명령형 동사는 직설법 동사나 가정법 동사보다 저자가 말하고자 하는 더 강한 의미를 긴급하게 전달한다. 명령형 동사 가운데 2인칭은 3인칭보다 더 의미가 강하다. 갈라디아서에 명령형 동사는 21개인데, 주로 갈라디아서 후반부인 5-6장에 나타난다.[14]

본 장은 전도에 어려움을 겪고 있는 한국 교회가 복음의 정신에 부합한 윤리를 회복하기 위하여, 연구가 미진한 두 주제를 종합적으로 탐구한다. 하나는 갈라디아서의 명령형 동사에 나타난 윤리이며, 다른 하나는 갈라디아서에

1993), 618; 강보영, "하나님의 선교(Missio Dei)와 바울," 21.

9   Contra F. J. Matera, *Galatians* (Collegeville: Liturgical Press, 2007), 32.
10 참고. J. M. G. Barclay, 『진리에 대한 복종: 갈라디아서에 나타난 바울의 윤리학』(*Obeying the Truth: A Study of Paul's Ethics in Galatians*), 이성하 역 (서울: 감은사, 2020), 373.
11 선우천, "직설법과 명령법을 넘어 바울 윤리를 새롭게 보기: 갈라디아서를 중심으로," 『Canon & Culture』 6/1 (2012), 205.
12 선우천, "직설법과 명령법을 넘어 바울 윤리를 새롭게 보기: 갈라디아서를 중심으로," 197.
13 Breytenbach & Du Toit (ed), *Focusing on Paul*, 276-77.
14 https://chat.openai.com은 갈라디아서의 명령형 5개를 소개한다(2023년 4월 20일 접속). 갈 5:1, 13; 6:2와 더불어 명령형이 나타나지 않는 1:6과 5:22-23이다.

나타난 선교적 교회의 윤리다.[15] 갈라디아서의 선교적 명령이 갈라디아서의 중요 주제들과 맞물려 독자들의 올바른 실천을 권면함을 논증할 것이다.

1. 갈라디아서의 명령형 동사

여기서 바울이 인용한 구약 본문에 나타난 아오리스트 2인칭 단수 명령형 동사 4개는 연구에서 제외한다(갈 4:27의 즐거워하라[εὐφράνθητι], 소리 질러 외치라 [ῥῆξον καὶ βόησον]; 4:30의 내쫓으라[ἔκβαλε]).

1) 갈라디아서 1장 8절

헬라어	ἀλλὰ καὶ ἐὰν ἡμεῖς ἢ ἄγγελος ἐξ οὐρανοῦ εὐαγγελίζηται [ὑμῖν] παρ' ὃ εὐηγγελισάμεθα ὑμῖν, ἀνάθεμα ἔστω.[16]
개역개정	그러나 우리나 혹은 하늘로부터 온 천사라도 우리가 너희에게 전한 복음 외에 다른 복음을 전하면 저주를 받을지어다.
사역	그러나 우리나 하늘로부터의 천사라도 우리가 너희에게 복음전한 것 외에 (너희에게) 계속 복음전한다면, 저주가 계속 있어라.

문맥상, 6-7절은 다른 복음을 따른 갈라디아 교회를 책망함, 8-9절은 다른 복음을 전하는 자들에게 저주 선언 그리고 10절은 그런 저주의 이유다. 바울은 8절에서 현재 능동태 명령형 3인칭 단수 '계속 있어라'를 문미에 두어 저주를 강조한다.[17]

---

15 '선교적 윤리'는 믿음공동체의 말과 행동이 통합되는 통전적 방식을 연구하는 새로운 선교학적 주제이다. 하나님을 닮은 교회가 자신을 지켜보는 세상 안에서 정의, 자선 그리고 예배를 실행함으로써 하나님의 성품을 증언하는데 방점을 준다. M. C. Salter, "An Exegetical Definition of Missional Ethics," (Ph.D. Thesis, University of Aberdeen, 2017), 22, 327-28; 송영목, "야고보서의 명령형과 선교적 교회," 『교회와 문화』 41 (2018), 11-46.

16 각 절의 그리스어 명령형 동사와 해당 한글 번역에 밑줄을 그었다.

17 스탠리 포터와 콘스탄틴 캠벨 등은 동사의 시상(verbal aspect)에 관한 새로운 관점을 공간과 현저성을 중심으로 제시했지만, 그들의 세부 의견은 일치하지 않는다. 이런 시상에 관한 새 관점의 문제점은 송영목, 『그리스어 신약 읽기』 (서울: CLC, 2022), 272 이하를 보라.

바울은 자신이 전한 복음이 실패로 돌아갈 가능성을 충분히 감지하면서도, 그것 때문에 절망하지 않는다.[18]

2) 갈라디아서 1장 9절

헬라어	ὡς προειρήκαμεν καὶ ἄρτι πάλιν λέγω· εἴ τις ὑμᾶς εὐαγγελίζεται παρ' ὃ παρελάβετε, ἀνάθεμα ἔστω
개역개정	우리가 전에 말하였거니와 내가 지금 다시 말하노니 만일 누구든지 너희가 받은 것 외에 다른 복음을 전하면 저주를 받을지어다.
사역	우리가 전에 말해온 것처럼 나는 지금도 다시 말한다. 만일 누가 너희가 받은 것 외에 너희에게 복음전하면, 저주가 계속 있어라.

바울은 9절에서도 현재 능동태 명령형 3인칭 단수 '계속 있어라'를 문미에 두어 강조한다. 갈라디아서 전체의 문맥을 염두에 둔다면, 율법주의자들은 자신들의 메시지를 참 복음인 양 둔갑하여 바울의 복음을 변질시켰다.

안타깝게도 이런 다른 복음은 갈라디아 교회에게 즐거움과 기쁨을 주었고 (갈 1:10), 참 복음과 그 복음을 주신 하나님으로부터의 이탈이라는 심각한 문제를 초래했다.[19]

바울은 선교에 반하는 이런 행위는 '저주'받아 마땅하다고 경고한다. 강력한 경고가 필요한 이유는 율법주의자들이 전한 다른 복음은 이방인이 아브라함의 참된 후손이 되는 길을 막아버리고 참 복음의 선교에 역행하기 때문이다.[20]

18　조건절이 논리의 출발점이 되어야 하며, 명령형이 포함된 귀결절에서 의미가 성취된다. 따라서, 조건절이 미래 혹은 현재의 가정인가를 고려하여 귀결절의 명령형의 의미를 결정해야 한다. 갈 1:8은 셋째 분류 조건(third class condition)에 해당하는데(ἐὰν+가정법), 조건절에서 논의 자체를 위한 참됨을 가정한다. D. Armitage, "An Exploration of Conditional Clause Exegesis with Reference to Galatians 1,8-9," *Biblica* 88/3 (2007), 377-79; D. B. Wallace, *Greek Grammar beyond the Basics* (Grand Rapids: Zondervan, 1996), 689-90.

19　J. L. Martyn, 『갈라디아서』 (*Galatians*), 김병모 역 (서울: CLC, 2018), 186.

20　갈 1:9는 첫째 분류 조건(first class condition)에 해당하는데(εἰ+직설법), 조건절은 미래의 가능성 혹은 미래 성취의 불확실성을 가정한다. Wallace, *Greek Grammar beyond the Basics*, 689, 696.

3) 갈라디아서 3장 7절

헬라어	γινώσκετε ἄρα ὅτι οἱ ἐκ πίστεως, οὗτοι υἱοί εἰσιν Ἀβραάμ.
개역개정	그런즉 믿음으로 말미암은 자들은 아브라함의 자손인 줄 알지어다.
사역	그러므로 너희는 믿음으로 말미암은 사람들은 아브라함의 아들들인 줄 <u>계속 알라</u>.

현재 능동태 명령형 2인칭 복수 "너희는 계속 알라"(γινώσκετε)가 문두에 위치하여 강조된다.[21] 아브라함의 이신칭의(창 15:6)를 염두에 둔 채, 바울은 믿음으로 말미암은 사람은 아브라함의 자손인 줄 계속 알라고 명령한다.

갈라디아 교회는 율법 준수로써 칭의와 성령님이라는 복을 받은 것이 아님을 명심해야 한다(갈 3:2-5, 9). 갈라디아 교회가 칭의, 곧 구원의 조건으로 혈통이나 율법 준수를 내세운다면, 이방인 선교는 불가능하게 되며, 율법에서 자유했던 이방인 출신 성도를 혼동케 하고, 유대인 출신 성도와 이방인 출신 성도 간의 불화가 증폭되고 말 것이다. 바울은 거짓 사도가 가르친 율법을 통한 칭의의 완성을 반대한다.

4) 갈라디아서 4장 12절

헬라어	Γίνεσθε ὡς ἐγώ, ὅτι κἀγὼ ὡς ὑμεῖς, ἀδελφοί, δέομαι ὑμῶν. οὐδέν με ἠδικήσατε·
개역개정	형제들아 내가 너희와 같이 되었은즉 너희도 나와 같이 되기를 구하노라 너희가 내게 해롭게 하지 아니하였느니라.
사역	형제여, 내가 너희처럼 되었기에 <u>너희도 나처럼 계속 되라</u>. 내가 너희에게 요청한다. 너희는 내게 잘못을 전혀[22] 행하지 않았다.

4장 12절도 명령형 동사가 문두에서 강조된다(참고. 2클레멘트 5:5). 명령형 동사는 호격 명사(ἀδελφοί)보다 앞에 위치한다. 현재 디포넌트 명령형 2인칭

---

21 Schreiner, *Galatians*, 193. Contra γινώσκετε를 직설법 동사로 보는 R. N. Longenecker, *Galatians* (Dallas: Word Books, 1990), 114; Martyn, 『갈라디아서』, 503; D. A. deSilva, *Galatians: A Handbook on the Greek Text* (Waco: Baylor University Press, 2014), 57.

22 A. du Toit, "Galatians and the περὶ ἰδεῶν λόγου of Hermogenes: A Rhetoric of Severity in Galatians 1-4," *HTS Teologiese Studies* 70/1 (2014), 8.

복수(Γίνεσθε)는 "너희는 계속 되라"는 습관적이며 지속적인 의미다.[23]

'형제여'라는 따뜻한 호격 표현과 더불어 이 명령형은 애정 어린 친근한 분위기 속에서 서로의 우정 교환에 기반한 본받음을 정중하게 권면한다(참고. 갈 5:13과 6:1의 '형제여'와 명령형 동사).[24]

바울과 갈라디아 교회는 이전에 불신앙과 죄에 빠졌다가 이제는 믿음으로 의롭게 되었다(갈 1:13; 3:8).[25] 그리고 바울은 복음의 본질을 혼합하지 않으면서도 상황화를 시도했는데, 이방인 위주로 구성된 갈라디아 교회처럼 율법으로부터 자유했다(참고. 고전 9:21; 갈 1:13; 4:8).[26] 그렇다면 이제는 성부께서 보내신 성자를 닮을 뿐 아니라, 율법에서 자유하며 그리스도를 따라 사는 선교사 바울을 갈라디아 교회가 닮아야 할 차례이다(참고. 행 26:28-29).[27]

다시 말해, 독자들은 율법주의자들의 미혹을 물리치고 율법으로부터 자유하던 이전의 모습으로 다시 돌아와서, 선교사 바울을 닮은 '선교적 교회'의 정체성을 회복해야 한다.[28] 갈라디아 교회는 바울을 닮아야 하기에, 나쁜 모범인 율법주의자들을 닮지 말아야 한다.[29] 예수님을 닮아 그리스도로 옷 입고 사는 바울은 갈라디아 교회 속에 그리스도의 형상을 이루려고 해산의 수고를 이미 해 왔다(갈 3:27; 4:19). 그러므로 갈라디아 교회가 바울처럼 되는 일도 해산의 수고를 겪어야 한다. 이것은 예수님을 닮은 교회의 존재와 삶은 선교를 위해 필수적임을 교훈한다.[30]

---

23 DeSilva, *Galatians: A Handbook on the Greek Text*, 87.
24 Weidmann, *Galatians*, 93; De Boer, *Galatians*, 278; Martyn, 『갈라디아서』, 713-14. 갈 4:12의 '형제여'를 통해 바울이 할례를 받지 않은 이방인이 주축이 된 갈라디아 교회가 이미 하나님의 가족임을 상기한다는 설명은 Dunn, *The Epistle to the Galatians*, 232를 보라.
25 I. C. Levy (ed.), *The Bible in Medieval Tradition: The Letter to the Galatians* (Grand Rapids: Eerdmans, 2011), 109.
26 H. D. Betz, 『갈라디아서』(*Galatians*), 번역실 역 (서울: 한국신학연구소, 1987), 458; D. J. Moo, *Galatians*, BECNT (Grand Rapids: Baker, 2013), 281; Schreiner, *Galatians*, 285.
27 Matera, *Galatians*, 159.
28 K. Kok, "Mission and Ethics in Galatians," *HTS Teologiese Studies* 67/1 (2011), 9. 갈 4:12의 "내가 너희처럼 되었기에"를 바울이 갈라디아에 도착했을 때 율법에 대해 동일하게 이해했지만, 이제는 율법주의자의 영향을 받은 갈라디아 교회에게 율법이 더 중요하게 되었다는 의미로 해석한 예는 D. F. Tolmie, *Persuading the Galatians* (Tübingen: Mohr Siebeck, 2005). 157을 보라.
29 Witherington III, *Grace in Galatia*, 307.
30 강보영, "하나님의 선교(Missio Dei)와 바울," 31.

바울은 4장 12절의 명령형이라는 로고스를 효율적으로 만들기 위해, 뒤따르는 13-15절에서 독자들을 칭찬하며 파토스에 호소한다. 바울이 갈라디아에 도착했을 때 육체적으로 연약했지만, 그 교회는 바울을 그리스도처럼 대하면서 헌신했다(갈 4:14-15). 그러나 유대주의자들의 미혹을 받은 교회는 바울을 원수처럼 대한다(갈 4:16).

이런 어려움에도 불구하고, 바울에게 또다시 해산의 수고는 불가피하다. 그리스도를 닮은 성도가 세상에 현존하는 것이야말로 선교적 교회의 기본이다.

5) 갈라디아서 4장 21절

헬라어	Λέγετέ μοι, οἱ ὑπὸ νόμον θέλοντες εἶναι, τὸν νόμον οὐκ ἀκούετε.
개역개정	내게 말하라 율법 아래에 있고자 하는 자들아 율법을 듣지 못하였느냐.
사역	너희는 내게 말하라. 율법 아래에 있기 원하는 자들아, 너희는 율법을 듣지 못하는가?

바울은 명령형(Λέγετέ)을 문두에 두어 강조한다. 갈라디아 교회는 율법을 계속 듣고 있다(ἀκούετε). 바울은 문미의 긍정적 대답을 기대하는 수사적 질문을 통해, 모세의 율법과 옛 시대와 죄의 지배 안으로 들어가기 위해 결정적인 발걸음을 아직 내디디지 않은 수신자들을 율법(성경)의 참된 가르침으로 인도하려 애쓴다(참고. 갈 5:14).[31] 이런 바울의 애씀은 해산의 수고의 일부다(갈 4:19).

그러나 율법주의자에게 미혹된 갈라디아서의 이방인 출신 독자는 이전에 알지 못했던 모세의 율법 아래로 들어가서 보호받음으로써 아브라함 언약의 복을 상속하려고 시도했을 수 있다.

> 할례 규정과 같은 '율법-계명-규정'을 통해 구체화·물질화·육체화된 율법이 갈라디아인들에게 당장 안도감을 줄 것 같겠지만, 그것은 착각이다. 왜냐하면, 그들에게 '그리스도의 십자가'만이 유일한 영광이며 영예이기 때문이다(갈 6:14 참조).[32]

---

31 Schreiner, *Galatians*, 298; DeSilva, *Galatians*, 94.
32 김상우, "갈 4,21의 νόμος에 대한 해석학적 이해," 『신학전망』 217 (2022), 27. 그리고 Dunn, *The Epistle to the Galatians*, 245도 보라.

6) 갈라디아서 5:1bc절

헬라어	Τῇ ἐλευθερίᾳ ἡμᾶς Χριστὸς ἠλευθέρωσεν· στήκετε οὖν καὶ μὴ πάλιν ζυγῷ δουλείας ἐνέχεσθε.
개역개정	그리스도께서 우리를 자유롭게 하려고 자유를 주셨으니 그러므로 굳건하게 서서 다시는 종의 멍에를 메지 말라.
사역	그리스도께서 자유를 위하여 우리를 자유롭게 하셨다. 그러므로 너희는 계속 굳게 서서 다시는 종의 멍에 아래에 계속 굴복되지 말라.

바울은 3장 7절과 4장 12절처럼 5장 1b절에서도 명령형 동사를 문두에 위치하여 강조한다. 즉, "너희는 계속 굳게 서라"(στήκετε)가 둘째 문장의 문두에 위치하여 강조된다. "너희는 계속 굳게 서라"는 명령은 예수님 안에 확고하게 머무르면서 그 위치를 견고하게 유지하라는 뉘앙스인데, 여기에는 노예 상태로 돌아가지 말라는 경고가 담겨 있다.[33] "너희는 계속 굳게 서라"를 망대를 떠나지 않고 파수하는 군사의 이미지로 본다면, 갈라디아 교회는 자유의 은혜를 허물려는 율법주의 성향의 거짓 사도의 공격에 맞서도록 무장해야 한다.[34]

베츠(H. D. Betz)는 '자유'를 성령의 열매로 볼 수 있다고 주장하면서, 바울의 윤리의 주요 개념을 '자유'와 '성령'으로 본다.[35] 그러나 5장 1b절에서 그리스도께서 교회에게 자유를 주시며, 성령께서 그들이 자유를 보존하고 행사하도록 굳건히 서게 하신다고 보는 것이 자연스럽다. 5장 1c절의 둘째 명령형은 문미에서 강조되는데, 현재 수동태 명령형 2인칭 복수 동사가 사용되어, "너희는 멍에 아래에 계속 굴복되지 말라"(ἐνέχεσθε)는 의미다. 그리스도께서 갈라디아 교회를 자유의 영역 안으로 데리고 오셨으므로, 그들은 굳건하게 서서 율법의 노예처럼 멍에를 다시는 계속 메지 말아야 했다.[36]

이전 문맥에 따르면, 자유 있는 여성 사라의 후손은 언약과 성령을 따라 태어난 사람들이므로 육체를 따라서 난 여종 하갈의 후손과 다르다(갈 4:23, 29). 성령의 내주를 받은 새 언약 백성인 그리스도인은 자유의 복음 위에 굳게 서

---

33 P. G. Kirchschlaeger, "The Relation between Freedom, Love, Spirit and Flesh in Galatians 5:13," *Acta Theologica Supp.* 19 (2014), 132.

34 T. George (ed), *Reformation Commentary on Scripture: Galatians, Ephesian* (Downers Grove: IVP, 2011), 168-69.

35 Betz, 『갈라디아서』, 519.

36 Martyn, 『갈라디아서』, 762-63.

서 다시는 종의 멍에를 메지 말아야 한다. 율법의 짐을 지거나 멍에를 멘다면 예수님 안에서의 자유에 역행하는 노예 생활이 되고 만다. 유대교에서 '계명들의 멍에'는 명예로운 표현이었는데(m. Ber. 2:2), 바울은 그런 율법의 멍에를 '종의 멍에'라고 부정적으로 평가한다.[37]

그리스도인이 선교하려면 율법에 눌려 있는 자신의 모습이 아니라, 자유하는 삶의 자태를 보여주어야 한다. 그리스도인의 삶에 자유와 종의 상태 간의 종말론적 긴장은 항존하기에 영적 전투는 불가피하다.[38]

7) 갈라디아서 5장 13절

헬라어	Ὑμεῖς γὰρ ἐπ' ἐλευθερίᾳ ἐκλήθητε, ἀδελφοί· μόνον μὴ τὴν ἐλευθερίαν εἰς ἀφορμὴν τῇ σαρκί, ἀλλὰ διὰ τῆς ἀγάπης <u>δουλεύετε ἀλλήλοις</u>.
개역개정	형제들아 너희가 자유를 위하여 부르심을 입었으나 그러나 그 자유로 육체의 기회를 삼지 말고 오직 사랑으로 서로 종노릇 하라.
사역	형제여, 너희는 자유를 위해 부름을 받았기에, 오직 그 자유를 육체를 위한 기회로 만들지 말고, 오히려 그 사랑으로써 서로를 위하여 <u>계속 종노릇 하라</u>.

다수의 학자는 갈라디아서의 경우 5장 13절에서 명령법과 윤리적 교훈이 본격적으로 시작된다고 본다.[39] 5장 13절에서 본격적인 권면이 시작되더라도 3장 7절의 명령에서부터 윤리는 분명히 나타난다. 바울은 이 서신에서 가족

---

37 Longenecker, *Galatians*, 224-25.
38 T. George, *Galatians* (Nashville: B&H, 1994), 353.
39 H. N. Ridderbos, *The Epistle of Paul to the Churches of Galatia* (London: Marshall, Morgan & Scott, 1953), 197; Moo, *Galatians*, 37. 참고로 할러데이(M. A. K. Halliday)의 '기능적 언어학'을 따른다면 갈라디아서의 윤리적 권면은 5:13에서 시작된다. '관념적 의미'(ideational meaning)는 '누가 무엇을 누구에게 어떻게 했나'라는 언어 내용 자체와 관련있다. '대인 관계적 의미'(interpersonal meaning)는 대화 과정에 참여하는 등장인물 간의 상호작용에 초점을 둔 것이다. '본문 의미'(textual meaning)는 언어 구성 요소들 간의 상관성에 대한 것으로, 앞의 두 의미가 실제화될 수 있도록 만든다. 갈 5:13-6:10의 모든 내용은 '대인 관계적 의미'와 관련해 바울이나 대적자가 아닌 독자 서로를 향한 합당한 행동과 태도를 요구하고 있으며, '관념적 의미'와 관련해 구원 과정 자체가 아닌 구원의 새 영역 안에서의 삶에 집중한다. 또한, '본문 의미'에 대해서는 일련의 명령법 사용과 함께 성령과 율법의 두 영역 구조와 독자 서로를 향한 일관적 방향성을 통해 내적 통일성을 드러낸다. 참고. 이재현, "갈라디아서의 윤리적 교훈 부분은 어디에서 시작하는가?: 언어학적 고찰," 『피어선신학논단』 2/2 (2013), 34, 51에서 요약.

은유인 '형제여'를 총 9회나 사용하는데, 내부 그룹 정체성의 표지를 강화하려는 수사학적 장치다(참고. 갈 4:6).⁴⁰

13절의 현재 능동태 명령형 2인칭 복수(δουλεύετε)는 "너희는 계속 종노릇하라"는 의미다. 그리스도 사건으로 자유를 얻은 성도는 역설적이게도 성령으로써 서로 종노릇 해야 한다(갈 5:16).⁴¹ 뒤따르는 17절의 거스르고 대적한다는 군사 용어를 염두에 둔다면, 바울은 13절에서 자유가 육체(그리고 율법)를 위한 군사 작전 기지(εἰς ἀφορμὴν)가 되지 않도록 주의해야 한다고 권면하는 듯하다.⁴² 앞 문맥을 고려할 때, 갈라디아 교회가 거짓 형제를 대항하여 영적 전투를 수행해야 하는 이유는 공동체를 어지럽히기 위해 누룩처럼 번지는 그들의 악영향에 맞서 공동체의 경계선과 복음의 가치를 지켜야 했기 때문이다(갈 5:9, 12).⁴³

그리스도인이 육체의 욕망과 방종을 억제하면서 수행하는 영적 전투의 방법은 십자가에 나타난 구원의 은혜를 믿고 기억하면서 성도가 서로 종노릇하며 사랑하는 것이다(갈 5:6, 24).⁴⁴ 다시 말해, 그리스도인은 모든 율법의 성취인 바로 그 사랑으로써(갈 5:14), 자신을 중심으로 자신을 섬기려는 육체의 성향을 극복할 수 있다.

여기서 바울은 갈라디아 교회가 어렵고 긴박한 상황에서도 사랑을 실천하라고 권면하기 위해, 새로운 노예의 이미지를 활용한다.⁴⁵ 그리스도인에게 참 자유란 자신의 이기적인 의지에서 자유롭게 된 상태다(참고. 출 4:23; 레 25:42).⁴⁶ 자유롭게 된 그리스도인이 서로에게 종노릇 하는 것은 '충격 요법'이자 '효과적인 모순 어법'이다.⁴⁷ 그리스도인이 세상에서 자신의 유익을 추구

---

40 Breytenbach & Du Toit (ed), *Focusing on Paul*, 161.
41 왕인성, "갈라디아서에 나타난 바울의 공동체적 윤리적 권면(5-6장)과 우정 모티브의 관계," 『헤르메네이아 투데이』 28 (2004), 34.
42 De Boer, *Galatians*, 335; Martyn, 『갈라디아서』, 825. Contra 일반적 의미의 '기회'라고 이해하는 Tolmie, *Persuading the Galatians*, 194.
43 Breytenbach & Du Toit (ed), *Focusing on Paul*, 52-53.
44 바울서신에서 '믿음' 관련 용어는 229회 등장하며, '사랑' 관련 용어는 135회, '은혜' 관련 용어는 134회가 등장한다. Breytenbach & Du Toit (ed), *Focusing on Paul*, 79, 91.
45 Betz, 『갈라디아서』, 552.
46 Schreiner, *Galatians*, 334.
47 Dunn, *The Epistle to the Galatians*, 288; Tolmie, *Persuading the Galatians*, 194.

하면서 살지 않고, 대신 종노릇 하며 사랑을 실천한다면 선교적 교회로 발돋움하게 된다. 그리스도인은 사랑하는 자유와 섬기는 자유를 가지고 있다.[48]

8) 갈라디아서 5장 15절

헬라어	εἰ δὲ ἀλλήλους δάκνετε καὶ κατεσθίετε, βλέπετε μὴ ὑπ' ἀλλήλων ἀναλωθῆτε.
개역개정	만일 서로 물고 먹으면 피차 멸망할까 조심하라.
사역	만일 너희가 서로 물고 먹는다면, 서로에 의해서 멸망당할까 너희는 계속 조심하라.

바울은 둘째 단락의 문두에 명령형(βλέπετε)을 위치하여 강조한다. 갈라디아 교회가 서로 물어뜯고 삼켜버린다면, 율법의 강령인 이웃 사랑을 무시하게 된다(갈 5:13-14). 성령의 인도를 받지 못하는 분쟁과 분열은 육체의 일이다(갈 5:13, 18, 20). 갈라디아 교회는 서로 물어뜯고 삼켜버리는 위험한 야수처럼 되지 않도록 주의해야 한다. 야수 같은 교인은 교회의 생존을 위협할 뿐 아니라 선교를 방해한다.

9) 갈라디아서 5장 16절

헬라어	Λέγω δέ, πνεύματι περιπατεῖτε καὶ ἐπιθυμίαν σαρκὸς οὐ μὴ τελέσητε.
개역개정	내가 이르노니 너희는 성령을 따라 행하라 그리하면 육체의 욕심을 이루지 아니하리라.
사역	그러나 내가 말하노니, 너희는 성령으로써 계속 행하라. 그러면 너희는 결코 육체의 정욕을 이루지 않을 것이다.

16절의 접속사 '그러나'(δέ)는 이 구절이 15절과 반대되는 내용을 소개한다는 표시다. 현재 능동태 명령형 2인칭 복수 동사 "너희는 계속 행하라/걸어라"(περιπατεῖτε)는 그리스도인이 매일 한 걸음씩 성령론적으로 실천해야 할 윤리를 가리킨다(비교. 행 21:21).[49]

---

48 George, *Galatians*, 378.
49 Schreiner, *Galatians*, 343; Loubser, "Paul's Ethic of Freedom: No Flash in the Galatian Pan," 324-27.

다시 말해, 16절은 성령님의 인도를 받도록 좋은 습관을 들여서 일상생활을 영위하라는 공동체적 명령이다.[50] 갈라디아 교회가 개종한 이래로 성령의 새로운 실재 안에서 살아온 삶을 계속 진행하라는 명령이다(참고. 갈 3:3).[51] '성령으로써'(πνεύματι)가 '행하라' 앞에서 강조되는데, 이는 율법이 아니라 성령께서 성도가 올바로 행하도록 도우시며 방향을 제시하심을 강조한다(참고. 갈 5:18, 25).[52]

문맥상 16절의 명령은 앞의 13절의 사랑 명령과 직결된다.[53] 그리스도인이 성령 충만하여 서로 사랑한다면, 율법 아래 종노릇 하지 않기 때문이다. 이웃을 사랑한다면 하나님 나라를 유업으로 받지 못하는 죄악들, 예컨대 원수 맺는 것과 분쟁과 시기 등을 행하지 않는다(갈 5:20-21).

이전 문맥을 고려하면, 갈라디아 교회가 성령으로써 행하려면, 육체의 방종과 비난을 경계하고 서로 사랑해야 한다(갈 5:13-15).[54] 그리고 그리스도를 믿는 성도가 성령의 인도를 받아 새롭게 산다면 필연적으로 열매를 맺을 것인데, 그 삶의 열매는 선교의 씨앗이 된다(5:22-23).[55] 성령은 성도가 열매를 맺어 선교하도록 하신다.

> 갈라디아서에서 … 신자의 윤리는 더 이상 율법으로 결정되지 않으며, 그리스도 안에서 그리고 성령으로 행함으로 결정된다. 도덕은 더 이상 외적 규정으로 측정될 수 없으며, 십자가 위에서 예수님께서 보이신 사랑의 섬김으로써 묘사되는 방식을 따른다.[56]

50　Martyn, 『갈라디아서』, 837.
51　Betz, 『갈라디아서』, 559; Longenecker, *Galatians*, 245.
52　Matera, *Galatians*, 199; Moo, *Galatians*, 353.
53　De Boer, *Galatians*, 352.
54　E. Cornelius, "The Relevance of Galatians 5:16-26 in the Modern 'Spiritual Intelligence' Debate," *NGTT* 55/3-4 (2014), 599.
55　Cornelius, "The Relevance of Galatians 5:16-26 in the Modern 'Spiritual Intelligence' Debate," 605; G. M. H. Loubser, "The Ethic of the Free: A Walk according to the Spirit!-A Perspective from Galatians," *Verbum et Ecclesia* 27/2 (2006), 629.
56　Loubser, "The Ethic of the Free," 617; Schreiner, *Galatians*, 357.

육신의 정욕과 율법의 정죄라는 속박에서 풀려나 자유로운 그리스도인의 사랑 실천은 성령의 능력에 달려 있다. 그리스도인이 선교적 성령을 따라 정욕을 거부하면서 산다면 선교적 교회로 자리매김하게 된다.

10) 갈라디아서 6장 1절

헬라어	Ἀδελφοί, ἐὰν καὶ προλημφθῇ ἄνθρωπος ἔν τινι παραπτώματι, ὑμεῖς οἱ πνευματικοὶ καταρτίζετε τὸν τοιοῦτον ἐν πνεύματι πραΰτητος, σκοπῶν σεαυτὸν μὴ καὶ σὺ πειρασθῇς.
개역개정	형제들아 사람이 만일 무슨 범죄한 일이 드러나거든 신령한 너희는 온유한 심령으로 그러한 자를 바로잡고 너 자신을 살펴보아 너도 시험을 받을까 두려워하라
사역	형제여, 만약 어떤 한 사람이 범죄에 빠졌다면, 신령한 너희는 그러한 사람을 온유한 마음으로 계속 바로잡아라. 너도 시험에 들지 않도록 너 자신을 계속 성찰하라.

문두의 '형제여'는 다정다감한 가족 은유인 동시에, 무언가 중요한 진술을 한다는 신호다.[57] 그리스도인공동체 안에서 죄를 저지른 사람을 이전의 좋은 상태로 계속 바로잡아 회복하려면(καταρτίζετε) 범죄자를 조사하고 책임을 물어야 한다(참고. 스 4:12-13; 마 4:21). '바로잡아 회복하다'라는 동사는 골절이나 탈구된 뼈를 교정한다는 의학 용어다.[58]

이때 명령형의 주어인 2인칭 복수, 즉 갈라디아 공동체는 성령의 열매인 '온유'의 자세로 범죄자를 교정해야 한다(갈 5:23).[59] 그러므로 이런 회복적 정의는 그리스도인 안에 거하시는 위로와 진리의 성령님께서 일하신 결과다(참고. 갈 5:16).[60] 이처럼 바로잡는 일의 목적은 처벌이나 출회가 아니다. 만일 육체의 소욕을 따르다가 범죄한 사람을 율법으로 엄하게 정죄한다면(참고. 갈 5:19-21), 그 사람은 더욱 수치스럽게 되어 실족하고 말 것이다.

갈라디아서 4장 12절의 명령형에서 보듯, 바울은 본보기라는 온유한 방식으로 연약한 갈라디아 교회를 바로잡으려고 노력 중이다(참고. 딤후 2:24-25).[61]

---

57 Betz, 『갈라디아서』, 590.
58 George, *Galatians*, 411.
59 Matera, *Galatians*, 213.
60 Martyn, 『갈라디아서』, 929.
61 T. George (ed), *Reformation Commentary on Scripture: Galatians, Ephesian*, 147-48.

바울은 율법주의자들에게 미혹을 받은 갈라디아 교회를 온유한 마음으로 인내하고 있다.

현재 능동태 분사 남성 단수 주격(σκοπῶν)은 "너는 계속 성찰하라"는 명령의 의미다.

이 분사는 사실상 2인칭 단수 명령인데, 바로잡아 주는 일에 가장 많이 연루된 특정 개인이 바울의 감독하에 있어야 한다는 의미인가?[62]

특정 개인을 염두에 둘 수도 있지만, 자신을 성찰하면서 바로잡는 일에는 공동체 가운데 아무도 예외가 없음을 강조하는 것으로 보인다.[63]

바울은 6장 1절에서 어떤 범죄를 염두에 두고 명령하는가?

율법을 어긴 죄라기보다, 성령의 인도에서 이탈하여 육체의 소욕을 따라 옛 시대로 회귀한 죄다(참고. 갈 5:19-21).[64] 분명한 사실은 범죄에 빠진 교인을 공동체가 협력하여 바로잡되, 타산지석의 교훈을 받기 위해서 성도 개인은 꾸준히 성찰해야 한다는 점이다. 그런데 자신을 살피는 성찰은 한글개역개정에 나타난 '두려워하라'와 다르다. 교회가 범죄자를 회복적 정의와 거룩으로 돌이킨다면 세상 속에서 거룩과 정의를 구현하는 선교적 교회로 발전할 수 있다.

11) 갈라디아서 6장 2절

헬라어	Ἀλλήλων τὰ βάρη βαστάζετε καὶ οὕτως ἀναπληρώσετε τὸν νόμον τοῦ Χριστοῦ.
개역개정	너희가 짐을 서로 지라 그리하여 그리스도의 법을 성취하라.
사역	너희는 그 짐들을 계속 서로 지라. 그리하면 너희는 그리스도의 법을 성취할 것이다.

5장 13절의 이웃 사랑 명령과 5장 16절의 성령으로 행함, 뒤따르는 6장 1절의 범죄자의 회복 그리고 6장 2절의 "너희는 그 짐들을 계속 서로 지라"는 명령은 서로 조화되고 연결된다. 사랑으로 종노릇 하는 것(5:13)은 다름 아니라 범죄자를 회복하는 것, 성령으로 행하면서 '그리스도의 법'(6:2)인 사랑을 실

---

62 Barclay, 『진리에 대한 복종: 갈라디아서에 나타난 바울의 윤리학』, 274-75.
63 Weidmann, *Galatians*, 123.
64 De Boer, *Galatians*, 375.

천하는 것이기 때문이다(참고. 요 15:12). 짐을 지고 사는 죄인이나 사랑의 돌봄이 필요한 약자가 없다면 사랑도 필요 없다.[65]

> 사회 경제적 측면에서의 약자들에 대한 재정적 도움이든, 갈라디아 공동체 구성원들의 도덕적 일탈을 바로잡는 것이라는 관점이든, 분명한 것은 τὰ βάρη(그 짐들)의 기본 정신은 전적으로 사랑에 기초한 일이라는 것이다.[66]

예수님은 남의 짐을 궁극적으로 대신하여 완벽하게 지셨을 뿐 아니라, 율법을 준행하심으로 율법의 짐도 친히 지셨다(시 68:19; 갈 1:3-4).[67] 성도가 짐을 서로 지는 것은 예수님의 가르침에서 파생한다(마 5:42; 약 2:15-16). 따라서, 여기서 바울은 기독론적 윤리를 가르친다(참고. 고전 9:21). '그리스도의 법'은 기독론적 렌즈에 의해 걸러지지 않은 율법과 대조되는데, 그것은 메시아의 새로운 법으로서 성도의 윤리를 위한 기초다.[68] 그리스도의 법인 사랑은 모든 율법의 강령이자 성취다(마 22:40; 갈 1:4; 2:20; 5:14). 예수님의 사랑을 본받아서, 그 사랑을 통해 작동하는 믿음의 실천이야말로 새 언약 백성의 윤리다(갈 5:6).[69] 참고로 미래 능동태 '직설법' 2인칭 복수 동사(ἀναπληρώσετε)는 명령의 의미 "너희는 성취하라"로 번역이 가능하다(예. ESV, KJV).

갈라디아 교회처럼 새 언약 백성의 윤리를 위해 율법은 어떤 역할을 하는가?

옛 언약 시대에 율법 준수는 이스라엘이 출애굽의 구원의 은혜에 응답한 것이며, 새 언약 시대에 하나님과 이웃 사랑은 그리스도 사건에 나타난 구원의 은혜에 그리스도인이 응답하는 것이다. 따라서, 이웃 사랑은 전체 율법을 종말론적으로 성취한다.[70]

---

65 George (ed), *Reformation Commentary on Scripture: Galatians, Ephesian*, 206.
66 왕인성, "갈라디아서에 나타난 바울의 공동체적 윤리적 권면(5-6장)과 우정 모티브의 관계," 39.
67 Levy (ed.), *The Bible in Medieval Tradition*, 180; Witherington III, *Grace in Galatia*, 423.
68 R. B. Hays, "Christology and Ethics in Galatians: The Law of Christ," *Catholic Biblical Quarterly* 49/2 (1987), 274, 286.
69 Hays, "Christology and Ethics in Galatians," 289.
70 I. G. Hong, "The Law and Christian Ethics in Galatians 5-6," *Neotestamentica* 26/1 (1992),

하나님께서 독생자를 통해 주신 구원의 선물이자(갈 2:20) 성령의 열매 중 하나인 '사랑'의 윤리는 그리스도의 법을 이루는 윤리이며, 성령으로만 가능하다(갈 5:6, 14, 18, 22; 6:2).[71]

> 사랑은 율법을 대체하기보다, 율법의 의미와 요구를 능가하는 새로운 동기 부여, 이해 그리고 능력이다.[72]

사랑은 바울의 윤리의 본질이며, 자유를 정확하게 실천하는 것이다.[73] 모든 그리스도인은 동료와 이웃에게 사랑의 빚을 지고 있는데, 예수님 이외에는 누구도 이 사랑의 빚을 완전하게 갚을 수 없다(참고. 롬 13:8).[74] 이런 의미에서 사랑의 예수님은 교회의 구주이시자 모범이시다.

6장 1절의 범죄에 빠진 교인을 바로 잡고 자신을 성찰하는 행위와 2절의 '그 짐들'은 무슨 연관이 있는가?

죄의 유혹에 넘어가려는 남의 짐을 함께 지면서 회복적 정의를 추구하는 것이다.[75] 교회는 상호 교화와 사랑의 공동체다.[76] 그러나 그 짐들은 범죄의 짐에 제한되지 않고, 실생활에서 무겁게 짓누르는 곤경도 가리킨다. 6장 5절에도 자신이 져야 할 짐(φορτίον)이 언급된다. 자신이 져야 할 짐을 남에게 지움으로써 남이 죄를 지은 경우라면, 바울은 공동체 정신의 부족을 지적한다.

문맥상, '그리스도의 법'은 예수님께서 죄인을 율법의 저주와 속박에서 자유케 하시고 성도가 남의 죄 짐을 함께 짐으로써 성취된다(갈 5:1-12; 6:1-2).

그리스도의 법의 요점은 사랑인데, 그리스도인공동체가 성령 안에서 행하면 율법의 요구를 성취하게 된다(갈 5:14).[77] 반면, 모세의 율법은 범법함으

122.

71 Kirchschlaeger, "The Relation between Freedom, Love, Spirit and Flesh in Galatians 5:13," 134; Hong, "The Law and Christian Ethics in Galatians 5-6," 127.
72 Hawthorne and Martin (ed), *Dictionary of Paul and His Letters*, 271.
73 Breytenbach & Du Toit (ed), *Focusing on Paul*, 380.
74 George (ed), *Reformation Commentary on Scripture: Galatians, Ephesian*, 186.
75 Matera, *Galatians*, 241; Schreiner, *Galatians*, 358.
76 George, *Galatians*, 413.
77 Barclay, 『진리에 대한 복종: 갈라디아서에 나타난 바울의 윤리학』, 254.

로 더하여진 것으로 죄가 무엇인지 알려주며 죄인을 공동체에서 분리했다(갈 3:19).[78] 성령님께서 그리스도의 법인 사랑을 실천할 수 있는 가능성과 능력을 제공하신다면, 갈라디아 교회는 그런 실천을 위한 기회를 제공해야 했다.[79] 성령께서 성도의 마음에 하나님의 사랑을 부으시기에(롬 5:5), 성령의 역사와 사랑의 실천은 본질적으로 맞물려 있다(참고. 고전 13:1).[80] 이런 의미에서 바울은 성령론적 윤리를 제시한다.

문맥을 확장하면, 예수님의 십자가의 대속으로 죄 사함을 받은 성도는 남이 죄의 짐에서 벗어나 회복되도록 더불어 애써야 한다(갈 1:4).[81] 그리스도인이 동료 그리스도인과 이웃이 인생살이에서 겪는 무거운 짐을 더불어 진다면 선교적 교회의 면모를 드러낼 것이다.[82]

12) 갈라디아서 6장 4절

헬라어	τὸ δὲ ἔργον ἑαυτοῦ <u>δοκιμαζέτω</u> ἕκαστος, καὶ τότε εἰς ἑαυτὸν μόνον τὸ καύχημα ἕξει καὶ οὐκ εἰς τὸν ἕτερον·
개역개정	각각 자기의 일을 살피라 그리하면 자랑할 것이 자기에게는 있어도 남에게는 있지 아니하리니.
사역	그러나 각자 자신의 그 일을 계속 살피라. 그러면 자신에게만 자랑거리를 가지게 될 것이고 남에게는 가지지 않을 것이다.[83]

현재 능동태 명령형 3인칭 단수(δοκιμαζέτω)는 자신의 일, 즉 행위를 주의하여 계속 살피라는 명령이다(참고. 고전 11:28; 고후 13:5). 그러므로 4절의 명령형 "계속 살피라"는 6장 1절의 "계속 성찰하라"와 유사하다. 문맥상, 자기 검사 즉 자성의 기준은 6장 2절의 사랑이라는 그리스도의 법이다.[84]

---

78 J. de Koning, "Die Riglyn vir Christenetiek: Galasiërs 6:2 onder die Loep," *In die Skriflig* 51/1 (2017), 4.
79 Weidmann, *Galatians*, 118.
80 Breytenbach & Du Toit (ed), *Focusing on Paul*, 381.
81 De Koning, "Die Riglyn vir Christenetiek," 6-7.
82 Dunn, *The Epistle to the Galatians*, 322.
83 그리스도인은 이 시대가 아니라 죽음 이후의 생에서 자랑하면 된다. Schreiner, *Galatians*, 362.
84 Martyn, 『갈라디아서』, 935. Contra 4절을 3절과만 연결하는 Tolmie, *Persuading the Galatians*, 212.

만약 그리스도인이 자기 삶을 평가하는 기준을 6장 1절의 남의 범죄로 삼는다면, 자신에게 면죄부를 남발하고 말 것이다.[85] 바울에게 있어, 이런 비평적 성찰과 분별은 성령의 은사로 가능하다(참고. 고전 2:13; 12:10).[86]

그리고 그리스도인은 범죄에 빠진 동료(갈 6:1)를 반면교사로 받아야 하는데, 실제로는 아무것도 되지 못하고도 범죄의 영향에서 자유로운 것처럼 된 줄로 여기는 교만을 경계해야 한다(갈 6:3). 예수님은 열등한 남들과 비교하시면서 자신을 자랑하신 적이 없다. 그러므로 자기 자랑은 예수님을 닮아가는 선교적 교회에게 금물이다. 그리고 그리스도인은 분별력을 갖추어 자신의 삶이 사랑에 기반하고 있는지 성찰을 하면서 겸손히 선교에 임해야 한다.

13) 갈라디아서 6장 6절

헬라어	<u>Κοινωνείτω</u> δὲ ὁ κατηχούμενος τὸν λόγον τῷ κατηχοῦντι ἐν πᾶσιν ἀγαθοῖς
개역개정	가르침을 받는 자는 말씀을 가르치는 자와 모든 좋은 것을 함께 하라.
사역	그리고 가르침을 받는 사람은 그 말씀을 가르치는 사람과 모든 좋은 것을 <u>계속 함께 나누라</u>.

바울은 3장 7절, 4장 12절, 5장 1절처럼, 6장 6절에서도 명령형 동사를 문두에 위치하여 강조한다. 문두의 현재 능동태 명령형 3인칭 단수 동사(Κοινωνείτω)는 "계속 함께 나누라"는 의미다. 사역에서 볼 수 있듯이, 한글로 번역할 때, 그리스어 어순을 반영하기 어려운 점은 아쉽다.

집합 단수 명사인 그 말씀을 가르치는 사람(ὁ κατηχούμενος)은 갈라디아 교회의 목사들이나 지식과 지혜의 은사를 활용하여 교육하는 사람들로 보인다(참고. 고전 14:19). 이 사람들은 갈라디아 교회를 다른 복음으로써 어지럽힌 율법주의 교사들과 다르다. 그런데 목사의 가르침만 받는 데서 멈추거나, 그 가르침을 경시하면서 목사의 물질적 필요를 채우지 않으려는 행태가 교회에 발생했을 수 있다(참고. 롬 12:13; 빌 4:15).[87] 교회가 다른 복음을 전파한 거짓 형제로부터 미혹되면 될수록, 바른 복음을 가르치는 사람들을 재정적으로 후원하는

---

85 Ridderbos, *The Epistle of Paul to the Churches of Galatia*, 214.
86 Dunn, *The Epistle to the Galatians*, 325.
87 George, *Galatians*, 420; Tolmie, *Persuading the Galatians*, 213.

데서 멀어졌을 것이다. 결국, 참 복음 자체가 무시되면 말씀의 사역자도 간과되고 만다.[88] 하지만, 성령의 공동체가 성령의 열매인 '자비'(갈 5:22)를 실천한다면, 회중은 가르치는 사람의 필요를 채울 수 있었을 것이다(참고. 마 10:10; 행 4:42-45; 4:34-35; 롬 15:27; 고전 9:11, 14).[89]

성령은 목사와 회중의 교제를 촉진하신다(참고. 고후 13:13). 회중이 목사의 재정적 어려움의 짐을 더불어 진다면, 목사는 회중을 신앙과 복음으로 성장시키는 목양 사역에 전념할 수 있다.[90] 학생이 자기 소유를 스승과 공유하는 것은 성령의 열매(자비, 양선, 충성)를 실제로 맺는 일이다.[91] 교회 안에서 상호 존중과 교제를 할 수 있는 사람이라면, 세상 속에서도 선교할 수 있다. 다시 말해, 복음을 불신자에게 전달하기 이전에 믿음의 공동체 안에서 복음의 정신을 체화하는 것이 선행되어야 한다.

14) 갈라디아서 6장 7절

헬라어	Μὴ πλανᾶσθε, θεὸς οὐ μυκτηρίζεται· ὃ γὰρ ἐὰν σπείρῃ ἄνθρωπος, τοῦτο καὶ θερίσει·
개역개정	스스로 속이지 말라 하나님은 업신여김을 받지 아니하시나니 사람이 무엇으로 심든지 그대로 거두리라.
사역	너희는 계속 속임을 당하지 말라. 하나님은 조롱을 당하지 않으신다. 왜냐하면, 사람이 무엇이든 심으면 이것을 거둘 것이기 때문이다.

갈라디아서 3장 7절, 4장 12절, 5장 1절, 6장 6절처럼, 6장 7절의 문두에 부정어(Μὴ)와 함께 위치한 현재 수동태 명령형 2인칭 복수 동사(πλανᾶσθε)는 "너희는 계속 속임을 당하지 말라"다. 바울은 다른 서신에서 두 차례 더 "너희는 계속 속임을 당하지 말라"고 명령했는데(고전 6:9; 15:33), 그 가운데 한 구절에서 천국을 상속하지 못할 것이라는 엄중한 경고를 담고 있다(고전 6:9; 참고. 갈 5:21).[92] 바울은 갈라디아 교회를 속여 위협하던 거짓 형제를 염두에 두고 명령

---

88 George (ed), *Reformation Commentary on Scripture: Galatians, Ephesian*, 212.
89 Dunn, *The Epistle to the Galatians*, 326; Matera, *Galatians*, 215; Martyn, 『갈라디아서』, 937.
90 DeSilva, *Galatians*, 134.
91 Barclay, 『진리에 대한 복종: 갈라디아서에 나타난 바울의 윤리학』, 282-83.
92 Schreiner, *Galatians*, 368. 참고로 갈라디아서는 행위 심판을 가르치므로(6:8), 이 서신에

하는데, 그들은 영생을 빼앗아버리려고 악행을 일삼았다(참고. 갈 6:8).[93]

뒤따르는 6장 10절의 1인칭 복수 청유의 "우리는 착한 일을 합시다"라는 가정법(ἐργαζώμεθα)은 불신 이웃을 포함하여 모든 사람에게(πρὸς πάντας) 기회가 닿는 대로 선행(τὸ ἀγαθὸν)을 통해서 선교하라고 권면한다(참고. 고전 10:33).[94] 갈라디아 교회가 윤리적이고 사회적인 책임을 모든 사람, 곧 사회·국가·성·인종·지리의 경계를 초월하여 수행한다면, 하나님의 구원 역사는 더 활발해질 것이다(갈 3:28).[95] 이런 선교적 선행은 의를 얻기 위한 조건이 아니라, 그리스도인이 성령으로 행할 때 자연스러운 열매다(갈 5:16).[96]

문맥상 7절의 명령형을 바로 앞 6절의 명령형과 연결하면, 바울은 복음을 가르치는 사역자를 후원하지 않으면서도 마치 후원한 것처럼 속이는 갈라디아 교인에게 경고한다(참고. 마 15:5-6).[97] 신실한 복음의 사역자를 잃는 것은 바른 복음을 놓치는 일이다.[98] 그러므로 여기서 바울은 거짓 형제를 에둘러 비판한다. 따라서, 바울은 명령을 통해 목회-선교적 권면 안에 변증적 교훈도 담아 제시한다.

바울 당시의 '제한된 재화'라는 개념에 비추어 볼 때, 갈라디아 교회가 말씀 사역자를 후원하는 것은 자신의 재화가 줄어드는 손실인가?

아니다. 선한 일에 자신의 물질을 심는다면, 더 귀한 영생을 거두기 때문이다(갈 6:7-9). 7절의 명령형을 6절의 명령형과 10절의 청원형을 연결하면, 목사로부터 말씀을 듣고 성령을 위해서 심어 영생을 거두며, 착한 일을 통하여 선교하는 교회로 사는 것이 가르치는 목사와 모든 좋은 것을 함께하는 것이다.

서 개혁주의 전통의 이신칭의와 이행칭의의 대조를 찾는 것은 합당하지 않다고 보는 새 관점 친화적 주장은 Barclay, 『진리에 대한 복종: 갈라디아서에 나타난 바울의 윤리학』, 82를 보라.

93   Contra πλανᾶσθε를 재귀적 명령형 "너희는 스스로 속이지 말라"라고 이해하는 DeSilva, *Galatians: A Handbook on the Greek Text*, 135; De Boer, *Galatians*, 387.
94   Matera, *Galatians*, 217; Kok, "Mission and Ethics in Galatians," 9.
95   Longenecker, *Galatians*, 283.
96   Matera, *Galatians*, 223.
97   George (ed), *Reformation Commentary on Scripture: Galatians, Ephesian*, 213.
98   George (ed), *Reformation Commentary on Scripture: Galatians, Ephesian*, 214.

15) 갈라디아서 6장 11절

헬라어	Ἴδετε πηλίκοις ὑμῖν γράμμασιν ἔγραψα τῇ ἐμῇ χειρί
개역개정	내 손으로 너희에게 이렇게 큰 글자로 쓴 것을 보라.
사역	내가 내 손으로 쓴 큰 글자들을 너희는 주목하라.

바울은 문두에 명령형("Ἴδετε)을 위치하여 강조하는데, 특이하게 현재가 아니라 아오리스트 시이다. 이 동사는 감탄사가 아니라 실제 명령형 동사로서 단호함을 내포한다.[99] 바울은 거짓 사도를 염두에 두면서 갈라디아서가 자신의 편지라는 점을 편지 결론에서 강조한다(참고. 고전 16:21). 바울은 시력이 약했기에 큰 글자로 썼다기보다, 독자들이 12-18절에 나타난 서신의 결론, 곧 율법주의자를 경계하라는 교훈에 재차 주목하도록 만든다.[100]

16) 갈라디아서 6장 17절

헬라어	Τοῦ λοιποῦ κόπους μοι μηδεὶς παρεχέτω· ἐγὼ γὰρ τὰ στίγματα τοῦ Ἰησοῦ ἐν τῷ σώματί μου βαστάζω
개역개정	이 후로는 누구든지 나를 괴롭게 하지 말라 내가 내 몸에 예수의 흔적을 지니고 있노라.
사역	이제 후로는 누구도 나를 계속 괴롭게 하지 말라. 왜냐하면, 나는 내 몸 안에 예수님의 흔적들을 지니고 있기 때문이다.

첫 문장의 문미에 자리 잡은 현재 능동태 명령형 3인칭 단수(παρεχέτω)는 바로 앞의 그 누구도 아니(μηδεὶς)와 함께 사용되어, 바울을 계속 괴롭게 하지 말라는 의미다.

누가 이방인의 사도로서 부름을 받아 갈라디아 교회를 설립한 바울을 괴롭혔는가?

유대-그리스도인 율법주의자들과 그들에게 미혹된 갈라디아의 교인들이다. 괴롭힘의 원인은 바울이 예수님의 흔적들을 지닌 참 사도였기 때문이므로 역

99　DeSilva, *Galatians*, 139.
100　Schreiner, *Galatians*, 376.

설적이다. 바울은 편지의 서두인 1장 6-9절처럼 마지막 단락의 6장 17절에서도 다소 거친 표현을 의도적으로 사용한다. 바울은 그리스도의 흔적들, 즉 주님의 보호와 소유가 되어 선교 활동 중이다. 따라서, 사도적 선교에 헌신한 바울을 계속 괴롭힌다면, 그런 대적들은 그리스도의 심판과 보응을 받게 될 것이다.[101]

유대교의 할례는 옛 언약의 증표였기에, 더 이상 새 언약 시대에는 효력이 없다(갈 5:6). 예수님의 십자가 복음을 전파하다가 입었던 몸의 상처들과 흔적들이야말로 종말의 새 시대를 확산한 바울이 참 사도라는 증표다(갈 5:11; 6:15).[102] 십자가에 매달리신 그리스도를 자랑하며 증언하다가 입은 바울의 상처는 그가 그리스도의 종임을 증거한다(갈 6:14; 참고. 행 14:19-20; 고후 4:10; 6:4-6; 11:23-29).[103]

바울 당시 문화에서, 십자가에 달린 저주받은 자를 자랑하며 증언하는 것은 수치였다. 하지만, 바울은 그런 수치를 개의치 않는다. 그래서 바울은 십자가에서 저주받은 예수님의 흔적을 자기 몸에 가지고 있다고 담대히 선언한다. 바울의 몸에 있는 '전투 흔적들'(battle-scars)은 마치 승전한 군사의 목에 달린 명예로운 메달과 같다.[104] 로마 군인이 군대 표식을 몸에 새겨 자랑했다면, 그리스도의 좋은 군사인 바울은 그 당시 명예와 수치를 예수님 중심으로 재정의한다. 그리고 피후견인 바울은 구원의 후견인이신 예수 그리스도에게 충성함으로써 보답했기에, 그는 명예로운 참 사도다.

바울과 갈라디아 교회의 참된 자랑은 십자가 지신 그리스도를 자랑하는 것인데, 그것은 곧 선교다.[105] 따라서, 거짓 형제는 참 사도로서 참 자랑을 하는 바울을 더 이상 괴롭히지 말아야 했다. 이 대목에서 바울은 그리스도의 십자

101　Longenecker, *Galatians*, 300; Betz, 『갈라디아서』, 644.
102　Tolmie, *Persuading the Galatians*, 227; Martyn, 『갈라디아서』, 969. 참고. P. L. G. du Toit, "Reading Galatians 6:16 in Line with Paul's Contrast between the New Aeon in Christ and the Old Aeon before the Christ Event," *Stellenbosch Theological Journal* 2/2 (2020), 214-15.
103　Matera, *Galatians*, 226-27.
104　Levy (ed.), *The Bible in Medieval Tradition*, 183; Betz, 『갈라디아서』, 644; Breytenbach & Du Toit (ed.), *Focusing on Paul*, 167; George (ed), *Reformation Commentary on Scripture: Galatians, Ephesian*, 227.
105　De Boer, *Galatians*, 401.

가에 자신의 사도성을 호소함으로써 갈라디아 교회로 하여금 그리스도의 고난에 참여시킨다.[106] 4장 12절의 본받음의 명령에서 볼 때, 박해당하면서 선교하던 상황에서 바울처럼 갈라디아 교회도 그리스도의 흔적을 더 많이 지닐 수밖에 없다.[107]

갈라디아 교회가 할례를 받는다면, 합법 종교였던 유대교의 회당과 우호 관계를 맺을 뿐 아니라 박해를 피할 가능성이 커졌을 것이다(갈 6:12).[108] 하지만, 바울의 선교 이해는 그리스도의 십자가와 부활의 빛에서 율법과 율법의 행위와 유대교 그리고 타락한 세상에 대한 새로운 관점으로부터 시작하는데(갈 1:1), 모든 그리스도인은 고난의 주님을 따르면서 세상에 십자가와 부활의 복음을 증언해야 한다. 갈라디아 교회가 그들의 과거의 존재와 삶의 양태에 대해 죽었음을 가장 선명하게 그리고 묵시적으로 보여주는 것은 십자가다(갈 6:14; 참고. 롬 6:6).[109]

문맥상 6장 17절을 6장 6절과 연결하면, 할례주의자들은 바울을 괴롭히는 행동에서 돌이켜 말씀을 가르치는 바울과 모든 좋은 것을 함께해야 한다. 예수님의 흔적을 가지고 주님을 닮아가는 성도야말로 선교적 교회다. 선교적 교회는 '하나님의 이스라엘' 곧 새 언약 백성으로서, 하나님의 평강과 긍휼을 힘입어 새 창조라는 규례를 따라 산다(갈 6:15-16).[110] 그리고 6장 18절의 호격 '형제여'는 그리스도 안에 뿌리박은 바울과 갈라디아 교회 사이의 돈독한 관계가 상한 감정과 불일치를 극복할 것이라는 소망을 담아낸다.[111]

이런 소망의 윤리는 18절의 마지막 단어 '아멘'에서 보듯이, 다른 복음이 아니라 그리스도의 십자가 복음의 진리 때문에 가능하다.[112]

106　참고. S. Khobnya, "So that They may be won over without a Word: Reading 1 Peter through a Missional Lens," *European Journal of Theology* 29/1 (2019), 13.
107　Ridderbos, *The Epistle of Paul to the Churches of Galatia*, 228.
108　Barclay, 『진리에 대한 복종: 갈라디아서에 나타난 바울의 윤리학』, 124.
109　Barclay, 『진리에 대한 복종: 갈라디아서에 나타난 바울의 윤리학』, 190.
110　그리스도 안에서 믿음으로 아브라함의 자손이 된 사람에게 유대인과 헬라인의 차별은 사라진다(갈 3:28-29). 바울에게 갈라디아서 마지막 6:16에서 유대인 성도와 이방인 성도를 다시 구분할 의도가 있다고 보기 어렵다. C. W. Cowan, "Context Is Everything: 'The Israel of God' in Galatians 6:16," *SBJT* 14/3 (2010), 79-81.
111　Matera, *Galatians*, 233.
112　Matera, *Galatians*, 233.

17) 종합

바울은 그레코-로마의 수사학은 물론, 명예와 수치와 같은 그 당시 문화적 가치에 익숙했으며, 독자를 설득하기 위해 이런 사항들을 적절히 활용한다. 바울은 명령형 동사를 문두에 두어 강조하기를 선호한다(갈 3:7; 4:12, 21; 5:1b, 15b; 6:6, 7, 11). 바울은 가끔 명령형 동사를 문미에 두어 강조한다(갈 1:8, 9; 5:1c).

6장 11절의 아오리스트 명령형을 제외하면, 모든 명령형 동사의 시제는 현재형이다. 현재형은 반복적이며 진행적이므로 갈라디아 교회가 중생할 때 받은 은혜를 활용하여 유익한 습관을 형성할 것을 강조한다. 인칭과 관련하여, 의미가 강한 2인칭 복수형은 12회, 의미가 다소 부드러운 3인칭 단수형은 5회다(갈 1:8, 9; 6:4, 6, 17). 그리고 명령형에서 능동태가 압도적이지만, 디포넌트형(4:12)과 수동태도 나타난다(5:1c; 6:7). 부정적 명령은 2회 나타난다(갈 6:7, 17).

바울의 선교적 메시지는 선교적 성부께서 자기 아들을 세상에 보내심으로 종말의 새 시대와 구원이 도래한 것을 전제로 한다(참고. 갈 1:4; 4:4). 이를 기반으로 하여, 바울은 율법주의적 거짓 형제의 거짓 선교에 맞서면서(갈 2:4), 그리스도의 십자가와 부활 그리고 성령의 종말론적 새 창조를 선교 맥락에서 강조한다. 이런 선교적 취지를 담아내는 명령형 동사들을 요약하면 아래 도표와 같다.

구절	문법 사항	특징	의미와 선교적 취지
1:8	현재 능동태 3인칭 단수, 문미의 명령형	율법주의적 다른 복음을 반대	갈라디아 교회에게 즐거움과 기쁨을 주는 율법주의적이며 반 선교적인 다른 복음을 전하면 저주를 받음
1:9	현재 능동태 3인칭 단수, 문미의 명령형	율법주의적 다른 복음을 반대	갈라디아 교회에게 즐거움과 기쁨을 주는 율법주의적이며 반 선교적인 다른 복음을 전하면 저주를 받음
3:7	현재 능동태 2인칭 복수, 문두의 명령형	율법주의적 거짓 사도를 반대	할례가 아니라 믿음으로 아브라함의 자손이 된다고 알고 증언해야 이방인 선교가 가능함
4:12	현재 디포넌트 2인칭 복수, 문두의 명령형	호격 '형제여'와 더불어, 거짓 사도를 반대	율법에서 자유하며 예수님을 닮은 선교사 바울처럼 계속 된다면 선교가 가능함
4:21	현재 능동태 2인칭 복수, 문두의 명령형	율법의 두 가지 특성	성경의 가르침과 상반되게 율법은 독자들을 옛 시대와 죄의 종으로 만듦

5:1b	현재 능동태 2인칭 복수, 문두의 명령형	군사 이미지	자유를 주신 예수님 안에 계속 굳게 서야 자유의 복음을 전할 수 있음
5:1c	현재 수동태 2인칭 복수	유대교의 명예 개념을 반대	종의 멍에 아래에 계속 굴복되지 말아야 자유의 복음을 증언할 수 있음
5:13	현재 능동태 2인칭 복수	호격 '형제여'와 더불어, 군사 이미지	사랑으로 서로 계속 종노릇 하면 선교적 교회가 사랑으로 세상에 현존할 수 있음
5:15	현재 능동태 2인칭 복수	위험한 야수의 이미지	서로 물어뜯고 삼켜버린다면, 율법의 강령인 이웃 사랑을 무시하고 육체의 일을 따른다면 선교에 반함
5:16	현재 능동태 2인칭 복수	성령론적 윤리	성령으로 계속 행하는 것은 사랑으로 섬기는 것임
6:1	현재 능동태 2인칭 복수	호격 '형제여'와 더불어, 성령론적 윤리	공동체가 범죄자를 바로잡아 회복시켜야 거룩하게 복음을 증언할 수 있음
6:2	현재 능동태 2인칭 복수	기독론 및 성령론적 윤리	공동체는 궁극적으로 남의 짐을 지신 예수님을 본받아 사랑으로써 남의 짐들을 계속 서로 질 때 선교적 에토스와 동력을 확보할 수 있음
6:4	현재 능동태 3인칭 단수	기독론적 윤리	그리스도인은 헛된 자랑을 하지 말고 사랑으로 자신의 일을 살펴야 함
6:6	현재 능동태 3인칭 단수, 문두의 명령형	거짓 사도를 반대	배우는 성도가 바른 복음을 가르치는 사역자와 물질을 함께 나누어야 그 사역자는 선교적 교회를 위한 말씀 양육 사역에 전념할 수 있음
6:7	현재 수동태 2인칭 복수, 문두의 명령형	거짓 사도를 비판	할례주의자들에게 속임을 당하지 말고, 성령을 따라 모든 사람에게 선행으로 선교하여 하나님의 구원 역사를 촉진해야 함
6:11	아오리스트 능동태 2인칭 복수, 문두의 명령형	거짓 사도를 염두에 둠	바울은 친필 편지임을 강조하면서, 율법주의자들을 경계하도록 독자들의 주목을 요청함
6:17	현재 능동태 3인칭 단수	군사 이미지로 거짓 사도를 비판하며, 호격 '형제여'가 따름	선교 활동 중에 가지게 된 예수님의 흔적을 가진 참 사도이자 그리스도의 종인 바울을 할례주의자들은 괴롭히지 말아야 함

위의 사항을 여섯 행역자 모델에 따른 심층구조로 표현하면 아래와 같다.[113]

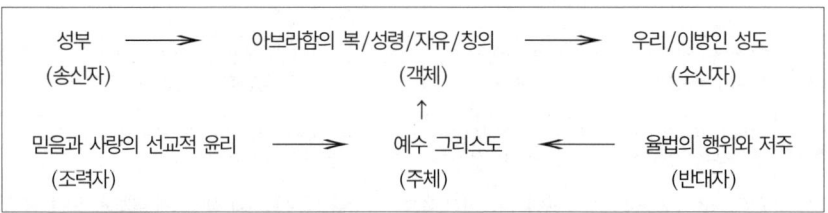

---

113 참고. R. B. Hays, *The Faith of Jesus Christ: The Narrative Structure of Galatians 3:1-4:11* (Grand Rapids: Eerdmans, 2002), 105, 107.

2. 명령형 동사에 나타난 선교적 교회의 윤리

갈라디아서의 명령형 동사들의 의미를 파악하려면 무엇보다 역사적 배경과 문맥을 고려하는 것이 중요하다. 선교사 바울은 율법주의자들을 염두에 둔 채, 종말의 새 시대를 알리기 위해 고난을 감내했다.

갈라디아서 전체 내리티브에서 명령형 동사는 주로 어떤 문맥에 나타나는가?

그리스도 사건으로 말미암아 종말의 새 시대가 도래했으므로, 성령의 역사와 열매를 기대하면서, 율법의 성취인 사랑의 실천 그리고 서로 짐을 지는 공동체 정신으로 윤리가 표현되어야 한다. 이런 의미에서 갈라디아 교회가 공동체적으로 추구해야 할 윤리는 종말론적이며 기독론적이고 성령론적인 윤리다. 또한, 구원과 자유와 사랑이 급격하게 하나님의 은혜로 옛 시대 안에 침투해 들어왔기에, 바울은 묵시적 틀 안에서 교회 윤리를 제시한다(갈 1:4; 3:23; 6:15).

급격한 새 시대의 도래는 성도의 윤리에서도 급격한 변화, 즉 옛 시대가 버티고 있는 상황에서라도 새 피조물 됨을 선교적으로 드러낼 것을 촉구한다(갈 6:15). 이런 의미에서, 바울은 전투하는 선교적 교회의 세상 변혁적 윤리를 가르친다.

선교적 교회는 종이 아니라 은혜로써 자유를 살아내고 전파한다. 그리고 선교 지향 공동체는 자신의 율법이나 공로를 내세우면서 남을 강요하거나 판단하지 않는다. 또한, 선교적 교회는 사랑으로 남을 섬기지만, 자기 자랑과 공로를 내세우지 않는다. 무엇보다 그런 교회는 자신의 정욕을 따라 살지 않고, 예수님의 십자가 복음을 전파하면서 주님을 닮아가기 위해서 고난을 감내한다. 이런 교회의 선교는 성령의 역사를 통해 종말론적 새로움을 덧입어야 가능하다.

> 사도 바울을 통한 하나님의 선교는 갈라디아서에서 바울의 논의 중심으로 남아 있다. 하나님은 바울의 소명과 무할례자를 향한 선교의 근원이시듯이, 하나님만 모든 사람을 위한 그리스도 안에서 새 창조의 근원이시다. 실제로 이것은 바울이 갈라디아서 전체에 걸쳐 언급한 하나님의 사역의 '새 창조'다. 유대인과 이방인을 향한 복음은 모든 사람을 위한 예수 그리스도 안에서 하

나님의 '새 창조'의 복음, 곧 하나님의 선교다.[114]

최근 주목을 받는 챗지피티는 'Mission in Galatians'를 다음과 같이 설명한다.[115] 갈라디아서에 명사 '선교'가 등장하지 않지만, 이 편지는 교회의 선교에 관한 중요한 원칙과 함의는 다음과 같다.

(1) 복음의 변증: 바울은 자유와 은혜를 왜곡하는 율법주의에 대항하여 예수 그리스도를 믿음으로써 주어지는 참된 은혜의 복음을 변호한다. 기독교 신앙의 순수성을 보존하는 것은 선교 행위다.
(2) 복음의 선포: 바울은 반복하여 구원의 기초인 예수 그리스도를 믿음으로 가능한 은혜의 복음을 확증하고 증언한다.
(3) 교회에 이방인을 포함함: 할례 없이 기독교공동체에 이방인을 포함하는 여부는 중요한데, 이 점은 바울의 선교신학의 한 측면이다.
(4) 선교를 위해 그리스도 안에서 누리는 자유: 바울은 예수님을 믿고 성령의 내주로써 확고하게 자유할 것을 권면하면서 율법의 종노릇 하지 말 것을 경고한다.
(5) 선교를 위한 윤리적 명령: "서로 사랑하라", "남의 짐을 지라", "성령으로 행하라"와 같은 명령들은 행위 구원과 무방하며, 변화된 그리스도인이 하나님의 뜻을 따라 믿음으로 산 결과이다. 이런 성도의 윤리적 실천은 세상에 영향력 있는 증언을 위해 중요하다.

챗지피티가 소개한 위의 내용은 "이신칭의의 복음을 변증하고 선포함으로써 이방인도 믿음의 공동체에 들어오도록 해야 하며, 그리스도인은 자유하면서 선행을 실천하여 선교에 임해야 한다"라고 요약된다.
이런 설명은 본 연구에 비추어 볼 때, 바울의 선교와 윤리를 상당히 포괄적으로 소개한다. 다만, 바울이 갈라디아서에서 묵시-종말론적 복음을 사회수사학적으로 풀이하는 방식과 명령형 동사들이 문맥 속에서 담아내는 깊고 넓

---

114 P. S. Berge, "Peter and Cephas and Paul: God's Apostolate and Mission in Galatians 2:7-9," *Word & World Supplement Series* 1 (1992), 137.
115 https://chat.openai.com(2023년 4월 20일 접속).

은 선교적 교회의 변혁적 윤리를 드러내는 데는 역부족이다.

나오면서

위에서 살핀 갈라디아서의 명령형 동사 17개에 나타난 윤리를 요약하면, "종말의 새 시대에 걸맞게 선교적으로 살라"다. 그것은 율법과 육체의 정욕이 아니라, 그리스도 사건과 성령의 능력 안에서 가능한 사랑의 윤리다.

율법주의자를 염두에 둔 채 바울이 명령하는 이 윤리는 한국 교회에 어떻게 적용되어야 하는가?

이에 답하기 위해 먼저 이런 질문이 필요할 것이다.

한국 교회에서 자신의 공로를 내세우면서 교회의 일치와 선교를 가로막는 할례주의는 무엇인가?

구자용은 한국 교회가 진리를 수호하려다 사랑이 사라진 혐오와 배척에 빠져버렸다고 아래와 같이 지적한다.

> 한국 교회 내에서 진리와 신앙의 순수함을 자신의 관점에서 지키고자 하는 처절한 노력은 어느덧 타자에 대한 사랑과 긍휼의 상실과 혐오와 배척으로 나타나고, 스스로 값없이 받은 은혜를 타자에게 적용하는 것을 완강히 거부하게 되었다. 그리고 지금 서 있는 자리는 긍휼의 자리보다는 오롯이 정죄의 자리이며, 다른 사람의 옳고 그름을 판단하되 자신은 그 자리에 있기를 거부하는 바리새인과 같은 처지로 전락하고야 말았다. 진리를 수호하고 믿음을 지키기 위한 노력이 결국 사랑을 잃어버리는 꼴이 된다면 그것은 자유 있는 여자의 자녀나, 실상은 여종의 아들이 되는 결과를 가져올 수밖에 없다.[116]

갈라디아서에서 할례는 혐오와 배제는 물론이거니와, 박해를 피하려고 넓은 길로 가려는 타협과 혼합주의를 가리킨다.

---

[116] 구자용, "갈라디아서 4장 21-31절의 하갈과 사라의 비유에 대한 선교적 읽기," 57.

그리스도인이 세상과 혼합된다면, 바울 당시나 지금이나 선교는 불가능하다. 선교적 교회는 사랑과 긍휼을 회복하고, 남의 짐에 관심을 보이지 않는 이기적 태도를 경계해야 한다. 이웃 사랑을 실천하기 이전에, 공동체 안에서 사랑의 회복을 위한 윤리적 실천이 선행되어야 한다. 또 한국 교회의 고질병이자 아킬레스건과 같은 목사와 회중 그리고 목사와 장로의 갈등도 해소되어야 할 숙제다. 물론, 목사는 예수님을 닮아가면서 회중이 닮을 만한 멘토가 되려고 끊임없이 노력해야 한다. 그리고 개교회는 자유와 방종과 일탈에 빠진 성도를 교화해야 한다. 이렇게 개별 그리스도인과 개 교회의 윤리 회복은 선교적 교회의 공공성 회복으로 반드시 이어질 것이다.

지금도 사탄은 이단들을 통해 다른 복음을 확산하여 교회를 미혹하기에, 교회는 복음과 영적 분별력을 강화해야 한다. 더불어 바울서신을 선교-윤리적(missional-ethical) 방식으로 읽어 한국 교회의 회복을 돕는 시도가 활성화되기 소망한다.

제10장

요한계시록의 공공신학적 해석: 양극화를 넘어섬

들어가면서

코로나19는 불평등을 넘어 양극화(兩極化)의 짙은 그림자를 드리우는데, 전 세계 인구의 약 30퍼센트는 재정 및 보건 위생에 있어 더 열악해진다.[1] 세속화의 도전에 맞물린 탈종교화도 진행 중이다. 사람이 세속적이고 종교성이 더 약해질수록 사회 구성원 간의 격차와 불평등은 심화된다.[2] 하지만, 누구도 초월적 실재에 관한 관심과 신앙을 쉽게 포기하지 못하기에, 세속화가 탈 세속화를 비롯하여 다양한 방식으로 변모하여 해체될 여지도 있다.[3]

글로벌화로 인한 활발한 교류는 종교 간의 경계를 약화할 수 있지만, 각 종교의 존재 이유와 지향하는 특성은 여전히 견고하다. 기독교가 사회를 '재(再)기독교화' 하지 않으면서도 '공적인 신앙 자본'으로서 어떻게 변혁적이면서도 대안적 공동체로서 자리매김하는가는 풀어야 할 중요 과제다.

'사적 신학'(private theology)은 개인의 회심, 구원, 성화 그리고 고난의 문제 등을 다룬다. 그런데 사적 신학이 집중하는 한 개인은 공동체와 더 넓은 사회와 관계를 맺기에 결국 공적 신학(public theology)을 요청할 수밖에 없다. 성경의 중심 주제인 언약과 하나님 나라는 개인이나 하나의 공동체를 넘어 온 세

---

[1] L. Sweet, "From Semiotic Exegesis to Contextual Ecclesiology: The Hermeneutics of Missional Faith in the COVIDian Era," *HTS Teologiese Studies* 77/4 (2021), 3.

[2] D. J. Louw, "Shameful Disgrace reframed by 'Amazing Grace', probing into 'Dog's Life' within the Pigmentocratic Polarisation of a Post-Apartheid Bubble," *In die Skriflig* 56/1 (2022), 2. 참고로 KCI 홈페이지에서 '양극화' 관련 논문은 무려 4,127개인데, 양극화가 사회 전반에 심각한 갈등을 초래한다는 방증이다.

[3] N. Koopman, "For God so loved the World: Some Contours for Public Theology in South Africa," *NGTT* 50/1-2 (2009), 421.

상을 아우르기에 공적인데, 그리스도인은 거기에 동참한다. '사회 속에서 교회의 역할'에 관해 (신학 바깥 분야의) 다양한 목소리를 듣고 대화하면서 비평적으로 탐구하는 공공신학은 모든 영역에서 하나님 나라를 증언하기 위해 정의롭고 평화로우며 도덕적인 공동선과 웰빙을 촉진을 목적으로 한다(렘 29:7).[4]

공공신학의 지형은 신학의 주체(신학자, 목회자, 일반 성도), 대상, 원리, 목표 그리고 상황에 따라 다양하지만, 글로벌 공공신학을 구축하기 위하여 특색 있는 공공신학들은 상호보완 될 필요가 있다.[5] 공공신학이 교회당 울타리 안팎에서 공동선(공적 명예와 호의)과 하나님께서 주신 생명을 촉진할 때, 그 기초 원리와 실천 방법은 성경에서 나온다. 성경은 교회와 만유를 창조하시고 구원하시며 갱신하시는 삼위 하나님의 영감 된 말씀이므로 공적 가치와 권위를 가진 '공적 문서'다(요 10:10; 18:20; 골 1:17).[6]

따라서, 공공신학은 신학 바깥에서 오는 공적 추론과 통찰을 귀하게 여기지만 무엇보다 성경과 가까울 수밖에 없고, 성경은 세상의 창조에서 시작하여 하나님 나라의 완성으로 마치는 패턴을 공공신학에 제공한다.[7] 물론, 이는 성

---

[4] T. Hughson, *Connecting Jesus to Social Justice: Classical Christology and Public Theology* (Lantham: Rowman and Littlefield, 2013), 10; H. Lalleman-de Winkel, "The Old Testament Contribution to Evangelical Models for Public Theology," *EuroJTh* 14/2 (2005), 95; I. H. Marshall, "Biblical Patterns for Public Theology," *EuroJTh* 14/2 (2005), 76-77; Koopman, "For God so loved the World," 425.

[5] C. Hübenthal and C. Alpers (ed), *T&T Clark Handbook of Public Theology* (Edinburgh: Bloomsbury, 2022), 485-86. 참고로 모든 그리스도인은 질병과 고통과 죽음에 맞서 세상에 하나님의 사랑과 정의를 실천할 때 무형식적 및 비형식적으로 자신의 언어로 공공신학을 수행한다(요 3:16). 참고. 공공신학을 예언 신학으로 간주하는 Koopman, "For God so loved the World," 410-15. 그리고 공공신학의 기초 원리를 신학적(하나님께서 자신을 세상에 드러내시는 '계시적 모델'), 실존-철학적(신학은 모든 사람의 실존적 문제에 해답을 주는 공적 지식이라는 '보편적 모델') 그리고 사회적 모델(종교와 신학은 공적화의 과정을 거칠 필요 없이 원래부터 공적-경험적 실재이므로 그런 실재가 공적으로 드러나는 방식을 비평적으로 분석해야 한다는 '사실적 모델')로 나눈 경우는 E. Jacobsen, "Models of Public Theology," *IJPT* 6 (2012), 9-20.

[6] K. Kaemingk (ed), *Reformed Public Theology: A Global Vision for Life in the World* (Grand Rapids: Baker Academic, 2021), 4; A. Paddison, "Theological Interpretation and the Bible as Public Text," *Journal of Theological Interpretation* 8/2 (2014), 179-82, 188-90. Paddison은 공공신학의 과제에 있어 교회의 이익과 정체성의 보존을 부차적으로 치부한 David Tracy를 적절히 비판하는데, 신천신지의 중심이 어린양의 신부인 교회라는 사실, 다시 말해 하나님의 선교에 교회가 참여함에 주목한다(계 21:1-22:5).

[7] 그리스도인이 성경을 문화·문학·역사·신학적으로 정당히 해석한다면, 불신자에게 성경

경이 현대 사회의 모든 이슈에 구체적인 해답이나 청사진을 제공한다고 확대 해석하도록 허용하지는 않는다. 그럼에도 사회의 공적 시혜자(public benefactor)인 그리스도인은 양극화가 넘실거리는 공적 영역에 신망애를 불어넣고, 화평케 하는 사람으로 참여하기 위해(롬 13:3; 벧전 2:15), 다차원적 해석 및 해결책이 쏟아지는 상황 속에서도 성경적으로 특징지어진 '공적 해석'(public criticism)에 더 익숙해야 하고 그것을 흔들림 없이 견지해야 한다.[8]

이런 공적 해석은 간학문의 도움을 수용하면서도, 과학적 방식으로 분석할 수 없는 이슈를 성경으로부터 책임성 있게 파악하고, 때로는 하나님의 의도를 건설적 상상력을 동원하여 해석하는 작업이다.[9]

오늘날 공공신학 연구는 모든 대륙과 교파를 아우르며, 정치-해방신학자와 선교학자는 물론 아브라함 카이퍼 계통의 신칼빈주의 개혁신학자들도 주목하고 있다.[10] 공공신학은 특히 교회가 주변화와 사사화되어가는 상황에 공적인 삶의 특정 주제에 관해 공동선을 염두에 두고 신학적으로 사고하면서, 대중을 교회와의 대화로 초대하여 공공 영역에서 소통함으로 여론과 정책에 영향을 미치려 한다.[11] 따라서, 공공신학은 교회와 신학 아카데미아 그리고 사회라는 삼중의 역동적이고 대화적 그물망을 중시하면서, 공적인 삶의 변화를 이끌기 위한 합리성과 설득력을 갖추어야 한다.[12]

자체나 성경 관련 논의에 관해 정보를 제공하여 정당한 이해를 돕는다. 이것은 기독교 변증적-세계관적 '공적 성경해석'이다. G. Carey, *Using Your Outside Voice: Public Biblical Interpretation* (Minneapolis: Fortress Press, 2020); D. J. Neville, "Christian Scripture and Public Theology: Ruminations on Their Ambiguous Relationship," *IJPT* 7/1 (2013), 5-23.

[8] 신자유주의가 심화시킨 경제 양극화를 성경의 경제적 샬롬으로써 해결하려는 정무성, "Economic Shalom: Biblical, Theological, Missiological Explorations of Economic Polarization," 『선교신학』 58 (2020), 293-318; S. Paeth, "Whose Public? Which Theology?: Signposts on the Way to a 21st Century Public Theology," *IJPT* 10 (2016), 471, 482.

[9] Paeth, "Whose Public? Which Theology?" 463-66.

[10] M. Kaemingk, *Reformed Public Theology: A Global Vision for Life in the World* (Grand Rapids: Baker Academic, 2021). 참고로 전제와 방법론 그리고 결과가 매우 다른 '신학적 양극화'를 성경적으로 종합하는 것은 불가능하다. Contra C. B. Peter, "Theological Polarization and Biblical Synthesis," *AFER* 35/5 (1993), 288-98.

[11] R. D. Nelson, "The Old Testament and Public Theology," *Currents in Theology and Mission* 36/2 (2009), 85.

[12] Nelson, "The Old Testament and Public Theology," 94.

이런 의미에서 공공신학은 새 예루살렘 성과 신천신지의 비전과 안녕을 세상에 구현하기 위한 공적 설득과 실천을 목적으로 하는 실제적 탐구다(계 21:1-22:5; 참고. 렘 29:7).[13]

본 장의 목적은 최근 자료와 논의를 중심으로, 요한계시록을 공공신학적으로 해석하는 방안을 찾아 양극화를 해소하는 방향을 찾는 데 있다. 요한계시록은 성경의 결론이자 간본문의 보고이므로, 오늘날의 이슈를 분석하고 해결 방안을 모색하기 위해 공공신학적으로 탐구할 가치는 충분하다. 요한계시록은 상황화 관점으로 연구된 바 있지만,[14] 요한계시록의 공공신학적 해석은 거의 찾아볼 수 없다. 이런 연구의 목적과 틈을 염두에 둔 채, 최근 자료를 활용하여 세 단계로 진행한다.

첫째, 신약성경의 공공신학적 주해의 현황을 살피고 평가한다.
둘째, 양극화를 염두에 둔 요한계시록을 공공신학적으로 어떻게 해석할 수 있는지 연구한다.
셋째, 요한계시록의 공공신학적 해석으로 양극화를 극복하는 방향을 제시한다.

1. 신약성경의 공공신학적 주해 현황

지금까지 성경신학과 공공신학의 결합은 주로 구약 예언서와 신약 복음서에 집중되어왔다.[15]

신약의 공공신학은 구약의 공공신학에 맞닿아 있는가?

모세오경과 구약 역사서의 경우, 한 나라 이스라엘 중심의 구속사를 밝히고 이스라엘의 정복 전쟁 때 이방 나라를 진멸하라는 명령이 주어지기에 공동선

---

13 Kaemingk (ed), *Reformed Public Theology*, 5; Paddison, "Theological Interpretation and the Bible as Public Text," 178.
14 예를 들어, B. C. Blackwell et als (ed), *Reading Revelation in Context: John's Apocalypse and Second Temple Judaism* (Grand Rapids: Zondervan, 2019).
15 Q와 공공신학의 관련성은 이형기, "복음서에서 예수 말씀이 지닌 공공 신학적 특징들," 『예수말씀연구』 6 (2015), 1-51을 참고하라.

을 찾기 쉽지 않은 면이 있다. 그런데도 성문과 우물 그리고 절기의 중심지 예루살렘과 같은 공적 장소는 공공신학을 위해 중요하며, 왕이나 제사장과 같은 무대 중앙의 인물들 외에도 노예, 포로, 과부, 이방인, 빈자 그리고 여성과 같은 묻힌 사람들의 목소리도 중요하다.

구약 공공신학은 특히 창조와 언약의 하나님 그리고 역사의 주권자이신 하나님을 강조하면서, 정의와 생명과 윤리를 구체적으로 제시한다. 이런 의미에서, 특히 포로기의 선지자들은 공공신학자였다.[16] 선지자들은 경제 양극화의 주요 원인인 자비와 정의를 중시하는 종교의 타락을 비판한다(참고. 암 2:6-8; 3:9-10; 5:11; 6:3-6).[17] 시가서도 율법을 무시하여 발생한 경제 양극화가 초래한 고난을 비중 있게 다룬다(욥 5:15; 6:27; 20:19; 22:9; 24:2-4, 7; 29:12, 16; 34:28, 30; 35:9).[18] 요약하면, 구약의 공공신학은 '언약, 율법, 자비, 정의, 윤리'와 그 대척점의 결과인 양극화를 주제어로 삼는다. 이 점을 염두에 두고 신약성경의 공공신학을 탐구해 보자.

예수님께서 가르치시고 선포하시며 치유하실 때 하나님 나라의 완성을 염두에 두시면서 '지금 여기'를 지향하셨다.[19] 예수님에게 성경은 신앙과 삶의 유일한 표준이었다. 이런 주님의 공공신학을 신약 교회의 기초를 놓은 사도가 계승했다. 선한 신학, 즉 좋은 지식은 믿음의 공동체는 물론, 세상도 섬길 수 있어야 한다. 지혜의 자녀인 그리스도인이 세상사에 관여하지 않으면서 세상의 갱신과 변화를 위해 봉사하는 것은 사변적이며 어불성설이다. 그리스도인이 세상 속의 소금과 빛으로 하나님의 선교에 참여하려면, 합리적이고도 설

---

16 참고. 선지서의 땅과 의식주에 관한 토라적 공공성을 중시하는 한규승, 『구약 예언서의 공공신학』 (서울: 새물결플러스, 2018), 393, 400-401; Lalleman-de Winkel, "The Old Testament Contribution to Evangelical Models for Public Theology," 96; Nelson, "The Old Testament and Public Theology," 87-89.

17 황봉환, "아모스 시대의 사회 경제적 양극화와 종교적 정의에 관한 연구," 『로고스경영연구』 11/4 (2013), 169-81.

18 조한근, "욥과 친구들의 대화 속에 나타난 경제적 양극화 원인 논쟁," 『구약논단』 21/3 (2015), 41-62. 참고로 최근의 이념적 해석 경향에 맞추어 예레미야서의 공공신학을 페미니즘으로 풀어내기도 한다. L. J. Claassens, "Towards a Feminist Public Theology: On Wounds, Scars and Healing in the Book of Jeremiah and Beyond," IJPT 13/2 (2019), 185-202.

19 J. G. Botha, "We owe the World Good Theology: On Reformed Faith and Public Theology," NGTT 48/1-2 (2007), 337.

득력 있게 복음의 가치를 세상에 소통하면서 하나님 나라 신학의 돛을 올리고 닻을 내려야 한다.

1) 복음서와 사도행전

예수 그리스도가 누구이신지를 규명하는 방식은 신약 공공신학의 특징과 방향을 결정한다.

예수님은 어떤 의미에서 공공신학자인가?

판 엑(E. van Eck)에 따르면, 예수님은 하나님 나라 비유에서 '로마 나라'와 '예루살렘 성전 나라'에 속한 기득권층의 수탈 대상인 가지지 못한 자들을 현재적으로 변호하며, 하나님 나라라는 대안 세계를 제시하는 '사회 예언자'시다.[20] 따라서, 판 엑은 나사렛 목수와 같은 평범한 사람도 삶의 현장에서 자기의 언어로 종말론적 역전을 도래하게 하는 하나님 나라를 논하는 공공신학자가 될 수 있다고 본다(눅 1:52-53).

그런데 하나님 나라의 공적·영적·통전적 성격을 고려하면, 판 엑의 주장은 기독론과 사회 정의를 연결하는 데 편중된다. 아직까지 연구가 미진한 사복음서의 공공신학을 간명히 살필 차례다.

마태복음에서 세례 요한과 예수님은 공적으로 "회개하라, 천국이 가까웠기 때문이다"라고 외치셨다(마 3:2; 4:17). 이 외침은 유대인 개인의 심리적 뉘우침을 넘어선다. 오히려, 유대인들은 거룩한 백성인 새 이스라엘로서 예수님께서 도래시킨 하나님 나라를 선물로 받아들이고 예수님의 구원과 사랑과 정의에 맞추어 살아야 한다는 의미다.[21] 이 사실은 세례 요한이 예수님에게 세례를 베풀어 '모든 의'를 성취하는 데서도 나타난다.

---

20 E. van Eck, "A Prophet of Old: Jesus the Public Theologian," *HTS Teologiese Studies* 66/1 (2009), 2-7. 참고로 공공신학은 후기 식민주의와 글로벌화의 결과를 드러내는데, 특히 경제·정치·민족·성(性)의 차원에서 주변화된 사람들을 위해 '대안적인 종교사회'를 형성해야 한다는 주장은 A. van Aarde, "What is 'Theology' in 'Public Theology' and what is 'Public' about 'Public Theology'? *HTS Teologiese Studies* 64/3 (2008), 1227을 보라.

21 S. Hauerwas, 『마태복음』 (*Matthew*), 김성근·김유진 역 (서울: SFC출판부, 2018), 78-79. 참고로 사랑이 공적 영역 담론에서 한 부분으로 자리잡지 못하고 있다는 비판은 Hughson, *Connecting Jesus to Social Justice*, 36을 보라.

다시 말해, 정의와 율법의 전형이신 예수님께서 세례를 받으심은 새 이스라엘 백성이 정의를 실천하도록 만들기 위함이다(마 3:15).[22] 하나님의 백성이 정의를 실천하도록, 생명 자체이신 예수님께서 요단강 안에 들어가서 잠시 죽음을 맛보셔야만 했다. 그리스도께서 영 단번의 죽음으로써 죽음을 이기셨기에, 하나님의 백성은 영생과 의로움을 선물로 받아 하나님 아버지의 사랑을 받는 자녀로 세상에서 살 수 있다(마 3:17). 마태 당시 그레코-로마의 호혜 문화에서 이런 큰 선물을 받은 피후견인은 마땅히 후견인이신 성부와 예수님에게 합당한 명예를 돌리며 살아야 했다.

인용태는 구약성경을 '거대한 공공신학의 담론서'로 보는 데 동의하면서, 신약성경도 하나님의 의로운 나라를 공공신학의 출발점으로 삼아 '사회적 음지'에서 '공적인 양지'로 끌어내는 예수님의 공적 사역을 중시한다고 주장한다(참고. 눅 14:1-14).[23] 그리고 그는 마태공동체가 산상설교의 팔복(마 5:3-12)을 통해 정의 사회를 구현하고 청결한 마음으로 이웃을 섬기며 시민 사회에 샬롬이 깃들게 만드는 노력을 비롯하여 공공의 선을 추구하는 방향으로 교훈을 받았다고 해석한다.[24] 인용태는 팔복의 가난, 애통, 긍휼, 화평케 함, 의를 위하여 핍박받음을 개인이나 교회공동체가 아니라, 그리스도인이 사회에서 활동해야 한다는 더 큰 맥락에서 해석한다.

하지만, 팔복은 천국 백성, 곧 교회에 주어진 복이라는 사실을 먼저 전제해야 한다. 문맥상, 천국 백성다움, 곧 교회됨은 온갖 위험이 도사리는 세상에서 소금과 빛으로서 팔복을 현시하며 실천하는 데 달렸다(마 5:13-16). 따라서, 팔복은 세상에서 천국 백성이 기억할 현장과 같다.[25] 전염병 시대에 의료보건인과 식품 가게 주인과 같은 '옆집 성인들'(the saints next door)은 사회를 유지하는 영웅으로 떠올랐지만, 반면 교회가 약자를 돌보며 공공선을 세우며 선교적 행보를 했는지 돌아봐야 한다(마 25:33-46).[26]

---

22 Hauerwas, 『마태복음』, 84.
23 인용태, "공공신학적 팔복 이해와 한국 교회의 목회적 과제," (박사학위 논문, 한남대학교, 2014), 58-59.
24 인용태, "공공신학적 팔복 이해와 한국 교회의 목회적 과제," 97, 103-133.
25 참고. 이형기, "복음서에서 예수 말씀이 지닌 공공 신학적 특징들," 3.
26 Sweet, "From Semiotic Exegesis to Contextual Ecclesiology," 6. 참고로 재림은 공적 윤리의 실천을 촉진한다. 봉원영, "한국 재림교회의 공공신학 이해와 실천," 『신학과 학문』 24/1

세계교회협의회(WCC)와 에큐메니컬 진영에서 주장하듯이, 산상설교에서 천국 백성의 정체성과 실천을 요약하는 마태복음 5장 13-16절은 그리스도인은 사회 문제를 창조적이면서도 전심으로 해결하기 위해 헌신하라는 '개발신학'(theology of development)을 가르치는가?[27]

'세상 속의 소금과 빛'은 무엇보다 하나님 나라를 섬기는 선교적 교회의 정체성을 밝히기에, 사회 문제를 해결하여 개발해야 한다는 주장은 확대 해석이다. 왜냐하면, 공공선교적 실천의 목적은 사회를 개발하는 그 자체에 있지 않고 하나님의 선교를 통해 주님께 영광을 드리는 것이기 때문이다.[28] 따라서, 공공신학자는 자기의 주관적 안목에 의해 복음서 본문의 원래 의미를 임의로 확대 혹은 축소하지 않도록 주의해야 한다.

예수님은 '정결과 부정의 양극화' 그리고 '중앙화와 주변화의 양극화'를 해소하셨다. 예수님은 사회에서 부정하게 취급 받아 주변화된 나병 환자를 만져 치유하셔서 정결하고 정상적인 사회생활을 가능하게 하셨다(마 8:2-4). 그리고 주님은 수도 예루살렘에서 멀고 주변화된 이방의 갈릴리 지역을 먼저 복음과 구원의 빛으로 변화시키셨다(마 4:15).

예수님의 사역은 자신의 이름의 뜻에 반영된 대로, 죄 용서를 통한 구원에 큰 방점을 둔다(마 1:21). 이와 관련하여, 마태복음 18장 15-35절의 용서와 빛의 탕감은 손상된 관계의 회복과 건강한 공동체성이라는 공적이며 사회적 차원을 가진다.[29] 용서는 개인적이고 영적 의미를 가지지만, 사람 간의 관계에

(2022), 47, 55. 봉원영은 참 안식일의 관리자인 안식교 방식의 안식일이야말로 정의와 자유가 구현되는 '공적 안식'으로 사람들을 초대한다고 주장한다(히 4:3-10). 그러나 안식일은 신약의 종말론적 안식의 그림자다(골 2:16).

27 V. Magezi and P. Nanthambwe, "Development and the Role of the Church: Exploring Public Pastoral Care Positioning within Congregational Ministry," *Verbum et Ecclesia* 43/1 (2022), 4, 8. 참고로 에큐메니컬주의자는 공공신학이 종교 간 대화를 촉진하여 평화와 정의와 같은 공공선을 진작시키려고 하지만, 그런 접근은 공공선교적 차원이 결여된다. 참고. P. Admirand, "Humbling the Discourse: Why Interfaith Dialogue, Religious Pluralism, Liberation Theology, and Secular Humanism are needed for a Robust Public Square," *Religions* 10/8 (2019), 5.

28 참고. 김창환, "공적 선교학: 선교학과 공공신학의 대화,"『선교와 신학』57 (2022), 20, 26-30.

29 D. A. Forster, "A Public Theological Approach to the (Im)possibility of Forgiveness in Matthew 18:15-35: Reading the Text through the Lens of Integral Theory," *In die Skriflig* 51/3 (2017), 3, 9.

서 이루어지는 것이기 때문에 사회적이기도 하다.

사랑은 율법을 완성하는데, 이 사랑은 "하나님의 좋은 선물을 오용하는 세상에 도전하는 급진적인 정치다"(마 22:37-40).[30] 하나님은 자기 원수들을 사랑하셔서 그들에게 독생자를 주셔서 원수들을 잃어버리지 않도록 하시는데, 이것이 회복적 정의다.[31] 마태 당시의 호혜 문화 속에서 본다면, 마태공동체는 원수를 사랑함으로써 하나님의 선물에 보답해야 했다. 이것이 가능하려면 감성적 사랑으로는 역부족이었다. 예수님의 십자가에 나타난 삶의 양태인 제자도는 제국의 세계관을 소유한 자들에게 생소하고 급진적인 삶의 양태였다. 예수님은 죄와 증오와 죽음을 정복하셨고, 교회를 통해 아브라함 언약의 복이 온 세상에 미치도록 역사하신다(창 22:17-18; 마 1:1; 16:18).[32]

예수님은 동해보복법(lex talionis)을 넘어서는 윤리를 가르치셨다(마 5:38-39). 다양한 요인이 사람의 범죄를 초래하기에, 정의는 자비나 용서와 분리되어서는 안 된다.[33] 물론, 피해자가 무조건 용서할 의무를 가지는 것은 아니지만, 용서를 구하는 가해자에게 '인간의 얼굴'을 제공하여 회복의 첫걸음을 내디디게 할 수 있다.[34] 가해자가 마땅히 받아야 할 처벌을 위한 처벌만으로 진정한

---

30   Hauerwas, 『마태복음』, 165.
31   Hauerwas, 『마태복음』, 463.
32   공공신학의 목표가 교회가 세상과 소통하여 사회의 공동선을 이루는 것이라면, 그런 예비적 차원의 신학은 세상이 하나님께서 주시는 참 복을 받도록 선교하는 것에 비할 수 없다. 따라서 공공신학의 목표를 선교로 상향 조정하든가, 아니면 공공신학이 복음의 공공성을 회복하여 선교를 위한 예비단계로 자리매김하도록 만드는 것이 나름대로 공공신학의 정의와 방법과 절차를 분명히 하는 데 도움이 된다. 이 글은 승귀하신 그리스도의 복음이 사탄이 배후에서 조종하는 각 영역의 성문을 정복함으로써 세상에 참된 복을 제공해야 한다는 취지의 공공선교신학을 추구한다(창 3:15; 22:17).
33   T. van Willigenburg and E. van der Borght, "Attacking Punitive Retribution at Its Heart: A Restorative Justice Thrust," *IJPT* 15 (2021), 422.
34   Van Willigenburg and Van der Borght, "Attacking Punitive Retribution at Its Heart," 424. 방송인 오프라 윈프리(b. 1954)는 공공신학자로서 설교자 이상의 역할을 한다고 평가받는다. 그녀는 평범한 인간으로서 자신의 연약함도 꾸밈없이 고백하여 공감을 일으킨다. 이혼과 폭력을 포함한 가정사, 살인, 질병, 쓰나미 등 인간의 고통과 신정론을 주로 개인의 내면적인 치유법을 통해 해결하려 한다. 특히, 고통으로부터 교훈을 얻고 자기 성찰을 통한 성장과 행복을 강조한다(고후 13:5). 그리고 기적과 같은 용서를 강조하는데, 피해자는 가해자를 용서해야 성장하고 생존할 수 있기 때문이다. 또한, 고액 기부자로서 오프라는 입이 있는 곳에 돈이 있음을 실천으로 증명한다. 오프라의 공공신학에는 성경적 색채가 희미하고 처방에 있어 사회적 차원이 약하다는 비판도 받지만, TV쇼의 진행자로서 지혜롭게 공적 신학을 수행한다고 평가받는다. 참고. L. S. Bond, "What is Public Theolo-

회복이 이루어질 수 없기에, 피해자의 자율성과 존엄성을 존중하면서도 가해자의 책임 있는 화해와 재활을 이루려는 이상적인 회복적 정의가 중요하다.[35]

예수님은 하나님 나라 백성의 신앙과 실천에서 빈익빈부익부가 발생한다고 강조하시면서(마 25:28), 제자들에게 약자와 빈자를 구제할 것을 실천 사항으로 제시하셨다(마 25:35-36). 그런 제자도는 현재와 미래의 상을 결정한다.

마가복음에서 갈릴리 지방은 친로마주의자 헤롯 안디바의 착취적 통치하에 있었다. 그 지역에 공사역의 베이스캠프를 차리신 예수님은 어부들을 자기 제자들로 삼으셔서 로마제국이 아니라 하나님 나라를 건설하도록 사명을 주셨다(막 1:16-21).[36] 그리고 장벽처럼 가로막힌 갈릴리 호수로 인해 나뉜 갈릴리 서부와 동부 지역의 사람들은 예수님의 여러 차례에 걸친 '배 여행'으로써 동일한 하나님 나라를 경험하게 된다(막 5:1-2 등). 그리스도 안에서 지연과 혈연의 장벽은 무너진다(참고. 갈 3:28).

로마제국의 고위 관료인 데오빌로를 수신자로 삼는 누가-행전은 빈자와 병자 그리고 여성과 사마리아인과 같은 약자를 돌보시는 예수님의 사역을 강조한다. 동시에 누가는 권력가들에게 하나님 나라의 공적 복음을 변증하는 데도 열중한다.[37]

아우구스투스는 온 천하에 호적을 명령했으며(눅 2:1), 예수님께서 공사역을 시작하실 때는 황제 티베리우스, 총독 빌라도, 분봉 왕 헤롯 안디바 그리고 대제사장 안나스와 가야바가 권세를 부렸다(눅 3:1-2). 그러나 예수님의 제자들과 사도는 유대 집권자들과 네로 황제 앞에서 복음을 전하고 잠잠하지 말아야 했다(눅 21:12; 행 9:15; 18:9; 19:21; 23:11; 26:16-18; 27:24).[38] 하나님 나라와 복음은 황제, 총독, 천부장, 백부장, 로마 사병, 이방 신들과 철학자와 마술사와 내시, 헤롯 왕족, 제사장, 산헤드린, 사두개인, 바리새인, 회당, 세리 그리고

---

gy: America's most Public Theologian-Oprah," *Encounter* 70/4 (2009), 40-50.

35 Van Willigenburg and Van der Borght, "Attacking Punitive Retribution at Its Heart," 402-405, 414.

36 S. Tsang, "Introduction to a Public Theology of the New Testament: Markan Public Theology of the Sea of Galilee as a Test Case," *Hill Road* 16/1 (2013), 85-117.

37 J. R. Edwards, "Public Theology in Luke-Acts: The Witness of the Gospel to Powers and Authorities," *NTS* 62/2 (2016), 227.

38 Edwards, "Public Theology in Luke-Acts," 228.

사탄의 세력의 반대에도 불구하고 승리한다(눅 4:5-10; 행 28:22).

누가는 총 79개에 달하는 개별 권세가들을 아우르는데, 이 가운데 44개는 누가-행전에만 독특하게 나타난다.[39] 누가는 기독교를 변호하는 동시에, '만유의 주'로서 유일하게 우주적 권세를 시행하시는 예수님과 그분의 복음의 관점, 즉 생명과 평화와 섬김으로 세상의 상대적인 권세가와 권력을 재정의한다(눅 1:79; 22:24-27; 행 1:8; 10:36).[40]

세리장 삭개오가 아브라함의 아들로서 구원을 경험하자, 그의 마음만 변한 게 아니라 세금 징수라는 소명과 사업 전체에 변화가 발생했다. 다시 말해, 삭개오 자신은 물론 이웃과 사회 전체의 공동선과 유익을 추구하게 되었다(눅 19:1-10).[41] 이처럼 복음은 통전적이고 변혁적이다.

예수님의 사역은 팔레스타인의 한쪽 구석에서 은밀히 이루어지지 않고, 종종 군중을 동반한 공적 성격을 가졌다(요 18:20). 예수님은 무엇보다 사죄를 통한 구원을 성취하셨는데, 동시에 '책임성 있는 사회 혁신가'로서 율법의 의미와 취지와 목표를 성취하셨고, 안식일의 치유로써 참된 통전적 안식을 주셨으며, 평등하고 포괄적 공동체 안에서 관대한 경제적 청지기됨을 가르치시고, 종으로 섬기심으로써 사회의 기존 규범에 도전하셨다(마 5:17; 막 10:45; 눅 13:10-17; 참고. 고전 4:13-14).[42]

그러므로 교회는 예수님과 윤리를 연결하고 주님의 '예언적 사역'에 집중해야 한다. 다시 말해, 교회가 기독교 방식으로 화해, 용서, 자유, 정의, 책임성 등을 추구한다면 공공신학의 한 면모를 구현하게 된다.[43]

39　Edwards, "Public Theology in Luke-Acts," 249.
40　Edwards, "Public Theology in Luke-Acts," 250-52. 참고로 천주교는 행 6:1-6에서 교회 안의 구제를 넘어, 사회적 자선과 사회 선교를 찾는데, 이것은 본문을 과도히 읽은 결과다. Hughson, *Connecting Jesus to Social Justice*, 96.
41　Kaemingk (ed), *Reformed Public Theology*, 222.
42　C. Woods and S. Taylor, "Jesus as a Socially (Ir)responsible Innovator: Seeking the Common Good in a Dialogue between Wisdom Christologies and Social Entrepreneurship," *IJPT* 15/1 (2021), 118-42.
43　참고. D. Smit, "'Jesus en Politiek?: Christologiese Literatuur en Publieke Teologie vanuit 'n Suid-Afrikaanse Perspektief," *Scriptura* 112/1 (2013), 12-14, 18-19; T. Hughson, *Connecting Jesus to Social Justice: Classical Christology and Public Theology* (Lantham: Rowman and Littlefield, 2013).

요한복음 서론에서 성부의 사랑과 구원의 계획에 따라 이루어진 예수님의 성육신은 공공신학적 해석에 통찰을 제공한다(요 1:9, 14).⁴⁴ 예수님의 성육신은 교회가 세상에 참여해야 하는 토대나 도약대와 같다. 교회가 세상 속에서 사회적 책무를 담당하기 위해서는 예수님의 성육신으로부터 배워야 한다.⁴⁵

적어도 로마인의 관점에서 예수님의 부활은 '정치적 다이너마이트'와 같았다. 로마제국에서 부활은 세상에 구원과 평화와 번영을 주는 신격화된 황제에게 충성하는 것이라고 정치적으로 해석되기에, 주님의 부활은 열방이 세상의 창조주와 주권자에게 승복해야 함을 알리는 것으로 황제의 통치 이념을 비판하는 메시지를 표명하고 제국 종말론이 패러디에 불과함을 드러내기 때문이다.⁴⁶ 부활하신 그리스도의 통치를 받는 교회는 종말론적 생명공동체로서 세상의 권세를 하나님의 주권과 같이 절대화하지 않고 상대화하며, 정부를 향해 박수부대가 아니라 예언자적 목소리를 내야 하며, 교회를 포함한 대중이 주변화되는 것을 반대한다.⁴⁷ 부활하시고 승천하신 그리스도의 주권을 인정하는 교회는 작은 왕으로서 보편적 공동체를 추구해야 하고, 제사장으로서 화해에 힘써야 하며, 선지자로서 사랑으로 충만한 정의를 추구해야 한다.⁴⁸

교회는 사회적 디엔에이(DNA)를 갖춘 확장적 공동체로서, 삶의 모든 영역을 통치하시는 하나님께서 제정하신 '공적 법'을 따라, 자신의 신념을 모든 사람이 알아듣도록 말할 권리와 책임을 가지고 있다(막 3:31-35; 눅 10:5-11; 참고. 엡 2:19).⁴⁹

---

44 J. Painter, "The Incarnation as a New Testament Key to an Anglican Public and Contextual Theology," *St Mark's Review* 203 (2007), 66.
45 참고. 창조자이신 예수님이 피조물처럼 인간이 되셔서 경계를 허무심은 사회 양극화를 해소하기 위한 해석학적 열쇠라고 간주하는 R. T. Luka, "The Prologue of John: A Conceptual Framework for African Public Theological Discourse," *Conspectus* 32/1 (2021), 200, 205-207. 참고로 예수님의 신성과 인성의 연합이 교회가 사회 정의를 추진할 동기라는 주장은 Hughson, *Connecting Jesus to Social Justice*, 230-31을 보라.
46 참고. N. T. Wright, 『하나님의 아들의 부활』(*The Resurrection of the Son of God*), 박문재 역 (서울: 크리스챤다이제스트, 2014), 1118-1119, 1126.
47 J. Urbaniak, "Probing the 'Global Reformed Christ' of Nico Koopman: An African-Kairos Perspective," *Stellenbosch Theological Journal* 2/2 (2016), 498-99.
48 Urbaniak, "Probing the 'Global Reformed Christ' of Nico Koopman," 506.
49 W. T. Cavanaugh, 『신학, 정치를 다시 묻다: 근대의 신학-정치적 상상과 성찬의 정치학』(*Theopolitical Imagination*), 손민석 역 (서울: 비아, 2019), 103, 139-44.

요약하면, 예수님은 하나님 나라와 통전적 구원을 성취하셨다. 그 결과, 신약 교회는 세상에 구원과 참 복을 현시하며 정의를 실천하는 전권대사로, 그리스도인의 용서에는 영적 측면과 사회적 특성이 함께 나타나야 한다. 주님의 공생애 사역의 시작 지역인 갈릴리는 로마의 지배에서 벗어나 천국을 맛보아야 하며, 세상의 모든 권력이 상대화될 때 만유의 주님의 공적이며 우주적 통치가 더 빛난다. 교회는 세상에서 성육신의 자세로 사역함으로써 복음의 공공성을 현시해야 한다.

2) 서신서

신약 서신들은 초대 교회가 복음을 전파하고 변증하는 맥락에서 기록되었다. 기독교의 '선교적 에너지'는 대화적이고 예언적인 '공적 증언'으로 이끈다. 그리고 이것은 어떻게 더 나은 공동체를 형성할 것인가라는 실천적 주제와 직결된다.[50]

바울은 하나님의 구원을 알리는 데 있어 '공적 관계 전문가'다. 그는 당시 대중 매체였던 편지를 활용하여 선교 사역 중에 의사소통했고, 혁신적 전략으로 유대인과 이방인들에게 맞춤식으로 전도했으며 그들을 하나의 신앙으로 묶었다.[51] 공공신학자에게는 좋은 소식 그리고 좋은 신학을 세상에 전해야 할 의무가 있다.

바울 당시 크리스천은 제국에서 소수였을 뿐 아니라, 종교의 자유를 누리지 못한 주변 인물들이었다. 따라서, 초대 교회는 외부에서 오는 박해를 견디기 위해 무엇보다 내부의 결집에 집중할 수밖에 없었던 것으로 보인다(살전 2:14; 3:3). 하지만, 이 사실은 그리스도인이 사회 개혁을 전혀 시도하지 않았다거나, 폭력과 차별과 부정의로 고통당하던 가난한 불신 이웃에게 관심을 가질 여력이 없었음을 의미하지 않는다. 바울은 교회가 기회가 닿는 대로, 그리고 기회를 만들어 모든 사람에게 의무를 다하고 선행에 힘쓰라고 권면했기 때문이다

50　R. S. Heaney, "Public Theology and Public Missiology," *ATR* 102/2 (2020), 212.
51　R. Green, "The Apostle Paul: Public Relations Expert," *Heythrop Journal* 57/4 (2016), 621-24.

(롬 13:7; 갈 6:10).⁵² 또 그리스도인은 모든 사람을 대할 때 항상 선을 따라야 하고, 범사에 분별력을 가지고 좋은 것을 취해야 했다(살전 5:15, 21).

공동선을 추구하라는 바울의 권면은 그리스도인이라면 뭇사람을 공경하면서 선한 양심과 선한 행실로 살라고 한 베드로의 권면과 맥을 같이 한다(벧전 2:17; 3:14-16). 이를 위해, 교회는 그리스도인이 사랑 안에서 참된 것을 말함으로써 머리이신 예수님에게까지, 범사(τὰ πάντα), 곧 삶의 모든 영역에서 자라도록 훈련해야 한다(엡 4:15; 참고. 고전 15:28).⁵³ 그것은 그리스도를 머리로 모시고 하나님의 진리 말씀을 따라 코람데오 정신으로 실천하는 삶이다.⁵⁴

바울은 사회 계층의 주종 관계와 양극화를 단적으로 보여주는 주인과 노예의 관계를 주님 안에서 서로 사랑하는 형제 관계로 해소한다(몬 1:16; 참고. 엡 6:9). 이것은 바울 당시에 시도하기 거의 불가능했던 노예 철폐 운동보다, 더 근본적으로 사회의 부조리를 변혁하는 시도다. 바울은 로마제국의 체제에 반대하는 반제국적 메시지를 제시함으로써, 권세가들에게 기독교가 반사회적 단체라는 인식을 심어주어 위험에 빠트리는 우를 범하지 않는다. 노예가 예수님 안에서 형제로 변해야 한다는 바울의 주장은 '반제국적 메시지'라기보다 공동선이 결여된 제국의 체제를 에둘러 '비판하는 선교적 메시지'다.⁵⁵

바울은 예수님 중심으로 묵시 사상을 설명한다. 그는 현세를 '악한 세대'로 규정한다(갈 1:4). 그런데 요한과 마찬가지로 바울에 따르면, 그리스도 사건은 이 악한 세대에 종말의 새 창조와 구원을 급격히 침투하게 만들었다(롬 13:11; 고전 10:11; 고후 5:17; 골 2:15; 계 12:7-12).⁵⁶ 말세라는 '새 시대'에는 유대인과 이방인 그리고 강한 성도와 약한 성도 간의 대립은 사라져야 마땅하다(고전 8:1-4; 갈 3:28). 이처럼 그리스도 사건과 묵시 사상 안에서 이원론과 양극화와 갈등은 해소된다.

---

52 J. B. Hood, "Theology in Action: Paul, the Poor, and Christian Mission," *Southeastern Theological Review* 2/2 (2011), 138-40.

53 P. Coertzen, "Laat U Koninkryk kom: Die Publieke Getuienis van die Kerk," *NGTT* 45/3-4 (2004), 554.

54 Coertzen, "Laat U Koninkryk kom," 554.

55 참고. 장석조, "교회의 선교적 정체성," 『복음과 선교』 52 (2020), 182.

56 R. E. Moses, "The Tune of Christian Apocalyptic: Paul and John in Concert," *Theology Today* 75/1 (2018), 32-34.

골로새서의 양극화는 머리이신 예수 그리스도와 피조물인 세상 권세자들의 교만에 나타난다. 예수님은 고난과 승귀로써 세상 통치자들과 권세들을 원래 피조물의 지위로 내려 앉혀 무력화하셨다(골 1:16; 2:15; 참고. 고후 2:14).[57] 이런 승리를 위해 그리스도는 십자가에 달리셔서 '신적 패배자'(divine underdog)처럼 되셔서 고난과 수치를 당하셨고, 로마제국은 잔인한 승리자(cruel upperdog)처럼 보였다.[58] 하지만, 주님은 고난 후 높아지심으로써 자신과 연합한, 일시적인 패배자들을 영원한 승리자로 변화시키신다. 여기에 잠시와 영원이라는 양극화가 나타난다. 만일 초대 교회가 세상 권력자들이 가한 박해 중에서 잠시 편안하게 살려 했다면, 영원한 구원을 상실하고 말았을 것이다.

초대 교회는 제사장 나라로서 성도의 공적 삶을 위하여 공적 간구를 드렸다(엡 6:18; 빌 4:6; 벧전 2:9).[59] 따라서, 그리스도인은 위정자를 비롯하여 모든 사람을 위해 기도해야 한다(딤전 2:1-10; 참고. 렘 29:7). 공공신학자는 하나님 나라의 도래와 공동선을 위해 기도하고 행동으로 옮기는 사람이다.[60] 교회는 하늘 보좌에 계신 예수님의 기도가 공적이고 우주적이라는 사실을 기억하고, 공적 기도를 공적 삶의 실천과 연결해야 한다(롬 8:34).[61]

물론, 때로 그리스도인은 악한 정치 권세가에 맞서야 하고, 포로와 같은 약자에게 연민을 가져야 한다(참고. 대하 28:1-15; 계 13:1, 11).[62] 이 사실은 앞에서 살핀 누가-행전의 공공신학에 접맥한다.

그리스도인은 사회로부터 단절되지 말아야 하는데, 불신자에 대하여 단정하게 사랑과 선과 의와 평강과 기쁨을 심어주고(롬 14:17; 고전 5:10; 살전 3:12;

---

57 B. J. Matthews, "Triumph in Colossians 2:15: Christ's Victory in a Culture of Polarization," *Presbyterion* 45/2 (2019), 104-105.

58 Louw, "Shameful Disgrace reframed by 'Amazing Grace', probing into 'Dog's Life' within the Pigmentocratic Polarisation of a Post-Apartheid Bubble," 2.

59 Kaemingk (ed), *Reformed Public Theology*, 268.

60 장석조, "교회의 선교적 정체성," 179; Marshall, "Biblical Patterns for Public Theology," 79-83. 참고로 사회적 양심과 책임감을 갖춘 종교라면 정직, 구제, 충실, 연합, 깨달음을 실천으로 옮기는 동력화, 소망, 낙관, 폭력 예방, 사회 부정의에 대한 깨달음을 제공하여 사회의 발전과 변혁을 위해 긍정적으로 기능한다. J. Beyers, "The Role of Religion and Spirituality in Transforming Society," *Acta Theologica Supplementum* 32 (2021), 59-63.

61 Kaemingk (ed), *Reformed Public Theology*, 274-75.

62 Marshall, "Biblical Patterns for Public Theology," 83-84.

4:12; 5:15; 벧전 3:15-16; 벧후 1:4-7), 자신의 받은 성령의 은사를 활용할 때 불신자에게 부정적 인상을 심어주지 않도록 주의해야 한다(고전 14:23; 벧전 4:10).[63] 그리스도인은 공동체 안에서 세례와 성찬을 통해 새 생명 가운데 행하며 선한 양심으로 사는 훈련을 받은 후, 세상을 변혁하기 위해 선교적 교회로 파송된다(롬 6:4; 고전 11:26; 벧전 3:21).[64]

요한이 가이오에게 쓴 선교 맥락의 편지(요삼 1:3)에서 그리스도인의 영과 육의 웰빙(well-being)을 기원하면서, '범사에 관해'(περὶ πάντων) 기도한다(요삼 1:2).[65] 여기서 '범사'는 웰빙을 받은 그리스도인이 선을 행해야 할 삶의 모든 영역이다(요삼 11; 참고. 마 5:3-14; 벧전 1:4; 3:15-16; 계시록의 칠복). 그러므로 신약성경에서 그리스도인이 받은 웰빙과 복은 공공선교적 목적을 수행하기 위한 은혜이므로, '거룩한 사회적 자원'과 같다.

요약하면, 선교 상황에서 기록된 서신서들은 교회와 만유의 머리이신 예수 그리스도의 십자가와 부활을 중심으로 교회당 울타리 안은 물론 바깥 영역의 변혁을 교훈한다. 이런 변혁은 그리스도인의 사랑과 정의와 선행 그리고 은사 활용으로 가능하다.[66]

---

63 C. Constantineanu, "Theology for Life: Doing Public Theology in Romania," *Social and Educational Studies* 8/2 (2017), 111.
64 M. R. Levesque, "Political Theology versus Public Theology: Reclaiming the Heart of Christian Mission," (M.A. Thesis, The University of Western Ontario, 2014), 71-72.
65 요삼 2절에서 삼중 복과 하나님의 형상 회복을 무리하게 찾고, 공교회성을 약화시키고 번영신학을 퍼트린 초대형 교회의 문제를 간과하며, 공공신학의 중요 주제인 공적 복음과 사회 정의를 그다지 강조하지 않은 영산을 공공신학자로 높이 평가하는 경우는 김미영, "한국 사회의 공공성 회복에 대한 신학적 이해: 영산 조용기 목사의 삼중축복을 중심으로," 『신학과 실천』 64 (2019), 487을 보라.
66 그리스도인이 신적 성품을 함양한다면, 교회당 바깥에서 시민 역할도 훌륭하게 수행할 수 있다(벧후 1:4-7).

3) 요약

위의 신약성경의 공공신학적 해석에 나타난 특징은 아래와 같다.

(1) 예수님은 하나님 나라와 영생, 회복적 정의, 참 복을 새 이스라엘 백성에게 선물로 주셨다. 그리고 주님은 구약 선지자들의 공공선교적 맥락을 이어받아 약자의 구원과 정의를 변호하는 사회적 혁신가와 예언자의 면모도 보이셨다.

(2) A.D. 1세기 상황에서 볼 때, 예수 그리스도의 복음과 부활은 사죄라는 영적 차원은 물론, 사회적 차원의 용서와 정치적 함의도 가진다.

(3) 누가는 세상의 권세가들과 영적 세력의 반대에 맞서 만유의 주이신 예수 그리스도의 복음과 교회의 공공성을 변증한다. 공공신학은 다종교 사회에서 하나님 중심의 신학과 세계관을 변증하는 중요한 역할을 한다.

(4) 십자가의 고난과 죽음 이후에 교회와 만유의 머리로 승귀하신 예수 그리스도는 혈연과 지연 등이 초래한 양극화를 해소하고 세상 권력을 상대화하신다.

(5) 서신서는 선교적 맥락과 그리스도 사건에 정초한 묵시 사상으로써 종말의 새 시대 안에 사는 그리스도인의 대 사회적 변혁의 능력을 고취한다. 특히, 사도는 기독교에 대해 부정적 편견을 가진 이웃들과 사회-경제적으로 차별받던 사람들의 유익을 위해 새 생명과 선한 양심을 가지고 애쓸 것을 권면한다.

(6) 공공신학은 비평적 논리성을 갖추어야 하지만, 역사의 주권자이신 하나님께 기도해야 할 사명을 중요하게 부각해야 한다.

2. 양극화를 염두에 둔 요한계시록의 공공신학적 해석

로마제국에서 새로운 종교였던 초대 교회가 요한계시록을 미래 종말론적 혹은 영적으로 해석한 것은 사회-정치적 해석이 초래할 수 있는 위험을 피하

는 방편이기도 했다.⁶⁷

세대주의자는 이스라엘의 회복이라는 정치적 어젠다를 요한계시록의 상징과 환상에서 찾는 데 몰두했다.⁶⁸ 반면, 오늘날 요한계시록의 정치적 해석의 전형은 해방신학적 정서를 가지고 반로마적 메시지를 찾아 해석가의 상황에 적용하는 데 집중한다.⁶⁹ 한 예로, 남아공에서 반(反) 아파르트헤이트 투쟁의 선봉에 섰던 부삭(A. A. Boesak)으로 대변되는 요한계시록의 정치적 해석은 공공신학의 전부는 아니며, 무엇보다 정치이념이 성경 주해를 강압하는 문제를 노출했다.⁷⁰

요한계시록에서 어떤 공공신학적 주제와 특성을 저자와 본문의 의도에 맞추어 찾을 수 있는가가 중요하다. 위에서 살핀 신약성경의 공공신학의 몇몇 특징은 요한계시록에도 나타난다. 특히, 요한은 누가가 강조한 세상 권력의 상대화에 맞물린 만유의 주 예수 그리스도와 복음의 확산을 공유한다. 초대교회 당시에 개인이나 공동체가 상호 작용하던 집단 사회에서 그리스도인의 영적 관심과 사랑의 실천은 정치 영역을 배제하지 않았다. 그리고 사회 질서와 구조는 교회와 신앙에 큰 영향을 미쳤다.

따라서, 신앙공동체의 영성은 게토화되지 않고 공적이면서도 정치적이었다.⁷¹ 초대 교회는 구원과 복음의 통전성을 믿었고, 삶의 경험으로 형성된 경건과 정치가 무관하지 않았으며, 정치가 세속적이라는 이원론적 인식은 자리잡지 못했다. 그러나 이런 분석은 복음 전파가 주로 정치적 관심 때문에 추진되었다는 것을 의미하는 것은 아니며, 공적 영역에서 정치가 다른 영역과 유

---

67 P. G. R. de Villiers, "Reading the Book of Revelation Politically," *Stellenbosch Theological Journal* 3/2 (2017), 345, 356.
68 De Villiers, "Reading the Book of Revelation Politically," 350.
69 계시록의 반로마적 해석과 민중신학의 결합은 이병학, 『요한계시록: 약자를 위한 예배와 저항의 책』 (서울: 새물결플러스, 2016)을 보라.
70 A. A. Boesak, *Comfort and Protest: The Apocalypse from a South African Perspective* (Eugene: Wipf and Stock, 2015); H. Goede and N. Vorster (ed.), *Christian Hermeneutics in South Africa*, Reformed Theology in Africa Series Volume 8 (Cape Town: AOSIS, 2022), 33.
71 참고. C. S. Keener, *Revelation* (Grand Rapids: Zondervan, 2000), 195; H. J. Lee, "Political Spirituality of Martin Luther King Jr: Formation, Praxis, and Contribution," *Journal of Religious Thought* 60/2-63/2 (2008-2010), 178.

기적으로 연계되었음을 뜻한다.[72] 앞으로 살펴보겠지만 이런 여러 특성은 요한계시록에 강하게 나타난다.

그런데 요한계시록에는 '묵시적 이원론'(apocalyptic dualism)과 맞물린 양극화가 다중적이고 다층적으로 표출된다는 특이점이 있다. 묵시적 이원론과 양극화는 무관하게 보인다. 하지만, 묵시문학은 지배자와 피지배자의 주종 관계 그리고 그런 관계를 해결하기 위한 하나님의 급격한 개입을 배경으로 하기에, 양극화는 필연적일 수밖에 없다. 요약하면 아래와 같다.

1) 신학-종교적 양극화[73]

요한이 환상을 중심으로 보도하는 내러티브에 따르면, 하나님 나라는 사탄의 조종을 받는 로마 황제와 유대인의 나라와 대결한다.[74] 사탄은 황제 숭배 이데올로기(계 12:3; 13:1)와 예루살렘 성전 이념(계 11:2) 그리고 영지주의적 이단 니골라당을 수단으로 삼는다(계 2:14).

하나님과 명예를 두고 사탄과 대결하시는데, 천상 예배라는 참된 예배(true worship, 계 4-5)와 황제 숭배라는 반 예배(anti-worship)로 양분된다(계 13).[75] 그런데 요한 당시에 소아시아의 그리스도인이 황제 숭배에 참여하지 않은 것은 기존의 사회-경제-종교 인프라와 질서를 무너뜨리는 반체제 저항 행위였다.[76] 요한의 눈에는 국가가 후원하는 (시민) 종교는 그 종교를 따르는 사람들로 구성된 선민 국가를 배타적으로 치켜세우며, 그들의 애국 행위는 우상 숭배적

---

72 마틴 루터 킹도 이런 인식을 소유하여 실천했다는 주장은 Lee, "Political Spirituality of Martin Luther King Jr.," 179를 보라.

73 이원론(성과 속, 개인-사회 등)을 따르는 보수적 복음주의자와 더 통합적인 온건한 복음주의자 그리고 헤겔-마르크스적 급진적 에큐메니컬주의자와 극단을 피하려는 온건한 에큐메니컬주의자 사이의 '신학적 양극화'에 관해서는 C. B. Peter, "Theological Polarization and Biblical Synthesis," *AFER* 35/5 (1993), 289-91을 보라.

74 이 글이 따르는 요한계시록의 '과거적 해석'은 사도 요한 당시의 종교, 정치, 경제, 문화적 상황을 철저히 고려한다. 참고. K. L. Gentry Jr., *The Divorce of Israel: A Redemptive-Historical Commentary on the Book of Revelation*, Volume 1 (Dallas: Tolle Lege, 2017), 65-83.

75 D. Flemming, *Foretaste of the Future: Reading Revelation in Light of God's Mission* (Downers Grove: IVP, 2022), 151.

76 Flemming, *Foretaste of the Future*, 153-54.

국가 종교를 돈독하게 만드는 악순환을 만든다.[77] 예배하는 방식은 삶의 방식이 된다.

요한계시록의 수신자들은 반복음적이고 교회에 적대적인 사회 속에서 어떻게 살아야 하는가?

그들은 주일 공예배 이후에 세상을 하나님 나라로 변혁하기 위해 공적 시혜자로 파송되어 살다가, 피곤을 느끼면 복된 예배로 회복되어야 하고, 다시 그 사명을 사회에서 감당하기 위해 복을 받아 파송되어야 했다(계 1:4-6; 11:15; 22:21). 이처럼 예배는 그리스도인의 사회 윤리를 형성한다.[78]

요한 당시에 참 예배와 거짓 예배의 대결에서 보듯이, 종교적 양극화는 정체성의 양극화를 노정했다. 참 예배자는 제사장 나라이자 신부지만(계 1:6; 21:2), 반대편에는 음녀가 있다(계 17-18장). 참 예배자는 선교하시는 '일곱 영'과 더불어 하나님의 선교에 참여하지만(계 1:4; 3:1; 4:5; 5:6), 그것을 저해하는 악령의 활동도 있다.

앞서 디모데전서 2장 1-10절의 공공신학적 메시지에서 살핀 것처럼, 성도가 신원을 위해 기도하는 것은 공공신학적 작업이다(계 6:9-10; 8:3-4). 하나님 나라의 공공신학은 하나님의 창조와 구원 사역에서 세상의 의미와 방향을 파악하는, 일종의 '세계관 신학'인데, 이는 세상을 부정하지 않고 긍정한다. 여기서 긍정은 세상을 하나님의 통치 영역으로 변혁한다는 의미이며, 이를 위해 그리스도인은 자신 속에 주어진 영생의 힘을 외적 실천으로 표출하는 경건을 추구한다.[79]

로마 황제는 주변 세상을 압제하여 온 세상을 자신이 숭배하던 사탄의 통제 아래에 두려고 했다. 그러나 보좌 위에 좌정하신 하나님은 주변의 모든 생명체를 상징하는 네 생물, 하나님의 백성을 가리키는 이십사 장로 그리고 천사들을 사랑과 화합의 통치 아래 통일하신다(계 4-5; 참고. 엡 1:10).[80]

---

77 Flemming, *Foretaste of the Future*, 168-69.
78 N. Koopman, "Public Theology in (South) Africa: A Trinitarian Approach," *International Journal of Public Theology* 1 (2007), 202.
79 J. Shim, "Reformed Theology as Worldview Theology: The Public Nature of the Gospel and Spirituality," *Pro Rege* 42/4 (2014), 23-24.
80 C. J. Rotz, "The One who sits on the Throne: Interdividual Perspectives of the Characterization of God in the Book of Revelation," (D.Litt. et Phil. Thesis, Rand Afrikaans University,

알쑤이스(J. H. Olthuis)에 따르면, 하나님은 소통의 방식으로 만유 안에 충만하신데, 사랑의 하나님께서 계속 '함께하심'(with-ing)은 그분의 열정 덕분이며, '연민'은 그분의 최선의 이름이다(계 7:15-17).[81] 세상의 창조도 하나님의 사랑으로부터 나오며(ex amore), 하나님의 사랑을 받는 그리스도인은 하나님의 역동적 사랑에 참여함으로써 자신의 정체성을 발견한다.[82]

2) 사회-경제적 양극화

요한 당시에 사회와 경제는 종교와 한 덩어리였다. 바다에서 올라온 짐승을 따르는 자들은 혼합주의자들로(계 2:14-15; 3:15; 13:1, 11), 어린양을 따르는 사람들을 특히 종교와 경제 측면에서 박해했다(계 13:17; 14:1, 4). 요한계시록 18장 12-13절의 경제적 약탈과 착취는 거만함, 폭력 그리고 비인간화를 일삼는 불신 유대인들의 악행을 가리킨다.

로마제국과 불신 유대인들은 자신의 권력 욕망을 맘몬이라는 대표 상징으로 표출하는 데 주저하지 않았다. 따라서, 요한에게 경제는 결코 가치 판단의 영향에서 자유롭지 않기에, 신학 및 윤리적 비평이 필요하다. 요한 당시 초대교회는 종교-정치적 이유로 인해 경제적 약자였으므로, 오늘날에 적용할 때 교회가 추구할 경제 윤리는 특히 빈자가 가난을 벗어나도록 배려하는 방향으로 설정할 필요가 있다.

로마제국은 지중해 연안의 모든 나라를 팍스 로마나 아래로 포섭하려고 무력을 행사했다. 그런데 요한계시록에서 시민권을 두고 벌어지는 싸움은 자신의 소속이 하나님 나라인가 아니면 로마제국인가로 갈린다. 하나님 나라의 시민권자는 민족과 인종을 초월한다(계 21:24).

그런데 하나님 나라의 확장은 제국 방식의 강압이 아니라, 인내와 비폭력적 선교로 이루어져야 한다. 천국과 황제의 나라는 글로벌화에 있어 유사하지만, 그것은 실체와 패러디라는 양극화로 묘사된다. 하나님 나라는 평화와 정의의

1998), 93-94, 126.

81 J. H. Olthuis, "A Vision of and for Love: Towards a Christian Post-Postmodern Worldview," *Koers* 77/1 (2012), 6.

82 Olthuis, "A Vision of and for Love," 6.

나라지만(계 4:3; 10:1) 사탄의 조종을 받는 로마제국과 유대 나라는 불의로 가득하다(계 18:5). 요한계시록의 저자는 예언자적 소명을 따라 공적 부정의와 악한 권세와 추함에 대한 공적 비평을 통해 진리를 드러낸다.[83]

요한 당시에 중요한 사회적 가치는 수치와 명예였다. 하나님을 예배하는 사람은 명예를 얻지만, 배교는 사람을 수치에 빠트린다. 하나님의 피후견인인 교회는 거짓 후견인인 사탄이나 황제에게 기웃거리지 말아야 했다. 하나님께 충성하는 것이 어린양의 신부로서 정결하게 사는 것이며 음녀는 부정할 뿐이다.

요약하면, 소아시아 일곱 교회는 명예와 수치, 후견인과 피후견인, 정결과 부정이라는 양극화 중에 선택하여 결단해야 했다. 팍스 로마나가 일상화된 상황에서 그리스도인이 복음과 하나님 나라에 내재된 정치적 비전에 충실하다면 정치를 외면할 수 없다.

그리스도인은 더 나은 사회와 공공선을 꿈꾸며 공동체적 힘을 발휘하기에 하나님 나라의 종말론적 선을 추구하는 정치 집단과 같은가?[84]

그렇지 않다. 교회를 '정치 집단'이라고 부르는 것은 정당하지 못하며, 더구나 종교성으로 충만한 그리스도인에게서 거부감을 유발한다. 더구나 정치는 그리스도인을 분열시키고 갈등하게 만드는 강력한 요소다. 하나님 나라의 복음만이 분열을 통합으로 이끌 수 있지만, 불행하게도 복음조차 정치관의 차이 앞에서 자주 무력화된다.

3) 심판과 전쟁이 초래한 생태 양극화

성부 하나님과 만왕의 왕이신 성자께서 전쟁을 통해 교회의 대적을 심판하신다(계 19:16). 하나님은 로마 황제가 다스리는 사회 질서를 정의로 심판하신다(계 6:15).[85] 그런데 심판의 도구인 전쟁은 자연 파괴를 초래한다(계 8:8). 반면, 그리스도 사건으로 시작된 신천신지는 재림으로써 완성될 것인데, 거기는

---

83 Kaemingk (ed), *Reformed Public Theology*, 6, 14-15.
84 E. K. Hoffman and L. Hoffman, "James K. A. Smith's Awaiting the King: Reforming Public Theology," *Christian Higher Education* 17/5 (2018), 326-27.
85 Keener, *Revelation*, 228.

심판이나 파괴가 없다(계 21:1, 5).[86]

어린양의 사역은 생명을 일으키지만 붉은 용과 바다 짐승 그리고 땅 짐승이라는 소위 '사탄의 삼위일체'는 파괴를 일삼는다. '말씀의 칼'과 '제국의 칼'의 양극은 이 사실을 대변한다(계 1:16; 13:10, 14; 19:15).

4) 박해와 재앙의 양극화

로마제국과 불신 유대인들은 소아시아 일곱 교회를 박해했지만, 어린양의 심판으로 재앙을 당한다. 이 사실은 요한계시록 6-16장의 일곱 인, 일곱 나팔, 일곱 대접 심판 그리고 요한계시록 20장의 유황불 못의 심판으로 나타난다. 그리스도인이 당하는 박해는 일시적이지만, 교회의 대적이 받는 재앙은 영원하다.

박해 중에서 어린양의 신부가 입어야 할 옷은 의로운 행실이다(계 19:8; 참고. 롬 13:14; 골 3:10). 그 옷은 그리스도인이 사랑, 믿음, 섬김 그리고 인내를 실천하는 것이다(계 2:19). 어린양의 신부는 혼인의 언약 관계를 기억하면서 소망 중에 박해를 이겨내야 한다.[87]

5) 복과 재앙의 양극화

재앙의 반대편에 요한계시록의 칠복이 있다(계 1:3; 14:13; 16:15; 19:9; 20:6; 22:7, 14). 앞에서 살핀대로, 산상설교의 팔복이 세상의 소금과 빛으로 사는 하나님의 백성에게 주어졌듯이, 계시록의 칠복도 공적 특성을 가지고 있다.

그리스도인이 하나님 나라 복음을 실천하는 복은 교회당 안은 물론 세상 속에서 이루어진다(계 1:3; 22:7). 이런 복된 실천이 가능하기 위해, 그리스도인은

---

86 "자유시장경제에 대한 그들(미국 복음주의 우파)의 과한 긍정은 성경이 제시하는 인간의 탐욕에 대한 경계심을 압도하고 있다. 인간은 여전히 하나님의 형상을 가진 존재이기도 하지만, 아무런 법적인 제재가 없다면 탐욕과 이기심을 자제하기 매우 어려운, 타락한 존재임을 상기할 필요가 있다. 여러 학자가 지적하듯 이기심과 탐욕이 기능하는 자유시장경제를 무한 긍정하는 태도와 환경적 청지기직은 양립하기 어렵다." 김대중, "지구온난화를 바라보는 다른 시각, 다른 대처," 『성경과 신학』 99 (2021), 84.

87 Kaemingk (ed), *Reformed Public Theology*, 148.

구원의 은혜를 기억하며 믿음의 경주를 하고 영적으로 깨어 있어 의로운 행실을 갖추고 회개해야 한다(계 14:13; 16:15; 19:9; 20:6; 22:14). 따라서, 공생애 중에 예수님께서 가르치신 팔복과 승귀하신 예수님께서 소아시아 일곱 교회에게 약속하신 칠복은 개별 그리스도인이나 한 교회가 누려야 하는 차원을 포함하면서도, 세상을 하나님 나라로 변혁하기 위한 공적 복이라는 사실을 간과하지 않도록 주의해야 한다.

6) 현실과 이상의 부조화로 나타난 양극화

요한계시록의 1차 독자는 칠복을 약속 받았음에도 현실과 믿음의 세계의 불일치를 경험했다. 수신자들이 견지해야 할 믿음의 상징 세계는 요한계시록 4장 이후의 보좌 환상이 잘 보여준다. 소아시아 일곱 교회는 이런 부조화를 상징 세계에 대한 소망과 믿음으로써 극복해야 했다.

절망하기 쉬운 상황에서 교회는 어디에서 종말론적 소망을 찾아야 하는가?

교회는 아무 문제가 없는 먼 미래를 바라보기보다, 그리스도께서 이미 행하신 것을 따라 하나님의 현재적 능력을 믿어야 하며, 더불어 소망으로 미래의 멜로디를 듣고 믿음으로 거기에 맞추어 춤추어야 한다.[88]

이런 의미에서 그리스도인은 불신자와 현저히 구별된 삶의 방식을 통해 새로운 문화를 형성하는 대안 세력과 같다.[89]

하나님의 심판은 교회에게 공적 기쁨을 가져다 준다(계 18:20; 19:1-8). 그러나 음녀와 그녀의 추종자들은 공적 슬픔과 두려움과 애통에 빠져든다(계 18). 이처럼 하나님은 세상과 역사 속에 자신의 생명과 역동성을 보이시는데, 현실과 이상의 부조화를 겪는 그리스도인도 영적인 눈으로 하나님의 현존과 사역을 볼 수 있어야 한다. 이런 영안이 열린 성도는 공적 광장에서 하나님 나라를 지향하는 행동을 추구한다.[90]

---

88 D. A. Forster, "What Hope is there for South Africa?: A Public Theological Reflection on the Role of the Church as a Bearer of Hope for the Future," *HTS Teologiese Studies* 71/3 (2015), 9, 12.

89 Kaemingk (ed), *Reformed Public Theology*, 17.

90 Kaemingk (ed), *Reformed Public Theology*, 311.

7) 시간 및 공간의 양극화

다른 신약성경처럼 요한계시록에도 '이미'(계 11:15; 12:10-12)와 '아직 아니'(계 20:10; 21:1)라는 시간적 긴장 혹은 양극화가 존재한다.

어린양의 구원과 세상의 재창조는 현재 진행형이다(계 21:5). 물론, 교회와 세상의 새 창조는 예수님의 재림으로써 완성될 것이다. 이처럼 공공신학은 하나님 나라의 현재성과 미래성이라는 시간을 분별한다(참고. 대상 12:32).[91]

'도시'라는 공간도 양극화와 관련 있다. 큰 도시 음녀 바벨론(계 17-18장)과 하늘의 도시 새 예루살렘(계 21:2-22:5) 간의 양극화가 있다. 전자는 음녀, 후자는 신부다. 따라서, 이 둘은 물리적 공간의 양극화라기보다 교회의 대적과 예수님의 신부라는 두 공동체의 대립으로 파악해야 한다. 음녀와 신부는 사탄과 하나님이라는 상반된 '영적 공간'에 각각 거하는데, 전자가 심판을 당하는 '애가적 도시'(lamentational city)라면, 후자는 구원의 은혜를 입은 '송영적 도시'(doxological city)다.

하늘과 땅/바다 사이의 공간적 양극화에 주목해야 한다(계 12:7, 12; 21:2). 하늘에서 이루어진 하나님의 통치를 약속의 땅과 열방을 상징하는 바다에 거하는 자들은 거부한다. 종말의 개시자(알파)요 완성자(오메가)이신 예수 그리스도 안에서 '이미 그러나 아직 아니'라는 시간의 긴장과 양극화는 해소된다. 그리고 하늘과 땅을 다스리시고 연결하시는 예수님 안에서 공간의 양극화도 해소된다(계 10:1; 12:7, 12).

> 하나님의 가치(속성과 사역)에 초점을 둔 예배는 하늘을 가장 가까이에서 미리 맛보도록 만들고, 성도는 종말의 선금(down payment)인 성령님 안에서 그것을 경험한다(고전 2:9-10; 고후 1:22).[92]

이처럼 참된 예배는 시간과 공간의 양극화를 모두 해소한다. 앞에서 살핀 것처럼 바울처럼 요한도 그리스도 사건으로 추동(推動)되는 묵시 사상으로 양극화

---

91 Kaemingk (ed), *Reformed Public Theology*, 16.
92 Keener, *Revelation*, 180.

를 해소한다.

소아시아 일곱 교회는 사도 요한의 목회적 돌봄 아래 묶여 있었다. 튀르키예 서부의 넓은 지역에서 이 공교회가 실천하는 "덕은 성육화되고 구체화된 실천적 가치다. 덕이 개인과 공적 차원에서 계발될 때, 모든 사람을 위한 존엄의 삶을 실현하는 데 중요하게 기여한다."[93] 더불어 요한계시록 내러티브에서 큰 분량을 차지하는 공간은 환상이다. 이 환상이라는 가상 공간은 하나님의 계시가 전해지고, 그리스도의 승리가 구현되며, 참 예배가 드려지는 장소다.[94]

8) 요약

요한은 자신의 묵시-예언-편지에서 하나님만을 예배하지 않는 세상에서 벌어지는 신학-종교적 양극화, 반기독교 사회에서 그리스도인이 신앙을 지키기 위해 소외와 손해를 감수해야 하는 사회-경제적 양극화, 전쟁과 심판이 초래한 생태적 양극화, 일시적 박해와 영원한 재앙의 양극화, 복과 재앙의 양극화, 이상적 미래를 소망하지만 그렇지 못한 현실 때문에 발생하는 현실과 이상의 양극화 그리고 영원한 미래와 완성될 하늘과 대비되는 땅과 바다에서 불가피하게 일어나는 시간과 공간의 양극화를 제시한다. 독자는 하나님만 예배하며 영원과 완성을 소망하면서 믿음의 상징 세계를 잊지 말고 소외와 박해 중에서도 매일 올바르게 결단하며 살아야 했다. 바로 그때 그리스도인은 세상에 참 복을 보여주고, 대적의 성문, 곧 악의 세력이 불법으로 점유하고 있는 모든 영역을 하나님의 주권으로 회복할 것이다(참고. 창 22:17).

복음서와 바울과 베드로의 서신이 기독교와 복음의 특유성과 공공성 그리고 공동선 지향성을 변증하면서 필요시 로마제국의 행태를 간접적으로 비판했다면, 황제 숭배 강요와 제국의 공식적인 박해를 배경으로 하는 요한계시록은 다양한 양극화와 그것의 해소 방안을 반로마적 메시지에 직접 담되 묵시 사상과 이원론적 방식으로 언급한다.

---

93 Koopman, "Public Theology in (South) Africa," 204.
94 송영목, "성경의 가상 공간과 선교적 함의," 『고신신학』 24 (2022), 285-311.

나오면서: 한국 사회의 양극화를 넘어서기 위한 요한계시록의 공공신학적 제안

20세기 중순 이래, 신학은 학계에서 비 객관적 학문으로 경시되다가 20세기 후반에 학계로 귀환했지만 교회와 사회를 제대로 섬기고 있는지 비판이 필요한데, 하나님 나라의 비전을 세상에 구현하기 위한 신학의 공공성 회복을 위해서 공공선교신학이 중요하다.[95]

만유의 창조주와 섭리자 그리고 구원자이신 삼위 하나님의 사역을 밝히는 성경 각 권은 나름의 색채로 공공선교신학을 그려낸다. 예수 그리스도는 가장 선하신 분으로서 공동선을 실천하셨고, 심지어 자신의 원수와 죄인들에게도 생명과 사랑과 평화와 회복적 정의를 선물로 주셨다.[96]

그러므로 공공신학은 마땅히 그리스도 중심이어야 한다. 신약 복음서와 역사서 그리고 서신서에 나타난 공공신학은 요한계시록의 공공신학과 상호보완되어야 큰 그림이 완성된다. 또한, 요한계시록은 정경의 결론이므로 공공신학의 요소를 통합한다.

요한계시록의 묵시적 이원론은 양극화와 연결된다. 이 점은 계시록의 공공신학적 해석을 정립하는 데 중요하다. 요한계시록의 공공신학은 요한계시록 자체에서 공공신학적 요소를 찾는 작업이며, 요한계시록의 공공신학적 해석은 공공신학적 틀과 방법으로 본문을 먼저 주해하고 후에 적용하는 작업이다. 위에서 살핀 바처럼, 전자는 묵시적 이원론의 빛에서 탐구가 가능하다. 후자는 공공신학의 틀과 방법을 먼저 정립한 후에 본문을 조망할 때 가능하다.[97] 필자는 요한계시록의 공공신학적 요소로부터 양극화를 극복하기 위한 방향성을 아래와 같이 제안한다.

---

95 정의환, "신학의 공공성과 그 사회적 함의: 한국 사회와 교회 안에서의 전망," 『가톨릭신학』 40 (2022), 34-38.
96 C. Constantineanu, "God in Public: A Prolegomena to Public Theology in the Romanian Context," *Journal of Humanistic and Social Studies* 8/1 (2017), 175.
97 계시록에 해당하는 적절한 공공신학적 틀과 방식이 있는가? 계시록에만 적실한 공공신학의 틀과 방법이 있다기보다, 앞에서 살핀 바처럼 신약성경의 공공신학적 해석의 방법과 결과를 계시록에 적용하면 된다. 왜냐하면, 신약성경 전체의 역사적 배경은 박해 상황이며, 하나님 나라 신학과 공공선교적 경향 그리고 정도의 차이는 있지만 묵시적 특성을 공유하는 공통분모를 가지기 때문이다.

(1) 그리스도인의 공공선교적 실천에서 성령님의 역사는 결코 간과할 수 없다(계 5:6).[98] 이는 공공신학이 자주 간과하는 바다. 예배의 성령께서 충만히 임하는 "건강한 공적 예배에서 최선의 공공신학이 도출된다"(참고. 계시록의 신학-종교적 양극화).[99]

요한계시록에서 성령은 공적으로 하나님의 선교와 그 선교에 동참하는 교회의 선교를 주도하시는 영이시다. 이 대목에서 삼위 하나님의 구원 역사를 밝히는 구속사적 해석은 선교적 교회를 포섭한다. 따라서, 그리스도의 재창조 활동에 동참하는 그리스도인은 가라앉는 배와 같은 세상을 넋 놓고 바라보거나 그 안의 사람만 구출하기보다, 그 배 자체를 창조적이고 건설적으로 구출하여 하나님의 생명과 정의와 아름다움을 세상에 드러내려 한다.[100] 세상을 파괴하는 한 요인인 양극화는 하나님의 정의를 정면으로 위배한다.

그렇다면 양극화를 창조적이면서도 건설적으로 구출하는 방안은 무엇인가? 하나님의 새 창조 사역에서 통전적 회복과 정의는 중요한 가치인데, 그것은 인위적인 차별과 독점 그리고 배타성을 거부한다.

(2) 선교적 그리스도인은 거룩한 행실로써 주님이시며 모델이신 예수 그리스도를 따른다(계 14:4). 그리스도인에게 덕은 공적 성품이자 공적 명함과 같은데, 성부 하나님은 그리스도 안에서 사람에게서 자신의 '종교적 형상'만 아니라, 전인을 회복시키셨다.[101] 보좌에 앉으신 하나님은 자신을 세상에 공적으로 나타내신다. 그러므로 그리스도인도 모든 영역에서 공동선을 추구하며 새로운 삶의 방식으로 자신의 정체성을 표현해야 한다.[102]

그리스도인은 '시장이 신이 된 시대'에 공동선을 실족시키는 큰 걸림돌이 경제 양극화임을 직시해야 한다.

---

98 인간은 우주의 청지기이자 성령에 의해 고양된 공동체로서 성령으로 감동된 정치적 경제 공동체를 추구하면서 교회와 사회에 사랑과 정의 그리고 공공선을 실현해야 한다는 주장은 슬로베니아의 오순절교회 소속 D. C. Augustine, *The Spirit and the Common Good: Shared Flourishing in the Image of God* (Grand Rapids: Eerdmans, 2019)을 보라. 하지만, 성령의 공동체는 인류가 아니라 교회이다.
99 Kaemingk (ed), *Reformed Public Theology*, 18.
100 Kaemingk (ed), *Reformed Public Theology*, 11.
101 Shim, "Reformed Theology as Worldview Theology," 28.
102 Shim, "Reformed Theology as Worldview Theology," 28.

개혁주의 공공신학은 교회와 만유의 주이신 예수님을 중심으로 하는 하나님 나라 신학이다. 그것은 제사장 나라로 부름받은 선교적 교회가 간학제 방식으로 세상과 소통하며, 다양한 공적 문제(탈도덕, 경제 양극화, 기득권의 부패, 출산율 감소, 질병, 난민, 성 및 인종 차별, 환경문제 등)를 해결하기 위해 공동선이라는 접촉점을 소중히 여기고, 성경의 그랜드내러티브가 밝히듯이 모든 영역에 하나님의 주권을 건설하는 세계관 신학이다.

이것은 사랑과 정의를 시행하시는 하나님, 복음, 교회가 원래 공공성을 띠고 있음을 전제한다.[103] 이런 공공성은 본문과 주석자의 상황을 적절히 고려하면서 성경 본문을 정확하게 주해할 때 더 풍성하고도 분명하게 드러난다.

따라서, 다른 신학 분과들처럼 개혁주의 공공신학은 신학 바깥의 분과들보다는 먼저 주경신학으로부터 영양분을 공급받은 후, 특히 선교적 교회와 공공실천신학과 접맥되어야 한다. 신앙고백을 존중하는 신학 분과들의 통섭으로 구축되는 개혁주의 공공신학은 인간의 고난과 문제를 해결하기 위해서 사회학, 인류학, 심리학, 생물학 그리고 법학 등으로부터 간학제적 통찰을 요청한다.[104] 하지만, "고립된 채 사유하고 그것으로 교만하다면, 그 결과는 멍텅구리가 되는 것이다"(G. K. Chesterton).

(3) 그리스도인은 회복적 정의를 추구해야 한다(계 15:4; 19:8). 하나님의 주요 속성을 요약하면 사랑과 진리와 정의인데, 그리스도인은 회복적 정의를 진심으로 추구해야 한다(계 11:13).[105]

그러나 온 세계에 약자나 공동선이 아니라 이미 가진 자에게 이익을 안겨주는 경제적 착취, 자국을 과대 포장하여 선전하는 거만함, 민주주의와 평화를 명분으로 내세우면서 패권을 잡으려는 폭력성 그리고 난민이나 유색인에 대한 인종 차별이 끊이지 않는다(참고. 요한계시록의 사회-경제적 양극화).[106]

---

103 "기독교 신학 교육은 더욱 공적 탐구여야 한다. 안타깝게도 미국 주류 신학 교육은 개인의 여정을 강조하는 것 같다. …만일 신학 교육이 '하나님'과 '말씀'의 관계에 관한 것이라면, 이 두 사항은 모든 피조물과 연관됨을 기억해야 한다. 신학 교육에서 유익을 얻을 수 있는 추가적인 중요한 공적 영역은 더 넓은 시민 사회와 특히 세상과 우주다." D. N. Hopkins, "The Purposes of Theological Education," *Theological Education* 51/2 (2018), 46.

104 K. T. Resane, "Populism versus Constitutionalism in South Africa: Engaging Public Theology through Dialogue," *In die Skriflig* 56/1 (2022), 6.

105 Shim, "Reformed Theology as Worldview Theology," 29.

106 참고. Flemming, *Foretaste of the Future*, 178-80.

이에 맞서 그리스도인이 신앙공동체 안팎에서 올바르게 실천하려면, 그런 실천에 영향을 미치는 영적, 심리적·사회적·경제적·문화적·정치적 요소들을 사회 과학 분과들과 소통하여 파악해야 하고, 현장의 여러 목소리를 신학적 목소리로 들어야 한다.[107]

이때 그리스도인은 신앙고백적 자세를 유지하고 종교혼합주의를 경계하면서 교회와 세상을 실효성 있게 섬기는 '공공실천신학'(public practical theology)을 수행해야 한다.[108] 실천신학의 대상에 그리스도인의 영혼은 물론 교회당 바깥의 공적 영역을 포함하면, 더 나은 사회의 구현을 위해 새 생명과 새 에토스를 겸비한 그리스도인이 공적 영역에서 당면하는 이슈를 해결할 방안을 '공적인 목회 돌봄'(public pastoral care) 차원에서 더 적극적으로 강구할 것이다.[109]

(4) 그리스도인은 평화를 정착하도록 노력해야 한다(참고. 요한계시록의 박해와 재앙의 양극화). 하나님께서 악을 심판하시는 주요 수단은 전쟁인데, 구약 선지서와 요한계시록에서 큰 비중을 차지한다(계 6:4).

북한의 핵무기는 한국에서 중요한 공공신학적 문제다. 세계 교회는 핵무기 포기를 강조해 왔지만, 핵무기 소유국들은 감축 의지를 보이지 않기에 새로운 접근법이 필요하다. 전 세계 그리스도인은 핵무기의 필요성을 증대시키는 불안과 적대감을 줄이는 해법을 찾아야 한다. 핵무기의 필요성을 대두시켜서 온 세계에 두려움과 불안을 조장하는 분위기를 거부해야 할 때다.[110]

(5) 그리스도인은 공동선을 추구하는 균형 있는 정치 의식을 고취해야 한다. 지혜롭고 의로우신 하나님께서 한 나라를 심판하실 때, 부패하고 무능한 통치자를 세우신다(예. 네로, 헤롯 그리고 현대 대통령). 권력가의 부패는 교묘하며, 기

---

107 G. Aziz, "Youth Ministry as a Public Practical Theology: A South African Evangelical Perspective," *HTS Teologiese Studies* 78/1 (2022), 3.

108 공공실천신학에서 특히 성인 크리스천을 대상으로 하는 '교리 교육'은 계시와 전통에 기반하여 기독교공동체의 정체성과 내면과 외면적 삶을 형성하여 글로벌 및 다원적 사회에서 이슈들을 적절히 해석하도록 돕는다는 주장은 S. G. Jang, "Constructing a Public Practical Theology: A Trinitarian-Communicative Model of Practical Theology for the Korean Public Church," (Ph.D. Thesis, Princeton Theological Seminary, 2002), 235-53을 보라.

109 Magezi and Nanthambwe, "Development and the Role of the Church," 7.

110 M. Cohen, "Nuclear Weapons and the Christian: Disarmament or Learning to live with Nuclear Armed Adversaries?" *IJPT* 14 (2020), 513-14.

득권층이 현상 유지를 위해 구사하는 기만과 술수는 다양하고 만연하다. 교회는 하나님의 나라를 구현할 수 있는 정치적 의식을 교육하고, 그런 의식으로 공동선을 구현하는 정치인을 양성해야 한다.[111]

공공신학은 현실 문제를 성경의 진리에 담아서 비평적으로 논증하되, 그리스도인이 실천적으로 적용하도록 제시해야 한다. 이때 정책 입안자들이 이런 연구와 결과의 가치를 인정하고 정책에 반영한다면 이상적 시도가 될 것이다. 이런 이상적인 결실은 공공신학이 가급적 비신학적 용어로 진술되고, 간학제적 통찰력을 활용할 때 더 가능할 것이다.[112]

공공신학으로서 개혁신앙은 '오직 성경'과 '오직 믿음'을 교묘하게 왜곡하는 근본주의와 같은 기독교 이념이나 신자유주의와 같은 사조를 분별하고 배격해야 한다.[113] 교회는 물론 세상을 섬기려는 모든 신학은 공공선교신학이다. 이에 관해 황경철은 정치 과잉과 편향에 빠진 한국 교회에게 소극적이지만 비교적 적절하게 조언한다.

> 세속 정치를 교회가 변혁을 이유로 과도하게 개입하기보다 '소박한 공동선'과 '보편적 정의'를 따라 평화로운 공존을 보존하도록 적절한 거리를 두는 것이 어쩌면 지금의 한국적 상황에서는 보다 현실적인 정치신학적 비전이 아닐까 사료된다.[114]

그리스도인은 일반은총 안에서 특별은총을 시연하고, 이생과 내생의 정치와 문화의 연속성을 드러내며(계 21:26), 정치와 문화를 비롯한 각 영역은 구속과 회복의 대상이라는 인식을 갖추어, 문화명령과 지상명령을 통전적으로 수

111　Luka, "The Prologue of John," 210.
112　개혁주의 공공신학이 다양성과 모호성 그리고 혼종성에 빠진다면 방향을 잃어 교회를 통한 사회 변혁에 도움을 줄 수 없다. 또한, 공공신학자가 강조하는 종교 간의 협력이 기독교를 혼합주의에 빠지지 않도록 주의해야 한다. Contra Urbaniak, "Probing the 'Global Reformed Christ' of Nico Koopman," 527; Hughson, *Connecting Jesus to Social Justice*, 224-25.
113　V. S. Vellem, "The Reformed Tradition as Public Theology," *HTS Teologiese Studies* 69/1 (2013), 3-4.
114　황경철, "제임스 스미스와 데이비드 반드루넨의 공적 신학 비교 연구," (Ph.D. 논문, 합동신학대학원대학교, 2022), 311.

행함으로써 적극적으로 공동선과 선교를 추구하려고 노력해야 한다.[115]

(6) 그리스도인은 번영복음이나 개발지상주의자의 탐욕에 맞서 생태 정의를 구현해야 한다(참고. 요한계시록의 심판과 전쟁이 초래한 생태 양극화). 요한계시록은 세상의 갱신을 지지하는데(계 21:5), 생태 문제를 해결하기 위해서는 개인의 실천도 중요하지만, 환경에 대한 국가 정책의 지형 변화가 중요하다. 무엇보다 보수 위정자나 정당의 소극적 환경 정책이 적극성으로 보완되어 균형을 유지해야 한다.[116]

다시 말해, 교회는 경제-정치는 물론 환경 영역에서도 하나님 나라의 대안을 가르쳐야 한다.

(7) 그리스도인은 다원주의 사회에서도 순수한 복음을 고수해야 한다(계 14:6-7). 세상을 새롭게 창조하는 복음은 그리스도인이 모든 삶의 영역에서 참된 복을 증명할 때 실현된다.

그런데 포스트모던의 다원주의 사회에서 기독교의 배타적인 복음조차 공동선을 세우는 데 도움을 주는 한 가지 방식으로 인식된다. 기독교는 양극화와 불평등을 강화하지 않도록 주의를 기울여야 하고, 불평등과 두려움과 온갖 재난에 직면한 사회에 참된 영성, (인간 존엄과 약자 보호 등에 대한 사회적 합의를 이뤄 개선하는) 가치와 지속가능성, 안정성과 소망을 제공할 수 있어야 한다.[117]

소위 '가나안 교인'의 제도 교회로부터의 이탈 현상이 교훈하듯, 기독교의 복음을 전달하는 공공신학자인 모든 크리스천의 에토스가 신뢰할 만하고 매력적으로 나타나도록 훈련 받아야 한다.[118]

신약 서신서의 인사말에서 보듯이, 공공신학은 복음 메신저의 에토스를 앞서 강조해야 한다. 그런 메신저가 공적 영역으로 나가기 전에 무엇보다 자신의 정치관을 성경으로 교정 받아야 하고, 하나님 나라의 가치를 따라 선교 정

---

115 이것은 아브라함 카이퍼와 제임스 스미스의 입장인데, 이 세상과 내세를 불연속적으로 파악하면서 총체적 문화변혁에 소극적인 데이비드 반드루넨과 차이가 난다. 참고. 황경철, "제임스 스미스와 데이비드 반드루넨의 공적 신학 비교 연구," 211-85
116 E. W. Johnson and P. Schwadel, "Political Polarization and Long-Term Change in Public Support for Environmental Spending," *Social Forces* 98/2 (2019), 916, 931-34.
117 I. J. van der Merwe, "Publiek, Republiek en die Publieke Kerk," *NGTT* 49/3-4 (2008), 357; Constantineanu, "Theology for Life," 107.
118 Resane, "Populism versus Constitutionalism in South Africa," 7.

신을 실천하는 훈련을 거쳐야 한다.[119]

공공신학은 전문적으로 신학 훈련을 거쳐 교회와 사회를 연결하는 신학자와 설교자가 교육하는 방식(top-down)에서 시작하되, 각 영역에서 선교적 교회로 활동하는 일반 성도의 실천적 경험과 통찰을 반영하는 방식(bottom-up)도 통합해야 한다.[120]

(8) 그리스도인은 기독교에 대한 오해를 불식시켜야 한다. 신학자와 설교자는 신약성경이 가부장제를 비롯 온갖 차별과 배타성을 조장한다는 오해를 교정할 수 있어야, 회중이 세상 속에서 지혜롭고도 당당하게 소통하며 복음을 변증할 수 있다(막 15:40-41; 눅 10:38-42; 갈 3:28; 엡 5:23).

한 예로, 요한계시록이 음녀의 파멸을 즐기는 여성 혐오자의 광기 어린 작품이 아님이 적절히 논증되어야 한다. 성경 본문에 담긴 원리와 함의가 현대 독자와 상황을 결정하고, 페미니즘과 같은 현대 상황과 사조가 본문의 의미를 결정하지 않도록 만든다면, 본문의 의미를 해체하고 과도하게 상황화하는 우를 피할 수 있다.[121]

공공선교적 교회가 지속 가능하고 샬롬이 깃든 사회를 건설하는 데 동참하려면, 하나님 나라의 통전적 복음에 담긴 사회-정치적 함의를 발견해야 한다(롬 14:17).[122] 개혁신학은 교회만을 위하지 않고, 교회를 통하여 세상에 하나님 나라가 도래하는 데까지 목표를 설정해야 한다.

이를 위해, 교회와 신학교 그리고 기독교 기관이 연대하여 '공공선교신학 플랫폼'을 구축한다면, 공적 진리와 사랑과 정의의 영이신 성령님으로 충만하여 사회의 공동선과 번영을 구현하기 위한 방안들을 체계적으로 실천할 수

119　Resane, "Populism versus Constitutionalism in South Africa," 8.
120　Constantineanu, "God in Public," 173. 참고로 서구 신학적 방식으로 수행되는 획일적인 글로벌 공공신학은 공공신학 주체들의 다양성을 훼손할 수 있다는 비판은 D. A. Forster, "African Public Theology?: A Conceptual Engagement to keep the Conversation Alive," *In die Skriflig* 56/1 (2022), 2-3을 보라. 그러나 개혁주의 공공선교신학은 연구자와 상황의 다양성을 인정하더라도 포스트모던 상대주의나 해체주의식 비결정성과 결론을 용인하지 않는다.
121　참고. E. M. Cornelius, "Can the New Testament be blamed for Unfair Discrimination of Domination in Modern Societies?" *In die Skriflig* 56/1 (2022), 3-6.
122　Constantineanu, "Theology for Life," 109.

있을 것이다.

공공신학은 타당한 근거를 확보하기 위해 그리스도 중심의 성경 주해로부터 도움을 더욱 받아야 하고, 공적인 토론과 논의에서 그치지 말아야 한다.[123]

---

[123] 지역 교회가 실행하는 개혁주의 공공신학의 단계는 다음과 같다. (1) 목회자는 지역의 현황을 고려한 채 공공선교적 목회 계획을 수립하고 해당 본문들을 하나님 나라와 복음의 통전성에 따라 석의함, (2) 목회자는 본문의 공공신학적 특성과 원리를 찾아 지역의 관련 이슈를 정량과 정성으로 파악하여 접맥함, (3) 목회자는 해당 공공신학 이슈를 잘 아는 회중과 함께 간학제적 브레인 스토밍을 통해 실천 원칙과 사항을 단계별로 수립함, (4) 설교와 기도로 공동체가 함께 성령 충만과 지혜와 용기를 얻어 실천을 동력화함, (5) 회중이 실천 후 피드백을 공유하고, 목회자와 더불어 새로운 실천 전략을 수립하여 기도하고 실천함. 위의 5단계를 매주 실행할 수 없으므로 매달 혹은 분기별로 실행할 수 있다. 예를 들어, "지역을 사랑과 복음으로 섬기는 교회"라는 표어를 가진 교회가 경제 양극화를 해소하려면, (1) 목회자는 구제를 다루는 고후 8-9장을 이미 임한 하나님 나라와 복음의 통전적 관점에서 주해하고, (2) 초대 교회 간의 구제를 오늘날 교회의 대사회 구제로 상황화하고, (3) 목회자가 석의를 통해 발견한 공공신학적 특성과 원리와 실천 방향을 공무원이나 사회복지사로 활동 중인 성도가 가지고 있는 정보와 아이디어와 접맥하며 실천 사항을 고도화하여 수립하고, (4) 설교하고 합심 기도로 회중의 공감대를 강화한 후에, (5) 회중이 실천하고 피드백과 간증을 모아 평가한 후, 더 높은 수준으로 목표를 달성하기 위해 새로운 투자와 실천 전략을 수립하여 다시 한 달이나 한 분기 동안 실천한다. 이런 실천에 다른 기관이 시행하는 빈자 구제와 협력하고 정책 입안에 참여하는 것도 포함된다. 교회 규모가 작다면 이웃 교회와 협력하면 된다. 참고. Jang, "Constructing a Public Practical Theology," 305-313.

제11장

성경의 가상 공간과 선교적 함의[1]

들어가면서

　현실 세계를 벗어난, 경험하지 못한 미지의 세계는 신비롭다. 그러다보니 그런 세계를 이해하기 위하여 기발한 가설이나 성경의 내용에 반하는 주장도 등장한다.[2]

　인터넷 사용자에게 온 세계에 펼쳐진 가상의 그물 세계(world wide web)는 편안하고 필수적인 실제 세계와 같다. 그래서 현대를 현실 세계와 1987년부터 대중화된 가상 현실(virtual reality)이 융합된 혼합 현실(merged and mixed reality)의 시대로 규정하기도 한다.[3] 1990년에 처음 사용된 용어인 '증강 현실'이 출현한 배경은 몰입도는 높지만 인위적이기에 현실성이 떨어지는 가상 현실의 단점을 극복하기 위함인데, 현실 세계에 가상의 이미지를 입혀 원래 존재하고 있는 것처럼 보여준다.[4]

1　이 글은 "성경의 가상 공간과 선교적 함의,"『고신신학』 24 (2022), 285-317에 실렸다.
2　창 1장은 외계인들이 살기 좋은 지구에 정착한 내용이라는 주장과 성경의 그룹이나 천사는 영적 존재가 아니라 사람이기에 별자리에 대한 연구가 필요하다는 주장이 있다. 참고. 지명수,『과학적 창조론』(서울: 한국학술정보, 2008); "네 생물과 그룹들,"『성경과 고고학』 48(2005), 65-66.
3　지혜경, "가상 현실의 실재화에 불교는 어떻게 응답해야 할까,"『한국불교학』 84 (2017), 167.
4　이기호, "증강 현실의 의미적 개념과 종교적 믿음의 관계에 관한 고찰: 성경에 기록된 사건을 중심으로,"『만화애니메이션연구』 3월호 (2019), 214-15. 참고로 개개인이 인식하는 세상을 번뇌의 무지에 의해 형성된 가상 세계로 간주하는 불교계도 가상 현실에 대응하고 포교를 위해 활용하고 있다. "붓다의 경전의 세계는 주로 명상 속에서 펼쳐지는 세계이다. 그러한 경전의 세계를 가상 세계에 구현해 놓아 사람들이 부처의 설법 장소에 참여하여 법문이 설파되는 것을 듣게 할 수 있다. 이전에는 경전을 읽었지만, 이제는 생생한 체험으로 경험할 수 있게 할 수 있다." 연세대 연구원인 지혜경, "가상 현실의 실재화에 불교는 어떻게 응답해야 할까,"『한국불교학』 84 (2017), 177, 180.

다시 말해, 증강 현실은 가상 세계를 현실 세계로 초대함으로써, 현실과 가상 세계의 경계를 허문다. 증강 기술은 현실에 대한 지각을 가상으로 확대하고 증강시키려는 시도지만, 자주 몰입하여 중독이 되어버린 가상 세계를 현실과 혼동하거나 현실을 회피하도록 만드는 문제를 일으킨다.[5] 인공지능과 디지털 기술의 발전으로써 공공영역으로 자리잡고 있는 증강된 가상 현실(augmented virtual reality)도 심심찮게 회자된다.[6]

이처럼 디지털 기술은 일상에 조용히 스며드는 기술(calm technology)이 되고 있기에, 서서히 일상의 문화나 환경처럼 자리매김 중이다.[7]

신학계에도 더럼대학교의 '디지털신학을 위한 CODEC 연구센터'(2014년 설립)의 연구 책임자인 피터 필립스(Peter Phillips)를 중심으로 증강 현실과 디지털 문화 속에서 성경을 비평적으로 해석하고, 디지털 인류가 직면한 이슈들을 연구 중이며,[8] '적실한 디지털 자서전적 신학'을 가리키는 '트위터-신학'이라는 신조어가 등장했고,[9] 가상 공간에서 벌어지는 문제들에 대한 신학적 성찰의 필요성도 제기된다.[10] 덧붙여 코로나19는 비대면 가상의 온라인 예배의 정

---

5 남성혁, "가상 세계와 증강 현실에 상주하는 디지털 세대에 대한 전도 가능성," 『복음과 선교』 51 (2020), 103.

6 영어 'Virtual'(가상)의 어원은 칼빈도 사용한 라틴어 'virtus'(힘)인데(참고. 『기독교 강요』 2.9.2), 어원상 '실재'의 반대말인 '가짜'라는 뜻과 거리가 멀다. C. Morse, "The Virtue of Heaven: From Calvin to Cyber-Talk and Back," *Modern Theology* 19/3 (2003), 323; 정중호, "가상 현실 기법을 활용한 성서 해석 방법론에 관한 연구: 에스겔을 중심으로," 『구약논단』 13 (2002), 3; 이기호·배성한, "증강 현실의 공간적 개념에 관한 연구," 『예술과 미디어』 12/4 (2013), 218.

7 이기호·배성한, "증강 현실의 공간적 개념에 관한 연구," 217.

8 P. Phillips, K. Schiefelbein-Guerrero and J. Kurlberg, "Defining Digital Theology: Digital Humanities, Digital Religion and the Particular Work of the CODEC Research Centre and Network," *Open Theology* 5 (2019), 30-40.

9 J-A, van den Berg, "'N (Outo)Biografiese Twitter-Teologie," *HTS Teologiese Studies* 72/4 (2016), 1.

10 미국의 온라인 기독교 사이비집단인 '하늘의 문'(Heaven's Gate) 소속 수십 명은 초월적인 사이버 공간으로 옮기기 위해 교주의 명령에 따라 자살했다. 그들은 온라인 콘텐츠를 제작하기 위해 요한계시록과 스타 트랙(Star Trek)에서 이미지와 음향 효과들을 따왔다. H. B. Urban, "The Devil at Heaven's Gate: Rethinking the Study of Religion in the Age of Cyber-Space," *Nova Religio* 3/2 (2000), 270. 그리고 가상 세계와 현실 세계의 연속성에 근거한 사이버 섹스가 초래하는 성중독과 성폭력 등의 문제점은 S. Knauss, "Transcendental Relationships?: A Theological Reflection on Cybersex and Cyber-Relationships," *Journal of the Institute for the Study of Christianity & Sexuality* 15/3 (2010), 337-38을 보라.

당성 여부와 온라인 교회(online church 혹은 church online)에 관한 신학 논쟁을 촉발했다.

그리스도인은 이런 가상 공간도 하나님께서 다스리시도록 해야 하는가?

아니면 가상 및 증강 현실이 현실 세계와 혼동을 야기하고 중독이나 다양한 범죄를 조장할 수 있기에 거부해야 하는가?

본 장의 목적은 성경에 나타난 가상 공간의 유무와 그것의 의미로부터 공공 선교적 함의와 방향을 찾는 데 있다. 하나님은 가상 세계를 통하여 자신을 계시하시고 심판하시며 모든 영역과 공간을 다스리시므로, 교회가 가상 공간을 하나님의 선교를 위한 수단으로 활용해야 함을 논증할 것이다.[11]

1. 성경의 가상 공간 유무 문제

성경에 나타난 꿈이나 환상은 허구의 세계인가?

아니면 가상 현실이나 증강 현실과 관계가 있는가?

성경의 꿈과 환상에 나타난 공간과 세계는 실제 세계가 아니므로 가상 현실로 분류 가능하다(창 28:12-16; 41:17-24 등).[12] 그런데 이런 가상 현실은 하나님의 계시, 성령께서 꿈과 환상을 보는 사람을 감동하심 그리고 하나님의 백성의 믿음의 눈과 관련있다(히 11:1-3; 계 4:1).

따라서, 성경에서 계시의 수단으로 꿈과 환상이 등장할 경우, 그것은 허구의 세계(fictional world)가 아니라, 하나님의 계시가 주어진 상징적 세계(symbolic world)이자 믿음의 세계(faith world)로서 현실에 대한 조망과 해답을 제공한다.[13] 하나님과 믿음의 세계에 대한 진리는 종종 상징을 통해서 표현되며, 그런 상징은 상상력을 동원하여 파악할 필요가 있다.[14]

---

11 디지털 선교에 대한 다소 낙관적 관점은 남성혁, "가상 세계와 증강 현실에 상주하는 디지털 세대에 대한 전도 가능성," 109-113, 116; 정기묵, "The Third Lausanne Congress and Digital Media Mission," 『한국기독교신학논총』 93/1 (2014), 153-74를 보라.
12 정중호, "가상 현실 기법을 활용한 성서 해석 방법론에 관한 연구," 5.
13 J. A. du Rand, *A-Z van Openbaring* (Vereeniging: CUM, 2007), 104-113.
14 주연수, "기독교교육과 종교적 상상력의 기능," 『장신논단』 51/3 (2019), 240.

하나님은 상징을 통하여 자신을 계시하신다. 이미지를 통해 이미지 너머에 있는 영원한 세계를 볼 수 있는 능력은 믿음과 신앙적 확신을 갖는 데 필수적이다.[15]

성경의 가상 공간은 디지털 기술이 만들어낸 무신론적 가상 세계와 근본적으로 다르다. 성경이 가상 공간을 직접적으로 언급하지 않는다고 해서 모든 가상 공간을 비성경적 공간이라 단정할 수 없다. 하나님의 형상으로 지음 받은 사람이 만들어낸 가상 공간은 문화명령(文化命令)과 지상명령(至上命令)을 수행하는 장(場)이기도 하다(창 1:28; 9:1; 마 28:18-20).[16]

2. 가상 공간의 실례

한국에서 예장통합이나 그와 비슷한 신학적 입장에 속한 학자들은 증강 현실과 가상 공간 등에 대한 신학적 논의를 발 빠르게 선점해 왔다(주연수, 정중호 등). 보수적인 개혁주의 진영에서는 이 주제가 이슈화되지 못하기에, 그들은 후발주자로 들어와 있다. 성경의 가상 세계를 연구할 때, 자신이 속한 진영의 신학적 입장보다 관련 성경 본문을 정확하게 주해하는 것이 중요하다. 성경에서 가상 세계 혹은 그와 같이 보이는 구절들을 가급적이면 정경의 순서를 따라 살펴보자.

1) 구약

구약성경에서 하나님의 계시는 종종 꿈과 환상으로 나타났다(창 20:3; 31:10; 민 12:6; 삼상 3:1-21; 사 1:1; 29:7; 렘 23:28; 겔 37; 40-48; 단 7-12; 욜 2:28; 참고. 행 10:17; 16:9-10).

꿈과 환상을 해석하기 위해 종교적 상상력이 필요한가?

---

15   주연수, "기독교교육과 종교적 상상력의 기능," 245.
16   정기묵, "The Third Lausanne Congress and Digital Media Mission," 166.

이 질문에 긍정하는 부산장신대학교 기독교교육과 주연수는 이렇게 말한다.

> 상상력은 불가시적이고 아직 존재하지 않는 것을 믿는 신앙을 위한 핵심적인 역량이요, 유한한 인간이 무한한 신의 세계와 연결될 수 있는 결정적 통로가 된다. … 상상력의 창조적 기능은 상징적 제시 또는 은유적 투사를 통해 눈에 보이는 세계 너머의 눈에 보이지 않는 의미를 이해하게 하며 기존의 틀을 뛰어넘는 새로운 구조를 생성하는 역할을 한다.[17]

그런데 환상을 이해하려면 막연한 상상력이 아니라, 전후 문맥에 나타난 꿈과 환상에 대한 해설을 참조하고, 간본문적 해석에 필요한 성경상징주의(biblical symbolism)와 성경신학적 통찰력에 근거한 주해 능력이 중요하다. 예를 들어, 신적 계시의 한 형태인 예언적 환상은 가시적이거나 시각화된 경험을 통하여 선지자들에게 주어졌는데, 그 환상 전후에는 대체로 환상 보고서와 같은 해설이 있다(사 6; 렘 1:13-19; 암 7:1-9).[18]

그리고 선지자들의 환상은 독특하면서도 서로 유사한 점도 공유하며, 신약성경에 암시되기도 한다(참고. 사 6장; 겔 1; 계 4-5장의 하늘의 보좌 환상). 계명대학교 구약학과 정중호는 성경에서 "예언자가 환상을 본다거나 하나님의 손에 이끌려 다른 세계로 혹은 다른 장소로 이동해서 새로운 상황 속에 있게 된다거나 하는 것은 모두 가상 현실 기법을 사용한 것이다. 여러 가지 비유를 통해 하나님의 나라를 깨닫게 해 준다거나 비유나 이야기를 통해서 의미를 전달하는 것 모두가 가상 현실 기법을 활용한 것이다. 특히, 에스겔, 다니엘, 요한계시록 등에는 가상 현실이 압도하고 있음을 발견할 수 있다"라고 주장한다.[19]

꿈이나 환상이 아닌 실제 장소나 사물이 상징적 장소를 가리키는 경우가 있다. 예를 들어, 예루살렘 성전의 지성소가 하늘(궁창의 광원을 연상시키는 일곱 등잔, 하나님의 발등상인 두 그룹이 덮은 법궤 뚜껑)과 땅(뜰, 놋 바다를 떠받친 열두 황소)

---

17 주연수, "기독교교육과 종교적 상상력의 기능," 249-50.
18 M. R. Stead, "Visions, Prophetic," in *Dictionary of Old Testament Prophets*, ed. M. J. Boda and J. G. McConville (Nottingham: IVP, 2012), 818-22
19 정중호, "가상 현실 기법을 활용한 성서 해석 방법론에 관한 연구," 11.

과 바다(12 물두멍과 놋 바다)가 어우러진 소우주(microcosm)라면, 그곳은 예루살렘 성전의 실제 공간인 동시에 만유의 통치자이신 하나님의 현존이 있는 상징 세계로도 기능한다(삼하 6:2; 왕상 6:18-36; 7:23-26, 38-39; 8:10-13; 대상 28:2).[20]

장소에 관한 분명한 언급이 없는 경우에도 장소적 의미를 추론할 수 있다. 예를 들어, 욥은 가죽이 썩은 후 육체로부터 하나님을 볼 것이라고 고백했다(욥 19:26-27). 그 장소는 욥이 부활 이후에 거할 장소에서 하나님을 볼 것이므로 가상 공간과 무관하다.[21]

선지자 엘리사는 도단을 침공한 아람군대를 격파하기 위해 자신의 종 게하시의 눈을 열어 산이라는 가상 공간을 가득 채운 불말과 불병거를 보게 했다(왕하 6:8-17). 백석예술대학교 영상미디어학과 이기호는 이 산을 실제 세계에 가상의 이미지를 첨가한 증강 현실로 보면서, 믿음의 눈으로만 그것을 볼 수 있다고 주장한다(참고. 히 11:1-3).[22] 그런데 이것을 증강 현실로 규정하는 것이 불가능하지 않지만, 하나님께서 계시를 위해 주신 환상을 통한 가상의 믿음 세계로 보는 것이 무난하다.

시편의 이미지를 증강 실재로 이해하려는 시도가 있다. CODEC의 피터 필립스 등에 따르면, 시편 119편 105절에서 '빛'과 '등'으로 소개된 하나님의 말씀을 묵상하고 실천하는 것은 물리적 방식으로 살고 경험한 시인의 실재를 증강시킨다고 주장한다.[23] 그런데 성경이 위로와 지혜와 권면을 제공하는 교육적 효능을 가지고 순종적인 독자에게 실제로 영향을 미치는 것은 분명하지만, 그렇다고 감각적이고 물리적인 삶의 실재를 증강시킨다고 말하는 것은 다른 문제다. 사람의 내면과 외적 삶이 변화되는 것을 증강과 동일시하기 쉽지 않다. 따라서, 피터 필립스 등의 주장은 매우 포괄적으로 정의된 '증강'의 정의를 환원적으로 성경에 적용할 경우에만 가능하다.

---

20 J. B. Hood, "The Temple and the Thorn: 2 Corinthians 12 and Paul's Heavenly Ecclesiology," *Bulletin for Biblical Research* 21/3 (2011), 362; G. K. Beale, 『성전신학』 (*The Temple and the Church's Mission*), 강성열 역 (서울: 새물결플러스, 2014), 42-48.

21 참고. D. J. A. Clines, *Job 1-20*, WBC (Dallas: Word Books, 1989), 461-62; D. A. Carson (ed), 『성경신학 스터디 바이블』 (*NIV Biblical Theological Study Bible*), 박세혁 외 역 (서울: 복 있는 사람, 2021), 989.

22 이기호, "증강 현실의 의미적 개념과 종교적 믿음의 관계에 관한 고찰," 221-34.

23 P. Phillips and R. S. Briggs, "The Bible as Augmented Reality: Beginning a Conversation," *Theology and Ministry* 1 (2012), 2-3.

구약성경에서 가상 세계는 선지서에 자주 나타난다. 정중호는 가상 현실을 통한 성경 교육의 가능성에 대해 아래와 같이 주장했다.

> 성경 가운데서도 에스겔은 가상 현실을 적극적으로 활용한 예언서다. 에스겔에서는 신비로운 환상이 자주 등장하며 환상의 세계 즉 가상 현실의 세계에 들어가서 활동하는 예언자 에스겔의 모습이 또한 나타난다. … 에스겔에서는 하나님과 에스겔이 미래에 건설될 새로운 성전의 곳곳을 미리 다니면서 세밀하게 살피는 장면이 나타난다. 이러한 모습은 현재 개발된 가상 현실 기법으로도 그 상황을 재현할 수 있으며, 만일 이 부분을 가상 현실로 제작할 수 있다면 누구나 쉽게 에스겔의 새 성전을 알 수 있고 직접 체험할 수 있을 것이다. 또한, 성경해석자는 가상 현실 참여자로서 새롭게 에스겔을 해석할 수 있는 길을 개척할 수 있을 것이다. 성경해석자는 성경이라는 텍스트에 가상 현실을 통해 직접적으로 뛰어 들어가서 직접 체험하면서 창의적으로 그 내용을 해석할 수 있을 것이다"라고 주장한 바 있다 . … 성경의 경우 성경의 특정 부분을 가상 현실 시스템으로 만들고 성경을 알고자 하는 사람이 가상 현실에 들어가서 참여할 수 있다. 이 경우 성경 시대의 상황을 입체적으로 이해할 수 있고 보고 듣고 만지고 냄새 맡고 맛보는 다섯 가지의 감각을 모두 동원하여 그 상황에 몰입해서 참여할 수 있게 되는 것이다. 단순히 수신자의 역할이 아니라 그 가상 현실의 한 부분으로 역동적으로 활동하고 영향을 미칠 수 있는 존재가 된 것이다.[24]

정중호의 위의 주장은 가상 세계를 효과적으로 교육하는 데 통찰을 제공한다. 에스겔 40-48장의 새 예루살렘의 환상은 에스겔서의 절정에 해당하는데, 다른 선지자들이 보았던 환상과 마찬가지로 '신학적 지형'을 강조하는 가상 세계다(참고. 종말의 매우 높은 시온산[사 2:2-3; 겔 40:2]).[25] 에스겔의 환상에 등장하는 성전은 세대주의에서 주장하듯이 미래의 천년왕국 기간에 예루살렘에

24　정중호, "가상 현실 기법을 활용한 성서 해석 방법론에 관한 연구," 2, 5, 15.
25　I. M. Duguid, 『에스겔』 (*Ezekiel*), 윤명훈·임미영 역 (서울: 성서유니온선교회, 2003), 610-12.

실제로 세워질 제3의 성전은 아니다.[26] 오히려 그것은 참 성전이신 예수님께서 종말의 새 시대에 성취하실 성전 된 교회에 관한 환상이다.[27]

에스겔을 비롯하여 선지자들이 독자들이 익숙한 지상의 은유를 동원하여 예언했던 회복된 이스라엘의 모습도 상징 세계로 해석해야 한다. 예수 그리스도께서 그 회복의 예언을 궁극적으로 성취하셔서 신약 교회에게 은덕으로 주셨다(사 11:6-9; 60:7; 65:25; 겔 36:36; 40-48; 욜 2:30-31; 암 9:11-14).[28] 그런데 회복 예언의 반대편에는 심판이나 죽음이 있다. 죽은 자가 내려가는 구덩이와 지하는 죽은 자의 영역인 스올을 가리킨다(시 22:29; 사 38:18; 겔 26:20; 31:14).[29] 신자든 불신자든 죽으면 몸은 무덤에 묻히고, 영혼은 천국 혹은 지옥에 간다. 그러므로 스올은 상징적인 가상 공간이 아니라 실제 공간이다.

스가랴 3장의 하늘 법정에 여호와의 천사, 사탄 그리고 여호수아 대제사장도 서 있다. 이곳은 여호수아가 실제로 육체를 가지고 방문한 물리적 공간은 아니다. 욥의 환상에도 등장하는 이 천상의 어전회의(御前會議)가 벌어지는 장소는 하나님의 통치와 판결이 의논되고 결정되는 법정 공간과 같다(참고. 왕상 22:19-21; 욥 1-2; 사 6; 렘 23:16-22; 암 3:7; 계 4-5).[30]

그렇다면 이 천상의 법정은 가상 공간인가 비가시적 공간인가?

스가랴 3장과 욥기 1-2장은 환상이므로, 이 법정은 실제 하늘에 대한 사실적 묘사보다 가상 공간으로 보는 것이 합당하다.[31]

하늘과 땅처럼 실제 공간이나 세계를 가리키는 것으로 보이는 구절일지라도 다른 대상을 지시하는 상징으로 기능하는 경우가 있다. 예를 들면, 이사야가 바벨론제국이 패망할 것을 예언할 때, 해와 달과 별이 있는 하늘을 언급하는데(사 13:10), 여기서 하늘은 실제 공간이 아니라 바벨론제국의 해와 달과 별과 같은 고위 지도자들을 가리킨다. 또 이사야 13장 13절의 '땅'이 흔들려 자

26　Duguid, 『에스겔』, 619.
27　Duguid, 『에스겔』, 622.
28　B. L. Merkle, "Old Testament Restoration Prophecies regarding the Nation of Israel: Literal or Symbolic?" *Southern Baptist Journal of Theology* 14/1 (2010), 15-22.
29　참고. P. A. Kruger, "Symbolic Inversion in Death: Some Examples from the Old Testament and the Ancient Near Eastern World," *Verbum et Ecclesia* 26/2 (2005), 402.
30　M. J. Boda, *Haggai, Zechariah* (Grand Rapids: Zondervan, 2004), 251.
31　Carson (ed), 『성경신학 스터디 바이블』, 1755.

리에서 떠나는 것은 바벨론제국의 평민이 심판받을 것을 상징한다(참고. 겔 32:7-8; 계 6:12).[32]

2) 신약

신약의 중심 주제인 하나님 나라는 통치와 백성은 물론 영역과 영토 개념을 가지고 있기에, 새 하늘과 새 땅으로 완성된다(벧후 3:13; 계 21:1). 따라서, 천국을 마음이라는 내면이나 가상 공간으로 축소하지 말아야 한다.[33]

예수님의 수많은 비유에 나타난 농경 문화를 배경으로 하는 공간은 청자에게 익숙했다. 예수님은 비유를 듣던 사람들을 그 공간으로 초청하여 천국을 이해하도록 돕기에, 그곳은 청중의 마음에 그려진 일종의 내러티브 세계(narrative world), 상징 세계(symbolic world), 가상 공간(virtual world)과 같다. 비유의 청자들은 그레코-로마의 현실 세계와 다른, 하나님께서 통치하시는 대안 세계(alternative world)로 초대 받아, 그들의 현실 세계에 천국의 원칙을 적용하기를 배운다.[34] 천국 백성인 현대 그리스도인도 그리스도의 선교(missio Christi)에 적극적인 참여자로 부름을 받는다.

예수님은 천국의 '옛 것들과 새 것들'을 보관하시는 '곳간'이자 '보화 자체'시다(참고. 마 13:44, 52의 공통 명사 θησαυρός). θησαυρός는 마태복음 13장 44절에서 보물을 가리키고, 52절에서는 보물 창고다.[35] 그런데 44절에서 사람의 전 재산을 팔아도 아깝지 않는 절대적인 가치를 보유한 그 보물은 예수님을 통해 임한 천국이다. 천국을 위해 훈련받은 서기관들은 예수님이라는 천국의

---

32 J. B. Jordan, 『새로운 시각으로 본 성경적 세계관』 (*Through New Eyes: Developing a Biblical View of the World*), 이동수·정연해 역 (서울: 도서출판로고스, 2002), 98, 104. 그런데 Jordan은 여기서 한 걸음 더 나아가 신천신지를 장소가 아니라 새로운 통치자라고 본다(계 21:1).

33 참고. Morse, "The Virtue of Heaven," 321. 참고로 갈라디아서에서 바울의 비판 대상인 유대교를 '율법을 위해 살고 죽는 유대주의라는 상징적 제국'이라고 간주한 경우는 문세원. "그리스도의 법의 길을 노래하고 걸어가는 삶으로서의 순례: 갈 2:19 '율법에 대한 죽음'의 해석" (고신대 개혁주의학술원 제12회 신진학자 논문발표회(줌) 발제 논문, 2021년 7월 12일), 1-2를 보라. 이것은 비가시적인 체제를 신학적으로 표현한 것이다.

34 S. J. Joubert, "Reclaiming Our Humanity: Believers as Sages and Performers of the Gospel in the Era of the Fourth Industrial Revolution," *HTS Teologiese Studies* 76/2 (2020), 5.

35 J. Nolland, *The Gospel of Matthew*, NIGTC (Grand Rapids: Eerdmans, 2005), 571.

보물 창고로부터 오래되고도 새로운 것들을 꺼내어 세상에 풀어놓아야 한다(마 13:51; 골 2:3). 여기서 귀하고 복된 하나님 나라는 통치자 하나님 자신, 통치의 영역 그리고 그분의 백성으로 구성되기에 가상 공간이 아니다. 마찬가지로, 스스로 하나님 나라(autobasileia)이신 성육하신 예수님도 가상 공간이 아니시다(눅 17:21; 행 28:31). 오히려 예수님은 가시적이고 비가시적인 모든 것을 창조하시고 다스리시는 만유(πάντα)적인 분이다(엡 1:10; 골 1:16).

요한복음 14장 2a절의 '내 아버지 집'(ἡ οἰκία τοῦ πατρός μου)은 예수님의 고별 설교를 듣던 제자들이 소속된 하나님의 가족을 가리킨다. 그리고 승천하신 예수님께서 지으실 거처(요 14:2b-3)는 성령의 거처로 살던 성도가 죽은 후에 영혼이 들어갈 낙원을 가리킨다(눅 24:43; 계 2:7).[36] 따라서, 하나님의 집과 예수님이 준비하시는 거처는 가상 공간이 아니다.

고린도후서 12장 1-4절에서 바울이 올라간 삼층천(τρίτος οὐρανός)은 당시 유대인들의 우주관을 반영한 것이다. 여기서 장소에 대한 궁금증이 발동된다.

바울의 몸은 공중으로 부양된 바 없기에 삼층천은 상징의 가상 세계인가?

바울은 자신이 사층이 아니라 삼층천의 낙원(παράδεισος)에 있다는 사실을 어떻게 알았는가?

본문의 장소에 관한 진술이 구체적이지 않기에 바울 당시의 우주관을 참고해야 한다. 지상의 장소와 사물은 천상을 투영한다. 하늘과 땅은 중첩되기에(히 8:1-6; 9:23), 가장 높은 하늘은 하늘의 에덴동산이나 천상의 성전과 같다.[37] 바울의 영혼은 하나님께서 계시는 낙원, 즉 제일 높은 하늘의 삼층에 가서 계시를 받았다(고후 12:2, 4; 참고. 왕상 8:27; 대하 2:6; 느 9:6; 시 68:33; 148:4; 레위의 유언 18:10; 모세의 승천기 37:5; 2; 에녹 8:1-8; 3; 바룩 4:8).[38] A.D. 1세기 유대주의 우주관을 따라 묘사된 삼층천은 주로 영적이지만 실재하는 공간이므로 가상 공간이라 단정하기 어렵다. 하늘의 삼층 세계는 예수님께서 승천하셔서 재림 때까지 머무시는 공간이기도 하다(행 1:9-11; 7:55; 엡 1:20; 2:6; 빌 1:23).

---

36 송영목, "요한복음 14장의 거주지의 성격," 『신학논단』 79 (2015), 225-55.
37 Hood, "The Temple and the Thorn," 361.
38 G. H. Guthrie, *2 Corinthians*, BECNT (Grand Rapids: Baker, 2015), 582-83; Hood, "The Temple and the Thorn," 363-64.

바울은 '위에 있는 예루살렘'(ἡ ἄνω Ἰερουσαλὴμ)을 갈라디아 교회의 자유하는 그리스도인들의 어머니라고 소개한다(갈 4:26). 바울은 이 천상의 예루살렘을 공간이나 장소가 아니라 믿음의 공동체로 소개하기에, 요한계시록의 어린 양의 신부로서 하늘에서 내려온 새 예루살렘 성과 유사하다(계 21:2-22:5).[39] 따라서, 위에 있는 예루살렘은 가상 공간이 아니라 신약 성도 자신이다.

히브리서의 믿음장에 따르면, 아브라함은 하나님께서 계획하시고 만드실 성, 곧 장래에 유업으로 받을 곳을 믿음으로 바라보며 가나안으로 이주했다(히 11:8-11, 14-16). 따라서, 여기서 가나안 땅은 가상 공간이 아니다. 그런데 히브리서의 수신자들은 이미 '살아계신 하나님의 도성인 하늘의 예루살렘'(πόλις θεοῦ ζῶντος Ἰεροσόλυμα ἐπουράνια)에 도달했다(히 12:22). 그곳은 메시아의 종말론적 통치가 시행되는 시온산이며 무수한 천사와 더불어 사는 장자들의 총회가 있다(히 12:23; 참고. 신 33:2; 계 14:1). 여기서 하늘의 예루살렘과 시온산은 장자와 같은 그리스도인들을 비롯하여 영적 존재인 천사들이 거주하는 비가견적 공간인데, 이 종말의 하나님 나라는 출애굽 당시 신현과 언약 체결의 장소였던 시온산과 대비된다(출 4:22-23; 19-24).[40]

장자와 같은 특권을 누리는 그리스도인들은 특별히 예배를 통하여 천사들과 더불어 장자의 모임에 참여한다. 그런데 히브리서 저자가 시온산과 하늘의 예루살렘을 신천신지의 일부로 염두에 두었다면 실제 공간이다.[41] 그러나 하늘에 거주할 수 없었고 예루살렘에 살지 않았던 히브리서의 수신자들이 하나님의 도성인 천상의 예루살렘에 이미 도착해 있다. 따라서, 그곳은 물리적인 실제 세계가 아니다. 오히려 히브리서 기자는 수신자들이 하늘에 시민권을 두고 살고 있음을 상징적으로 설명한다.

베드로전서 3장 19절의 '영들이 갇힌 옥'(φυλακή)은 부활하신 예수님께서 승천하시면서 승리를 선포한 영역이다. 그곳은 예수님의 재림 이전에 불신자들의 영이 고통받는 장소인데, 죽은 성도의 살아 있는 영혼이 가 있는 낙원의

---

39 하늘의 예루살렘을 새 예루살렘 성(계 21:2)과 하늘의 본향(히 11:11-16)과 연결하여 거주지인 천상의 도시라는 장소로 이해하는 경우는 D. A. deSilva, *Galatians*, NICNT (Grand Rapids: Eerdmans, 2018), 400을 보라.

40 참고. P. T. O'Brien, *The Letter to the Hebrews* (Grand Rapids: Eerdmans, 2010), 482-83.

41 Carson (ed), 『성경신학 스터디 바이블』, 2480.

반대 개념이다. 따라서, 이 옥(獄)은 가상 공간이라기보다 정죄 당한 악한 영들이 고통당하는 비가시적인 공간이다.[42] 볼 수 없는 공간이라고 해서 허구의 세계로 분류할 수 없다.

범죄한 천사들이 들어간 '어둠의 구덩이인 지옥'(σιροῖς ζόφου ταρταρώσας, 벧후 2:4)은 간본문인 유다서 6절에서 '사슬'과 '감옥'을 모두 의미할 수 있는 '어둠'(ζόφος)으로 간략히 언급된다.[43]

그렇다면 하나님께 범죄하여 타락한 악령들이 들어간 어둠의 구덩이인 지옥(Tartarus)은 어디인가?

이 질문에 대한 해답은 복음서와 요한계시록에서 찾을 수 있다. 예수님께서 거라사에서 소위 '군대 귀신'들린 자를 치유하시기 전에, 많은 악령은 '무저갱'(ἄβυσσος)으로 들어가라 명하시지 말 것을 간청했다(눅 8:31; 참고. 계 20:3). 예수님의 초림으로 이미 도래한 하나님 나라의 능력이 사탄의 세력을 제압한 것을 거라사의 악령들도 알고 있다.[44] 원시 복음(창 3:15)의 예언을 따라 예수님께서 마귀의 일을 멸하시러 오셨기에, 마귀의 졸자들인 악한 영도 초림의 예수님께서 공 사역을 진행하시는 동안 패배 당한 것은 마찬가지였다(히 2:14; 요일 3:8). 마귀와 악한 영들은 캄캄한 구덩이와 같은 특정한 공간에 매이지 않는다. 그러므로 이런 공간들은 실제 장소가 아니라, 하나님의 형벌을 받은 악령들이 패배한 상태를 가리키는 가상 세계이자 상징 세계다(참고. 계 9:1, 2, 11). 예수님의 초림으로 이미 패배한 마귀와 그의 추종 세력은 주님의 재림 때에 영원한 형벌의 장소인 지옥에 들어갈 것이다(계 20:10). 그 지옥은 가상이 아니라 실재하는 형벌의 장소다(계 20:15).

요한서신에 23회 언급된 '세상'(κόσμος)은 사람이 거주하는 물리적 세계(요일 3:17)와 모든 인류(요일 4:1, 3; 요이 7)는 물론, 어둠 가운데서 하나님을 믿지 않는 자들이 하나님을 대적하는 불경건한 실재를 가리키는 우주론적 함의도

---

42 참고. K. H. Jobes, *1 Peter*, BECNT (Grand Rapids: Baker, 2005), 244-45.

43 벧후 2:4에서 '구덩이'(σιροῖς) 대신, p[72]와 그리스어 소문자 다수사본은 '사슬'(σειραῖς)로 표기한다. 참고. *BDAG* (Chicago: The University of Chicago Press, 2003), 429.

44 사탄을 추종하는 악령들 가운데 일부가 예수님의 공생애 동안 혹은 주님의 재림 이전에 실제 영적인 세계인 무저갱에 갇혀있다고 보기는 어렵다. 모든 악령은 형벌의 고통을 두려워하고 지옥을 싫어한다. 참고. J. R. Edwards, *The Gospel according to Luke* (Grand Rapids: Eerdmans, 2015), 251.

가진다(요일 1:9-11; 2:2, 15-17; 3:1, 13; 4:4-5, 9; 5:19).[45] 요한일서는 예수님의 성육신을 부정하는 가현설주의자들이 사랑과 진리의 하나님을 거역하는 상징 세계를 신학적 우주론으로써 설정한다(요일 2:22; 참고. 딤전 2:5; 3:16).[46] 죄와 어둠이 전혀 없는 하나님께서 사랑과 진리로써 통치하시는 세상은 미움과 어둠과 불신으로 미혹하는 사탄의 영역(요일 3:8; 5:19)과 확연히 구분된다. 성령의 역사를 따라 성육하신 예수님을 믿는 사람마다 하나님의 가족이라는 초월적 실재에 참여한다(요일 3:2; 4:1-6). 요한일서의 수신자는 하나님의 영역과 미혹하는 사탄의 영역이라는 두 가지 신학적 상징 세계(theological symbolic world) 가운데 하나를 쉽게 선택할 수 있었을 것이다.

사도 요한에게 신학적 상징 세계는 하나님의 가족 안에 들어온 그리스도인이 세상에서 빛으로 활동하는 윤리의 출발점과 같다. 그리스도인은 성육하신 예수님 덕분에 신학적이며 상징적인 공간인 하나님의 가족 안에 거한다. 예수님과 신비롭게 연합된 하나님의 가족의 삶의 자리(sitz im leben), 곧 좌소(locus)는 바울이 선호한 '그리스도 예수님 안에'(ἐν Χριστῷ Ἰησοῦ; 롬 3:24; 엡 1:1; 딤후 1:1 등)와 하나님 아버지 안(ἐν θεῷ πατρί; 살전 1:1) 그리고 요한이 선호한 '성령님 안에'(ἐν πνεύματι)다(계 1:10; 4:2 등).[47]

하나님의 성육신적 선교가 가져다준 은덕을 입고 사는, 예수님과 연합한 성령의 전은 성육신적 선교를 수행해야 한다(요일 1:3). 성도가 거하는 공간과 같은 삼위일체처럼, 성도도 종말론적 성전이라는 공간이다(고후 6:16; 엡 4:4).

그런데 익명성이 보장되고 아바타가 활동하는 가상 세계와 사이버 공간에서 영지주의적이고 반성육신(excarnational)이며 추상적 연합이 이루어지기 십상이다.[48] 따라서, 가상 세계에 파송을 받은 선교적 교회(missional church)는 '거기서 어떻게 분별력 있게 성육신적으로 현존함으로써 천국을 현시할 수 있는가'라는 숙제를 떠안게 된다.

---

45 J. van der Watt, "Cosmos, Reality and God in the Letters of John," *In die Skriflig* 47/2 (2013), 2-3.
46 Van der Watt, "Cosmos, Reality and God in the Letters of John," 4; G. D. Fee, 『바울의 기독론』 (*Pauline Christology*), 홍인규 외 역 (서울: CLC, 2009), 750.
47 Fee, 『바울의 기독론』, 846, 857, 866.
48 참고. D. J. Kim, "The Incarnational Missional Paradigm in the Excarnational Era of Cyberspace and Virtual Reality,"『선교신학』 55 (2019), 54, 62.

요한계시록의 많은 내용은 요한이 보았던 환상에 대한 기록이다. 요한은 계시록 1장 1절에서 환상 단락을 상징적으로 '해석하라'(σημαίνω)는 지침을 준다. 요한계시록의 대다수 환상은 구약에 등장했기에 관련 구절과 비교하며 해석해야 하고(예. 단 7:9와 계 1:14), 그레코-로마 세계에서 접할 수 있는 산과 군대와 강과 도시 등을 염두에 둔 것이기도 하며, 요한계시록은 자체적으로 상징을 해석하기도 한다(예. 계 1:20; 17:9-10).[49]

요한계시록의 수신자들은 소아시아 일곱 도시의 가정교회당이라는 실제 공간에 주일 예배를 위해 모였다. 그런데 요한이 환상으로 보고 기록한 하늘의 보좌와 법정과 같은 공간과 세계는 믿음의 상징 세계이므로 물리적인 실제 세계가 아니다. 요한계시록의 상징 세계 가운데 1차 독자들인 소아시아 일곱 교회가 주일 예배 중에 말씀을 들음으로써 마음에 그려보는 하나님의 보좌를 중심으로 하는 세계가 가장 중요하다(계 1:3; 4-5; 22:7).[50]

요한이 본 환상에는 보좌 위의 하나님께서 다스리시는 상징 세계를 거역하는 사탄의 삼위일체인 용과 바다 짐승과 땅 짐승이 지배하는 상징 세계도 있다(계 13). 하지만, 승리하신 하나님께서 통치하시고 영광을 받으시는 상징 세계는 박해가 만연한 독자들의 현실 세계를 조망하는 출발점인데, 그들에게 고난 중에 선교를 수행하도록 위로와 소망을 주었다. 요한계시록이 기록될 당시의 유대 묵시문헌과 그 이후 5세기 초까지 기독교 묵시의 부흥 시기에 나타난 묵시운동의 큰 특징은 로마제국의 박해나 이방 민족의 개종과 같은 세상의 사건들을 바라보면서 세상의 임박한 종말을 예견하고, 은둔적이고 분파적인 태도를 취하는 것이었다.[51]

그러나 기독교 묵시문헌으로 분류되는 요한계시록에 나타난 환상을 통한 상징 세계는 1차 독자들에게 자신들을 박해하던 대적들에게 임할 임박한 심판을 통한 위로와 소망을 제공하면서, 분파주의나 게토화된 생활을 거부하고 세상을 천국으로 적극적으로 변혁하도록 촉구한다.

---

49 A. Bandy, "The Hermeneutics of Symbolism: How to interpret the Symbols of John's Apocalypse," *Southern Baptist Journal of Theology* 14/1 (2010), 49-53.

50 Du Rand, *A-Z van Openbaring*, 112.

51 참고. B. McGinn (ed), *The Encyclopedia of Apocalypticism*, Volume 2 (New York: Continuum, 2000), 5-16.

3) 요약

구약성경에서 가상 공간의 대다수는 하나님께서 계시하시는 수단인 환상이나 꿈과 관련된다. 신약에서 가상 공간은 주로 예수님의 천국 비유와 환상의 배경으로 등장하며, 하나님께서 악령들을 임시적으로 심판하시는 상징적 장소인 무저갱으로 나타난다. 그리고 요한서신과 요한계시록은 신학적 상징 세계를 하나님과 사탄 간의 전쟁이라는 이원론적 방식으로 제시한다.

얼핏 보면 가상 공간이나 가상 세계처럼 다가오는 경우도 있지만, 간본문을 정확하게 석의하여 가상 세계와 실제 세계의 여부를 신중히 판단해야 한다.

3. 가상 영역의 선교 방향

가상 영역의 선교를 논하기 전에 가상 현실에서 교회가 존재할 수 있는가를 먼저 논해야 한다. 코로나19는 제4차 산업혁명의 디지털 가상 현실이라는 미래의 새로운 차원을 앞당겨 버렸다. 화체설을 따라 성체성사를 시행하는 천주교는 메타버스(metaverse) 교회가 출현하면, 로마가 그것을 통제할 수 있을지, 전통적 미사가 가능한지 그리고 교구 교인들 간의 교제가 지속될 수 있을지 등을 두고 고민하고 있다.[52]

옥스퍼드선교연구센터의 전기춘은 디지털 시대에 걸맞는 메타버스 교회와 같은 새로운 교회 형태를 긍정하는데, 그의 주장은 아래와 같이 요약된다.[53]

(1) 실제 세계 안의 개인의 가정집은 바깥세상으로부터 가족을 보호하는 담장을 가지고 있지만, 인터넷 홈페이지는 세상이 가정 안으로 들어오도록, 그 담장에 구멍을 뚫고 있다.

---

[52] P. Zagano, "Virtual Reality and the Coming Catholic Metaverse," *National Catholic Reporter* 57/24 (2021), 15-16.

[53] G. Jun, "Virtual Reality Church as a New Mission Frontier in the Metaverse: Exploring Theological Controversies and Missional Potential of Virtual Reality Church," *Transformation* 37/4 (2020), 303-304.

(2) 고도의 정보 및 커뮤니케이션 기술은 디지털 세대들로 하여금 자신의 경험이 실재든 가상이든 상관없이, 크게 거부감 없이 그들을 새로운 상황 안으로 끌어들인다. 그들 중 다수는 디지털 상황을 물리적인 것보다 더 선호한다. 이런 디지털 기술로 인한 도전을 교회가 기회로 활용하려면 패러다임 전환을 이루어야 한다. 가상 세계와 관련해 두 가지 종교적 가능성이 있다.

① 옛 전통적인 종교를 실행하는 새로운 장소를 제공한다.
② 전통적인 종교공동체를 의지하지 않고도 유의미한 삶을 창조하는 새로운 장소를 제공한다. 만약, 새로운 형식의 가상 세계 교회가 하나님의 백성이라는 진정한 공동체로서 교회의 본질을 유지한다면, 도전 속에서 가능성을 찾게 된다.

(3) 가상 현실 교회는 전통 교회와 협력하여 목회적 제약과 도전을 극복할 뿐 아니라, 자신의 신학적 기초도 계발해야 한다. 긴급히 요청되는 바는, 이미 가상 세계에 유사 교회가 존재하고 있는 시점에 전통 교회가 더 건전한 가상 세계 안의 교회를 계획해야 한다는 점이다. 과거에 교회당을 건축하기 위해 기술자들이 필요했다면, 이제 메타버스 안에서 선례가 없는 형태의 교회를 세울 수 있는 코딩하는 기술 등을 가진 사람을 필요로 한다.
(4) 예수님께서 하나님의 선교를 위해 몸으로 태어나셨듯이, 전통 교회는 동일한 목적과 이유를 위해 가상 세계 안으로 성육할 필요가 있다. 가상 세계는 이용자의 97퍼센트가 불신자인 거대한 선교지다. 전통적 교회는 "먼저 믿고 그 다음 이해하라"라고 말해왔는데, 어거스틴과 안셀름의 이해를 추구하는 믿음의 전통에 서 있다. 이런 고대의 사고는 계몽주의가 인간의 이성을 종교로부터 분리한 이후로도 계속되고 있는데, 교회는 과학과 기술을 세속적이라고 여기는 경향이 크다.
하지만, 디지털 혁명의 시기에 과학과 종교 그리고 이성과 믿음이 화해하여 효과적으로 하나님의 선교를 수행하도록 만들 필요가 있다.[54]

---

54 유튜브 설교와 같은 인터넷 공간은 전통적 자료와 종교적 신념을 통합하고 상호 작용시키는 다중적 장소(multi-site)로서 긍정적 역할을 한다는 주장은 프리스테이트대학교 실천신학 및 선교학 교수 Van den Berg, "N (Outo)Biografiese Twitter-Teologie," 6을 보라.

(5) 성육신하신 예수님께서 자신을 비워 종의 형체를 입으신 것(빌 2:6)을 가상 세계에서 사람 본인과 아바타(avatar. 산스크리트어로 divine descent)가 나뉠 수 있음을 희미하게나마 지지한다.

전기춘의 위의 주장은 아래와 같이 여러 가지로 비판할 수 있다.

(1) 오프라인의 전통적 교회와 가상 세계의 디지털 교회를 대조하여, 마치 후자가 전자를 극복해야만 새로운 기회를 잡는 것처럼 이원론적으로 접근한다. 하지만, 가상 세계는 영원하지 않으며, 사람이 육체를 초월하여 들어갈 수 있는 영적 유토피아나 도피처도 될 수 없다. 현실 세계를 로그아웃하고 가상 세계나 초현실 세계로 로그인한다면, 정작 현실 세계에 적응할 수 있을지 의문이다.[55] 가상 세계가 긍정하는 익명성, 피상성, 상대주의, 주관성 그리고 나르시시즘이 현실 세계의 장벽을 어떻게 뚫어낼지도 의문이다.

(2) 디지털 교회와 전통 교회의 협력을 주장한다. 그러나 후자의 제약과 한계는 인정하는 반면, 전자에 대한 부정적 평가는 거의 없다. 가상 세계의 교회에서 아바타가 그를 조종하거나 상호작용하는 사람을 대신하여 세례를 받거나 성찬에 참여하는 것은 불가능하다. 그리고 본인과 아바타의 관계에 있어, 전자가 후자를 일방적으로 조종하기보다 둘이 독립적 개체로서 상호작용적이라고 이해한다면, 아바타가 범죄할 경우 본인은 교회의 권징에서 제외될 수 있다. 따라서, 가상 교회를 지지하는 자는 참 교회의 표지들로 간주된 공예배 중의 성례와 권징을 가상 세계에서 실행하는 것은 불가능함을 간과한다.

(3) 전통적 교회는 코딩 기술 등을 동원하여 가상 세계 안에 건전한 교회를 세워 하나님의 선교에 성육신적으로 참여할 시대적 의무가 있다고 주장한다. 하지만, 기술(이성)과 기독교가 화해함으로써 세워지는 가상 교회가 아니더라도 전통적 교회의 성육신적 선교와 사역은 가능하다.

한 예로, 전통적 교회가 힘쓰고 있는 고난 중에 있는 병자를 심방하는 것은 가상 세계로 충분하지 않다. 왜 개체 교회를 가리키는 '지 교회'에서 '지'(地)

---

55 참고. 이병권, "메타버스(Metaverse)세계와 우리의 미래," 『한국콘텐츠학회지』 19/1 (2021), 17.

가 가지(branch)가 아니라 발을 디디고 서는 땅을 가리키는지 곱씹어 보아야 한다.

(4) 예수님의 낮아지심은 자신의 아바타를 활용하기 시작했다는 발상과 무관하며, 성육하신 예수님은 인성과 신성이 한순간도 분리된 바 없다.[56] 실천적 적용 차원에서 한 예를 들면, 교회가 메타버스를 지나치게 긍정할 경우, 코로나19와 같은 재난 시대에 아바타 하객들 앞에서 결혼식을 치르기 원하거나 찬양 집회를 추진하는 교인들이 등장할 것이다.[57] 그런 경우 교회 안의 세대 차이와 디지털 격차는 가속화할 것이다.

(5) 메타버스와 같은 아바타의 출현이라는 도전에 직면한 전통적 교회는 예배자의 몸과 영혼이 분리되지 않고 유기적인 단일체로서 하나님을 경배하도록 훈련해야 하고, 실제 공간에서 공동체적으로만 가능한 성만찬 예배를 더욱 자주 시행할 필요는 충분하다.[58] 그리고 체화된 친밀감(embodied intimacy)이 결여된 피상적 교제가 아니라, 전인적이고 깊은 성도의 교제를 촉진하는 방안을 찾아 실천하는 것이 중요하다.[59]

물론, 디지털 기술은 그 자체로 악하거나 선하지 않고 선교를 위해 활용할 도구이자 기회다. 그리고 디지털 기술이 만들어낸 온라인공동체는 미디어 플랫폼(페이스북, 줌, 트위터, 제페토, 메타버스, vrew 등)을 사용하여 동일한 지리적-물리적 공간이 아니라 동일한 가상 공간을 공유하여 넓고 다양한 관계를 일정 부분 맺을 수 있다.[60] 하지만, 신속하고 편리하게 접근 가능한 온라인공동체는 기존의 오프라인공동체의 '보조적 도구'로 자리매김하되, 참된 감정이 담

---

56 Jun, "Virtual Reality Church as a New Mission Frontier in the Metaverse," 302.
57 이병권, "메타버스(Metaverse)세계와 우리의 미래," 14, 16.
58 Contra 기독교의 성례를 '상징적 교환'(symbolic exchange)이라고 명명하며, 성찬의 본질만 유지한다면 가상 공간에서의 성찬이 정당하다고 보는 K. G. Schmidt, "Virtual Communion: Theology of the Internet and the Catholic Imagination," (Ph.D. Thesis, University of Dayton, 2016), 207-211.
59 V. Counted, "Mission as Connectedness: Digital Natives, Technology and Christian Community Formation in Embodied and Disembodied Spaces," Paper presented at the South African Missiological Society (SAMS) Conference (North West University, 2014), 8.
60 E. McIntosh, "Belonging without Believing: Church as Community in an Age of Digital Media," *International Journal of Public Theology* 9/2 (2015), 147; A. L. Cloete, "Living in a Digital Culture: The Need for Theological Reflection," *HTS Teologiese Studies* 71/2 (2015), 3.

긴 진정성 있는 쌍방적 교류가 일어나야 한다.[61] 왜냐하면, 육체를 떠난(disembodied) 교제의 효과는 얼굴을 맞대어 장소와 시간을 공유하여 감성과 촉감(표정, 몸짓, 시선 교환)이 상호작용적으로 풍성히 개방되는 전통적인 성육신적 교제에 미치지 못하기 때문이다.[62]

다시 말해, 가상 공간이 현실처럼 느껴지더라도 진정한 동존(同存) 공간은 될 수 없다.[63] 그리고 가상 공간은 수동적인 신앙생활, 익명성을 통한 진정성의 결여, 신앙 편리주의 같은 문제를 조장할 위험이 있다.

2014년에 예장합동총회교육진흥원은 세계 최초로 전도지에 3D 증강 현실 기술을 접목하여 '생명의 빛 3D 증강 현실 전도'라는 전도지와 스마트폰 애플리케이션을 개발했다.[64] 하지만, 이것은 현장에서 드리는 공예배와 성도의 교제를 대체하여 신앙 편리주의를 조장하는 차원은 아니었다. 그리고 교회학교가 3차원의 가상 온라인 공간인 메타버스를 활용함으로써 시공간의 한계를 넘어 신앙의 일상화를 이루려는 방안도 제시되고 있다.[65]

교회는 최첨단 정보 기술이 만들어낸 가상 공간에 머무는 사람들에게 선교적 관심을 보여야 한다. 그리고 교회는 가상 공간이 비윤리적인 방식으로 활용되고 있는 현실을 비판하며 윤리적 해결책을 제시하고, 더 나아가 고품격의 복음 콘텐츠 개발도 중요하다. 예를 들어, 선교적 교회는 지 교회 홈페이지와 그 안의 콘텐츠를 불신자들이 복음을 이해하고 교회당에 접근하기 쉽게 디자인하도록 노력해야 한다.[66]

61　Cloete, "Living in a Digital Culture," 4; E. Venter, "Challenges for Meaningful Interpersonal Communication in a Digital Era," *HTS Teologiese Studies* 75/1 (2019), 5.
62　Venter, "Challenges for Meaningful Interpersonal Communication in a Digital Era," 2-3.
63　Contra 이기호·배성한, "증강 현실의 공간적 개념에 관한 연구," 229.
64　http://ikidok.org/ca_meeting/detail.php?aid=1403585395(2021년 7월 19일 접속); 마상욱, "메타버스와 교회학교" (https://www.youtube.com/watch?v=zcsH3rgGd2s, 2021년 7월 19일 접속).
65　김현철·조민철, 『메타버스 교회학교: 메타버스 시대의 교회학교 실전 매뉴얼 40』 (서울: 꿈이있는미래, 2021).
66　정기묵, "The Third Lausanne Congress and Digital Media Mission," 『한국기독교신학논총』 93/1 (2014), 166-67, 169.

나오면서

성경에서 특별히 환상을 통해 제시된 가상 공간은 하나님의 계시를 전달한다. 그런 가상 공간은 하나님의 나라가 임하는 상징 세계이자 믿음의 세계이며 대안 세계로서 역할을 한다. 하나님의 백성은 환상이라는 가상의 공간에서 이루어지는 하나님의 통치를 믿음의 눈과 손으로 보고 붙잡아야 했다. 그런데 성경의 가상 공간을 오늘날 가상 및 증강 현실 논의와 직결시키는 것은 시대착오적일 수 있고 무리가 따른다.

하지만, 성경의 가상 공간이 가지고 있는 계시적 기능과 의미로부터 오늘날 여러 난관에도 불구하고 디지털 가상 세계에서도 천국 복음이 힘 있게 전파되어야 함을 적용하는 것은 자연스럽다. 그리고 그리스도인은 일반서신과 계시록의 가상 공간인 무저갱이나 어둠의 구덩이로부터 오늘날 가상 공간에서 반(反)복음적인 요소들을 제거하도록 힘써야 한다는 적용을 할 수 있다.

또한, 요한일서의 신학적 가상 공간으로부터, 현대의 가상 공간도 어둠과 증오와 거짓의 아비인 마귀가 하나님을 대적하여 활동하기에 유리한 영역임을 추론할 수 있다.

그리스도인은 급속도로 발전하는 기술을 신격화하여(technopoly) 지나친 낙관주의에 빠지지 않아야 하는 것은 물론, 도피적이거나 비관적으로 바라보아서도 안 된다. 성도는 자신의 정체성을 상실하지 않은 채 기술 발전의 시대정신을 직시하고, 지혜와 예술의 영이신 성령의 인도하에 이웃을 사랑하고 섬기는 선교적 책무를 위한 보조적 기회로 활용하려는 적극적 자세를 취하는 것이 마땅하다.[67]

디지털 기술로 조성된 다양한 가상 공간은 그리스도인이 문화명령을 수행해야 할 공적인 선교적 공간이다. 다시 말해, 오늘날 가상 공간에 하나님의 말씀과 천국 그리고 믿음이 스며들어 가도록 그리스도인은 지혜를 모아야 한다. 인터넷의 디지털 세계가 성도의 경건을 통전적으로 계발하는 데 도움이 된다면 복음이 역사하는 거룩한 공간이 될 수 있다.[68]

---

[67] Counted, "Mission as Connectedness," 8; Joubert, "Reclaiming Our Humanity," 6.
[68] S. J. Joubert, "Flowing under the Radar in a Multifaceted Liquid Reality: The Ekerk Narrative," *HTS Teologiese Studies* 74/3 (2018), 6.

그런데 지 교회는 디지털 기술의 넓은 폭을 고민해야 하며, 그런 기술을 어느 정도로 심도 있게 활용할지, 즉 디지털의 깊이를 신중하게 결정해야 한다. 소셜 네트워크와 인터넷에 기반한 가상 공간은 대부분 누구나 접근 가능한 공적 장소다. 따라서, 지 교회에 소속되지 않고 믿으려는 편리성을 추구하는 교인들이 늘어날 것이다.[69] 그리스도인은 그런 공간을 활용할 때, 선교적 마인드를 갖추고 성령 충만한 가운데 활용해야 하며, 덕스럽고도 지혜롭게 행하기 위한 공적 예절, 곧 디지털 에티켓도 갖추어야 한다.

코로나19로 인해 온라인 예배가 오랫동안 확산 중이다. 포스트코로나의 뉴 노멀 시대에 온라인 교회에 대한 별도의 진중한 논의가 요청된다.

코로나19와 같은 비상 상황이 아님에도 온라인에 두 세 사람이 예수님의 이름으로 모여 예배를 드린다면 교회의 머리이신 예수님께서 그들과 함께하시는가?(마 18:20)

실제 공간을 적절하게 결정하고 활용하는 것은 예배와 신앙생활에서 매우 중요하다. 한 예로, SNS상에서 와이파이를 갖춘 커피숍에서 성경소프트웨어를 탑재한 노트북으로 설교문을 작성하는 젊은 목회자들을 심심치 않게 본다. 그런데 커피숍은 찬송가가 아니라 유행가나 클래식 음악이 설교를 준비하는 사람의 청각을 자극하고, 고객들과 직원들이 시각에 영향을 미치며, 후각도 커피 향에 열려 있기는 마찬가지이다. 따라서, 그런 공간은 목회자가 집중하더라도, 성령님의 조명과 기도 그리고 묵상 중에 깊이 있고 창조적인 설교문을 준비하기에 최상의 장소라고 보기 어렵다.[70]

주일 공예배를 비롯한 신앙생활과 목회 활동에서도 가상 공간은 실제 공간을 완전히 대체할 수 없지만, 그런 공간은 일정 부분 긍정적 가능성과 더불어 분명한 한계를 가지고 있다.[71] 그리스도인은 양날선 복음의 검으로써 영혼 없

---

69 McIntosh, "Belonging without Believing," 132.
70 D. Zsupan-Jerome, "Creative Communication: Digital Creativity and Theology in Dialogue," *New Theology Review* 26/2 (2014), 82. Contra D. P. Murray, "The Preacher and His Technology," *Puritan Reformed Journal* 8/1 (2016), 218.
71 그리스도인은 페이스북과 같은 소셜 네트워크 플랫폼을 활용하도록 파송된 '디지털 사도'(digital disciple)인데, 자신의 소명과 선교 그리고 예배를 구현하기 위해서 그런 '새로운 공적 아고라'를 적극 활용해야 한다는 주장은 J. R. F. Galang and W. E. R. Macaraan, "Digital Apostleship: Evangelization in the New Agora," *Religions* 12/92 (2021), 2-7, 10을 보라.

는 폭군이 되기 쉬운 양날선 기술 세계(double-edged world of technology)를 유익한 종으로 다스려 하나님의 선교를 위해 활용해야 한다.

이를 위해, 성경신학자, 기독교교육학자, 공공선교신학자,[72] 목회자 그리고 일반 성도 가운데 컴퓨터 과학, 디지털 기술, 기술 철학 그리고 소셜 미디어 분야 전문가들의 간학제적 협업이 요청된다.

교회가 선교를 위해 디지털 기술을 개발하고 선도하기는 어렵지만, 디지털 세대에게 다가가려면 성육하신 예수님의 천국 복음에 현대의 최첨단 문화라는 옷을 걸쳐 적절히 반응할 필요가 충분하다.[73]

---

[72] 공공신학은 디지털 기술이 사람 간의 격차(digital divide)를 벌려서 더 높은 장벽을 쌓아 올리지 않도록 감시하고 하나님의 형상인 인간의 존엄을 훼손하거나 마음대로 조종하지 못하도록 주의를 주어야 하는데, 이를 위해 먼저 기술 산업의 저변에 있는 취지와 목적과 의도를 정확히 파악해야 한다. 참고. J. Thacker, "Toward a Public Theology for a Technological Age" (https://jasonthacker.com/2021/02/22/toward-a-public-theology-for-a-technological-age/; 2021년 9월 18일 접속).

[73] Schmidt, "Virtual Communion," 91; Counted, "Mission as Connectedness," 9-10.

제12장

공공선교적 시간 신학[1]

들어가면서

포털사이트 다음(Daum)의 어학사전은 시간(時間)을 "과거, 현재, 미래로 이어져 머무름이 없이 일정한 빠르기로 무한히 연속되는 흐름"으로, 선적이며 연대기적인 개념으로 정의한다.

몇몇 신약학자도 시간에 주목해 왔다.[2] 시간을 창조하신 하나님은 친히 때와 기간을 결정하시는 역사의 주관자시다(전 3; 요 17:24; 엡 3:9).[3] 영원하신 아버지 하나님과 성자 예수님은 시간의 처음과 마지막이시다(사 41:4; 계 1:8, 17). 그래서 성경의 시초론(protology)은 종말론(eschatology)을 투영한다. 하나님 안에서 과거와 미래는 현재를 매개로 대화한다. 지금도 하나님은 모든 사람에게 현재라는 공평한 시간을 선물로 주신다. 영생에 잇대어 종말론적 은혜 가운데 살아가는 그리스도인에게만 '끝나지 않는 현재'(never-ending present)가 보장된다(요 11:26).

그런데 시간과 공간은 불가분이므로 성경의 공간 신학(space theology)과 시간 신학(time theology)은 한쌍과 같다.[4] 온 세계에 퍼진 코로나19와 같은 글로벌 재난의 때에, 교회는 회개하면서 만유를 통일하시고 공교회에게 사랑을 베푸

---

1 이 글은 "신약의 시간, 어떻게 설교할 것인가?" in 『성경의 공간과 시간, 어떻게 설교할 것인가?』, ed. 한국동남성경연구원 (서울: SFC출판부, 2022), 219-35에 실렸다.
2 P. E. Deterding, "The New Testament View of Time and History." *Concordia Journal* 21/4 (1995), 385-99; M. E. Glasswell, "New Testament View of Time," *Communio Viatorum* 16/4 (1973), 249-55.
3 R. L. Overstreet, "Time within Eternity: Interpreting Revelation 8:1," *Journal for Baptist Theology & Ministry* 10/2 (2013), 33.
4 구약의 시간에 대해서는 최승정, "성경의 시간," 『Catholic Theology and Thought』 58 (2007), 22-37을 참고하라.

시는 주님의 마음을 배워야 한다(엡 1:10).[5]

본 장은 신약성경에 나타난 다양한 시간 표현과 개념을 살핀 후, 복음서와 역사서, 서신서, 요한계시록의 시간 신학을 차례로 연구한다. 마지막으로, 적용을 위해 시간 신학을 윤리와 설교로 전환하는 실례를 간단히 제시한다.

1. 신약성경의 시간 관련 단어들

신약성경에서 시간과 관련된 명사들은 다양하다.

(1) 신약성경에 54회 등장하는 명사 χρόνος는 대체로 과거에서 현재를 거쳐 미래로 흐르는 불특정한 양적인 기간을 가리킨다(마 25:19; 요 5:6; 참고. 전 3:1a).[6] 그런데 χρόνος는 일반적이고 양적인 시간이 아니라, 특정한 사건과 결합하여 신학적으로 더 중요한 의미를 가리키기도 한다(눅 1:57; 행 13:18).[7] 예를 들어, 갈라디아서 4장 4절의 '때(χρόνος)가 차매'는 구약 시대가 마감되어 예수님을 절정으로 하는 새 시대로의 도래를 의미한다.[8]

(2) 신약성경에 약 120회 등장하는 명사 αἰών은 대체로 긴 기간을 의미하는데(눅 1:70; 16:8), χρόνος의 양적 개념과 일면 유사하다.[9]

(3) 신약성경에 85회 등장하는 명사 καιρός는 일반적인 기간을 가리킬 수 있지만(눅 4:13; 행 14:17), 주로 하나님께서 독생자 예수님을 통해 역사에 개입하시는 결정적이고 중요한 시점을 의미하는 질적 개념이다(눅 21:8; 요 7:6; 롬 13:11; 계 1:3; 12:12; 참고. 전 3:1b).[10]

---

5   N. Koopman, "The Unifying and Catholizing Love of Christ in a Time of Pandemic," *Ecumenical Review* 72/4 (2020), 569-80.
6   최승정, "성경의 시간," 17.
7   C. Brown (ed), *NIDNTT*, Volume 3 (Grand Rapids: Zondervan, 1986), 843.
8   T. R. Schreiner, *Galatians*, ZECNT (Grand Rapids: Zondervan, 2010), 269.
9   Brown (ed), *NIDNTT*, 826-29; O. Cullmann, 『그리스도와 시간』, 김근수 역 (서울: 도서출판나단, 1993), 66.
10 Brown (ed), *NIDNTT*, 837; W. Bauer, *BDAG* (Chicago: The University of Chicago Press, 2003), 497-98. 참고로 남아공의 흑백 차별 정책을 비판한 '카이로스 문서'(1986)가 있다.

(4) 신약성경에 100회 이상 등장하는 명사 ὥρα는 하루 일정 안에서 시간적으로 사건을 확정하거나 제한된 시간을 가리킨다(마 20:3; 요 11:9). 그리고 이 단어는 구체적으로 지정된 특정하고 짧은 시간이나 중요한 종말론적인 한 시점을 가리킨다(마 24:36; 눅 14:17; 요 4:52; 16:21; 요일 2:18; 계 14:7; 18:10).[11]

위에서 살핀 대로, 한 단어가 여러 의미를 가지고 있기에, 일차적이고 주요한 의미를 눈여겨보면서도, 정확한 뜻을 결정하려면 문맥을 잘 살펴야 한다. 또한, 시간 관련 단어들은 사적이라기보다 대체로 공적이다. 구약에서 이스라엘의 절기(안식일)와 신약의 안식일과 주일도 공적이다. 덧붙여, Anno(年) Domini(主)는 주 예수님께서 세상을 다스리시는 공적 시간을 잘 표현한다.

2. 복음서와 사도행전의 시간

마태는 '계시의 침묵기'인 신구약 중간기에 살았던 사람들을 소개한다(참고. 마 1:13-15의 예수님의 조상 아홉 명). 하나님은 다윗 계열의 메시아의 탄생을 위해 중간기 동안에서도 구원의 역사를 인도하셨다.[12]

공관복음과 사도행전은 오전 6시에 시간이 시작되는 유대식 시간을 따른다(마 20:3-6; 마 15:33; 눅 23:44; 행 10:3). 하지만, 에베소의 요한공동체를 1차 독자로 삼은 요한복음은 로마식 시간을 따른다(요 19:14).[13] 로마식 시간은 오늘

11　Brown (ed), *NIDNTT*, 847-48.
12　G. R. Osborne, *Matthew*, ZECNT (Grand Rapids: Zondervan, 2010), 62.
13　R. A. Culpepper, 『요한복음 해부』, 권종선 역 (서울: 요단, 2000), 353; P. H. R. van Houwelingen, *Johannes: Het Evangelie van het Woord*, CNT (Kampen: Kok, 1997), 110, 365; contra R. Schnackenburg, H. N. Ridderbos 등. 참고로 김동수는 요한복음이 유대식 시간을 따른다고 보면서, "요한이 19:14에서 빌라도가 심판석에 앉은 시간을 정오로 언급한 것은 예수가 재판을 받고 심판을 받은 사건이 역사적으로 확실하다는 것을 전달하려고 했던 것이다."라고 주장한다. 그러나 빌라도 총독은 금요일 '정오'에 주님을 재판한 바 없다. 김동수, "요한복음의 시간: 현대식이냐 유대식이냐?" 『신약논단』 17/4 (2010), 918. 참고로 요 4:6의 '제6시'(ὥρα ἕκτη)를 정오로 보면서도, 요 19:14의 '제6시'의 시간은 유월절 양을 잡는 시간이라고 슬쩍 언급만하고 지나가는 경우는 F. J. Moloney, *The Gospel of John* (Collegeville: The Liturgical Press, 1998), 116, 496; E. W. Klink III, *John*, ZECNT (Grand Rapids: Zondervan, 2016), 236, 784를 보라.

날의 24시간 체계와 동일하다. 복음서에서 실제 시간과 이야기 시간은 다르다. 중요한 사건을 상세히 설명할 경우, 이야기 시간은 매우 느리다. 예를 들어, 사도 요한은 예수님의 공생애 첫째 해는 116구절로, 둘째 해는 295절로 설명하며, 십자가 처형을 앞둔 24시간을 위해서는 요한복음 13-19장을 할애한다.[14]

1) 시간의 중심이신 예수님

마태복음 1장과 누가복음 3장의 족보에 나타난 시간은 중요하다. 마태는 '다윗'(דוד)을 가리키는 숫자 14(δεκατέσσαρες)의 히브리어 게마트리아(gematria) 기법을 사용한다(마 1:17; 참고. 계 13:18).[15] 이를 통해 마태는 다윗왕과 믿음의 조상 아브라함에서 시작하여, 지속되던 바벨론 포로 생활을 종식하실 예수 그리스도의 탄생을 강조한다(마 1:2, 5, 12, 17).[16] 마태복음의 독자 중에 유대인 출신 성도가 다수를 이루기에, 다윗과 아브라함으로 시작하는 것은 의사소통에 도움이 되었을 것이다(마 1:1-2). 마태는 다윗왕의 후손이신 예수님을 구속사의 중심으로 밝힌다.[17]

반면, 누가는 이방인 출신 데오빌로 각하를 염두에 두고, 아브라함이 아니라 예수님을 출발점으로 하여, 아담과 하나님께로 거슬러 올라가는 '그리스도 완결적(Christotelic) 족보'를 소개한다. 누가는 족보에서 예수님 이후의 인물을

---

14 Culpepper, 『요한복음 해부』, 118-19.

15 B. Gosse, "The 42 Generations of the Genealogy of Jesus in Matt 1:1-17, and the Symbolism of Number 42, Curse or Blessing, in the Bible and in Egypt," *Studia Biblica Slovaca* 10/2 (2018), 146; Osborne, *Matthew*, 68. 참고로 게마트리아로 헬라어 Δαυίδ의 숫자의 합은 14가 아니라 419이다.

16 N. G. Piotrowski, "After the Deportation: Observations in Matthew's Apocalyptic Genealogy," *Bulletin for Biblical Research* 25/2 (2015), 198. 참고로 마 1:1-17에는 중간기를 포함하여 총 42대가 나타난다. 하나님은 중간기에도 구원의 역사를 전개하셔서 메시아의 가계를 보존하셨다. 그리고 숫자 42를 시 42-83편의 총 42개의 시에 담긴 다윗 왕조의 흥망성쇠와 (임의로) 연결한 경우는 Gosse, "The 42 Generations of the Genealogy of Jesus in Matt 1:1-17, and the Symbolism of Number 42, Curse or Blessing, in the Bible and in Egypt," 147을 보라. 첨언하면 시 73편은 시편 제삼권의 시작이므로, 제이권의 시작인 시 42편과 함께 묶을 경우 무리가 따른다.

17 참고. U. Luz, *Matthew 1-7*, Hermeneia (Minneapolis: Fortress, 2007), 82.

언급하지 않기에, 주님을 마치 시간의 출발점(알파, 시작)으로 간주한다.

두 족보의 시간관을 요약하면, 하나님의 구원은 예수님을 시작과 중심으로 하여 펼쳐진다. 마태공동체는 족보의 의미를 정확히 이해한 후, 예수님께서 주시는 새 창조와 구원을 증거해야 했다. 그리고 그들은 '세상 끝날까지' 함께 하실 예수님을 증언해야 했다(마 28:20). 마태복음의 내러티브 세계는 선교 명령으로 마친다(마 28:18-20). 마태공동체는 이런 내러티브 세계를 벗어나서 실제 세계에서 활동할 때도 선교의 의지를 불태웠을 것이다. 하나님 나라를 섬기기 위해 훈련된 제자들은 곳간(θησαυρός)이신 예수님 안에 있는 하나님 나라의 오래된 원칙들과 새로운 적용들을 종합하여 증거해야 한다(마 13:52). 천국의 보물 창고이신 예수님은 구약의 옛 것들(παλαιά)과 신약의 새 것들(καινά)의 중앙이시다(마 13:44).

이런 '메시아 시간'(messianic time, Walter Benjamin의 용어)은 공간화된다. 왜냐하면, 시간의 중심이신 예수님은 제자들을 위해 '자신 안'이라는 독특한 공간을 마련해 주시기 때문이다(참고. 롬 16:3, 7, 8, 9, 10, 11, 12, 13, 16; 고후 5:17).[18] 예수님 안에 있는 사람들이 지나온 어두운 시간은 새로운 과거(new past)로 변한다(참고. 골 1:13). 예수님의 십자가와 부활과 승천의 때는 어둠의 시간을 종식하고 만유를 격변시킨 우주적 시간(cosmic time)과 같다(참고. 히 9:26).

예수님은 태초에 영으로 선재(先在)하셨다(요 1:1; 참고. 창 1:1; 골 1:16). 사도 요한은 표적을 예수님의 시간과 연결한다(요 2:4). 예수님은 거의 일평생에 해당하는 38년이나 지속된 질병도 한순간에 치유하신다(요 5:5). 그때 주님은 베데스다 연못가에 모인 병자들의 치유의 시간이었던 '물이 움직일 때'라는 제약을 없애신다(요 5:7). 그리고 예수님은 치유의 공간인 베데스다 연못 안이라는 공간적 제약도 없애신다. 여기서도 시간과 공간은 서로 밀접하다.

따라서, 예수님은 시간과 공간 모두를 구속(救贖)하신다(참고. 엡 5:16). 복음서 기자들은 이런 시간의 구속을 부사 '즉시'를 사용하여 극적으로 설명한다(마 4:20, 22; 막 1:12 등).

---

18 참고. R. Amesbury, "Secularity, Religion, and the Spatialization of Time," *Journal of the American Academy of Religion* 86/3 (2018), 591.

사도행전에도 예수님의 부활로 인한 시간의 변혁과 구속이 나타나는데, 주일은 '한 주간의 첫날'이 된다(행 20:7). 예수님의 부활이야말로 역사의 큰 전환점이다.[19] 그러나 바리새인들을 중심으로 유대인들은 안식일 논쟁을 통해 이 '첫날'에 저항했다(요 5:16). 하지만, 안식일이라는 그림자 시대는 실체이신 예수님의 오심으로 사라져야 마땅하다(골 2:17).

요약하면, 시간의 중심이신 예수님께서 제자들과 복음서의 1차 독자들에게 주시는 명령과 권면은 무엇인가?

바로 하나님 나라를 증언하라는 사명이다.

2) 신구약 중첩기(重疊期)

성경의 시간관은 구약 시대에서 신약 시대로 단순히 직선적으로 흐르지 않는다. 오히려 구약과 신약의 기간이 포개지는 특정 시기가 있다. 예수님이 성육신하셔서(c. B.C. 6) 신약 시기가 시작되었음에도 불구하고 예루살렘 성전과 구약의 제의는 A.D. 70년까지 약 76년간 지속되었다. 이런 중첩기는 성경을 이해하는 데 매우 중요하지만, 많은 이는 이에 주목하지 않는다. 중첩기의 특징을 오해하면, 안상홍증인회(하나님의교회)처럼 유월절과 안식일을 지키는 데 몰두하게 된다.

옥타비아누스 황제(B.C. 63-A.D. 14)와 구레뇨(Quirinius) 총독이 다스릴 때(눅 2:1-2), 예수님은 탄생하셔서 구약의 율법을 따라 할례를 받으셨고, 산모 마리아도 예루살렘 돌 성전에서 희생 제사를 드려 정결케 되었다(눅 2:21, 27). 하지만, 스스로 새 시대의 천국이신 예수님은 반드시 흥하셔야 하고, 구약의 마지막 주자이자 신약 성도보다 더 작은 사람인 세례 요한은 반드시 쇠해야 한다(마 11:11; 요 3:30; 히 9:10).[20] 이런 의미에서 예수님 자신과 그분의 사역의 목적은 신구약 중첩기를 종식시키는 데 있다고 주장해도 정당하다.

예수님의 승천과 성령 강림 이후에도 여전히 돌 성전에서 회집한 사람들은 예루살렘 교회다(행 2:46). 여기서 오순절과 돌 성전이라는 시공간이 특이하게

---

19 참고. J. A. Meylahn, "Talk of Time," *HTS Teologiese Studies* 71/3 (2015), 6.
20 송영목, 『신약신학』 (서울: 생명의양식, 2016[개정증보판]), 147.

연결된다. 예루살렘의 돌 성전이 무너질 A.D. 70년에 옛 시대의 요소는 완전히 사라질 것인데, 하나님은 음행한 옛 언약 백성에게 이혼 증서를 써주셨다(마 5:31). 옛 언약 백성의 특권이 사라진, 돌 성전의 파괴 이전의 '이 세대'(ἡ γενεὰ αὕτη)는 세상 역사의 종막을 고하는 예수님의 가시적 재림의 시간인 '저 날과 저 때'(ἡμέρα ἐκείνη καὶ ὥρα)를 위한 그림자 역할을 한다(마 24:34, 36).[21]

구약과 신약의 중첩 기간에, 신약의 제자들조차 구약 이스라엘 백성처럼 종말의 은사인 내주하시는 성령의 은혜와 역사를 제대로 누리지 못할 수 있었다(행 19:1-7).[22]

3) '이미 그러나 아직 아니'

이미 도래한 천국과 영생, 다시 말해, 주님의 은혜의 해를(ἐνιαυτὸν κυρίου δεκτόν) 선취하고 누리는 것은 1주일에 한 번 공적 예배에만 경험하는 것이 아니다(사 61:2; 눅 4:17). 오히려, 종말과 영생의 백성인 그리스도인이 일상에서 누리는 실재다(마 4:17; 12:28; 눅 12:32; 참고. 롬 14:17).[23]

예수님은 스스로 천국과 복음이시다(눅 17:21; 행 28:31; 롬 16:25). 장애인의 시간은 혹독한데, 38년 혹은 출생 때부터 한평생이다(요 5:5; 9:1). 예수님은 장애인에게도 은혜의 해를 주신다. 그러나 주님을 믿지 않는 자들은 사망과 지옥 심판을 선취하고 거기에 빠져있다(요 16:8-9). 이런 두 가지 선취와 경험은 예수님께서 재림하실 때 그들이 부활함으로써 종료될 것이다(요 5:29).[24]

---

21 R. C. Sproul, 『예수의 종말론』, 김정식 역 (서울: 좋은씨앗, 2019), 260; 양용의, 『마태복음 어떻게 읽을 것인가』(서울: 성서유니온선교회, 2006), 415.
22 송영목, 『신약신학』, 289.
23 N. T. Wright, "Jesus in Space, Time, and History: Natural Theology and the Challenge of Talking about God," *Crux* 55/4 (2019), 9.
24 J. A. du Rand, *Die Einde: Die A-Z van die Bybelse Boodskap oor die Eindtyd* (Vereeniging: CUM, 2013), 47.

4) 요약

예수님은 구속사의 중심이자 절정으로서, 시간은 물론 공간도 구속하셨다. 예수님은 불신 유대인들에게 이혼 증서를 써주심으로써 신구약 중첩기를 마무리하셨다(참고. 렘 3:8). 주님은 유대인들 가운데 남은 자들과 이방인 성도에게 영생을 선취하여 누리는 은혜를 주신다. 그 은혜의 목적은 다름 아니라 교회가 선교를 수행하기 위함이다.

3. 서신서의 시간

어떤 사람이 편지를 작성 중인데도 수신자들의 서신을 받은 상황을 전제로 하여 마치 과거 사건처럼 묘사하는 경우가 있다. 신약 서신서들은 서신적 아오리스트(epistolary aorist) 직설법 동사(주로 ἔγραψα)를 종종 활용한다(고전 9:15; 고후 8:17; 갈 6:11; 엡 6:22; 빌 2:28; 몬 12; 참고. 행 23:30).[25]

이제 신약 서신들에 나타나는 다양한 시간 표현이 어떤 신학적 의미를 전달하는지 탐구할 차례다.

1) 바울서신의 시간

(1) '때가 차매'와 '영 단번'의 대속의 시간

예수님의 성육신은 구약에서 신약으로 전환 시점이다. 하나님께서 영원 전에 가지고 계신 구원의 때가 차야만(갈 4:4) 예수님을 통한 영 단번(ἅπαξ, 혹은 ἐφάπαξ)의 대속이 가능하다(롬 6:10; 고전 2:7; 딛 1:2; 참고. 히 7:27; 9:28).[26]

영원 전에 감추어진 신비로운 복음은 구약 선지자들도 예언한 바인데, 예수님의 성육으로 계시되었고 복음의 제사장 직분을 감당하는 사도와 같은 일꾼을 통해 전파되었다(롬 15:16; 16:25-26).

---

25 D. B. Wallace, *Greek Grammar beyond the Basics* (Grand Rapids: Zondervan, 1996), 562-63.
26 R. Le Poidevin, "Once for All: The Tense of the Atonement," *European Journal for Philosophy of Religion* 8/4 (2016), 180-92; Cullmann, 『그리스도와 시간』, 174.

(2) '전에는 그러나 이제는'

그리스도인에게 거듭나기 이전의 '그때'(τότε)와 이후의 '이제'는 선명히 구분되어야 한다(롬 6:21-22; 몬 1:11). 그리스도인은 '그러나 이제는'(νῦν δὲ)의 생활로써 시간을 구속해야 한다(ἐξαγοραζόμενοι τὸν καιρόν; 엡 5:16). 그것은 사탄에게 팔려버린 현재의 시간을 다시 사서(buy), 매일 그리고 매순간 하나님의 영광을 위해 활용하는 삶이다.[27] 시간을 구속하는 사람들에게 옛 언약 시대의 절기들과 안식일은 그림자에 불과하다(골 2:16-17; 참고. 단 2:8).[28]

(3) '이미 그러나 아직 아니'

하나님께서는 자신의 뜻대로 부름을 받은 사람들에게 예정과 칭의와 성화와 영화라는 모든 것을 합력하여 선을 이루신다(롬 8:28-30). 성도가 이미 의롭게 되었기에 '아직 아니'로 남아 있는 의의 면류관도 얻을 것이다(딤후 4:8).

그리스도인에게 성화와 영화도 이미 주어진 실재지만 완성은 남아 있다.[29] 그러나 하나님은 '이미 그러나 아직 아니'의 긴장을 합력하여 최선으로 이루실 것이다.[30] 그래서 하나님은 스스로 세세토록 찬양을 받으실 것이다(롬 9:5).

(4) 데살로니가후서 2장의 시간

바울 당시에 막는 자와 막는 것 때문에 아직 출현하지 못한 그 불법의 사람은 곧 출현할 것이다. 그가 역사의 전면에 등장하면 배교의 때가 도래한다(살후 2:3, 7). 악한 불법의 사람은 사탄의 미혹하는 일을 수행할 것이다(살후 2:9).

그 불법의 사람은 누구인가?

바울이 데살로니가후서를 기록할 무렵 아직 황제가 되지 못한 글로우디오 황제의 양자 네로를 가리킨다.[31] 네로의 박해 시기에 배교자가 발생했다.

---

27 F. Thielman, *Ephesians*, BECNT (Grand Rapids: Baker, 2010), 356-57.
28 맥추감사주일은 오순절 성령 강림주일로 대체되는 게 마땅하다. 한국 교회가 맥추감사주일로 지키는 7월 첫째 주일은 상반기 감사를 위한 실용적 목적에 기인한다.
29 M. A. Mininger, "Defining the Identity of the Christian 'I' between the Already and the not Yet: In Review of Will N. Timmins's Romans 7 and Christian Identity," *Mid-America Journal of Theology* 31 (2020), 134-52.
30 Cullmann, 『그리스도와 시간』, 204.
31 송영목, 『간본문적 신약읽기』 (서울: CLC, 2017), 344-53.

2) 일반서신의 시간

(1) 말세(히 1:2; 9:26: 벧전 1:5, 20; 요일 2:18)

말세를 살던 튀르키예의 교회에게 보내진 베드로전서 1장의 창조와 구원과 윤리를 위한 시간표를 요약하면 아래와 같다. [32]

창세 전 → 종말에 계시된 예수님 → 무지의 때 → 구원 → 나그네 삶 → 예수님의 재림
(1:20)　　　　(1:20)　　　　　　(1:14, 18)　(1:18–19)　(1:17)　　　(1:13)

베드로전서의 수신자들은 창세전부터 선재하신 예수님께서 종말을 개시(開始)하심으로써, 무지의 때를 종식하고 재림의 때를 소망하면서 나그네로 살아간다(참고. 고전 10:11). 그런데 예수님께서 주시는 구원의 새 시대인 말세(히 9:26)에 가현설주의자를 특정적으로 가리키는 적그리스도도 활동한다(요일 2:18). 그러나 말세의 백성은 성찬으로써 성육하신 예수님의 십자가와 부활을 확인한다(참고. 고전 11:23-24). 성찬은 그리스도 사건이라는 과거를 기억하고, 하나님의 잔칫상(床)에 현재적으로 참여하며, 미래에 완성될 어린양의 혼인 잔치를 기대한다(참고. 시 23:5; 마 26:28; 행 20:12; 계 19:9).

(2) 잠깐의 고난 그러나 영원한 영광(벧전 5:10; 유 25)

그리스도인이 당하는 고난은 '잠깐'(ὀλίγον)이지만 장차 받을 영광은 '영원하다'(εἰς τὴν αἰώνιον; 롬 8:17; 벧전 5:10). 지금 하나님의 자녀로서 사는 그리스도인은 예수님의 재림 때에 주님과 같이 신령한 몸을 입을 것이다(요일 3:2). 참고로 A.D. 1세기 로마제국에서 미결수가 수감되는 최장 기간은 2년이었다(행 24:27; 28:30).

(3) 주의 날

주님께는 천년이 하루 같은데(χίλια ἔτη ὡς ἡμέρα μία) 예수님의 재림이 지연되는 기간은 죄인들이 회개하고 구원을 받을 때다(벧후 3:8-9). 공적 시간인 '주

32　참고. J. B. Green, "Narrating the Gospel in 1 and 2 Peter," *Interpretation* 60/3 (2006), 269.

의 날'(ἡμέρα κυρίου)에 온 세상은 신천신지로 갱신될 것이다(벧후 3:10, 13).

3) 요약

그리스도인은 '이전'에서 '이제'로 이사했지만, '이미와 아직 아니' 간의 긴장에 처해 있다. 예수님의 초림으로 도래한 말세를 사는 그리스도인은 잠시 고난을 당하지만 주의 재림의 날을 기억하며 선한 행실로써 살아야 한다.

4. 요한계시록의 시간

여기서는 요한계시록 1장의 시간 표현과 요한계시록의 예언들이 성취되는 시간을 차례로 살핀다.

1) 지금과 주의 날

요한계시록 1장에서 '지금'과 '주의 날'이라는 시간이 눈에 띈다. A.D. 1세기에 현재가 과거나 미래보다 더 중요했기에, 사도 요한은 성부를 소개할 때 '이제도 계시고'를 '전에도 계셨고'와 '지금도 오고 계시는'(장차 오실)보다 먼저 언급한다(계 1:4). 소아시아 일곱 교회에게도 박해를 이길 수 있는 하나님의 현재적 은혜가 무엇보다 절실했다.

요한이 환상을 본 '주의 날'(κυριακή ἡμέρα)은 토요일 다음 날인 주일을 가리킨다(계 1:10).[33] 소아시아 일곱 교회는 가까운 도시 드로아 교회가 '한 주간의 첫날'에 모여 예배드리며 유두고의 부활을 목격한 것을 알고 있었을 것이다(행 20:7). 따라서, 계시록의 수신자들은 주일을 '한 주간의 첫날'이라고 부

---

[33] 계 1:10의 '주의 날'을 한 주의 첫날인 주일이 아니라 구원과 심판의 날(사 13:9; 겔 30:3; 욜 2:31; 행 2:16-17)로 이해하는 경우는 K. L. Gentry Jr., *The Divorce of Israel: A Redemptive-Historical Commentary on the Book of Revelation*, Volume 1 (Dallas: Tolle Lege, 2017), 313을 보라. 그러나 구원의 심판을 위한 주의 날로 본다면, 요한이 환상을 본 시점은 매우 모호하게 된다.

르는 초대 교회의 관습을 알고 있었을 것이다. 주일은 예수님께서 통치하시는 전체 기간을 상징적으로 의미하는 '1000년'(χίλια ἔτη)의 한 경점과 같지만, 요한계시록의 1차 수신자들이 공적 예배로 회집하는 중요한 날이다(계 1:3; 20:2).

참고로, 요한계시록 2-3장의 일곱 교회는 인류 역사의 일곱 세대를 가리킨다는 세대주의 해석은 아무런 근거나 지지를 얻지 못한다.

2) B.C. 6년과 A.D. 30년

요한계시록 12장 5절의 예수님의 성육신(c. B.C. 6)과 승천(c. A.D. 30)은 창세기 3장 15절의 원시복음을 성취하신 결정적인 때다. 장차 패배할 용이 꼬리로 별 삼분의 일을 던지는 것은 천사들 중 삼분의 일이 타락한 것을 상징한다(계 12:4). 이 사건이 발생한 시점은 하나님의 천지 창조 무렵이다.

3) A.D. 66-70년

음녀 바벨론의 패망은 예언적 아오리스트 동사 '무너졌다'(ἔπεσεν)로 나타난다(계 14:8). 음녀는 불신 유대인을 가리키는데, 그들의 패망은 A.D. 70년에 발생한다. 계시록이 A.D. 66년경에 기록되었기에, 장차 있을 미래를 과거시제로 표현함으로써 사건의 확실성을 강조한다. 실제로 요한계시록의 대다수 내용은 반드시 '속히'(ἐν τάχει), 즉 '짧은 시간 안에' 일어날 일들이다(1:1; 22:6).

'한 때, 두 때, 반 때', '1,260일' 그리고 '42개월'(계 12:6, 14; 13:5)은 완전하고 충만한 7년의 절반이므로 짧은 기간을 상징한다(참고. 단 1:12와 계 2:10의 10일). 그러므로 교회가 악의 세력으로부터 박해를 받는 기간은 무한하지 않다. 흥미롭게도 A.D. 66-70년의 유대-로마 전쟁 기간과 네로의 박해 기간(A.D. 64-68)은 삼년 반이다(참고. 유대전쟁사 2.19.5; 5.12.1).[34]

불신 유대인의 박해와 황제 숭배의 혼합주의에 굴복하지 않는 '이기는 자'는 '그 시험의 때'(ὥρας τοῦ πειρασμοῦ)를 면하게 된다(계 3:10; 참고. 계 7:14). 그

---

34 K. L. Gentry Jr., *The Divorce of Israel: A Redemptive-Historical Commentary on the Book of Revelation*, Volume 2 (Dallas: Tolle Lege, 2017), 163, 185.

리스도인이 통과할(혹은 면할) 특정한 '그 시험의 때'는 감람산 강화에 이미 예고되었는데, A.D. 66-70년에 불신 유대인들에게 임한 심판의 충격은 로마제국 전체의 디아스포라 유대인들에게 감지되었다(마 24:21).[35]

4) 재림과 영원

성부 하나님은 이제도 계시고 전에도 계셨고 미래에 역사하기 위해 오고 계신다(1:4; 참고. 사 44:6; 요일 2:14). 즉, 과거·현재·미래와 영원은 하나님의 소관이다. 따라서, 시간은 제우스나 황제의 소관이 아니므로, 여기서 반로마적 메시지를 찾을 수 있다. 둘째 사망은 영원한 천국과 대비되는 지옥 형벌을 가리킨다(계 20:10, 14).[36]

5) 요약

하나님은 특별히 현재와 주일을 주관하신다. 그리고 요한계시록은 예수님의 성육신과 그리스도의 승천을 계시록 내러티브의 중앙인 요한계시록 12장에 배치함으로써, 구속사의 절정의 두 때를 강조한다. 소아시아 일곱 교회가 당하는 박해는 잠깐이며, 그후에 영원한 신천신지와 지옥을 위한 판결이 있을 것이다. 이 사실은 그들에게 소망을 준다.

35　Gentry Jr., *The Divorce of Israel*, Volume 1, 454-55.
36　계 8:1에서 영원한 시간과 30분의 관계를 논한 경우는 Overstreet, "Time within Eternity," 36을 보라. 하지만, 두루마리의 일곱째 인을 개봉하는 배경을 가진 계 8:1은 영원이 아니라 반드시 속히 일어날 일과 연결해야 한다.

5. 시간 신학과 그리스도인의 윤리와 설교 지침

1) 그리스도인의 윤리

예수님께서 영 단번의 대속을 성취하셨으므로, 그분 안에 거하는 그리스도인은 영생과 구원 그리고 천국을 이미 향유하고 있다. 그리고 그리스도인은 고난 중에서라도 선교하며, 나그네의 때를 두려움으로 지내야 한다(벧전 1:17). 신약 교회는 하나님의 구원과 은혜를 달력에 새겨 반복하며 기념해야 한다. 새 생명을 선물로 받은 사람은 영생을 맛보며 그것을 증거하기 위해 주 안에 살아야 하기 때문이다.

2) 설교 지침

"시간의 주인이신 하나님(계 1:4)의 은혜와 평강을 받는 선교적 교회여, 월요일에서 토요일을 구속하라"는 설교 메시지는 주중의 교회 실종 시대를 예방하는 데 중요하다.[37]

나오면서

신약성경의 시간은 예수님을 중심으로 설명된다. 초림과 재림의 중간 시기에 예수님의 죽으심과 부활과 승천, 성령의 강림 그리고 예루살렘 성전의 파괴와 같은 중요한 전환점들이 있었다.

온 세상에 가시적으로 임할 예수님의 재림의 때는 공적 시간이다. 주님의 재림 이전에 교회는 무엇보다 선교에 힘써야 한다.

---

[37] D. Forster and J. W. Oostenbrink, "Where is the Church on Monday?: Awakening the Church to the Theology and Practice of Ministry and Mission in the Marketplace," *In die Skriflig* 49/3 (2015), 2-7. 참고로 오늘날 천상의 시간은 지상의 시간과 동일한가? 예수님은 지상 교회의 머리이시며, 성령님은 지상 교회 안에 내주하신다. 천상의 시간에 초월적 하나님의 이미지가 묻어나지만, 동시에 하나님은 성도를 위해 내재하신다. 따라서, 적어도 예수님의 재림 이전에는 천상의 시간과 지상의 시간에 차이가 있다고 볼 필요는 없다.

제2부

공교회성과
교회의 공공성

제1장

코로나19로부터 생각해 보는 공교회성 회복

들어가면서

    개인의 웰빙을 중요하게 여기면 여길수록 공동체성은 약화된다.[1] 타인을 고통을 동정하여 그의 문제를 해결하는 것은 수고와 고통이 동반되기 때문에, 무관심하거나 냉담한 경향을 보일 때가 많다.

    이는 성경이 언급한 하나님의 성품인 긍휼이 부재한 상태다.[2] 개인의 빈부 차이는 물론 교회 간의 격차마저 벌려놓은 코로나19 시대에 다양한 채널을 활용해 공감의 목회 및 성도 간의 상호 돌봄을 확보하는 것은 매우 중요하다.[3]

    개인주의가 공동체성을 약화시키듯이, 교단 중심주의에 빠진 대한예수교장로회는 수많은 분열을 겪어왔다.[4] '개혁'이라는 이름을 내건 교단만 20개가 넘는다. 이것은 '한 몸'(Ἓν σῶμα), '한 성령'(ἓν πνεῦμα), '부르심의 한 소망'(μία ἐλπίς τῆς κλήσεως), '한 주님'(εἷς κύριος), '한 믿음'(μία πίστις), '한 세례'(ἓν βάπτισμα), '만유의 한 분 아버지 하나님'(εἷς θεὸς καὶ πατὴρ πάντων)을 무시한 처사다(엡 4:4-6; 참고. 신 6:4).

    하재근은 이런 명분 없는 교회 분열을 교회 정치의 세속화, 성숙하지 못한 교회론 그리고 사랑 안에서 공교회의 머리이신 예수님에게까지 자라가지 못

---

1 J. Dickie, "Practising Healthy Theology in the Local Church: Lamenting with Those in Pain and Restoring Hope," *Stellenbosch Theological Journal* 7/1 (2021), 5.

2 김승호, "선교적 경건(敬虔)으로 긍휼(Compassion)에 대한 성경신학적 고찰," 『신학지남』 87/3 (2020), 91, 96.

3 박기영·송진영, "팬데믹 상황에서의 목회돌봄 패러다임 연구," 『신학과 실천』 73 (2021), 517. 참고로 코로나19 시대에 방역지침을 지키며 회집장소가 있는 한 회중이 모여서 예배를 드려야 한다는 주장은 이상원, "COVID19와 주일의 모이는 예배," 『신학지남』 87/4 (2020), 22를 보라.

4 물론, 정당한 교파 분리가 있었음을 간과할 수 없다.

한 결과로 파악한다(엡 4:15-16).[5]

한국의 경우 1990년대부터 대형 교회를 중심으로 본격화한 개교회중심주의는 공교회성(catholicity, universality)을 허물어 왔다.[6]

> 한국 교회는 비기독교 사회에서 시작하였기 때문에 처음부터 사회로부터 분리되어 있는 교파주의 교회와 개교회 형태로 출발하였다. 공교회성이 약한 개교회의 강조는 지역 교회의 경험을 절대화하고 보편화하기 때문에 다른 교회와 경쟁 관계에 있으며 연대와 협력을 어렵게 만든다. 세상으로부터 교회 안으로 들어오는 면을 강조한 한국 교회는 구원의 방주적 교회론으로 인해 스스로를 세상으로부터 고립시켜 공적 영역과 단절된 상태에 있다. 70년대 이후에 교회의 급격한 성장을 가져온 교회 성장 운동은 개교회주의를 더욱 강화시켜 교회 간의 연대나 공적 영역에서의 선교와 봉사의 책임 의식이 더욱 약해졌다.[7]

장로회신학대학교가 발표한 "코로나19와 한국 교회에 대한 연구보고서"(2021년 4월 14일)에 따르면, 불신자의 13.2퍼센트만 교회가 코로나 방역에 협조했다고 응답했고, 교회를 신뢰한다는 비율은 고작 3.6퍼센트에 지나지 않았다. 코로나 전염병은 '항상 개혁해 가는 교회'에게 공교회성의 회복 그리고 교회의 공공성 회복이라는 막중한 과제를 부여한다.[8] 한국 교회가 공교회성의 회복이라는 숙제를 잘 해내면, 교회의 본질은 물론이거니와 대사회적 신뢰성

---

5   J. Ha, "Unity and Catholicity in the Korean Presbyterian Church: An Ecumenical Reformed Assessment," *Verbum et Ecclesia* 37/1 (2016), 2-4.
6   나이영은 한기총, 연세대 이사회, 재단법인 찬송가공회, CTS와 같은 기독교 기관에서 공교회성의 부족으로 나타난 문제들을 지적한다. 나이영, "공교회성을 회복해, 개신교의 권위와 위상을 세우자," 『기독교사상』 3월호 (2012), 259-60.
7   한국일, "선교적 교회로서 지역 교회의 역할 연구," 『선교와 신학』 44 (2018), 85.
8   정재영, "코로나 팬데믹 시대에 교회의 변화와 공공성," 『신학과 실천』 73 (2021), 878. 참고로 종교 담론이 되어버린 코로나19에 대한 기독교인의 다양한 해석(예. 하나님의 심판 여부 등)은 T. Pieterse & C. Landman, "Religious Views on the Origin and Meaning of COVID-2019," *HTS Teologiese Studies* 77/3 (2021), 9를 보라. 그리고 코로나19와 같은 전염병은 666의 시대 즉 말세지말과 재림을 알리는 징조라는 세대주의 전천년설 주장은 김영욱, "종말론적 관점에서 바라 본 전염병(COVID-19)," 『신학지남』 87/3 (2020), 204-211을 보라.

도 회복할 수 있을 것이다.

교회가 공교회성과 대사회적 신뢰도를 동시에 회복하는 방안은 무엇인가? 무엇보다 영적 성숙과 더불어 (도)덕의 계발을 강조하면서, 교회의 주이신 예수님의 성품을 닮아가는 공동체로 변모되어야 한다.[9] 그리고 교회는 상호연대감과 대사회적 책무를 깊이 자각해야 한다. 그래야 교회가 쇠락해 갔던 과거의 반복을 방지할 수 있다. 급변하는 시대에 살면서도 미래를 준비하려면, 그런 미래를 지금 만들어 가는 것이 최선의 방책이다.

본 장에서는 먼저 공교회성은 무엇이며, 그것이 약화될 때 발생하는 문제점을 살핀다. 그다음 공교회성의 근거를 신약성경의 교회론을 통해 살피고 직분자, 예배, 선교적 교회를 통한 공교회성 회복 및 강화의 원리적 방안을 탐구한다. 마지막으로 공교회성의 회복을 위한 실제 제안을 제시한다.

1. 공교회성(公敎會性, catholicity)이란 무엇인가?

형용사 '공교회적'(catholic)은 헬라어 καθ'와 ὅλου의 합성어로서, 모든 것을 포괄하여 보편적이라는 뜻이다. 신약성경에 이 단어는 나타나지 않는다. 이 단어를 교회론적으로 처음 사용한 안디옥의 이그나티우스는 『서머나 교회에 보낸 편지』에서(A.D. 100), "주교가 보이는 곳에 회중도 있으며, 예수님께서 계신 곳에 보편적 교회가 있다"라고 말했다.[10] 그 후로 '공교회적'(catholic)과 '정통적'(orthodox)은 상호 교차적으로 사용되었다.[11] 그리고 『폴리캅의 순교』에도 공교회가 몇 차례 언급된다. 점차 '공교회'(ecclesia catholica)는 분리주의자 및 이단과 같은 작은 모임에 맞서서 더 넓은 교회(the wider ecclesiastical commu-

---

9 강성호, "한국 교회의 도덕적 성품의 형성," (제95차 한국복음주의신학회 온라인 신학포럼 발제 논문, 2021년 6월 5일), 11.

10 A. N. Papathanasiou, "Is Mission a Consequence of the Catholicity of the Church?: An Orthodox Perspective." *International Review of Mission* 359 (2001): 409; E. Campi, "피터 베르밀리의 교회론: 교회성, 분리 그리고 이단," 『신학정론』 33/2 (2015), 39(김병문 역).

11 '보편적'(catholic)에서 그리스도인의 삶의 내적 전체성(inner wholeness), 즉 전인적 생활도 빠트릴 수 없다. Papathanasiou, "Is Mission a Consequence of the Catholicity of the Church?" 410.

nity)를 뜻하게 되었다.[12] 교부들도 공교회성을 특정 시대나 장소의 지 교회와 구별되는, 모든 시대와 장소의 하나로 통일된 전체(a unified whole) 교회로 파악했다.[13] 공교회는 공간과 시간을 초월하므로, 현대 교회는 초대 교회를 비롯하여 이전 교회들의 귀중한 유산을 계승하면서 개혁해 가야 마땅하다.

> 공교회성은 세계 종교인 기독교가 지리-국가-장소-시간과 상관없이 모든 사람이 복음의 통치를 받게 하고, 모든 피조물을 거룩하게 만들어야 한다는 선교적 신념 위에 서 있다.[14]

그런데 회중교회에는 공교회성이 약하고, 감독교회에서는 지 교회의 자율성이 약화되기 쉽다.[15] 장로교회는 지 교회의 자율성을 존중하면서도 공교회성을 추구한다(『기독교 강요』 4.1.9; 웨스트민스터 신앙고백 25.5). 니케아-콘스탄티노플 신경(325, 381)을 고백하는 교회라면, '하나의'(one) 거룩하고(holy) 보편적이며(catholic) 사도적'(apostolic)인 속성들이나 표지들을 존중해야 한다.

첫째, '하나의'(one) 교회는 신자들의 의견 일치의 결과물이 아니라, 성부께서 구주 예수님 안에서 성령의 믿게 하시는 역사를 통하여 기쁘게 일하신 선물이다.[16] 이런 하나 됨의 일치는 성례와 예배, 선교 등에 나타난다.

둘째, '거룩한'(holy) 교회는 그리스도 안에서 성령으로 거룩해가는 공동체다(롬 15:16; 고전 1:2; 벧전 1:2; 2:9).

셋째, '보편적'(catholic) 교회는 지구상 모든 시대에 존재하는 교회는 특정 분파나 지역에 국한되지 않고 예수 그리스도 안에서 구원 받아 충만한 삶을

---

12 Campi, "피터 베르밀리의 교회론," 39-40.
13 참고, H. Bavinck, "The Catholicity of Christianity and the Church," *Calvin Theological Journal* 27/2 (1992[1888]), 221(J. Bolt 역).
14 Bavinck, "The Catholicity of Christianity and the Church," 221.
15 침례교회는 종교의 자유를 자연에 반하는 은혜라는 틀 안에서 이해하기에 교회당 울타리에 머무는 경향이 있다. 참고. G. Lotter & T. van Aarde, "A Rediscovery of the Priesthood of Believers in Ephesians 4:1-16 and Its Relevance for the *Missio Dei* and a Biblical Missional Ecumenism," *In die Skriflig* 51/2 (2017), 4-5.
16 P. A. Crow Jr., "Ministry in the One, Holy, Catholic, and Apostolic Church," *Lexington Theological Quarterly* 34/2 (1999), 96.

살아내어 그것을 세상에 제공해야 한다(고전 12:4-11).[17] 그러므로 머리이신 그리스도께서 계신 곳에 다양성 속에서 통일성을 갖춘 보편적 교회가 존재하기 마련이다.

넷째, '사도적'(apostolic) 교회는 예수님께서 지명하신 사도의 가르침을 계승하며, 세상에 파송되어 선교에 열중해야 한다(계 21:24).[18] 하이델베르크 교리문답(1563) 제54문은 사도신경의 보편교회, 다시 말해, 공교회성에 관한 고백을 아래와 같이 설명한다.

> 문: '거룩한 보편적 교회'에 관하여 당신은 무엇을 믿습니까?
> 답: 나는 하나님의 아들이 세상의 처음부터 마지막 날까지 모든 인류 가운데서 영생을 위하여 선택하신 교회를 참된 믿음으로 하나가 되도록 그의 말씀과 성령으로 자신을 위하여 불러 모으고 보호하고 보존하심을 믿습니다. 나도 지금 이 교회의 살아 있는 지체(肢體)이며 영원히 그러할 것을 믿습니다.

사도신경은 '성령을 믿사오며' 다음에, '거룩한 공회(a holy catholic church)와 성도가 서로 교통하는 것'을 고백한다. 왜냐하면, 오순절 성령 강림 후에 신약 교회가 본격화되었기 때문이다. 다시 말해, 오순절 성령님은 교회를 거룩하고 보편적인 교회가 되도록 교회의 머리이신 예수님과 연결하신다(고후 13:13; 엡 2:22). 공교회성은 성령께서 화평의 줄로써 하나로 묶어주신 선물이므로(엡 4:3), 사람이 만들어 낼 수 없다. 그러나 교회의 정체성과 사역에 있어 늘 염두에 두어야 한다.[19]

그런데 사도신경은 우리가 교회를 '믿는다'라고 설명한다. 우리는 예수님께서 설교와 전도를 통해 불러 모은 교회를 전부 다 알 수 없기에 믿는다. 교회는 주인이신 예수님께서 '자신을 위하여' 불러 모으시고 보호하신다(마 16:18; 엡 1:22; 딤전 3:15; 벧전 4:17). '교회'는 아프리칸스어로 'Kerk'인데 헬라어

---

17 Crow Jr., "Ministry in the One, Holy, Catholic, and Apostolic Church," 93.
18 Crow Jr., "Ministry in the One, Holy, Catholic, and Apostolic Church," 91.
19 E. Schlink, "The Holy Spirit and the Catholicity of the Church: A Report on Section I of the Uppsala Assembly," *Ecumenical Review* 21/2 (1969), 103.

κύριος(주)와 연관되어, 주님 자신에게 속한 사람들을 가리킨다.[20] 주 예수님은 모든 교회를 자신 안에 포섭하는 온 교회적인 분(whole Church person)이시다. 공교회성이 약화될 때, 다음과 같이 많은 문제가 발생했다.[21]

(1) 정당한 이유 없이 이해관계를 따라 분열되어 무질서하다. 예를 들어, 한국 장로교회는 수많은 교파로 분열되어 있으며, 신학교들도 난립 중이다.
(2) 담임목사 세습을 통한 교회의 사유화가 나타난다.
(3) 개교회주의는 숫자적 성장에 집중하기에 교인의 이명에 있어 신앙고백의 일치성을 무시하여 무질서가 발생한다.
(4) 무분별한 교인의 이동 때문에 당회 차원에서 권징이 불가능하며, 한 교회 안에서도 성도의 신앙고백적 일치가 약화된다.
(5) 시찰과 노회와 총회가 임원 선출과 같은 행정 안건 위주로 사무를 처리한다면, 지 교회들의 형편을 살펴 교제를 강화하는 일은 약화될 것이다.
(6) 시찰이나 노회의 역할이 재정과 인원 동원에 있어 막강한 대형 교회 하나보다 약화될 수 있다. 그 결과 대형 교회와 소형 교회 간의 위화감이 조성된다.

이런 문제점들에 주의하면, 아래에서 살펴볼 공교회성의 회복 방안과 제안을 위한 통찰을 얻을 수 있다.

2. 신약성경에 나타난 공교회성의 근거

구약에 이미 공교회성이 나타난다. 구약에서 문화명령, 노아 언약, 아브라함 언약, 가나안 땅의 분배 등도 이스라엘과 인류 그리고 모든 피조물의 회복

---

[20] 사도신경 라틴어판에서 "교회를 믿는다"에서 'credo' 다음에 전치사 'in'을 생략한다. 따라서, 성도는 삼위 하나님과 같은 차원에서, 교회 자체를 신뢰의 대상으로 삼지 않는다. J. van Bruggen, 『하이델베르크 요리문답 해설』 (*Aantekeningen bij de Heidelbergse Catechismus*), 김헌수·성희찬 역 (서울: 성약, 2020), 264-65.

[21] 이종전, "한국 장로교회의 공교회성 회복을 위한 제언," 『장로교회와 신학』 11 (2014), 349-61.

을 알리기에 공교회성과 무관하지 않다.[22]

출애굽 때, 이스라엘 백성의 행렬에 '중다한(רב) 잡족'(עֵרֶב)도 함께했다(출 12:38). 광야 40년 동안, 이스라엘 열두 지파는 불과 구름기둥 아래 하나가 되었다. 그리고 솔로몬이 성전을 건축할 때, 이방인들도 힘을 모았다(왕상 5:8-9). 가나안 땅에 정착한 후에도 이스라엘 열두 지파, 즉 구약 교회는 예루살렘 성전, 언약, 율법 그리고 주요 절기들로 서로 연대했다.

이 세상에 독생자 예수님을 보내셔서 만유를 화해시키시고 구원하시는 성부의 구속 사역도 공교회성과 연관된다(요 3:16; 벧후 3:13; 계 11:15).[23] 사실 천국, 복음, 예수님 그리고 교회는 모두 보편적이며 공적이다. 무엇보다 예수님은 온 교회적인 분이시다(갈 3:16; 엡 2:5).[24] 한 분 예수님 안에 모든 시대와 장소의 공교회, 곧 예정 받은 비가시적 교회가 위치한다.[25] 이 사실이야말로 가장 확실한 공교회성의 성경적 근거가 된다.

올바른 기독론에서 성숙한 교회론과 기독교 윤리가 도출되는 법이다. 여기서는 공교회성을 신약성경 중 요한복음 이후부터 살핀다.

1) 코로나19 시대에 읽는 요한복음

코로나 전염병의 상황과 요한복음의 기록 상황은 여러 면에서 유사하다. 코로나19 상황을 해석학적 렌즈 삼아 요한복음으로부터 소망과 위로의 메시지를 찾아 적용해 보자.[26]

---

22 하나님의 법이 신자의 전인을 다스리시는 것을 '내적 공교회성'(inner catholicity)이라 부르는 Bavinck, "The Catholicity of Christianity and the Church," 222-23; 서창원, "공교회성 회복과 한국의 교회 개혁: 여호수아의 땅 분배와 신약 교회의 보편성 관계," 『신학지남』 346 (2021), 113-50.
23 Bavinck, "The Catholicity of Christianity and the Church," 223-24.
24 황창기, 『예수님, 교회 그리고 나』 (서울: 성광문화사, 1998).
25 바빙크도 공교회성을 논하면서, 보편교회가 하나님께 찬송의 제사를 드릴 수 있는 실천성을 강조한다(개혁교의학 1.86; 3.524; 4.281-282; 4.323). 참고. C. R. Fields, "Reformed and Catholic?: Assessing Nevin and Bavinck as Resources for Reformed Catholicity," *Westminster Theological Journal* 82/1 (2020), 87-88, 91.
26 이 단락은 프레토리아대학교의 J. Thomaskutty, "Reading the Fourth Gospel in the COVID-19 Pandemic Context," *HTS Teologiese Studies* 77/4 (2021), 1-8에서 요약.

(1) 유대인의 회당에서 축출되어 주변화된 요한복음의 1차 독자인 요한공동체는 창조자와 영생을 주시는 예수 그리스도 안에서 하나님의 가족이라는 새롭고 소망스러운 거처를 찾는다(요 1:12-13). 코로나19로 인해 생태계는 일정 부분적으로 회복 중이지만, 그것이 하나님의 가족은 아니다.

(2) 유대인들은 범죄와 질병과 장애를 인과 관계로 엮어 그것에 해당하는 사람들을 주류 사회에서 격리되어야 할 부정한 자들로 간주한다(요 9:1-3, 16). 하지만, 예수님은 베데스다 연못같이 죄인과 병자가 격리된 곳을 친히 방문하셨다(요 5:1-17). 예수님은 격리된 자들을 전인적으로 치유하셔서 하나님의 영광을 선교적 방식으로 드러내신다. 코로나 전염병에도 격리와 신체적 거리 두기가 중요하지만, 교회는 그곳에 생명과 치유를 불어넣어야 한다.

(3) 회당은 예수님을 목수 요셉의 아들, 악령 들린 자, 속이는 자로 여겨 배제한다(요 6:42; 7:12, 20). 베데스다 연못가의 38년 된 병자는 자신을 물에 넣어 줄 사람이 한 명도 없을 정도로 사회적으로 소외되었다(요 5:1-2, 7). 사마리아인들에게도 소외의 낙인이 찍혔다(요 4:9). 회당은 죽으시고 부활하신 예수님을 믿어 새로운 신앙을 가진 사람들에게 죄인이라는 낙인을 찍어 이런 소외를 부추겼다(요 3:2; 7:10; 9:20-23, 34; 20:19, 26).

또한, 예수님은 신체적 거리 두기 상황에서 누구도 고칠 수 없었던 가버나움의 왕의 신하의 아들을 고치셨다(요 4:46-54). 나사로의 부활 표적에서 보듯이 오직 예수님만 죽음을 생명으로 바꾸신다(요 11:6). 코로나19는 사람의 무능과 하나님의 전능성을 동시에 드러낸다. 코로나19 시대에 교회는 치유와 회복의 전도 사역에 헌신해야 한다.

(4) 가나 혼인 잔치에 포도주가 떨어졌고, 굶주린 자들에게 오병이어 표적이 필요했듯이, 요한공동체는 물질의 부족을 겪었던 것 같다(요 2:1-12; 6:7-11). 예수님은 포도주를 공급하심으로 위기와 수치의 상황을 기쁨으로 그리고 명예롭게 역전시키신다(요 21:12). 코로나19로 취약 계층은 더욱 가난해진다. 코로나로 인해 교회의 나눔과 구제는 더 절실해졌다.

(5) 예수님은 씻어 정결하게 하신다(요 2:6; 13:1-20; 9:7; 19:30). 물 같은 성령의 역사와 씻음이 중요하다(요 7:38). 코로나 바이러스의 확산으로 위생을 위해 손 세정제가 중요하다. 교회는 영적 정결이 왜 필요한지 알려야 한다.

(6) 목자요 생명이자 산 떡이신 예수님은 현재와 미래에 생명을 주신다(요 3:15-18; 5:24; 6:27, 35, 40; 10:10; 11:28; 12:25). 이 사실은 출교와 살해 위협을 당하던 어둠을 이기는 빛의 자녀인 요한공동체에게 위로가 되었다.

코로나19 시대에 생명 보존을 위한 센터들이 운영 중이다. 하지만, 생명과 복음이신 예수님 중심으로 그리스도인이 실천할 때 모든 위험과 재난으로부터 생명을 유지하게 할 수 있다.

요약하면, 코로나19의 상황은 요한복음의 예수님의 교훈과 요한공동체의 에토스를 교회가 실천하는 데 통찰력을 제시한다. 코로나 시대에 예수 그리스도를 믿어 생명을 얻은 교회는 하나님의 선교를 위해 소망과 위로와 치유와 생명 보호를 촉진해야 한다.

2) 사도행전

A.D. 1세기부터 4세기까지, 로마제국의 공교회성은 비교적 쉽게 이루어졌다. 공식 언어가 그리스어와 라틴어로 통일되었고, 도로망은 로마를 향했다. 황제 콘스탄틴의 기독교 공인이라는 정책도 중요 요소였으며, 오늘날과 비교할 때 교회가 위치한 공간도 로마제국으로 국한되어 있었기 때문이다.[27]

사도행전은 교회를 '새 이스라엘로서 선교하는 공동체'로 규정한다. 사도행전 1장 8절의 '온 유대와 사마리아'(πάσῃ τῇ Ἰουδαίᾳ καὶ Σαμαρείᾳ)는 하나의 정관사(τῇ)로 연결되므로, 새 이스라엘, 곧 교회 안에서 지리적이며 인종적 갈등은 사라져야 한다. 사도행전의 저자 누가에게 있어 전도하지 않는 교회는 공교회성을 상실하며, "선교는 교회의 선택 사항이 아니라 공교회성을 위한 근본적 조건이다."[28] 따라서, 사도행전이 보여주는 성령 충만한 선교적 교회는 공교회성에 충실했다. 지중해 연안의 초대 교회들은 '팍스 로마나'가 이루지 못한, 진정한 글로벌화를 이루었다(행 2:9-11).

27　K. S. Latourette, "The Growing Concept of Catholicity: A Comparison between the Function of the Catholic Church of the First Four Centuries and the Ecumenical Movement of the Present," *Theology Today* 2/1 (1945), 70.

28　Papathanasiou, "Is Mission a Consequence of the Catholicity of the Church?" 410.

성부께서 예수님을 통해 이루신 화해의 사역은 오순절에 부어진 성령으로 충만한 교회의 화평케 하는 사역으로 이어진다(행 2장).²⁹ 오순절 성령님은 승귀하신 예수님의 현존과 사역을 초대 교회에 드러내셨을 뿐 아니라, 예수님의 통치를 세상에 나타내시기 위해 사도적 가르침을 따르던 교회를 거룩하고 보편적으로 만드셨다.³⁰ 승천하신 예수님은 성령과 공교회의 선교를 통해 자신의 현존을 드러내신다. 그러므로 공교회에 무관심하거나 소극적이면 그리스도의 현존과 사역은 제약을 받을 수밖에 없다.

사도행전 3장 25-26절은 예루살렘 교회가 구약의 이스라엘을 계승한 새로운 백성이며, 아브라함 언약의 복을 상속한 공동체라고 설명한다. 옛 이스라엘이 열방을 비추는 빛으로 먼저 부르심을 받았지만 열방에 동화되어 버림으로써 그 사명을 감당하지 못한 것과 달리, 타산지석의 교훈을 받아 새 이스라엘은 선교하는 공동체로 선교 사명을 수행해야 한다. 신약 교회는 아브라함의 육적 혈통을 통해서가 아니라, 회개하여 예수님을 주와 그리스도로 믿음으로써 공교회에 참여한다. 그리고 공교회는 모세의 인도를 받아 출애굽한 광야 교회와 달리, 인종적이고 민족적인 한계를 초월한다. 따라서, 공교회는 유대인과 이방인이 형제적인 동반자 관계를 함께 누리는 공동체이며, 그들 가운데 차별이 없는 교제가 일어나야 한다(참고. 갈 3:28).³¹

오순절 성령 강림 후 예루살렘 교회의 숫자가 하루에 3,000명 그리고 나중에는 5,000명이 추가되자, 헬라파 과부가 구제의 혜택에서 누락되는 일이 발생했다(행 2:41; 4:4; 6:1).

---

29 R. Lennan, "Catholicity: Its Challenge for the Church," *New Theology Review* 24/4 (2011), 38.
30 L. Paulet, "The Holy Spirit as the Principle of Ecclesial Unity, Catholicity, Apostolicity and Holiness in the Thought of Yves Congar," (D.S.T. Thesis, The Catholic University of America, 2018), 94-98. 참고로 교회의 희생 봉사적 혹은 성례전적(sacramental) 정체성은 공교회성을 위해 두 가지 함의를 가진다. 첫째, 교회가 창조와 구원을 이루신 삼위일체 하나님에게 정초하기에, 교회의 선교 사역은 하나님께서 창조하시고 구원하신 모든 것들과의 관계 속에서 하나님의 통치를 드러내는 것이다. 둘째, 성부께서 예수님 안에서 이루신 새 창조는 성령을 통해서 교회에 실재가 되므로, 교회는 성령님을 의존해야 한다. Lennan, "Catholicity," 38-39.
31 이 단락은 송영목, 『신약신학』(서울: 생명의양식, 2010), 206-207에서 요약 인용.

그렇다면 인근 지 교회들을 희생시키면서 자신만의 작은 왕국(little kingdom)을 세우는 대형 교회가 정당하다고 말할 수 있는가?

오순절에 순례 왔다가 유대교에서 기독교로 개종한 많은 그리스도인 가운데 계속해서 예루살렘 교회의 구성원으로 남아 있던 사람이 얼마나 많았는지 알 수 없다.[32] 유대 종교 지도자들의 감시와 박해 상황에서, 어떻게 예루살렘 교회가 거의 1만 명에 육박하는 대형 교회로 회집할 수 있었는지도 의문이다.

종말의 공동체인 교회가 추구하는 윤리는 개인주의가 아니라 우선 공동체적이다. 그래서 예수님은 교회를 '하나님 나라의 열매를 맺는 백성'이라고 규정하셨는데, 그것은 바울이 권면한 종말의 은사이신 성령님의 열매를 맺는 것과 다르지 않다(마 21:43; 갈 5:22-23).[33] 그리스도인은 형제자매들과 더불어 지교회를 넘어 공교회라는 천국의 열매를 맺는 기쁨을 추구해야 한다.

3) 바울서신

모퉁잇돌이신 예수님께서 십자가에서 이루신 화목 사역은 모든 교회를 한 몸으로 만들었다(엡 2:16, 20-21). 그리고 승천하신 예수님은 사도 바울의 선교를 통해 유대인 교회와 이방인 교회를 하나로 묶으셨다(갈 3:28; 참고. 제2헬베틱신앙고백 제17장). 그래서 바울은 명사 '교회'(ἐκκλησία) 앞에 '하나님의'(고전 1:2; 10:32; 11:22; 15:9; 고후 1:1; 갈 1:13; 딤전 3:5, 15), '그리스도의'(롬 16:16), '그리스도 안에 있는'(갈 1:22)과 같은 수식어를 붙인다. 삼위 하나님께서 한 분이시듯, 교회도 삼위 하나님의 다스림 속에서 하나가 되어 교제한다. 바울은 특별히 에베소서와 빌립보서에서 그리스도를 교회의 머리로 하는 몸(엡 1:22-23; 2:16; 4:4, 12, 16; 5:30; 골 1:18, 24; 2:19; 3:15) 그리고 그리스도의 신부로 설명한다(엡 5:22-23; 참고, 계 21:2).

---

[32] H. C. van Zyl, "'N Perspektief op Makrogemeentes vanuit die Wesensaard van die Kerk volgens die Nuwe Testament," *Acta Theologica* 19/2 (1999), 99, 109.

[33] Van Zyl, "'N Perspektief op Makrogemeentes vanuit die Wesensaard van die Kerk volgens die Nuwe Testament," 100.

바울은 수감되어 쇠사슬에 묶인 채, 성령께서 화평과 사랑으로 묶어주신 것 (σύνδεσμος)을 교회가 힘써 지킬 것을 명한다(엡 4:1-3).[34] 공통적인 생명의 음료와 같은 한 성령을 마신 교회들마다 한 몸이다(고전 12:13; 엡 1:13; 참고. 요 7:37-39; 계 22:1). 이 원칙에 입각하여, 그리스의 교회들은 기근을 겪고 있던 예루살렘 교회를 도왔다(고후 8-9).

성찬식은 공교회성을 강화하는 성례인데(고전 11:17-22), A.D. 100년경 기독교 문서인 디다케(Didache)가 이를 적절히 설명한다.

> 이 빵 조각이 여러 언덕 위에 흩어졌다가 모아 하나가 된 것처럼, 당신의 교회도 땅 끝에서부터 당신 나라로 모여들게 하옵소서(디다케 9:4).

성찬의 공교회성은 예수님께서 참여하신 식탁 교제에서 미리 볼 수 있다. 식탁 교제는 복음 교육과 친교와 치유를 위한 기회였는데, 거기에서 열방의 남은 자들이 참여할 종말론적 메시아 잔치를 미리 맛보았다(잠 9:1-6; 사 25:6; 마 9:10-13; 눅 14:1-6; 19:7). 교회는 이질적인 구성원들을 환대하는 잔치공동체다(눅 14:15-24). 마틴 루터의 말처럼, 교회는 생명의 빵이 어디에 있는지 다른 걸인에게 알려주는 걸인과 같다. 주일에 그리스도인은 먹고 마시러 교회당에 간다.

성부 하나님과 예수 그리스도는 유대인이나 특정 지역에 제한되실 수 없다(갈 3:28). 따라서, 바울서신에서 공교회성은 삼위 하나님의 속성, 곧 다양성 속의 통일성에 기인한다.[35] 에베소서 1장 10절에 언급된 예수님 안에서 이루어져야 할 만유의 통일(ἀνακεφαλαίωσις)은 머리이신 예수님의 통치를 벗어난 이질적이며 이탈한 모든 것이 예수님 아래 질서 있게 자리 잡도록 만든다는 의미다. 다시 말해, 그리스도의 왕 되심을 확대하는 선교를 위해 공교회가 협력

---

34 엡 4:4-6에 형용사 '하나'가 7회 등장하지만, 바울이 숫자의 상징적 의미를 즐겨 강조하지 않기에 공교회의 완전한 통일성을 강조한다고 보기는 쉽지 않다. C. E. Arnold, *Ephesians* (ZECNT, Grand Rapids: Zondervan, 2010), 232. 그러나 상징적 해석을 어느 정도 인정하는 뉘앙스는 F. Thielman, *Ephesians* (BECNT, Grand Rapids: Baker, 2010), 255를 보라.

35 이 단락은 송영목, 『신약신학』, 346에서 요약 인용.

할 것을 강조한다.[36] 예수님은 공교회를 통하여 만유를 다스리신다.

4) 일반서신

히브리서는 교회를 '하나님의 집'(히 3:6), 안식을 앞두고 있는 나그네 길을 걷는 하나님의 백성(히 3:7-4:13; 11:19, 13; 13:14), 대제사장이신 예수님의 형제로 소개한다(히 2:17). 예수님께서 묶어주신 형제자매와 가족이라는 관계는 곧 성부의 백성 됨이다. 또한, 히브리서 12장 22-24절은 교회를 하늘의 예루살렘 성과 시온산에 이른 공동체로 설명한다. 교회가 도달한 곳에는 천만 천사와 하늘에 기록된 장자들, 새 언약의 중보이신 예수님의 피 뿌림을 받은 사람들, 하나님 앞에 온전케 된 영들이 있다.[37]

교회는 특정한 땅이 아니라 하늘에 닿아 있고, 특정 민족이 혜택을 누린 옛 언약이 아니라 새 언약의 백성이다. 바울처럼 히브리서 기자도 공교회성을 성부 하나님과 예수님의 속성과 사역에 근거시킨다. 야고보와 베드로 역시 삼위 하나님의 교회인 나그네 같이 흩어진 여러 교회를 한 통의 편지로 연결한다(약 1:1; 벧전 1:1-2).

5) 요한서신과 요한계시록

요한삼서는 사도 요한이 순회전도자들을 파송하여 공교회를 이루도록 만든다(요삼 1:3). 따라서, 선교는 공교회성을 이루는 수단이다. 예수님은 자신의 피로써 모든 족속, 언어, 백성, 나라들로부터 남은 자들을 사셨다(계 5:9). 예수님은 하나의 촛대가 아니라 여러 촛대, 곧 교회들 가운데 거니시고 그 교회들의 일꾼들을 오른손으로 붙잡고 계신다(계 1:13, 16). 그러므로 사람을 나누던 모든 경계는 예수님의 교회 안에서 철폐된다. 요한계시록의 수신자들인 소아시아의 일곱 교회(계 2-3장)는 지상의 모든 교회를 가리키는 십사만사천 명(계 7; 14)과 만국의 그리스도인으로 구성된 어린양의 신부인 새 예루살렘 성(21:2,

---

36 참고. Arnold, *Ephesians*, 88; Thielman, *Ephesians*, 67.
37 이 단락은 송영목, 『신약신학』, 346에서 요약 인용.

24)의 일부다. 새 예루살렘 성의 열두 기초석에 열두 사도의 이름이 새겨졌으므로, 공교회는 사도적 교회여야 한다(계 21:14).[38]

공교회성은 홀로 고립되지 않고, 교회의 사도성의 꾸밈을 받는다.[39] 따라서, 거룩성과 사도성이라는 울타리 안에서 공교회성은 정상적으로 작동하기 마련이다.[40] 그리고 소아시아의 7교회는 성령께서 하시는 말씀을 동시에 함께 들어야 했다(계 2:7 등).

6) 요약

아버지 하나님과 예수 그리스도의 교회는 온 세상에 퍼져 있지만 하나의 연합된 공동체와 같다. 공적 복음을 믿는 교회들이 연합하는 것은 세상에 하나님 나라를 확장하기 위함이다. 선교적 공교회화(re-catholization)에 관한 교육이 필요하다. 덧붙이자면, 성경적 신앙을 고백하는 교회들의 연합이 바람직하다.

3. 공교회성을 회복, 강화하는 원리적 방안들

개교회 중심주의와 대척점에 서 있는 공교회성을 위해 교회 직분자와 예배, 교회 사역에 내재된 공적 특성을 알아야 한다. 그리고 예배의 공공선교적 특성과 선교적 교회로서의 정체성과 사명을 인지하고 확립해야 한다. 코로나19는 교회가 선교공동체로서 기존의 내부 지향적 활동의 한계를 직시하고 세상 속에 어떻게 존재할 것인가를 고민하며, 그 정체성에 걸맞게 새롭게 시도하는 좋은 기회를 제공한다.[41]

---

38 Papathanasiou, "Is Mission a Consequence of the Catholicity of the Church?" 412.
39 R. Letham, "Catholicity Global and Historical: Constantinople, Westminster, and the Church in the Twenty-First Century," *Westminster Theological Journal* 72/1 (2010), 53.
40 Letham, "Catholicity Global and Historical," 54.
41 J. W. Beukes, "To be or not to be?: A Missional and Practical Theological Perspective on Being Church without Walls amidst Coronavirus Disease 2019-A Challenge or an Opportunity?" *HTS Teologiese Studies* 76/1 (2020), 2-6.

선교적 교회는 개교회보다 천국을 지향하고 하나님의 선교에 동참하되 공교회와 함께 지역 교회의 선교 사명을 중시하며, 지역 사회의 신뢰를 회복하고 선교 인프라를 구축하는 시도다.[42] 또한, 잘 모일 뿐 아니라 일반 성도의 선교 현장인 지역 사회 안으로 잘 흩어져야 할 "선교적 교회는 개교회 중심의 성장을 지양하고 다양한 교회가 속한 지역의 복음화를 위해 연합과 협력하는 지역 에큐메니컬 선교 운동이다."[43]

1) 직분자와 일반 성도의 공적 특성 강화

장로교회의 직분자들은 먼저 장로교회의 정치 체제와 신앙고백을 숙지하고 실천해야 한다.[44] 그다음 직분자들은 자신이 수행해야 할 공적 임무와 특성을 인지하기 위해, 선교사 마인드를 가져야 한다.

(1) 목사
전통적 교회가 선교적 교회로 발돋움하려 할 때, 무엇보다 목회자 자신의 통전적 역할에 대한 인식 재고와 패러다임 전환이 중요하다.

> 목회 패러다임을 바꾸어야 한다면 교회당으로 모아 양육하는 목회와 세상으로 파송하는 선교적 교회의 균형이 바람직하다. … 목회자는 '목자'(ποιμήν)라 불린다(엡 4:11). 하나님의 가족인 교회의 모든 활동을 선교라 말할 수 없다. 하지만, 예배, 기도회, 교육, 전도, 심방, 행정, 교제, 봉사 등 목회 전반은 하나님 나라의 선교와 밀접하다. 그러므로 목회자에게 교회당 안과 밖의 지역을 아우르며 교제, 봉사, 증언에 힘쓰는 선교사적 영성이 필요하다. 안티 기독교의 영향이 커지고 탈종교화 시대일수록 교회당 안에서 누리는 사랑과 기쁨과 정의와 평화를 세상 속에서도 삶으로써 풀어낼 수 있는 선교사적 영성이 목회자와 성도에게 더욱 요청된다.[45]

---

42 한국일, "선교적 교회로서 지역 교회의 역할 연구," 『선교와 신학』 44 (2018), 77-78.
43 한국일, "선교적 교회로서 지역 교회의 역할 연구," 82.
44 이종전, "한국 장로교회의 공교회성 회복을 위한 제언," 365-67.
45 이 단락은 송영목, "선교적 목회자상: 요한문헌을 중심으로," (영남신약학회[줌] 발제 논

목사는 교회당 밖을 향한 다양한 사역도 추구해야 한다. 예를 들어, 교회 직분에 내재된 선교적 디엔에이(DNA)를 교육하고, 성부의 가족이자 성자의 몸이며 성령의 전인 성도가 세상 속에서 복음을 생생하게 주해하도록 선교적 목회(missional ministry)를 지향하며, 경목(警牧) 활동 혹은 직장 신우회 등을 지도할 수 있다.[46]

(2) 장로와 집사

장로는 세상 속에서 선교적 성도로 모범을 보이고, 성도가 교회당 안팎의 삶을 일치시킴으로써 선교적 교회로서 살도록 지도한다.[47] 그리고 집사는 이웃 교회 및 사회 단체와 연계하여 대사회 구제 봉사를 한다.[48]

(3) 일반 신자

선교적 영성을 갖추어야 할 일반 신자의 제사장적 사역은 다름 아니라 예배의 삶으로 남을 긍휼히 여기는 것이다.[49]

예수님을 구주로 믿음으로써 성령님이 내주하시는(고전 3:16; 엡 2:22) 새 사람(엡 2:15)이 된 그리스도인은 세상에서 거룩하고 선한 행동을 실천함으로써(엡 2:10) 하나님의 현존을 보여야 한다. 그리고 성령님의 내주는 그리스도인에게 거룩한 정체성을 부여하며, 그런 정체성은 포스트모던 시대에 그리스도인이 예수님의 증인으로 살기 위해서 매우 중요하다. 또한, 그리스도인의 선행은

문, 2021), 7에서 요약 인용. 참고로 코로나19를 렌즈로 삼아 선지서의 심판 중에도 구원의 소망을 찾아내려는 시도가 있다. E. Esterhuizen & A. Groenewald, "And It shall come to pass on that Day, the Lord will whistle for the Fly which is at the End of the Water Channels of Egypt, and for the Bee which is in the Land of Assyria (Is 7:18): Traumatic Impact of the Covid-19 Virus as a Lens to read Isaiah 7:18-25," *HTS Teologiese Studies* 77/3 (2021), 5-6.

46 목사가 선지자직과 제사장직을 수행하는 한 방법은 일반 성도를 제사장 나라로 훈련하는 것이다. 그것은 성도가 받은 성령의 은사를 따라 선교적으로 양육하는 목회이다(엡 4:8-12). 송영목, 『목회를 위한 교회론』(부산: 도서출판향기, 2021), 178; Lotter & Van Aarde, "A Rediscovery of the Priesthood of Believers in Ephesians 4:1-16 and Its Relevance for the *Missio Dei* and a Biblical Missional Ecumenism," 1-2.

47 송영목, 『목회를 위한 교회론』, 176.

48 송영목, 『목회를 위한 교회론』, 178.

49 김승호, "선교적 경건(敬虔)으로 긍휼(Compassion)에 대한 성경신학적 고찰," 107.

자신이 받은 구원과 성령님의 내주를 증명한다.⁵⁰

(4) 요약

직분자들과 일반 신자의 선교적 삶은 공교회성에 잘 부합한다. 그리고 그것은 교회당 안은 물론, 울타리를 넘어서는 봉사이기도 하다.

2) 예배를 통한 공교회성 강화

주일의 공적 예배는 언약의 갱신이다. 따라서, 예배는 구원을 주신 삼위 하나님과 그분의 백성 간의 교제다. 그 교제는 교회당 울타리를 넘어선다.

> 선교적 교회에 적합한 예전(liturgy)을 갖추려면 구체적인 지침과 준비가 필요하다. 주일 공예배는 하늘 아버지의 자녀들이요, 그리스도의 몸이자 성령의 전이 공동체적으로 함께 모여 은혜 언약을 강화하고, 구원과 하나님의 현존으로 충만해지는 시간이다(계 1:4-6; 2-3; 4-5). 성만찬은 가난한 자들에게 복음과 떡을 주며 이웃의 눈물을 닦아주고 환대와 실천을 배우는 선교 학습 시간이다(계 3:20; 7:18). 그리고 공예배는 일곱 영의 위로와 주 예수님의 복음의 씨를 품고 세상으로 파송되는 시간이다(계 1:4; 3:1; 4:5; 5:6; 22:21). 세례는 하나님의 영광을 위해 세상 속에 선한 양심으로 살 선교사를 파송하는 시간이다(계 1:5-6의 죄 씻음과 제사장 나라; 참고. 벧전 3:20). 이런 예배의 선교적 전통은 A.D. 2세기 저스틴 마터의 "제1변증서 67"에 나타나는데, 주일 예배를 마친 후에 공동체의 약자는 물론 사회의 약자를 위해 공동선을 실천해야 한다는 권면을 빠뜨리지 않았다.⁵¹

설교 후 목회 기도 때, 자신이 속한 교회를 넘어 온 세상의 공교회를 염두에 두어야 한다. 찬양은 우선 삼위 하나님을 송영(頌榮)해야 하지만, 동시에 공동체적 애통을 담아내어 타인의 슬픔을 인지하고 공감하며 치유하는 데 힘써야

50　P. Maré, "Die Metafoor 'Julle is die Tempel van God' as 'n Etiese Kernmoment in 'n Postmoderne Leefwêreld," *In die Skriflig* 49/2 (2015), 5-6.
51　송영목, "선교적 목회자상: 요한문헌을 중심으로," 7.

한다.⁵² 삼위 하나님의 구원을 달력에 새기는 교회력을 따를 때, 승천기념주일과 오순절성령강림주일에 이웃 교회와 함께 예배하면서, 특히 외국인 근로자와 국제 결혼한 가정을 섬길 수 있으면 금상첨화다.

교회력이 담아내는 삼위일체의 복음을 시민력에 반영한다면, 예를 들어, 생태계의 회복을 위해 공교회가 협력하도록 지구의 날(5월 22일) 혹은 환경주일을 적절히 활용할 수 있다. 역설적이게도 코로나19와 같은 팬데믹은 지구상 모든 교회가 하나님의 종말론적 회복과 치유와 완성될 신천신지를 소망하도록 격려한다.⁵³ 또한, 탐욕으로 병든 영혼을 치료하는 구제 헌금을 통해 공교회성을 강화해야 한다(예. 성찬식마다 구제 헌금하는 개혁교회 전통, 남아공 개혁교회 주일 오전과 저녁 예배의 목적 헌금). 빈자는 부자를 위한 성례와 같다. 부자가 구제한다면 하나님의 은혜를 나누고 올바로 누리게 되기 때문이다. 또 장로교 노회를 통한 공교회성 회복을 위해 지혜를 모아야 한다(참고. 행 15장의 예루살렘 회의).

3) 선교적 교회를 통한 공교회성 강화

예수 그리스도의 통치는 교회당 안, 가정, 사회 그리고 만유에 적용된다. 이렇게 광범위한 영역에 예수님의 주권을 이루어 선교하려면 성도 개별 그리스도인 그리고 교회 간의 연대는 필수적이다. 이러한 연대를 실천하기 전에 개별 그리스도인의 정체성 회복과 신앙 및 영적 무장이 중요하다. 이 사실을 에베소서를 통해 아래와 같이 확인할 수 있다.

> 신자들은 세상의 각 영역에서 그리스도의 통치를 받는 하나님의 백성으로서 승리해야 한다(엡 4:17-5:21).
>
> (1) 이들은 그리스도를 통하여 새롭게 창조된 존재로서, 새로운 정체성에 적합한 모습으로 세상 사람들과 다르게 살아야 한다(4:17-24).

---

52 Dickie, "Practising Healthy Theology in the Local Church," 12.
53 P. Lampe, "Health and Politics in the COVID-19 Crisis from a New Testament Hermeneutical Perspective," *Acta Theologica* 40/2 (2020), 123.

(2) 신자들은 삶의 모든 곳에서 그리스도의 통치를 재현해야 한다(4:25-5:14). 이들은 하나님의 자녀로서 서로에 대하여 격려와 용서 그리고 친절과 긍휼을 베풀고 세워야 한다. 또한, 남을 무시하거나 원한을 품고 강퍅한 마음으로 비방해서도 안 된다.

(3) 신자들은 어디에 있든지, 그리스도의 통치 아래 있는 사람들로서 승리하며 살아야 하며, 정체성에 맞는 열매를 맺어야 한다(5:15-20; 6:10-20). 세상의 지혜가 아니라, 하나님의 지혜로 이들은 현재의 악한 세대에서 방탕하게 살지 않고 시간을 잘 선용하고 주님의 뜻을 분별해야 하며, 하나님께서 그리스도를 통하여 주도하는 구속 역사를 인정해야 한다.[54]

마가복음의 유대인과 이방인을 아우르는 예수님의 사역도 지역과 인종, 계층의 경계를 허문다(참고. 배 여행[막 5:1, 21 등]). 갈라디아서 3장 28절도 동일한 교훈을 제시하는데, 코로나19와 같은 시대에 소망의 공동체인 교회는 이웃사랑 실천과 복음 전파에 힘써야 한다.[55] 온 세상과 교회의 머리이신 예수님(골 1:18)은 사랑 실천을 명하셨다(마 22:37-39). 이 명령에 따라 초대 교회는 사랑과 환대로 연합된 공적 공동체를 추구했다(고후 8-9).

이처럼 지역 교회들의 교제는 더 큰 개념인 하나님 나라를 지향한다. 참고로 2006년에 남아공 개혁교회(NHKA)는 앞으로 지역 교회들이 합병되거나, 대형화 혹은 가정교회 형태처럼 소형화될 것으로 전망했다.[56] 이와 더불어 선교적 하나님의 사랑(Compassio et Missio Dei)을 덧입은 교회들 간의 교제를 통한 공교회성의 증진과 교회와 사회 간의 연대가 필요하다고 진단했다.[57]

공교회성은 사회의 공동선의 증진으로 이어질 수 있다. 왜냐하면, 지역 교회는 연대함으로써 세상의 소금과 빛의 사명을 효과적으로 수행할 수 있기 때

---

54 조호형, "에베소서의 정황에서 바라본 뉴노멀 시대의 '변화'에 대한 재고(再考)," 『신학지남』 87/3 (2020), 229-30.

55 J-A, Meylahn, "Being Human in the Time of Covid-19," HTS Teologiese Studies 76/1 (2020), 4-6.

56 H. Hofmeyr, "Enkele Slotakkoorde oor die Toekoms van die Afrikaanse Gereformeerde Kerke in Suid-Afrika, ook ná Covid-19," Stellenbosch Theological Journal 6/3 (2020), 395.

57 Hofmeyr, "Enkele Slotakkoorde oor die Toekoms van die Afrikaanse Gereformeerde Kerke in Suid-Afrika, ook ná Covid-19," 410-11, 421.

문이다. 교회는 성경이 가르치는 이웃과의 공동선(共同善)을 강화해야 한다.

> 하나님의 기대와 명령은 생성력과 지속력을 갖춘 이웃 관계를 통해 있다. '이웃'이라는 말을 굳이 내밀한 대상으로 낭만화하지 말라. 외려 이웃이라는 용어는 '지체'를 말한다. 지체란 같은 운명을 공유한 일원으로서 공동선이라는 질서 아래 함께 살아간다. 특히, 이 공동선은 갈등과 경쟁과 위협에서 벗어난 관계를 요구한다.[58]

4) 요약

승천하신 예수님은 성령과 교회를 통해 시공간의 제약을 받지 않고 일하시며, 하나님 나라에 대한 보편적 세계관(catholic worldview)을 성도에게 가르치신다.[59] 지 교회는 이 점을 염두에 둔 채 직분자들과 일반 신자가 공교회성을 실천하도록 교육해야 한다. 그리고 공적 예배의 예전에 선교적 교회의 특성을 담아내어 교육할 필요가 있다.

다시 강조하지만, 교회의 공교회성은 교회의 머리이신 예수님의 속성에서 출발한다. 그리고 공교회성을 지향하는 것은 먼저 지 교회에서 모이는 예배 그리고 회중 사이의 인격적인 친교가 충만하게 선행되어야 한다.[60] 또한, 설교와 교회 교육을 통해 국수주의나 정치관에 따른 성도 간의 분열을 극복하는

---

[58] W. Brueggemann, 『하나님, 이웃, 제국: 하나님의 신실하심과 공동선 창조』(*God, Neighbor, Empire*), 윤상필 역 (서울: 성서유니온선교회, 2020), 259.

[59] WCC의 공교회성에 관한 주장은 J. Gibaut, "Catholicity, Faith and Order, and the Unity of the Church," *Ecumenical Review* 63/2 (2011), 177-85를 보라.

[60] 한국일, "선교적 교회로서 지역 교회의 역할 연구," 81. Contra 코로나19가 전통적인 교회의 회원 자격(예. 세례와 예배 참석 등)까지도 바꾸었음을 인지해야 한다고 주장하는 B. Mpofu, "Mission on the Margins: A Proposal for an Alternative Missional Paradigm in the Wake of COVID-19," *HTS Teologiese Studies* 76/1 (2020), 5. 참고로 대형 교회당에서 설교자가 스크린에 투사되듯이, 코로나시대에 설교자는 유튜브나 줌을 통해 비인격적 방식으로 종종 등장하는 문제와 한계가 있다. 설교자는 회중의 아픔을 피상적으로 이해하고 '이렇게 하라 설교'(shouldy sermon)를 나열하기보다, 그들과 인격적 교제를 나누면서 예수님의 복음 안에서 해답을 찾도록 안내하는 설교가 필요하다. S. Hoezee, "The Pandemic and Homiletics 101: A Reflection," *Acta Theologica* 40/2 (2021), 91-94.

것도 중요하다.⁶¹

4. 공교회성 회복 및 강화를 위한 실천적 제안

아래와 같이 공교회성 회복 및 강화를 위한 고려 및 실천 사항들을 제안해 본다.

(1) 공교회성을 강화하기 위해 실제로 양해 각서(MOU)를 체결함으로써, 지역 교회들은 만유와 교회의 머리이신 예수님 안에서 협력하고 통일되는 훈련을 한다. 다시 말해, 개교회 중심주의를 지양하고, 지역 복음화를 위한 교회들의 연대를 강조한다.⁶²

(2) 지역 교회들은 선교적 예전을 공유하여 보급한다. 이런 예전 교육을 통해, 한국 교회에 여전한 영혼 구원 중심, 사후 천국 중심, 신앙의 개인화 및 내면화를 극복해야 한다.

(3) 지역 교회들은 연대하여 공동선(common good)에 대한 교육(주일과 평일의 삶을 연결함으로써), 공공선을 위한 도덕적 이슈나 바람직한 삶의 공론장으로 자리매김해야 한다.⁶³ 이를 위해 교회는 세상의 문제들에 대한 해결 가이드를 제시하고, 변혁 및 대안공동체가 어떠한지 현시해야 한다.⁶⁴ 시민 단체와 타 종교인과의 협력을 위한 기구 설치도 고려해 볼 만하다.

(4) 지역 교회들의 집사회는 연대함으로써, 선한 사마리아인의 정신으로(눅 10:25-37) 구제와 봉사를 전개한다.⁶⁵ 예수님과 초대 교회가 제의적으로 부정

---

61 Papathanasiou, "Is Mission a Consequence of the Catholicity of the Church?" 414.
62 한국일, "선교적 교회로서 지역 교회의 역할 연구," 82.
63 C. T. Mathewes, "Reconsidering the Role of Mainline Churches in Public Life," *Theology Today* 58/4 (2002), 556-57.
64 D. E. de Villiers, "Does the Christian Church have any Guidance to offer in Solving the Global Problems We are faced with Today?" *HTS Teologiese Studies* 76/2 (2020), 2.
65 P. M. Chamburuka & I. S. Gusha, "An Exegesis of the Parable of the Good Samaritan (Lk 10:25-35) and Its Relevance to the Challenges caused by COVID-19," *HTS Teologiese Studies* 76/1 (2020), 5. 참고로 남아공 교회협의회는 가난에 맞서기 위해 'Local Ecumenical Action Networks'(LEANs)를 운영 중이다. J. M. van der Merwe, "Poverty and the

한 사람들을 만지고 치료하며 섬겼듯이, 교회는 소외되고 취약한 아웃사이더를 찾아 환대하며 사랑으로써 봉사해야 한다.[66] 정부 차원에서 구제가 이루어지고 있지만, 교회는 복지 사각지대를 찾아 섬기고, 영적 케어도 제공할 수 있어야 한다. 일반 신자가 주체가 된 경건주의 사회봉사를 실현한 독일의 요한 비헤른(J. H. Wichern, b. 1808)에 따르면, 복음 전파 ,즉 선교를 바탕으로 한 사회봉사는 단순한 일반 '선행'과 차별성을 확보할 수 있다.[67]

(5) 초교파적 지역 교회의 협력으로 대 사회봉사를 시도한다. "교회가 지역주의나 특정 인종우월주의 혹은 제국주의 요소를 반대하고 제거하여 성령님 안에서 화해와 연합의 공동체를 이룬다면, 사회의 연합과 일치도 촉진할 수 있을 것이다."[68] 모든 사람이 예수님의 십자가 복음과 사랑을 이해할 수 있는 참된 교회는 다언어적(multilingual)이어야 한다(참고. 칼빈의 요 19:19-20 주석).[69] 다언어적 교회는 주일의 신앙이 일상생활에서도 번역되는 교회이기도 하다.

(6) 각 교파는 목회자 생계를 위해 최저 사례 보장을 입법화한다. 이것은 희년과 레위인의 생계에 대한 규정의 정신을 살리는 차원이다.

(7) 장로교 정치 체제와 신앙고백 교육을 강화한다. 예를 들어, 교인 이명증을 통해 무분별한 교인 이동을 방지한다. 그리고 노회와 총회의 역할 중 재난신학과 로드맵을 구축해야 한다.

COVID-19 Pandemic: A Challenge to the Church," *HTS Teologiese Studies* 76/1 (2020), 5.

66 남아공은 2020년 3월의 록다운(lockdown) 시기에 교회가 초교파적으로 대학과 지방자치 단체 그리고 NGO와 협력하여 홈리스를 교회당과 기타 시설(shelter)에 수용하여 돌보았다. 성과 연령 그리고 마약 중독 여부에 따라 수용된 사람들은 보호 시설에서 새로운 공동체를 형성했고, (건강 검진, 목욕, 음식, 깨끗한 담요 등으로) 인간의 존엄과 회복적 정의도 맛보았다. Z. Dube, "Jesus: The Infected Healer and Infectious Community-Liminality and Creative Rituals in the Jesus Community in View of COVID-19," *HTS Teologiese Studies* 76/1 (2020), 5-6; M. van Niekerk, "Dignity, Justice and Community as a Baseline for Re-interpreting being Church in a Corona-defined World," *HTS Teologiese Studies* 77/4 (2021), 2-3.

67 비헤른의 사회봉사는 그리스도 사건으로 인한 새 세상을 선취하는 차원이다. 박영환, 『독일 기독교 사회봉사 실천의 역사: 디아코니아와 선교』(서울: 성광문화사, 2015), 74, 162, 395-98.

68 송영목, "공공선교적 성령론: 교회와 세상 속의 성령님," (부산향기아카데미 발제 글, 2020), 11.

69 Van Niekerk, "Dignity, Justice and Community as a Baseline for Re-interpreting being Church in a Corona-defined World," 5.

(8) 한 교회 안에서, 한 모임(예. 청년대학부) 안에서부터 끼리끼리 문화가 만들어낸 진입 장벽을 낮추어야 한다.

(9) 신학교 교과 과정에 기독교 사회복지와 같은 교회의 공공성을 강화하고 복음을 구체화하는 간학문적 과목이 필요하다(예. 기독교사회봉사실천학).[70] 위드/포스트코로나 및 제4차 산업혁명 시대에 신학 교육 방식의 변화는 불가피하게 보인다.[71] 그리고 사람이 당하는 고난과 재앙에 대한 깊고 다차원적인 성경적 이해가 있어야 한다.[72]

(10) 세금의 공공성은 이웃을 실족시키지 않는다(예. 베드로의 낚시와 한 세겔 성전세[마 17:27]).[73]

(11) 공교회성을 허물고 교회를 사유화하여 번영신학과 맘몬의 지배를 초래하는 담임목사의 세습을 금해야 한다.[74]

(12) 공교회성을 위한 새로운 공간이자 수단인 디지털 도구를 적절히 활용한다.[75] 글로벌화를 촉진하는 기술을 공교회의 봉사를 위해 사용해야 한다. 그런데 맥도날드화(McDonaldization)와 같은 신자유주의 글로벌화는 특정 문화와 지역의 종속화를 초래하기 쉽기에, 구원과 섬김의 복음이 이런 함정에 빠지지 않도록 주의해야 한다.[76] 글로벌화의 문제점을 공교회가 해결할 수 있어

---

70 A. Jäger, 『기독교 사업으로서 디아코니아』(*Diakonie als Christliches Unternehmen*), 박영환 외 역 (서울: 성광문화사, 2017), 113.

71 J. E. Alcántara, "On the Future of Teaching Preaching in the midst of the COVID-19 Pandemic," *Acta Theologica* 40/2 (2020), 16-17. 참고로 전염병 시대에 실시간으로 예배 실황을 송출할 경우 불신자들에게도 노출되므로, 예배 진행자의 언어를 비롯하여 전체 예전을 성경적으로 지혜롭게 준비하는 것이 중요하다. M. S. Kgatle, "Religious Live-Streaming in Response to Coronavirus Disease 2019 Pandemic and the Subsequent Lockdown in South Africa," *Verbum et Ecclesia* 41/1 (2020), 4-5.

72 J. L. Serfontein, "Introducing a Re-Reading of Lamentations through the Lens of Trauma Studies: The Challenge of the COVID-19 Pandemic," *In die Skriflig* 55/1 (2021), 7.

73 "재물을 가진 사람들은 보유세를 내야 하는 것이다. 그리고 특별히 많은 재물을 가진 사람들은 누진적으로 더 많이 보유세를 내야 한다. 그리고 노동 소득에 대해서도 세금을 내야 한다."(참고. 잠 3:9). 안영혁, "세금의 공공성에 대한 교회의 이해와 실천," 『신학지남』 87/1 (2020), 220.

74 임희국, "공교회의 빛으로 본 명성교회 세습," 『기독교사상』 732 (2019), 84-90.

75 B. Mpofu, "Transversal Modes of Being a Missional Church in the Digital Context of COVID-19," *HTS Teologiese Studies* 77/4 (2021), 5.

76 Miller는 'glocalization'을 저해하는 글로벌화를 비꼬기 위해 'coca-colonization'이라는 표현도 사용한다. V. J. Miller, "Where is the Church?: Globalization and Catholicity," *Theo-

야 한다.

인터넷이나 디지털 기술을 활용하되, 실시간 스트리밍으로 현장과 성도를 연결하는 '온라인 교회'(online church)나 모든 물리적 공간을 배제하는 '교회 온라인'(church online)의 문제와 한계를 분명히 해야 한다.[77]

성경이 공교회에 대해 교훈하는 바와 그렇지 못한 현실 사이의 괴리 때문에 절망하거나 주눅 들기 쉽다. 하지만, 그리스도인은 연대하여 공교회적 삶을 위해 작은 것부터 실천하면 된다. 이러한 논의와 실천을 활성화하기 위해, 무엇보다 공교회성을 위해, 머리이신 예수님을 기억하며 신적 성품에 참여하는 노력을 멈추지 말아야 한다.

한국 교회가 도덕적 파산으로부터 신뢰를 회복하기 위해 맘몬주의와 경제 성장이라는 세상의 내러티브와 질적으로 다른 성경적 내러티브를 구체화함으로써 성품공동체를 형성해야 한다(벧후 1:4-7).[78] 한국 교회의 신뢰도를 높이기 위해, 천국 윤리에 기반을 둔 도덕성 회복 이외에도 다른 중요한 요소들을 고려해야 한다. 그리스도인이 성령으로 충만하여 기독교의 도덕을 실천하지 않은 채 선교한다면, 교회와 사회에 더 큰 해를 끼치게 될 것이기 때문이다. 이것은 교회가 공공선교적 교회를 추구할 때도 반드시 염두에 두어야 할 점이다.[79]

---

logical Studies 69/2 (2008), 413-14, 425.

[77] 줄루어 속담 '우분투'(Ubuntu) 사상에 빗대어 교회 온라인을 지지하는 경우는 A-P. Cooper, S. Laato, S. Nenonen, N. Pope, D. Tjiharuka & E. Sutinen, "The Reconfiguration of Social, Digital and Physical Presence: From Online Church to Church Online," *HTS Teologiese Studies* 77/3 (2021), 3-8을 보라.

[78] S. H. Kang, "From Ethical Bankruptcy to Ethical Credibility: H. Richard Niebuhr, Stanley Hauerwas, and the Korean Church," (Ph.D. Thesis, McMaster Divinity College, 2020), 218-67.

[79] WCC의 에큐메니컬 공교회론과 개혁주의 공교회론의 차이점에 대한 성경 주해적 연구는 차후의 과제로 남겨둔다.

제2장

제4차 산업혁명 시대의 교회의 공공성

들어가면서

먼저 몇 차례에 걸친 산업혁명을 통시적으로 살펴보자. 1760년 영국에서 시작된 제1차 산업혁명으로 철도와 증기 기관이 발명됨으로써 생산 설비를 구축했다. 100년 후 1870년경 전기와 통신 기술의 발명으로 제2차 산업혁명을 맞이하여 대량 생산이 가능했다.[1] 아직도 세계 곳곳에서 2차 산업혁명의 혜택만 누리는 이들이 전체 인구의 17퍼센트에 해당할 정도다.[2]

1990년대 제3차 산업혁명은 컴퓨터, 인터넷 그리고 자동화를 특징으로 하는데, 지금도 세계 곳곳에서 진행형이다. 2010년 이후 제4차 산업혁명이 가속화하고 있다. 2011년 독일 하노버산업박람회에서 "Industry 4.0"이라는 말이 처음 등장했고,[3] "제4차 산업혁명"은 2016년 세계경제포럼(World Economic Forum)에서 실용적 낙관론자인 클라우스 슈밥(Klause Schwab) 회장이 처음 사용했다.[4]

1　K. Schwab, 『제4차 산업혁명』 (*The Fourth Industrial Revolution*), 송경진 역 (서울: 새로운 현재, 2016), 25.
2　전요섭, "제4차 산업혁명 시대에 대한 기독교상담적 대응," 『신학과 실천』 61 (2018), 178. 참고로 2016년 통계에 의하면, 해외에 사역 중인 한국 선교사들의 대부분은 4차 산업혁명의 개념을 모르고, 4차 산업혁명이 선교지에 영향을 미치지 않을 것이라고 보았다. 그러나 선교사의 절반 가량은 기술 혁신 시대에 선교 사역의 변화 필요성에는 공감했다. S. S. C. Moon, "Missions from Korea 2017: The Fourth Industrial Revolution and Missions," *International Bulletin of Mission Research* 41/2 (2017), 124, 126.
3　Schwab, 『제4차 산업혁명』, 26; 임창호, "4차 산업혁명 시대의 기독교교육 방향성 제고," 『기독교교육논총』 56 (2018), 15, 19.
4　김정준, "제4차 산업혁명과 교육 목회의 새 전망: 인공지능을 중심으로," 『기독교교육논총』 55 (2018), 50. 한국 교회는 제4차 산업혁명이 가져다줄 유익만 강조하는 지나친 낙관론을 경계해야 한다. 박현신, "4차 산업혁명의 도전에 대한 인문학적 질문과 실천신학적

독일, 미국, 일본, 중국, 한국(2017년의 대통령 직속 "4차산업혁명위원회"(위원장: 장병규)[5] 등에서 정부와 민간이 협력하여 새로운 시대를 발 빠르게 연구하고 대비 중이다.[6] 그런데 교회, 목회, 기독교 학문 제 분야의 대비는 상대적으로 취약하다.

본 장은 제4차 산업혁명의 특징, 제4차 산업혁명에 대한 성경적 조명과 평가 그리고 새로운 시대에 교회의 공공성 확보를 위해서 준비해야 할 사항을 차례로 살핀다.

1. 제4차 산업혁명의 특징

"인공지능과 빅데이터 등 디지털 기술로 촉발되는 초연결 기반의 지능화 혁명"으로[7] 정의할 수 있는 제4차 산업혁명의 주요 특징은 초연결(hyper-connectivity), 초스피드, 자동화, 초(인공)지능(super-intelligence)이다. 그리고 물리학·생물공학·디지털·인지학 기술의 융합으로 새로운 부가 가치를 창출하며, 개인과 정부와 민간 기업 등 모든 시스템에 혁신을 넘어선 변화를 초래할 것

응전."『복음과 실천신학』 48 (2018), 52-53.

5 https://www.4th-ir.go.kr.

6 아래는 2017-2018년에 출판된 4차 산업혁명 관련 도서의 일부 목록이다: GS인터비전, 『4차 산업혁명 시대의 정보통신』 (서울: GS 인터비전, 2018); 김성준, 『4차 산업혁명과 해운산업』 (서울: 혜안, 2018); 박기영, 『4차 산업혁명과 과학기술 경쟁력』 (서울: 한울아카데미, 2017); 김연중 외, 『4차 산업혁명에 대응한 스마트 농업 발전방안』 (서울: 한국농촌경제연구원, 2017); 산업경쟁력연구본부, 『4차 산업혁명이 한국 제조업에 미치는 영향과 시사점』 (서울: 산업연구원, 2017); 이승일, 『4차 산업혁명과 건설산업의 혁신』 (서울: 창조와 지식, 2017); 황승현, 『4차 산업혁명과 건설의 미래』 (서울: 씨아이알, 2017); 신동엽 외, 『4차 산업혁명, 일과 경영을 바꾸다』 (서울: 삼성경제연구소, 2018); 김동현, 『4차 산업혁명과 혁신적 경영전략』 (서울: 월드인재교육원, 2017); 조용석, 『4차 산업혁명 마케팅 광고』 (서울: 한언, 2017); 이화영, 『4차 산업혁명 새로운 직업이야기』 (서울: 드림리치, 2018); 미래산업리서치, 『4차 산업혁명 시 섬유, 의류산업의 분야별 기술 시장 전망』 (서울: 미래산업리서치, 2018); 최병관 외, 『4차 산업혁명 시대의 의료 서비스 관리』 (서울: 청구문화사, 2017); 김규찬·이성민, 『4차 산업혁명과 문화, 산업 정책 방향』 (서울: 한국문화연구원, 2017); 이세빈, 『4차 산업혁명 자녀』 (서울: 일일사, 2018); 김병호·이창길, 『4차 산업혁명과 교육』 (서울: 책과나무, 2018).

7 https://www.4th-ir.go.kr/#this(2019년 2월 10일 접속).

으로 예상된다.[8] 이런 변화에 대응하고 유익을 얻기 위해서, 정보와 민간 기업과 시민 단체의 협력과 국가 간의 협력이 필요하며, 긍정적이고 보편적인 담론도 필요하다.[9]

그러나 이런 기술 융합으로 인한 역기능과 부작용도 있기 마련이다. 예를 들어, 파괴적이고(예. 군사용 드론) 무신론적 기술 문명이 가속화할 것이다. 그리고 초연결의 대명사 격인 Io(A)T(Internet of [All] Things; 혹은 IoE[Internet of Everything])는[10] 디지털 문맹자들과 면대면 인격적 교제를 원하는 이들에게 오히려 단절과 외로움을 증가시킬 수 있다(예. 사이버 고독).[11]

따라서, 교회는 수평적이고 상호 인격적인 공감의 관계를 형성해야 한다.[12]

생활의 모든 면이 인터넷과 빅데이터에 연결되어 정보화되고 생활이 편리해질 것이지만(참고. 디지털 정체성), 사생활이 침해 당하고, 기계가 사람을 대체하여 사라질 직업이 많아질 것이다.[13] 또한, 저개발국이나 노년층에서 혁신적인 기술을 따라잡지 못할 것이다. 제4차 산업혁명 시대에 교육에 있어서는, 온라인과 사이버 강의를 넘어 디지털 플랫폼형 대학 교육이 정착되고(참고. MOOC), 새로운 기술을 습득하기 위한 블렌디드(blended) 및 평생 교육 체제로 전환될 것이다.

---

8 이동춘, "4차 산업혁명 시대의 DANO 개념과 종교개혁신학의 한국 교회에 대한 윤리적 요청," 『한국기독교신학논총』 108 (2018), 170; 임창호, "4차 산업혁명 시대의 기독교교육 방향성 제고," 20.
9 Schwab, 『제4차 산업혁명』, 28, 57; D. White, F. Tella and M. D. Ampofo, "A Missional Study of the Use of Social Media (Facebook) by Some Ghanaian Pentecostal Pastors," *Koers* 81/2 (2016), 1-8.
10 김성원, "제4차 산업혁명과 교회론의 방향," 『영산신학저널』 42 (2017), 188.
11 전요섭, "제4차 산업혁명 시대에 대한 기독교상담적 대응," 193.
12 윤승태, "4차 산업혁명 시대의 교회의 역할과 방향," 『신학과 실천』 58 (2018), 618.
13 Schwab, 『제4차 산업혁명』, 52, 70. 참고로 '로보칼립스'(robocalypse)는 '로봇'과 '묵시'의 합성 신조어인데, 인공지능을 갖춘 로봇이 세계를 비극적 종말로 이끌 것을 예견한다. 전요섭, "제4차 산업혁명 시대에 대한 기독교상담적 대응," 182.

2. 제4차 산업혁명에 대한 성경적 조명과 평가

산업혁명 이전의 농경 시대에 기록된 성경은 최첨단 과학 시대의 도래와 문화의 혁명을 예고하는가?

제4차 산업혁명에 관해 힌트를 주는 성경 본문이 있는가?

지금부터 수천 년 전, 그것도 주로 그 당시의 특정 상황 안에 발생한 문제를 해결하기 위해서 기록된 성경이 21세기 현상에 대해 속시원한 설명과 해답을 줄 것이라 기대하기 쉽지 않다. 하지만, 영원한 하나님의 말씀은 이런 현대 문제에 대해 간접적이거나 원론적인 해답을 제시한다.

1) 하나님의 형상, 아담의 타락, 문화명령을 통해 본 제4차 산업혁명

하나님께서 자신의 형상(*imago Dei*)을 따라 사람을 창조하신 후 문화명령을 주셨다. 그런데 하나님의 형상을 닮은 사람은 하나님의 형상을 닮는 데 주력하기보다, 자신의 형상(*imago hominum*)과 능력을 닮은 인공지능 로봇을 만들어 삶의 편리를 추구한다. 그러나 다른 한편, 사람은 하나님의 특성을 소유하여 하나님처럼 되려고 한다. 예를 들어, 사람은 '데이터 처리 능력을 신봉하는 종교'를 가지고, 무소부재(유비쿼터스)와 불멸의 하나님(*homo Deus*)처럼 되고 싶어 한다.[14] 하지만, 사람이 이루어 놓은 기술 문명에서 하나님을 제거하면, 사람은 기계(machine-sapience)나 짐승처럼 비인간화된다.[15]

무신론적 기술 사회를 예방하기 위해, 아담과 하와가 하나님처럼 되려고 했던 사건(창 3장)과 바벨탑 사건(창 11장)의 실패를 기억해야 한다.[16] 사람이 신인(神人)이 되려는 것은 교만이자 자신을 신격화하는 우상 숭배이기 때문이다. 오히려, 사람은 하나님과 자연과 사물과의 바른 관계를 성경적으로 성찰하여 정립하고, 승자독식 사회에서 더불어 사는 공공선의 회복을 추구해야

14　Y. N. Harari, 『호모 데우스: 미래의 역사』(*Homo Deus: A Brief History of Tomorrow*), 김영주 역 (서울: 김영사, 2017), 503.

15　이완형, "인공지능 상용화에 따른 성경적 관점의 윤리 가이드라인에 관한 연구," 『로고스경영연구』 16/4 (2018), 118.

16　정미현, "츠빙글리 신 인식을 통한 윤리적 문법 이해: 4차 산업혁명의 역기능을 중심으로," 『신학연구』 71 (2017), 181-184.

한다. 독일에 AI목사, 곧 로봇 설교자가 출현했지만, 하나님의 복음은 혈육을 가진 거듭난 영혼의 소유자에게만 진정으로 의미가 있다.[17] 그리고 딥러닝(deep learning)이 AI에게 필수적이라면, 거듭난 생령(living being)에게는 깊은 영성(deep spirituality)이 필요하다.[18]

2) 종말의 현상과 예수님의 재림을 가르치는 구절로 본 제4차 산업혁명

예수님의 재림을 기대했던 사도 시대로부터 2,000년이 지난 21세기는 재림이 훨씬 가까워졌다.

(1) 마태복음 24장 36절 이하의 재림 전의 상황 중에서 사고팔며, 시집가고 장가가기는 영적인 일이나 최후 심판에 무관심하고 일상에만 집착한 상태다. 물론, 이는 4차 산업혁명 시대에만 국한되지 않는 보편적인 현상이다.

(2) 누가복음 12장 19절에 의하면, 어리석은 부자는 여러 해 쓸 물건을 쌓아 두었으니 평안히 쉬고 먹고 마시고 즐거워하자고 스스로에게 말한다. 재물을 가진 자는 청지기로서 하나님께 부요해야 한다(눅 12:21). 부자가 빈자를 돕는 것은 부의 양극화가 심해질 4차 산업혁명 시대에 더 절실하다.

(3) 디모데후서 3장 2-4절에 따르면, 말세의 징조는 자기와 돈과 쾌락을 사랑하는 것이다. 앞으로 신기술을 가진 자는 부와 편리함과 쾌락을 더 독점하며 우상시 할 우려가 점증할 것이다.

(4) 베드로후서 3장 3절에 따르면, 정욕을 따라 행하는 자는 거룩한 행실과 경건으로 살도록 회개해야 하는데(11절), 물질은 뜨거운 불에 녹아질 것이

17　김병석, "급변하는 사회, 4차 산업혁명 인공지능(AI) 시대의 예배와 설교의 위치," 『신학과 실천』 59 (2018), 158, 161. 참고로 빅데이터를 초공유하는 시대가 되면 설교자의 표절은 목사의 양심 문제로 남겨지게 될 것이다. 그리고 한 교회에서 설교하는 목사는 전 세계 목사들은 물론 빅데이터와 경쟁하게 될 것이다. 설교는 성경의 자료 분석을 넘어, 회중의 실제 삶에 복음을 적용하며 실천하도록 도전해야 한다. 오현철, "4차 산업혁명 시대의 목회적 대응," 『복음과 실천신학』 48 (2018), 93.

18　김병석, "인공지능(AI) 시대, 교회공동체성립요건연구: 예배와 설교 가능성을 중심으로," 『복음과 실천신학』 40 (2016), 12, 14, 25, 33. 교회는 "사이버 영생", 가상 낙원을 꿈꾸는 "테크노 종교" 그리고 "테크놀로지 유토피아"에 현혹당하지 않도록 주의해야 한다. 박현신, "4차 산업혁명의 도전에 대한 인문학적 질문과 실천신학적 응전." 61.

기 때문이다(12절). 인간의 정욕을 채우기 위해 개발된 기술과 문명은 한낱 신기루에 불과할 것이다. 새 사람으로 살아야 할 그리스도인은 기술 문명 중에서도 주의하고 벗어버려야 할 것을 분별해야 한다(참고. 롬 13:14; 고후 5:17; 갈 3:17; 골 3:10).

(5) 요한계시록 21장 8절에서, 새 예루살렘 성 밖의 사람들의 특징 중 하나는 우상 숭배다. 기술을 숭배하지 말아야 한다. 즉, 기술을 무소부재하거나 전능한 하나님처럼 숭배해서는 안 되며, 생사를 주관하시는 유일하신 하나님께 도전하고 그분의 자리를 차지하려는 기술을 거부해야 한다. 참 지혜이신 예수님과 그분을 섬기는 기술과 문화는 신천신지(계 21:1)에서도 이어질 것이다.

(6) 혁신과 혁명을 일으키는 장래의 어떤 일도 예수님 안에 있는 하나님의 사랑에서 성도를 끊을 수 없다(롬 8:38). 오메가이시며 승리하신 예수님은 어느 시대에나 지혜의 자녀들을 돌보신다.

3. 교회의 공공성 회복을 위해 무엇을 어떻게 준비할 것인가?

매 시대, 교회는 혁신과 혁명을 맞이하더라도 하나님 나라 확장과 세상을 섬기려는 기회로 삼아야 했다. 제4차 산업혁명 시기에도 교회는 위축되지 말고, 대신 복음과 교회의 공공성을 확보해야 한다.

교회와 개별 그리스도인은 무엇을, 어떻게 준비해야 하는가?

1) 제4차 산업혁명이 초래할 문제를 직시하고 대안을 제시해야 함

제4차 산업혁명이 초래할 문제점은 기술에 대한 맹신 혹은 우상화, 기술을 누리는 이와 그렇지 못한 이 사이의 양극화, 기계가 대체한 인간 노동(창 1:28)의 존엄성 훼손,[19] 실직, 쉴 사이 없이 연결되어 작동하는 시스템으로 인해 위

---

19 노동하는 인간(*homo laborans*)의 존엄성은 노동을 통해서 구현되는데, 이미 노동 질 저하와 실직의 문제라는 고용 없는 성장으로 인해 "잉여 인간"이라는 말이 점차 상용화되고 있다. 이런 상황 속에서 그리스도인은 이웃 사랑과 봉사를 구현하는 수단인 노동을 통해 공공선을 강화해야 한다. 조영호, "4차 산업혁명과 노동 윤리," 『성경과 신학』 89 (2019),

협 받는 인간의 안식 그리고 기술에 집착하는 것으로 인한 물질만능주의 심화와 인간성의 피폐화 등이다.[20]

이와 같은 문제를 해결하기 위해서 비판적 사고, 인성 교육, 다중 지능(관계 상황 맥락[상황을 인지하고 결과를 예측함], 정서[생각과 감정을 정리하고 결합하여 타인과 적절한 관계를 맺음], 영감[타인과 공감하며 의미와 목적을 탐구], 건강한 신체[건강과 행복을 추구]),[21] 주입식 혹은 지식 암기 중심이 아닌 자기 주도적 학습, 창의성과 소통과 협업 및 공감, 유연성과 글로벌 사고, 인문학과 다양한 전문 분야에 대한 지식과 소양을 두루 갖춤[22] 등을 준비해야 한다.

2) 위의 대비책을 목회와 교회 교육에 접목해야 함

제4차 산업혁명에 관한 일반적 논의에서 신앙이나 성령님의 역할은 찾아볼 수 없다. 그런데 위의 대비책 가운데 다중 지능은 성령님의 도움으로 활용이 가능하다. 왜냐하면, 성령님은 상황을 분별할 수 있도록 도우시며, 감정과 영혼을 다스리시고, 영감을 불어넣으시고, 창의성을 주시고, 하나님과의 교제는 물론 사람 사이의 교제를 촉진하시기 때문이다.[23]

교회는 예배와 교육, 친교와 전도를 오프라인에서 지속할 수 있는 방안을 마련해야 한다. 사람이 디지털 기계와 더불어 일하더라도 그리스도인은 성령 충만을 통한 전통적인 영성을 배워야 한다.[24] 집중력과 사고력이 퇴보할 경우 성령의 능력이 더 필요하다.[25]

66, 73, 79.
20 김효숙, "4차 산업혁명 시대의 교육 목회," 『기독교교육정보』 58 (2018), 131; 조성호, "4차 산업혁명 시대와 기독교 영성의 발전 방안 연구," 『복음과 실천신학』 48 (2018), 158-61.
21 김정준, "제4차 산업혁명과 교육 목회의 새 전망," 70-72.
22 임창호, "4차 산업혁명 시대의 기독교교육 방향성 제고," 25, 28, 33-37.
23 정미현, "츠빙글리 신 인식을 통한 윤리적 문법 이해," 204.
24 기술이 발전되더라도 교회는 사람의 죄성과 유한성과 하나님의 형상 그리고 기도와 예배로써 구원의 하나님과 겸손하게 교제하는 법 등을 강조해야 한다. 김병석, "급변하는 사회, 4차 산업혁명 인공지능(AI) 시대의 예배와 설교의 위치." 172.
25 김성원, "제4차 산업혁명과 교회론의 방향," 212.

앞으로 더 자극적이고 즐거움을 주는 기계 놀이(예. VR, AR)에 빠져들 것이다.[26] 이미 청소년들 사이에는 소셜 네트워크 서비스(SNS, social network service)에 기반한 네트워크가 형성되어 있어, 교회 중고등부에 굳이 소속될 필요를 느끼지 못하고 있다.[27] 제3차 산업혁명의 물결 속에도 이미 스마트폰이나 온라인 게임에 중독된 이들이 많고 그들은 영적 생활에 무관심하다.

주님의 양들이 예수 그리스도의 복음 안에서 천국의 의와 기쁨과 평강을 맛보도록 하는 목회자의 철저한 영성 계발은 기독교의 최대 과제가 될 것으로 보인다.[28] 환언하면, 복음 진리(book smart)와 경험과 실천(street smart)이 융합된 "깊은 영성"(deep spirituality)을 요청한다.[29] 그리고 생명 과학 기술의 발전으로 인간 수명이 증가하여 생산성의 저하와 더불어 심화될 교회의 고령화도 대비해야 한다.[30]

목회 방침으로는 실업 문제, 빈부 격차와 사회 갈등 대비 그리고 새로운 윤리 문제를 대비해야 한다.[31] 문화명령을 환경 파괴를 위한 면죄부 구절로 오용한 경우가 있듯이, 인간의 탐심에서 작동된 인공지능의 무분별한 개발은 환경과 인간성을 탄식과 파멸로 이끄는 "21세기 선악과"가 될 수 있음을 경계

---

26 "게이미피케이션(gamification)은 게임 속 세계와 실제 세계를 연결한다." 양성진, "4차 산업혁명 시대의 기독교교육의 방향에 관한 고찰: 자동화와 연결성을 중심으로," 『신학과 실천』 59 (2018), 569, 583. 참고로 성경에서 하나님의 백성이 글로벌화와 같은 새로운 급변한 상황(예. 이집트제국, 바벨론제국, 로마제국)에 직면하여 적응한 사례로부터 오늘날 그리스도인이 4차 산업혁명을 대비하는 통찰력을 배울 수 있다고 보는 P. Pitkänen, "Humans and the Fourth Industrial Revolution: Reading the World and the Canonical Word," 『Canon & Culture』 12/2 (2018), 6-7, 31.
27 4차 산업혁명 시대에 가정과 교회학교의 연계(예. 아기학교, 결혼예비부부학교, 기독부모가 주도하는 홈스쿨링과 대안학교 교육, 간세대 예배 등)는 더 필요하다. 김도일, "가정과 교회의 유기적 관계 회복을 통한 신앙 교육: 가교사역, 건강한 신앙 학습 생태계 형성에 대한 연구와 제안," 『선교와 신학』 36 (2015), 15-36.
28 사회의 구조적 문제를 감안하고, 자연을 포함한 전반적인 관계를 아우르는 영성 훈련이 필요하다. 이완형, "인공지능 상용화에 따른 성경적 관점의 윤리 가이드라인에 관한 연구," 132; 조성호, "4차 산업혁명 시대와 기독교 영성의 발전 방안 연구," 169.
29 이것은 윤승태의 용어이다. 윤승태, "4차 산업혁명 시대의 교회의 역할과 방향," 616.
30 Schwab, 『제4차 산업혁명』, 59.
31 김정준, "제4차 산업혁명과 교육 목회의 새 전망," 81-82. "4차 산업혁명으로 윤리분야에 '인공지능 윤리', '지능 정보 사회 윤리', 또는 '4차 산업혁명 윤리'라는 새로운 용어가 등장했다. … 로봇윤리기구 ORI(Open Roboethics Institute)에서는 로봇공학의 윤리, 법률, 사회적 이슈 등을 검토하는데, 킬러로봇을 중단하라는 캠페인을 벌였다." 이완형, "인공지능 상용화에 따른 성경적 관점의 윤리 가이드라인에 관한 연구," 121.

해야 한다(참고. 롬 8:22).³²

빅데이터와 초연결 시대에 교회는 더 투명하고 정결한 그리스도의 신부로 단장해야 한다. 그리고 온 세상의 정보를 기계와 연결되어 접하면서 기계 앞에 선 인간이 되어 가는 것을 방지하기 위해서, 그리스도인은 다시 기도와 복음으로써 하나님과 네트워크를 형성하여 하나님 앞에 먼저 서야 한다.³³ 교회는 창의적인 그리스도인 육성을 위해, 학습자가 배움의 과정에 주체적으로 참여하고 문제를 해결하는 방식의 교회 교육, 성경의 정보를 분석하도록 돕는 멀티미디어나 디지털 플랫폼의 활용, 창의적 수업, 역량 기반 수업, 토론식 수업을 활성화해야 한다.³⁴ 그리고 디지털 세대의 특징인 '개방, 공유, 참여'를 교회 교육과 예배로 끌어들이는 방안도 필요하다.³⁵

양성진에 의하면, 감각, 이성, 직관, 신념, 행위, 관계 그리고 몸을 통한 앎의 지식이 필요하며, 온라인과 오프라인이 결합한 블렌디드 교회 교육에 관심을 가져야 한다. 이를 위해 성경 지식은 온라인으로 제공하고, 다양한 교육 활동을 면대면 학습안에 구성하여 학습자의 지식 구성과 공감과 변화가 일어나는 변형적 앎의 형성을 도와야 한다.³⁶ 이를 위해 교회 예산과 인적 자원을 우선적으로 교육에 투자해야 한다. 개방형 의사소통과 초연결 네트워크 시대에 교회가 더 투명한 체질로 개선하고 세상과 소통을 강화해야 복음과 교회의 공공성을 회복하고 선교적 교회의 역할을 수행할 수 있다.³⁷

---

32 이완형, "인공지능 상용화에 따른 성경적 관점의 윤리 가이드라인에 관한 연구," 133-34.
33 김성원, "제4차 산업혁명과 교회론의 방향," 201-202, 215.
34 김정준, "제4차 산업혁명과 교육 목회의 새 전망," 78. "학습 공간은 학습 방법과도 연계됨으로 심층학습(Deeper Learning)의 교육 방법이 주목받을 것으로 추측된다. 심층학습은 학습자가 수동으로 지식을 받아들이는 것이 아니라, 비판적 사고와 문제 해결의 능력을 양육하면서 지식의 깊이와 학습자 간 협업의 역량을 키워 주는 것이다. 이에 학습자가 주도적으로 학습에 참여하도록 경험을 중시하는 학습법으로 프로젝트 기반 학습(project-based learning), 도전 과제 기반 학습(challenge-based learning), 탐구 기반 학습(inquiry-based learning)과 같은 심층학습의 교육으로 변화할 것이다." 양성진, "4차 산업혁명 시대의 기독교교육의 방향에 관한 고찰," 576, 584.
35 계재광, "4차 산업혁명 시대 디지털 네이티브(Digital Natives) 세대에 적합한 리더십을 위한 연구,"『신학과 실천』62 (2018), 594.
36 양성진, "4차 산업혁명 시대의 기독교교육의 방향에 관한 고찰," 585-91.
37 이동춘, "4차 산업혁명 시대의 DANO 개념과 종교개혁신학의 한국 교회에 대한 윤리적 요청," 183-87. 교회는 평생교육 차원에서 디지털 소수의 디지털 문해력을 높이는 교육의 장을 마련해야 한다. 오현철, "4차 산업혁명 시대의 목회적 대응," 94.

3) 지상명령과 문화명령을 수행하기 위해 개별 그리스도인의 전문성을 융합하여 활용해야 함

교회는 기술 만능 시대에 영생의 복음과 진리 자체에 대한 도전을 받을 수 있다. 또 4차 산업혁명 시대에도 그리스도인은 문화명령을 수행해야 하므로 기술을 하나님의 영광을 위한 수단으로 자리매김함으로써 잘 다스려 활용해야 한다.[38] 인공지능은 복음을 대체할 수 없으며, 영혼을 치유하여 영생을 줄 수도 없다. 세상 속에 하나님 나라를 구현하기 위해서, 모든 그리스도인은 복음의 빛 아래에서 빠르고 철저하며 자유롭게 교육받아야 한다. 그리고 하나님의 형상이라는 가치와 존엄을 가진 사람들이 상호 관계 속에서 가능성과 잠재력을 발전시켜야 하는데, 창조적이고 융합적 방식으로 배울 수 있어야 한다.[39]

스마트폰보다 더 흥미롭고 자극적인 기계와 로맨스에 빠져 하나님과의 관계가 더 멀어지고 단절된다면, 결국 사람과의 관계도 단절될 것이다.[40] 첨단 기술 문명 시대에도 사람을 구원하고 올바른 인격을 형성하는 것은 다름 아닌 그리스도의 복음과 하나님의 사랑이다. 예수님은 하나님과 이웃을 사랑하는 것이 참된 삶이라고 가르치셨는데(마 22:37-39), 모든 시대에 걸쳐 믿음을 적극적인 사랑과 봉사로 표현하는 삶은 기독공동체와 사회 속에 구현되어야 한다(참고. 눅 10:30-37의 선한 사마리아인의 비유).[41]

---

38 한천설, "[권두언] 제4차 산업혁명과 한국 교회의 미래," 『신학지남』 84/4 (2017), 4-6.
39 김도일, "4차 산업혁명 시대의 호모 에두칸두스," 『장신논단』 50/5 (2018), 265-70.
40 전요섭, "제4차 산업혁명 시대에 대한 기독교상담적 대응," 194-97. 앞으로 비인간화와 불안이 가중되면, 크리스천의 유신론적 과학 연구와 영성지향적 상담이 더 요청될 것이다. 빅데이터 분석 과정이 상담 과정과 비슷하므로 상담에 활용될 수 있다. 하지만, 상담자는 내담자의 진술을 중심으로 분석하지만, 빅데이터는 객관적 정보를 기반하여 작용하는 차이가 있다. 빅데이터 활용은 상담에서 자료 수집과 진단에서 경비와 시간을 줄이고, 자료 분석에서 발생하는 오류를 줄일 수 있다. 여한구, "4차 산업혁명 시대의 기독교 상담과 심리치료," 한국실천신학회 정기학술세미나 자료집 (2018), 262-65. 한 걸음 더 나아가 여한구에 의하면, 4차 산업혁명은 분화가 아닌 융합을 추구하는데, 하늘과 땅을 융합하신 예수님처럼 목회와 상담에도 융합이 필요하다. 하지만, 현실과 가상, 인간과 기계, 인간 활동과 기술적 활동, 공적 삶과 사적 삶의 구분은 필요하다. 김효숙, "4차 산업혁명 시대의 교육 목회," 117-19.
41 Pitkänen, "Humans and the Fourth Industrial Revolution," 22; 이완형, "인공지능 상용화에 따른 성경적 관점의 윤리 가이드라인에 관한 연구," 128-29; G. Christianson, "Lutherans face the Industrial Revolution: Awakening, Social Justice and Diakonia," *Seminary Ridge Re-*

환경의 청지기로 사는 그리스도인은 미세먼지로 대변되는 환경오염을 해결할 융합 기술을 계발해야 한다. 탄식하는 피조물도 하나님의 구원과 재창조의 대상이기 때문이다.

나오면서

제4차 산업혁명과 관련하여 생소하거나 부정적인 단어가 자주 회자되는 현실이다. 예를 들어, 초연결, 초지능, 기계 인간, 생명공학을 통한 생명 연장, 자율 주행 수소 자동차, 로보칼립스, 로봇 윤리, 스마트 시티, 사이버 고독, 게이미피케이션, 디지털 거버넌스, 디지털 문맹, 디지털크라시(digitalcracy), 종말론적 인공지능 등이다.[42]

교회는 뱀처럼 지혜롭게 시대의 흐름을 분별하고 대처해야 한다.

교회는 어떻게 혁명과 같은 변화를 공의와 사랑을 공적으로 드러내는 기회로 삼을 수 있을까?

예를 들어, 초연결 시대에 교회는 소위 가나안 성도와 이른바 잠재적인 그리스도인과 적극적으로 연결하여 교제의 장을 마련할 수 있다.[43] 하지만, 근본적인 차원에서 볼 때, 무엇보다 교회는 예배, 교육, 교제, 전도를 더 통전적으로 연결하여 강화해야 하며, 하나님 나라의 관점에서 성도 개인과 교회공동

---

view 7/2 (2005), 30.

42 "로봇과학자 한스 모라벳(Hans Moravec)과 인공지능 창시자이자 미래학자인 레이 커즈와일(Lay Kurzweil)은 로봇과 인공지능이 인류와 세계를 향상시키는 환상인 낙원을 묘사한다. 특히, 모라벳과 커즈와일을 비롯한 종말론 인공지능(apocalyptic AI) 주창자들은 성경에서 말하는 하나님에 의해서 이루어지는 종말의 모습에 빗대어 앞으로 올 시대의 새로운 세계는 하나님이 아니라 과학 기술 기계가 다스리는 나라의 도래와 인간의 신체에 발생할 놀라운 발전을 기대한다. 즉, 종말론적인 인공지능은 인간이 그들의 마음을 기계에 업로드하고 완벽한 가상신체 안에서 가상 현실 천국을 즐기는 기계적인 미래를 고대한다." 장보철, "인공지능에 관한 목회신학 고찰," 『신학과 실천』 59 (2018), 249.

43 박현신, "4차 산업혁명의 도전에 대한 인문학적 질문과 실천신학적 응전." 70; 김효숙, "4차 산업혁명 시대의 교육 목회," 127-28. 2014년부터 새들백교회는 플랫폼을 기반으로 한 온라인 소그룹 사역을 시도하고 있다. 계재광, "4차 산업혁명 시대 디지털 네이티브(Digital Natives) 세대에 적합한 리더십을 위한 연구," 601. 그러나 초연결 시대에 오프라인에서 사람을 대면하는 능력이나 사람에 대한 공감 능력의 퇴보가 발생하고, 우울증 같은 정신적 증상은 더 커질 것이다. 오현철, "4차 산업혁명 시대의 목회적 대응," 98.

체 그리고 사회와 세계를 아우르는 연결망을 구축하는 것도 필요하다.[44]

교회는 제4차 산업혁명 대책팀을 조직하여 가동하는 선제적 대응도 필요하다. 제4차 산업혁명은 창의성, 협업, 융합을 특징으로 하기에, 교회는 각 분야의 전문가 그리스도인들이 상호 협력할 수 있는 장(場)을 마련해야 한다. 목회자 혼자서 쏟아지는 모든 전문적 지식을 습득하여, 실천 방안을 제시하고, 문제의 해결책과 대안을 제시할 수 없다.

신앙과 전문 지식을 갖추어 타인과 협동할 수 있는 역량을 갖춘 창의적 그리스도인이 직장과 사회 속에서 복음을 공적으로 드러내며 살 수 있어야 한다. 그리고 그리스도인 전문가는 정부와 민간 기업과도 협력해야 한다. 이를 위해 기독 전문가들(멘토)이 협력하여 기독 멘티를 육성해야 한다.

교회는 회복적 정의와 구원을 강조하는 종말론에 기반을 둔 선지자적 윤리 공동체로서, 비인간화, 인간의 탐욕, 경제 불평등과 부정의를 늘 경계해야 한다.[45] 더불어 신학교의 커리큘럼은 제4차 산업혁명 시대를 맞이하여 목회자의 목회 실천은 물론, 교회가 세상 속에 복음의 공공성을 드러내기 위한 사회실천을 할 수 있는 통찰력을 제공할 수 있어야 한다.[46]

---

[44] 개인주의의 심화는 공동체의 와해 및 공예배의 약화로 이어질 수 있다. 사이버 친교는 사이버 고독으로 이어질 가능성이 크다. 따라서 목회자에게 연결과 정서적 문제를 잘 돌볼 수 있는 공감의 리더십이 필요하다. 계제광, "4차 산업혁명 시대 디지털 네이티브(Digital Natives) 세대에 적합한 리더십을 위한 연구," 605; 박현신, "4차 산업혁명의 도전에 대한 인문학적 질문과 실천신학적 응전." 67-68; 조성돈, "4차 산업혁명 시대의 목회," 『신학과 실천』 61 (2018), 635-37.

[45] 참고. K. Y. Louie, "Review Article: P. S. Chung's Church and Ethical Responsibility in the Midst of World Economy: Greed, Dominion, and Justice," *Christian Study Centre on Chinese Religion and Culture* 12/1-2 (2013), 179-80, 186-87. Chung은 많은 폐해를 생산하는 글로벌 신자유주의를 대체할 '민주적 사회주의'(democratic socialism)를 제시한다. 그러나 Louie의 평가에 의하면, Chung의 주장은 성경적 구제나 하나님 나라와 동일시할 수 없는 사회복음을 연상시키며, 오늘날 글로벌 자본주의의 대안이 되기에도 역부족이다.

[46] 통계에 의하면, 공공신학적 교과목은 한신대학교와 감신대학교가 많았으며, 보수 개혁 교회 신학교들은 적었다. 이수인, "한국 교회의 공공성 회복의 과제와 신학 교육을 한 제언," 『신학과 실천』 61 (2018), 535-61.

제3장

그리스도인과 광장

들어가면서

2024년 10월 27일(주일) 오후 2-5시, 광화문광장에서 열린 한국 교회 200만 대형 집회는 뜨겁게 달아오른 감자였다. 이 광장 집회를 두고 신학, 신앙고백 그리고 교회 전통, 사회 정서와 현실 등의 관점에서 주장을 펼치고 득실을 예견하는 주장도 적지 않았다.[1]

---

1   제74회 예장고신총회는 2024년 9월 11일(수)에 한국 교회총연합이 요청한 '한국 교회 2백만 연합예배 및 큰 기도회'(2024년 10월 27일 주일 오후 2-5시) 참여를 가결했다. 통합, 합동, 백석, 합신 등도 참여하기로 결정했다. 이 연합예배의 취지는 동성혼 합법화와 포괄적 차별금지법 등 악법 통과를 막고 나라와 교회를 바르게 세우기 위한 것이다. 이에 대해 성희찬 목사는 고신총회에 아래와 같이 질의했다. (1) 교회 헌법 <예배> 제2장은 주일 공예배와 안식을 지키기 위해 주일 성수의 의무를 규정하고 있습니다. 사전에 성실하고 경건한 마음으로 충분히 준비하여 공예배에서 하나님과 교제하도록 해야 하며, 공예배 외에 성경연구, 묵상, 기도, 찬송이나 기타 전도와 구제 등 선한 일을 통하여 하나님께 영광을 돌리고, 성도의 교제를 힘써야 한다고 합니다. 또 제3장(주일 예배)에서도 예배의 자세가 흐트러지지 않도록 예배 시간보다 일찍 도착해야 할 것 등 주일 예배 참석자의 자세를 상세하게 나열합니다. (2) 이 연합예배는 주일성수가 하나님의 계명(제4계명)이기에 이를 민감하게 여기는 고신의 지난 전통과 모순되는 것은 아닌지요? 또 코로나 중에도 "교회의 예배는 기독교의 정체성이며, 기독교인의 사명이기에 어떤 경우에도 방해받아서는 안 된다"라고 하며 현장예배, 대면예배를 강조하며 행정명령으로 이를 제한하거나 금지한 것에 대해 헌법소원을 제기한 자세와는 혹시 모순되는 것은 아닌지요? (3) 이 연합예배 참여 결정은 성경과 우리 교회의 신앙고백(웨스트민스터 신앙고백)인 "대회와 공회의는 교회적 사안만을 다루어야 한다. 비상시국에 겸허한 청원이나 국가 공직자의 요청을 받아 양심상 행하는 조언 외에는 국가와 연관된 시민적 사안에 개입하지 말아야 한다"(제31장)와 모순되는 것은 아닌지요? (4) 이 연합예배는 복음의 특성인 "약함"보다는 숫자의 결집을 통해 우리 힘과 지혜를 드러내는 것은 아닌지요? 만에 하나라도 복음을 거스르는 것은 아닌지요? (5) 서울 시내 한복판 광화문 일대에서 열리는 큰 기도회는 사람에게 보이려고 하는 시위(示威)는 아닌지요? 그래서 예수님이 경계하신 바리새인의 기도가 될 가능성은 없는지요? (6) 지난 몇 년 동안 사회를 향해 정의와 긍휼을 베풀어야 할 책무가 있는 한국 교회는 동성애, 차별금지법 등에는 유독 목소리를 크게 내면서도 불의하고 부당한 다른

그리스도인에게 중요한 영역인 '광장'(廣場)은 다양한 의견, 신념, 종교가 공존하면서 개인이나 집단의 목소리를 표출하는 공간이다(참고. 『기독교 강요』 4.20.4). 그런데 기독교인의 광장 정치 행위가 태극기든, 촛불이든 일반 사회의 이념적 대립을 여과 없이 따르면서, 상대를 악마화하고, 감정의 양극화를 강화한다면 심각한 문제다.²

오래전부터 광화문광장에서 기독교인이 외치는 정치 구호와 그들이 부르는 찬양과 기도 소리가 섞여 버렸다. 그리스도인에게 종교 운동과 정치 운동은 분리되거나 창조적 긴장 관계를 유지해야 함이 마땅하다. 이런 결탁은 '종교의 정치화' 혹은 '정치의 종교화'라는 비판을 받는다.³

많은 일에서는 비교적 침묵을 해왔습니다. (7) 혹시라도 한국 교회와 사회에서 물의를 일으키거나 이단과 사이비로 의혹을 받는 분을 분별하여 가리지 않고 도움을 받거나 교류와 참여, 후원을 받는 분은 혹시라도 없는지요? (8) "성경 믿는 성도 다 모이자", "바알에게 무릎 꿇지 않은 모든 성도는 모이자"라는 문구들은 행사 참여를 강조하기 위해 논의 끝에 만든 것이라고 생각합니다. 그렇다 할지라도 위 문구가 마치 위 행사에 참여하는 성도와 행사에 참여하지 않는 성도를 구분하여, 참여하지 않는 성도는 성경을 믿지 않는 성도요, 바알에게 무릎 꿇은 성도인 듯한 압박감을 양심에 혹시라도 주는 것은 아닌지요? (9) 이 연합예배와 큰 기도회를 홍보하는 문구 중에서 "이번 10.27 집회가 대한민국을 살리고 제2의 종교개혁의 계기가 되길 바란다"는 혹시 16세기에 있었던 종교개혁의 원리와 종교개혁가들과 당시 교회들을 오해한 것은 아닌지요? 성희찬, "제74회 고신총회의 10월 27일 200만 연합예배 참여 결정에 대해 정중하게 드리는 어리석은 질문," (http://reformedjr.com/board05_03/1842966; 2024년 9월 30일 접속). 이와 반대로 광화문광장 집회를 찬성하는 측은 동성애(동성결혼)와 차별금지법이 합법화된다면 한국 교회에 심각한 악영향이 닥칠 것이 분명하기에 거국적으로 모여 예배드리며 기독교계의 의사를 분명히 표현해야만 하는 절박한 비상 상황을 강조한다. 천석길, "1027 연합예배를 반대하는 그리스도인들에게," (https://www.kscoramdeo.com/news/articleView.html?idxno=27239; 2024년 10월 8일 접속); 천헌옥, "기윤실의 1027집회 반대 성명, 유감이다," https://www.kscoramdeo.com/news/articleView.html?idxno=27250; 2024년 10월 14일 접속). 기독교윤리실천운동이 교회와 함께 하는 기독 단체이므로, 한국 교회가 우려하는 동성애의 문제점을 언급하며 공감한 후에, 10월 27일 집회의 문제점을 지적했어야 한다는 기윤실 내에 자성도 있었다.

2 정원호, "촛불집회와 태극기집회 사이에서: 기독교인의 반정부적 정치참여에 대한 고찰," 『기독교사회윤리』 47 (2020), 261.

3 D. A. Carson et als, "The SBJT Forum: Christian Responsibility in the Public Square," *SBJT* 11/4 (2007), 101. "어거스틴에서 루터와 칼빈으로 이어지는 전통은 교회와 국가 사이의 영적 대립이나 이원론적 분리를 허용하지 않는다. 동시에 신적 기원을 가진 섭리의 수단으로서의 교회와 국가 사이에 존재하는 기능적 구분을 강조함으로써 기독교왕국(Christendom)식의 승리주의(triumphalism)적 혼합도 경계한다. 나아가 현세에서 제도적 교회나 국가가 가진 불완전함과 부패 가능성으로 인해 교회와 국가는 무제한적인 독립성과 자율을 주장할 수 없다는 인식을 열어놓았다." 정원호, "촛불집회와 태극기집회 사이에서,"

1970년대에 한국에서 제도 종교들이 양적 성장을 이루면서 1980년대에 정교분리에 관한 찬반 논란이 불교와 기독교와 천주교에서 일어났다.[4] 심지어 종교가 신자의 정치화된 삶에 의미를 계속 부여하며 그것을 추동(推動)함으로, 교인은 교회보다 광장에서 더 진한 카타르시스를 경험하는 경우도 나타난다. 미국에서 기독교 뉴라이트가 지지하는 기독교 국가주의(Christian nationalism)는 하나님을 광장의 정치로 복귀시켰는데,[5] 기독교의 허울을 쓴 채로 예수님이 아니라 국가를 목표로 삼은 '해로운 정치 이데올로기'로 비판 받는다.[6]

혹여 예수님의 십자가는 그리스도인을 악한 세상에서 도피하여 천상만 바라보는 영지주의자로 만드는 것은 아닌가?

영지주의를 비판하는 요한복음에 의하면, 그리스도 나라의 출처는 창조주 성부 '하나님으로부터'지 '이 세상으로부터'(ἐκ τοῦ κόσμου τούτου)는 아니다(요 18:36). 예수님의 나라는 세상을 등지지 않은 나라, '이 세상을 위한 나라'다.[7]

275.
4 김성건, "한국 교회의 정치참여: 사회학적 고찰," 『한국 사회학회 사회학대회 논문집』 6월호 (2009), 415.
5 N. T. Wright, 『광장에 선 하나님』 (God in Public), 안시열 역 (서울: IVP, 2018), 120. 자유주의 신학과 전통적 기독교 가치와 문화에 대한 도전(낙태 허용, 기독교 사립학교에 대한 정부의 간섭; 베트남 전쟁 반대 운동 등)에 맞서 1960년대 사상적 기초를 놓은 Rousas John Rushdoony는 미국 뉴라이트의 출현에 중요하다. 뉴라이트는 '새 이스라엘'인 미국에서 하나님의 율법(theonomy)을 사회 규범으로 확립하여 기독교의 도덕을 재건하려고 시도한다. 대표자들로 아메리칸 비전 대표인 Gary De Mar와 Rushdoony의 사위인 Gary North가 있다. 뉴라이트는 대체로 성경을 문자적으로 해석하고, 은혜로 받은 구원을 믿고 스스로 거듭난 그리스도인이라 생각하며, 자주 TV 설교를 시청하고, 반틸의 전제주의에 동의하며, 전도와 주일 예배 참석에 열심이다. 이들의 성경해석에 우주적 구원이 아닌 미국중심주의, 그리스도 완결적 율법에 미치지 못할 뿐 아니라 구약 율법으로 회귀하려는 듯한 그릇된 근본주의, 번영신학 그리고 세속정치와의 결탁이 나타난다. R. J. Nemeth and D. A. Luidens, "The New Christian Right and the Mainline Protestantism: The Case for Reformed Church in America," *Sociological Analysis* 49/4 (1989), 351.
6 미국 기독교인 가운데 반혹인, 반이슬람, 반이민, 반유대인, 가부장적 성 역할을 지지하는 기독교 국가주의자는 20퍼센트, 거기에 반대하는 비율은 22퍼센트. 중도 성향 중에서 국가주의의 친화론자는 31퍼센트이며 비친화론자는 27퍼센트다. 그리스도인은 정치적 동맹이 아니라 성경적 가치와 의무에 충실해야 한다. A. Tyler, "How to be Christian in the Public Square," *Sojourners* 53/8 (2024), 14-15. 독일에서 1960년대에 부상한 뉴라이트는 독일 통일에 별다른 영향을 미치지 못하다가 2010년대에 이민자 유입 반대 정책 등을 표방하면서 힘을 발휘하고 있다. 정대성, "독일 뉴라이트, 어디서 와서 어디로 가는가?" 『서양사론』 129 (2016), 42-76.
7 톰 라이트는 '십자가형 신정정치'(cruciform theocracy), 즉 십자가를 통하여 하늘에서처럼

그러면 그리스도인은 그리스도의 주권을 이 세상의 광장과 정치 영역에 어떻게 구현해야 하는가?

> 죄로 물든 인간의 삶의 모든 국면과 사회의 모든 영역이 전도의 대상이다. 정치의 영역도 예외가 아니며 정치적 전도(political evangelism)는 사람과 구조, 이 둘을 동시에 대상으로 한다. 즉, 정치인들에게는 물론 정치적으로 억압받고 고통받는 자들에게 복음의 메시지를 전하는 것과 아울러 정치적 구조와 과정, 정책에 스며있는 죄악된 왜곡과 불의가 복음의 빛 앞에서 드러나고 개혁되도록 하는 것을 포함한다.[8]

그리스도인이 광장에서 하나님의 주권과 천국 복음을 나타내는 방안을 모색하는 우선적 방법은 종교사회학적 접근보다는 복음의 빛, 곧 성경 주해다. 본 장은 그동안 간과된, 성경에 나타난 광장 집회에 관한 성경신학적 연구를 시도해 본다.

1. 성경의 집회 장소로서 광장

1) 구약

많은 사람이 모이고 걸으며 행동하는 대표적인 공적 장소는 구약성경에 종종 언급된 '광장'(רחב)이다(신 13:17; 대하 29:4; 32:6; 에 4:6; 6:9; 느 8:1, 16; 욥 29:7; 잠 1:20; 사 59:14; 렘 5:1; 단 9:25).[9] '광장'의 용례를 차례로 살펴보자.

(1) 가나안 땅에 거주하면서 다른 신을 숭배하는 도시가 확인되면, 그 도시 주민과 가축을 진멸하고 빼앗아 차지한 물건을 '광장'에 모아 불살라야 한다

이 세상에서도 하나님의 주권적 구원의 통치를 이룰 것을 주장한다. Wright, 『광장에 선 하나님』, 97, 167, 304.

8   R. Mouw in 정원호, "촛불집회와 태극기집회 사이에서," 284.
9   W. A. VanGemeren (ed), *NIDOTTE*, Volume 3 (Grand Rapids: Zondervan, 1997), 1092.

(신 13:17; 한글개역개정은 신 13:16). 이때 광장은 우상 숭배를 공개적으로 진멸(헤렘)하는 공간이다.

(2) 히스기야왕(B.C. 715-687)은 제사장들과 레위인들을 예루살렘 '동쪽 광장'(the square on the east[ESV])에 모으고 성전을 정결하게 하라고 명령했다(대하 29:4, 16; 참고. 대하 28:24-25). 여기서 예루살렘 동쪽 광장은 성전을 정화하여 회복하기 위해 언약적 책무를 지닌 종교 지도자들의 대규모 회집을 위한 장소다.[10] 이 '동쪽 광장'은 수문 앞 광장(느 8:1)과 동일한 것 같다.[11] 성전 정화는 예배 회복과 하나님과 맺은 언약의 갱신으로 이어진다(대하 29:10).

(3) 앗수르 왕 산헤립이 예루살렘을 침공했을 때, 히스기야는 군대 지휘관의 무리를 '성문 광장'으로 불러 자기 앞에 모으고 앗수르 군대를 두려워하지 말고 하나님을 신뢰하라고 위로했다(대하 32:6). 위로의 왕 히스기야는 '제2의 여호수아'와 같다(참고. 신 31:7-8; 수 1:9).[12] 여기서 광장은 전쟁 상황에서 두려워하던 무리를 위로한 넓은 공간이다. 히스기야는 '국가주의나 애국주의 표어'를 외친 게 아니다. 오히려 그의 공적 외침은 언약에 따라 이스라엘을 보호하시는 여호와에 대한 '신학적 언설'이었다(참고. 출 8:10; 신 31:8; 대하 32:8, 22).[13]

(4) 페르시아 아하수에로왕이 다스리던 수산 궁궐 문 근처 광장에서 모르드개는 굵은 베 옷을 입은 채 에스더와 소통하기 원했다(에 4:6). 모르드개는 유대인들이 살해당할 위기 상황을 광장에서 널리 알렸다.

(5) 모르드개는 아하수에로 왕의 목숨을 보전한 덕분에 수산성 광장에서 존귀를 얻게 된다(에 6:9, 11). 왕의 신임을 얻은 사람(honoree)은 광장에서 공개적으로 명예와 존귀를 얻는다.[14]

(6) 이스라엘 백성은 예루살렘 '수문 앞 광장'에 모여 회개했다(느 8:1; 참고. 삼상 7:5; 스 10:9). 유대인들이 예루살렘 수문 앞 광장에서 회개한 것은 성령의

---

10 T. Longman III and D. E. Garland (ed), *1 Chronicles-Job* (Grand Rapids: Zondervan, 2010), 286.
11 동쪽 광장 이외에 예루살렘의 훌다(Huldah) 문들 앞에 넓은 광장이 발굴되었다. A. E. Hill, *1 & 2 Chronicles* (Grand Rapids: Zondervan, 2003), 580; Longman III and Garland (ed), *1 Chronicles-Job*, 515.
12 Longman III and Garland (ed), *1 Chronicles-Job*, 302.
13 Hill, *1 & 2 Chronicles*, 592-93.
14 Longman III and Garland (ed), *1 Chronicles-Job*, 645.

역사인데, 광장에 나가려면 먼저 성령 충만해야 한다.

(7) 느헤미야 8장 1절의 '수문 앞 광장'은 이방인과 혼인한 유다와 베냐민 사람들이 회개를 위해 모인 '성전 앞 광장'과 동일 장소로 보인다(스 10:9).[15]

(8) 에스라의 지도하에 유대인들은 예루살렘 '수문 앞 광장'과 '에브라임문 광장'에서 초막을 지어 7일간 거하며 초막절을 지켰다(느 8:16). 고대 근동에서 도시의 광장은 성문의 안쪽 벽이나 성문을 마주 보는 곳에 위치했다.[16] 예루살렘 성에 문이 여러 개 있었기에 광장도 여럿이었다.

(9) 고난당하기 전에 욥은 성문 근처의 광장에 자리를 마련했다(욥 29:7). 욥은 권위를 갖추어 공적으로 역할을 잘 수행했으며, 결과적으로 공적 명예를 얻었다.

(10) 의인화된 지혜는 광장에서 소리를 높여 어리석은 자들에게 돌이키라고 외친다(잠 1:20). 지혜는 지혜가 없어 망하는 자들이 통행하는 광장에서 공개적으로 전도한다.

(11) 이사야 당시에 남유다 백성 중에 정의와 공의와 성실(진실)이 광장에 엎드러졌다(사 59:14). 남유다 백성은 광장이라는 공적 장소에서 정의와 성실(진실)을 시행하지 않았다.

(12) 예루살렘 광장에서 정의와 진리를 행하는 한 사람만 있어도 하나님은 예루살렘을 용서하신다(렘 5:1). 예레미야 당시에 많은 사람이 활동하며 통행하던 광장에 정의와 진리를 실천하는 남은 자 한 명을 찾기가 쉽지 않아서 하나님의 심판을 면할 수 없었다. 광장에는 부정과 비진리가 난무했으며(비교. 창 18:32), 하나님의 도성의 시민들과 예루살렘으로 여행하는 이들은 재앙의 먹잇감이 되기 십상이어서 광장과 거리는 텅텅 비었다.[17]

(13) 예루살렘을 중건하라는 영이 날 때부터 기름 부음을 받은 왕이 일어나기까지 칠십 이레와 예순두 이레가 지나고, 그 곤란한 동안에 예루살렘 성과 광장과 거리가 세워질 것이다(단 9:25).[18] 고레스와 느헤미야를 거쳐 메시아 왕

---

15 Longman III and Garland (ed), *1 Chronicles-Job*, 515.
16 L. Koehler and W. Baumgartner, *The Hebrew and Aramaic Lexicon of the Old Testament, Volume II* (Leiden: Brill, 2001), 1212.
17 J. D. W. Watts, *Isaiah 34-66* (Waco: Word Books, 1987), 283-84.
18 '70이레'의 시작은 예루살렘 재건 명령이 있었던 때다(참고. B.C. 538년의 고레스왕의 성전 재건 칙령). 광장과 거리의 재건은 B.C. 445년경 느헤미야가 아닥사스다왕의 허락

은 예루살렘 성과 그 안의 광장과 거리를 재건할 것인데, 이 구절은 하나님 백성의 대규모 광장 집회를 위한 용도라고 분명히 밝히지 않는다.

위의 용례를 요약하면, 이스라엘 역사에서 약 여섯 차례에 걸쳐 일어난 광장 집회의 목적은 우상 숭배자 진멸(신 13:17), 종교 지도자들의 예루살렘 성전 정화(대하 29:4, 16), 국가적 위기 상황에서 지도자 왕이 언약 백성을 위로함(대하 32:6), 하나님의 율법을 듣고 거국적으로 회개함(느 8:1), 수문 앞 광장과 에브라임문 광장에 초막을 치고 총 8일간 절기와 성회를 지킴(느 8:16), 이방 여인과의 혼인이라는 범죄를 회개함이다(에 10:9).

그러므로 광장은 애국주의 구호를 외친 곳이 아니라, 언약의 하나님을 중심으로 하여 집단적인 신앙과 영적 정화 및 개혁 운동을 위한 공간이었다. 이때 언약의 율법에 순종하려던 히스기야왕에 협력한 제사장들과 레위인들은 물론, 히스기야왕과 제사장 겸 서기관 에스라 같은 개별 지도자의 역할이 매우 중요했다.

명사 '광장'이 언급되지 않지만 고려해야 할 메시아 예언이 있다. 성령이 여호와의 종, 즉 이스라엘의 남은 자인 메시아에게 임하면 이방에 정의를 베푸시는데, 그는 목소리를 높여 외치지 않기에 거리에 그의 소리가 들리지 않았다(사 42:1-2). 바로 이 예언을 성취하시기 위해, 예수님은 회당에서 손 마른 한 사람을 비롯하여 자신을 따르는 많은 환자를 고치셨다(마 12:13, 15-21). 예수 그리스도의 선포와 사역 방식은 황제의 선전이나 장군의 큰 호령 소리와 다르다(삿 7:19-20; 전 9:17; 마 12:16). 예수님의 공사역의 공간은 많은 유대인이 모이는 회당과 성전을 비롯하여, 바닷가, 산, 가정집, 길 위였다(참고. 요 18:20). 여호와의 종 예수 메시아는 상한 갈대와 꺼져가는 등불을 개별적으로 만나셔서 치유의 자비와 구원하는 정의를 시행하셨다(사 42:3; 막 1:34).

을 받아 성벽을 재건한 상황을 염두에 둔다. 그리고 '69이레'는 7이레(49년)와 62이레(434년; 신구약 중간기)로 나뉘는데, 다니엘 선지자 당시로부터 계산하면 69이레는 A.D. 26-33년경의 예수님의 공사역 기간으로 끝나는 듯하다. 구약의 마지막 시점에 예루살렘 성이 재건됨은 그리스도 사건으로 어린양의 신부인 새 예루살렘 성이 회복될 것을 내다본다(계 21:2, 9-10). J. B. Jordan, *The Handwriting on the Wall: A Commentary on the Book of Daniel* (Powder Springs: American Vision, 2007), 460-61; J. R. Beeke (ed), *The Reformation Heritage KJV Study Bible* (Grand Rapids: RHB, 2014), 1218.

유대인의 회집 장소인 회당과 성전을 오늘날 광장이라 볼 수 있는가?

이스라엘 백성이 제의적 장소인 기브온 산당이나 예루살렘 성전에서 거국적으로 모여 여러 절기를 지키고 하나님의 도움을 구한 것은 다종교 사회인 오늘날의 광장 집회와 동일시 하기 쉽지 않다(레 23; 대하 1:3; 20:3). 그리고 이스라엘 백성이 출애굽 후에 40년 동안 지나간 광야도 광장과 다르다.

2) 신약

신약성경에서 예수님의 치유 사역은 마을의 공개된 장소인 '광장들 안'(ἐν ταῖς ἀγοραῖς) 혹은 시장터에서 일어났다(막 6:56; 참고. 막 3:10; 5:28). 이 광장들은 공개적인 소통과 제의를 위해서 사람들이 모이는 성문에 붙은 성벽 바로 안쪽 공간일 가능성도 있다.[19]

예수님은 공적 장소에서 치유함으로써 하나님의 아들이자 그리스도로서(막 1:1) 지속적인 구원 사역을 이루시는데, 마가복음 6장 56절의 미완료 신적수동태 동사 "그들이 계속 구원을 받고 있었다"(ἐσῴζοντο)가 이를 잘 보여준다.[20] 마가복음은 무리에 둘러싸인 예수 그리스도의 대중성과 놀라운 능력을 자주 강조한다.[21]

하지만, 광장에서의 치유 사역을 광장에서 일어나는 대규모 집회로 보기는 어렵다. 예수님께서 광장이나 길거리에서 가르치실 때 주님과 물리적으로 가까운 곳에 있다는 사실 자체가 동서남북 먼 곳에서 온 사람보다 영적 유익을 더 누리게 만든다고 보장하지 않는다(참고. 눅 13:26-27, 29).[22]

광장처럼 공개된 장소에서 주님의 말씀을 듣고 주님과 식탁에서 교제하는 외형적 접촉이 있더라도, 거기에 믿음의 내적 영접이 없고 행악만 있다면 공허한 모임에 그치고 만다(참고. 눅 6:46-49).[23]

---

19 B. J. Malina and R. L. Rohrbaugh, *Social-Science Commentary on the Synoptic Gospels* (Minneapolis: Fortress, 2003), 174.
20 R. H. Stein, *Mark* (Grand Rapids: Baker, 2008), 333.
21 M. L. Strauss, *Mark* (Grand Rapids: Zondervan, 2014), 292-93; F. Montanari, *The Brill Dictionary of Ancient Greek* (Leiden: Brill, 2015), 1676.
22 D. E. Garland, *Luke* (Grand Rapids: Zondervan, 2011), 558.
23 D. L. Bock, *Luke 9:51-24:53* (Grand Rapids: Baker, 1996), 1237.

사도 바울은 아테네의 광장(ἀγορά)에서 불신 철학자들에게 비(非)기독교 언어로 복음을 변증하며 선교했다(행 17:17). 유사하게 잠언 8장 1-5절에 광장과 같은 공개된 장소에서의 전도가 나타난다(참고. 잠 1:20; 9:3, 14). 다종교 시대이자 기독교가 위축되는 오늘날 사회에서 적용할 모델은 구약의 신정국가 모델이 아니라 신약의 경우다.[24]

어린양의 신부를 가리키는 새 예루살렘 성은 '사면의 길이가 똑같은 광장'(τετράγωνος, four-square)과 같다(계 21:16). 역사가 스트라보 등의 기록에 따르면, 흥미롭게도 원래 도시 로마가 이런 형태로 건설되도록 의도되었다.[25] 로마제국에서 도시는 가옥들과 거기에 덧붙여 확장된 작은 집들, 광장 그리고 그 주위를 둘러싼 계획된 거리로 구성되었다. 로마제국에서 불법 종교로 박해 받던 초대 교회가 공개적인 광장에서 대형 집회를 개최하는 것은 불가능했다. 황제 합창단인 '아우구스티아니'는 황제를 환영하기 위해 공개된 장소에서 그를 칭송했다. 황제에게 광장은 소통형 공간이 아니라 제국민을 동원하여 팍스 로마나를 강화하는 과시형 공간이었다.

이런 상황을 잘 알고 있던 사도 요한은 요한계시록 21장 환상에서 물리적 광장을 확보하기보다는 그리스도인 자신이 새 언약공동체로서 장광고(長廣高)가 동일한 지성소 광장과 같은 존재여야 한다고 소아시아 독자들을 권면한다(참고. 왕상 6:20; 고전 6:19).[26] 지성소 광장인 신부공동체가 바깥에 있는 큰 음녀로서 음행하는 자들을 안으로 이끌어 들이는 방안은 세(勢) 과시가 아니라, 그들을 환대하며 감동을 주는 수준이 높고 거룩한 성 윤리와 같은 빛 된 행실이다(계 21:25; 22:15).[27]

---

24 Carson et als, "The SBJT Forum," 102.
25 *BDAG* (Chicago: The University of Chicago Press, 2003), 1000.
26 K. L. Gentry Jr., *The Divorce of Israel, Volume II* (Acworth: Tolle Lege Press, 2024), 1678-1679.
27 큰 성 음녀 바벨론의 음행(계 9:21; 14:8; 17:2, 4; 18:3, 9; 19:2)을 계시록의 결론인 계 22:15도 지적한다. 그런데 음녀를 향한 포용과 사랑은 무한정이 아니다. P. J. Leithart, *Revelation 12-22* (London: Bloomsbury, 2018), 425; Gentry Jr., *The Divorce of Israel, Volume II*, 1748; contra M. Volf,『광장에 선 기독교』(*A Public Faith*), 김명윤 역 (서울: IVP, 2014), 83. 참고로 계시록을 문자적 세대주의 방식으로 읽거나(미래적 해석) 영적으로 해석한다면(이상적 해석) A.D. 1세기의 구체적인 사회-정치-정치적 상황 안에서 일어난 저자와 독자의 소통은 변색되거나 탈색되고 만다. 계시록은 정치문서는 아니지만, 황제 숭배를 강요하던 상황에서 종교-정치적 함의를 담고 있다. P. G. R. de Villiers, "Reading the Book of Revelation Politically," *Stellenbosch Theological Journal* 3/2 (2017), 340-56.

비슷한 맥락에서 스데반은 하나님께서 아브라함에게 1제곱 미터(βῆμα ποδὸς, square meter)의 땅도 주시지 않았다고 설교했다(행 7:5). 아브라함에게 큰 상급과 기업은 땅(광장)이 아니라 하나님 자신이기 때문이다(창 15:1).

요한계시록 21장 21절의 새 예루살렘 성의 맑은 유리 정금 '거리'(πλατεῖα)를 광장으로 볼 수 있다면, 솔로몬 성전의 지성소가 하나님의 영광을 반영하는 정금으로 장식된 것을 떠올릴 수 있다(왕상 6:20-22).[28] 예수님의 신부는 성령의 지성소로서 하나님의 영광과 임재를 삶에 투영해야 한다.

3) 요약

구약 예루살렘 도시 안의 광장은 이스라엘 백성이 하나님의 언약 명령을 따르고 의지하며 회개하여 영적 갱신을 이룬 공적 장소였다. 신약성경에서 광장은 예수님의 치유와 사도의 선교 현장이었다.

성경의 결론인 요한계시록의 환상에 따르면, 그리스도인은 정육면체 지성소 광장으로서 하나님의 영광을 비추는 빛 된 행실로써 불신자를 감화시켜 전도해야 한다. 요한은 선교적 교회라면 종교 세력인 음녀 바벨론과 정치세력인 바다에서 올라온 짐승의 결탁을 반대해야 한다고 주장한다(계 17:3).[29]

---

[28] Jordan, *The Handwriting on the Wall*, 461; J. A. du Rand, *God's Conquering Story of Victory: Unravelling the Book of Revelation* (Wandsbeck: Reach Publishers, 2021), 534.

[29] 다음 진술은 종교와 정치의 그릇된 결탁이 초래한 폐해를 보여준다. "교회와 국가(유대인과 로마인)의 결탁이 일시적이라 할지라도 그리스도를 끔찍한 고문, 부정의, 비인간적 모욕 그리고 십자가 처형에 처하게 만들었다. 모든 지옥의 권세는 교회와 국가의 결탁으로 인해 풀려났지만, 성령의 열매로 충만하신 그리스도는 그것을 보복하지 않고 위엄있게 참으셨다." N. R. Gulley, "The Public Square: Union of Church and State: What We can learn from History and Scripture," *JATS* 18/1 (2007), 58.

2. 광장의 성경

1) 광장에서 그리스도인의 이중 언어

기독교인은 광장에서 불신자가 알아듣도록 세상의 언어로 말할 수 있어야 한다. 단지 기독교가 주최하는 광장 예배나 집회에서 정치색을 뺀다고 해서 정치 행동주의자라는 비판을 완전히 피할 수 있을지 의문이다.[30]

광장에서 복음을 말하려면 불신자가 알아듣도록 쉽고 명료하게 준비해야 한다. 그리고 무례하지 않은 그리스도인은 사랑 안에서 참된 진리를 말해야 한다(엡 4:15). 그리스도인은 자신만의 렌즈를 가지고 광장에 들어간다. 그 렌즈는 돈과 힘이라는 불신자의 안경이 아니라, 십자가가 전하는 생명과 사랑과 진리와 공의여야 한다. 그리고 다음의 내용에도 유의해야 한다.

> 광장에서 그리스도인의 증언은 개별 그리스도인이 독자적으로 행동함으로 성과를 거둘 수 없다. 지혜롭고 성숙한 공적 증언을 위해서, 그리스도인은 기도, 시민 교육, 정책 연구 그리고 기존 법과 공직자에 관한 현명한 판단을 위한 공동의 노력을 기울여야 한다.[31]

---

30 1988년에 한국기독교교회협의회(NCCK)가 민족의 통일과 평화를 위해 종교적 신념처럼 숭배된 반공 이데올로기와 공식적으로 결별을 선언하자, 그다음 해에 반공과 친미를 내세운 한기총이 설립되었다. (북장로교와 북감리교 선교사들의 영향을 받은 평안도 출신의 보수 기독교가 주축이 되어) 반공에 앞장선 서북청년단(1946년 11월 30일 설립)과 그 단체의 후속 세력은 이승만 정권과 박정희 정권에 협력하고 지지한 바 있다. 손은실, "광화문광장의 개신교 보수세력 정치집회의 역사적 뿌리," 『한국여성신학』 90 (2019), 30-37; 김성건, "한국 교회의 정치참여: 사회학적 고찰," 416. "2003년 '나라와 민족을 위한 평화기도회' 이후 보수 개신교계는 전면적이며 직접적인 정치참여를 시도하였으나 종교계와 정치계를 아우르며 '전광훈 현상'이라 부를 만큼의 동원력과 조직력 그리고 지속성과 공격성을 띠는 경우는 찾아보기 힘들었다. … 해방 이후 보수 개신교계와 보수 정치세력 간의 밀월 관계는 이미 많은 연구를 통하여 밝혀졌지만, 전광훈과 같이 대중정치선동과 행동을 통한 정치세력화가 일정 성공하여 사회적 파장을 가져왔던 예는 찾아보기 힘들다. 물론 전광훈에 대한 반대여론과 반감이 크지만 그럼에도 불구하고 보수 주류 정치세력과 교계가 전광훈과의 연대를 추구하고 있다는 사실은 그의 영향력이 무시할 수 없을 만큼 커졌다는 것을 의미한다." 김장생, "전광훈과 기독교 지지자들," 『문학과 사회』 28/3 (2020), 140-41.

31 J. W. Skillen, "Witness in the Public Square," *Unio Cum Christo* 1/1-2 (2015), 170.

2) 광장의 그리스도인

광장에서 무슨 말을 어떻게 전달할 것인가를 준비하기 전에 할 일이 있다. 그리스도인은 자신이 속한 사회의 번영과 공공선을 위해 기도하면서도(렘 29:7), 세상에 속하지 않은 채 광장에서 "우리는 어떤 그리스도인이어야 하는가?"를 물어야 한다(요 17:14). 정체성을 먼저 확립해야 정체성에 적합한 말과 비언어적 소통 수단인 표정과 몸짓이 나오기 때문이다. 그리스도인은 에티켓, 즉 예의가 공적 명함임을 기억해야 한다.

3) 요약

그리스도인은 광장으로 나아가기 전에 다차원적 준비를 해야 하고, 광장에서 하나님 나라의 렌즈를 착용한 채 이중 언어로 복음을 증언해야 하며, 성령 충만하여 선교적 예의(missional propriety)를 갖추어야 한다.

3. 그리스도인의 일상 현장과 일반은총

그리스도인의 일상 현장은 열린 광장이라기보다 직장과 사업처와 학교와 가정이다. 그리스도인은 세상을 하나님 나라로 변혁하기 위해, 불가피하지 않다면 일회성 광장 집회보다는 일상의 터전에서 그리스도의 주권을 모든 영역에서 이루는 실력을 꾸준히 쌓아 발휘해야 한다.

성령의 전, 곧 지성소 광장인 그리스도인이 선 곳이 그리스도의 사랑과 정의로 충만한 나라여야 한다. 그리스도인은 진리와 사랑과 용서라는 성경의 원칙을 증언과 삶으로 보여줌으로써 정책을 변혁해야 한다.[32] 그렇다고 해서 지

---

32 그리스도인이 모든 영역을 완전히 변혁할 수 없는 이유는 저항과 자신의 유한성 때문이다. Volf, 『광장에 선 기독교』, 143, 164. 자유주의와 과정신학 그리고 페미니즘에 기반하여, 그리스도인은 사랑, 도덕적 모호성 그리고 신학적 겸손함으로 무장하여 광장으로 나가야 한다는 주장은 E. O. Marshall, *Christians in the Public Square: Faith that transforms Politics* (Nashville: Abingdon Press, 2008)를 보라. 그리고 C. E. B. Cranfield, D. Kilgour, J. W. Montgomery, *Christians in the Public Square: Law, Gospel and Public Policy* (Toronto:

난 세기 중순 미국의 '기독교 재건 신율주의자들'처럼 (그리스도께서 폐지하신 율법을 제외한) 구약 율법이나 기독교의 가치를 사회에 그대로 강압적으로 이식하려는 '지배신학'(dominion theology)을 광장에서 착용할 렌즈로 삼는다면 불신 사회의 저항이 거셀 것이다.[33]

그리스도인이 광장에서 착용할 렌즈 못지않게 소통 방식도 매우 중요하다. 그리스도인이 동성애 합법화나 차별금지법 중에서 성경에 반하는 조항에 반대하려면, 시민적 의로움과 공공선을 고수하려는 불신자들(입법부 책임자 포함)과 연대하여 같은 목소리를 내는 방식이 더 적절한지를 검토해야 할 것이다.[34]

특별은총을 입은 그리스도인이 이렇게 연대하는 광장과 일터는 하나님의 일반은총이 임하는 영역이다.[35] 그리고 자신이 선호하는 정당이나 정치관에 따라서, 그리스도인의 광장 모임에서 사회 이슈나 어젠다를 임의로 축소하거나 절대화하지 않도록 주의해야 한다.

Canadian Institute for Law, Theology and Public Policy, 1996)와 P. C. Kemeny (ed), *Church, State, and Public Justice: Five Views* (Downers Grove: IVP, 2007)도 참고하라.

33 기독교 재건주의자들에게 로마 황제는 반율법주의자로서 만왕의 왕이신 그리스도에게 반역을 일삼았는데, 오늘날 미국 위정자들도 유사한 반역을 일삼는다. 하지만, "항상 주권은 왕이신 예수 그리스도께서 가지고 계시므로, 그리스도인은 그분 안에서 그리고 그분 아래에서 그분의 영광을 위해서 주권을 시행해야 한다." R. J. Rushdoony, *The Root of Reconstruction* (Vallecito: Ross House Books, 1991), 42. Contra M. Worthen, "The Chalcedon Problem: Rousas John Rushdoony and the Origins of Christian Reconstructionism," *Church History* 77/2 (2008), 419-25; Carson et als, "The SBJT Forum," 103.

34 신칼빈주의에 가까운 '복음주의 진보적 그룹'(Evangelical liberal)은 현 사회질서를 긍정하며 기독교 가치를 사회에 가압하려는 태도에 반대하는데, 자칫 기존 질서와 문화에 뿌리를 틀고 있는 죄성을 간과하고 순진한 낙관주의에 빠질 수 있다(예. Stephen Monsma, Paul Marshall). 또한, 이 그룹은 연대를 통한 문화변혁으로 승리주의적(triumphalistic) 태도와 현상 유지(staus-quo)라는 보수 성향을 조장할 수 있다. 이와 달리, '급진적 좌파 복음주의'(Evangelical radical left)는 사회 변혁이 아니라 급진적이고 독특한 기독교적인 방식의 생활을 강조한다(예. Sojourners, The Other Side, 메노나이트). 하지만, 사회 변혁을 위한 이런 전략이 얼마나 효과를 거둘지는 의문이다. 기독교 우파이건 좌파이건, 모두 약점과 한계를 가지고 있다. 참고. 신원하, "사회변혁모델의 다양성과 일치를 향한 신학적 모색: 복음주의 진보파와 급진적 좌파의 신학적 사회윤리 비교 연구," 『기독교사회윤리』 7 (2004), 171-206.

35 T. K. Johnson, "Biblical Influence in the Public Square: An Alternative to Christian Nationalism and Holy Withdrawal," *Evangelical Review of Theology* 48/2 (2024), 145-48.

나오면서

광장은 정치 행위를 위한 장소 그 이상인데, 의견의 다양성이 존중되는 개방된 공간이다. 그리스도인은 의견이 개진되는 광장을 포기할 수 없다.

구약의 신정국가 이스라엘에서 광장은 언약 백성에게 공적인 회개와 신앙의 갱신을 위한 장소였고, 예수님과 사도에게 그곳은 하나님 나라를 현시하는 선교 현장이었다. 요한계시록에 따르면, 그리스도인은 지성소 광장으로서 감동과 영향을 미쳐야 할 선교적 교회여야 한다. 광장에서 주님의 말씀과 주님과의 교제가 베풀어지더라도, 거기에 회개와 신앙이 없다면 천국 문이 닫히고 주님의 심판이 임할 수도 있음을 기억해야 한다.

종교다원주의 사회에서, 구원이라는 특별은총을 입은 그리스도인에게 자신의 일상 현장에서 일반은총을 활용하여 공공선을 이루어가는 지혜와 철저한 준비가 필요하다.[36] 오프라인이든 사이버 공간이든 그리스도인들이 단체로 광장에 회집하려면, 다중적으로 교육을 통해 철저히 준비해야 하며, 무엇보다 자신을 하나님 앞에 성찰하고 지혜의 성령님으로 충만해야 한다.

---

[36] 권수경은 2024년 10월 27일 200만 집회를 '정치적 목표를 가진 종교 행사'로 규정했다. 그는 우려를 다음과 같이 밝혔다. "이 집회는 성경의 절대적 가치를 상대적인 정치 현장으로 끌어내린 것이다. … 더 많은 사람의 동의를 얻는 고도의 전략과 전술이 필요하다. … 이번 집회는 대한민국에서 동성혼 논의를 공적으로 벌이는 신호탄이 될 가능성이 크다. 교회가 공론의 판을 깔아 주었으니 정치권도 금방 호응할 것이고 논의의 속도도 빨라질 것이다. … 이 행사를 신앙 집회로 오해하여, 정치적 함의를 생각지 않고, 열정 하나를 너무 앞세워 무모한 싸움을 시작하는 것 같아 …," 권수경, "광화문 집회를 앞두고," 『좋은나무』(2024년 10월 11일). 국가의 세속화와 종교의 사사화 그리고 개별 그리스도인의 권리와 자유가 강조되는 때에, 그리스도인을 묶어서 광장으로 인도할 만한 이슈가 있을까? 혹자는 그리스도의 몸이 연합하여 광장에서 드리는 예배 자체를 공공신학적 끈이라 주장할 것이지만, 광장은 공예배의 공간으로 적절한지 의문이다. 성경과 궤를 함께 하는 자유민주주의 사회를 떠받치는 보편적인 윤리적 이슈를 교인을 끌어당기는 자석이라 인정할 이도 있겠으나, 그런 윤리 이슈가 신앙 이슈보다 더 중요하고 힘을 발휘해야 하는지 의문이다. 대신 사랑과 정의로 다스리시고 신원하시는 하나님 중심의 우분투 공공신학을 체계화하다 보면, 그런 경계선이 아니라 중앙에 자리 잡은 끈과 자석이 보일 것이다(시 72:1-4, 13-14). 참고. E. Foley, "Der Gottesdienst als Öffentliche Theologie," *Liturgisches Jahrbuch* 57/3 (2007), 160-86; 이용주, "Öffentliche Theologie für Privatisierung der Religion: Zur Überwindung der Entprivatisierungsthese am Fall von Adolf von Harnack," *Neue Zeitschrift für Systematische Theologie und Religionsphilosophie* 63/4 (2021), 492-93; B. J. de Klerk, "Nelson Mandela and Desmond Tutu: Living Icons of Reconciliation," *Ecumenical Review* 55/4 (2003), 327.

* 부록: 1945-2017년의 한국 교회 정치참여 현황[37]

연도	기독교	정치 상황	비교
1945.09	평안북도 기독교인을 중심으로 '기독교사회민주당'을 조직	교회가 해방 직후에 공산당의 탄압을 받음	1932년에 '조선예수교연합공의회'가 유물사상을 반대하여 반공을 교리화함 1945-1953년에 7-8만 명 북한 기독교인의 월남
1952.08	이승만을 지지하는 '기독교선거대책위원회'를 조직	이승만 대통령은 반공을 내세워 재임을 시도	한국 전쟁 후, 교회의 반공정신은 강화됨
1956	보수 기독교계는 이승만·이기붕을 지지함		두 후보는 기독교인임
1960	보수 기독교계의 이승만 대통령 4선 감사예배	3.15부정선거와 4.19혁명	
1961.05.29	한국기독교교회연합회와 예장통합 그리고 영락교회가 박정희 군부를 지지함	5.16쿠데타	
1969	박정희 대통령의 3선 개헌을 지지 (조용기, 김준곤, 김장환) 혹은 반대 (함석헌, 김재준)		
1972-1973	1973.3. 총신대 「신학지남」은 정교분리를 주장하고, 「기독신보」는 유신헌법을 지지. 기장과 NCCK는 반대함	1972.10.27. 유신헌법 통과	유신 체제에서 진보적 기독교계는 반독재, 민주화, 인권을 옹호
1979.12.12	전두환의 쿠데타를 진보 기독교계는 비판. 보수 기독교계는 1980.08의 세계복음화 대성회에 집중함	1979.10.26. 박정희 대통령 사망	1970년대 후반 진보적 기독교계는 통일과 민주화를 옹호
1980.05.23	'광주시 기독교 시신수습위원회'에 목회자들이 참여	5.18민주화운동	진보적 기독교계는 국가안보를 내세우는 군사독재 근절을 외침
1980.08.06	보수 기독교계는 전두환의 신군부를 지지하는 조찬기도회 개최 (한경직, 벽산그룹 회장 김인득 등)		보수 기독교계의 논리는 반공과 정교분리
1980.09.30	제11대 전두환 대통령 취임 축하 조찬기도회	8.27. 전두환 대통령 당선	
1982.03.18	5.18민주화운동 당시 신군부를 용인한 미국의 책임을 부각하기 위해 문부식 등이 미문화원을 방화함	1981.02. 제12대 전두환 대통령 취임(제5공화국)	

---

37 안진근, "교회의 사회 참여에 관한 개혁주의적 평가: 각 정권별 주요 정책과 사건에 대한 한국 교회의 반응을 중심으로," (Ph.D. 논문, 총신대학교, 2023), 57-192에서 요약.

1980년대	보수 기독교계도 사회 참여에 관심을 더 보임		1974년 로잔언약 제5조의 그리스도인의 의무인 복음전도와 정치참여
1986.03.17	KNCC가 '민주헌법 실현 범기독교 추진위원회'를 발족하여 대통령직선제를 위한 서명운동 전개		6.10. 민정당 대선 후보로 노태우를 선정
1987.05-06	5월에 총신대 학생들이 국가조찬기도회에 복의 선언을 한 교단 대표의 사과 요구 및 교단의 반역사적 태도를 비판 보수 기독교계도 6월 항쟁에 참여. '한국기독교보수교단협의회'는 88올림픽을 앞두고 독재정권을 비판하는 시위에 반대함	6.29선언(대통령 직선제 개헌, 김대중 석방 등 약속)	1.14. 박종철 고문으로 사망
1987.12.	기독교윤리실천운동 설립(손봉호, 장기려, 강영안 등)		문익환 등의 통일 운동
1989	경제 정의실천연합 설립 한국기독교총연합(CCK) 설립		한기총은 김대중 국민의 정부 시절인 1990년대 후반에 정치적 행동주의를 표방
2001	보수 기독교계는 '미스바 대성회'를 개최하여 햇볕정책을 반대하고 반공 친미주의를 강화		
2003.01.11	한기총은 서울광장에서 '나라와 민족을 위한 구국기도회'를 개최하여 반핵, 반김, 한미동맹강화를 주장함	촛불집회- 1차: 2002년 11월-12월(200만 명); 2차: 2004년 3월-4월(100만 명); 3차: 2008년 5월-7월(600만 명); 4차: 2016년 10월-2017년 4월(1,600만 명)[38]	
2003.06.21	한기총은 '나라와 민족을 위한 구국기도회'를 개최하여 대규모 정치집회로 확대됨		2004.03.22. 한국기독당 창당(고문은 조용기, 김준곤). 총선에서 1.1퍼센트 득표율에 그침

---

[38] 1차 촛불집회의 운동 이슈는 여중생 사망 관련자 사법처리 및 주한미군위협정 개정이었고, 2차의 이슈는 노무현 대통령 탄핵 기각 및 야당 심판이었으며, 3차 이슈는 미국산 쇠고기 수입 재협상 및 검역주권 확보였고, 4차 이슈는 국정농단 진상 규명 및 박근혜 대통령의 퇴진이었다. 제4차 집회의 파생 이슈는 재벌·검찰 개혁, 사드 배치 반대, 국정교과서 폐지였다. 그런데 교회는 정치 양극화에 매몰되지 않아야 하며, 촛불과 태극기의 가치를 절대화하지 않고 둘 다 비판할 수 있어야 한다. 박아멘, "라인홀드 니버의 기독교 현실주의 관점으로 바라본 한국 기독교 정치 양극화 현상: 태극기집회와 촛불집회를 중심으로," (석사학위 논문, 장로회신학대학교, 2023), 36, 42.

2004	총선 이후 참여정부와 열린우리당의 이념 노선(4대 개혁입법, 수도 이전 등)에 반대한 뉴라이트 운동 시작(김진홍, 서경석 등)[39] 1.11. '기독교사회책임' 출범(고문은 김진홍)	한국에서 '뉴라이트'라는 용어는 2004년 11월 7일자 동아일보 기사 "뉴라이트 침묵에서 행동으로"에 처음으로 등장[40]	예장통합의 '공명선거운동본부' 출범
2005.12.05	뉴라이트 네트워크 8개 중 하나인 '한국기독교개혁운동'이 출범하여, 진보 기독교 인사가 포함된 참여정부의 친북 정책을 비판함		
2007.03.01	한기총은 종북 반미 좌파 종식을 위한 3.1 국민대회 개최	10.02. 열린우리당은 차별금지법 입법 예고(2010년에도 입법 예고했지만 에스더기도운동과 성시화본부 등이 반대함)	'기독교사회책임'은 제17대 대선에서 이명박 후보를 지지함. 전광훈은 이명박을 지지하지 않으면 생명책에서 지운다고 발언
2008.07.09 -10	한기총은 촛불집회를 반대하는 성명 발표 기독교사회책임은 촛불집회 중지 호소문 발표	광우병 사태	2009. 한기총은 국사교과서에 기독교의 기여를 보완할 것을 요구함
2009.01.28	기독교환경운동연대가 4대강 사업과 한미 FTA(쇠고기 수입)를 반대 06.26. NCCK는 미국 쇠고기 수입 반대		
2010.04.22	NCCK는 4대강 사업 중단 촉구		

---

39 레이건, 부시, 트럼프 대통령 등을 지지한 미국 기독교 뉴라이트의 최대 경쟁 조직은 'People For the American Way'(PFAW, 1981)다. 이 단체는 '자유, 정의, 민주주의'라는 기치를 걸고, 극우 기독교 국가주의(예. 트럼프의 MAGA)를 경계하며 민주당을 지지하는 의견을 개진하는데, 미국민은 이런 주장을 중립적이라고 간주하는 경향이 크다. (많은 TV 방송 전도자의 지지를 받는) 뉴라이트와 라이벌 단체인 PFAW는 사회-도덕적 이슈와 맞물린 법률(낙태, 종교 교육의 자유 등)과 정책을 두고 맞선다. 그런데 뉴라이트는 구성원 간의 합의 부족, 비판 받는 다른 근본주의 기독교 단체에 비견됨(예. 아프리카너), 부족한 연대와 지도자들의 준비되지 못한 아마추어식 발언 등으로 성공하지 못하고 있다는 비판이 제기된다. S. Bruce, "The Inevitable Failure of the New Christian Right," *Sociology of Religion* 55/3 (1994), 229-36.

40 장우순은 신자유주의자와 뉴라이트를 같은 결로 보면서, 미국과 일본 그리고 한국의 수직적 구조를 다음과 같이 지적한다. "신자유주의가 미국의 자본 질서 아래 수직적 계열화를 강제하는 논리와 체제라면 한국의 신자유주의자들인 뉴라이트 집단은 미국 자본과 그들에게 종속된 일본 및 한국 자본의 이익을 대변함으로써 궁극적으로 먹이사슬의 정점에 서 있는 미국의 자본과 미국의 이익에 복무하고 있다고 보아도 무방하다. 또한, 한국의 뉴라이트를 후원하고, 뉴라이트가 열렬히 옹호하는 일본의 보수 및 권력 집단 역시 강한 친미 성향을 가지고 있으므로 한국에 존재하는 일본 우익의 아바타인 뉴라이트 역시 친미를 표방하지 않을 수 없다." 장우순, "이승만의 행적과 뉴라이트,"『국학연구』27 (2023), 151.

2012.09.10	한기총은 박근혜 대선 후보를 지지		
2013.04	한기총은 차별금지법을 발의하는 국회의원의 총선 낙선운동 전개		
2016.10.26	NCCK는 박근혜 대통령 퇴진 선언문 발표	11.10. 박사모가 태극기를 흔들며 박근혜 대통령 탄핵 반대 운동 전개(이후 '태극기 집회'라 불림) 12.09. 국회는 박근혜 탄핵안 가결함 (2017.03.10. 박근혜 대통령이 파면됨)	탄핵 반대를 외친 태극기 집회는 2017.03.10.까지 총 19차례 열림
2019.02	한기총 제25대 대표회장에 전광훈 목사가 취임하여 반문재인 극우 세력을 규합	2017.05-2022.05 제19대 문재인 대통령 재임	
2021	예장고신총회는 이단성 있는 전광훈 씨와 교류 및 참여 금지를 결의함		

제3부

가정, 평화,
통일, 복지,
투자, 치유, 이념
그리고 애완동물

제1장

그리스도 완결적 언약과 사랑의 공공선교신학 그리고 저출산 문제[1]

들어가면서

대한민국은 초(超)저출산 국가다. '인구 절벽'(demographic cliff),[2] 지방 소멸, 인서울(in Seoul) 학교의 폐교, 학령인구 감소, 교회에서 위축된 30-40세대 그리고 출산합계율[3] 0.7명에 관한 암울한 소식이 자주 들린다. 대한민국의 1960년대 출산합계율은 6.0명이었는데, 이제 꿈 같은 통계가 되고 말았다. 2009년에 '아이낳기좋은세상운동본부'가 등장했지만, 종교계 특히 기독교계의 동참은 미미했다.[4]

이런 현상에 맞닥뜨린 정부는 국가의 지속 가능성과 국가의 노동인구 감소 및 경쟁력 약화를 우려한다. 그래서 신혼부부를 위한 주택과 출산과 관련된 복지 예산을 늘리고, 이런 현상과 원인을 분석하여 해결 대책을 제시하고 발버둥 친다. 지금까지 저출산의 결과로 나라가 없어지거나 생산력이 떨어진다는 차원, 즉 사회-경제적 방식으로 접근해 왔다.[5] 특히, 사회복지학자의 연구가 활발하다.[6]

---

1 본 논문의 영어판은 *Korean Journal of Theology* 1 (2024), 121-47에 실렸다.
2 경제 예측 전문가 해리 덴트(Harry S. Dent Jr.)가 사용한 용어다.
3 출산합계율은 15-49세의 가임 여성 한 명이 평생 낳는 평균 자녀 수다.
4 중국 정부는 2013년에 한 자녀 정책을 포기했으며, '1자녀에서 둘째 자녀 갖기 운동'을 펼쳤다.
5 ChatGPT에 따르면, 저출산 극복에 보육 시설의 확대, 출산 및 육아 휴가 제도의 개선, 임신과 출산에 대한 경제적 지원, 교육적 캠페인 및 문화적 변화를 통한 인식 개선 등이 도움이 된다. https://chat.openai.com/c/a1b73f3b-af20-4c81-a267-b66a27a7126b (2024년 3월 16일 접속).
6 청년 5,425명을 대상으로 실시된 '2030 청년들의 불안과 우울감, 번아웃'에 관한 설문(2022)에 의하면 불안과 우울감의 증상을 경험하는 데 있어 91.5퍼센트의 청년이 취업과

그렇다면 이에 대한 성경적 해법은 무엇인가?[7]

'교인 인구 절벽'과 '교회 재정 절벽'이 예상되는 시기에 지금까지 종종 간과되어 온 언약 중심의 성경신학적 해법을 찾는 노력이 중요하다. 왜냐하면, 교회와 가정은 하나님과 언약으로 맺어진 복된 공동체이기 때문이다. 그리고 선교적 그리스도인은 천국 백성이자 세상 국가에 속하여 이중 국적을 가지고 공동선을 추구해야 함을 기억해야 한다.

본 장은 성경의 언약과 선교 관점에서 비혼과 저출산 문제를 해결할 수 있을지 탐구한다. 성경에서 문제의 해결책을 찾는다면, 교회는 올바른 방향과 전략을 세워 제대로 실천할 수 있을 것이다.

1. 가정과 교회의 번성함이라는 언약의 복을 탁월하게 설명하는 그리스도 완결적 언약

구약의 언약들은 시간의 흐름을 따라 통시적으로 발전한다. 이런 통시적 발전은 나선형으로 표현된다. 예를 들어, 아브라함 언약은 뒤따르는 출애굽 당시 시내산과 모압 언약으로 성취된다(창 12; 출 19-23; 신 29; 참고. 히 6:14).[8] 그리고 다윗 언약(삼하 7)은 아브라함 언약과 시내산 및 모압 언약을 성취한다. 별과 모래와 같은 아브라함의 자손이 가나안 땅에서 하나님을 섬기며 하나님께서 세우신 인간 대리자의 통치를 받아 복되게 살기 때문이다.

결혼 등의 불확실한 미래를 가장 큰 이유로 꼽았다. 15년 후 미래에 대해 낙관하는 비율은 20대는 5.5퍼센트, 30대는 10퍼센트에 그쳤다. 공정(公正)을 중시하는 청년은 경쟁에 내몰리되 경제력과 고용에 있어 취약하고, 무망감(無望感)으로 인해 우울과 불안에 노출되며, 개인의 삶과 여가를 중시하기에 육아에 대한 부담으로 결혼과 출산을 포기하려는 비율은 68.8퍼센트에 달했다. 이승진 외, "청년들은 무엇을 포기하고 있는가?: N포 세대 유형과 우울·불안 및 행복감 간의 관계," 『한국 사회복지학』 76/1 (2024), 151-55, 163-65.

[7] 통일교의 연구로는 지충만·김민지, "한국 사회의 저출산 원인과 해법: 참가정운동을 중심으로," 『평화와 종교』 8 (2019), 75-106을 보라.

[8] 아브라함은 독자 이삭이라는 렌즈를 통해 많은 후손을 내다보았으며, 사라가 사망한 후 그두라와 재혼하여 후손의 번성함을 경험했다(창 25:2-4). J. B. Jordan, 『창세기의 족장 이야기』 (*Primeval Saints*), 안정진 역 (서울: CLC, 2009), 90.

이렇게 하나님의 구원 계시는 언약과 맞물려서 톱니바퀴처럼 정확하게 돌아간다. 여기서 구약의 언약 백성인 이스라엘인이 증가한 점에 주목해야 한다. 하나님과 창조의 행위 언약을 맺은 아담(창 2:17)과 세상 보존의 무지개 언약을 맺은 노아는 생육하고 번성해야 했다(창 1:28; 8:17; 9:1). 아담과 노아의 후손인 인류에게 있어 생육과 번성은 하나님의 '약속', '명령', '특권', '복' 그리고 '의무'다.[9] 아브라함의 자손은 출애굽 당시에 별처럼 많아졌고(창 15:5; 출 1:7; 시 105:24, 42), 다윗의 통치 때도 이스라엘 백성은 중다했다(삼하 24:9). 예레미야가 새 언약을 예고했을 때의 인구 상황도 마찬가지였다(신 30:5-6; 렘 30:22; 31:27, 33). 그러므로 언약의 성취는 언약 백성의 증가와 비례한다고 보아도 무방하다.[10]

성경을 '하나님의 선교에 대한 거대 서사'로 본다면, 하나님 백성의 정체성과 세계관을 보여주는 언약과 언약 백성이 수종드는 하나님의 선교의 관계는 분명해진다.[11] 하나님과 언약을 맺은 백성은 하나님의 선교에 동참한다. 삼위 하나님의 선교가 성경의 모든 언약의 중심을 관통한다.

예를 들어, 노아 언약에서 살인은 금지되므로 생명의 존엄성과 번성이 강조된다(창 8:17; 9:5-7). 그리고 아브라함을 통해 땅의 모든 족속이 복을 받으려면, 아브라함의 후손이 번성해야 한다(창 12:3; 참고. 행 3:25-26). 또한, 시내산 언약에서 하나님은 "세계가 다 내게 속하였다"라고 선언하시면서 이스라엘에게 '제사장 나라'로서의 사명을 부여하셨다(출 19:5-6; 계 1:6; 5:10; 11:15). 다윗 언약은 다윗의 후손이신 예수님에 의해 성취되었는데(마 1:1), 예수님 안에 거하여 말씀에 순종하는 성도는 견고하고 번성하게 된다(겔 37:24-28; 암 9:14). 이사야에 따르면, 여호와의 종은 '백성을 위한 언약'과 '이방의 빛'이 되셔서 그들을 구원하시며, 하나님의 백성 역시 이 사명을 받는다(사 42:6; 49:6; 요 8:12; 고

9　생육과 번성은 명령이므로 의무가 아니라 특권으로만 볼 수 없다. H. F. van Rooy, "Die Sogenaamde Bybelse Kultuurmandaat (Gen. 1:28 en 2:15) en Ontwikkeling: 'Ou-Testamentiese Perspektief," *Koers* 61/4 (1996), 436. Contra 지구의 인구 조절과 부부의 삶의 방식을 고려하여 출산하지 않아도 문화명령을 거스르는 것이 아니라고 보는 J. H. Walton, *Genesis* (Grand Rapids: Zondervan, 2001), 134-35.
10　사사기에 악인의 번성(삿 9:2)과 의인의 번성(삿 10:4; 12:9, 14)이 대조된다.
11　강아람, "성경에 대한 선교적 해석학 연구: 언약개념을 중심으로," 『선교신학』 33 (2013), 12.

후 1:20; 계 21:23).¹² 성령, 즉 종말에 부어질 새 영은 새 언약 백성을 살리신다 (겔 37:14). 이상의 논의를 요약하면, 아래 표와 같다.

언약	번성의 복	근거 구절
아담/ 창조 언약	생육하고 번성하라	창 1:28
노아 언약	생육하고 번성하라/살인 금지	창 8:17; 9:5-7
아브라함 언약	땅의 모든 족속이 복을 받음¹³	창 12:3; 갈 3:14, 25-26
모세 언약	이스라엘은 세계를 향한 제사장 나라	출 19:6; 계 5:10; 15:3
다윗 언약	다윗의 후손이 왕으로 다스리며 견고하고 번성함	삼하 7:8-9; 겔 37:24-28; 암 9:14
새 언약	하나님의 백성이 성령을 받으며 풍요를 누림	렘 31:33; 겔 36:26-29; 37:14

구약의 언약들이 공시적으로 예수 그리스도에 의해 놀라운 방식으로 각각 성취된 점에 더 주목해 보자. 아담 언약은 마지막 아담이신 예수님에 의해 놀랍게 성취되었다(롬 5:17; 고전 15:22). 첫 사람 아담은 선악을 알게 하는 과일을 먹어 이른바 '행위 언약'을 깨트렸다. 하지만, 하나님은 아담 언약을 파기하지 않으시려고 사죄를 통하여 소위 '은혜 언약'을 맺으셨다. 여자의 후손을 일으켜서 아담과 하와를 타락시킨 사탄을 무찌르는 계획이다(창 3:15). 가나안의 군대 장관 시스라와 블레셋의 장수 골리앗의 머리가 깨지는 것을 거쳐서, 예수님의 십자가 대속의 은혜와 부활의 권능 때문에 사탄의 머리가 깨어졌다(요 12:31-32; 골 2:15; 계 12:7-9). 야엘(삿 4:21)과 다윗(삼상 17:49)이 이스라엘의 원수 장군들을 죽인 것과 예수님께서 죽으시고 부활하시는 예상치 못한 방식으로 사탄을 정복하신 것은 그림자와 실체이다. 분명히 실체는 그림자와 비교할 수 없을 정도로 놀랍다(골 2:17; 히 8:6).

따라서, 구약 언약을 공시적으로 그리고 탁월하게 또한 예상치 못한 방식으로 성취하신 사실을 '그리스도 완결적 언약'(Christotelic covenant)이라 부를 수 있으며, 이것은 '그리스도 완결적 모형론'을 통해 잘 파악하게 된다.

---

12   이 단락은 강아람, "성경에 대한 선교적 해석학 연구: 언약개념을 중심으로," 23-31을 참고함.
13   창 12:3의 닢알형 '복 받다'는 신적수동태이다. Walton, *Genesis*, 394.

다시 말해, 창세기에서 시작된 모든 언약의 목표 지향점(telos)은 예수님 안에서 놀랍도록 확대·상승하는 방식으로 달성된다.[14] 예수님은 마지막 아담으로서 살려 번성케 하시는 영(롬 5:14; 고전 15:45), 제2의 아담인 노아의 실체(히 11:7; 12:1; 골 1:16-17; 벧후 2:5), 아브라함보다 먼저 계신 분(요 8:56; 참고. 시 105:9-10), 새 모세(계 15:3), 다윗의 뿌리(계 5:5) 그리고 새 예레미야시다(마 16:14). 언약을 어기고 충성하지 못했던 구약의 그림자들과 달리(창 17:14; 레 26:15, 44; 신 31:16, 20; 삿 2:1; 왕상 15:19; 시 78:37; 사 24:5; 33:8; 렘 11:19; 14:21; 31:32; 33:20; 겔 17:15, 16, 19), 실체이신 예수님은 언약을 성취하시는 일에 완전히 신실하셨다.[15]

모형론적이고 언약적 구조를 가지고 있는 성경에서 그리스도 완결적 언약을 발견할 때, 마땅한 반응은 송영이어야 한다(계 5:9-10, 12-13).

새 언약의 중보자이신 예수님은 그리스도인에게 사죄의 은혜와 성령을 주시고, 그리스도의 성령은 성도가 복음을 이해하고 선한 양심과 선한 행실로 순종하게 하신다(렘 31:31-33; 딛 2:14; 히 13:16). 구주 예수님은 구약의 모든 언약을 성취하셔서 구원과 성령과 복음의 다스림과 보호를 자신의 양들에게 주신다. 그리스도 완결적 언약은 복음의 위대함과 생명력과 복과 탁월함을 보여주는 문법이다.

하나님은 서로 사랑하고 돌본 요셉과 마리아의 거룩한 가정을 통하여 자신의 구원 언약을 이루셨다(마 1:18-25; 2:14-15). 하나님은 자신의 뜻을 이루는 도구인 거룩한 가정을 보호하신다. 구약성경은 평생의 언약으로 들어가는 부부, 할례를 행한 아들, 산모의 정결 의식, 자녀에게 율법을 교육함, 가족이 절기를 준수함 등을 언약 관점에서 설명한다(창 17:12; 31:44-50; 레 12:6-8; 신 6:4-9; 룻 1:11-13, 16-18; 3:18; 왕상 22:4; 왕하 3:7; 잠 2:17; 겔 16:8; 말 2:14).[16] 이 언약의

---

14 참고. D. S. Schrock, "What designates a Valid Type?: A Christotelic, Covenantal Proposal," *Southeastern Theological Review* 5/1 (2014), 4-5.

15 Schrock, "What designates a Valid Type?" 18-24. 참고로 복음을 전해야 할 교회에게 문화명령을 수행하는 것은 직접적이거나 주요 사명이 아니며, 개별 그리스도인의 대 사회적 활동은 개인적 책무라는 주장은 W. H. Mare, "Cultural Mandate and the New Testament Gospel Imperative," *JETS* 16/3 (1973), 146-47.

16 김구보, "헤르만 바빙크(H. Bavinck)의 언약 이해와 가정 사역: 성경적 가족 생활 교육을 위한 언약의 실천신학적 함의," 『복음과 상담』 27/1 (2019), 86; M. S. Smith, "Your People shall be My People: Family and Covenant in Ruth 1:16-17," *CBQ* 69/2 (2007), 254-58.

복이 언약으로 맺어진 그리스도인의 가정에도 임해야 한다.

제5계명은 부모 공경과 거기서 따르는 장수의 복을 약속한다(신 5:16; 참고. 엡 6:1-3). 이것은 명령과 복의 조화다. 기성세대가 부모를 공경하는 모습을 자녀에게 보여준다면, 복된 가정을 이루겠다는 소망을 심어줄 수 있다. 자식은 여호와께서 주시는 기업이자 상이며, 하나님께서 주신 많은 자녀는 복이다(시 127:3, 5). 이런 복을 애완견이나 다른 생명체가 대체할 수 없다.

예수님은 혼인 잔치 비유를 사용하였고(마 22:2-9; 25:10; 눅 12:36; 14:8), 가나의 혼인 잔치에 참석하셨다(요 2:1). 예수님은 신부인 교회와 더불어 혼인 잔치를 주도하신다(계 19:9; 21:2-22:5; 참고. 고전 7:28; 딤전 5:14). 반면, 하나님을 저버리고 음녀처럼 행한다면, 신랑과 신부가 사랑으로 나누는 가정에 하나님의 언약적 저주가 임하기도 한다(계 18:23; 참고. 행 5:1-11).[17]

창세기에서 문화명령(창 1:28) 다음에 혼인 제도가 나타난다(창 2:24). 부부를 중심으로 가족은 문화명령을 수행해야 한다. 한 가정을 통해 국가가 제대로 설 수 있다(참고. 룻 3:11). 그런데 웨스트민스터신학교(캘리포니아)의 데이비드 반드루넨(D. VanDrunen)과 마이클 호튼(Michael S. Horton) 등은 그리스도인의 책무인 문화명령을 부정한다. 그들은 하나님께서 (은혜 언약이 아니라 일반언약인) 노아 언약에 기초한 자연법을 통해 이 세상을 보존하시고 다스리시기에 교회는 이 세상의 순례자로서 (아브라함 언약이라는 은혜에 근거하여) 세상 문화를 변혁시킬 것이 아니라 교회다움에 집중해야 한다고 주장한다(렘 29:5-7).[18] 다시 말해, 그들에게 성경은 이 세상의 모든 공적 이슈에 답을 제시하지 않으며, 교회는 세상에 복음을 전할 뿐이다.

하지만, 코넬리스 비네마(Cornelis P. Venema), 존 프레임(John M. Frame), 제임스 스미스(James K. A. Smith)와 같은 신칼빈주의적 웨스트민스터신학교(필라델피아)와 칼빈신학교 교수들은 물론 돈 카슨(Don Carson)과 같은 복음주의자는 다른 견해를 피력한다. 이런 반론자들은 반드루넨의 '에스콘디도 신학'(Escondido Theology)이 성경이 가르치는 복음의 총체성을 무시하고 이원론을 조장하

17　참고. 송영목, "요한계시록의 언약 종말론에 기초한 구원 계시사," 『진리와 학문의 세계』 12 (2005), 146.

18　D. VanDrunen, 『하나님의 두 나라 국민으로 살아가기』 (*Living in God's Two Kingdoms: A Biblical Vision for Christianity and Culture*), 윤석인 역 (서울: 부흥과개혁사, 2012), 82.

며, 교회가 세상 문제를 회피하려 한다고 적절히 비판한다.[19] 반드루넨이 노아 언약을 일반은총으로 분류하고 은혜 언약에서 제외한 것도 문제다. 왜냐하면, 하나님께서 제2의 아담인 노아와 그의 식구를 살려두신 것은 세상을 보존하시고 더 나아가 새 창조하시겠다는 은혜의 천명이기 때문이다(참고. 창 8:20).[20]

반드루넨에 따르면, 예수님의 승천으로써 새 창조가 '완성'되었기에,[21] 그리스도인이 이루어야 할 회복의 일은 더 이상 남아 있지 않으며, 신자는 현재의 하늘과 땅을 태워 버릴 마지막 날의 불심판(벧후 3:5-12; 히 12:25-28; 계 6:12-14)을 염두에 두면서, 오는 세상에서 사라질 인간 문화 산물을 변혁하기보다 장차 올 세상에 나타날 참된 본향을 사모하고 동경하는 것이 마땅하다고 주장한다(롬 8:18; 히 11:10).[22]

하지만, 그리스도의 승천으로 새로운 창조가 완성된 것이 아니라 결정적으로 성취되었다고 보아야 한다. 새 창조의 성취는 예수님의 부활 이래로 점진적으로 이루어지지만, 재림 때의 완성은 한순간에 일어난다. 그리고 반드루넨의 주장과 달리, 베드로와 요한이 예고한 신천신지는 이 세상 문화를 불로 소멸하지 않고 갱신한다. 더욱이 반드루넨이 그리스도의 승천으로 새 창조가 완성되어서 그리스도인이 창조의 변혁을 위해 애쓸 것은 없다면, 이 세상에 임한 새 창조가 재림 때에 사라질 이유는 없게 된다.[23]

사회에 퍼지고 있는 비혼과 저출산이라는 문제를 두고 교회는 세상 풍조를 변혁시켜야 한다.

반드루넨의 말처럼 교회는 교회다움을 회복해야 하는 데서 그쳐야 하는가?

---

19 참고. 황경철, "데이비드 반드루넨의 공공신학에 대한 개혁신학적 평가," 『조직신학연구』 44 (2023), 113, 115-20.
20 참고. 황경철, "데이비드 반드루넨의 공공신학에 대한 개혁신학적 평가," 140.
21 반드루넨은 예수님의 승천으로 새 창조가 '완성'되었다고 잘못 주장한다. '그리스도 완결적 해석'이라는 용어도 오해를 불러일으킬 수 있다. 왜냐하면, 십자가와 부활과 승천과 오순절 강림은 구원의 성취 사건이지 완결, 즉 완성 사건은 아니기 때문이다. 구원의 완결 즉 완성은 예수님의 재림 때 일어날 것이다. 그리스도 사건이 구원을 결정적으로 성취하였고, 구원의 목적과 목표점을 확실하게 드러내었으므로 '그리스도 목적적 해석'이라 부른다면 '완결'이 만드는 오류를 예방할 수 있을 것이다.
22 반드루넨은 그리스도인이 세상을 사랑으로 섬기고, 세상 문화에 비판적으로 참여할 것을 제안한다. VanDrunen, 『하나님의 두 나라 국민으로 살아가기』, 88, 162-66.
23 황경철, "데이비드 반드루넨의 공공신학에 대한 개혁신학적 평가," 136.

아니다. 그리스도 안에서 새 창조된 교회는 교회다움, 즉 대안 세상이 되어 세상의 풍조를 선교적으로 변혁시켜야 한다.

칼빈의 '제네바 혼인조례'(1546) 제11조는 "혼인의 모든 약속은 경솔함이나 방종함으로 맺어서는 안 되고 명예로우며 하나님을 두려워하는 마음에서 행해져야 한다"라고 규정한다.[24] 이 혼인조례는 "가족의 삶이란 남편과 아내가 한 가정에서 공동생활을 하면서 자녀를 양육하고 이웃과의 조화로운 관계 속에서 영위하는 것임을 명확히 선언한다."[25]

칼빈은 두 남녀의 상호 헌신으로 유지되는 혼인이 하나님이 설립하시고 주재하시는 '신적 제도'임을 명확히 선언한다(말 2:13-16; 막 10:6-9). 혼인이 성립되려면 가족, 교회(목사의 주례), 정부의 공적 승인이 필요하며, 부부는 언약의 끈에 의해 한 몸으로 연합함으로써, 교회와 그리스도의 연합의 신비를 깨닫는다(엡 5:22-31).[26] 부부가 연합하여 한 몸이 되는 신비를 경험할 때, 예수님과 연합하는 법을 잘 배울 수 있으며, 그들에게 주신 언약의 자녀도 혼인과 신앙의 연합을 배우게 된다. 이런 가정과 교회의 긴밀한 관련성은 웨스트민스터 신앙고백서 제24장은 '혼인과 이혼'을 다루고, 제25장은 교회를 다룬 데서도 볼 수 있다.

교회는 하나님께서 이루신 새 언약공동체로서 선교적 정체성을 가질 수밖에 없다. 왜냐하면, 하나님은 지금도 언약 관계의 회복을 통해 정의와 사랑으로 교회와 세상을 통치하시기 때문이다.[27] 교회는 새 언약의 중보자이신 예수님 덕분에 흔들리지 않는 나라를 은혜로 받았다(마 26:28; 히 12:24, 28). 새 언약 백성은 하나님의 가족이며, 그들은 고차원적 사랑이라는 새 계명을 지켜야 한다(요 13:34; HC 74). 그리스도의 머리되심은 교회를 통해 만유 안에 충만케 된다(엡 1:10).

그런데 지역 교회의 선교적 사명과 정체를 강조하지만, 그리스도인 가정이 선교적 교회로서 정체성을 가지고 있어야 한다는 강조는 거의 없다. 그리스도

24　윤형철, "칼빈의 제네바 혼인개혁: 세 가지 국면과 공공신학적 의의," 『성경과 신학』 82 (2017), 372.
25　윤형철, "칼빈의 제네바 혼인개혁: 세 가지 국면과 공공신학적 의의," 373.
26　윤형철, "칼빈의 제네바 혼인개혁: 세 가지 국면과 공공신학적 의의," 383-87.
27　김은홍, "새 언약에 기초한 선교적 교회의 본질에 관한 연구," 『선교신학』 51 (2018), 52-53.

인 가정의 혼인과 장례에 불신 친척을 만나는데, 선교의 기회로 삼을 수 있다. 예를 들어, 부활 소망의 복음이 묻어나는 그리스도인의 장례식은 훌륭한 선교 현장이다. 이 불신 친척이 사랑 언약의 혼인식에 참여한 후에 마음 문을 여는 경우도 있다. 이렇게 혼인과 가족의 공공성이 드러난다. 이런 가정의 공공성은 하나님이 주인이신 가정이 은혜 언약 안에 있음을 가족이 인지하고 하나님의 영광을 위해 살아갈 때 더 명백해진다.

> 언약 가정 안에서 구성원들은 배우자에게, 부모에게, 자녀에게 언약의 공동체를 이루기 위한 조건을 요구할 수 없다. 한 가족 됨은 은혜이며 서로의 존재는 은혜이다. … 가족 구성원이 서로를 은혜로 바라보기 시작할 때 조건에 지배되었던 서로를 향한 실망과 섭섭함은 점차 사라지고 서로를 향한 긍휼의 마음이 솟아날 것이다.[28]

2. 사랑에 뿌리를 내린 공공선교신학

공공신학은 무엇보다 공동선과 회복적 정의를 추구한다. 공동선과 회복적 정의는 자기희생과 사랑의 발현이다. 그래서 공공신학 논의에서 지금보다 성령께서 이끄시는 사랑을 더 분명하게 언급할 필요가 있다.

사랑은 성령의 열매이며, 그리스도의 사랑이 성도 안에 맺은 열매는 죄사함이다(갈 5:22; 계 1:5). '성령론적 공공신학'(pneumatological public theology)의 다른 이름은 '사랑의 공공신학'이다. 지역 교회와 개별 그리스도인은 진리 안에서 사랑해야 한다.[29] 그런데 공공신학자들은 이 사실을 종종 간과한다.

공공신학에서 성령론적 사랑을 다루는 경우는 거의 없다. 선지자적 자세로 분노와 증오를 창조적으로 경청함으로써, 남아공에서 해방신학적 공공신학(구원과 조화를 추구하다가 후기 식민주의와 제국적 착취를 예언자적으로 다루지 못함)과 탈식민주의에 기반한 흑인신학(혁명적이지만 경청이 부족하고 현실적인 해결책과 행

---

28 김규보, "헤르만 바빙크(H. Bavinck)의 언약 이해와 가정 사역," 102.
29 M. S. Archer, "Caritas in Veritate and Social Love," *International Journal of Public Theology* (2011), 273-95.

동 계획을 제시하지 못함)이 하나님의 공적 사랑을 아프리카식 방식으로 고쳐해야 한다는 주장이 있다.[30] 이런 논의는 공적이며 정치적인 차원에서 사랑을 논하고, 특히 약자를 해치지 않고 악을 미워하는 적극적 사랑을 제시한다는 점에서는 긍정적이다. 그러나 공공신학과 흑인신학을 양비론으로 접근하면서, 교회의 선지자적 목소리, 화해, 치유, 정의라는 기존 논의의 반복에 그치는 한계도 보인다.

바울이 경고한 대로, 세상에는 성령님이나 공공선과 상관없는 그릇된 동기에서 발현한 사랑이 만연하다. 말세에 고통하는 때인 지금 자기를 사랑하며 돈을 사랑하고 부모를 거역한다(딤후 3:2). 극단적 자기 사랑은 애금주의(愛金注意)와 맞물린다. 자기의 안락함을 사랑하다 보니 출산과 (자녀가 아니라 부모의 교육열로 인해) 자녀 양육에 드는 비용을 아까워하기 때문이다.[31]

부부로 국한된 자기 사랑은 자신을 낳아 양육한 부모에 대한 거역이 아닌가?

히브리서 13장 4-5절은 결혼을 귀히 여기고 침소를 더럽히지 말며 간음하지 말라고 경고한 후, 자족하며 공급하시는 하나님을 믿으면서 애금주의를 멀리하라고 경고한다. 이처럼 혼인 관계와 재정은 동전의 양면과 같다. 다시 말해, 하나님은 귀한 혼인 관계 안에서 부족함이 없도록 공급하신다. 하지만, 맞벌이 신혼부부는 대출을 갚으려고 출산을 늦춘다. 결과적으로 하나님께서 주시는 언약의 자녀가 돈에 밀려 버린다.

과연 한국 교회와 그리스도인 가정에서 복음은 돈 문제를 초월하고 있는가? 사도 바울이 제시한 교회 감독(목사, 장로)의 자격 중에 한 아내의 남편됨, 돈을 사랑하지 않음 그리고 자기 집을 잘 다스려 자녀들로 모든 공손함으로 복종하게 함이 포함된다(딤전 3:2-4). 여기서 가정과 지역 교회가 긴밀히 접맥

---

30   J. Urbaniak, "Grooving with People's Rage: Public and Black Theology's Attempts at Revolutionizing African Love," *Black Theology Papers Project* 2/1 (2016), 1-15.
31   '크리스천 미혼남녀 대상 저출산 의식실태 조사'에서 기독 청년층이 출산을 포기하는 이유로 '경제적 비용'(47퍼센트)이 제일 높았다. 그다음으로 아내의 자아실현 욕구, 자녀가 필요 없다고 생각하는 부부 중심의 생활 중시였다. 하나님 중심의 신앙 정체성을 확립해야 한다. 최종일, "인구 절벽 시대에 기독 청년층을 위한 목회 돌봄에 관한 연구: 성경을 근거로 하는 이야기 치료를 중심으로," 『신학과 실천』 68 (2020), 393; 정재영, "저출산의 원인과 대책: 종교사회학의 관점에서," 『복음과 실천신학』 15 (2008), 187.

하는 것을 보는데, 한 가정은 하나님의 가정인 교회의 축소판과 같다.[32] 그리고 가정과 돈과 자녀, 출산과 양육이 한꺼번에 소개되는 점이 중요하다. 부모가 경제적 여유와 행복을 위해 자녀를 출산하지 않는다면 남편은 장로직에 부적격이다. 하나님께서 부부에게 위탁한 자녀를 부부 자신의 힘으로 양육하려는 것은 불신앙과 교만이다. 장로의 자녀가 공손하게 하나님의 대리자인 부모에게 복종하는 일에 자녀의 혼인과 출산이 포함된다. 독신의 은사가 없으면서 비혼을 고수하면, 정욕에 빠져 혼전 동거 같은 죄에 빠지기 쉽다(고전 7:9, 17).

이런 죄악상은 그리스도 완결적 모형론을 통해 잘 드러나는 그리스도 완결적 언약에 의해 교정될 수 있다. 예수님께서 마지막 아담으로서 죄악의 아비의 머리를 부수셨기 때문이다. 사탄은 아브라함의 씨인 교회를 없애려고 부단히 애썼다. 하지만, 교회의 머리이신 예수님은 교회를 자신 안에 두시고 다스려 보존하신다. 예수님은 만유이시므로 만유 안에 자신의 다스림을 가득 채우신다(골 3:11). 태를 열고 닫는 권세를 가지신 예수님은 혼인과 출산을 통하여 생육하고 번성하는 언약의 복 주시기를 기뻐하신다(창 1:28). 이것은 새 노아이신 예수님께서 가정에 주시는 안식과 위로다.

공공신학은 세상 나라에 하나님 나라를 심어 확장하려는 선교적 교회의 애씀이자 발버둥침이다(계 11:15). 하나님은 문화 위에 계시지만, 세상의 문화를 통하여 자신의 나라를 건설하신다.[33] 따라서, 지상명령(마 28:19-20)은 문화명령과 대척점에 있지 않고, 그것을 수단으로 활용한다. 만유이신 예수 그리스도의 주권을 믿는 그리스도인은 모든 영역에 사랑과 정의가 살아나도록 함으로써 통전적 방식으로 전도할 수 있다(암 5:24). 하나님은 타락 이후에도 일반은총을 거두지 않으시며, 예수님은 회복된 인류의 언약적 머리시며 문화 자체의 정점(pinnacle)에 계시면서 자신의 발아래 문화를 회복하신다(참고. 약 1:17).[34]

---

32 P. Lampe, "The Family of New Testament Times: The New Testament Family fulfilled Tasks that Today are Mostly performed by the State, the Churches, and Other Institutions," *Church & Society* 84/2 (1993), 30.

33 S. A. Aigbe, "Cultural Mandate, Evangelistic Mandate, Prophetic Mandate: Of These the Greatest is …?" *Missiology* 19/1 (1991), 34, 37.

34 Aigbe, "Cultural Mandate, Evangelistic Mandate, Prophetic Mandate," 39-42.

요한계시록에서 요한은 교회를 '일곱 촛대'(계 1:20), '십사만사천 명'(계 7:4), '셀 수 없는 큰 무리'(계 7:9), '어린양의 신부' 등으로 묘사한다(계 21:2). 그런데 사탄은 교회와 교회의 문화를 죽이려고 달려들면서, 하나님의 말씀을 지키고 예수님을 증거하지 못하도록 방해 공작을 펼친다(계 12:15, 17). 교회를 죽이고 복음의 영향력을 제거하려는 사탄의 전략이 먹히고 있다는 증거 중 하나는 생명으로 풍성해야 할 교회 안에 일어나는 저출산이다.

사탄의 전략과 달리 하나님께서는 말씀에 청종하는 성도에게 자녀, 소산, 가축의 복을 약속하셨다(신 28:4). 번성케 하시는 주권은 하나님에게 있지만, 인간의 책임이 중요하다(창 17:6, 20; 22:17; 28:3; 41:52; 48:4; 출 1:7).

어린양의 신부 교회가 영생을 맛보면서 '만국'을 치료하려면 소수로 가능할까?(계 22:2)

예수님의 재림 전까지, 새 예루살렘 성은 어린양의 신부이자 세상을 향해 열려 있는 공공선교적 교회다(계 21:2, 9, 25).[35] 삼위 하나님께서 선교적 교회에 주신 복은 '새로움과 사랑과 생명의 풍요와 변혁'으로 요약된다(참고. 요 3:16; 겔 47:9, 12; 슥 14:11). 교회는 어린양으로부터 성령의 생수를 마셔 날마다 새롭게 창조된다(계 21:5-6; 22:1). 성부와 어린양은 교회에게 성전이 되시고 영광과 등불도 되신다(계 21:11, 22-23). 그 결과, 만국은 교회의 빛 된 행실을 보고 거기로 들어간다(계 21:24-25). 교회는 사람들이 '만국의 영광과 존귀'를 가지고 자신의 공동체 안으로 들어와 변화되도록 선교적 사명을 수행해야 한다(계 21:26). 요한계시록 21장 1-22장 5절의 신천신지와 새 예루살렘 성 환상은 '새로운 에덴의 회복'과 같다.[36]

에덴의 회복에는 부부의 사랑과 가정의 회복도 포함된다(참고. 창 2:23; 3:12). 하나님께서 주인으로 다스리시는 가정에서 가족이 사랑을 경험하고 실천한다면, 가족 구성원은 더 넓은 사회의 영역에서도 하나님의 영광을 드러내며 은혜를 증언하게 될 것이다.

---

35 K. L. Gentry Jr., *The Divorce of Israel: A Redemptive-Historical Interpretation of Revelation*, Volume 2 (Dallas: Tolle Lege Press, 2017), 813.

36 송영목, "요한계시록의 언약 종말론에 기초한 구원 계시사," 146.

3. 그리스도 완결적 언약과 사랑의 공공선교신학에서 본 저출산 해법

예수님은 아브라함의 '그 씨'이시다(갈 3:16). 사탄은 '그 남은 분'이자 '그 씨'를 제거하려 한다. 그러나 하나님은 예수님의 사람들에게 생육하고 번성하는 복을 주시기를 기뻐하신다. 언약으로 맺어진 그리스도인의 가정에 출산이라는 언약의 복이 임한다면, 언약공동체인 교회는 물론 그 교회가 속한 지역 사회에 공공선을 세운다.

교회가 출산을 장려하려면 하나님 중심의 신앙관을 가져야 할 뿐 아니라, 성경 중심의 생활 원리도 확립해야 한다. 그리스도인에게 성경은 신앙과 삶의 기준이다. 성경의 이야기를 통해 미혼 기독 청년들이나 가임기의 기혼 부부로 하여금 자신의 삶을 돌이켜 볼 수 있도록 만들 수 있다. 이와 관련하여, 장훈태는 인구 절벽 시대에 교회의 생존 전략으로 '목회자가 한 영혼에 집중하여 돌봄', '기도의 습관을 들임', '청중과의 스토리텔링', '타 종교인에 대한 혐오증과 두려움 극복', '성직자와 평신도의 신뢰 회복', '초신자들의 교회 적응을 위한 울타리 제거', '권위주의적 교회 체계를 제거', '타 종교인의 출생률 파악으로 인한 기독교 인구 대응책 설정 및 실행'을 제시한다.[37]

그런데 이런 해결책은 한국 교회가 겪고 있는 기존의 문제를 해결하기 위해 오래전부터 제안된 것이므로, 저출산 문제 해결에 구체적인 실효성을 보장하지 못한다. 다만 소그룹의 제자화 및 선교사화, 출산과 번성의 스토리텔링 그리고 타 종교인의 급증에 대한 교회의 분발 촉구는 필요하다. 최종일도 저출산에 대한 하나의 해결책으로 성경의 스토리텔링을 제시한다.

> 성경을 근거로 하는 이야기 치료에서 외재화는 기독 청년층을 출산과 관련한 빈약한 서술과 분리하고 해체시킨다. 기독 청년층은 성경 이야기를 자신의 고유성과 특수성으로 해석하고 이야기 지식으로 수용함으로, 독특한 결과를 발견할 수 있다. 이는 기독 청년층이 한국 사회가 미치는 객관적 지식의 영향력을 탈피하고 하나님 중심으로 자신의 지배 이야기를 재해석하게 한다. 하나님 중심의 지배 이야기 해석은 기독 청년층이 출산을 하나님이 주신 복

---

37 장훈태, "2018년 인구 절벽 시대의 기독교 선교 전략," 『복음과 선교』 29 (2018), 264-67.

이고 명령으로 깨닫고 자신의 출산 의지를 높여서 실질적인 행위까지 가능하게 한다.[38]

장로교인이라면 웨스트민스터 신앙고백서 제24장 1-2절에 주목해야 한다.

> 결혼은 한 남자와 한 여자 사이에 이루어진다. 남자가 두 사람 이상의 아내를 동시에 두거나, 여자가 두 사람 이상의 남편을 동시에 두는 것은 다 합법적이지 않다. 결혼은 남편과 아내가 서로 도우며, 적법한 자녀를 통하여 인류를 증가시키고, 거룩한 자손을 통하여 교회를 왕성하게 하기 위해 그리고 부정(不貞)을 막기 위해 제정되었다.

거룩한 가정은 작은 교회와 같다(잠 2:17). 아담과 하와의 혼인은 하나님께서 친히 제정하신 제도인데(창 2:20-25), 생육하고 번성하라는 문화명령 이후에 주어졌다(창 1:28). 이런 전후 관계를 통해 혼인의 목적 중 하나가 문화-선교명령을 수행하는 것임을 알 수 있다. 따라서, 목사는 혼인 예식을 주례하기 전에 예비부부에게 출산을 교육해야 한다. 예비부부에게 출산할 의지가 없으면, 목사는 주례를 맡지 않는 것도 고려해야 한다.

교회는 두 그리스도인 남녀가 사랑으로 혼인하여 출산의 복을 누리는 행복한 가정을 미혼 청년에게 보여주어야 한다. 그리스도께서 다스리시는 복된 가정 탐방을 통하여 혼인과 가정의 복을 교육하려면, 대학-청년부 담당 교역자가 지혜롭게 준비해야 한다. 이런 준비에 관한 힌트는 하이델베르크 교리문답 제41주일의 '성적 범죄와 혼인에 대한 제7계명'에서 얻을 수 있다.

> 모든 부정(不貞)은 하나님의 저주 아래 있습니다. 따라서, 거룩한 혼인의 관계에 있든지 독신으로 있든지, 우리는 어떤 부정이라도 마음으로부터 미워하고, 순결하고 단정한 생활을 해야 합니다.

---

38 최종일, "인구 절벽 시대에 기독 청년층을 위한 목회 돌봄에 관한 연구," 404.

제7계명을 준수하려면, 이성간 결혼을 벗어난 성행위, 혼전 동거 그리고 근거 없는 산아 제한(신맬서스주의)도 거부해야 한다.[39] 십계명의 핵심 교훈은 하나님과 사람을 사랑하는 것이다. 부부의 사랑은 하나님 중심이어야 하므로, 대학-청년부 교역자는 낙태라는 살인과 간음과 같은 부정에 맞서 싸우는 경건하고 모범적인 가정을 선별해야 한다.

재정적 여력이 있는 교회는 '비전관'이라 불리는 교육관을 갖추고 있기에, 이제 신혼부부 살림집을 위한 대책도 마련해야 할 것이다. 비전교육관에서 하나님 나라의 비전을 제대로 배웠다면, 대학교 진학 후에도 신앙을 버리지 않을 것이며, 혼인의 복과 자녀 출산의 복도 누릴 것이다.

예수님은 한 사람이 천하보다 더 귀하다고 가르치셨는데, 교인은 한 사람, 즉 한 자식이 돈보다 못하다고 생각하지 않는가?

생육하고 번성함을 하나님의 선교에 순종하여 동참하는 명령이자 복으로 이해하려는 노력이 절실하다. 그런데 모든 언약 백성이 전부 구원에 이르는 것은 아니다(참고. 출 32:4; 히 4:1-3). 실제로 신앙의 가정에서 양육을 받은 자녀들이 신앙을 포기한 경우가 많다. 따라서, 부모는 자녀의 거듭남과 영적 변화를 위해 애써야 한다.[40] 이를 위해 무엇보다 바쁜 일상 중에도 온 가족이 신앙공동체로 모여 사랑과 존경으로 연합하는 시간을 확보해야 한다.[41]

교회가 제사장 나라로 기능하기 위해 생육과 번성이 필요하다(출 19:6; 민 25:10-13).[42] 초대 교회에서 지역 교회가 성장하는 데 있어, 그리스도인 가정은 영적·물질적 화수분과 같았다(요 19:26-27; 행 16:14-15, 34, 40; 롬 16:5, 11; 몬 1:2; 비교. 막 3:21).[43] 한 가정의 회심은 한 도시가 복음화되는 일에 첫 단추를 꿰는

---

39 송영목, 『하이델베르크 교리문답서의 다차원적 읽기』 (부산: 도서출판향기, 2022), 238-39.

40 J. C. Snow, "The Christian Home in Missional Transition," *Studies in World Christianity* 25/3 (2019), 324

41 Snow, "The Christian Home in Missional Transition," 327.

42 주은평, "한국 사회의 초저출산, 인구 절벽 현상에 대한 창세기의 '생육과 번성'의 신학적 이해," 『신학과 실천』 86 (2023), 977; 이종근, "생육하고 번성하라는 문화명령의 신학적 고찰," 『구약논단』 8 (2000), 9-13.

43 여호와께서 이스라엘의 남편이라는 구약의 사상이 유대인의 가부장적 가정관과 초대 교회에 영향을 미친 것으로 보인다(엡 5:23). 주님과 복음을 위해 집과 부모와 자식과 형제자매와 전토를 버리면 백배나 돌려받는다는 막 10:29-30을 모든 가족이 하나님 나라를 위해 전적으로 헌신해야 한다는 의미로 볼 수 있다. F. Bovon, "Family and Community in

것과 같았다. 가정교회가 연합하는 것은 하나님의 가족으로 연합하는 것이자, 그리스도를 머리로 모시고 지체가 연합하는 것이었다(참고. 딤전 5:4, 8).

그리고 가정교회는 순회선교사에게 숙식도 제공했던 것 같다(요삼 1:5). 이를 패러디한 것이 바로 로마제국이다. A.D. 1세기에 로마제국은 황제를 '가족의 아버지'(pater familias)로 모신 한 가족이었다.[44] 초대 교회는 가정교회 연합을 중심으로 거대한 로마제국에 맞섰다고 해도 과언이 아니다.

가정에서의 신앙 교육과 선교적 소그룹에 뿌리를 내리지 못한 채 양적 성장을 추구해 온 한국 교회가 인구 절벽에 마주친 것은 아이러니이자 당연한 귀결이 아닌가?

교회 교육과 가정에서 신앙 교육이 회복되어야 할 시점이다. 그리고 인구 절벽 시대는 교회의 재정 감소로 이어지고 그것은 목회자의 이중직 문제와 교인의 고령화로 인한 교인의 경제적 상황의 악화와 맞물린다. 이런 형편에 있는 교회는 양적 성장 패러다임을 지양하고, 영적 돌봄과 선교적 교회와 같은 질적 성장으로 돌아서야 한다는 분석이 제기된다.[45]

> 소수에게 집중하는 사역은 다양한 삶의 정황들에 대한 선교를 가능하게 하며, 제자 양육도 질적으로 향상된다.[46]

선교적 소그룹은 성도의 자발적 참여와 유기적이며 친밀한 소통과 세상으로 파송됨이라는 강점을 지닌다.

기독교는 교회의 고령화에 잘 대처하면서, 저출산 문제도 해결해야 한다.[47] 혼인과 유아 세례의 증인된 교회 전체는 젊은 부부가 자녀 양육을 잘하도록

---

the New Testament," *Sewanee Theological Review* 45/2 (2002), 128, 130-32.

44 Lampe, "The Family of New Testament Times: The New Testament Family fulfilled Tasks that Today are Mostly performed by the State, the Churches, and Other Institutions," 18-19.

45 남성혁, "인구 절벽 시대에 선교적 교회로의 전환 모색: 교회 3.0. 모델 중심으로," 『신학과 실천』 64 (2019), 290.

46 남성혁, "인구 절벽 시대에 선교적 교회로의 전환 모색: 교회 3.0. 모델 중심으로," 297.

47 미국 시카고대학교를 중심으로 1990년부터 약 10년간 돈 브라우닝(Don S. Browning)이 주도하여 "종교, 문화, 가족 사업"(The Religion, Culture and the Family Project)을 추진했다. 이를 위해 신학자와 사회 과학자가 협업했다. 문우일, "한국의 저출산, 고령화 대응 정책 비판과 기독교계 참여 가능성에 대한 탐색," 『신학과 실천』 52 (2016), 814-15.

협력해야 한다.[48] 이처럼 증인의 책임성 있는 역할은 쉽지 않으며 진행형이다. 사랑의 빚진 젊은 그리스도인 부모는 시간이 흘러 자녀와 함께 또 다른 증인이 되어, 하나님의 선교에 동참한다.[49] 여기서 '선교적 혼인식'(missional marriage ceremony)을 제안해 본다.

(1) 사업화된 결혼식장이 아닌 예배당에서 충분한 시간을 가지고 예식을 거행한다. 예식 전에 예비 부부의 하나님 중심, 교회 중심 그리고 성경 중심의 활동 모습을 사진이나 동영상으로 보여준다.

(2) 혼인식에 앞서 선교적 교회를 숙지하고 있는 주례자는 그리스도인은 축하객이 아니라 언약의 증인임을 숙지시킨다.

(3) 주례자는 언약의 복이 가정과 자녀에게 어떻게 임하는가를 설교한다.

(4) 주례자는 부부가 섭리의 하나님 앞에 서약하도록 하면서, 동시에 부부의 양가도 사랑으로 연합하도록 강조한다.

(5) 선교적 가정을 이루라는 격려와 축사와 더불어, 증인들은 부부 간의 사랑의 연합을 축하하며 계속 기도로 응원한다.

(6) 부부는 임신을 주례자와 교회에 알리고, 교회는 유아 세례의 공동 증인이 된다. 부모는 혼인식의 경우처럼, 유아 세례식에 불신 가족을 초대하여 복음을 접할 기회를 준다.[50] 물론, 가정에 임한 언약의 복이라는 스토리텔링을 입힌 돌잔치를 전도의 기회로 삼을 수 있다.

하나님의 가족 안에 부부와 자녀라는 작은 가족이 존재한다. 이 두 가족은 모두 선교적 공동체다.

---

48 정재영, "저출산의 원인과 대책: 종교사회학의 관점에서," 195.
49 선교의 주도권을 쥐신 삼위 하나님께서 수행하시는 선교(Missio Dei)는 교회가 수행하는 (해외) 선교를 배제하지 않는다. P. J. Buys, "The Roots of Missio Dei in the Reformation, and Its Implications for Theological Education," *In die Skriflig* 54/2 (2020), 2-8.
50 선교적 교회의 조직은 만물을 그리스도로 충만하게 하기 위해 일반 성도를 선교사화 하는 조직으로 개편해야 하고, (유아) 세례는 하나님의 선교에 참여하는 선교행위임을 드러내야 한다. 조해룡, "선교적 교회를 위한 목회 활성화 방안 연구: 교회 예전과 목회행정 구조 변화를 중심으로," 『선교신학』 52 (2018), 332, 345.

나오면서

성경의 언약은 하나님 나라 확장과 선교를 가르친다. 그렇다면 언약공동체인 교회는 물론 가정도 선교공동체여야 한다. 저출산은 "생육하고 번성하고 충만하라"는 하나님의 엄중한 언약적 명령에 불순종한 결과이므로, 이 일에 소홀한 그리스도인은 회개해야 한다. 사도행전에 따르면, 온 가정이 구원을 받는 역사가 일어났다(행 11:14; 16:31; 18:8).

이와 같이 하나님께서 주인 되시는 행복한 가정을 가꾸는 것이 혼인과 출산을 위한 근본적 방안이 아닐까?

소위 중직자 가정의 자녀가 대학 진학이나 취업을 기점으로 탈 교회와 타 신앙에 빠지는 경우가 많다. 그런 자녀는 불신자와 결혼할 가능성이 높다. 가정이라는 선교지에서 중생과 변화가 절실한 시점이다. 선교적 가정(missional family)에서 선교적 교회가 나오는 법이다.

언약의 하나님은 자기 자녀를 먹이고 입히신다. 특별히 하나님의 사랑과 의로 충만한 나라를 우선 추구하는 자녀에게 언약의 복이 가득하다. 그런 복을 맛본 사람은 하나님의 선교에 동참하는 복된 성도다.

여성의 인권 신장을 위한 교육과 성공 지향의 교회는 그릇된 자아상과 자기애를 부추긴다. 기득권 부자는 부를 세습하기 위해 정략결혼과 출산을 계속해 왔다. 하나님이 없는 '다산과 풍요'는 구약 바알 숭배의 특징이었다.[51] 바알식 다산과 풍요는 복이 아니라 세상에 재앙과 악을 가져다준다.

인구 절벽 시대에 기독 청년들을 어떻게 돌볼 수 있는가?

장유 소재 '소금과빛교회'(예장 고신)는 신혼부부의 주택 마련을 위해 대출을 지원하고 있다. 교회는 정부가 해 줄 수 없는 자녀 양육비 지원과 여성의 경력 단절에 관심을 가지고 대처해야 한다. 혼인과 출산을 돕는 사회 체계의 변화와 정책도 중요하다. 한 예로, 육아의 부담을 경감하기 위해 협력하여 육아를 한 결과 미국의 박사학위 소지 여성의 출산율이 상승했다. 보육 예산의 증대와 탄력 근무제의 도입도 출산율 상승을 이끌었다.[52] 이것은 그리스도인

---

51 주은평, "한국 사회의 초저출산, 인구 절벽 현상에 대한 창세기의 '생육과 번성'의 신학적 이해," 974.

52 문우일, "한국의 저출산, 고령화 대응 정책 비판과 기독교계 참여 가능성에 대한 탐색,"

이 정부 정책과 사회 구조의 변화에 간여하고 선한 영향을 미쳐야 할 이유가 무엇인지 보여준다. 교회는 비혼을 부추기는 세속 문화와 TV 프로그램의 악영향을 경계해야 한다. 예를 들어, MBC의 예능프로인 <나 혼자 산다>는 비혼을 유희로 포장한다. 저출산에 대한 언약-선교적 해법과 관련하여 더 생각해 볼 문제는 다음과 같다.

(1) 부부 우선의 가치관에서 자녀가 차지할 자리는 무엇인가?
(2) 자녀 양육의 경비를 부담으로 여기지 않도록 인식을 개선할 수 있는가?
(3) 1인 가정과 핵가족 시대에 가족의 연대를 어떻게 구축할 수 있는가?
(4) 부모와 설교자는 독신의 은사와 상관 없이 비혼과 성적 타락이 만연한 세태를 성경의 원칙에 따라 교정해야 한다.
(5) 기독교가 공공선을 세우기 위해 공론장에서 대화하는 논리와 기술을 개발할 수 있어야 성경적 가족에 대한 정책 입안으로 이어질 것이다. 선교적 교회는 정부의 가장 좋은 파트너가 될 것이다.

'가정의 달'을 앞두고, 경건한 언약의 가정에 생육과 번성이 임하는 성경 본문을 어떻게 스토리텔링으로 설교할 수 있는가?

(1) 본문을 적절히 선택해야 한다(예. 시 127; 128).
(2) 본문을 언약의 관점에서 해석한다. 시편 127편이나 128편을 본문으로 선택했다면, '(솔로몬) 성전에 올라가는 노래', 즉 예배를 통해 언약을 갱신하기 위한 시편가임을 부각해야 한다. 여호와께서 집이나 가정을 세우시고 돌보시지 않으시면 헛되다(시 127:1). 여호와는 언약의 복을 계승하도록 자신을 예배하는 부부에게 자녀라는 상과 복을 주시기 원하신다(시 127:3).[53]
(3) 본문을 하나님 나라의 선교의 빛에서 해석한다. 하나님은 가정을 세우시고 유지하시며 번성케 하신다. 하나님은 복된 가정을 허물려는 원수를 물리치신다. 예배는 선교로 이어진다.

805-806.
53　Contra 인구가 증가하는 상황이라면 시 127:5의 많은 자식을 영적 자녀로 보아야 한다고 주장하는 김중은, "[구약] 시편 127편," 『성서마당』 10 (1995), 3.

(4) 본문의 세계와 오늘날 상황 간의 유비를 찾아 적용한다(예. 시 127:5의 성문 곧 재판정에서의 명예와 수치; 시 128:5-6의 평생 지속되는 번영과 복 그리고 자식의 자손을 보면서 누리는 평강; 비교. "무자식이 상팔자다").[54]

여호와를 경외하는 가정은 경제적 형통과 자녀의 번성이라는 복을 받는다(시 128:1-3). 이런 가정의 복은 시온/예루살렘/이스라엘의 번영과 복으로 확장된다(시 128:4-6; 참고. 창 12:2; 사 66:12).

이것이야말로 그리스도께서 다스리시는 그리스도인 가정이 사회 안에 공동선을 세우는 일이 아니고 무엇이랴!

한국 교회에 유아 세례라는 은혜의 방편은 이미 희귀해졌는데, 이것은 수평이동과 양적 성장주의가 만들어 낸 부산물이기도 하다. 시간이 걸리더라도 선교적 하나님께서 주시는 언약의 복이 임하는 선교적 가정과 선교적 교회로 돌아가야 한다.

남아공을 비롯한 해외 개혁교회의 경우 여전히 출산율은 높은 편이다. 그리고 부모는 자녀 양육을 위해서라면 전문직 종사자도 휴직도 감내한다.

도대체 무슨 이유일까?[55]

---

54 참고. 김창주, "행복과 복의 이중주: 시편 128편 연구," 『성경원문연구』 36 (2015), 70. 참고로 성경에 오늘날의 1인 가족은 거의 나타나지 않으며, 가정은 가부장적 도시-국가의 축소판과 같았고, 여성의 역할은 가정에 국한되었기에 그것을 벗어나면 수치에 해당되었다. S. C. Barton, "Living as Families in the Light of the New Testament," *Interpretation* 52/2 (1998), 133.

55 "개혁교회는 왜 자녀를 많이 낳는가?"라는 질문에 ChatGPT는 다음과 같이 답한다. (1) 성경적 가르침: 개혁교회는 종종 성경을 중요한 교리적 근거로 삼습니다. 성경은 자녀를 복으로 간주하고 가정을 성스럽게 여깁니다. 따라서, 개혁교회 신자들은 종교적으로 자녀를 가지는 것이 하나님의 계획에 부합한다고 믿을 수 있습니다. (2) 가족과 출산의 중요성: 개혁교회는 가족을 중시하는 문화를 갖고 있습니다. 가정은 종교적, 윤리적, 사회적 가치를 전달하는 핵심 장소로 간주되며, 자녀를 낳고 키우는 것이 가정의 중요한 부분입니다. (3) 선교와 신앙 전파: 개혁교회는 종교적 믿음을 계승하고 키우기 위해 자녀를 낳고 키우는 것을 선교적 책임으로 간주할 수 있습니다. 신자들은 자녀를 종교적 교육과 신앙적 가르침에 노출시켜, 그들이 신앙을 받아들이고 나중에 다른 사람들에게 전파할 수 있도록 하려고 할 것입니다. (4) 문화적 영향: 일부 개혁교회는 보수적인 가치 및 전통적인 가족 모델을 선호하는 문화적 배경을 갖고 있습니다. 이러한 문화적 가치관은 자녀를 가지는 것을 적극적으로 장려할 수 있습니다. (5) 사회적 영향: 일부 개혁교회 신자들은 자녀를 낳고 키우는 것을 사회적 책임으로 간주합니다. 자녀는 사회의 미래를 이끌어갈 리더 및 교회의 다음 세대로서 중요한 역할을 수행할 것으로 보이기 때문입니다. https://chat.openai.com/c/a1b73f3b-af20-4c81-a267-b66a27a7126b (2024년 3월 16일 접속).

이에 대한 통계 분석과 질적 연구가 필요하다.[56] 이를 위해, 성경신학자와 가정 사역 전문가의 협업도 중요하다.

신앙을 계승할 자녀가 없다면 어떻게 될까?

출산과 자녀 양육은 문화명령과 전도명령을 수행하여 사회적 책임과 하나님 나라의 사역을 감당하는 중요한 복의 통로다. 이를 위해, 교회 차원에서 부부의 육아를 돕는 프로그램을 운영할 수 있다. 언약의 자녀를 신앙공동체가 더불어 양육하는 차원이다. 그리고 학부모는 학교 교육을 보완하기 위해 홈스쿨을 함께 시행하여 교육비를 절감하고 신앙과 공동체성을 함양하는 방안도 마련할 수 있다.

그리스도인이 문화명령을 수행하는 방법은 그릇된 문화를 복음으로 변혁하여 그리스도의 나라를 왕성하게 하는 것이다(골 1:16).

---

[56] ChatGPT는 저출산에 대한 성경적 해결책을 다음과 같이 제시한다. (1) 가족과 출산의 중요성 강조: 성경은 가족과 출생의 중요성을 강조한다. 예를 들어, 창 1:28에서 하나님은 아담과 하와에게 "번성하라"는 복을 주셨다. 따라서, 가정을 건강하게 유지하고 출산을 촉진하는 것이 중요하다는 메시지를 전달할 수 있다. (2) 자녀 교육과 육아에 대한 책임을 강조: 성경은 부모에게 자녀 교육과 육아에 대한 책임을 부여한다. 엡 6:4는 "아비들아 너희 자녀를 노엽게 하지 말고 오직 주의 교훈과 훈계로 양육하라"고 말한다. 따라서 성경은 자녀를 키우는 것이 부모의 의무임을 강조하여, 출산에 대한 긍정적인 태도를 촉진할 수 있다. (3) 가족 간의 사랑과 배려의 실천: 성경은 가족 구성원 간의 사랑과 배려를 장려한다. 이러한 가치는 가정 내에서 안정성을 유지하고 출산을 포함한 가족계획을 지원하는 데 도움이 된다. https://chat.openai.com/c/a1b73f3b-af20-4c81-a267-b66a27a7126b(2024년 3월 16일 접속).

제2장

누가-행전의 평화와 3.1운동의 평화 그리고 크리스천의 공적 평화 실천[1]

들어가면서

3.1운동은 1919년 3월 1일에 민족대표 33인이 독립선언서를 발표한 후 1년간 지속된 거국적 항일민족독립투쟁운동을 총칭하는데, 민족 운동사 및 한국 교회사에서 중요한 전환점이었다.[2]

3.1운동과 그 결과물인 상해 대한민국임시정부 수립 100주년을 보낸 시점에 그 독립평화 운동을 신약성경의 평화와 비교하면서, 오늘을 사는 그리스도인의 평화 정착을 위한 길을 모색하는 것은 큰 의의가 있다.

상해에서 열린 3.1운동 1주년 기념식에서, 안창호는 3.1운동의 의의를 자유와 평등과 정의의 생일이라고 평가한 바 있다.[3] 그러나 국내와 국외에서 자유와 평화를 정착시키는 것은 여전히 어려운 과제다.

본 장은 '평화'(εἰρήνη)를 중요한 주제로 삼는 신약성경 가운데,[4] 명사 '평화'를 가장 자주 언급하는 누가복음-사도행전으로 범위를 좁혀 성경적 평화의

---

1 이 글은 『교회와 문화』 44 (2020), 75-107에 실렸다.
2 독립운동가들과 일부 선교사에 의해 '3.1 혁명' 혹은 '한국 혁명'이라 불린 3.1운동에 1919년 연인원 202만 명, 즉 전체 인구의 10퍼센트가 참여했다. 또한, 만주, 중국, 일본, 미주, 하와이, 러시아 연해주 등에서도 동포의 참여가 많았다. 이만열, "3.1운동과 한국 기독교," 『기독교사상』 제34권 3호 (1990), 113; 이덕주, "3.1운동에 대한 신앙운동사적 이해," 『기독교사상』 제34권 3호 (1990), 133; 김승태, "삼일운동은 우리 민족에게 무엇이었나?" 『생명나무』 3월호 (2019), 27.
3 이상일, "31정신과 21세기 한국 교회 회중찬송곡," 『선교와 신학』 제46집 (2018), 304.
4 신약성경에 εἰρήνη는 92회 등장하는데, 예수 그리스도의 평화를 강조하는 바울서신에 절반 이상이 등장한다(참고. 골 3:15). 평화는 다차원적으로 해석해야 하기에 의미론적, 역사적, 문학적 그리고 간본문적 연구를 요청한다. 다각도로 분석하되, 구체적인 맥락 속에서 평화의 의미를 결정해야 한다. 평화를 미래 종말적, 심리-내면적, 혹은 정치-경제적인

개념과 원리를 찾을 것이다.[5] 먼저 누가-행전에서 명사 '평화'를 포함하는 총 21개 본문을 주해하고, 3.1운동의 평화적 성격을 탐구하여, 누가가 제시하는 평화론(paxology)과 비교한다. 본 장은 성경 텍스트를 출발점으로 삼아 3.1운동이라는 컨텍스트를 검토하는 방식을 따른다. 오늘날 '평화 인간'(*homo pacis*)인 그리스도인이 실현해야 할 공공적 평화는 다음과 같음을 논증할 것이다.

(1) 예수 그리스도를 믿음으로 얻는 통전적 구원의 결과로서 평화
(2) 갈등과 반목을 화해와 위로로 승화시키는 평화
(3) 사탄의 세력과 제국적 요소의 압력에 굴하지 않는 비폭력과 믿음의 저항으로 얻는 평화
(4) 복음과 기도와 부활의 권능을 덧입어 시대적 요청을 분별함으로 구현해가는 평화

한 가지 의미로 환원하여 축소하는 것을 주의해야 한다. 무엇보다 평화는 관계적 의미를 가지기에 정적 상태로만 보기 어렵다. 신약의 평화를 이해하는 열쇠는 예수님께서 그리스도인의 평화라는 데 있다(엡 2:14). 신약성경 중 바울서신과 히브리서(롬 15:33; 16:20; 빌 4:7, 9; 히 13:20-21 등)에만 '평화의 하나님'이 총 8회 등장하는 사실이 주목을 끈다(살전 5:23 등). 바울은 '이스라엘의 하나님'께서 예수님의 십자가 죽으심과 부활을 통하여 모든 악의 세력을 무찌르심으로써 모든 피조물 안에 수직적이며 수평적 평화를 결정적으로 실현하심을 강조한다. 참고. P. G. R. de Villiers, "Vrede as 'n Onontginde Navorsingstema in die Nuwe-Testamentiese Wetenskap," *HTS Teologiese Studies* 71/1 (2015), 6-8; R. van Houwelingen, "De God van de Vrede in het Nieuwe Testament," *HTS Teologiese Studies* 71/1 (2015), 1, 6; 손주철, "사도 바울의 평화학: 평화인간-평화세계," 『평화인간-평화세계』 제1권 1호 (2003), 144-47.

5 고대 근동의 신들은 평화를 크게 사랑하지 않았다. 그런데 그리스의 평화의 여신 '에이레네'(Eirene)는 제우스의 딸인데 로마제국의 'Pax'에 해당한다(참고. 아우구스투스의 정복을 기념한 B.C. 13년경 평화의 제단[*Ara Pacis Augustae*]). 이 평화의 여신들은 전쟁의 신들인 Ares나 Mars보다 덜 알려졌을 뿐 아니라 올림푸스의 12신에 들지도 못했다. 성경 이외의 헬라어 용례에 의하면, 평화는 전쟁의 반대 개념으로서, 번영의 복을 가져오는 법과 질서의 상태다. 예수님의 평화(*Pax Christi*)는 로마제국이나 여신 Pax가 준 평화와 다르다(요 14:27; 롬 15:33). 참고. H. Beck and C. Brown, "Peace," in *NIDNTT*, Volume 2, ed. C. Brown (Grand Rapids: Zondervan, 1986), 776, 780; T. S. Hadjiev, "Peace, Rest," in *Dictionary of the Old Testament Prophets*, eds. M. J. Boda and J. G. McConville (Leicester: IVP, 2012), 574-77.

1. 누가-행전의 평화

신약성경에 '평화' 관련 단어는 100회 등장한다. 평화(εἰρήνη; 92회), 화평케 하는 자(εἰρηνοποιός; 1회; 마 5:9), 평화로운(εἰρηνικός; 2회; 히 12:11; 약 3:17), 평화를 만들다(εἰρηνοποιέω; 1회; 골 1:20), 평화를 지키다/평화롭게 살다(εἰρηνεύω; 4회; 막 9:50; 롬 12:18; 고후 13:11; 살전 5:13).[6]

이렇게 평화를 무려 100회에 걸쳐 강조한 요점(要點)은 예수님의 화해 사역을 통해 세상에 임한 '하나님의 평화'(Shalom Dei)다. 로마제국과 유대교로부터 박해를 받던(참고. 살전 2:14) 초대 교회는 구약과 후기 유대교에서 강조해 온 평화(שָׁלוֹם)를 중요한 가치로 여겼다.[7] 하지만, 초대 교회는 A.D. 1세기 상황을 고려하여 종말론적이며 기독론적으로 평화의 의미를 변용(變用)했다.[8]

1) 누가복음의 평화

누가-행전은 온 천하의 주이시며(행 10:36; 참고. 사 54:5; 계 15:3-4) 심판자이신(행 17:31) 예수 그리스도의 복음이 한쪽 구석이 아니라 온 세상에 전파되어야 하기에 '공적 복음'을 소개한다(눅 24:49; 행 1:8; 26:26).[9] 누가는 온 천하의

---

6 조석민, "신약성서에 나타난 '평화'의 의미," 『장로교회와 신학』 제7권 (2010), 26.
7 LXX에서 εἰρήνη는 שָׁלוֹם의 번역으로 250회 이상 등장하는데, 특별히 하나님께서 주시는 선물로서 포괄적인 웰빙을 가리킨다(예. 구원[민 6:24-26; 사 43:7; 렘 29:11], 번영[시 73:3], 육체적 건강[삿 19:20; 시 38:3; 사 57:18], 숙면[시 4:8]), 개인 혹은 국가 간의 좋은 관계[삿 4:17; 왕상 5:26]). 평화는 신적 선물이지만, 사람이 하나님을 신뢰하고 순종할 때 주어진다(사 27:5; 59:8; 슥 8:16-19; 말 2:6). 구약과 후기 유대교에서 שָׁלוֹם은 정치적으로 전쟁과 속박의 반대 개념에 국한되지 않고(사 39:8; 렘 14:13), 하나님께서 주시는 국가나 공동체의 온전한 상태로서의 웰빙을 방해하는 모든 요소(예. 전쟁과 불안한 마음[예. 필로])의 반대 개념이다(참고. 피르케 아봇 1; 12). 그리고 구약, 특히 이사야서 후반부를 중심으로 정의의 회복과 (종말론적) 평화는 서로 긴밀하다(사 9:7; 32:16-17; 48:18; 54:10, 13; 60:17; 62:1-2; 65:25). 쿰란공동체는 현재 시험을 통과한 이들이 누릴 영원한 종말론적 구원으로서의 평화를 강조했다(1QS 2:4; 1QM 17:1). H. Beck and C. Brown, "Peace," 777-80 그리고 P. J. Nel, "שָׁלוֹם," in *NIDOTE*, Volume 4, ed. W. A. VanGemeren (Grand Rapids: Zondervan, 1997), 130-32에서 요약.
8 참고. 조석민, "신약성서에 나타난 '평화'의 의미," 41.
9 J. R. Edwards, "Public Theology in Luke-Acts: The Witness of the Gospel to Powers and Authorities," *NTS* 62 (2016), 227, 248; 송영목, "공공신학에서 본 세상 속의 천국," 『교회와 문화』 제42호 (2019), 94-127.

주님으로서 세상에 구원과 평화를 주시는 예수님의 빛 아래서 영적(사탄)-세상적 권세(헤롯, 산헤드린, 황제, 총독, 천부장 등)를 상대화한다(눅 1:52).[10]

신약성경에서 누가복음은 '평화'(εἰρήνη)를 14회(눅 1:79; 2:14, 29; 7:50; 8:48; 10:5-6[3회]; 11:21; 12:51; 14:32; 19:38, 42; 24:36)나 사용한다. 누가는 예수님의 사역을 '평화', '구원,' '기쁨,' '복음,' '성령,' '찬양,' '영광,' '은혜,' '복되다,' 그리고 '놓아주다'라는 단어들로 소개한다.[11] 누가는 '평화'를 복음서의 첫 장(1:79), 예루살렘 여행 기사의 시작(10:5-6)과 끝(19:38, 42), 마지막 장(24:36)에 전략적으로 배치하여 평화의 왕이신 예수님의 사역을 강조한다.[12] 사도행전에서, '평화'는 7회 나타난다(행 7:26; 9:31; 10:36; 12:20; 15:33; 16:36; 24:2).

따라서, 누가복음이 팍스 로마나(Pax Romana) 시대에도 불구하고 '하나님 나라의 기독론적 평화 복음'이라면, 승천하신 예수님이 성령님과 사도를 통해서 이루신 천국 확장을 다루는 사도행전은 '고기독론적-성령론적 교회의 평화 행전'이라 불러도 자연스럽다.

로마제국 이데올로기의 열쇠는 잔인한 폭력의 형태라기보다 '팍스 로마나'라는 이념에 달려 있었다.[13] 팍스 로마나는 사람과 신들 사이의 조화를 통해서 하늘의 평화와 땅의 완전한 안정을 선전했고, 아우구스투스를 통해서 이미 새 세상이 도래했다고 보았다. 따라서, 점진적인 하나님 나라의 성취를 가르치는 신약성경과 달리, 팍스 로마나는 성격상 '과도히 실현된 종말론'과 '묵시적 요소'가 혼재한다. 이런 로마제국의 선전과 외침의 진정한 성취는 '하나님 나라'라는 유토피아를 요점으로 한 기독교의 선포에 나타난다.[14]

---

10 Edwards, "Public Theology in Luke-Acts," 251.
11 W. M. Swartley, *Covenant of Peace: The Missing Peace in the New Testament Theology and Ethics* (Grand Rapids: Eerdmans, 2006), 122. 누가가 자주 인용하는 이사야서의 "평화"(사 54:10)는 하나님께서 언약 백성을 향해서 변함없이 사랑을 베푸시는 것을 가리킨다. 이 사야는 평화를 창조(사 40:2, 28), 노아 언약(사 54:9), 아브라함 언약(사 54:2-5), 출애굽과 토라(사 2:2-4), 다윗 언약(사 55:3), 종(들)(사 48:17-19; 53:10-12) 그리고 창조의 완성(사 65-66)과 맞물리게 함으로써 구속사적으로 발전시킨다. C. H. Yee, "The Covenant of Peace in the Book of Isaiah: A Literary-Theological Study," (Ph.D. Dissertation, Trinity Evangelical Divinity School, 2015), 197-213.
12 H. Welzen, "Vrede en Oordeel in het Evangelie volgens Lucas," *Acta Theologica* 33/1 (2015), 2.
13 J. Punt, "New Testament as Political Documents," *Scriptura* 116 (2017), 5.
14 이 단락은 H. J. Boshoff, "Pax Romana as Agtergrond van die Christelike Kerugma," *HTS Teologiese Studies* 71/3 (2015), 9-10에서 요약한 것이다.

누가는 과장된 팍스 로마나를 대체하신 예수 그리스도께서 주시는 평화 그리고 그 평화가 성령과 사도를 통해서 구현되는 놀라운 역사를 기록한다.

먼저 누가복음에서 평화는 평화의 왕이신 예수님의 성육신으로 시작된다.[15] 누가복음 1장 79절에서 세례 요한의 아버지이자 제사장인 사가랴가 노래한 '평화의 길'(ὁδός εἰρήνης)은 예수님께서 어둠과 죽음에 있던 자들을 이끌어내어 죄 사함으로(눅 1:77; 참고. 렘 31:34의 새 언약) 구원해 평화로 이끄는 길인 동시에, 그 길 자체가 평화로운 방식으로 구현된다(참고. 사 9:2, 7).[16] 누가복음 1장 79절의 간본문인 이사야 59장 8-9절은 이스라엘 백성이 평화의 길을 알지 못하고, 그들이 가는 길에 공의가 없으며 길을 굽게 만들어 모든 사람이 평강을 알지 못했다고 탄식한다. 그러나 사가랴는 예수님께서 선지자 이사야의 탄식을 역전시키셔서, 구원 곧 정의(사 46:13; 59:11; 눅 1:75)의 결과인 평화를 주시러 오셨다고 노래한다(참고. 사 32:17).[17]

> 평화는 예수님의 탄생 사건에 대한 하나님의 주석(divine commentary)에 있어 하나의 열쇠 말(key word)이다.[18]

누가복음 2장 14절에서 천사들은 아기 예수님의 탄생으로 인해 하나님이 기뻐하시는 '땅에 사는 이들에게 평화'(ἐπὶ γῆς εἰρήνη)가 임할 것이라고 노래한다. 이것은 하나님과 사람 사이의 평화를 가리킨다.[19] 누가복음 2장 29절에서 제사장 시므온은 생후 40일 된 아기 예수님을 안고 "주재(主宰)께서 약속하신 대로 '이제 당신의 종을 … 평안히 놓아주십니다'"(νῦν ἀπολύεις τὸν δοῦλόν σου

---

15 평화의 왕이신 예수님과 그분을 임신한 마리아는 복되다(눅 1:42). 이스라엘의 원수를 죽였던 야엘(삿 5:24)과 유딧(유딧 13:16)은 전쟁을 통해서 복되지만, 구주를 임신한 마리아는 평화의 여인이다. B. E. Wilson, "Pugnacious Precursors and the Bearer of Peace: Jael, Judith, and Mary in Luke 1:42," *CBQ* 68 (2006), 436, 456.

16 D. E. Garland, *Luke* (ZECNT; Grand Rapids: Zondervan, 2011), 109. 눅 1:79의 출애굽 배경은 평화를 누가복음의 주요 주제로 보는 D. L. Bock, *Luke 1:1-9:50* (BECNT; Grand Rapids: Baker, 1994), 189, 193, 220 그리고 송영목, "The Eschatological Exodus Theme in the Benedictus," 『진리와 학문의 세계』 15 (2006), 105-136을 보라.

17 J. R. Edwards, *The Gospel according to Luke* (Grand Rapids: Eerdmans, 2015), 64.

18 Swartley, *Covenant of Peace*, 123.

19 Garland, *Luke*, 123.

… ἐν εἰρήνῃ)라고 찬양한다. 시므온은 죽기 전에 그리스도를 만날 것이라는(눅 2:26) 하나님의 약속을 신뢰하였기에, 구주 예수님을 만난 후 넘치는 기쁨을 느꼈고 죽음도 평안히 맞이했다(참고. 사 49:6).[20]

누가는 '구주'(σωτήρ, 참고. 눅 1:47)라 불린 황제가 약속한 팍스 로마나가 아니라, 하나님의 구원을 신뢰하고 인내하며 소망할 때 전인적인 웰빙으로서 평강이 찾아옴을 로마제국의 고위 관리 데오빌로에게 교훈한다.[21]

누가복음 7장 50절에서 평화는 바리새인 시몬의 집에서 죄를 지은 여인이 향유를 예수님에게 부은 후, 주님이 그녀에게 사죄를 선언하신 후 주신 말씀이다: "네 믿음이 너를 구원하였으니 '평안히 가라'(πορεύου εἰς εἰρήνην)"(참고. 창 26:29; 출 18:23; 삼상 1:17; 20:42). 1장 79절, 2장 14절 그리고 2장 29절처럼, 7장 50절에서도 평화는 예수님의 죄 용서를 포함하는 통전적 구원의 결과다. 누가가 즐겨 소개하는 식탁 교제의 현장에서 죄인이 죄인의 친구(눅 7:34)인 예수님을 믿음으로 구원과 평안을 얻는다. 이제 이 여인은 사가랴가 노래한 평화의 길(눅 1:79) 위를 행진한다.[22] 2장 14절에서 밝힌 대로 이 여인은 하나님이 자신과 화목하기를 기뻐하신 선민이다.[23]

누가복음 8장 48절에서 12년 동안 혈루증(血漏症)을 앓아 제의적으로 부정했던 여인에게 예수님은 "네 믿음이 너를 구원하였으니 '평안히 가라'"(πορεύου εἰς εἰρήνην)고 말씀하신다. 주님의 구원 때문에 치유와 사죄를 받은 이들이 걸을 수 있는 평화의 길은 1장 79절, 7장 50절에 이어 8장 48절에도 반복된다. 이 여인은 주님께로 나아와서 주님의 옷 가에 손대는 믿음의 행동을 보였고(눅 8:44), 그 결과 회복의 평화와 웰빙과 구원을 은혜로 받았다.[24] 평화는 단지 내면적이고 주관적인 감정이나 육체의 치료에 머물지 않는데, 사

---

20 송영목, "The Eschatological Exodus Theme in the Nunc Dimittis," 『신약논단』 제12권 4호 (2005), 975-1017; Garland, *Luke*, 136.
21 Bock, *Luke 1:1-9:50*, 193; Edwards, *The Gospel according to Luke*, 85.
22 Garland, *Luke*, 331. 참고로 눅 7:36 이하에서 바리새인 시몬으로 대표되는 유대인들은 믿음으로 죄 사함과 구원과 평화를 얻을 수 있었지만, 문맥상 결과는 다소 부정적이다. Edwards, *The Gospel according to Luke*, 231.
23 Bock, *Luke 1:1-9:50*, 707-708.
24 Garland, *Luke*, 368.

회관계의 회복을 포함하는 공적 성격이 강하다.[25]

누가복음에서 예루살렘으로 향하는 여행 기사의 시작 부분인 10장 5-6절에 의하면, 천국 복음을 전파하도록 파송된 주님의 칠십 제자는 어떤 집에 들어가면 "이 가정에 평안이 있기를"(Εἰρήνη τῷ οἴκῳ τούτῳ)이라고 빌어야 했다. 평안을 받을 사람이 거기에 있으면 평안이 이루어질 것이요, 그렇지 않으면 제자들에게 돌아온다. 가정을 방문하여 친밀한 식탁 교제를 하면서(눅 10:7) 제자들은 막연한 평화가 아니라 예수님으로 말미암은 평화의 복음을 전했으므로(참고. 행 10:36), 여기서 예수님의 전권대사인 제자들이 주님의 현존을 대신하여 비는 평화는 평상시 인사말이라기보다 기독론적이고 종말론적이며 구원론적인 평화다(참고. 1:79; 2:14, 29).[26] 이 평화를 믿음으로 수용하면 그 사람은 평화와 구원을 얻게 된다.

여행 기사의 시작(눅 10:5-6)과 끝(눅 19:38)은 '평화'로 포괄식 구조를 이룬다. 칠십 인 전도가 내다보는 장차 있을 이방인 선교에 있어서, 천국의 평화 복음은 '평화의 아들'(υἱὸς εἰρήνης, 눅 10:6)을 불러 모을 뿐 아니라, 사탄과 악의 세력을 정복하는 결정적인 힘이다(눅 10:18; 참고. 눅 22:51).[27]

개역개정 성경은 누가복음 11장 21절의 평화를 '안전하되'(ἐν εἰρήνῃ ἐστὶν)라고 적절히 번역하는데, 강한 자가 무장하여 자기 소유를 지키는 장면이다. 문맥상 하나님 나라는 예수님이 행하신 축귀를 통해서 나타나는데(눅 11:20), 하나님께서 폭군으로부터 자기 백성을 구원하실 것이라는 이사야 49장 24-25절을 연상시킨다. 여호와의 고난당하신 종은 승리하셔서 강한 자들과 전리품을 나누는데(사 53:12), 예수님이 축귀를 통해서 사탄을 이기신 것을 제자들도 공유할 수 있다(참고. 골 2:15; 요일 4:4; 계 19:14).[28] 강한 자인 사탄을 정복하셔서 천국을 도래케 하신 더 강하신 분인 예수님(눅 3:16)은 사탄의 공격으로부터 천국과 그 안의 백성을 안전하게 지키시고 평화를 주신다(참고. 레위의 유언

---

25 Bock, *Luke 1:1-9:50*, 799.
26 D. L. Bock, *Luke 9:51-24:53* (BECNT; Grand Rapids: Baker, 1996), 998; Edwards, *The Gospel according to Luke*, 307; Garland, *Luke*, 426.
27 Swartley, *Covenant of Peace*, 125.
28 Edwards, *The Gospel according to Luke*, 346.

18:12).²⁹ 즉, 성령의 능력으로써 사탄을 무력화시키려는 기독론적 평화가 결국 천국 백성에게 임한다.

누가복음 12장 51절에서 예수님은 평화(εἰρήνη)가 아니라 분쟁(διαμερισμός)을 초래하신다(참고. 미 7:6). 평화에 관한 예언(대상 22:9; 사 2:4; 9:5-7; 슥 9:9-10)을 성취하신 평강의 왕께서 분쟁을 일으키신다니 의아하다(참고. 눅 2:14; 7:50; 행 10:36). 로마의 평화는 기존 질서를 유지하는 데 급급했다. 하지만, 예수 그리스도의 복음이 전파되는 곳에는 불가피하게 믿음의 수용 혹은 불신의 거절이 발생하게 된다. 공동체 안에서 기존의 평화에 안주하지 않고 복음을 믿겠다고 결단하는 이는 예수님과 천국에 '우선순위'를 두도록 결단해야 하므로, 심지어 가장 가까운 가족의 적대감도 감수해야 한다(참고. 눅 2:34-35).³⁰ 평화는 구원의 복음에 믿음으로 반응하는 이에게만 임한다(참고. 엡 2:13-17).³¹

누가복음 14장 32절의 평화(τὰ πρὸς εἰρήνην)는 예수님의 제자가 되기 위해서 치러야 할 대가를 신중하게 분별하라는 맥락에 등장한다(참고. 잠 24:36).³² 이 비유에서 예수님은 그리스도인의 군 복무와 전쟁을 정당화하시려고 군대와 전쟁을 비유의 소재로 사용하시지 않는다.³³ 여기서 예수님은 군사 은유를 통해 제자도를 설명하신다. 전쟁에서 승리할 가능성이 없다면, 약소국의 왕이 강대국의 왕에게 먼저 화친, 곧 평화를 요청해야 수치스런 굴종이나 희생을 예방할 수 있다(참고. 삼하 8:8-11; 대상 18:9-11). 반대로 승전을 확신한다면, 왕은 모든 군인과 무기를 동원하여 전력투구해야 한다.

따라서, 가족(눅 14:26), 목숨(눅 14:27) 그리고 모든 소유(눅 14:33)를 그대로 유지하면서 생색을 내는 이는 제자가 될 수 없다.³⁴ 제자가 치를 대가를 숙고하고 준비하지 않는다면, 박해와 같은 어려움에 직면했을 때 당황할 것이며

---

29 이 단락은 Garland, *Luke*, 483에서 요약. Bock, *Luke 9:51-24:53*, 1082도 참고하라.
30 이 단락은 Garland, *Luke*, 530-31에서 요약. 참고로 유대 문헌(m. Sotah 9:15)은 분쟁하던 가족이 메시아의 도래로 화목하게 될 것으로 기대했다. Edwards, *The Gospel according to Luke*, 385.
31 Bock, *Luke 9:51-24:53*, 1194.
32 눅 14:32의 배경이 아우구스투스의 모토 "Make haste slowly"(급하면 돌아가라)가 있다는 주장은 Edwards, *The Gospel according to Luke*, 428을 보라.
33 J. Driver, 『초기 그리스도인들이 본 전쟁과 평화』(*How Christians made Peace with War*), 이상규 역 (서울: KAP, 2010), 19.
34 Garland, *Luke*, 603.

치명적 결과가 초래될 것이다.[35]

유월절에 예수님이 예루살렘을 향하여 가시던 중(참고. 눅 23:38), 많은 제자(눅 19:37)는 땅이 아니라 '하늘의 평화'(εἰρήνη ἐν οὐρανῷ)를 노래한다(비교. 눅 2:14). 예수님은 예루살렘에서 왕으로 등극하시지 않을 것이다. 만약 제자들이 '하늘의 평화' 대신 '땅의 평화'를 외쳤다면, 자칫 예수님을 로마제국을 대항하는 정치 지도자로 비치게 할 수 있었을 것이다(참고. 막 11:10의 다윗의 왕국).[36] 하지만, 찬송하던 제자들의 무리와 달리, 돌 성전에서 권력을 쥔 종교 지도자들은 예수님의 입성에 돌처럼 냉담했다. 예수님은 하늘의 평화와 영광을 이 세상에 가지고 오신 종말의 왕이시다.

구약의 예언대로(참고. 시 118:26) 예수님은 '주님의 이름'(ἐν ὀνόματι κυρίου), 곧 성부의 이름으로 오시는 분이시기에(눅 19:38; 참고. 눅 13:35),[37] 예수님을 배척하는 것은 성자를 보내신 성부를 불신하는 것과 같다. 따라서, 이 땅에 하늘의 평화와 영광을 가져 오신 왕을 거부할 때, 유대인들이 맞이할 것은 하나님의 의로운 심판이 초래하는 파멸뿐이다.[38]

19장 42절에서 예수님은 예루살렘 사람들이 '평화에 관한 일들'(τὰ πρὸς εἰρήνην; '평화로 이끄는 일들')을[39] 몰랐다고 울고 탄식하셨는데, 뒤이어 하나님이 심판을 목적으로 방문하실 A.D. 70년의 예루살렘과 돌 성전의 파괴를 예고하신다(눅 19:43-44).[40] 제사장 사가랴가 노래한 대로, 어둠과 죽음에 빠져

---

35 Bock, *Luke 9:51-24:53*, 1289.
36 Edwards, *The Gospel according to Luke*, 548; 김득중, "누가 문서에 대한 정치적 해석," 『신학과 세계』 제19권 (1989), 45-46.
37 눅 19:38의 "오시는 분"(ὁ ἐρχόμενος)은 메시아를 가리키는 전문 용어가 아니다. 계 1:4에 성부 하나님이 "오시는 분"이시기 때문이다. Contra M. Zerwick, *A Grammatical Analysis of the Greek New Testament* (Roma: EPIB, 1993), 260.
38 평화의 복음서인 누가복음은 형용사 '의로운'으로 포괄식 구조를 이룬다(눅 2:25; 23:47). 그리고 누가복음의 여행 기사에 '의'와 '의로운'은 12회나 등장하는데, 이것은 병행 본문인 다른 복음서와의 차이점이다. 누가에게 평화는 의의 실현이다. Swartley, *Covenant of Peace*, 141.
39 M. M. Culy, M. C. Parsons and J. J. Stigall, *Luke: A Handbook on the Greek Text* (Waco: Baylor University Press, 2010), 611.
40 Garland, *Luke*, 771. 참고로 누가복음이 A.D. 70년 이후에 기록되었다고 보면서, 누가복음이 의도한 독자들은 돌 성전의 파괴라는 과거의 심판을 거울삼아 주님의 재림 이전에 회개를 통해서 평화와 구원을 경험해야 한다는 주장은 Welzen, "Vrede en Oordeel in het Evangelie volgens Lucas," 10-11을 보라.

영적으로 무지한(참고. 신 32:28) 유대인들이 하늘 영광을 가지고 오신 예수님을 믿었다면(참고. 눅 1:78-79), 종말론적 평화의 방문을 시행하시는 하나님을 현재적으로 기쁨으로 맞이할 수 있었을 것이다(참고. 눅 1:48, 68).[41]

누가복음 24장 36절의 "너희에게 평화가 있기 바란다"(εἰρήνη ὑμῖν)는 부활하신 예수님이 두려워하던 제자들을 만나서 주신 히브리식 인사 표현이다.[42] 제자들이 전도하러 집을 방문할 때 평화(구원)를 전해야 했듯이(눅 10:5-7), 예수님도 제자들에게 그렇게 하신다.[43]

누가복음은 천사를 대면하여 두려워하던 사가랴(눅 1:12, 18-20)로 시작하여 부활하신 예수님을 마치 환영(幻影)을 보는 것으로 착각한 두려워하는 제자들로 마친다(눅 24:37). 사가랴처럼 제자들도 두려움과 의심으로부터 신뢰와 용기의 자리로 옮겨야 했는데, 예수님은 환영이 아니라 실제 부활하신 몸을 입으셨기 때문이다(참고. 눅 24:3, 23).[44]

요약하면, 누가복음의 평화는 복음서 전체를 관통하는 주요 주제다. 누가는 '영광과 번영의 신학'을 제시하지 않고, 평화를 포괄적이고 통전적으로 소개한다.[45] 누가는 무엇보다 본질적으로 구주 예수님을 믿음으로써 죄 사함과 치유 그리고 의롭고 평화로운 하나님 나라를 수용하는 것이 중요함을 강조한다.[46] 더 나아가 평화는 기존 질서의 안주를 극복하고 전적으로 헌신하는 제자도 그리고 부활의 능력으로 두려움을 극복함 등이다.[47]

---

41 Garland, *Luke*, 773; Bock, *Luke 9:51-24:53*, 1558.
42 R. Beekes (ed), *Etymological Dictionary of Greek*, Volume 1 (Leiden: Brill, 2009), 391.
43 Edwards, *The Gospel according to Luke*, 729
44 Garland, *Luke*, 965-66.
45 참고. B. A. Van Roekel, "Evidences of Isaianic Social Justice Restoration in the Early Community of Luke-Acts," (Th.M. Thesis, Southern Baptist Theological Seminary, 2016), 40-62. 성경에서 '평화'는 천국, 구원, 화해, 복과 온전함, 하나님과 이웃을 사랑함, 선으로 악을 이김, 신망애와 자연스럽고도 긴밀하게 연결된다. Swartley, *Covenant of Peace*, 41.
46 Yoder and Swartley, 『평화의 의미』, 254.
47 참고. W. M. Swartley, "Politics and Peace (Eirēnē) in Luke's Gospel," in *Political Issues in Luke-Acts*, eds. R. J. Cassidy and P. J. Scharper (Maryknoll: Orbis Books, 1983), 18-37; 김득중, "누가 문서에 대한 정치적 해석," 7-63.

2) 사도행전의 평화

사도행전에서 '평화'는 7회 등장하는데, 스데반의 설교의 한 부분인 7장 26절에 처음으로 등장한다.[48] 그 구절에서 모세는 애굽에서 이스라엘인, 즉 형제간의 분쟁에 개입하여 '평화를 위한'(εἰς εἰρήνην) 화해자, 곧 화평케 하는 이의 역할을 한다(참고. 출 2:11).[49] 모세 당시의 이스라엘 형제간의 분쟁은 바울의 전도 사역을 동족 유대인들이 반대할 것을 내다본다(행 13:46).[50] 여기서 스데반은 그림자 모세의 실체이신 예수님을 참 화해자로 제시하는 듯하다.[51]

사도행전 9장 31절에서 계속되던 평화(εἶχεν[미완료형] εἰρήνη)는 회심한 바울이 예루살렘을 방문하고 고향 다소로 돌아간 후, 온 유대와 갈릴리와 사마리아 교회의 상황을 소개하는 맥락에 등장한다.

구원의 복음을 가로막을 것은 아무것도 없었고, 그 결과 팔레스타인 전역에서 교회들이 평화를 누리고 든든히 서 갔다. 더불어 주님을 경외함과 성령님의 위로로써 숫자적인 성장도 나타났다(행 9:31). 스데반의 순교 이후에도 유대 지역에서 박해가 지속되었으므로(행 12:2-4), 사도행전 9장 31절의 평화는 정치-종교적 박해가 사라진 상황이 아니라,[52] 예수님의 구원의 복음을 수용한 교회가 외부의 박해에도 요동하지 않는 영적 평화 상태를 가리킨다.[53] 이렇게 누가가 작은 단락을 교회의 부흥이라는 긍정적 진술로 요약한 경우는 이미 몇 차례 나타났으며(행 2:41, 47; 6:7), 또 등장할 것이다(행 12:24). 이런 반복 기

---

48 로마제국은 무력으로 정복한 나라와 지명을 구체적으로 나열함으로써, 우주적인 제국의 권력과 영화를 자랑했다. 이와 반대로 누가는 오순절 성령 강림을 목격한 유대인들의 출신지를 상세히 언급함으로써(행 2:9-11), 성령과 평화의 복음이 온 세상을 정복할 것을 가르친다(참고. 눅 2:10, 30-31; 3:38; 24:47; 행 1:8). G. Gilbert, "The List of Nations in Acts 2: Roman Propaganda and the Lukan Response," *JBL* 121/3 (2002), 514-18, 529.

49 행 7:26에서 모세의 등장으로 묘사하는 수동태 동사(ὤφθη, he was seen)는 하나님과 천사의 등장에 동일하게 사용된다(행 7:2, 30). 따라서 모세는 화목을 위해서 하나님의 파송을 받았다고 볼 수 있다. E. J. Schnabel, *Acts* (ZECNT; Grand Rapids: Zondervan, 2012), 375. Contra 수동태를 예기치 못한 만남을 의미한다고 해석하는 M. G. Parsons and M. M. Culy, *Acts: A Handbook on the Greek Text* (Waco: Baylor University Press, 2003), 129.

50 C. S Keener, *Acts*. Volume 2 (Grand Rapids: Baker, 2013), 1394.

51 D. L. Bock, *Acts* (BECNT; Grand Rapids: Baker, 2007), 292.

52 Contra Schnabel, *Acts*, 466.

53 Bock, *Acts*, 373.

법은 고대 작가에게서 볼 수 있는 전형적인 문학적 특징이다. 하나님께서 헤롯 아그립바 1세를 죽이신 후 말씀이 흥왕하고 교회가 평화를 누린 것처럼(행 12:24), 박해자 사울의 회심 후 교회는 평화와 안정을 누렸다.[54] 평화는 복음의 확장과 교회의 부흥을 위해서 생사를 주관하시는 하나님의 손에 달렸다.[55]

사도행전 10장 36절에서 평화는 베드로가 백부장 고넬료의 집에서 설교 중에 언급한 것으로,[56] 성부 하나님께서 '만유의 주'(πάντων κύριος)이신 '예수 그리스도를 통한 평화'(εἰρήνην διὰ Ἰησοῦ Χριστοῦ)의 복음을 유대인들에게 주신 사실을 설명하는 맥락에 등장한다(참고. 시 107:20). 예수님은 만유의 주님이시지만 유대인들에게 평화의 복음을 먼저 전하셨는데, 이것은 성부 하나님의 우주적 구원의 경륜에 부합한다.[57] 평화의 복음은 이방인과 유대인이 한 분 주 예수님을 믿고 갈등을 버리고 교제하는 것이다.[58] 구약 시대에 '평화의 말'(שָׁלוֹם דָּבָר)은 외교상 갈등을 종식하기 위한 목적으로 활용되었다(참고. 신 2:26). 성부는 불신 유대인들을 심판하시지 않고 관계를 회복시키기 위해서, 고난당하신 종이셨다가 만유의 주로 승귀하신 예수 그리스도께서 통치하신다는 평화의 복음을 주셨다(참고. 사 52:7; 눅 8:1; 행 8:12).[59]

하나님은 이방인도 평화의 복음으로써 구원 받기를 원하신다. 백부장 고넬료는 로마제국의 축소판이다. 누가는 제국을 부정적 혹은 긍정적으로 묘사하므로, 사도행전에서 일방적인 친/반 로마제국적 메시지를 찾을 수 없다.[60]

사도행전 12장 1-19절은 헤롯 아그립바 1세의 예루살렘 교회 박해를 설명한다. 뒤이은 사도행전 12장 20절에서 평화가 언급되지만, 결국 악한 왕의 죽음으로 마무리된다(참고. 『유대고대사』 19.350). 따라서, 위에 계신 대왕은 악한

---

54 이 단락은 Keener, *Acts*, Volume 2, 1695에서 요약.
55 장석조, "사도행전에 나타난 교회와 민족," (한국복음주의신학회 제37회 정기논문발표회. 서울중앙교회당. 2019년 4월 27일), 92.
56 원수 사랑(눅 6:27-36; 롬 12:14)을 실천하려던 A.D. 2-4세기 그리스도인의 비폭력적 평화 지향과 황제 숭배의 정점이었던 로마군 종교(Roman army religion)에서의 군 복무 거부(사 2:1-4; 미 4:1-4)에 대해서는 Driver, 『초기 그리스도인들이 본 전쟁과 평화』, 17-27, 48을 보라.
57 Schnabel, *Acts*, 500.
58 Swartley, *Covenant of Peace*, 162.
59 Bock, *Acts*, 396-97; Keener, *Acts*, Volume 2, 1798-99.
60 Swartley, *Covenant of Peace*, 154, 165-67.

왕을 죽이심으로써 자신의 교회에게 부흥과 평화를 주신다(행 12:24).[61]

12장 20절에서 평화는 A.D. 44년경 두로와 시돈 사람들이 가이사랴를 방문한 아그립바의 신하 블라스도를 계속 설득하는 맥락에 등장한다(참고. 미완료 동사와 목적어 ᾐτοῦντο εἰρήνην).[62] 두로와 시돈 사람들은 유대(욥바)로부터 갈릴리의 옥수수 같은 양식을 수입했으므로(참고. 왕상 5:9-11;『유대고대사』14.206), 유대인과 평화를 유지해야 했다. 로마 총독의 관저가 있던 가이사랴는 두로와 시돈에서 가까웠고 무역의 중심지였기에, 국제적인 이슈의 협상 장소로 안성맞춤이었다. 아그립바 1세는 농작물을 무기로 삼아 평소 탐탁지 않게 여긴 헬라화된 페니키아에 경제 제재를 가할 수 있었기에, 의존국의 입장에서는 경제와 무역의 원활한 교류로서 평화가 중요했다.[63]

사도행전 15장 33절에서 평화는 예루살렘 공의회의 결정 사항을 시리아 안디옥교회에 전달했던 두 선지자(행 15:32) 유다와 실라가 평화의 인사(μετ᾽ εἰρήνης)를 나눈 후, 예루살렘으로 다시 돌아간 맥락에 등장한다. 유다와 실라는 예루살렘 공회의 결정 사항을 성령의 감동으로 설명함으로써 시리아 안디옥 교회를 권면하고 위로했는데, 그 결과 유대파 그리스도인과 헬라파 그리스도인 사이의 분쟁은 해소되었다(행 15:2).[64]

이처럼 분쟁 중인 교회가 성령님의 인도로 합의와 결정을 도출한다면 갈등은 종식되고 평화와 위로와 환대가 강화된다. 따라서, 15장 33절의 평화는 "잘 가시고, 건강하시오"라는 작별 인사 이상의 감사와 존경을 함축한다.[65] 사도행전 10장 36절처럼, 여기서도 평화의 복음이 이방인과 유대인을 공통된 믿음과 교제로 이끈다.[66] 사도행전 16장 36절에서 평화는 빌립보 감옥에서 고난당한 바울과 실라를 이른 아침에 감옥의 상관들이 평안히 놓아주려는 맥락

61　Schnabel, *Acts*, 541.
62　개시적 혹은 진입적 미완료 보면, "설득하기(요구하기) 시작했다."는 뜻이다. Parsons and Culy, *Acts*, 240.
63　Keener, *Acts*, Volume 2, 1958-59에서 요약. 아그립바가 두로와 시돈의 항구 대신에 베이루트나 가이사랴 항구를 이용했다면, 페니키아에 경제적 손해를 더 입힐 수 있었다. Bock, *Acts*, 430.
64　C. S. Keener, *Acts*, Volume 3 (Grand Rapids: Baker, 2014), 2294.
65　Schnabel, *Acts*, 652.
66　Swartley, *Covenant of Peace*, 164.

에 등장한다. 이는 그들이 큰 지진으로 두려웠기 때문인지(참고. 행 16:26; D사본), 더 이상 전도하지 말라는 경고가 충분하다고 판단해서였는지, 아니면 지진 후에도 도망치지 않은 그들의 행동에 감동을 받아서인지 알 수 없다.[67]

투옥된 바울 일행에게 "너희는 평안히 가라"(πορεύεσθε ἐν εἰρήνῃ)는 명령은 얼핏 복음처럼 들리지만, 바울은 공적 수치(행 16:23)에 대한 공개적 해결을 37절에서 요구한다(비교. 37절의 "가만히 [λάθρᾳ, 사적으로] 내보내고자 하느냐?"). 바울의 요구는 개인적인 보복이나 명예 회복이라기보다 빌립보 교회를 공적으로 보호하려는 차원이다.[68] 그런데 '평안'(샬롬)은 유대식 및 기독교식 인사인데, 로마의 관리가 이런 인사말을 한 것은 다소 의아하다.[69] 사도행전 15장 33절에서 살핀 대로, 떠날 때 평화의 인사가 적절하다.

마지막으로 평화가 등장하는 구절은 24장 2절인데,[70] 벨릭스 총독의 통치하에 유대인들이 "태평을 계속 누린다"(πολλῆς εἰρήνης τυγχάνοντες)는 변호사 더둘로의 아부의 맥락이다. 더둘로는 바울에게 불리한 재판 결과를 이끌어내기 위해서, 재판장 벨릭스를 칭찬함으로써 파토스를 확보한다(참고. 2마카비 4:6).

그런데 벨릭스는 선견을 갖춘 탁월한 총독이었는가?

팍스 로마나의 관점에서 볼 때 무력으로 법과 질서를 통해서 평화를 유지하려던 벨릭스를 피지배민의 후견인으로 간주한다면 긍정적 대답을 할 수 있다.[71] 그러나 뇌물을 탐했던 벨릭스의 지배를 받던 유대인 대중의 답은 달랐다(행 21:38; 24:26; 『유대고대사』 20:160-181; 『타키투스의 연대기』 12.54).[72] 더둘로의 말은 수사학적 설득에는 필요했지만, 부정확한 아첨에 불과했다.[73] 따라서,

---

67 Keener, *Acts*, Volume 3, 2515.
68 Bock, *Acts*, 544; Schnabel, *Acts*, 694.
69 Keener, *Acts*, Volume 3, 2516. 참고로 행 16:36의 평안을 로마제국이 법과 관리가 제공하는 안전으로 U. Mauser는 풀이한다. Swartley, *Covenant of Peace*, 168에서 재인용.
70 행 24:2에서 '큰 평화'라고 번역한 천주교 『성경』과 달리, 『개역개정』은 3절에 '태평'으로 번역한다.
71 F. Montanari (ed), *The Brill Dictionary of Ancient Greek* (Leiden: Brill, 2015), 609. 참고로 벨릭스는 열심당을 제압했으며(『유대고대사』 20.8.5), 반란자들은 십자가형에 처해졌다. Bock, *Acts*, 690.
72 팍스 로마나를 칭송하는 더둘로의 진술은 오히려 거짓 평화를 폭로하는 수사학적 효과를 만든다. Swartley, *Covenant of Peace*, 169; Schnabel, *Acts*, 952.
73 C. S. Keener, *Acts*. Volume 4 (Grand Rapids: Baker, 2015), 3364.

누가와 초대 교회에게 있어, 팍스 로마나를 지탱했던 무력과 뇌물과 부정은 참된 평화의 저해 요소였다.[74]

요약하면, 사도행전이 소개하는 평화의 양태는 다양한데, 전도를 통한 부흥과 교회 일치의 결과로서의 평화가 두드러진다. 그리고 갈등이 화해로 변하는 평화, 필요하나 완전하지 않은 외교-정치적 평화 그리고 부정적으로는 권력에 아첨하는 거짓 평화도 나타난다.[75]

3) 요약

누가-행전은 구주 예수님께서 주시는 통전적 구원의 결과로서 평화 그리고 제자도와 복음전파를 통한 교회의 부흥의 열매인 평화를 주로 강조한다. 이런 누가-행전에 나타난 평화의 주요 상황은 '팍스 로마나'를 내세운 로마제국의 식민 지배에 놓인 약소한 소수 종교인으로서의 기독교인이 당한 핍박과 통전적 구원을 위한 믿음의 싸움이었다.

로마제국하에서 초대 교회가 추구한 평화는 로마제국의 악한 길을 답습한 일본제국 치하에서 약소 민족의 일원인 소수 기독교인이 중심이 되어 전개한 3.1운동의 평화와 자연스럽게 유비를 이룬다.

2. 기독교 평화 운동의 성격을 지닌 3.1운동

1910년 8월 한일병합조약을 체결함으로써 일제(日帝)는 한국을 완전히 강점하여 무단 통치에 착수했다(참고. *Pax Japonica*).[76] 일제의 조선 강점은 프랑스

---

74 A.D. 1세기의 정치-경제-종교가 혼합된 상황을 고려한다면 신약 본문을 비정치화할 수 없고, 종종 등장하는 군사 은유를 탐구한다면 비군사화할 수 없으며, 본문의 유대적 배경과 특성을 고려할 때 비유대화 할 수도 없다는 주장은 Punt, "New Testament as Political Documents," 11을 보라.

75 사도행전에 8회나 등장하는 '길'(ὁδός; 행 9:2; 18:25, 26; 19:9, 23; 22:4; 24:14, 22)은 누가복음에도 구원과 연계하여 등장한다(눅 1:79; 3:4; 18:35; 20:21; 24:32, 35 등). 누가-행전에서 구원은 평화의 이웃 개념이므로, 사도행전은 결국 '평화의 길'을 강조한다고 볼 수 있다. Swartley, *Covenant of Peace*, 175.

76 이만열, "3.1운동과 한국 기독교," 114.

의 알제리 지배 혹은 영국의 인도 지배와 차원이 다른, 관료 행정의 지원 하에 더 가혹하게 이루어졌다.[77] 토지 조사 사업으로 가난한 소작농으로 전락한 농민들과 우민-동화 교육 정책 때문에 오히려 항일정신이 고취된 민초는 더더욱 종교를 갖게 되었고, 일제는 종교인을 회유하거나 탄압했다.[78]

3.1운동이 기독교 평화 운동의 성격을 가지고 있음은 여러 증거로부터 알 수 있다. 일제로부터 집회와 전도의 자유를 탄압받던(예. 1911년 105인 사건) 기독교는 신앙을 수호하려는 차원에서[79] 1907년에 독노회를,[80] 1912년에 예수교장로회총회를 조직하여 전국적 조직을 갖추었으며, 해외 동포의 거주지에 목회자를 파견하여 신앙 운동과 독립운동을 국내외에서 전개했다.

1911-1912년에 기독교의 예배 처소는 2,000곳에 약 140,000명이 회집했고 (참고. 3.1운동 직전에 기독교인은 20만 명으로 인구의 1.3퍼센트), 기독학교 650개에 14,400명이 교육을 받았는데, 그들은 3.1운동의 인적 자산이 되었다.[81]

---

77 이택선, "1910-40년대 식민지 한국에 관한 외부 국가들의 시각과 권력의 작동: 일본, 미국, 소련, 중국을 중심으로," 『한국동양정치사상사연구』 제15권 2호 (2016), 262. 참고로 "러시아가 폴란드에서 그리고 일제가 한반도에서 그러했듯이, 로마가 정치적 지배를 위해서 적극적으로 피지배민들의 언어를 금지시키고 라틴어를 강요했다는 증거를 찾을 수 없다. 고대 지중해 세계에서는 … 지역어들(이집트어, 히브리어, 카르타고어 등)도 보통 사람들 사이에서 여전히 통용되면서 언어에 있어서 '로마의 평화'가 이룩된 셈이다." 김덕수, "팍스 로마나(pax Romana)시대 지중해 세계의 언어들," 『역사학보』 제210집 (2011), 321.
78 이만열, "3.1운동과 한국 기독교," 115.
79 이덕주, "3.1운동에 대한 신앙운동사적 이해," 136. 참고로 에스더와 유관순의 공통점을 신앙과 애국, 희생정신 그리고 결단력에서 찾는 연구는 김기창, "기독교 여성 애국자 유관순과 에스더," 『대학과 복음』 제11집 (2005), 189-216을 보라.
80 1907년 평양대부흥 당시 개신교는 독립을 위해 적극적인 운동 대신, 일제를 미워한 죄를 회개하고 용서하려는 움직임이 있었다. 이 사실은 미국 북장로교 선교사 배위량의 책 *The Korean Pentecost*에서도 확인할 수 있는데, 대 부흥이 종교적 경건은 고취하되 교회를 더 탈정치화하는 계기가 되기를 원했다. 대부흥집회에 초청받은 일부 일본인도 회심했다. 참고. 박승길, "일제하 민족 운동과 종교," 『원불교사상과 종교문화』 제51권 (2012), 264; M. Matsutani, "Church over Nation: Christian Missionaries and Korean Christians in Colonial Korea," (Ph.D. Thesis, Harvard University, 2012), 211-12.
81 이만열, "3.1운동과 한국 기독교," 117-18. 워싱턴포스트지와 부산 주재 러시아 부영사의 증언에 의하면, 부산의 독립운동은 미국 선교사의 영향이 컸으며, 해방 직전 기독교인의 문해율(文解率)은 전국 평균보다 2배 높았다. 미국 선교사의 교육 활동은 독립운동에 영향을 미쳤다. 이택선, "1910-40년대 식민지 한국에 관한 외부 국가들의 시각과 권력의 작동," 264, 268.

선교사를 통해서 정착한 외래 종교지만 기독교는 구한말부터 애국-민족 운동을 펼친 이유로 일제의 탄압을 받았는데, 1915년에 공포된 '포교규칙'에 의하면, 포교자는 자격증을 취득해야 했으며 교회당 건축은 총독의 허락을 얻어야 했다.[82] 기독교의 집회와 문서도 일제의 검열을 받았다. 또한, 1915년에 공포된 '개정사립학교규칙'은 기독교사립학교에서 예배와 종교 교육을 금했으며, 반일-독립 교육을 봉쇄하여 종교계 사립학교가 급감했다. 총독부는 신도(Shinto)나 조합교회(3.1운동 이전의 교세는 14,000명)와 같은 어용 종교를 통해 한국에서 포교를 강화했다.[83]

이에 맞서 장로교 평양신학교(1901년)와 협성신학교(1905년)가 목회자를 배출했으며, 감리교의 「신학세계」(1916년 창간)와 장로교의 「신학지남」(1918년 창간)이 출간되었다.[84] 비밀결사체인 신민회(1907년)와 국채보상운동, 평양의 여성으로 구성된 송죽결사대(1913년) 그리고 숭실학교 출신이 중심이 된 조선국민회(1917년)는 기독교인이 중심이 되어 독립운동을 전개한 본보기다.[85]

일본 제국주의의 탄압에 맞선[86] 3.1운동에 크리스천이 주도적 역할을 감당함으로써 기독교가 서구 제국주의의 주구나 생소한 외래 종교가 아니라, 애국적인 민족 종교로 발돋움하게 되었다.[87] 그런데 1901년 9월, 장로교공의회

---

82 이만열, "3.1운동과 한국 기독교," 116.
83 1909년 일본 기독교, 즉 조합교회의 포교소는 14개였는데, 어용 기독교로써 한국인의 민심 달래기는 실패했다. 조합교회의 전도 활동은 1921년에 중단되었는데, 이는 총독부의 지원이 중단되고 한국인들의 반감 때문이었다. 3.1운동 당시 일본 기독교는 천황제 이데올로기에 예속되어 제대로 된 역할을 수행하지 못했다. 도히 아끼오, "3.1독립운동과 일본 기독교," 『기독교사상』 제34권 4호 (1990), 120, 123; 이만열, "3.1운동과 한국 기독교," 116; 박승길, "일제하 민족 운동과 종교," 262.
84 이만열, "3.1운동과 한국 기독교," 117-18. 참고로 1914년 11월에 해인사 주지 이회광이 주동하여 '불교진흥회'를 발족하여, 총독부의 정책에 협조했다. 그러나 전국적으로 불교계의 반일 운동도 있었는데, 박한영과 한용운 그리고 오성월이 주동이 되어 1911년에 새로운 종파인 임제종(臨濟宗) 설립이 대표적인 경우다. 박승길, "일제하 민족 운동과 종교," 267-68; 김동윤, "日帝下 佛敎界의 救國運動: 3.1운동의 지방 확산과정을 중심으로," 『경주사학』 제2권 (1983), 106-107.
85 이만열, "3.1운동과 한국 기독교," 118.
86 3.1운동의 원인이 일본제국주의의 탄압이라는 데 일본 목회자들도 의견을 모은다.
87 기독교가 신임을 얻는 종교로 자리매김함에 있어 선교사의 전도와 교육 활동 그리고 기독교의 독립운동이 중요 요소였다. 즉, 기독교의 영혼구원이라는 영적 활동이 국권 회복이라는 민족의 실질적인 유익과 맞물렸다. T. S. Lee, "A Political Factor in the Rise of Protestantism in Korea: Protestantism and the 1919 March First Movement," *Church History*

는 정교분리 및 교역자의 정치참여 금지 입장을 발표했으며, 1907년 부흥 운동으로 교회의 탈정치화가 가속화됐다.[88] 하지만, 종교인이 아닌 국민의 자격으로 혹은 독립운동을 하나님의 뜻이라고 이해하면서 1919년에 민족 대표 33인 가운데, 협성신학교(감리교)와 평양신학교(장로교)를 졸업한 신앙과 지식의 명망을 갖춘 (평안남북도와 서울 출신의) 40대 목사(전도사)가 주축이 된 기독교 대표 16인이 3.1운동에 주도적 역할을 담당했다.[89]

평화와 독립을 무너뜨리려는 기득권의 거센 저항과 언론의 부패함을 총독부의 기관지인 <경성일보>와 <매일신보>를 통해서 확인할 수 있다. 3.1운동에 대해 왜곡 보도를 일삼은 경성일보 1919년 4월 17일자 보도에 의하면, 이완용을 필두로 한 친일 귀족단은 독립운동에 참여한 자들의 해산 권유, 일본군 증파 그리고 저항자들의 도륙을 주장했다.[90]

YMCA,[91] 세브란스, 기독 학교, 국내외 독립 단체를 망라한 연합 운동이 3.1운동의 발판이 되었는데, 이 운동을 준비한 중요 인물 48명 중 24명이 기독교인이었고, 1919년 6월까지 투옥자의 22퍼센트를 기독교인이 차지했다.[92]

69/1 (2000), 125-26, 141. 참고로 3.1운동 첫 날에 참여한 7,835명 중 1,719명 즉 22퍼센트는 기독교인이었다. 최상도, "일제 시대 개신교인의 독립운동 참여와 순교자 추서 현상에 대한 소고: 105인사건, 3.1운동, 신사 참배반대 운동을 중심으로," 『장신논단』 제49권 2호 (2017), 196; 김형석, "3.1운동과 한국 교회 지도자들의 역할," 『기독교사상』 제35권 3호 (1991), 37.

88 Matsutani, "Church over Nation," 193-94; 김형석, "3.1운동과 한국 교회 지도자들의 역할," 41. 참고로 치외법권과 막강한 재력을 갖춘 서구 선교사들이 조선 기독교가 정치에 간여하는 것을 반대해 왔기에, 이에 대한 반작용으로 기독교인들이 3.1운동에 적극 가담했다는 주장은 Matsutani, "Church over Nation," iii-iv를 보라.

89 33인 중에서 강원도와 제주도와 경상남도 출신은 없었고, 경상북도 출신은 1명이었다. 1919년 3-5월 사이에 독립 시위는 경기도, 평안도, 경상도, 충청도 순서로 자주 열렸고, 돌이나 몽둥이를 사용한 과격시위의 비중이 비교적 높았다. 민경배, "3.1運動 參與의 社會的 地理的 背景," 『신학논단』 제16집 (1982), 127, 129.

90 임경석, "3.1운동기 친일의 논리와 심리: 「매일신보」를 중심으로," 『역사와 현실』 제69권 (2008), 54.

91 독립선언서에 서명한 기독교인 16명 중 9명은 파라-처치(para-Church) 단체인 YMCA 소속이었는데, 그들은 선교사의 감독을 받지 않고 활동할 수 있었다. 전택부, "3.1운동의 정신과 그 배경," 『기독교사상』 22/3 (1978), 121. 그러나 YMCA에 간여했던 이토 히로부미는 수년에 걸쳐 YMCA에 매년 10,000엔을 후원했다. 박승길, "일제하 민족 운동과 종교," 269; Matsutani, "Church over Nation," 277.

92 3.1운동 후 목사-장로 1,029명 중 13퍼센트에 해당하는 134명이 체포되었고, 1919년 9월에 체포된 개신교 신자는 3,804명, 사살된 이는 41명, 매 맞고 죽은 이는 6명이었다. 기

그리고 기독교는 교세가 10배나 많았던 천도교와의 연합운동을 펼쳤다.[93]

동학운동(1894년)을 일으킨 천도교는 일제에 폭력적인 저항을 강조했지만, 천도교인 14명이 동참한 독립선언서는 비폭력무저항 원칙을 고수했다.[94] 독립선언서를 작성한 최남선(d. 1957)은 무저항(참고. 길선주 목사의 '청원' 사상),[95] 자유, 독립이라는 개념을 기독교인들과 교류하면서 성경에서 배웠다.[96] 즉, 성경을 통하여 독립선언서에 나타난 중요한 표현들인 '구시대의 유물인 침략주의, 신천지의 안전한 전개, 만물의 회소(回蘇), 정의, 독립, 인류 평등, 인류 행복' 등을 배운 기독 인사들이 민족 운동과 독립운동에 눈을 떠 적극적으로 가담했다.[97]

일제의 종교 탄압은 기독교인에게 민족 구성원이자 종교인으로서의 정체성이 별개가 아닌 것으로 다가오도록 만들었다. 기독교인에게 하나님 나라 건설은 독립 국가 건설과 불가분리였다. 1919년 5월까지 독립운동에 참여한 선도 및 참여 계층은 전 국민의 15퍼센트에 달했다(참고. 다수의 비참여적 지지 계층).[98]

독교 이외의 타 종교의 재산 피해는 거의 없었다. 일본 헌병은 기독교인인지 확인한 후 그리스도인이라는 이유만으로 그들을 더 박해했다. 반면 투옥된 천주교인의 수는 투옥된 개신교인의 2퍼센트에도 미치지 못할 정도로 천주교의 친일 성향은 강했다. 프랑스인 주교 G. C. M. Mutel은 로마가톨릭 교계를 목표로 삼아서 친일 성향을 견지했고, 3.1운동을 '불행한 망동'으로 규정했다. 3.1.운동 당시 상황을 일기로 기록한 이들은 먼저 파자(破字)로 기록했는데, 해방 후 정자로 고쳤다. 이만열, "3.1운동과 한국 기독교," 125-28; 송건호, "3.1운동과 기독교," 『기독교사상』 제23권 3호 (1979), 60-61, 63; 정병욱, "1919년 삼일운동과 일기 자료," 『한국사학보』 제73권 (2018), 214-29.

93 천도교는 교세가 많았으나 영향력은 크지 않았으며, 선교사의 비호를 받던 기독교와의 협력을 필요로 했다. 전택부, "3.1운동의 정신과 그 배경," 120.
94 캐나다의 불어권이 영어권에 동화되지 않은 것을 체득한 선교사 게일(Gale)의 눈에도 3.1운동은 비폭력적인 수동적인 저항이었으며, 일제가 조선인을 동화시키는 것은 불가능했다. 편집부, "[특집: 식민지시대 민족 운동의 다차원적 인식] 자료: 3.1 운동에 관한 영국 영사의 보고서," 『현상과 인식』 제3권 1호 (1979), 109, 113.
95 "독립선언서"라는 표현에서 볼 수 있듯이, 33인 대표는 독립 청원보다 독립 선언으로 가닥을 잡았지만, 일제의 지배라는 현실을 인정하는 데서 출발한 독립 청원을 견지한 이들이 적지 않았다(예. 길선주, 이승훈 등). 독립 청원을 주장할 경우, 민족의 자주적이고 주체적인 독립 투쟁이 약화되는 한계에 직면할 수밖에 없었다. 이덕주, "3.1운동에 대한 신앙운동사적 이해," 138; "3.1운동이 통일 운동에 주는 교훈," 『기독교사상』 제36권 3호 (1992), 11.
96 전택부, "3.1운동의 정신과 그 배경," 118-19.
97 이만열, "3.1운동과 한국 기독교," 130.
98 이만열, "3.1운동과 한국 기독교," 132; 이덕주, "3.1운동에 대한 신앙운동사적 이해," 140.

1919년 3월 3일에 배부된 '독립단 통고문'에 기독교인의 신앙의 자유와 한국인이라는 민족적 자유 사이의 갈등이 나타나지 않는데, 하나님의 구원과 심판 그리고 인내를 강조하는 성경 묵상(신 28; 아 5; 사 10, 59; 렘 12; 롬 8), (금식) 기도, 기독교인의 정체성에 걸맞는 비폭력 독립운동을 장려했다.[99] 기독교 대표 16인 중, 이승훈, 유여부, 신호식 등은 하나님의 은혜와 뜻으로 민족 자결과 독립이 가능하다고 믿었으며, 그 내용은 독립선언서에 반영되었다.[100]

투옥 중 계시록을 무려 800회나 읽은 길선주는 예수님의 재림으로 영원한 안식 세계가 이 지구에 임할 것을 기대했는데, 일제에게 압제 당하던 기독교 민초에게 위로부터 오실 예수님은 소망이었다.[101] 또 위로부터의 재림보다는, 인간을 통한 세계의 개조를 강조한 기독교인도 적지 않았다(박동완, 유여대, 신홍식, 이상재 등).[102] 1919년 3.1운동 후 수감자의 54퍼센트를 기독교인이 차지했는데, 순교한 기독교인들 가운데 순교자로 추서(追敍)된 경우는 유관순(d. 1920)과 침례교 목사 손상열(d. 1921), 이렇게 두 명이다.[103]

3.1운동에서 기독교계가 보인 아쉬운 점은 33인 대표 중 기독교 인사 4명이 독립 선언에 지각하거나 불참했고, 독립선언서의 낭독 장소를 파고다공원에서 태화관으로 변경했고, 내란죄로 사형 당할 것을 각오했지만 3.1운동 당일 시위 현장에 나타나지 않고 일본 경찰에 자수했으며, 3.1운동 후 일제의 만행에 기독교는 범교단적으로 대응하지 못했으며, 만세 운동의 실패로 인해 일부 기독교 인사들은 변절했고, 그 결과 기독 신앙은 현세 부정과 내세 지향적으로 바뀌었다는 사실이다.[104] 한편, 3.1운동 이후에도 기독교인의 독립운동은

---

99 최상도, "일제 시대 개신교인의 독립운동 참여와 순교자 추서 현상에 대한 소고," 197.
100 독립선언문을 영어로 번역한 최상현은 투옥 중에 십자가의 피를 생각하면 총칼의 탄압이 두렵지 않으며 믿음의 힘으로 옥중에서도 자유를 누린다고 노래했다. 이덕주, "3.1운동에 대한 신앙운동사적 이해," 145, 148.
101 이덕주, "3.1운동에 대한 신앙운동사적 이해," 151-52.
102 이덕주, "3.1운동에 대한 신앙운동사적 이해," 152-53.
103 최상도, "일제 시대 개신교인의 독립운동 참여와 순교자 추서 현상에 대한 소고," 198. 독립운동에 여성의 역할은 주선애, "[다시 보는 새가정] 3.1운동과 교회여성의 나라사랑,"『새가정』제675권 (2015), 15-19를 보라.
104 송건호, "3.1운동과 기독교," 66-67; 한규무, "기독교와 천도교의 3.1운동 협력에 대한 평가와 오늘의 의미," 59; 이만열, "3.1운동과 한국 기독교," 128-29.

계속되었지만,[105] 신사 참배를 거부한 일부 기독교를 제외하고 대부분 종교는 황민화에 동원되어 종교성을 상실한 사회단체로 전락했다.[106]

16명의 기독교 대표는 민족 평화와 자주 통일을 위한 오늘날 그리스도인의 역할에 교훈을 준다. 신앙은 배타적 국수주의 대신 민족 애국 정신을 동력화하며, 그리스도인은 전쟁과 억압과 불평등에 비폭력적인 저항을 전개해야 한다.[107] 또한, 평화 구현을 위해서 YMCA(한국 지부 설립은 1903년)와 같은 기독 시민 운동의 활동이 중요하다. 그리고 한반도의 평화 통일을 위해서 좁게는 감리교와 장로교의 연합, 넓게는 기독교와 천도교와 불교의 전략적인 협력으로부터 교훈을 얻는다.[108]

또 기독교는 평화 운동 희생자들의 회복도 도와야 한다. 참고로 1883년에 공식으로 제정된 태극기는 3.1운동의 도구로서 국권 회복과 독립 의지의 상징이었다.[109] 오늘날 이 상징의 복구가 필요하다.

---

105 길선주 목사는 3.1운동 이전부터 독립협회 평양지부를 조직하여 활동한 역사의식이 투철한 부흥사였는데, 3.1운동 후 2년간 옥고를 치렀다. 3.1운동 실패 후, 일부 신앙인은 만주로 가서 독립운동을 전개했다. 최현범, 『교회 울타리를 넘어서라』 (서울: 나침반, 2019), 121, 246. 1907년 부흥운동을 통해 형성된 그리스도인의 신앙 인식은 신앙인의 윤리와 역사적 사명을 자각하도록 만들었다는 주장은 이덕주, "3.1운동에 대한 신앙운동사적 이해," 142-43을 보라.

106 박승길. "일제하 민족 운동과 종교." 284.

107 정교분리에 충실했던 이남 지역의 기독교인보다 동북 3성 출신 기독교인은 독립운동에 적극적이었다. 동북 3성에서 목회했던 정사운은 무력으로 일제를 축출하자고 역설했다. 박승길. "일제하 민족 운동과 종교." 271.

108 이덕주는 3.1운동으로부터 남북의 평화적 통일을 위한 방법론을 배워야 한다고 주장하면서, 기독교의 초교파적 협력, 외세 의존보다는 민족 주체적인 평화적 통일 운동 그리고 남북 기독교의 교류 등을 제시한다. 이덕주, "3.1운동이 통일 운동에 주는 교훈," 17. 참고로 기독교를 긍정적으로 부각시킨 3.1운동과 달리, 같은 해 중국의 5.4운동은 반기독교 정서를 강화시켰다는 분석은 M. Li and J. Li, "Divergent Paths of Protestantism and Asian Nationalism: A Comparison of Two Social Movements in Korea and China in 1919," *International Bulletin of Mission Research* 42/4 (2018), 316-25를 보라.

109 류시현, "1920년대 삼일운동에 관한 기억: 시간, 장소 그리고 '민족/민중,'" 『역사와 현실』 제74권 (2009), 184.

3. 누가-행전의 평화와 3.1운동의 평화 사이의 일치점과 차이점

3.1운동과 독립선언문에 나타난 평화는 누가-행전이 가르치는 평화와 어떤 일치점과 차이점이 있는가?
먼저, 일치점은 다음과 같다.

첫째, 예수님께서 섬김과 헌신을 통해 하늘의 평화를 이 세상에 실현하심을 교훈하는 누가복음의 평화 그리고 3.1운동이 제시하는 평화는 기존 질서와 기득권을 수호하려던 로마제국과 일제 그리고 거기에 기생한 종교 지도자들이 추구한 평화와 다르다.[110]
둘째, 사도행전의 평화에서 볼 때, 3.1운동의 평화는 분쟁을 환대로 바꾸고(참고. 예루살렘공회의 결정, 3.1운동에 감리교와 장로교의 연합), 외교를 통한 평화의 구축(참고. 아그립바에게 평화를 제안한 페니키아인들), 제국의 권력에 아첨하여 얻는 거짓 평화(참고. 더둘로가 벨릭스 총독에게 했던 아첨)를 경계하는 면에서 일치한다.
셋째, 3.1독립선언문이 강조하는 인류의 평등과 평화를 사도행전도 암시한다(참고. 행 17:26-28).
넷째, 누가-행전이 기독교 역사의 초기, 곧 초대 교회가 박해 속에서 벌인 평화 운동을 소개한다면, 3.1운동은 한국에 복음이 소개된 지 얼마 지나지 않은 초기 단계에서 벌어진 사건이다.

반면, 두 평화 간에 몇 가지 차이점도 나타난다.

첫째, 33인 대표 중 기독교인은 절반에 미치지 못했고, 당시 급박한 정치적 상황 때문에, 성경적 (죄 용서와 치유를 통한 구원의 결과로서) 평화와 독립을 위해 누가-행전의 기독교 방식으로 구현할 수 없는 한계가 분명히 있었다.

---

[110] 김성희, "3.1 정신과 마가신학을 통해 바라본 한국 교회의 길(ὁδός): 권력과 섬김의 역설(막 10:32-45)," 『신약논단』 제25권 3호 (2018), 622, 638, 645.

둘째, 누가복음의 평화에 비추어 볼 때, 3.1운동의 평화는 예수님께서 소개하신 제자도의 실천과는 유사하지만, 부활의 주님을 믿음으로 누리는 통전적 구원과는 거리가 있다.

셋째, 사도행전 전반부에서 강조되는, 복음을 믿어 교회가 부흥함으로써 평화가 임하는 것은 적어도 3.1운동 당시에는 찾아보기 어렵다.

이런 차이점들이 발생하는 근본적인 이유는 누가-행전이 크리스천을 일부 포함하는 국가가 아니라, 초대 교회의 행적을 중심으로 기술하기 때문이다.

나오면서: 평화 구현을 위한 오늘날 크리스천의 역할

3.1운동은 기독교 신앙의 사회화라기보다, 시대적 요청에 맞추어 민족-사회적 차원에서 기독교 신앙이 표출된 공공적 사건이다.[111] 그렇다면, 3.1운동의 애국과 독립 그리고 평화 정신을 계승해야 할 오늘날 그리스도인은 영혼 구원이라는 영적 목적을 염두에 두면서, 국가와 사회의 실질적인 필요를 채워줄 수 있어야 한다. 그리고 사회의 책임적 존재로 역사의 요청을 분별하면서, 비폭력적이고 통전적이며 공적인 평화를 국가와 사회에 구현해야 한다.[112]

여기서 놓치지 말아야 할 것은, 1907년의 평양대부흥에 이어, 12년 후 3.1운동에 참여한 그리스도인들에게 역사하신 성령님의 역사를 간과할 수 없다는 사실이다. 기독교가 통전적 구원을 가르치기에, 회심도 통전적이다. 환언하면, 죄인이 하나님의 통치를 향하여 개인적으로 회심하는 것을 포함하여 모든 관계(대신, 대사회, 대물, 대자연 등)의 변화도 회심에 포함한다.

회심은 성령의 역사다. 성령은 하나님의 영, 예수 그리스도의 영, 양자의 영, 치유의 영, 정의의 영 그리고 성화의 영이시다. 따라서, 성령님은 평양대

---

111 민경배, "3.1運動 參與의 社會的 地理的 背景," 133.
112 교회와 사회는 변증법적 관계 안에서 공생적인데, 교회는 사회를 독립적 영역으로 내버려두지 말고 그리스도의 평화를 구현할 영역으로 보아야 한다는 주장은 S. H. Oh, "Theological Hermeneutics in John Milbank and Dietrich Bonhoeffer: Ecclesial and Social Relations, Biblical Hermeneutics, and the Theological Task of Peace," 『장신논단』 제46권 3호 (2014), 137-64를 보라.

부흥과 3.1운동에 참여한 그리스도인들을 통해 역사하셨는데, 그분은 거듭나 성령이 충만한 그리스도인들을 통해서 지금도 치료자인 동시에 평화와 정의로써 사회를 변혁하는 분이시다(참고. 슥 3:9; 4:10; 계 1:4; 3:1; 4:5; 5:6).[113]

여기서 독립선언문에 나타난 신천신지의 도래, 만물의 회소(回蘇), 정의, 인류 평등, 구시대의 유물인 강권주의와 침략주의 그리고 인류(세계, 동양) 행복과 평화는 타 종교인들도 동의할 수 있는 보편적인 가치라는 사실을 놓치지 말아야 한다.[114] 이것은 기독교가 공적 평화를 구현하기 위해 타 종교인들과 협력할 수 있는 중요한 접점이기 때문이다. 한 걸음 더 나아가 그리스도인은 이런 접촉점에 기초하여, 성경적 평화와 정의와 행복을 적극 소개하고 구현해야 할 사명이 있다.[115]

그리고 신앙적 동기에서 독립운동에 참여한 그리스도인들로부터 현대 기독교인은 모든 공적 영역에 그리스도의 생명, 주권, 평화와 정의를 실현해야 함을 배워야 한다.[116]

어떻게 미완의 혁명인 3.1운동이 추구했던 바가 21세기를 이끌 중요한 시대정신으로 온전히 자리매김할 수 있을까?[117]

---

113 성령님은 3.1운동에 참여한 그리스도인 지도자들을 정치적 운동의 지도자이며 뜨거운 복음 전파자라는 바람직한 기독교 지도자상을 국가 차원에서 드러나게 하셨다는 분석은 H. E. Hwang, "Conversion as Personal and Social Healing resulting from the Work of the Holy Spirit: Comparative Study of the Great Awakening Movement of 1907 and the March 1st Independence Movement of 1919 in Korea,"『선교신학』제48권 (2017), 326-48을 보라.

114 3.1운동 당시 외국 선교사들은 "(일제의) 잔인한 만행에 중립은 없다"(No neutrality for brutality)는 휴머니즘에 근거하여 억압받던 한국인을 동정했다. Matsutani, "Church over Nation," 318.

115 1919년 9월 통합 상해임시정부의 출범으로 평화 운동에서 독립 전쟁 운동으로 방향이 전환되었다는 주장은 반병률, "일제초기 독립운동노선논쟁-급진론과 완진론: 초기 상해 임시정부를 중심으로,"『한국동양정치사상사연구』제5권 2호 (2006), 127-28을 보라.

116 한규무, "기독교와 천도교의 3.1운동 협력에 대한 평가와 오늘의 의미,"『기독교사상』제663권 (2014), 58. 참고로 "국가 앞에 종교는 없다." 즉, 종교는 역사와 나라를 떠나서 존재할 수 없다는 천주교인 안중근(d. 1910)의 주장에서 보듯이, 종교보다 국가를 우선에 두는 것은 애국을 넘어 국가 우상 숭배다. 안중근의 이런 입장에도 불구하고, 천주교(선교사)는 3.1운동에 매우 소극적이었고 친일 성향을 보였다. 신운용, "안중근과 우찌무라 간조의 평화론 연구,"『신학전망』제176권 (2012), 169-70.

117 참고. 3.1혁명의 이념을 '자주 독립, 정의 인도(人道), 평등 평화'라고 보는 김승태, "삼일운동은 우리 민족에게 무엇이었나?" 27. 참고. 3.1문화재단,『3·1운동 새로 읽기』(고

국가 간 기술 격차로 테러와 분쟁이 격화되고 불평등과 평화의 문제가 심화될 가능성이 큰 제4차 산업혁명 시대를[118] 맞이한 오늘날 그리스도인은 공적인 평화의 복음을 세상에 어떻게 구현할 수 있을까?

이런 두 가지 질문을 염두에 두고, 그리스도인의 실천 원칙과 사항은 아래와 같이 요약할 수 있다.

(1) 우선적이며 근본적으로 예수 그리스도의 죄 사함과 치유와 통치를 포괄하는 구원을 통해 하늘로부터 내려오는 참 평화가 온 세상에 임하도록 노력해야 한다(눅 1:79; 2:14, 29; 7:50; 8:48; 10:5-6; 11:21; 19:38, 42; 참고. 눅 5:9).[119] 구원과 승리의 확신, 은혜로부터 주어지는 영혼과 육체의 평화가 없다면, 그 어떤 평화도 의미가 없다.[120]

(2) 하나님의 신민회(新民會)인 교회는 부활의 주님과 연합함으로써, 두려움을 이기고 평화를 누려야 한다(눅 24:36; 참고. 엡 2:15-16; 계 2:8). 3.1운동으로 투옥되어 순교한 그리스도인은 자신의 목숨을 버리고 섬기러 오신 예수님의 자취를 따랐다(참고. 막 10:45; 요 15:13). 교회도 희생하고 섬기는 새 사람이다(참고. 골 3:12-14).

(3) 그리스도인은 교회의 부흥을 통해 평화를 누린다(행 9:31).[121] 죽음과 부활의 복음으로써 부흥이 일어난다면, 교회는 고난과 부활의 신앙을 체득해야

양: 예지, 2015), 125. 참고로 조심해야 할 통일교(세계평화통일가정연합)의 평화 운동 활동은 박상필, "통일교회의 평화 운동의 현황과 의의," 『평화와 종교』 제1권 (2016), 107-130을 보라.

118 P. Pitkänen, "Humans and the Fourth Industrial Revolution: Reading the World and the Canonical Word," 『Canon & Culture』 제12권 2호 (2018), 22.

119 같은 맥락에서 바울은 예수님이 성취하신 구원의 은덕으로써 성령의 통치를 받는 이들은 하나님께 불복하지 않고 주님과 평화할 수 있다고 강조한다(롬 8:3-4, 6-8; 엡 2:14-15). D. Venter, "Die Gees (πνεῦμα) en Vrede (εἰρήνη) met God teenoor die Vlees (σάρξ) en Vyandskap (ἔχθρα) met God in Romeine 8:6-8," HTS Teologiese Studies 71/1 (2015), 3, 7.

120 참고. M. B. Rosenberg, Speak Peace in a World of Conflict, 정진욱 역, 『갈등의 세상에서 평화를 말하다』 (서울: 한국NVC센터, 2016), 171-73.

121 1919년 10월 4일 평양신학교에서 소집된 조선야소교장로회 제8회 총회 회록 109-111 페이지에 따르면, 총회 산하 12개 노회가 모두 피해를 입었다. 그리고 전북노회는 3.1운동 이후 일부 연약한 자와 타락한 자가 있다고 보고했지만, 전남노회는 잠자던 신앙이 깨어나고 새로운 열심과 중생(세례교인)과 기도와 회개가 늘어서 하나님의 영광이 더욱 나타난다고 감사하다고 보고했다. 참고. 박용규, "초기 한국장로교회와 기독교민족 운동 재

한다. 따라서, 사회와 다른 피조물의 회복이 없는 교회의 부흥은 불완전하다.

(4) 기존 질서에 안주하지 말고, 분별력을 갖추어 모든 것을 만유의 주님을 위해 헌신(언약적 충성)함으로써 평화를 구현해야 한다(눅 12:51; 14:32).[122]

(5) 교회 안팎의 분쟁(예. 한국기독교의 여러 대표 기구들)과 갈등(예. 좌우 이념, 세대 간, 대형 교회와 미자립 교회 간 그리고 빈부, 서울과 그 외 지역의 갈등)을 조정하여 극복하고, 일상에서 평화를 실천함으로써 상호 환대와 위로를 통해 갈등과 반목을 극복해야 한다(행 7:26; 15:33).[123] 예를 들어, 전 세계인이 매일 이용하는 소셜 미디어 세상에 평화가 임하도록 하려면, 그리스도인은 컨텐츠를 작성하기 전에 하나님의 현존을 의식하면서 자랑하고자 하는 자신의 마음을 겸손히 다스려야 하고(잠 16:5; 27:2), 자신의 업적 대신 하나님의 영광과 남의 유익을 추구해야 한다.

(6) 개인과 자국의 이익을 위해 민족자결적인 협상 혹은 외교를 통한 정치적 평화가 필요하지만, 그런 평화는 한계가 있고 가변적이다(행 12:20; 16:36).[124]

(7) 그리스도인은 권력에 아첨하는 거짓 평화를 경계해야 한다(행 24:2). 교회는 부패한 권력에 저항해야 하며, 권력과 교회 사이에는 적절한 거리와 창조적 긴장이 필요하다. 교회는 국가를 향해 성경에 근거한 증언을 해야 하는데, 교회 내부의 법(교회법)을 고수하면서 정부와 관계를 유지해야 하며, 성경적 정의와 평등과 평화의 가치와 원칙을 양보하지 말아야 한다.[125] 그리스도

평가," 『신학지남』 제77권 4호 (2010), 118, 135.

[122] 아모스서는 언약적 관점에서 볼 때, 사회정의 구현이 아니라 언약 관계(제 1계명 준수)의 회복을 주요 목표로 삼는다. 따라서 사회정의의 훼손은 언약 관계의 파괴를 지적하기 위한 수단이다. 최순진, "아모스서의 사회정의 이슈에 관한 고찰: 아모서 6장의 재해석," 『교회와 문화』 제42호 (2019), 36-37.

[123] 참고로 독일의 통일을 위해서 동서독 교회가 '용서, 화해, 속죄, 평화를 위한 기도와 묵상'이라는 성경의 가르침을 수행한 사실은 G. Sauter, "Unification and Peace: How were the German Churches involved in the Search for Unity to overcome Conflicts of the Last Decades of the Last Century?" *HTS Teologiese Studies* 74/4 (2018), 7-8 그리고 황금봉, "독일교회의 평화기도회와 사회정치적 역할 연구," 『신학과 실천』 제28권 (2011), 387-88을 보라.

[124] 남북한을 둘러싼 4국 대상의 평화 외교, 한미 간 안보공동체 구축, 한중 간 전략적 협력 관계구축, 북한의 개혁과 개방을 돕는 외교 그리고 안보 패러다임에서 민주적이며 영구적인 평화 패러다임으로의 전환에 관하여 홍석훈, "문재인 정부의 평화·통일정책: 북핵 문제와 미·중 관계를 중심으로," 『평화학연구』 제19권 1호 (2018), 65-66을 보라.

[125] 오늘날 헌법이 명시하는 종교의 자유는 교회에게 대 국가적 증언을 확대할 기회가 되

인의 사회·정치적인 의무 수행은 하나님 나라를 건설하기 위해서 적극적으로 봉사하는 차원이지만, 천국은 정치적 이상의 실현만으로 완성되지 않는다.[126]

(8) 복음과 기도에 근거한 기독교인의 평화 운동은 역사와 민족의 현실적 필요와 요청에 소통하며 부응해야 한다(독립선언문; 독립단 통고문; 참고. 계 8:3; 12:1; 13:10). 3.1운동은 대한제국의 재건 대신 대의민주주의 체제인 민주공화정을 수립하도록 만들었고, 굴종주의 대신 자발적인 시민의 연대와 저항 의식을 보여준 좋은 예다.[127] 천국 시민도 이런 일반은총적인 발전에 보조를 함께 해야 한다. 그리고 교회는 국가를 위한 기도에 힘써야 한다.

(9) 기독교인의 평화 운동은 만유의 주께서 세상을 회복하시는 일환임을 기억하며, '평화(화해) 기독론', '평화 윤리', '평화 종말론',[128] '평화 통일신학', '생태 평화' 같은 기독교 평화학을 연구하고 보급하여,[129] 남북과 동서, 세대의 분열을 치유하는 일에 적극 동참해야 한다(독립선언문; 행 10:36; 참고. 행 3:21).[130]

(10) 거국적 독립평화 운동이었던 3.1운동이 완성되려면 남북통일이 꼭 필요하다.[131] 따라서, 한국 교회가 평화 통일에 기여하기 위하여, 국내외 시민 단체나 기구와 연대가 필요하고. 그리스도인이 평화의 길을 걷도록 도와야 한다(참고. 행 9:2; 18:25, 26). 3.1운동에 희생적으로 참여한 한국 교회는 민족의

지만, 세속 정부의 이데올로기와 비성경적 정책은 교회와 기독교 기관이 넘어야 할 장애물이기도 하다. J. Smit, "Reformed Churches in South Africa: A Perspective on Church's View of the State," *Nederduitse Gereformeerde Teologiese Tydskrif* 54/4 (2013), 138 그리고 C. F. C. Coetzee, "Die Gereformeerde Kerke in Suid-Afrika en die Verhouding tot die Owerheid: Geleenthede en Knelpunte," *Nederduitse Gereformeerde Teologiese Tydskrif* 43/1-2 (2002), 204-205.

126 김정훈, "국가에 대한 교회의 정치적 책임에 대하여: 신약을 중심으로," 『장로교회와 신학』 제5호 (2008), 132-33.
127 김승태, "삼일운동은 우리 민족에게 무엇이었나?" 28.
128 존 하워드 요더는 "이미 그러나 아직 아니"라는 종말론적 긴장이 있는 평화와 교회와 세계를 동일시하는 종말론이 없는 콘스탄틴적 평화를 구분한다. J. H. Yoder, *The Original Revolution: Essays on Christian Pacifism*, 김기현·전남식 역, 『근원적 혁명: 기독교 평화주의 에세이』 (대전: 대장간, 2011), 78-87.
129 손주철, "사도 바울의 평화학," 134; 신옥수, "평화통일신학의 형성과 과제: 하나님 나라 신학의 빛에서," 『선교와 신학』 제35권 (2015), 13-48.
130 한국 비폭력대화센터(NVC;www.krnvc.org)를 참고하라.
131 김승태, "삼일운동은 우리 민족에게 무엇이었나?" 28.

동반자였다는 사실로부터 여전히 기복신앙을 벗어나지 현대 교회는 교훈을 얻어야 한다. 또한, 일본의 아베(d. 2022)와 추종자들에게서 보았던 극단적이며 맹목적일 뿐 아니라 국수적이고 배외(排外)적 평화가 아니라, 겸손하고 신중하며 순화된 평화적 애국심이 필요하다.[132]

후기 기독교 시대에 반(反) 기독교 정서가 팽배한 요즘, 그리스도인에게 자기희생을 통한 신뢰 회복이 중요한 과업이 아닌가?(고전 4:8-12)

이론에 그친 평화는 무용지물이기에, 그리스도인은 반드시 일상(日常)에서 역동적인 평화를 경험할 수 있어야 한다. 이를 위해서 그리스도인은 먼저 수직적-영적-내면적 평화를 추구하며 강화해 나가면서, 일상에서 구원과 회복적 정의의 열매인 평화를 촉진하며 살아야 한다(사 48:18).

---

[132] 심성보, "애국주의와 평화주의의 홀리스틱 화해를 통한 평화적 애국심의 구성," 『홀리스틱융합교육연구』 제19권 3호 (2015), 157-58. "유구한 역사와 전통에 빛나는 우리들 대한국민은 기미 삼일운동으로 대한민국을 건립하여 세계에 선포한 위대한 독립정신을 계승하여"(대한민국 관보 제1호)를 마음에 간직하면서 안중근 평화연구원 교수 신운용은 다음과 같이 주장한다. "이명박 정권에 들어서면서 일제의 식민지 근대화에 포섭된 친일 뉴라이트 세력(안병직·이영훈·이인호·유영익 등)은 1948년 건국절 등을 전면에 내세우며 이승만 우상화에 매진하였다. 친일 뉴라이트 세력과 밀착한 박근혜 정권은 친일 뉴라이트의 이승만 인식을 국정 역사교과서를 통해 고정시키려 하였다. 하지만, 이는 결국 박근혜 탄핵으로 실패로 돌아갈 수밖에 없었다. 절치부심하던 친일 뉴라이트 세력은 정치적 기반이 취약한 윤석열 정권의 요직을 맡아 현재 여러 문제를 야기하고 있다. 이들에 포섭된 윤석열 정권은 한일과거사 등 친일 사관(식민지 근대화론)을 맹렬하게 장려하고 있다. … 박정희의 이승만 인식과 전혀 다른 주장을 하고 있는 친일 뉴라이트 세력이 이승만을 정치적으로 이용하고 있다." 신운용, "친일 뉴라이트의 이승만 인식과 그 확산에 대한 비판적 검토," 『국학연구』 27 (2023), 71-72. 심지어 일부 기독교계의 지지를 받는 친일 세력이 계속 기승을 부리고 있는 현실에, 안중근의 진술은 빛날 수밖에 없다. "대한독립의 소식이 천국에 들려오면, 나는 마땅히 춤을 추며 만세를 부를 것이다." 신사 참배에 앞장서서 반대한 예장고신은 이승만 정권이 친일파 청산을 하지 않았고, 그 악영향과 병폐가 한국 사회에 나타나는 현실에 할 말이 많아야 하지 않는가!

제3장

신약성경에서 본 한국 통일

들어가면서

2020년은 한국 전쟁 발발 70주년, 휴전 68주년이었다. 화평케 하는 사명을 받은 한국 교회는 남북한의 통일을 위해 어떤 역할을 해왔는가를 점검하고 앞으로의 사명을 감당해야 할 시점이다. 지구상 유일한 분단국인 남북한은 불안정한 정전(停戰)으로 인해 막대한 경제적 손실은 물론, 이념 갈등, 선교 장애 등을 겪고 있다.

정전을 넘어 한반도의 종전선언과 통일로 나아갈 수 있을까?

한국 기독교 안에서 통일에 대한 견해는 갈라진다. 기독교의 복음이 통일 이념에 종속될 경우, 기독교가 통일의 걸림돌이 될 수 있음은 예멘의 통일 과정을 통해서 확인 가능하다. 남북 예멘은 이슬람교라는 종교적 통일성에도 불구하고 부족들 간의 통일에 대한 의견 차이가 심각했기에, 종교는 1970년의 통일에 긍정적 역할을 하지 못했다.[1] 한국 교회는 1970년대까지 극단적인 반공 사상 때문에 통일 운동에 기여할 수 없었지만, 한국기독교장로회(기장)는 1980년에 통일을 교회의 선교적 과제로 인식하기 시작했다.[2]

교회는 극단적인 반공 이데올로기가 성경과 복음이 가르치는 통일관을 좌우하지 못하게 하는 동시에 배타적인 한민족 이데올로기도 경계해야 한다.[3]

---

1 정용길, "한반도 통일에서 종교의 역할,"『한독사회 과학논총』14/2 (2004), 28.
2 참고. 통일선교신학을 제안하는 김홍수, "남북한 정부의 통일정책과 한국 교회 통일 운동의 관계,"『선교와 신학』35 (2015), 90, 99, 111. 사족을 달면, 본 연구자는 자유민주주의를 손상시키는 무신론적 유물사관에 입각한 전복적인 공산주의와 사회주의를 반대한다.
3 참고. 고영은, "한국 교회의 한반도 통일 정책에 관한 연구,"『신학과 실천』54 (2017), 660; 이승구, "통일 문제에 대한 그리스도인의 태도와 기독교적인 준비,"『국제신학』6 (2004), 72. 참고로 통일을 위해, 민족신학(theology of Korean people), 정치신학, 민중신학, 탈식민

물론, 통일의 성경적 원리를 찾을 때 성경의 의도와 상관없는 결론에 이르지 않도록 주의를 기울여야 한다. 하지만, 성경에서 통일의 정당성과 당위성을 찾는 데 소극적이거나 반대하는 것은 통일신학을 구축하는 데 전혀 도움이 되지 않는다.[4]

본 장은 신약성경의 빛에서 통일의 당위성을 살핀다. 오래전부터 통일의 구체적인 방법론을 찾기 전에 성경적 통일관을 먼저 정립해야 한다는 주장이 제기되어 왔지만, 눈에 띄는 진척은 보이지 않는다.[5] 성경적 통일관을 정립하지 못한다면, 기독교계는 한 목소리를 낼 수 없고, 통일 운동을 위한 추동력을 확보할 수도 없게 된다.[6]

신약성경에서 '통일'과 관련된 단어나 내용을 고려하여 먼저 살핀 후, 신약성경의 통일이 한국 통일에 주는 교훈을 찾는다. 성경적 통일관은 교회를 통하여 남북한이 만유이신 예수 그리스도 안에서 평화와 연합과 공동선을 실천함으로써 하나님 나라를 건설하는 것임을 논증할 것이다.

주의신학 그리고 여성신학을 혼합한 경우는 박순경, "지구화 시대에 있어서의 민족사회의 통일과 정의를 갈구하는 영성," 『한국여성신학』 33 (1998), 37, 47을 보라. 더불어 김애영, "원초(原草) 박순경의 통일신학," 『한국여성신학』 90 (2019), 83-95; 이정배, "함석헌의 『뜻으로 본 한국역사』 속에 나타난 '민족' 개념의 신학적 고찰: 신채호의 '민족사관'과 안중근의 '동양평화론'의 지평에서," 『신학과 세계』 55 (2006), 162-92도 참고하라.

[4] 통일을 특별은총이 아닌 일반은총에서 접근해야 한다는 주장은 이승구, "통일 문제에 대한 그리스도인의 태도와 기독교적인 준비," 75-78, 84를 보라. 이승구는 특히 구약의 남북 이스라엘의 통일과 회복에 대한 예언(사 49:5-6; 겔 37:17-22; 희년서 1:15-17)을 한국 통일의 근거 구절로 활용하는 데 반대한다. 하지만, 다수 학자는 이승구와 의견을 달리한다. 박정수, 『성서로 본 통일신학』 (서울: 성서학연구소, 2010), 62-66; 박신배, 『평화학』 (서울: 프라미스키퍼, 2011), 98, 260; 구약의 종말론적 순례 주제(사 66:18; 슥 14:16)에 기초한 민족적 회심을 주장하는 임현만, "미래 통일 한국 사회에 필요한 예수 그리스도 십자가의 화해 사상," 『기독교와 통일』 1 (2007), 55, 58.

[5] 김병로, "평화통일과 북한복음화를 위한 한국 교회의 과제," 『성경과 신학』 37 (2005), 27. 참고로 2006년 창립된 기독교통일학회의 학술지 『기독교와 통일』에 신약성경에 근거한 통일 논의는 3편 정도에 그친다(http://www.reuni.co.kr; 2020년 4월 3일 접속).

[6] 참고로 독일 통일을 위한 교회의 역할은 C. S. Yang, "Lessons of German Unification for Korea," International Bulletin of Mission Research 42/2 (2018), 106-115; 박신배, 『평화학』, 95-96을 보라.

1. 신약성경에 나타난 한국 통일의 원칙과 함의

1) 복음서

마태복음은 이방인을 포함하는 족보로 시작한다(마 1:1-16). 예수님은 열방의 아버지인 아브라함의 언약을 성취하시러 이 세상에 오셨기 때문이다(마 1:1). 따라서, 마태복음은 하나님 나라가 유대인에 국한되지 않고 온 세상에 확장될 것을 강조한다(마 2:1; 15:21-28).

남한 교회는 다른 나라에 북한 선교를 맡길 수 없으며, 동족의 복음화를 우선적으로 실현해야 할 책무가 있다(참고. 마 10:5-6; 롬 9:3).[7] 그리스도인의 천국 확장은 당연히 북한에까지 미쳐야 한다(마 11:12). 적대적인 분단은 생명-회개-용서-화해를 담아내는 천국의 걸림돌인데, 북한 선교는 하나님께서 그곳의 통치자이심을 드러내는 것을 목표로 삼아야 한다.[8]

하나님 나라는 죄 사함과 구원이라는 영적 의미를 우선적으로 중요하게 여기지만, 정치-사회적-우주적 의미도 가진다. 그렇다면 한국 교회는 한반도라는 역사적 실존 안에 하나님 나라가 임하도록 노력해야 마땅하다.[9] 한국 교회가 기독교를 박해하는 북한 정권과 화해하는 일은 어려운 일이지만, 원수 사랑과 화목을 실천하라는 명령을 받들어 통일을 위해 배타적 반공주의를 넘고 불신과 증오의 장벽을 제거하며, 화해와 용서를 추구해야 한다(마 5:44; 롬 12:18-21).[10]

---

7 남덕우, "북한 선교의 전략적 실천 방안," 『신학과 실천』 43 (2015), 631. 참고로 복음서의 독자들은 예수님이 의도하신 대로 유대인과 이방인이 혼합된 포괄적이고 평등한 공동체였다.

8 유병용, "성경의 창으로 본 통일-하나의 시도: 하나님 나라 관점으로 본 통일(막 1:15를 중심으로)," 『기독교와 통일』 7 (2013), 71, 75; 남덕우, "북한 선교의 전략적 실천 방안," 624; 김병로, "평화통일과 북한복음화를 위한 한국 교회의 과제," 12.

9 박신배, 『평화학』, 259.

10 주도홍, "한국 교회, 평화의 사도로 나서야: 한국 교회와 북한정권과의 화해 모색," 『기독교와 통일』 9/2 (2018), 41-44, 52; I. S. Ahn, "Paul Tillich's Method of Correlation and the Unification of Korea: From Correlation to Co-Reconstruction," *International Journal of Public Theology* 5/2 (2011), 203-205.

마가복음은 예수님께서 갈릴리 호수를 동서로 여행하심으로 지역과 민족 간의 불화가 아닌, 화목과 구원을 도모하셨음을 강조한다(막 4:35-41; 5:21; 8:13).[11] 유대인은 민족-종교적 이유로 사마리아인을 멀리했지만, 주님은 그들을 품으셨다(요 4:1-42). 예수님은 헬라인들을 위해서도 한 알의 밀알이 되셨다(요 12:20-26). 바울은 이런 그리스도 안에서 차별이 없이 하나가 되어야 한다는 사상을 발전시켰다(갈 3:28).

예수님의 나사렛 회당 설교에 의하면, 성경적 정의는 영혼의 구원은 물론 가난하고 억눌린 자를 돕고 자유케 하는 것이다(눅 4:18; 참고. 사 58:7, 12). 남한에도 억눌린 자와 가난한 자가 많지만, 북한의 경우는 이런 정의와 (인권, 종교 등) 자유가 더 절실하다.[12] 남한 교회가 성경적 사랑과 자유와 정의를 먼저 회복해야만 북한을 도울 수 있고, 통일 후 그들을 영적으로 오염시키지 않을 것이다.[13] 예수님께서 가르치신 세상과 만유의 갱신(παλιγγενεσία, ἀποκατάστασις)은 남북한의 갱신을 포함한다(마 19:28; 참고. 행 1:6; 3:21). 이런 갱신은 궁극적으로 복음 전파를 통해서 가능하다.

예수님은 삼위일체의 하나 됨에 근거하여 교회의 하나 됨을 위해 기도하셨으며, 또한 파송될 제자들을 통하여 앞으로 복음을 믿을 사람들을 위해서 기도하셨다(요 17:11, 20-23; 참고. 요일 1:3, 6-7). 온 세상의 복음화에 북한은 당연히 포함되는데(마 28:19-20; 행 1:8; 딤후 4:2), 이를 위해 교회 안에 남과 북이 서로를 섬기고 환대하도록 돕는 교육이 필요하다.[14] 그리스도인이 복음과 사랑으로써 미움과 증오를 극복하지 못한다면, 용서와 섬김과 환대를 통한 통일은 요원하다. 형(남한)이 회개하고 돌아온 탕자 동생(북한)으로 인해 아버지와 함께 마땅히(δεῖ) 즐거워하고 기뻐할 때 진정한 화해가 가능하다(눅 15:32).[15]

한국 교회는 '작은 통일과 화해의 공간'(small unification-reconciliation zone)으로 남북을 연결하는 중개자 역할을 해야 한다. 이를 위해, 예를 들어, 통일을

---

11 W. F. Taylor Jr., "Unity/Unity of Humanity," in *The Anchor Bible Dictionary*, Volume 6 Si-Z, ed. D. N. Freedman (New York: Doubleday, 1992), 752.
12 손봉호, "성경적 정의가 요구하는 통일," 『종교문화학보』 16/2 (2019), 3.
13 손봉호, "성경적 정의가 요구하는 통일," 6.
14 최진경, "남북통일 준비를 위한 기독교의 섬김(Diakonia)의 교육," 『기독교교육정보』 56 (2017), 263-64, 267.
15 주도홍, "한국 교회, 평화의 사도로 나서야," 56.

위한 중요한 사회적 자산(social capital)인 탈북민을 형식적으로 환대하는 것이 아니라 가족으로 포용하는 데까지 나아가야 한다(마 25:35; 히 13:2-3).¹⁶

세상 역사는 하나님의 구원 역사의 한 부분이므로, 통일도 구속사의 관점에서 살펴야 한다. 성경은 구속사의 발전을 따라 다양한 방식으로 하나 됨을 보여주는데(창 2:24; 겔 37:16-17; 요 17:21; 엡 2:14-16; 5:22-23), 교회가 추구해야 할 성경적 통일의 추동력은 분열과 증오를 넘어 원수를 포함한 모든 사람을 사랑하는 것이다(마 5:44; 22:37-40; 25:40; 눅 10:36-37).¹⁷

2) 사도행전

부활하신 예수님은 성령과 제자들을 통해 본격적으로 이스라엘 나라의 회복(ἀποκαθιστάνεις τὴν βασιλείαν τῷ Ἰσραήλ) 운동을 펼치셨다(행 1:6). 이스라엘 나라의 회복은 다윗의 나라를 넘어서는 그리스도의 나라를 가리키며, 이는 구약 이스라엘의 선교와 회복 그리고 '종말론적 순례' 주제를 구원 계시의 발전을 따라 성취한 것이다(사 49:5-6; 60:1-9; 슥 14:16).¹⁸

그리스도의 나라는 선교를 통해 확장된다. 신약성경에 나타난 예수 그리스도의 나라는 팍스 로마나와 차별된 그리스도의 평화, 원수와 이웃 사랑, 화해를 통한 적대감의 청산, 그리스도인의 선행을 요소로 삼아 건설된다.¹⁹ 이런 이스라엘 나라의 종말론적 회복에 북한도 포함되며, 통일 선교로 부름을 받은 남한 그리스도인의 실천 사항이 담겨있다.

사도행전에 나타난 바울의 선교에서 회당 전도는 동족 복음화를 향한 그의 열정을 보여준다(행 13:5, 14; 14:1; 17:1, 10; 18:4). 그리고 바울은 다신교 문화 속의 이방인에게 일반은총을 접촉점으로 삼아 복음을 전했는데(행 17:16-34), 그

---

16 Y. S. Song, "Socio-Cultural Factors influencing the Conversion to Christianity among North Korean Refugees in South Korea," (Ph.D. Thesis, Trinity Evangelical Divinity School, 2011), 227-29.

17 류지나, "한반도 통일과 한국 교회의 사명,"『기독교문화연구』 23 (2018), 245. 참고로 통일 자체가 목적(autotelos)이나 궁극적 선이라는 이데올로기가 되어서는 안 된다고 보는 강웅산, "통일과 구원: 한반도 통일에 대한 성경적-신학적 고찰,"『신학지남』 83/1 (2016), 87, 100-110.

18 박정수,『성서로 본 통일신학』, 21, 64-65.

19 박정수,『성서로 본 통일신학』, 107, 116-44.

것은 기독교 복음의 패러디 같은 북한의 종교화된 주체사상을 신봉하는 이들에게 어떻게 예수님의 복음이 그것을 대체하도록 도울 수 있는지 통찰력을 제공한다.[20]

만유의 주님이신 예수님은 평화의 복음을 전하셨다(행 10:36). 화평케 하는 이들(εἰρηνοποιοί)은 평화의 예수님이 만유의 주님이심을 증명해야 한다(마 5:9).[21] 평화는 전쟁의 부재를 넘어 모든 관계가 우호적이고 온전한 상태로 진입한 것을 가리킨다(참고. 삿 21:13; 왕상 5:4; 사 2:4). 교회, 곧 하나님의 형상을 가진 사람이라면 누구나 평화와 구원의 은혜를 얻도록 선교해야 한다.[22] 예수님은 무력으로써 강압적 획일성과 통일성을 이루는 로마제국의 방식을 거부하셨다(마 5:10, 39). 이런 반로마적 메시지는 신약성경 전반에 나타난다(예. 계 5:9의 열방으로부터 경배 받으신 어린양).[23]

오순절에 성령께서 강림하심으로써 온 세상은 복음으로 통일되기 시작했다(행 2:9-11). 유대인 성도와 이방인 성도의 갈등이 일어나자 교회는 회의로 해결했다(행 15:19-21). 교회의 하나 됨은 그리스도와 복음 안에서 인류가 하나 되는 것의 초석과 같다. 성령의 능력이 임한 교회의 복음 전파와 구제라는 종말론적인 삶은 지리·민족·인종·문화·종교의 장벽을 허물고, 명예롭고 정결한 하나님의 한 가족을 형성한다(행 1:8; 2:39, 45-47; 6:1-7; 10:36; 11:29-30).[24] 이는 승귀하신 예수 그리스도의 만유적 통치 덕분인데, 복음을 거스르는 옛 관습과 이념과 기득권은 폐지되어야 한다(눅 21:20-24; 행 2:32-36; 7:48; 15:1-2, 20;

---

20 Song, "Socio-Cultural Factors influencing the Conversion to Christianity among North Korean Refugees in South Korea," 223-24; 이일수, "바울의 상황화 신학을 통한 북한 선교 전략,"『기독교와 통일』6 (2012), 148-52; 임현만, "미래 통일 한국 사회에 필요한 예수 그리스도 십자가의 화해 사상," 59.
21 류지나, "한반도 통일과 한국 교회의 사명," 246.
22 박신배,『평화학』, 85-86; 임희모, "남북한 분단체제와 평화통일 운동으로서의 선교,"『선교와 신학』35 (2015), 123, 132. 참고로 가나 혼인 잔치의 표적(요 2:1-11)과 뒤따르는 내러티브(성전청결[요 2:13-22], 니고데모[요 3:1-21], 수가성 여인[요 4:1-42])는 어떤 정치 이념이나 윤리관을 가진 사람이라도 천국의 잔치와 영생의 복음을 듣는 대상에서 제외되어서는 안 됨을 알린다는 주장은 이영호, "요한복음의 첫 번째 표적에 대한 연구: 민족복음화와 남북통일의 시각에서,"『성경과 신학』37 (2005), 109를 보라.
23 J. D. Charles, "The Throne-Vision of the Lamb," *Criswell Theological Review* 7/1 (1993), 95.
24 C. S. Keener, *Acts: An Exegetical Commentary-Volume 1* (Grand Rapids: Baker, 2012), 1038; 윤철원, "통일과 일치에 관한 사도행전의 이미지 분석,"『신약논단』22/2 (2015), 517-23.

참고. 갈 5:6; 6:15).²⁵ 주 예수 그리스도께서 주시는 회개와 죄 사함은 개인과 민족과 국가의 답답한 '숨통을 틔게' 만들고(ἀνάψυξις) 갈등을 잠재운다(행 3:20).

3) 서신서

바울은 인류의 부정적 연합에 주목한다. 율법을 알던 유대인과 모르던 이방인 모두 첫 사람과 연합되어 있기에 하나님을 대적하는 데 하나가 되었으며, 그 결과 그들은 죽음과 연합하게 되었다(롬 1:18-3:23; 5:12-21; 7:9-13).²⁶ 이런 인류의 부정적이고 파괴적인 연합은 개인, 민족, 국가 간의 불화를 초래한다.

이런 현상은 사람이 예수 그리스도와 연합하여 새롭게 창조될 때 해결된다(고후 5:17; 갈 6:15). 새 피조물, 곧 새 인류(엡 2:15)는 인종과 민족으로 인한 갈등에 얽매이지 않아야 한다(롬 15:7-13). 그리스도의 화해의 은덕을 입은 크리스천은 화목케 하는 일을 수행해야 하기 때문이다(고후 5:18; 엡 2:14-16). 바울은 긍정적 의미로 '통일', '연합', '하나가 된', '연결하다'와 같은 단어들을 종종 사용한다.

로우(J. P. Louw)와 나이다(E. A. Nida)의 설명에 기초하여, 바울서신으로부터 찾을 수 있는 한국의 통일에 대한 함의는 아래와 같다.²⁷ 빌립보서 2장 2절의 형용사 '생각으로 하나가 된'(σύμψυχος)은 교회의 일치를 염두에 둔다. 하지만, 이 일치를 국가 차원으로 확대하면, 남북한이 같은 사랑과 생각을 추구하는 것이 주님에게 기쁨이 된다. 이런 한 마음과 생각은 그리스도의 복음에 합당하게 실천할 때 가능하다(참고. 빌 1:27).

바울은 에베소서에서 여성 명사 '연합', '하나 됨'을 2회 사용한다(ἑνότης, 엡 4:3, 13). 또 바울서신에 동사 '연합하다'도 3회 등장한다(συμβιβάζω, 엡 4:16; 골 2:2, 19). 이런 단어를 통하여 바울은 예수님의 몸인 교회의 연합을 교훈한다. 이것을 통일을 위한 남한과 북한의 교회들의 연합으로 확장하는 것은 무리가 아니다. 또한, 북한 동포에게 하나님의 형상과 인간의 존엄성이 있기에,

---

25　차정식, "바울신학에 나타난 통일사상," 『한국기독교신학논총』 17/1 (2000), 64.
26　Taylor Jr., "Unity/Unity of Humanity," 749.
27　J. P. Louw and E. A. Nide, *Greek-English Lexicon of the New Testament based on Semantic Domains*, Volume 1 (Cape Town: Bible Society of South Africa, 1993), 322, 614.

그들을 인격적으로 존중하고 자비를 베풀며 연합해야 한다(엡 4:24; 골 1:15).²⁸

바울은 그리스도와 교회의 신비로운 연합을 매우 강조한다. 교회의 머리이신 예수님은 개별 그리스도인을 하나로 연결하는데, 사랑의 실천은 성도의 연합을 위해 중요하다. 이 사실은 바울이 3회 사용한 명사 '연결', '결합'(σύνδεσμος)을 통해 확인할 수 있다(엡 4:3; 골 2:19; 3:14).

그리고 바울은 복합 동사 '다시 머리 역할을 하다'(ἀνακεφαλαιόω)를 통해 그리스도의 통치 하에서 교회는 물론, 만유의 통일을 강조한다(엡 1:10; 참고. 롬 13:9; 고전 15:28). 여기서도 예수님의 통치 원리는 사랑이다. 남북의 통일과 사랑 실천은 진정으로 주님의 통치를 받아들일 때에 가능하다. 에베소서의 통일은 만유의 아버지께서 역사의 토대와 축과 주권자이신 예수님을 통하여 이루신다(엡 1:9; 4:6).²⁹ 만유의 통일은 남북 교회의 통일과 남북의 통일을 포함한다. 교회가 자기 의에 빠져 분열된다면 세상에 평화를 촉구할 수 없지만, 하나님의 통치 아래 평화와 사랑으로 연대한다면 가능하다.³⁰

구약성경과 신약성경의 서신들은 개인의 평화를 넘어 인류 보편적 평화를 가르치는데, 이를 위해 전쟁을 억제하고 악을 악으로 갚지 않으며 상호 신뢰와 정의를 실현해야 한다(롬 12:17-21; 벧전 2:21-24; 참고. 출 20:13; 마 5:39).³¹ 이런 적극적이며 보편적 평화주의는 정의에 눈 감고 독재나 불의를 용인하는 수동적 순응주의와 다르다.³²

우리의 눈을 잠시 통일을 위해 애쓴 한국 교회로 돌려보자. 1986년 제71회 예장통합총회는 '대한예수교장로회 신앙고백서'에서, 골로새서 3장 15절에 근거해 통일을 통해 화해와 평화를 정착하는 교회의 사명을 천명한 바 있다.

---

28 칼빈의 화해론과 사랑 실천으로부터 한국 교회가 화해자로 역할을 감당하려면 냉전 이데올로기에서 벗어나야 한다고 주장하는 안인섭, "칼빈(John Calvin, 1509-1564)의 화해(Reconciliation) 신학에 근거한 남북한 화해와 협력," 『기독교와 통일』 5 (2011), 7, 15.
29 차정식, "바울신학에 나타난 통일사상," 82; 류지나, "한반도 통일과 한국 교회의 사명," 252.
30 M. Mikhael, "Making Every Effort to maintain the Unity," *Reformed World* 58/2-3 (2008), 103-104.
31 이경직, "기독교 평화주의와 한민족의 평화 통일," 『백석저널』 3 (2003), 107.
32 이경직, "기독교 평화주의와 한민족의 평화 통일," 114.

우리 한국 교회는 그리스도인들 모두가 평화를 위하여 일하는 사도로 부름을 받았음(골 3:15)을 믿으며, 같은 피를 나눈 한 겨레가 남북으로 갈라져 서로 대립하고 있는 오늘의 이 현실을 극복하여 통일과 평화를 이루는 일이 한국 교회에 내리는 하나님의 명령이며, 우리가 감당해야 할 선교 사명임을 믿는다.[33]

예수님 안에서 인종과 민족의 경계와 차별은 허물어져야 한다(갈 3:28). 고린도후서 8-9장의 모교회인 예루살렘 교회를 위한 구제 헌금의 원칙에서 볼 때, 사도적이며 보편적 교회에 북한의 지하교회가 포함되기에 남한 교회가 구제와 섬김을 통해 보편적 교회 됨의 표지를 드러내야 한다.[34] 한국 기독교 역사에서 북한 교회는 남한 교회의 어머니와 같다. 남북 교회들은 강한 자가 약자를 배려하고, 평균케 하시는 하나님의 원칙을 존중함으로 서로 선과 덕을 세워야 한다(행 11:29-30; 롬 15:1-2; 고후 8:13).[35] 하지만, 이론에 그치지 않으려면, 남한 교회가 북한 지하교회와 협력하는 방안을 강구해야 한다.

일반서신인 베드로전서는 크리스천이 세상에서 어떻게 소통하며, 화해를 이루고, 공존할 수 있는가에 관한 통찰을 제공한다.

> 베드로는 교회와 세상의 소통에 큰 관심을 보이는데, 효과적인 소통의 방식은 성도의 선한 양심과 선한 행실이다(벧전 3:16). … 교회가 감당할 궁극적 사역은 세상을 향해서 그리스도를 보여주는 삶으로 펼치는 화해 사역이다. … 그런데 성도가 세상 안에서 삶으로 화목케 하는 사역은 복음의 가치와 세속적 가치 사이의 갈등을 종종 유발한다. 이 갈등은 진정한 화해를 위한 진통인 셈이다. … 성도가 신앙을 포기하면서까지 소통과 화해와 공존을 시도하지 말아야 한다고 주장한다. … 공존은 게토화나 분파(sect)화를 거부한다. 사도는 기독교공동체가 동떨어져 반(反)사회를 형성하도록 권면하지 않는다. 교회는 죄와 사망으로부터 불러내신 하나님뿐 아니라, 이제 세상 속으로 부

---

33 고영은, "한국 교회의 한반도 통일 정책에 관한 연구," 648.
34 최진경, "남북통일 준비를 위한 기독교의 섬김(Diakonia)의 교육," 260-61.
35 참고. 강원돈, "한반도 평화와 통일에 대한 평화윤리적 접근," 『한국기독교신학논총』 61/1 (2009), 112, 119.

르신 하나님의 뜻을 헤아리고, 어떻게 변혁을 위한 공존을 성취할지 지혜를 모아야 한다.[36]

바울과 베드로와 요한은 통일의 공통 원칙을 제공한다. 그것은 하나님은 사랑이시며, 그분의 자녀는 마땅히 진리 안에서 사랑과 용서를 실천해야 한다는 사실이다(고후 2:10; 골 3:13; 벧전 4:8; 요일 4:7-11). 요한은 사랑 실천의 대상을 특정인으로 제한하지 않는다.

4) 요한계시록

요한계시록의 중심 주제는 선교의 주체이신 일곱 영(계 4:5; 5:6)과 교회를 통한 하나님 나라의 확장이다(계 11:15). 박해와 같은 난국에서 천국을 확장하려면, 어린양의 보혈과 복음, 순교적 각오가 필요하다(계 12:11).

통일의 매체인 하나님 나라 복음의 중요성은 통일을 이미 경험한 나라들에서 확인할 수 있다. 베트남(1975), 독일(1989), 예멘(1990)은 통일을 이루었지만, 통일의 완성이라 할 수 있는 사회적 통합은 여전한 숙제다.[37] 정치적 통일을 이루기 전에 먼저 복음에 기반한 사회적 통일을 이루도록, 남한 교회는 북한을 향한 봉사, 선교(자본 대신에 복음, 행 3:6), 친교를 계속해야 한다.[38]

만유의 갱신(καινὰ πάντα)에 국가의 갱신도 포함된다(계 21:5). 구원의 완성은 열방이 하나 되어 하나님을 예배하고 그리스도의 온전한 신부인 새 예루살렘 성을 형성하는 것이다(계 4-5; 21:1-22:5).

---

36 송영목, 『신약신학. 증보판』(서울: 생명의양식, 2016), 461-74에서 요약 인용. 참고로 독일 통일의 교훈으로부터 남한은 교류와 관계 개선을 통하여 북한의 변화를 추구해야 한다는 주장은 C. S. Yang, "Lessons of German Unification for Korea," *International Bulletin of Mission Research* 42/2 (2018), 106-115를 보라.

37 이범성, "통일, 하나님 나라 운동," 『신학과 실천』 19/2 (2009), 66-71.

38 이범성, "통일, 하나님 나라 운동," 89-90.

5) 기타 성경적 근거

성경적 공동선(*bonum commune*)은 통일의 근거가 된다. 1988년 2월 29일 연동교회당에서 열린 제37차 한국기독교교회협의회(NCCK) 총회는 '민족의 통일과 평화에 대한 한국기독교회 선언'(88선언)을 발표했다. 그 선언문은 "통일은 민족이나 국가의 공동선과 이익을 실천하는 것일 뿐 아니라 인간의 자유와 존엄성을 최대한 보장하는 것이어야 한다"라고 천명한다.[39]

'공동선'에 관한 근거 구절을 성경에서 추론할 수 있다. 하나님은 궁극적인 선이시며(막 10:18) 그분과 교제 속에 있을 때에야 참된 선이 가능하므로, 교회야말로 공동선을 국가에 이루는 도구다(딛 2:14; 벧전 3:16).[40]

6) 요약

신약성경은 한국 통일에 관하여 다각적인 통찰을 제공한다.

복음서와 사도행전은 예수님과 제자들의 천국 확장 사역과 만유 갱신 사상에서, 바울서신은 부정적인 인류의 연합과 갈등에 대한 해결책인 만유이신 예수 그리스도의 통치 아래에서 이루어지는 '통일'과 '연합'과 관련된 단어의 용례에서, 베드로전서는 소통과 화해와 공존의 원칙에서, 요한서신은 진리 안에서 사랑을 실천하는 교회의 모습에서 그리고 요한계시록은 세상 속의 하나님 나라 확장이라는 빛 속에서 남북의 통일을 조망하도록 돕는다. 더불어 한국 교회는 남북한이 구현해야 할 공동선의 근거는 선하신 하나님의 속성임을 기억해야 한다.

---

39 고영은, "한국 교회의 한반도 통일 정책에 관한 연구," 650.
40 참고. 송용원, "프로테스탄트 공동선을 찾아서," 『장신논단』 49/1 (2017), 47-48, 54-56. 참고로 인류의 보편적 가치인 인권 보호를 위해 북한은 국제인권조약에 1981년에 가입했지만, 인권은 유린되고 있다. 교회는 북한의 인권 문제를 기독교교육을 통해 접근함으로써 통일을 준비해야 한다. 주승현, "북한 인권 문제와 통일의 상관성에 관한 연구," 『기독교교육논총』 50 (2017), 263, 282.

2. 신약성경의 통일이 한국 통일에 주는 교훈

통일은 하나님 나라와 그리스도의 만유 통치, 만유 갱신과 직결된 문제다.

통일을 선교적 관점에서 접근하는 것을 식민지 시대의 원시적 선교로 치부하여 거부하면서, 선교는 크리스천의 사랑과 선행 자체라고 주장하는 이들도 있다.[41] 그러나 북한 선교와 통일은 하나님의 주권에 속함을 고백한다면, 북한을 악마의 세력으로 규정하여 선교적 노력을 중단하는 대신, 겸손히 자기희생적으로 북한의 일도 돌보아야 한다(빌 2:4).[42]

교회는 세상을 화평케 하도록 파송 받은 대사들이므로(고후 5:18-20), 교회 안팎의 갈등을 잘 관리하고 생산적인 시너지를 내도록 만들어야 한다. 반평화적 문화와 갈등과 피로가 쌓일수록, 크리스천조차 자신의 이념이나 이익을 절대화하고, 선택적 정의와 분노에 빠지거나 갈등을 회피하여, 개인의 번영이라는 사사화의 덫에 걸리기 쉬움을 직시해야 한다.[43]

그렇다면 한국 교회가 사랑과 화해를 실천하고 공동선을 추구하기 위해서 무엇을 준비해야 하는가?

임희모는 한국 교회가 대북 교류와 지원을 전략적으로 추진하는 것과 더불어, "동시에 남한사회에 구조화되고 만연한 분단 지속화 장치들, 예컨대, 극단적 반공주의, 반통일적 대결구조, 북한에 대한 편견과 오만, 자본주의에 대한 맹목적 추종, 남남갈등 조장, 근거 없는 좌파와 종북 몰이, 정치적 지역주의, 다문화 외국인과 탈북자에 대한 자민족중심주의 등을 변혁시켜 남한사회가 평화적 통일지향의 사회가 되게 하는 것이 중요하다"라고 주장한다.[44]

통전적 복음과 평화와 사랑에 따른 성경적 통일전략에 대한 논의는 계속 활성화되어야 한다. 그리고 한국 교회가 복음을 통하여 편향된 이념을 극복할 때에야 통일의 주체로 기여할 수 있음은 분명하다. 한국 교회는 통일문제의 촉발자가 아니라 해결자로 자리매김해야 하며, 통일은 사회의 문제이므로 교

---

41 참고. 김성태, "성경적 세계관에 근거한 한국 교회의 통일준비," 『신학지남』 75/2 (2008), 249.
42 김성태, "성경적 세계관에 근거한 한국 교회의 통일준비," 252-57.
43 임성빈, "한국 교회와 평화: 평화이루기(peacemaking)를 위한 교회의 과제를 중심으로," 『선교와 신학』 38 (2016), 206-210.
44 임희모, "남북한 분단체제와 평화통일 운동으로서의 선교," 143.

회가 사회와 공동선을 위해 소통하는 데 노력해야 하고, 통일을 통해 단일민족을 넘어 다민족 사회 및 교회까지 대비해야 한다.[45] 이를 위해, 교회와 기독교학교에서 통일 교육은 중요하다.

> 동독 교회는 동독의 '사회주의 사회 환경'에서도 불구하고 그리스도인들로 하여금 하나님 앞(Coram Deo)에서 책임 있는 삶을 위한 경험을 강하게 인식하도록 하여 그들의 사회주의체제 하에서 교회를 순수하게 유지하면서 그리스도인들을 신앙으로 무장하는 데 성공하였고, 동독 국민들이 계속적으로 교회를 신뢰하게 하여 분단된 그들의 조국을 통일에로 이끄는데 결정으로 기여했다고 볼 수 있다. 오늘날 한국 교회 역시 그 당시 동독 교회의 상황과 매우 흡사한 경우라 할 수 있다. … 한국 교회의 사회 현실 역시 마찬가지로 천민자본주의, 세속화, 종교 다원주의 등 여러 사상이 조국의 교회와 교회 구성원들, 특히 청소년들을 위협하고 있다. 그리고 동시에 분단된 조국 통일의 과제를 안고 있다고 할 수 있다.[46]

교회 교육에서 크리스천의 통일 지수를 높이는데 설교자의 책무가 크다. 설교자의 주관적인 통일관을 설교를 통해 회중에게 주입하는 것을 삼가야 하고, 성경적 통일관을 따라 분별력 있는 실천을 할 수 있도록 격려해야 한다.

나오면서

신약성경은 그리스도인의 신앙과 삶의 표준이다. 그러므로 그리스도인의 북한 선교와 통일 운동이라는 실천의 근거, 원칙, 방향도 신약성경에서 도출해야 한다. 통일이라는 관점으로 본문을 강압(eisegesis)한다면, 신약성경은 한 가지 주제, 곧 통일신학에 대한 논의로 환원되고 만다. 대신 신약신학의 여러

---

45 안교성, "통일의 필요성에 관한 담론: 기독교 통일담론에 대한 함의를 중심으로," 『선교와 신학』 40 (2016), 347-51.
46 강문규, "독일의 교회 교육에 대한 성찰과 제언: 독일 기독교교육학자들의 관점을 중심으로," 『신학과 실천』 49 (2016), 362.

주제와 적용이 통일을 어떻게 포함하는가를 살펴야 한다. 성경신학적 주제 가운데 하나님 나라는 성경 전체를 아우르는 중심 주제인 동시에, 남북한의 통일선교적 통찰을 제공함을 살펴보았다.

만유이신 예수 그리스도의 화해와 구원과 통치는 교회를 통해, 통일의 열매로 나타나야 한다. 더불어 한국 교회가 신약성경에 근거하여 공동선의 원칙과 실천을 찾아 통일을 위해 실천하는 것도 중요하다.

인류는 하나님을 대적하고 범죄하기 위해 통일을 이루어 왔고, 이념과 이익을 따라 분열되어 왔지만, 성부 하나님은 만유를 예수 그리스도의 발아래 통일하시기 위해 교회를 통하여 분열을 해결하고 참된 통일을 이루시기 원한다.

한국 교회에는 회의론적이거나 낭만적 이데올로기로 점철된 통일관이 아니라, 성경적 통일관이 필요하다. 성경적 통일관의 조망 하에 냉전 시대의 극단적 반공 이데올로기가 아니라 전략적이고 유연한 접근을 발굴해야 한다. 신약성경은 참된 일치와 통일, 조화는 예수님 안에서 교회를 통하여 가능하다고 한 목소리를 내는데, 이런 교훈은 사도와 속사도 이그나티우스(A.D. 35-107)를 거쳐 계속 이어져야 한다.[47]

통일이라는 시대적 사명을 감당해야 할 한국 교회는 신앙의 사사화와 개교회중심주의를 극복해야 하며, 그리스도인은 통일이라는 공적인 영역에서 하나님 나라를 실현할 수 있어야 한다. 젊은 세대는 통일의 필요성을 기성세대만큼 절감하지 않으며, 남한의 이익이라는 관점에서 접근하려는 경향이 크다. 따라서, 하나님 나라를 구현하는 통일교육을 위해서, 북한에 대한 이해와 통일의 필요성을 가르치고, 평화와 환대, 사랑과 관용과 공존 같은 천국 백성이 갖추어야 할 성품을 함양하도록 교육해야 한다.[48] 또한, 균형 잡힌 성경적 통일관을 정립하려면, 성경신학, 선교학, 기독교교육학, 평화학, 사회학, 정치학이 어우러진 간학문적 연구가 필요하다.

그리스도인은 통일의 주권이 하나님에게 있음을 믿으며, 지혜와 역량을 모아 하나님의 주권을 지금 여기에 이루는 데 진력해야 한다.

---

47 Taylor Jr., "Unity/Unity of Humanity," 752-53.
48 양금희, "사회적 통합을 지향하는 교회의 기독교 통일교육 연구," 『기독교교육논총』 46 (2016), 250, 255.

제4장

사회복지와 기본소득에 대한 성경적 연구[1]

들어가면서

　신성한 노동과 생산 및 분배의 가치는 프레카리아트(precariat, 저임금·저숙련 노동에 시달리는 불안정 노동 무산 계급을 가리키는 신조어)의 집단 해고, 청년 실업, 부동산 투기와 같은 불로소득의 확대, 노인의 절반에 달하는 빈곤율과 높은 노인 자살률, 블랙홀이 되어버린 수도권 집중화와 같은 어두운 그림자에 빛이 바랜다.[2] 설상가상으로 코로나19는 소득 및 고용 불균형과 양극화를 심화시키고 있다.[3] 덩달아 재정과 인프라의 출발점이 다른 대형 교회와 소형 교회 간의 양극화도 커지며, 한국 교회 전체의 사회적 신뢰도는 하락 중이다. 이런 차제에 공동체성과 이익 공유의 강화, 저소득층 맞춤 복지 강화 그리고 기본소득(basic income)이 돌파구로 제시되기도 한다.[4]
　한국에서 기본소득에 대한 논의는 2000년경부터 시작되었는데, 2020년 5월 긴급재난지원금 지급은 이 주제에 관한 실질적인 논의를 다시 촉발시켰다. 국내외에서 국가·주·시 차원에서 기본소득이 실험되었다(알래스카주[1982], 나

1　이 글은 『영산신학저널』 56 (2021), 59-93에 실렸다(공저).
2　김교성·백승호·서정희·이승윤, 『기본소득이 온다: 분배에 대한 새로운 상상력』 (서울: 사회평론아카데미, 2018), 48-95.
3　조현진, "가난한 이를 위한 우선적 선택과 기본소득," 『가톨릭 평론』 4 (2016), 22.
4　'기본소득'이라는 명칭은 영국 정치경제학자 G. D. H. Cole(d. 1959)이 처음 사용했다. 루방대학교 P. van Parijs 등이 주도하여 조직된 기본소득지구네트워크(BIEN, since 1989)에 따르면 기본소득은 "자산 조사나 노동 요구와 같은 조건과 상관없이 모든 개인에게 정기적으로 현금을 지급하는 것"을 가리킨다requirement(https://basicincome.org). 기본소득한국네트워크(BIKN, since 2009)는 "신자유주의가 불러온 극심한 양극화와 불안정한 삶, 지구 자원 고갈과 기후변화로 인한 생태 위기와 차별적 고통의 문제를 해소하는 사회적 생태적 전환을 실현 가능한 경로로 만드는 데 기본소득이 중심 역할을 하도록 활동합니다."라고 사명선언문을 밝힌다(https://basicincomekorea.org/page/2).

미비아[2008], 케냐[2011, 2017], 인도의 일부 지역[2011], 성남시[2016], 핀란드[2017-2018], 캐나다, 네덜란드, 스코틀랜드[2017], 우간다[2017-2018], 바르셀로나[2017-2019]]).[5] 이런 사례에서 보듯, 사회복지는 기본소득을 배제하기보다 포괄하는 방향을 검토 중인데, 이는 기본소득의 도입 없이 기존 사회복지 패러다임으로 심화되는 소득 양극화와 불평등을 해결할 수 있을지 의문이기 때문이다.[6]

그런데 세대차보다는 학력 및 소득 수준, 세금 확대에 대한 정치관 그리고 취업 여부에 따라 기본소득에 대한 인식차가 적지 않다. 다시 말해, 저학력, 저소득 그리고 진보적 정치관을 가질수록 기본소득을 적극 찬성하며, 빈곤과 양질의 일자리 부족에 직면한 노년층의 경우 취업자들에게서 찬성 비율이 높게 나타났다.[7]

신학 분과 중에서 기독교윤리학과 공공신학이 사회복지, 소득의 분배, 기본소득에 관심을 기울여 왔지만,[8] 아직까지 사회복지와 기본소득을 아우르는 성경신학적 연구는 찾아보기 어렵다.[9] 성경신학적 논의는 이론적 탐구에서 멈추지 말고, 실질적인 해결책을 위한 원리와 방향을 제시해야 한다.[10] 본 장의 목적은 이런 미비한 연구의 틈을 성경신학적 통합 연구로 메우는 데 있다.

---

5   스위스는 2016년 6월 투표로 부결되었다. 노정호, "핀란드와 네덜란드 기본소득 실험의 방법론적 의미와 한계 그리고 시사점," 『한국 사회정책』 25/1 (2018), 79-93; 홍남영, "스위스 기본소득 논의와 그 함의: 2016년 기본소득 국민투표를 중심으로," 『사회보장법연구』 6/2 (2017), 137-65. 참고로 나미비아와 케냐에서 실행된 기본소득 실험에 따르면, 게으름과 무임승차를 늘이지 않은 긍정적 면이 있다. 김인희, "케냐에서의 조건 없는 현금지급과 기본소득 실험: Give Directly의 UCT와 UBI 프로그램을 중심으로," 『사회보장법연구』 6/2 (2017), 219-36.
6   유럽인의 15퍼센트, 전 세계인의 절반이 지속적 빈곤 상태에 처해 있으며, 그들은 주거와 의료와 교육과 유대감에서 배제되기도 한다. 윤석, "사회적 배제 관점에서 본 기독교 사회복지 역할에 관한 연구," 『한국기독교신학논총』 100 (2016), 304, 322; 김공회, "긴급재난지원금은 기본소득의 마중물인가?: 기본소득(론)의 과거, 현재, 미래," 『마르크스주의 연구』 17/3 (2020), 126.
7   김민수, "기본소득 도입에 대한 세대 간 인식차이 연구," 『사회 과학연구』 31/4 (2020), 266-69.
8   참고. 송영목, "아크라신앙고백서에 대한 성경신학적 비평," 『교회와 문화』 45 (2021), 118-45.
9   참고로 19세기 중순, 북프랑스, 벨기에 그리고 네덜란드에서 기본소득의 논거를 기독교 교의에서 찾기도 했다. 김공회, "긴급재난지원금은 기본소득의 마중물인가?" 114.
10 R. S. Nam, "Biblical Studies, COVID-19, and Our Response to Growing Inequality," *JBL* 139/3 (2020), 605-606.

1. 성경에 나타난 사회복지 사상

사회복지는 전체 사회구성원이 만족스럽고 안락한 삶을 전 생애에 걸쳐 유지하고 촉진하는, 최저소득보장제도의 한 형태로 인간의 존엄과 가치를 실현하도록 만드는 사회적 노력이다.[11] 이런 노력의 일환으로 기본소득을 적극 지지할수록, 자연적(예. 토지), 역사적(예. 지식), 인공적으로(예. 빅데이터) 축적되어 공유하는 부(common wealth)에 관하여 권리를 가지고 있는 모든 개인은 현금을 정기적으로 배당받아야 한다고 주장한다.[12]

사회복지는 오늘날 사회 양극화와 불평등 현상 속에 여전히 필요하며, 경제 민주화를 위한 노력과 병행될 필요가 있다. 경제 민주화는 국민경제의 안정적인 균형성장, 소득의 적절한 분배, 공정 경쟁이라는 경제 정의와 공동선의 가치를 구현하는 데 필요하며, 경제적 자유주의를 추구하면서도 거기서 파생되는 시장지배와 경제력 남용을 제한할 수 있다는 공공성의 맥락을 중요하게 여긴다(참고. 헌법 제9장 119조 제2항).[13] 위에서 언급한 사회 현상과 요구, 헌법적 가치를 염두에 두고, 구약성경과 신약성경을 출발점으로 삼아 사회복지 사항을 살필 차례다.

11　최순진, "선지서에 나타나는 사회복지의 이해: 공평과 정의를 행하라," 『성경과 신학』 46 (2008), 14. 비기독교 사회복지가 하나님의 형상을 회복하는 데 실패했다는 평가는 박창우, "기독교복지와 사회복지의 비교에 관한 연구," 『신학과 실천』 27 (2011), 323-24를 보라.

12　희년정신을 거슬러 세계 인구의 2.5퍼센트를 차지하는 대지주들은 전 세계 토지의 75퍼센트를 차지하므로, 모든 불평등 문제의 배후에 토지 불평등이 자리 잡고 있다고 해도 과언이 아니다(참고. 전 5:9). R. V. Andelson and J. M. Dawsey, 『희년의 경제학: 땅 없는 사람들의 희망』(From Wasteland to Promised Land, 전강수 역, 서울: 대한기독교서회, 2009), 22, 88, 197-201; D. Raventós, 『기본소득이란 무엇인가』(Basic Income: The Material Conditions of Freedom, 이한주·이재명 역, 서울: 책담, 2016), 28; 백승호, "더 나은 기본소득 논쟁을 할 권리: 사회정책 분야의 논쟁 분석," 『경제와 사회』 128 (2020), 18, 23; C. Beed and C. Beed, "The Contemporary Relevance of Biblical Explanations for the Rich," Evangelical Quarterly 88/1 (2016), 43-44; P. van Parijs, 『모두에게 실질적 자유를: 기본소득에 대한 철학적 옹호』(Real Freedom for All: What [if Anything] can justify Capitalism?, 조현진 역, 서울: 후마니타스, 2016).

13　송용원, "개혁신학의 관점에서 본 '경제민주화': 칼뱅을 중심으로," 『장신논단』 52/1 (2020), 99.

1) 구약의 사회복지 사상

모든 것의 주인은 사람이 아니라 선하신 창조주 하나님이시다(창 1:1, 31; 참고. 시 24:1). 창조와 언약의 하나님은 자신의 형상으로 창조하신 인간과 피조물을 사랑으로 돌보시고 섬기셔서 자신의 나라를 세우신다.[14] 하나님의 형상인 인간이 가지고 있는 신성한 권리들 중에서 생존의 수단을 보장하는 권리가 가장 중요하다.[15]

따라서, 하나님의 형상은 인간의 탐욕이 초래한 양극화를 해소하고 사회 전체의 호혜성을 증진하기 위한 성경적 인간학의 근거로 자리매김할 수 있다(참고, 아크라신앙고백 18-19조).[16] 왜냐하면, 탐욕과 양극화는 의와 진리의 거룩함이라는 하나님의 형상을 거스를 뿐만 아니라, 인간의 존엄을 파괴하고, 삼위하나님의 중요한 속성인 사랑의 관계 속에서의 교제를 파괴하기 때문이다.[17] 하나님에 대한 신앙에 기초하여 공동체적 연대와 포용의 관계 속에서 하나님의 형상을 회복하는 것이야 말로 참 복지이며, 삼위 하나님을 닮은 그분의 백성은 교제와 섬김에 힘써야 한다.[18]

족장 시대에 욥은 탐욕에 빠지지 않고, 아낌없이 베푸는 이웃 사랑의 복지를 적극 실천했다(욥 29:12-14; 욥의 유언 10:1-6; 11:3-11). 이것은 구약성경이 하나님 나라의 원칙으로 가르치는 자비(헤세드)와 정의(체다카)의 실천이다(시 89:14).[19] 오경에 가난을 예방하고 대처한 규정과 사례가 많다. 이집트와 주변 국가들이 직면한 기근과 가난을 해결한 요셉의 지혜로운 정책(창 41)과 대조

---

14 이정서, "기독교 사회복지에서 평신도의 역할: 종교개혁시대의 자선기관을 중심으로," 『신학과 실천』 27 (2011), 346-48.
15 P. van Parijs에 동의하는 Raventós, 『기본소득이란 무엇인가』, 26, 60-65.
16 김은수, "하나님의 형상과 기독교 사회복지," 『신학과 실천』 6 (2003), 172-79; 송용원, "개혁신학의 관점에서 본 '경제민주화,'" 101.
17 김재중, "하나님 나라와 사회복지 사상: 누가복음을 따라서," 『대학과 복음』 13 (2008), 158-62.
18 박창우, "기독교복지와 사회복지의 비교에 관한 연구," 329; 이수환, "복지선교를 통한 선교적 교회성장에 대한 연구," 『신학과 실천』 58 (2018), 708; 김기원, "칼뱅의 기독교 강요에 나타난 사회복지사상," 『한국기독교신학논총』 108 (2018), 283-85.
19 김옥순, "기독교봉사개념의 기초로서 신약성서 속의 διακονεῖν 어군 의미에 관한 연구," 『신학과 실천』 20 (2009), 202-203.

로 이스라엘의 족장은 풍요 시에 모두 다 소비함으로써 적절히 대비하지 못했다(창 42).[20] 추수 때 밭의 약 50분의 1을 수확하지 말라는 율법은 최초의 신율적 사회복지 규정이다(레 19:9-10).[21]

빈자를 구제하는 방법은 일상(레 22:21-24; 신 15:7-11; 참고. 잠 22:22-23)과 안식년과 같은 특정한 시기로 나뉜다(출 21:2; 23:11; 레 25:4-5; 신 15:1-6).[22] 매 7년마다 지켜야 했던 휴경년은 사람의 안식과 탐욕 억제라는 목표들과 더불어, 지속가능한 생태의 보존을 위해서도 중요했다. 40년간 광야에서 가난을 통해 연단 받은 이스라엘 백성은 풍요의 땅 가나안에서 배교하지 말아야 했으며(신 8:2-3), 여러 절기는 종(신 12:12-18)과 빈자(신 16:1-17)를 돌보는 기회였다.[23]

신명기 17장 17절은 왕의 축재를 비판하기에, 지도자들이 사리사욕을 버리고 빈자 친화적 정책을 펼치도록 교회는 예언자적 목소리를 내어야 한다. 희년은 은혜와 자유의 해로서 가난의 고착화를 예방하여 정의롭고 복지가 있는 신정국가를 이루는 제도로서, 오경은 물론, 선지서와 복음서에도 언급된다(레 25:8-55; 민 36:1-12; 사 61:1 이하; 렘 34:8-11; 겔 46:16-18; 느 5:1-13; 눅 4:17-19).[24]

사사 시대를 배경으로 하는 룻기의 사회복지는 과부로서 가족 부양을 책임졌던 룻이 자신과 과부 시어머니를 위해 이삭을 줍는 것에서 나타난다(룻 2:2-3; 참고. 레 19:9-10; 신 24:19).[25] 이 시기에 복지 구현을 위해 오경의 율법을 준수

---

20 E. Scheffler, "Of Poverty Prevention in the Pentateuch as a Continuing Contemporary Challenge," *Verbum et Ecclesia* 34/2 (2013), 3-4.

21 이현심, "사사 시대의 기독교 사회복지 제도," 『교회와 사회복지』 22 (2013), 164-65.

22 김회권은 성경적 경제학의 대전제를 "공동체에 태어난 모든 사람은 하나님의 선물인 땅에서 오는 소출을 누릴 권리를 갖고 있다"로 요약한다. 그는 "땅에는 언제든지 가난한 자가 그치지 아니하겠다"(신 15:11)를 빈자가 땅의 소출을 향유해야 한다는 의미로 파악하면서, 무한 성장이 아니라 빈자의 생존권이 보장되는 공동 번영이 성경적 경제관이라고 주장한다. 김회권, "기본소득 논의의 성경적 토대." 『복음과 상황』 294 (2015), 90~115.

23 Scheffler, "Of Poverty Prevention in the Pentateuch as a Continuing Contemporary Challenge," 4-9. 참고로 시락 34:22는 빈자를 약탈하거나 임금을 착취하는 것은 그를 죽이고 피를 흘리는 것으로 간주한다. R. H. Hiers, "Biblical Social Welfare Legislation: Protected Classes and Provisions for Persons in Need," *Journal of Law and Religion* 17/1-2 (2002),66.

24 박승탁, "희년의 기독교 윤리적 의미에 나타난 교회사회복지 실천," 『신학과 목회』 44 (2015), 251-52. 참고로 오경의 경제법을 가난한 국가의 채무를 면제하는 것으로 적용할 수 있다. 2005년 기준으로 전체 아프리카 대륙의 채무는 300조 원이며, 매년 이자로 15조 원을 지급하여 국가들의 빈곤은 해결되기 어렵다. Scheffler, "Of Poverty Prevention in the Pentateuch as a Continuing Contemporary Challenge," 11.

25 강영실, "레위기와 룻기에 나타난 사회적 안전망에 관한 연구," 『복음과 실천신학』 10

하려던 공동체의 합의였던 형사취수 제도(룻 1:13)와 친족의 기업을 무르는 고엘제도가 중요했다(룻 3:12).[26]

시가서는 하나님을 경외하며 지혜를 선용하여 부를 획득하여 누리는 것과 악한 눈과 무관한 경건하고 복된 부자의 구제 실천을 균형 있게 가르친다(욥 29:12-17; 잠 21:9; 28:22; 31:20-30).[27] 잠언은 게으름과 가난을 단순한 인과 관계로 제시하기보다, 하나님을 경외하며 의롭게 행하는 사람의 부요함을 강조한다(잠 10:3-4, 20, 27; 11:4).[28] 하나님은 허무한 재물에 주목하면서 고리대금으로 축재하는 자의 재산을 경건한 부자의 구제를 위해 활용하신다(잠 23:5; 28:8). 하나님은 공의와 인자로 세상을 다스리시기 때문이다(시 89:14; 잠 21:21).

선지서도 사회복지의 원칙과 교훈에 큰 관심을 보인다. 권력자들은 하나님의 언약 백성인 빈자들을 착취하는 악행을 멈추고 선행을 배우며 공의를 실행해야 했다(사 1:15-17; 5:8-10, 22-25; 58:6-11; 렘 21:11-14; 암 2:6-8; 5:7, 10-11; 미 3:9-12; 슥 7:8-12; 8:4-5).[29] 특별히 왕은 정의로운 사회 구현을 사명으로 여겨야 했다(렘 22:1-5, 13-17). 따라서, 선지자들은 복지의 방해 요소들을 제거하여 언약적 정의를 실현할 것을 한목소리로 강조했다.

요약하면, 구약은 언약공동체 전체의 평안과 안녕을 실행하기 위해 신율적 복지 규정을 실천을 말한다. 물질과 부 자체를 죄악시하지 않지만, 하나님의 사랑과 정의라는 속성과 통치 방식을 따라 구제의 실천을 강조하며, 권력을 남용하여 남을 희생시키면서 축재하는 것을 비판한다.[30]

(2005), 212-13; 이현심, "사사 시대의 기독교 사회복지 제도," 174.
26   Hiers, "Biblical Social Welfare Legislation," 80-82.
27   A. Labahn, "'Wealthy Women' in Antiquity: The 'Capable Woman' of Proverbs 31:10-31 and Mibtahiah from Elephantine," *In die Skriflig* 48/1 (2014), 8.
28   B. Witherington III, 『예수님의 경제학 강의: 경제 위기 시대의 그리스도인을 위한 성경적 재정 지침서』 *Jesus and Money*, 김미연 역 (서울: 넥서스Cross, 2016), 50.
29   최순진, "선지서에 나타나는 사회복지의 이해," 17.
30   J. P. de Vries, "Moral Considerations concerning Income Inequality," *In die Skriflig* 49/1 (2015), 4.

2) 신약의 사회복지 사상

마태복음의 복지는 예수님께서 재물의 위험성을 경계하신 것에서 볼 수 있다(마 6:21, 24; 막 4:19; 10:21, 25). 그러나 예수님과 제자들은 쿰란의 공동재산제를 강요하지 않으셨다. 구약 선지자들의 경제 정의에 대한 교훈과 맥을 같이 하여, 예수님은 은밀히 거저 구제할 것(마 6:3; 10:8; 14:16)과 과부와 고아를 착취하지 말 것을 가르치셨다(마 23:14). 예수님의 공생애 말기에도 빈자 구제가 언급되며(막 14:5-7), 빈자를 구제하는 것은 최후 심판에서 한 가지 기준이다(마 25:40).[31] 이런 교훈들은 율법의 강령인 이웃 사랑에 정초한다(마 22:37-40).

세례 요한은 하나님의 구원과 천국 복음을 믿고 구제를 실천하며 약자를 강탈한 죄를 회개하라고 촉구했다(눅 3:6-14). 예수님의 통전적 천국 사역(마 4:23-25; 9:35-38; 20:24-28)의 거점은 소외된 스불론과 납달리 지역이었다(마 4:12-17). 주님은 병자(마 8:14-17; 9:18-26)와 수고하고 무거운 짐을 진 자들을 환대하여 치유하셨고(마 11:28), 황금률과 이웃 섬김과 구제와 사랑의 실천을 반복적으로 교훈하셨다(마 5:43; 6:1-4; 7:7-12; 9:36; 20:1-6; 22:37-40).[32]

구약의 희년 사상을 담아낸 누가복음 4장 18-21절에서 하나님 나라의 복지는 성령님과 복음의 역사를 통하여 천국 백성 가운데, 특히 빈자와 약자와 억눌린 자가 누리는 통전적 자유임을 교훈한다.[33] 다시 말해, 누가는 희년을 통해 본질적인 영적 구원과 그것의 실천 적용인 사회 속에 침투한 천국을 동시

---

31 이민규, "신약성서 연구를 통한 저소득가정을 섬기는 기독교 봉사자 교육: 마가와 마태복음을 중심으로,"『신약논단』12/3 (2005), 559-89. 참고로 예수님의 사역을 '복지선교'(welfare mission)로 규정한 경우는 이수환, "복지선교를 통한 선교적 교회성장에 대한 연구," 707과 차정식,『하나님 나라의 향연: 신약성서의 사회복지론』(서울: 새물결플러스, 2009), 제4부 제1장을 보라.

32 최무열, "마태복음에 투영된 예수 그리스도의 치유사역에 대한 사회복지 철학 및 방법론 적용에 관한 연구: 케이스(Social Case Work)를 중심으로,"『신학과 목회』13 (1999), 287-308.

33 박승탁, "희년의 기독교 윤리적 의미에 나타난 교회사회복지 실천," 254; 김재중, "하나님 나라와 사회복지 사상," 171. 참고로 윤철원은 종말론적 역전주제가 반복되는 누가복음에서 사회복지의 출발점은 천국을 소유한 가난한 자를 향한 복 선언이라고 보면서(눅 6:20-26), 사회복지의 대상과 실천 사항을 선한 사마리아인의 비유와 부자와 나사로의 비유(눅 10:25-37; 16:19-31)에서 찾는다(참고. 행 2:37-47; 4:32-37). 윤철원, "사회복지 사상의 성서적 뿌리: 누가복음서와 사도행전을 중심으로,"『기독교 사회복지』10 (2001), 57-71.

에 강조한다.³⁴

　선한 사마리아인의 비유(눅 10:25-37)는 참 이웃이 누구이며 그들에게 자비로운 복지를 베푸는 방법을 교훈한다. 그리고 누가가 자주 언급한 식탁 교제는 하나님 나라의 도래와 복음의 정신을 따라 복지를 실현하는 기회다(눅 5:29-32; 7:36-50; 9:10-17; 14:1-24; 19:5-10; 24:13-43; 행 2:46; 10:17-29; 11:3).³⁵ 이런 식사는 누가 당시의 호혜 제도와 후견인 관습을 넘어서는데, 갚을 것이 없는 피후견인들을 환대하고 섬기신 예수님의 교훈을 구현하는 데 초점을 두기 때문이다(눅 14:12).³⁶ 누가-행전은 예수님과 사도의 복음 전파 사역에 협력한 여성들의 구제와 봉사를 언급한다(눅 4:38-40; 7:36-50; 8:1-3; 행 9:36-39; 16:14-15).³⁷ 그리고 집사들의 구제 사역도 중요하다(행 6:2).

　서신서의 사회복지는 로마 교회와 예루살렘 교회와 안디옥 교회가 가난한 자를 기억하고 구제한 데서 알 수 있다(롬 12:13; 15:26; 16:1-2; 갈 2:10). 부요하신 예수님께서 가난하게 되셔서 성도를 부요하게 하신 것을 따라 그리스 교회들이 예루살렘 교회를 위해 구제한 것도 중요하다(고후 8-9). 고린도 교회의 애찬에 빈부 격차는 해소되어야 했다(고전 11:17-34; 고후 8:9). 구약 선지자들의 책망을 받은 탐욕스런 지도자들과 달리, 감독과 집사는 더러운 이익을 사랑하지 말아야 한다(딤전 3:8; 딛 1:7). 경건하지만 가난한 참 과부를 돌보는 것은 교회공동체의 일이다(딤전 5:3-10).³⁸ 부가 자신의 안위와 우상을 숭배하는 데로 이어짐을 비판한 구약 선지자들의 교훈을 따라(사 2:6-8; 렘 5:7; 겔 7:19-20; 호 2:5-10; 암 2:6-8), 바울도 돈에 대한 애착을 일만 악의 뿌리이자 우상 숭배로 간주한다(골 3:5; 딤전 6:9-10; 참고. 계 3:16-17).³⁹

34　이민규, "누가복음의 나사렛 선언에 나타난 희년의 성취: 영적인 구원과 사회구원과의 관계," 『성경과 신학』 84 (2017), 56-59, 62, 66.
35　반재광, "누가 공동체의 교정복지 사상," 『교정복지연구』 22 (2011), 147.
36　반재광, "누가 공동체의 교정복지 사상," 152.
37　김옥순, "기독교봉사개념의 기초로서 신약성서 속의 διακονεῖν 어군 의미에 관한 연구," 207.
38　김옥순, "기독교봉사개념의 기초로서 신약성서 속의 διακονεῖν 어군 의미에 관한 연구," 211-16.
39　Witherington III, 『예수님의 경제학 강의』, 12.

예수님과 초대 교회가 죄인, 병자, 약자를 특별히 돌보는 것은 하나님 나라와 복음의 원칙이다. 마찬가지로, 하나님 앞에서 올바른 경건은 성령으로 하나님 아버지의 사랑을 깨닫고 양선, 즉 구제로 나타나야 한다(갈 5:22; 6:8-10; 약 1:27; 2:8; 요일 3:17-18, 24). 야고보는 1장 17-27절의 수미상관구조를 통해, 하나님의 선물을 받은 사람이라면(약 1:17) 빈자와 환난 당한 자를 무시하지 말고 마땅히 구제의 선물을 주어야 함을 강조한다(약 1:26-27).[40] 하나님의 신적 성품에 참여하는 성도가 사랑을 실천한다면, 자신 속의 믿음으로 말미암은 칭의를 증거할 수 있다(딤전 1:5; 약 2:26; 벧후 1:5-7; 요일 3:10).[41]

로마 황제 숭배는 그리스도인의 경제적 손실을 초래했다(계 13:17). 기독교 신앙을 지키기 위하여 주류 사회에서 배척 당해 경제적 손실을 입는 것은 수치가 아니라 명예였다(계 2:9). 이 경우 가난과 경건은 비례했다.[42] A.D. 1세기에 종교와 경제가 결탁하여 부와 사치를 추구하는 것에 맞서 경제 정의를 실현하는 것은 성도의 책무였다(계 18:3, 12-13).[43]

3) 요약

성경은 삼위 하나님과 하나님 나라 중심의 복지에 큰 관심을 보이는데, 이를 위해 국가 이스라엘과 신약 교회는 '사랑의 공동체'를 구현해야 한다.[44] 그 복지는 하나님 나라의 헤세드와 정의를 신앙공동체와 사회에 구현하는 것이다.[45] 이웃 사랑을 구현하는 기독교복지의 실천은 복음의 공공성을 드러내는

---

40 L. S. Flesher, "Mercy triumphs ever Judgment: James as Social Gospel," *Review & Expositor* 111/2 (2014), 183-84.

41 A. L. Rheeder, "Benefit-sharing as a Global Bioethical Principle: A Participating Dialogue Grounded on a Protestant Perspective on Fellowship," *In die Skriflig* 53/1 (2019), 9.

42 C. Munier and A. Di Berardino, "Works of Aid and Charity," in *Encyclopedia of Ancient Christianity*, Volume 3, ed. A. Di Berardino (Downers Grove: IVP, 2016), 951.

43 Witherington, 『예수님의 경제학 강의』, 213-14; 송영목, "경제 정의와 한국 교회(계 18:12-13)," 『본문과 설교』 3 (2010), 133-59.

44 P. Verster, "A Church with the Poor: Lessons from Scripture and from Congregations in Informal Settlements," *Acta Theologica Suppl* 16 (2012), 73-77.

45 유장춘, "기독교 사회복지의 영성적 실천과 인간성 회복," 『교회와 사회복지』 14 (2010), 45; 박창우, "기독교복지와 사회복지의 비교에 관한 연구," 331.

작업이다. 성도는 교회당 밖에서 복지 관련 기관들과 협력하여, 인권과 공동선 그리고 복지 친화적 사회를 구현해야 할 과제를 가지고 있다.[46]

이런 성경적 사회복지는 속사도 시대의 구제와 복지를 거쳐, 알렉산드리아의 클레멘트, 키프리안, 크리소스톰, 암브로우스, 어거스틴과 같은 교부들의 영혼의 질병인 탐욕에 대한 경계와 구제에 대한 강조,[47] 집사 등 일반 성도가 중심이 되어 전개된 자선 시설과 제네바의 종합구빈원 그리고 프랑스 난민 기금을 통하여 공동선을 강조하며, 평등한 만인제사장들의 모든 노동 활동에 담긴 소명적 가치를 인정하는 종교개혁의 전통으로 이어졌다(참고. 기독교 강요 2.7.10-12; 3.7.3-4; 95개조 반박문 중 제43-45조).[48]

2. 성경적 기본소득

국가가 무노동자에게 무조건적으로 소득을 정기적으로 제공하는 기본소득은 여성신학자들의 관심도 끌었다. 그들은 OECD 중에서 남녀의 임금 격차가 심한 한국에서 기본소득은 성 역할에 따른 차별을 감소하거나 철폐하고, 가사 노동의 가치를 가시화하며, 경력 단절 여성의 직업 복귀를 돕고, 젠더 정의를 구현하는 하나의 방식이라고 제안한다.[49]

---

46 이준우, "공공신학 관점에서 본 한국 교회 사회복지실천의 성격과 과제," 『한국기독교신학논총』 104 (2017), 356-57.

47 최지혜·주승민, "초대 교부들의 가난과 부에 대한 이해," 『교회와 사회복지』 15 (2011), 158-69.

48 Munier and Di Berardino, "Works of Aid and Charity," 952-53; 오단이·서봉균, "종교개혁의 관점에서 본 기본소득의 의미와 적용," in 『종교개혁과 기독교인의 윤리적 삶』, ed. by 종교개혁 500주년 기념 공동학술대회 준비위원회편 (서울: 나눔사, 2018), 211-13; 김기원, "칼뱅의 기독교 강요에 나타난 사회복지사상," 292, 303; 송용원, "개혁신학의 관점에서 본 '경제민주화'," 106, 115; 손병덕, "칼빈의 개혁주의 사회복지 실천과 현대 기독교 사회복지의 과제," 『신학지남』 70/4 (2003), 162-71; 봉원영, "루터의 종교개혁에서 나타난 사회 참여적 특징과 현대 기독교적 적용," 『한국콘텐츠학회논문지』 17/5 (2017), 649-51; 이정서, "기독교 사회복지에서 평신도의 역할," 356-66.

49 정미현, "노동의 재분배에 대한 여성신학적 고찰: 기본소득 논의와 관련하여," 『기독교사회윤리』 42 (2018), 254-56.

이처럼 이념에 기반한 기본소득에 관한 연구 이전에, 성경신학적 연구가 선행되어야 한다. 여기서는 앞에서 논의한 성경적 사회복지와 가급적 중복되지 않도록 기본소득 관련 구절로 한정한다.

1) 구약의 기본소득

오경의 희년 제도(레 25:8-12)는 사회복지는 물론 기본소득 논의에 중요하다. 희년은 하나님의 소유로서의 땅, 노예 해방, 부채 탕감과 회복을 목표로 삼기에, 이스라엘 언약공동체의 연대적 책임과 상호 돌봄 그리고 생존권과 직결된 기본소득을 주기적으로 회복한다.[50] 모세 당시나 지금이나 실업과 빈곤은 개인의 무능이나 게으름에서 기인하기도 하지만, 개인의 능력을 넘어서는 사회 구조적 문제로 발생하는 경우가 적지 않다.

> 그렇다면 성별, 나이, 재산, 장애 등 모든 조건의 여하에도 불구하고 공동체의 구성원이라는 이유만으로 유업의 계승자가 되고 공동체적 돌봄의 참여자가 될 수 있도록 하는 희년법의 정신에 비추어 볼 때, 기본소득이 희년 정신에 뚜렷하게 어긋난다고 보기는 어려워 보인다.[51]

오경은 레위인들의 기본소득에 관심이 크다. 매 3년마다 드리는 특별 십일조는 이스라엘의 공공복지 대상인 레위인과 빈자의 기본소득으로 활용해야 했다(신 14:28-29; 26:11-12; 참고. 민 18:24-26).[52] 계시 역사의 발전을 고려할 때, 오늘날 국가 차원의 기본소득 시행 이전이라도, 기독교 각 교파는 소속 미자립교회 목회자들의 기본소득을 실현할 수 있어야 한다.[53]

---

50 조혜신, "희년법 원리의 제도적 구현 가능성에 관한 *小考*: 기본소득 제도를 중심으로," 『신앙과 학문』 23/3 (2018), 269-72. 참고로 고대근동에서 농민과 지주의 관계 유형들 중에 도시 사업가는 투자를 통해 동반자형을 선호했고, 농촌 부자들은 후견인형을 좋아했으며, 시장이 사치품을 제공하고 도시화가 진행되면 약탈형으로 바뀌었다는 분석은 B. Lang, "The Social Organization of Peasant Poverty in Biblical Israel," *JSOT* 24 (1982), 51을 보라.
51 조혜신, "희년법 원리의 제도적 구현 가능성에 관한 *小考*," 286.
52 이영재, "오경에 나타난 레위인의 기본소득," 『기독교사상』 6월호 (2016), 71-72.
53 최근 목회자의 90퍼센트는 목회자의 빈부 격차가 심각하다고 답했는데, 특히 일반 성도

이스라엘 12지파의 가나안 땅 분배는 인구에 따른 방식이었다(민 33). 인구의 차이는 생존 자원과 기본소득을 결정할 때 중요한 고려 사항이다.[54] 그리고 이스라엘 백성은 인간의 가치 존중을 통한 언약공동체의 화목과 통합을 위해 필요한 조치인 기본소득의 제반 규정을 지켜야 했다(신 24:10-15).[55] 구약 선지자들은 위에서 소개한 오경의 기본소득에 관한 사랑의 원칙을 존중하면서 소득의 공정한 나눔이 공동선을 촉진한다고 보았다(참고. 암 9:13-15; 미 6:8).

2) 신약의 기본소득

신약성경에서 기본소득은 복음서의 하나님 나라 비유를 통해 확인된다. 기본소득 지지자들이 가장 선호하는 본문은 '포도원 품꾼 비유'다(마 20:1-16). 이 비유는 능력이나 노력에 대한 성과 보상을 기대한 주님의 제자들의 상식을 깨트린다. 포도원 주인은 의도적으로 오후 5시에 인력 시장에 찾아감으로써 최소 경비로 최대 효과를 낼 심산을 아예 포기했다. 오히려, 그 주인은 능력에 따라 일을 맡기고 필요에 따라(궁극적으로는 은혜에 따라) 임금을 지불하려는 원칙을 고수했다.[56]

예수님은 한 데나리온이라는 기본소득을 통해 사람이란 자신의 경제적 이익을 위해 존재하는 대상이 아니라 더불어 살아가는 이웃임을 교훈하신다. 따라서, 오전 9시부터 포도원에서 노동한 사람은 오후 5시에 일하러 온 사람을 자신의 도움과 기본소득이 필요한 이웃으로 대해야 했다(참조. 눅 10:29). 이 비유의 다른 중요한 교훈은 공로주의를 버리고, 천국 백성의 자족과 공동체적

의 눈에 미자립교회 문제 해결은 중대 사안이다. 2018년 기준 한국 목회자의 평균 사례비는 179만 원이었는데, 2004년 예장통합총회는 '목회자 사례비 평준화 정책'을 논한 바 있다. 단순한 시혜 차원을 넘어 하나님의 경제 정의 관점에서 접근해야 할 필요가 크다. 박미경, "기독교 경제 윤리에 기초한 한국 교회 목회자 사례비 운영의 제안: M교단을 중심으로," 『한국기독교교육학회』 60 (2019), 275, 280-87.

54 최성훈, "기본소득에 대한 신학적 분석: 인간존중의 가치 실현을 위한 방법론적 의의," 『장신논단』 52/3 (2020), 157, 162.

55 박미경, "기독교 경제 윤리에 기초한 한국 교회 목회자 사례비 운영의 제안," 268; 최성훈, "기본소득에 대한 신학적 분석," 154.

56 김학철, "한 데나리온의 애환(哀歡): 기본소득과 경제 인권의 성서적 근거," 『기독교사상』 690 (2016), 63-64.

감사의 삶이다.[57]

따라서, 이 비유의 취지는 부와 하나님의 물질적 은혜를 비례 관계로 이해한 바리새인의 번영복음과 맞지 않다.[58] 가난을 불경건의 수치스런 결과로 간주한 바리새인의 견해는 현세의 부와 권력을 최고의 덕으로 여긴 사두개인들과 다를 바 없다. 적어도 이 두 분파들은 불경한 빈자들에게 기본소득은 적절하지 않다고 판단했을 것이다.

예수님의 재림을 준비하는 방법을 교훈하는 달란트 비유(마 25:14-30)에서 주인은 2달란트와 5달란트를 각각 남긴 사람들을 칭찬하며 휴식을 권면하지 않았다. 대신 주인은 그들에게 더 많은 일을 맡겼다. 그런데 이 비유에서 기본소득을 반대하는 사람들이 우려하는 무노동과 게으름 또는 무임승차는 1달란트를 받고도 노동하지 않다가 박탈 당한 사람에게 적용되는 것 같다. 이 비유에서 하나님의 성품에 관한 오해에서 기인한 게으름과 책망의 연관성은 분명하다(마 25:24). 1달란트를 받은 자는 노동을 해야 함에도 불구하고 임박한 재림의 신앙에 빠진 데살로니가 교회의 일부 교인의 모습과 유사하다(살후 3:10). 그러나 적어도 2년 치 연봉에 해당하는 1달란트를 하루 품삯인 1데나리온처럼 기본소득으로 보기 어렵다.

예수님께서 주시는 영원한 희년, 곧 '은혜의 해'(ἐνιαυτός κυρίου δεκτός; 눅 4:18-19)는 '가난한 자의 복음서'라는 누가복음의 별명에 어울린다. 50년 주기의 희년은 일평생 한 번만 경험할 수 있던 은혜의 해였지만, 실제로 시행되었다는 증거는 없다. 로마제국의 약육강식과 경제 불평등 그리고 정치·경제·종교가 유착된 시기에 예수님의 나사렛 회당에서의 희년 설교는 대안적인 하나님 나라의 영적 교훈은 물론 물질적 의미를 동시에 나타낸다.

다시 말해, 예수님은 사탄과 죄와 빚에 눌려 영적-육적 가난과 포로에 잡힌 자들을 돌보셔서 복된 해를 주실 것이다.[59] 하나님 나라의 통전적 구원을 세상에 침투시키신 예수님께서 가난한 자, 포로 된 자, 시각 장애인의 기본소득

57　정용한, "기본소득 논의를 위한 성서적 제안: 공관복음서의 희년과 하나님 나라 운동을 중심으로," 『신학논단』 95 (2019), 273; Witherington III, 『예수님의 경제학 강의』, 67-68.
58　Beed and Beed, "The Contemporary Relevance of Biblical Explanations for the Rich," 38.
59　예수님이 공사역을 시작했을 수 있는 A.D. 27년은 희년이었다. Witherington III, 『예수님의 경제학 강의』, 147; 정용한, "기본소득 논의를 위한 성서적 제안," 269-71.

에 제동을 거셨다고 보기 어렵다. 정용한은 다음과 같이 주장한다.

> 기본소득은 신자유주의 경제체제를 부정하는 전복성과 급진성을 드러내며, 하나님의 배려와 돌봄을 반영하는 보편성과 평등성을 보여줄 수 있는 희년(눅 4:18-19)과 하나님의 나라(막 1:14-15; 마 4:17)의 구체적인 실천 방안이 분명하다.[60]

천국은 그리스도인이 소유를 자발적으로 그리고 지속적으로 공유하며, 구체적으로 기본소득을 실현하는 데 나타난다(눅 10:25-28; 행 2:44-45).[61] 사도행전 2장 45절의 미완료 동사 '계속 팔고 나누었다'(ἐπίπρασκον καὶ διεμέριζον)는 신앙공동체의 자발적 동의를 통해 가난한 사람들의 '필요'(χρεία)를 따른 지속적 분배를 가리킨다. 마치 오후 5시에 포도원에서 일하기 시작한 사람이 '생존의 필요'를 따라 (그리고 주인의 은혜를 따라) 한 데나리온을 받은 것과 같다(마 20:9).

예루살렘 교회와 바나바는 소유를 '자신의 것'(ἴδιος)으로 여기지 않고 남을 위해 내놓는 경제 에토스를 갖추었는데, 그들은 하나님께서 자신의 피로써 교회를 사신 것처럼(행 20:28), 자신들의 정체성을 소유가 아닌 교회를 통해 확인했다(행 4:32, 37).[62] 이것은 이스라엘에 가난한 자가 없도록 하라는 하나님의 명령이 구현된 것이다(신 15:3).

(하나님을 의지하지 않고 자기 충족적으로 살았던) 부자가 매일 마주친 가난한 나사로를 무시하고 그의 생존권을 방치한 행위는 범죄이며(눅 16:19-31), 그것은 유대 회당이나 불신 사회에서 시행되던 후견인 관습에도 미치지 못했다. 이 '어리석고 탐욕스런 부자 비유'는 소득의 근원이자 후견인이신 하나님에게 부요하지 못하고, 하나님 나라를 삶의 우선순위에 두지 않으며, 구제를 통하여 하늘에 보물을 쌓지 않는 자의 비참한 말로를 보여준다(눅 12:13-21, 31, 33;

60　정용한, "기본소득 논의를 위한 성서적 제안," 274.
61　Witherington III, 『예수님의 경제학 강의』, 154; 이영재, "오경에 나타난 레위인의 기본소득," 76; 최성훈, "기본소득에 대한 신학적 분석," 156.
62　B. W. Longenecker and K. D. Liebengood (ed). *Engaging Economics: New Testament Scenarios and Early Christian Reception* (Grand Rapids: Eerdmans, 2009), 84-91.

참고. 잠 19:17; 막 10:21).[63] 적어도 이 비유는 빈자가 '부자를 위한 성례', 곧 부자가 은혜 속에 살 수 있는 방편임을 염두에 둔다. 이 사실은 누가 당시의 호혜 문화와 후견인-피후견인 관습과 명예와 수치로 쉽게 설명된다.[64] 하나님은 빈자가 기본소득과 생존권을 보호 받도록 부자 곁에 두신다. 부자가 빈자를 구제하는 것은 참 후견인이신 하나님에게 은혜를 갚는 명예로운 행위다. 그리고 하나님은 구제하는 부자에게 하늘의 보화를 쌓도록 다시 은혜를 베푸신다. 결과적으로, 하나님은 구제하는 부자와 구제받는 빈자 모두의 후견인이시며, 이때 명예로운 부자는 중개인과 같다.

구제와 빈자의 기본소득 보장을 위해 필요한 덕목인 사랑과 자비와 양선과 절제는 성령의 열매다(갈 5:22-23). 성령의 감동과 예수 그리스도의 희생적 사랑으로써 부자가 가난한 자의 짐을 나눈다면 자신을 참으로 부요케 만들 수 있다(고전 12:4, 24; 고후 13:13; 빌 2:1-2; 참고. 요일 1:3).[65] 바울은 개인적 구제와 기본소득을 넘어 교회들 간의 공생 관계로 관심을 확대한다. 연보로 가난한 교회를 구제하는 것(고후 8-9)은 출애굽 후 광야교회가 만나의 공정한 분배를 매일 경험한 사건을 떠올리게 만든다(출 16). 만나처럼 연보는 교회들을 평균케 하고 공생하도록 만드는 수단이다.[66]

데살로니가 교회는 잘못된 종말론에 빠져 노동 윤리에 실패했다. 그래서 바울은 일하기 싫거든 먹지도 말라고 경고한다(살후 3:10). 이 구절은 기본소득을 반대하는 사람들이 가장 애호하는 성경 본문이다.

---

63 J. A. Noble, "Rich toward God: Making Sense of Luke 12:21," *CBQ* 78/2 (2016), 316.
64 그레코-로마 세계는 개인 후견인, 기부로 조성된 신전 기금, 협회와 상조 그리고 국가 차원의 다양한 후원과 복지 시스템을 가동했다. 후견인과 피후견인은 정치, 경제, 문화적 이익을 위해 상호 협조했다. P. Lampe, "Social Welfare in the Greco-Roman World as a Background for Early Christian Practice," *Acta Theologica Suppl* 23 (2016), 8-23.
65 K. Nürnberger, "Christian Witness and Economic Discrepancies," *Journal of Theology for Southern Africa* 29 (1979), 77. 참고로 불의의 재물로 친구를 사귀라(눅 16:9)는 예수님의 말씀과 친로마주의자인 세리장 삭개오의 빈자를 위한 구제 제안(눅 19:8)은 이윤 창출의 방법보다는 소득의 정의롭고 균등한 분배를 강조한다는 주장은 김동환, "4차 산업혁명 시대, 기본소득에 대한 기독교 윤리적 고찰."『기독교사회윤리』44 (2019), 55-56과 Church of Scotland, *A Right Relationship with Money* (2012), 12를 보라.
66 허주, "바울 연보사역의 신학적 의미와 적용(8~9장)" (한국성경신학회 제46차 정기논문 발표회 발제논문[온라인], 2021년 2월 18일), 60, 71.

그런데 여기서 먹을 자격이 없는 사람은 재림의 임박성을 믿고 일하려 하지 않는 사람인가, 아니면 일하고 싶어도 할 수 없는 사람인가?

바울은 전자를 염두에 둔다. 따라서, 이 구절은 막대한 유산과 불로소득 덕분에 노동하지 않으려 하거나, 노동하지 않아도 배부른 자를 향한 책망으로도 적용되어야 한다.[67] 그러므로 바울의 권면은 직장이나 사회 구조적 문제로 인해 본인 의사와 상관없이 노동의 기회를 잃는 사람에게는 해당되지 않는다.

야고보서는 빈부 격차(약 2:2; 5:4-5), 차별(약 2:6, 9), 가난(약 1:9-11; 2:5-12; 5:1-6)을 단지 사람의 나태가 초래한 결과가 아니라 믿음과 경건과 맞물린 것으로 본다(약 2:5, 17; 참고. 시 86; 109:31; 132 참조). 즉, 헐벗음과 양식 부족이라는 기본소득의 문제를 해결하는 구제(약 1:27; 참고. 막 10:21)의 실천은 참된 믿음을 증명한다(약 5:14).[68] 이런 상황은 재산의 공유로 가난한 성도가 없던 예루살렘 교회의 초기 모습과 사뭇 다르다(행 2:44-45). 교회는 이기심과 탐욕에 맞서는 대안공동체로서 구제와 같은 선행에 힘쓰며, 재물에 마음을 두지 말고, 후하게 주시고 누리게 하시는 하나님을 신뢰해야 한다(딤전 6:17-18; 참고. 벧전 3:15-16).[69] 특히, 종교-경제적 박해 상황은 그리스도인의 이웃 사랑을 약화시키고, 자기중심적 삶에 빠지게 만든다(계 2:5). 하나님은 사치를 위해 타인의 생명이나 기본적인 생존권을 사고파는 것을 범죄로 여기신다(계 18:13).

위에서 살핀 바와 같이, 신약성경에 나타난 예수 그리스도를 통한 통전적 하나님 나라와 구원 그리고 사랑 실천을 통한 구제와 선교를 고려한다면, 기본소득의 정당성이 잘 드러날 수밖에 없다.[70]

3) 요약

성경적 복지라는 큰 우산 아래에 놓인 기본소득은 하나님의 형상을 회복한 기독교인의 구원에 이르는 신앙과 영성을 외연화하고 증명하는 중요한 방편

---

67 조현진, "가난한 이를 위한 우선적 선택과 기본소득," 26; Raventós, 『기본소득이란 무엇인가』, 228-29.
68 차정식, "야고보서에 나타난 사회복지사상," 『신약논단』 14/1 (2007), 172-78.
69 De Vries, "Moral Considerations concerning Income Inequality," 8.
70 김은홍, "선교의 통전적 이해를 통한 기독교 사회복지," 『성경과 신학』 46 (2008), 193-94.

이다.[71] 따라서, 성경적 복지와 기본소득은 하나님 중심이며, 통전적이고 공적이며 공동체의 상호 책임과 상호 부조를 통한 공동선을 중요하게 여긴다.[72] 하나님은 빈자의 후견인으로 자처하시며 사회복지를 위한 기본소득의 규정을 다양하게 교훈하신다. 그리고 하나님의 백성이 빈자를 전인적으로 돌보는 것은 그들의 영적이며 도덕적 부요를 가늠하는 척도와 같다.[73]

나오면서

성경은 공동체의 복지에 대해 큰 관심을 보이는데, 그 안에 보다 더 적극적인 실행 방안인 기본소득이 포함된다. 이 둘은 하나님의 형상을 지닌 사람이 인간다운 삶을 구현하도록, 그가 속한 공동체가 헤세드와 정의와 사랑을 통전적으로 실천할 때 가능하다.

세속적이고 물질적이지 않은 채 모두가 수용할 수 있고 노동의 참된 의미를 충족할 수 있는 새로운 경제 윤리와 패러다임은 '하나님의 경제'(theoconomy)인데, 신정정치 원리가 개인과 공동체의 경제 행위를 결정하도록 하는 방식이다.[74] 하나님의 경제를 실현하기 위해 각 사람은 자기 개선을 위한 노력, 창조적 노동, 타인의 존엄을 존중하고 동정함, 지속적 협동성 그리고 소비주의와 탐욕을 경계하려는 노력을 기울여야 한다. 세상을 창조하시고 생명을 주시며 먹이시고 보존하시는 하나님 중심의 경제야말로 지구 친화적이며, 평화를 촉진하고 사회 정의를 구현할 수 있다. 프로젝트나 정책을 구상하고 입안할 때, 하나님의 견지에서 특성, 범위 그리고 영향을 신중히 고려해야 한다.

기존 사회와 경제체제의 문제를 하나님의 견지와 성경적 대안으로 극복하려는 소위 '유토피아적 경제모델'의 이상적인 신학적 제안들을 시민 사회에

71　유장춘, "기독교 사회복지의 영성적 실천과 인간성 회복," 33-34.
72　성석환, "지역공동체의 문화복지를 위한 공공신학의 실천적 연구,"『선교와 신학』33 (2014), 253, 266.
73　Church of Scotland, *A Right Relationship with Money* (2012), 16.
74　J. Walters, J. M, Vorster, R. Rheeder & J. Venter, "Theoconomy: An Ethical Paradigm for Economic Prosperity," *In die Skriflig* 53/1 (2019), 9.

전략적으로 구체화하는 방안으로 '공공신학적 경제모델'이 제안되고 있다.[75]

이를 위해, 교회가 먼저 성경적 복지와 기본소득을 구현하여 공감과 소망과 사랑과 정의의 공동체로 회복되어야 한다. 그리고 그리스도인들은 성경적 복지와 기본소득을 입법화하고 실행하기 위하여, 이에 반대하는 사람들과 이웃 관계를 형성하여 경제 정의를 설득하고 동의를 얻기 위해 인내하는 공동체의 결집된 노력이 필요하다.[76]

정부나 지자체 차원의 기본소득에 관한 거대 담론을 차치하고, 지역 교회, 교단, 기독교 연합체 차원의 맞춤식 실천 방안도 찾아야 한다. 예를 들어, 교단은 총회나 노회 차원에서 미자립교회 목회자들의 생활비를 보장하는 제도를 구축할 수 있다. 그리고 학자금 대출 상환과 취업 및 창업에 곤란을 겪는 청년의 현실을 데이터에 기반하여 간학문적으로 분석하고, 성경적으로 청년의 상황을 해석하고 청년 임금과 같은 대안을 제시하여, 청년이 주체가 되어 성경적 대안을 실천할 수 있는 방안을 찾는 것이다.[77] 공공교육과 공공의료제와 같은 기본적인 삶과 직결된 사항이 정착될 때, 기본소득은 장기적으로 효과를 볼 것이다.[78]

교회에서 사회복지와 기본소득에 관한 기도와 설교는 어떻게 해야 하는가? 하나님, 이웃, 세상을 향한 섬김은 하나님께서 설교를 통해 말씀하신 결과이며 회중은 기도로 응답한다. 성도는 기도로써 가난과 불평등으로 고통당하

75　H. Bedford-Strohm, "Public Theology and the Economy in a Globalizing World," *Nederduitse Gereformeerde Teologiese Tydskrif* 51/1-2 (2010), 18-19.

76　G. Gommins and A. Olson, "Practicing the Justice of God," *Anglican Theological Review* 92/4 (2010), 768; Nürnberger, "Christian Witness and Economic Discrepancies," 76. 참고로 루터의 두 왕국론에 기반하여 루터교 미주리노회는 예수님을 사회개혁가로 간주하여 수평적 구원을 강조하는 사회복음을 따라 집단적인 사회 변혁을 시도하기보다 기독교 사회복지와 개인의 자선을 강조했다. 하지만, 이런 태도는 교회의 본질적 사명인 복음 전파와 사회악에 대한 비판 및 피조물의 보존 사이의 균형을 이루지 못했다고 평가받는다. 사회복음의 문제점은 교회의 대사회적 책무를 소홀히 할 명분이 되지 않지만, 개별 그리스도인이 아니라 교회 차원의 사회적 행동은 늘 신중해야 한다. J. K. Pfabe, "The Social Gospel is no Gospel: The Critique of Theodore Graebner," *Journal of the Lutheran Historical Conference* 2 (2012), 228, 236; P. J. Jacobs, "The Social Gospel Movement revisited: Consequences for the Church." *HTS Teologiese Studies* 71/3 (2015), 3-7.

77　성석환, "공공신학적 청년신학의 필요성과 방법론," 『선교와 신학』 46 (2018), 33-34.

78　곽호철, "신자유주의의 기독교적 한 대안: 수정된 기본소득제도," 『신학논단』 83 (2016), 145.

는 사람들의 찬양, 애통, 죄책, 고통을 하나님께 가지고 온다. 교제로서 예배는 그리스도의 사랑을 나누는 시공간이며, 경제적 불평등을 겪는 이웃에게 사랑을 증거하도록 준비한다.[79] 그리고 교회에서 성경적 기본소득에 대한 교육이 필요한데, 이때 복음의 원칙으로써 회중이 교회와 사회의 변혁을 목표로 실천하도록 도와야 한다.[80] 신학교에서도 기독교 사회복지 혹은 복지신학을 개설해야 하며, 기독교 대학에서 신학과 사회복지를 복수 전공하거나 융합하는 시도도 필요하다.[81] 교회는 지역 사회의 필요를 전문적으로 분석하여 복지를 실현하는 방안과 전략을 세워 공공선과 복음 전파라는 두 마리 토끼를 잡도록 노력해야 한다.

공공선교적 교회와 사회복지 그리고 기본소득의 상관성에도 주목해야 한다. 하나님의 선교와 통전적 선교에서 디아코니아 봉사와 구제는 중요한데, 성경적 사회복지와 기본소득의 실행으로 하나님 나라를 지금 여기에서 맛보도록 돕는 것이 중요하다.[82] 시장의 경쟁, 개인 자산 그리고 소유욕을 근간으로 하는 신자유주의와 달리, 근원적으로 하나님의 소유인 토지 그리고 부동산 투기로 인한 불로소득에 중과세를 통해 기본소득의 재원을 마련하는 방안을 검토하고 기본소득의 선순환이 바람직하게 일어나도록 후속 관리도 중요하다.[83] 그리고 기본소득을 성경적 노동 윤리와 접목시켜 시너지 효과를 내는 방안도 찾아야 한다.

---

79 B. J. de Klerk, "Liturgical Guidelines for Congregations to have a Voice in the Serious Problem of Economical Inequality in South Africa," *In die Skriflig* 47/1 (2013), 6-8.

80 R. B. Kuiper, "The Christian Pulpit and Social Problems." *Westminster Theological Journal* 2/1 (1939), 28-31; 오현철, "전통적 직무로서의 설교와 기독교 사회복지의 연계," 『성경과 신학』 46 (2008), 164-67.

81 고치환, "기독교 시각에서 본 사회복지와 신학의 관계설정에 관한 연구," 『교회와 사회복지』 11 (2009), 148-49.

82 김성철, "교회사회복지실천역사의 기독교 사회복지학적 고찰," 『유관순 연구』 22 (2017), 167; 김은홍, "선교의 통전적 이해를 통한 기독교 사회복지," 195-202.

83 김교성·백승호·서정희·이승윤, 『기본소득이 온다: 분배에 대한 새로운 상상력』, 334-40. 참고로 Henry George(d. 1897)의 주장을 계승하여 기본소득의 재원을 토지(국토보유세)와 자연자원 등에서 발생하는 이익으로부터 조달해야 한다는 주장은 전강수, "기본소득 사상의 세 흐름에 대한 비교 검토와 그 함의: 재원 정당성을 중심으로," 『시민과 세계』 35 (2019), 180-206을 보라.

제5장

성경에서 본 주식 투자와 부동산 투자

들어가면서

코로나19는 탐욕스러운 경제적 인간(homo economicus)의 난개발이 초래한 인재(人災)와 같다. 코로나19 시대에 부유층과 부유한 국가는 나사로를 박대한 어리석은 부자처럼 사회적·종교적·문화적으로 용인된 책무를 수행하는 데 부족하다는 비판을 받는다(눅 16:19).[1]

위드-코로나(With-Corona) 시점에 도달했지만 청지기로서 돌보고 기부하는 인간(homo donator)이 되기를 거부한다. 반성하고 행동의 변화를 도모하기보다, 여전히 돈신(money god)에 집착한다.[2] 돈(כֶּסֶף)이 범사(כֹּל)에 답을 준다(עָנָה)고 믿기 때문일 것이다(전 10:19).

인간은 맘몬을 통제할 수 없고, 맘몬은 인간을 섬기지도 않는다(마 6:24). 회자되는 '재테크', '영끌족', '아파트공화국', '시세차익', '청약 프리미엄', 부동산 투기 열풍', '망국적 투기', '투기와 거품', '벼락 거지', '신도시의 부동산 민간 개발', '동학개미', '갓물주'가 이를 방증한다.

이것은 하나님과 공동체를 무시한 채 개인의 자유를 앞세워 도덕규범이 허물어진 결과가 아닌가?(암 2:4-8).[3]

B.C. 700년경 선지자 미가는 이스라엘의 재판관은 뇌물을 위하고, 제사장은 삯을 바라보며, 선지자는 돈을 위해 일했다고 고발하면서, 예루살렘과 돌

---

1 나이지리아 아데쿤레 아야신대학교 종교 및 아프리카 문화학과의 B. O. Igboin, "The Rich Man and Lazarus: COVID-19, Class and Identity in Nigeria," *Theologia Viatorum* 46/1 (2022), 2-8.
2 남아공 노스-웨스트대 기초과학부의 P. Simons, "A Green Economy?" *Koers* 79/1 (2017), 6.
3 M. Rathbone, "Capitalism, the Book of Amos and Adam Smith: An Analysis of Corruption," *HTS Teologiese Studies* 76/4 (2020), 5-8.

성전이 갈아엎어질 것이라고 경고했다(미 3:11-12). 미가의 눈에 돈은 불보다 더 뜨겁게 태워버리는 매우 실제적인 에너지로서 이스라엘의 경제와 백성의 생활에 영향을 미쳤다.[4]

이와 유사하게 강남의 한 목회자는 교인들을 향하여 기독교인이 "돈에 환장했다"라고 일갈(一喝)한 바 있지만, 이제 이런 예언자적 목소리를 듣기란 가물에 콩 나듯 한다.[5] 2012년의 설문조사에서 목회자들의 약 82퍼센트는 주식 투자와 부동산 투자는 투기로 전락하기 쉽기에 반대했지만, 대학생들(신자와 불신자 모두 포함)의 85퍼센트가 찬성했다.[6] 기독교인도 실패의 위험을 감수하고서 투자는 물론, 투기에도 발 벗고 나선다.

실제로는 그다지 행복하지 않으면서도 돈이 행복에 필수적이라고 착각하기 때문이 아닌가?
이것은 '기독교의 자본주의화', '기독교의 맘몬화' 그리고 '번영복음'이 아닌가?
그렇다면 '천국의 환전상'이라 불리는 크리스천은 어떻게 이 시대를 본받지 말고 마음을 새롭게 하여 하나님의 뜻을 찾아 투자할 수 있는가?(롬 12:2)

이 주제는 한국로고스경영학회와 기독교학문연구회가 중심이 되어 연구를 수행해 왔는데, 성경 주석이나 신학적 연구는 아직 부족하다.[7] 심지어 기독교

---

4 남아공 프레토리아대학교 교회사교수 A. Ukah, "Piety and Profit: Accounting for Money in West African Pentecostalism (Part 2)," *NGTT* 48/3-4 (2007), 633-37. 이 논문에서 Ukah는 서부 아프리카의 오순절교회들의 선지자를 자처하는 목회자들이 회중에게 헌금을 강요하고 번영신학을 퍼트린 몇 사례를 드는데, 이것은 미래 종말의 복을 물질적 번영을 위해 선취한다고 가르친 미혹의 결과이다. B. A. Adedibu & B. O. Igboin, "Eschato-Praxis and Accountability: A Study of Neo-African Pentecostal Movement in the Light of Prosperity Gospel," *Verbum et Ecclesia* 40/1 (2019), 5-7.
5 참고. 옥한흠, "돈에 미친 세상 속에서 어떤 선택을 하시렵니까?"(https://www.youtube.com/watch?v=xWsmkH5Q4Bk; 2022년 2월 5일 접속).
6 달란트 비유(마 25:14-30)와 므나 비유(눅 19:11-27)를 통해 성경은 위험을 감수한 채 적극적인 투자와 투자 수익을 긍정한다고 주장하는 박정윤·옥영경, "성경적 투자관과 대학생들의 주식 투자에 대한 태도와 행복도 분석," 『로고스경영연구』 10/4 (2012), 49-65.
7 참고. 2007년부터 영남대학교에서 사회책임투자(socially responsible investing)에 기초하여 '성경적인 증권 투자'를 강의한 박정윤, "성경적 세계관에 기초한 투자론 교육 사례," 『로고스경영연구』 12/4 (2014), 43, 46. 참고로 박정윤은 분산투자의 성경적 근거를 전 12:1-2

경제학자는 아무런 상관이 없는 성경 구절을 적절한 주식 투자를 위한 근거 구절로 오용하기도 한다(예. 신 28:12; 잠 5:15; 19:2).[8]

1985년에 '부동산신학'(real estate theology)이 등장한 이래,[9] 신자유주의 경제 체제가 초래한 문제를 염두에 두고 세계개혁교회연맹(WARC)이 아크라신앙고백서(2004)를 작성했으며,[10] 남아공의 개혁신학자들은 돈을 목적이자 신으로 추앙하는 자본주의에 반대하여 '하나님의 경제'(theoconomy)를 제안한 바 있다.[11] 본 장의 목적은 주식 투자/투기(stock investment/speculation)와 부동산 투자/투기에 관하여 성경적 원칙과 교훈을 찾는 데 있다.

1. 주식 투자/투기

가난과 박해에 처했던 초대 교회는 임박한 세상 종말에 대한 기대를 저버리지 않고 공동체적 구제에 집중했다(행 4:32). 황제 콘스탄틴 이후에는 초대 교회의 구제 및 경제관이 약화되었다. 종교개혁 이래로 직업 소명과 개신교 노동 윤리 그리고 자본주의 체제하에서 재능과 기회를 활용하여 개인과 공동체의 유익을 위해 투자하고 이익을 산출하는 것에 대해 다양한 이론이 정립되었다.[12] 그러나 종교개혁가 중에 형평과 공익을 저해하지 않는다면 이자는 물론 고리대금까지 허용하려는 입장을 피력한 사람도 있었는지는 의문이다(참고. 칼빈, *De Usuris Responsum*).[13]

에서 찾지만, 이 두 구절은 근거 구절로 부적합하다.

8 서울사이버대학교 융합경영학부의 임태순, "주식 투자와 주식격언에 대한 성경적 이해," 『로고스경영연구』 16/2 (2018), 89-90.
9 참고. M. R. Wilson, "Real Estate Theology: Zionism and Biblical Claims," *Transformation* 2/4 (1985), 12-18.
10 송영목, "아크라신앙고백서에 대한 성경신학적 비평," 『교회와 문화』 45 (2021), 118-45.
11 J. Walters, J. M. Vorster, A. L. Rheeder, and C. J. H. Venter, "Theoconomy: An Ethical Paradigm for Economic Prosperity," *In die Skriflig* 53/1 (2019), 2-9.
12 W. Huber, "Protestantism and Economic Ethics: An Example for the Interaction of Faith and Fabric?" *Stellenbosch Theological Journal* 3/2 (2017), 132-33.
13 칼빈이 고리대금도 허용했다는 주장은 M. Bøsterud & J. M. Vorster, "Pastoral Banking Practice: A Christian-Ethical and Pastoral Perspective on Financing, Credit and Moneylending," *In die Skriflig* 53/1 (2019). 4-6을 그리고 반대했다는 주장은 Huber, "Protestantism

'자본시장의 꽃'으로 대접받는 주식(stock)은 제국주의 시대인 1602년에 동인도회사가 투자금에 대한 소유권을 나타내는 증서를 발급한 것에서 시작되었다.[14] 따라서, 성경에서 주식에 상응하는 것을 찾기란 쉽지 않다. 한국의 경우, 2018년 기준으로 주식 거래 활동 계좌 수는 2,575만 9,088개인데, 경제활동인구 2,781만 명의 약 90퍼센트가 주식 투자를 하고 있다.[15] 건전한 주식 투자는 기업의 운영에 자금을 투자하고 주주로 경영에 참여하는 순기능이 있다.

> 주식 투자의 유용성을 구체적으로 살펴보면, 정보의 제공, 자본의 저장, 소유와 경영의 분리 등 사회에 긍정적인 영향을 미치므로 오히려 권장되어야 할 것이다. … 주식 투자의 문제점으로 지적되고 있는 불로소득, 위험, 투기, 탐심 등 주식 투자와 관련된 속성에 주의를 기울일 필요가 있다. … 주식 투자는 부동산 투자에 비하여 덜 악성인 불로소득으로 볼 수 있으며 위험은 분산투자 등으로 어느 정도 적절히 조절이 가능하고 투기와 탐심은 개인의 투자성향을 고려하여 개인적으로 대처해나가야 할 문제라고 볼 때 주식 투자를 성경적으로 허용하는 것이 올바른 성경의 적용으로 판단된다.[16]

유니온신학교의 리차드 니버(1951)의 '문화를 변혁시키는 그리스도 모델'을 원칙적으로 따르는 개혁주의자는 주식 투자의 생산적인 면을 인정하면서 주식시장을 변혁해야 한다.[17] 그런데 누구나 투자에 발을 들여놓으면, 주식 가격의 변동에 눈이 고정되고 그것에 일희일비하기 십상이다. 재물이 있는 투자

---

and Economic Ethics," 136을 보라. 하나님의 은혜에 감사하는 성도의 윤리를 강조한 칼빈은 시장에 투기하거나 박해를 피해 제네바로 이주해온 가난한 나그네를 착취하는 부자 상인의 악행을 알고 있었다(『기독교 강요』 2.8.45).

14 "주식의 역사"(https://blog.naver.com/jyoo8/222515359578; 2022년 2월 5일 접속).
15 "한자로 주식은 株式으로 표기되며, 주식의 주(株)는 나무 목(木)에 붉은 주(朱)를 붙여서 만들어졌다. 한자가 표의 문자임을 감안해 볼 때, 굳이 나무에 피를 상징하는 붉은 주를 붙인 것은 주식 투자의 위험성을 경고한 의미처럼 느껴진다." 임태순, "주식 투자와 주식격언에 대한 성경적 이해," 80, 85.
16 한동대학교 경영경제학부의 강성준, "이자에 대한 성경적 이해와 크리스천의 주식 투자," 『로고스경영연구』 11/1 (2013), 206.
17 강성준, "니버의 기독교 윤리 유형에 따른 그리스도인 주식 투자의 재해석," 『로고스경영연구』 13/4 (2015), 157.

와 투기 현장에 그 사람의 마음도 있기 마련이다(마 6:21; 눅 12:34). 어떤 주식에 투자하는가를 보면, 그 사람의 마음을 알 수 있다. 여유 자금으로 공공선을 추구하고 남을 구제하기보다 자신의 보물을 쌓으려 한다면, 가시떨기에 뿌려진 씨(말씀)가 세상의 염려와 재물의 유혹으로 인해 결실하지 못하는 이치를 명심해야 한다(마 13:22). 그리고 여유 자금이 없음에도 투기성으로 무리하게 투자하여 손해를 입는 경우도 적지 않다.

주식 투자와 주식 투기의 경계는 무엇인가?

사전상, 건전한 투자는 '생산 시설이나 사회 간접 자본 등에 자본을 투하하는 행위'이고, 불건전한 투기는 '단기간에 대폭적인 가격 변동이 있을 것을 예견한 매매 행위'다.[18] 그런데 투기는 단기간에 국한되지 않고 장기적으로도 이루어지는 공공선을 해치는 불로소득이다.

투기는 안 되지만, 차액을 챙기는 중개인(arbitrager)과 선물 거래자(hedger)에 의한 투자는 가능하다는 연구가 있다.[19] 한국 주식시장의 거래 회전율은 세계 3위이며, 단기적인 투기 매매가 매우 높아 불안정하다.[20] 기업이나 회사의 진정한 수익 창출력이 아니라 주식시장의 가격 변동에만 주목하여 위험을 무릅쓰고 차액을 노린다면 그것은 투기성 투자다. 따라서, 차액만 노린다면 중개인과 선물 거래자를 통하더라도 정직한 측량법이 없는 바알의 제도를 따르는 투기성에 지나지 않는다.[21]

---

18 "하루하루 매매 전략을 세워 주식을 사고파는 일은 투자가 아니라 투기라고 한다." 안진출, "기독교인의 투자(주식 투자, 가상화폐 등), 어떻게 볼 것인가?" 『기독교보』 1543 (2023년 7월 22일), 5.

19 제로섬게임으로서 위험을 감수해야 하는 파생 상품(펀드, 선물 등)에 그리스도인의 투기는 바람직하지 않지만 차액을 위한 투자는 합당하다는 주장은 한동대학교 경영경제학부의 성현모, "파생 상품 투자는 성경적인가?" 『로고스경영연구』 13/1 (2015), 89-91을 보라. 성현모는 미래의 위험을 회피하기 위해 파생 상품에 대한 전문적인 지식을 갖추어 차액을 노리고 투자할 수 있다는 자신의 주장을 위해 요셉(창 41)과 불의하지만 지혜로운 청지기(눅 16:1-8)를 근거로 든다. 그러나 이 두 성경 본문은 그리스도인이 위험을 무릅쓰고 파생 상품에 투자하라는 교훈을 위한 것이 아니다. 성현모의 주장이 옳다면 지 교회도 파생 상품에 투자하여 차액을 노려 감소하는 교회의 재정을 확보할 수 있다.

20 강성준, "이자에 대한 성경적 이해와 크리스천의 주식 투자," 204.

21 윤성민, "예수원의 대천덕에 관한 소고," 『신학과 실천』 77 (2021), 225, 228; contra 김승욱, "참여정부 부동산정책에 대한 기독교적 평가," 『신앙과 학문』 12/3 (2007), 18-19.

최근 연구결과(2011)에 의하면 개신교 신자들이 가톨릭 신자들에 비하여 주식 투자에 관대한 것으로 나타났다. 또한, 개신교 신자들은 일반 투자자들과 비교하여 담배, 주류, 도박 등 이른바 죄악주(sin stock)에 투자할 가능성에 별 차이가 없으며, 가톨릭 신자들은 죄악주에 투자할 가능성이 높은 것으로 조사되었다.[22]

솔로몬은 망령되이 얻은 재물은 줄어가고, 단기간에 속히 부하고자 투기하는 자는 형벌을 면하지 못한다고 경고한다(잠 13:11; 28:20). 세상의 막대한 부를 맛본 솔로몬은 "가난하게도 마옵시고 부하게도 마옵시고 오직 필요한 양식으로 나를 먹이시옵소서"라고 고백했다(잠 30:8). 이 고백은 일용할 양식을 구하는 그리스도인의 기도에 맞닿아 있다(마 6:11).

크리스천이 주식에 투자하려면 사회적 책임을 다해야 한다. 사회의 공익을 해치는 기업의 주식에 투자하는 것은 그 회사의 악행을 부추기고 반사회적 처사에 동참하는 범죄 행위다. 따라서, 그리스도인은 왜 주식 투자를 하는지, 어떤 주식에 투자하는지를 물어야 한다. 그래야 크리스천을 통하여 주식시장은 선한 청지기로 서서히 변모할 수 있다.[23] 크리스천은 먼저 성경적이며 기독교 윤리에 부합하는 투자관을 정립해야 한다.[24]

주식시장이라는 제도가 그리스도인의 관점에서 적절하다고 결론을 내리더라도 주식 투자에서 투자하는 기업의 내용도 알지 못하고 전문가의 도움을 받지 않고 직접 투자하는 우매한 투자는 지혜롭지 못하다는 점에서 성경의 투자 원리를 벗어난 것이다. 또한, 여유 자금이 아닌, 손실이 나면 일상생활에 영향을 미칠 자금으로 주식 투자 하는 것도 마음을 염려하게 하므로 명백히 성경의 원리에 어긋난 것으로 보인다.[25]

22　강성준, "이자에 대한 성경적 이해와 크리스천의 주식 투자," 194.
23　A. J. Raymond, "Is the Stock Market Good Stewardship?" *Christianity Today* 44/12 (2000), 118.
24　J-F. Delteil, "A New Investment Ethic for an Era of Global Finance: Theological Background," *Dialogue* 30 (2003), 47-60.
25　강성준, "종교개혁자들의 관점에서 본 주식시장," 『행복한 부자연구』 1/2 (2012), 11도 참고하라.

예루살렘 교회의 아나니아와 삽비라 부부는 여리고 성의 전리품을 사적으로 유용하다 아골 골짜기에서 처형 당한 아간의 가족처럼(수 7:24) 명예욕과 위증, 죽음의 심판을 순차적으로 겪었다(행 5:1-11). 이들은 (암시적으로) 맹세 후에 자신의 경제적 이득을 위해 위증한 우상 숭배자들이다.[26] 그리고 바울이 2차 전도 여행에서 만난 빌립보에서 점치는 여종의 주인들은 상업적 이익을 위해 종교를 무시하고 법률적 절차를 무시하며 신의 심판을 두려워하지 않은, 전형적인 위증자들이었다(행 16:16-21).[27]

성경에 나타난 간접 투자는 은행에 예금하여 이자를 받는 것이다(마 25:27; 눅 19:23). 그런데 모세 율법은 고리대금과 동족으로부터 이자를 받는 것을 금한다(출 22:25; 레 25:36-37; 참고. 시 15:5; 겔 18:8, 13, 17; 눅 6:35). 그러나 이방인으로부터는 이자를 받을 수 있었다(신 23:19-20). 니케아 회의(325)는 성직자의 고리대금을 금지했으며, 아퀴나스는 아리스토텔레스를 따라 이자 수취를 금했지만, 채권자가 손해를 입거나 기회비용을 상실할 경우에는 이자 수취를 허용했다.[28]

교회의 공공성은 세상의 방식과 차별된 대안적 투자를 통하여 사회적 책무를 수행할 때 가능하다.[29] 그리고 하나님의 '섭리의 경제학'을 따른 대안적 투자는 하나님 나라 제자들의 경제학이다.

하나님의 부요함을 간과한 채 우리 자신의 미래를 안전하게 만드는 투자에 너무 몰입하고 있지 않는가?[30]

성도는 벳세다의 마리아처럼 '지금 여기'에 하나님의 나라를 위해 영원한 가치에 향유와 머리카락을 동원하여 구체적으로 투자해야 한다(요 12:3; 행 2:45; 골 3:2).[31]

---

26 J. A. Harrill, "Divine Judgment against Ananias and Sapphira (Acts 5:1-11): A Stock Scene of Perjury and Death," *JBL* 130/2 (2011), 366.
27 Harrill, "Divine Judgment against Ananias and Sapphira (Acts 5:1-11)," 363.
28 강성준, "이자에 대한 성경적 이해와 크리스천의 주식 투자," 198.
29 M. A. Hewitt, "The Social Responsibility of the Christian Church and the Question of 'Alternative Investment,'" *Toronto Journal of Theology* 4/1 (1988), 60-70.
30 J. Wilson-Hartgrove, "An Alternative Investment Plan: Economics for Disciples," *Christian Century* September 8 (2009), 22.
31 Wilson-Hartgrove, "An Alternative Investment Plan," 23, 27.

크리스천에게 주식 투자를 비롯한 재정 투자를 위한 영적 원칙이 필요하다.[32] 큰 성 음녀 바벨론과 사치품을 무역했던 상인과 해상 무역인은 애가(哀歌)를 불렀다(계 18:12-13; 참고. 겔 27:15-24). A.D. 70년 돌 성전의 파괴는 종교적 의미를 넘어, 예루살렘 성전과 예루살렘 시장에 상품을 제공했던 경제인들의 종막도 의미했다(계 18:16-19). 보석류와 곡물류와 향품과 가구류, 노예 무역까지 사치품의 주가는 폭락했다. 금으로 장식된 예루살렘 성전이 약탈되자 인근 지역의 금값이 폭락할 정도였다. 초대 교회 당시, 로마제국의 경제에 동조하는 사람만 매매와 무역을 자유롭게 할 수 있었다(계 13:17). 경제가 제국의 부와 권력과 탐욕을 추구한다면, 결국 기대할 수 있는 것은 하나님의 심판과 파멸뿐이다(참고. 『기독교 강요』 3.10.4).[33]

실제적인 문제를 다루어 보면, 예를 들어, 건물주인 교인이 상가 건물을 교회에 기증했다면, 교회는 그 건물을 통해(담보로 하여) 투자할 수 있는가?

가능하다면 투자의 원칙은 무엇인가?

하나님 나라의 제자라면 영적-세상적 영역이라는 이원론적 판단을 거부하고, 하나님께서 주신 물질과 힘과 시간과 재능을 제대로 우선적으로 하나님의 의로운 나라를 추구하는 데 사용해야 한다(마 6:33; 『기독교 강요』 3.7).[34]

'악한 눈'(רַע עָיִן)을 가진 자는 재물(הוֹן) 얻기에만 급급하므로, 투자의 목적은 돈이다(잠 28:22; 참고. 마 6:21-23). 그러나 그리스도인의 '선한 눈'(טוֹב-עָיִן, 잠 22:9)을 가진 복된 하나님의 백성은 돈을 수단으로 삼아 영원한 데 투자한다. '이 세대의 아들'인 불신자는 사라질 세상의 재물을 가지고 지혜롭게 경영할 수 있는데, 영원한 오는 세대에 속한 '빛의 아들'인 신자는 하나님께서 맡기신 작은 재물을 참된 하나님 나라를 위하여 관리하고 충성할 수 있어야 한다(눅 16:8, 11).[35] 천국의 청지기는 단지 이 세대의 탐욕을 위해서 재물을 어리석

---

32 D. K. Ma, "The Spiritual Dimension of Financial Investment Activities: A Preliminary Discussion," *CGST Journal* 37 (2004), 141-61.

33 W. Wink, "Unmasking the Powers: A Biblical View of Roman and American Economics," *Sojourners* 7/10 (1978), 13.

34 맥코믹신학교의 J. L. Stotts, "Theological Considerations for Church Investment Policies," *Church & Society* 62/4 (1972), 17-18.

35 R. R. Caemmerer, "Investment for Eternity: Study of Luke 16:1-13," *Concordia Theological Monthly* 34/2 (1963), 70-72.

게 활용해서는 안 되며, 삶의 모든 영역에서 오는 세상의 빛을 증언해야 하는 성도는 사랑의 동기로써 재물을 지혜롭고 책임감 있게 활용하여 원수를 포함하여 모든 사람을 이미 여기에 임해 있고 장차 완성될 영원한 처소인 하나님 나라로 인도할 수 있어야 한다(마 5:46-47; 25:31-46; 눅 16:9; 고전 7:30; 딤전 6:17-19; 요일 3:17).[36]

종교개혁자들은 주식을 어떻게 이해했는가?

아리스토텔레스의 화폐불임설(돈은 돈을 낳지 못함)을 따른 루터는 상업은 인정했지만 상거래를 통한 이익 추구를 다소 부도덕하게 여겼고, 낮은 이자율은 인정했지만 상거래는 황금률 같은 매우 높은 도덕적 기준을 따라야 한다고 보았다.[37] 반면, 칼빈은 상업을 구성원의 영적 교제의 표징으로 보면서 공동체의 유익을 위해 필요하다고 했지만, 고리대금과 매점매석은 반대했다.[38]

2. 부동산 투자/투기

부동산의 대명사는 아파트와 땅이다. 한국의 소득 상위 5퍼센트는 전체 토지의 약 70퍼센트를 소유하는데, 특히 임야와 대지를 많이 보유한 데서 투기성임을 알 수 있다.[39] 땅 투기는 국토의 균형 있는 이용과 개발과 보전 그리고 국민경제의 성장과 적정한 소득의 분배를 명시하는 헌법 제119조와 122조를 위반한다.[40]

부동산 투기는 반사회적인 악성 불로소득의 대명사이며, 도박처럼 위험 요소가 있음에도 중독성이 있다. 오늘날 주택의 주요 기능은 자산증식이기에,

---

36 Caemmerer, "Investment for Eternity," 73-75.
37 참고. Huber, "Protestantism and Economic Ethics," 135; 강성준, "종교개혁자들의 관점에서 본 주식시장," 4.
38 참고. 강성준, "종교개혁자들의 관점에서 본 주식시장," 5.
39 참고. 1980년대에 소수가 토지를 과다 소유하는 것을 방지하기 위해 공공개발환수 및 토지공유세 도입 등을 제안한 백욱인, "부동산 투기와 토지 문제," 『기독교사상』 33/8 (1989), 43, 53.
40 참고. 공공주택 분양가상한제와 토지거래허가제를 법률적으로 연구하는 이대열, "부동산 투기 규제 제도에 대한 헌법적 고찰: 공동주택 분양가상한제, 토지거래허가제를 중심으로," 『법과기업연구』 1/1 (2011), 178, 180.

메뚜기처럼 여기저기 돈 되는 곳을 찾아 이사 다닌다. 토지와 주택 가격의 상승은 계층 격차와 불균형을 심화시키고 가속화한다.

아브라함은 매장지를 위해 막벨라굴을 구입했다(창 23). 이것은 투자나 투기용이 아니라, 약속의 땅을 주신 하나님의 언약에 대한 신뢰의 반응이다. 총리 요셉의 애굽 토지법과 징수 제도(창 47:26)는 기근으로 가난에 빠진 백성을 노예로 만든 제국주의 방식이므로 성경적 희년의 원칙에 위배된다고 볼 수 있다. 실제로 요셉은 생산의 3요소인 돈(자본), 몸과 가축(노동), 토지를 구입하여 바로의 국유 재산으로 만들었다(창 47:20, 23).[41] 그런데 이것을 국내외의 재난 상황을 극복하고(창 41:56-57) 백성의 생명을 유지하기 위하여 국가 주도의 '이상적인 공산주의'를 실현한 것으로 보기도 한다.[42] 나아가 요셉이 현명한 정책을 통해 죽을 자들을 살려 은혜를 베푼 것(창 47:25)은 예수님 사역의 그림자라고 구속사적으로 평가한 경우도 있다.[43]

토지를 비롯한 모든 것은 본래 하나님의 것이다(레 25:23). 이스라엘이 받은 땅과 기업은 근원적으로 하나님의 기업이며, 자식이 없는 과부는 언약 백성의 일원으로서 그녀의 부동산은 보호 받아야 마땅했다(삼하 14:16).[44] 이것은 희년 정신(레 25)과 기업 무름의 원칙에 부합한다(룻 1). 이 원칙에 따라 므낫세지파의 슬로브핫의 다섯 딸은 모세에게 땅을 기업으로 요구하여 받았다(민 27:1-11). 안식년(레 25:20)은 휴경년이기에 땅이 안식했는데, 인간의 탐욕을 방지하고 하나님의 공급에 대한 신뢰를 촉진했다(레 25:21). 이웃의 경계표, 즉 지계표를 옮기는 것은 금지되었는데(신 27:17), 나봇의 포도밭을 탐낸 아합은 비참한 말로를 맞았다(왕상 21). 이렇게 이스라엘에서 권력가들이 평민을 압제하여 그들의 생필품이나 부동산을 착취하는 것은 사회 구조적 문제였다(암 2:6-8;

---

41 A.D. 1세기 로마제국의 경우 제국이 주도한 체계적인 상업 투자는 없었으며, 정부 소유의 사업은 4세기에 본격화했다. 예수님 당시에 빈자는 은행가, 채권자, 지주 등에 의해 고통을 당했다(참고. 느 5:1-5). Wink, "Unmasking the Powers: A Biblical View of Roman and American Economics," 9, 11.

42 백석대학교 경상학부의 이경락, "요셉의 경제 정책을 통한 한국 경제 정책과 지도자의 역할에 대한 재조명," 『로고스경영연구』 12/1 (2014), 4.

43 이경락, "요셉의 경제 정책을 통한 한국 경제 정책과 지도자의 역할에 대한 재조명," 5.

44 T. J. Lewis, "The Ancestral Estate (אֱלֹהִים נַחֲלַת) in 2 Samuel 14:16," JBL 110/4 (1991), 597-612.

4:1-3; 미 2:1-2; 비교. 딤전 5:3-8).[45]

시드기야왕 통치 제18년째에 남유다는 바벨론 군대의 위협에 놓였다(렘 32:1-2). 그때 왕궁 시위대 뜰에 갇힌 예레미야 선지자는 별 인기 없던 숙부의 아들 하나멜이 아나돗에 소유하고 있던 밭을 매우 비싼 금액인 은 17세겔에 구매했다(렘 32:9, 15). 이는 땅값의 폭등을 염두에 둔 투기가 아닌, 만군의 여호와께서 출바벨론을 약속하셨기에 믿음으로 반응한 행위다(렘 32:15). 오히려 언약에 신실했던 예레미야는 출바벨론이 성취될 때까지 땅값 하락을 감수해야 했다. 신약성경도 돈을 사랑하고 재물에 소망을 두려고 부자가 되려는 사람은 시험과 올무와 여러 가지 어리석고 해로운 욕심에 떨어지고 파멸과 멸망에 빠진다고 경고한다(딤전 6:9-10, 17). 탐욕은 우상 숭배이기 때문이다(엡 5:5).

A.D. 1세기에 헤롯 왕가는 팔레스타인 영토의 절반 이상을 보유한 부동산 재벌이었다. 1세기에 기독교는 불법 종교였고, 종교와 경제가 일원화된 사회에서 크리스천은 재정적 손해를 감수했으므로 대체로 부유하지 않았다(고전 1:26; 고후 8:2; 계 13:17).

> 헨리 조지학파들은 현대 자본주의의 빈부 격차의 폐해는 근본적으로 토지소유의 격차에 있다고 본다. 물론, 현대 자본주의 경제의 폐단과 해결을 모두 토지 문제의 기독교적 해결에 두는 것은 상당한 무리가 있으나 부동산 투기에 대한 과열과 버블 붕괴 등이 현대 경제의 심각한 문제 중의 한 부분을 차지하고 있다는 것은 부인할 수 없는 사실이다.[46]

달란트 비유에서 보듯(마 25), 예수님은 전 재산을 종 한 명에게 맡기지 않고 분산 투자하셨다. 그리고 비효율적인 종들에게 더 이상 투자하지 않으셨다. 그리고 착하고 충성된 종들이 투자를 통해 수익을 창출하더라도 여전히 그들의 주인은 하나님이시다.[47]

---

45 L. Kretzschmar, "Towards a Christian Ethic of Work in South Africa." *Acta Theologica* 32/2 (2012), 135.
46 이우성, "기독교 경제학에 대한 역사적 소고," 『신앙과 학문』 6/2 (2001), 139.
47 J. R. Albrektson, "Is the Stock Market Good Stewardship?" *Christianity Today* 44/12 (2000), 120.

그리스도인이 재림하시는 예수님 앞에서 판단을 받을 때, 이윤 추구를 넘어서는 투자가 중요한 잣대다. 이를 위해, 신약의 성도는 십일조는 물론이거니와 소득의 나머지 90퍼센트도 십일조의 중요한 정신인 '정의와 자비와 신실함'으로 활용해야 한다(신 14:28-29; 마 23:23; 눅 11:42; 18:12).[48] 그리스도인은 이익의 극대화가 아니라, 사회적으로 책임성 있는 투자(Socially Responsible Investing: SRI), 더 나아가 불평등과 착취가 아닌 천국 가치에 기반한 투자(Values Based Investing: VBI)를 해야 한다.[49] 이를 위해, 크리스천 경제·경영학자들은 어떤 기업들이 성경적 생명 윤리, 하나님 나라의 정의와 사랑의 가치를 준수하고 공공선을 추구하는지 소개할 의무가 있고, 설교자도 회중이 올바른 가치를 가지고 윤리적이고 책임성 있게 투자하도록 지침을 제시해야 한다.

하나님은 투자 소득을 많이 가진 자에게 더 많이 요구하신다(눅 12:48).

> 가장 크게 비판 받는 것은 투자의 동기에 관한 것이다. 현대의 대부분의 금융 자본 투자와 흐름이 실물 경제의 투자와는 거리가 먼 금융 거래상의 이익률만을 추구하는 투기적인 성격의 금융 거래임을 지적하면서 이러한 투기적 목적의 자본거래와 이익 추구가 자원에 대한 청지기적 의식에 정면으로 반대됨을 지적한다. 여기에서 일반 경제학에서 널리 알려진 도덕적 해이와 역선택(moral hazard and adverse selection)의 문제도 제기한다.[50]

개혁교회에서 종종 볼 수 있는 유산을 교회에 기부하는 선행은 한국 교회에서는 일반적이지 않다. 하지만, 그것은 교회의 고령화와 재정 악화를 대비할 수 있는 한 가지 방안이다. 기독교인은 정부의 부동산 정책, 입법부의 부동산법 발의를 감시, 평가해야 하고, 올바른 입법과 정책을 위해 제안해야 한다.

48　나이지리아대학교 종교 및 문화학과의 P. E. Peters, "Deontology of New Testament Tithing: An Analysis," *Theologia Viatorum* 45/1 (2021), 3-6. 참고로 1960년대부터 기독교 경제학자들은 경제학의 기초에 대해 도덕적 비판을 가해왔지만, 미국의 복음주의 교회에서 1990년 전까지 성경적 투자에 대한 안내서가 없었다. M. Naber, "Christ's Returns: Building an Investment Plan beyond Profit," *Christianity Today* 45/11 (2001), 80.

49　Naber, "Christ's Returns: Building an Investment Plan beyond Profit," 80; W. Wink, "Unmasking the Powers: A Biblical View of Roman and American Economics," *Sojourners* 7/10 (1978), 14-15.

50　이우성, "기독교 경제학에 대한 역사적 소고," 135-36.

요약하면, 성경은 단순히 부를 축적할 목적으로 시행되는 부동산 투자나 투기를 인정하지 않는다. 만약 투자를 통해 최대의 이익만 추구한다면, 타인과 사회를 10가지 방식으로도 해칠 수 있다.[51]

그렇다면 성경적 투자의 실제적인 원칙은 무엇인가?

모든 투자는 가치 중립적이지 않고 가치 추구적(value-driven)이므로, 그리스도인은 하나님의 영광과 천국 가치를 추구해야 한다. 예수님께서 가르치신 적극적인 황금률은 제한된 파이를 두고 벌이는 제로섬 게임에서 건설적인 공공선을 저해하는 승자 독식적 투자를 인정하지 않는다(마 7:12).[52]

천국의 윤리적 투자자는 사랑과 공동선의 실천, 청지기, 자기 부인, 자족 그리고 하나님 나라를 항시 염두에 둘 필요가 있다(잠 25:16; 고전 10:31; 히 13:5).[53]

나오면서

성경은 주식 투자와 부동산 투자에 대해 무엇이라 말하는가?

안타깝게도 이에 관한 신학자들의 연구는 드물다. 그리고 이 주제에 관심을 보이는 다수의 기독교 (우파) 경제·경영학자들은 주식 투자는 부동산 투자보다 덜 위험하며, 부동산 투자는 파생 상품이나 도박보다 덜 악하고 덜 위험하기에 허용할 수 있다는 느슨하고 어설픈 논리를 제시한다.[54] 그리고 그들은 일

---

51 1990년대 미국 신학교들의 건물 매각과 합병은 학생과 재정의 감소에 직면한 한국 신학교들의 부동산 소유와 신학 교육에 시사점이 크다. A. H, M. Stern, "Real Estate and Mission," *In Trust* 19/4 (2008), 21-23.

52 M. Bøsterud & J. M. Vorster, "Reoriented Investment Protocol: A Christian-Ethical Perspective on Investments," *In die Skriflig* 51/1 (2017), 4.

53 Kretzschmar, "Towards a Christian Ethic of Work in South Africa." 142; Bøsterud & Vorster, "Reoriented Investment Protocol," 5. 참고로 강현석은 주식 투자의 네 원칙을 제시한다. (1) 기독교 가치관에 우호적인 기업들을 발굴하고 투자하는 수고를 해야 한다. (2) 주식 투자에 마음을 빼앗겨 마땅히 해야 할 것을 하지 못한다면 중단해야 한다. (3) 주식 리딩방이나 단기간 고수익을 보장한다는 검증이 안 되거나 불법적인 방법을 거부해야 한다. (4) 금전적 이익이나 손실을 하나님의 뜻으로 받아들이고 감사 헌금을 해야 한다. 강현석, "경제: 성경은 주식을 금하는가?" in 『기독교, 시대에 답하다』, ed. 황원하 (서울: 고신언론사, 2024), 230-44.

54 예를 들어, 성현모, "파생 상품 투자는 성경적인가?" 77.

부 성경 구절을 정확하게 주해하지 않고 자신의 논거를 위해 증거 구절로 삼는다(마 25:14-30).⁵⁵ 눈을 성경 위에 대고 대충 훑는 식이다.

하지만, 그런 논리로는 성경적인 기독교 경제 윤리의 목표가 그리스도인이 청지기로서 하나님 나라의 가치를 책임감 있게 실현하는 데 있음을 성경적으로 설득하기란 쉽지 않다.

성도는 미래를 위해 저축해야 하지만(잠 6:6-8), 좀 더 높은 이상을 품고 실제적으로 투자해야 한다.⁵⁶ 한국인은 애완견 1마리를 키우는데 매달 약 15만 원(120달러)을 투자한다. 그러나 우선적으로 그 무엇보다 더 존귀한 사람을 구제해야 하는 것을 간과하지 말아야 한다. 세계에서 약 40억 인구가 하루 2달러 이하로 살고 있다. 이런 상황에서 경제적 여유가 있는 사람이 자신의 경제적 안정과 탐욕을 위해 투자하는 것을 급선무라고 할 수 없을 것이다.

---

55 달란트 비유 등을 통해, "하나님께서는 우리 각자에게 맡긴 자원을 낭비하거나 사장하지 않고 위험을 감수하고서라도 적극적으로 투자하기를 원하신다"라는 주장은 안진출, "기독교인의 투자(주식 투자, 가상화폐 등), 어떻게 볼 것인가?" 5를 보라.
56 투자의 목표가 '경제적 자유'라면, 하나님 대신 돈을 의존하는 범죄에 빠지고 만다. 그리스도인에게 부의 축적은 투자의 목표가 될 수 없다. 그리스도인에게 투자의 목표는 경제적 자유를 넘어서야 하고, 수익은 하나님 아래 두어야 한다. 안진출, "기독교인의 투자(주식 투자, 가상화폐 등), 어떻게 볼 것인가?" 5.

제6장

장애(인)신학

들어가면서

하나님의 형상으로 아름답게 창조된 사람은 물론 동식물도 장애와 질병과 손상을 입었다(롬 8:20). 전 세계 장애인(障礙人)은 약 6억 5천만 명으로 추정되기에, 그들을 한 국가로 모은다면 중국과 인도를 이어 세 번째 인구 대국이 된다.[1] 코로나19와 같은 재난 상황에서 장애인의 고통과 불편은 비장애인보다 더할 것이다.

한국에서 장애인선교와 특수교육의 효시는 미국 의료선교사 로제타 셔우드 홀(R. S. Hall)이 1894년에 '평양맹아학교'를 설립한 것이다. 1897년에는 '부산나병원'이 설립되었다. 유럽에서는 17세기부터 청각 장애인 교육이 시행되었고 의족이 제작되었으며, 18세기에 미국 등에서 시각 장애인 아동 시설이 운영되었고 정신 장애인에 대한 교육도 시행되었다.[2]

하지만, 사랑과 회복적 정의를 실천해야 할 한국 교회는 장애인을 잊어버린 채 오랜 기간을 보냈다. 장애인 복음화 비율은 비장애인에 비해 저조하다. 장애 연구와 장애인 인권과 복지가 부각된 1960년대 후반에야 해외에서 장애신학(theology of disability) 혹은 장애인신학(theology of the disabled)은 신학 분과로 부상했다.

---

[1] M. López, "An Old Testament Theology of Disability," (Ph.D. Thesis, Fuller Theological Seminary, 2016), 1.

[2] 대한예수교장로회총회 사회봉사부 장애인신학준비위원회 편, 『장애인신학』 (서울: 한국장로교출판사, 2015), 135-37.

오랫동안 신학은 장애(인)에 주의를 기울이지 않았으므로, 장애인들에게 장애를 일으키는 신학(the disabling theology)으로, 그리하여 장애인과 비장애인 모두에게 장애 입은 신학(the disabled theology)으로 존재하였다.[3]

1968년의 스웨덴 웁살라에서 열린 WCC 제4차 총회 때부터 장애인을 포함하는 교회의 통합적인 공동체성에 대한 논의가 기독교 진보 진영에서 본격화했다.[4] 그 후 1971년 WCC '신앙과 직제 대회' 이후, 장애인은 선교 의제에 포함되었으며, NCCK는 1989년에 4월 20일 직전 주일을 '장애인주일'로 지킬 것을 권고하기 시작했다.[5] 하지만, '장애인주일'이 없어도 장애인들이 장애를 느끼지 못하며 사는 이상적인 환경이 조성되어야 한다.[6]

1980년대부터 잘 정립된 신학 분과로 자리 잡은 장애(인)신학은 장애를 삶의 조건으로 인정하면서 하나님의 뜻을 따라 장애를 극복하고 차별을 개혁하도록 돕는다.[7] 1980년대 중순부터 천주교는 물론 개신교 교파별(개혁파, 장로교, 감리교, 루터교, 성공회)로 장애신학이 정립되었다.[8] 그 후 장애(인)신학이라는 큰 우산 아래 해방신학과 흑인신학 그리고 여성신학이 결합했다.[9] 다시 말

---

3 최대열, "예수의 장애 해방 선언: 요한복음 9장을 토대로 한 장애(인)신학의 시도," 『한국조직신학논총』 17 (2006), 166. 참고로 한국 개신교 교파에서 예장통합이 장애인신학과 사역에서 선두 주자 격인데, 장애인에 대한, 장애인에 의한, 장애인을 위한, 장애인과 함께 하는 신학을 추구한다. 대한예수교장로회총회 사회봉사부 장애인신학준비위원회 편, 『장애인신학』, 9-10. 이 위원회의 장(長)은 채은하 교수다.
4 최대열, "예수의 장애 해방 선언," 152.
5 이은미, "장애인에 대한 기독교적 접근의 문제점과 대안 모색 연구," 『신학과 선교』 42 (2013), 225.
6 김성원, "장애인의 존재론적 정체성에 관한 기독교 철학의 인간론적 해석," 『철학논총』 64 (2011), 98.
7 이병성, "장애인, 평화를 만드는 사람들(마 5:9)," 399.
8 1978년에 미국 천주교 주교들은 '장애인목회성명서'를 발표했으며, 1986년에는 높은 실업률에 처한 장애인들의 직업재활을 촉구했다. 참고. 대한예수교장로회총회 사회봉사부 장애인신학준비위원회 편, 『장애인신학』, 219-20.
9 장애신학을 '장애를 입으신 하나님'(the disabled God) 이미지(사 53:4-6)로 풀어내는 장애인 여성신학자 N. Eiesland, *The Disabled God: Toward a Liberatory Theology of Disability* (Nashville: Abingdon Press, 1994); 아프리카 속담 우분투(Ubuntu)에 근거하여 포용적 여성장애신학을 주장하는 S. S. Chisale, "Politics of the Body, Fear and Ubuntu: Proposing an African Women's Theology of Disability," *HTS Teologiese Studies* 76/3 (2020), 2-8; "The Purity Myth: A Feminist Disability Theology of Women's Sexuality and Implications for Pastoral Care," *Scriptura* 119/1 (2020), 2-10.

해, 장애인 가운데 흑인과 여성은 인종과 성차별은 물론 장애인으로 차별도 당하기에, 이중적 장애로부터 해방이 필요하다는 취지다. 그러나 대다수 이데올로기 신학처럼, 여성신학과 해방신학도 억누르는 자와 눌린 자라는 이원론적 접근과 급진적이지만 이론이 취약한 문제를 노출하고 있어 광범위한 지지를 얻지 못한다.[10]

천민자본주의적 발상인 님비(NIMBY)현상에서 보듯이, 여전히 장애인에 대한 인식 부족과 사역의 전문성 결여는 장애인선교에 걸림돌이 되고 있다.[11] 장애인에 대한 인식 개선을 위해, 강자 위주의 군사 문화와 장애인을 수치로 여기는 유교식 체면 문화 그리고 장애를 저주로 간주하는 기복신앙 등을 극복해야 한다.[12] 그리고 후천성 장애인이 약 90퍼센트에 달하므로, 장애를 예방하는 사회 환경을 개선하는 것은 인간 권리를 존중하는 길이다.[13] 한국의 경우 장애인 복지에 앞선 선진국들보다 약 10년 늦은 2007년에 "장애인 차별금지 및 구제 등에 관한 법률"을 제정했다.

조직신학, 역사신학, 구약학은 장애(인)신학을 비교적 활발히 연구해 왔다.[14] 그리고 교회당 울타리 안은 물론 더 넓은 하나님 나라의 전망에서 공공

---

10 김성원, "장애인의 존재론적 정체성에 관한 기독교 철학의 인간론적 해석," 72-73, 79.
11 "장애교인과의 면담 결과에서는 장애교인들은 자신을 차별받는 존재로 인식하는 경향이 높은 것으로 나타났다. 비장애인은 장애인에 대한 인식이 낮아 장애인을 차별하는 경우가 발생하고, 장애인은 교회 내에서도 따가운 시선을 고스란히 받고 있다고 스스로 생각한다. 결국, 상호 간의 이해와 하나 됨의 부족의 결과라고 여겨지는 대목이다. 비장애인이든 장애인이든 장애라는 것을 뛰어넘은 인격적 존재로서의 소통은 없는 듯하다." 박혜전·김정임·조영길, "한국 교회의 장애 인식 및 장애 수용(장애인 편의시설 포함)에 관한 연구,"『신앙과 학문』 17/1 (2012), 122.
12 박경미, "한국인의 장애인 인식 개선을 위한 종교적, 문화적, 성서적 연구,"『한국기독교신학논총』 18/1 (2000), 70-73.
13 박경미, "한국인의 장애인 인식 개선을 위한 종교적, 문화적, 성서적 연구," 64. 참고로 장애를 해석하는 모델은 다양하다. 장애를 하나님의 행동으로 이해하는 '도덕-종교적 모델', 장애를 질병으로 파악하는 '의학적 모델', 장애를 자선의 대상으로 보는 '희생자 모델', 장애를 생산성을 위한 도전으로 파악하는 '경제적 모델', 장애를 문화적 요소로 파악하는 주로 북미의 '문화적 모델', 장애인의 인권을 강조하는 '인권적 모델', 장애를 긍정적 정체성으로 보는 '정체성 모델' 그리고 장애를 사회적으로 구성된 현상으로 간주하는 '사회적 모델.' M. Retief & R. Letšosa, "Models of Disability: A Brief Overview," HTS Teologiese Studies 74/1 (2018), 2-7.
14 한승진, "한국 교회의 장애와 장애인관에 대한 비판적 고찰: 성서윤리적 관점,"『신학연구』 58 (2011), 161-90; 유경동, "장애인신학과 삼위일체,"『신학과 세계』 72 (2011), 172-203; 안석, "귀신들림인가 정신 장애인가?"『신학논단』 63 (2011), 121-50; 이재서, "칼빈

신학적으로 장애(인)신학을 논할 것을 제안하기도 한다.[15] 하지만, 국내에서 신약신학적 장애신학 연구의 주제는 장애인의 해방과 평화로 제한된다.[16] 이 마저도 국내 주요 신약학 학술지들에 게재된 장애(인)신학 논문은 없으므로, 비 신약학 전공자들이 신약성경과 관련하여 장애신학을 연구해 왔음을 알 수 있다. 본 장은 성경의 장애인과 선교적 장애(인)신학을 차례로 논구한다.

1. 성경의 장애인

장애를 어떻게 정의하느냐에 따라, 장애인의 범위는 달라진다. 세계보건기구(WHO)에 따르면, 장애는 몸의 기능 혹은 구조의 문제가 있는 상태로, 임무나 행위를 수행함에 있어 어려움을 겪어 참여와 행동의 제한성으로 나타난

의 장애인관: 그의 복음서 주석을 중심으로," 『개혁논총』 12 (2009), 285-309; 이은애, "장애인 인권을 위한 '사회적 포함' 패러다임의 전거로서의 히브리 성서," 『한국기독교신학논총』 88 (2013), 5-32; 최무열, "신명기의 사회적 약자 보호를 위한 제도적 장치와 그 선교적 적용에 관한 연구," 『선교와 신학』 36 (2015), 237-77; 김정훈, "구약성경의 장애인 관련 용어의 분류와 그 의미 분석," 『한국기독교신학논총』 112 (2019), 7-38; 최대열, "장애인의 제사장직 제외 규정에 대한 재해석: 레위기 21장 16-24절에 대한 장애(인) 신학적 변증," 『한국조직신학논총』 30 (2011), 333-62; 채은아, "구약성경에 나타난 장애인의 현실과 장애인신학의 한 시도," 『구약논단』 14/1 (2008), 28-50; "부적절한 장애인 호칭들의 문제와 대안: 공인 번역 성경들을 중심으로," 『장신논단』 52/2 (2020), 37-59; "장애(인)와 치유: 온(Ohn) 신학으로서의 장애인신학 시도," 『장신논단』 48/4 (2016), 143-68; J. D. Estes, "Imperfection in Paradise: Reading Genesis 2 through the Lens of Disability and a Theology of Limits," *Horizons in Biblical Theology* 38/1 (2016), 1-21; A. J. Stiff, "The Abiding Value of John Calvin's Eucharistic Theology for Disability Theology," *Calvin Theological Journal* 54/1 (2019), 131; B. S. Wall, "Disability and Theology," *Cultural Encounters* 14/1 (2018), 68-72.

15 대한예수교장로회총회 사회봉사부 장애인신학준비위원회 편, 『장애인신학』, 41-45.
16 최대열, "예수의 장애 해방 선언," 149-74; 이병성, "장애인, 평화를 만드는 사람들(마 5:9)," 『신학연구』 73 (2018), 397-425. 참고. K. McReynolds, "The Gospel of Luke: A Framework for a Theology of Disability," *Christian Education Journal* 13/1 (2016): 169-78; M. E. Lowe, "Rabbi, who sinned?: Disability Theologies and Sin," *Dialog* 51/3 (2012), 185-94; A. Yong, "Disability and the Gifts of the Spirit: Pentecost and the Renewal of the Church," *Journal of Pentecostal Theology* 19/1 (2010), 76-93; L. A. Gosbell, *The Poor, the Crippled, the Blind, and the Lame: Physical and Sensory Disability in the Gospels of the New Testament* (Tübingen: Mohr Siebeck, 2018); W. H. Hung, "Jesus and the Disabled People: A Church Response to the Disability," *Doing Theology from Disability Perspective* (2011), 239-47.

다.[17] 이재서는 장애를 '사람에게 고통을 주며 생활하는 데 지장이 되는 신체적·정신적 불완전 상태'라고 폭넓게 정의하기에 사복음서의 571구절에 걸쳐 15퍼센트 분량이 장애 관련 구절이라고 간주한다(비교. 장애인복지법 제2조).[18] 이재서의 경우에서 보듯, 비장애인의 기준과 정의가 아니라 장애인의 체험적 정의는 유의미하다. 성경의 장애인 용례를 살펴보자.

1) 구약성경

구약성경의 3대 약자는 고아, 과부, 나그네다. 구약성경은 장애인에 대해 매우 인색한 것으로 보이는데, 심지어 피부병 같은 장애를 겪는 사람은 전통적인 약자들의 세 범주에 포함되지 않는 듯하다(레 13-14).[19] 그러나 장애인은 세 부류의 사람들 못지않은 약자였다. 매우 드물게 이스라엘 백성의 구성원으로서 장애인은 3대 약자들과 나란히 언급된다(신 27:18-19; 시 146:8-9; 잠 31:8). 하나님의 형상을 지닌 장애인은 비장애인이나 예비 장애인처럼 하나님의 대리 통치자다(창 1:26).[20]

창조-타락-구원이라는 성경의 주제를 따른다면, 타락 이전의 에덴동산은 장애가 없거나 완벽하게 예방하는 환경처럼 보인다. 하지만, 타락 이전임에도 불구하고 아담에게 하와가 없을 때는 결핍이 있었는데, 그런 결핍에서 희미하게나마 장차 발생할 장애와 상호 의존의 중요성을 추론할 수 있다.[21] 더 나아가 김홍덕은 하나님께서 사고나 장애를 조장하시지 않으나, 중력의 법칙이 미친 에덴동산에서 아담은 나무에서 떨어져 장애를 입을 수 있었다고 본다.[22]

17　참고. 김성원, "장애인의 존재론적 정체성에 관한 기독교 철학의 인간론적 해석," 81.
18　이재서, "칼빈의 장애인관," 286-87. 참고로 창 29:17의 '시력이 약한' 레아를 장애인으로 분류한 경우는 박혜전·조영길, "장애인 재활과 기독교적 소명,"『신앙과 학문』14/3 (2009), 144를 보라. '시력이 약함'은 장애 상태가 아니라 미모와 거리가 있다는 표현이다. J. H. Walton, *Genesis* (Grand Rapids: Zondervan, 2001), 586.
19　채은아, "구약성경에 나타난 장애인의 현실과 장애인신학의 한 시도," 29.
20　이재서 외,『신학으로 이해하는 장애인』(서울: 도서출판세계밀알, 2009), 68.
21　심지어 랍비들은 아담을 이스라엘 역사의 그 어떤 영웅보다 더 건장한 거인으로 묘사한다. J. D. Estes, "Imperfection in Paradise: Reading Genesis 2 through the Lens of Disability and a Theology of Limits," *Horizons in Biblical Theology* 38/1 (2016), 2, 9, 12-15.
22　김홍덕,『장애신학: 하나님 앞에서 나는 누구인가』, 59.

인격적인 하나님은 질병과 장애를 개인이나 전체 언약 백성에게 내리기도 하시고 돌이키기도 하신다(출 15:26; 신 28:28; 참고. 고전 11:29-30). 참고로 고대 근동의 메소포타미아인은 질병과 장애를 신들의 뜻으로, 운명적인 것으로 파악했다.[23]

구약성경에 현대의 포괄적 장애인에 해당하는 용어는 없지만, 다양한 장애인을 언급한다. 예를 들어, 구약에 26회 언급된 대표적인 장애인인 시각 장애인(עִוֵּר, 레 19:14; 21:18; 신 27:18; 28:29; 삼하 5:6, 8; 왕하 25:7; 욥 29:15; 시 146:8; 사 29:9, 18; 35:5; 42:16, 18, 19; 43:8; 56:10; 59:10; 렘 31:8; 52:11; 애 4:14; 습 1:17 등), 청각 장애인(חֵרֵשׁ, 사 29:18; 35:5), 6회 언급된 언어 장애인(אִלֵּם, 잠 31:8; 사 53:7; 56:10; 겔 3:26; 24:27; 33:22), 11회 언급된 다리 지체 장애인(פִּסֵּחַ, 레 21:18; 삼하 5:6, 8; 사 33:23), 4회 언급된 발이 불편한 지체 장애인(צֹלֵעַ, 창 32:32; 미 4:6, 7; 습 3:19), 정신 장애인(신 28:28), 악성 피부병자(레 13-14; 21:20), 등 굽은 장애인(גִּבֵּן, 레 21:20), 키 작은 장애인(דַּק, 레 21:20), 눈에 백태가 있는 장애인(תְּבַלֻּל, 레 21:20) 그리고 코가 불완전한 장애인과 지체가 더한 장애인과 고환 상한 장애인, 발과 손이 부러진 장애인들이다(레 21:18-20; 삼하 21:20).[24] 발과 손이 부러진 장애인이 현대에 산다면 의술로 치료 받아 장애를 벗어났을 것이다.

사람의 오장육부를 창조하신 하나님은 율법을 통해 약자인 장애인을 보호하라고 명하셨다(출 4:11; 레 19:14; 신 27:18). 족장 시대의 경건한 의인 욥은 장애인들의 후견인이었다(욥 29:15-17).[25] 장애인이 될 가능성이 높은 사회적 약자인 노인도 보호 대상이다(참고. 신 28:50). 하나님은 친히 질병과 장애를 치유하시며, '그때', 곧 종말의 때에는 메시아를 통해 치유하실 것이다(출 15:26; 신 32:39; 시 116:3-7; 사 35:6; 42:7; 렘 31:8; 호 6:1-2; 미 4:6-7; 습 3:19; 말 4:2). 그리고

---

23 López, "An Old Testament Theology of Disability," 5.
24 김정훈. "구약성경의 장애인 관련 용어의 분류와 그 의미 분석," 9-13; 이은애, "장애인 인권을 위한 '사회적 포함' 패러다임의 전거로서의 히브리 성서," 10; 채은하, "부적절한 장애인 호칭들의 문제와 대안," 42; 최무열, "신명기의 사회적 약자 보호를 위한 제도적 장치와 그 선교적 적용에 관한 연구," 263. 참고로 아브라함의 아내 사라의 불임(창 12-20)을 성경의 첫 장애에 대한 언급이라는 주장은 김홍덕, 『장애신학2: 장애의 랜즈를 통해 본 성경』 (논산: 대장간, 2020), 20을 보라.
25 욥을 장애인으로 규정한 예(욥 2:7-8; 16:12-16; 17:7; 30:161-9)는 대한예수교장로회총회 사회봉사부 장애인신학준비위원회 편, 『장애인신학』, 79-81을 보라.

치유 받지 못한 장애인은 비장애인과 더불어 출바벨론할 것이다(렘 31:7-8).[26] 종말에 예수님께서 치유와 새로운 출애굽 사역을 위해 여호와로부터 바통을 이어 받으셨다(참고. 눅 4:18). 유대인들 가운데 장애가 치유되지 못한 채로 출바벨론할 것이라는 예언으로부터, 예수님께서 구원하신 백성은 이 세상에서 영적 회복은 경험하지만(벧전 2:24-25), 육체적인 건강을 보증받는 것이 아님을 알 수 있다(참고. 사 33:23; 56:3-7; 빌 2:26-27; 딤전 5:23; 딤후 4:20).[27]

시각 장애인과 지체 장애인은 성전 봉사에 제약 받았고 여호와의 총회에 들어오지 못했다(레 21:16-24; 신 23:1-8). 질병을 하나님의 심판이라고 믿은 쿰란 공동체도 이런 규정을 따랐다(11QpHab 9:1-12; 11QM 45:7-18).[28] 구약의 정결법에 따르면 신체적 흠이 있는 장애인은 부정한 자로 분류되었다. 그래서 장애인도 제사장이 될 수 있었지만, 그들은 하나님의 음식을 드리기 위해 하나님께로 나아갈 수 없었다.[29] 그러나 그들은 지성물이나 성물을 먹음으로써 기본적인 생계를 보장 받았다(레 21:17, 22).[30]

그런데 레위기 21장 16-24절의 레위인의 규정을 오늘날 목사의 자격에 문자적으로 적용한 경우도 종종 있었다.[31] 이것은 제사장을 목사와 동일시하는 오류이며, 레위기의 제사법이나 장애인과 장애인 제사장에 대한 규정이 계시사적 발전에 따라 예수님 안에서 성취된 바를 무시한 오류다.[32] 구약의 장애인 제사장들은 흠과 점이 없는 완전하신 대제사장이신 예수 그리스도의 출현을 기대하도록 만든다(히 7:24-26).[33] 구약의 장애인 제사장들에 관한 규정은 대제

---

26 채은하, "장애(인)와 치유: 온(Ohn) 신학으로서의 장애인신학 시도," 156.
27 대한예수교장로회총회 사회봉사부 장애인신학준비위원회 편, 『장애인신학』, 91; J. R. Beeke (ed), *The Reformation Heritage Study Bible* (Grand Rapids: RHB, 2014), 1369.
28 채은아, "구약성경에 나타난 장애의 현실과 장애인신학의 한 시도," 38.
29 김홍덕, 『장애신학: 하나님 앞에서 나는 누구인가』, 98.
30 김영진은 장애인 제사장은 화제를 드리지도 못하고 성물을 먹지도 못했다고 오석한다. 김영진, 『레위기: 너희는 거룩하라』 (서울: 이레서원, 2008), 345.
31 최대열, "장애인의 제사장직 제외 규정에 대한 재해석," 334.
32 최대열은 신약 시대에 비아론 계열 그리고 장애인의 목사직 허용을 여성의 목사직으로 확대하는 무리수를 둔다. 최대열, "장애인의 제사장직 제외 규정에 대한 재해석," 342, 354.
33 이스라엘 백성 가운데 어른인 제사장들이 흠과 점이 있더라도 더 이상 그들이 섬기는 하나님의 형상을 왜곡하지 말아야 하듯이(레 21:4), 신약의 교회 직분자들도 흠이 없는 생활에 힘써야 한다(딤전 3). Beeke (ed), *The Reformation Heritage Study Bible*, 182.

사장이신 예수 그리스도 안에서 놀라운 방식으로 목표점에 도달할 것이다.

따라서, 구약에 대한 그리스도 완결적(Christotelic) 해석이 필요하며, 제사장 나라인 그리스도인은 십자가를 지고(cruciform) 그리스도를 닮은(Christoform, Missio Seminary의 S. S. Taylor의 용어) 윤리가 필요하다.[34]

5세 때 장애를 입은 므비보셋은 전쟁이라는 '장애 환경'의 피해자다(삼하 4:4; 9).[35] 요나단과 맺은 언약을 지킨 다윗은 므비보셋의 명예와 신분은 물론 재산까지 회복시켰다(삼하 9). 이것은 고엘과 희년의 성취이기도 한데, 다윗의 후손이신 예수님께서 장애인을 통전적으로 회복하실 것을 예고한다. 실제로 많은 메시아 예언은 출바벨론의 맥락에서 출발하여, 예수님께서 남은 자인 장애인을 포함하여 병자를 치유하실 것을 예고한다(사 29:18; 32:4; 33:23-24; 35:5-6; 42:7; 렘 31:7-9; 미 4:6-7; 습 3:19).[36] 그렇다고 이사야 52-53장의 고난받은 종을 장애인으로 보는 것은 합당하지 않다.[37]

구약성경은 장애인을 신학적이며 영적 의미로 종종 소개한다. 구약 선지자들은 하나님의 말씀을 깨닫지 못하는 영적 상태를 장애에 빗대어 질타했고(사 43:8; 59:10; 겔 12:1-7; 참고. 마 13:14), 하나님의 심판 대상자도 마치 장애인의 상태와 같으며(삼하 3:29; 습 1:14-18), 죽은 우상은 장애인과 같고(시 115:4-8), 뇌물은 재판관을 영적 장애인으로 만들며(신 16:19), 사악한 지도자는 장애인과 같다(사 56:9; 슥 11:17).[38]

하나님의 구원과 회복의 은혜도 장애인이 회복되는 이미지로 설명된다(사 29:17-19, 35-46; 33:23; 56:3-7; 미 4:6-7; 습 3:19).[39] 아래 설명을 들어보자.

---

34 S. S. Taylor, "Reading the New Testament Missionally," (Th.M. Course study material, Missio Seminary, 2015).
35 참고. 이은애, "장애인 인권을 위한 '사회적 포함' 패러다임의 전거로서의 히브리 성서," 9.
36 김홍덕, 『장애신학2: 장애의 랜즈를 통해 본 성경』, 192; 『장애신학: 하나님 앞에서 나는 누구인가』, 194.
37 Contra 이은애, "장애인 인권을 위한 '사회적 포함' 패러다임의 전거로서의 히브리 성서," 24-25; 렘 31:7에 근거하여 이스라엘을 '장애나라'로 부르는 김홍덕, 『장애신학: 하나님 앞에서 나는 누구인가』, 144.
38 채은하, "장애(인)와 치유: 온(Ohn) 신학으로서의 장애인신학 시도," 150-52.
39 채은하, "장애(인)와 치유: 온(Ohn) 신학으로서의 장애인신학 시도," 153, 160-61; 이은애, "장애인 인권을 위한 '사회적 포함' 패러다임의 전거로서의 히브리 성서," 26.

바빌론 포로기 이후 해체되고 다시 출발한 하나님의 새로운 공동체에 포함되는 사람은 혈통적, 육체적 구분이 아니라 여호와 하나님에 대한 경건한 신앙만이 그 기준이 된다. 이러한 본문은 장애의 사회적 포함의 적극적인 전거로 이해될 수 있을 것이다. 외형적, 내면적 차이에도 불구하고 누구든지 인간으로서의 합당한, 평등한 권리를 가지며 동시에 능력과 역할의 차이 그대로를 인정하고 그에 따른 정체성을 추구할 수 있는 사회, 다양한 문화와 가치가 동시에 인정되며 서로 영향을 주고받을 수 있는 병렬적 사회(parallel society)야말로 예언자의 입을 통해 선포된 하나님 나라, 이상적인 종말론적 공동체의 모습이라고 할 수 있을 것이다.[40]

위에서 살핀 대로, 구약성경은 장애인의 신체적·정서적·영적 특성과 원인 그리고 목적을 다양하게 다룰 뿐 아니라, 장애 이미지를 통해 신학적 교훈과 메시아의 도래하는 종말론적 예언도 제공한다.

2) 신약성경

오늘날 장애인에 대한 정의와 범주처럼, 신약성경은 병자와 장애인을 구분하지 않는 경우도 있다(요 5:3-4). 장애는 신체적·정서적·영적 측면을 아우른다. 악령은 여러 가지 장애를 초래했다(막 9:25). 이에 맞서 예수님은 장애를 초래한 악령을 쫓아내셨고, 시각 장애인(τυφλός, 마 11:5; 요 9), 언어 장애인(ἄλαλος, 막 9:25)과 청각 장애인(κωφός, 막 9:25), 지체 장애인(χωλός, 마 11:5)을 치유하셨다. 지체 장애인을 다시 구분하면, 경증(輕症)은 ἀνάπειρος(개역개정은 '몸 불편한 자들')이며, 중증은 χωλός다(개역개정은 '저는 자들'; 눅 14:13; 요 5:3).[41]

마태복음 1장의 예수님의 족보에 등장하는 다말을 불임을 겪은 장애인으로 간주하는 견해가 있다(마 1:3; 참고. 눅 1:5-25의 엘리사벳).[42] 그러나 유다의 며느리 다말은 시동생 결혼법(levirate law)의 혜택을 입지 못한 여인이지 장애인은 아니다(창 38:6-10). 그리고 예수님의 성육신은 하나님께서 인간의 장애를 입

---

40 이은애, "장애인 인권을 위한 '사회적 포함' 패러다임의 전거로서의 히브리 성서," 27.
41 채은아, "부적절한 장애인 호칭들의 문제와 대안," 50.
42 김홍덕, 『장애신학2: 장애의 랜즈를 통해 본 성경』, 218, 229, 238.

으신 사건도 아니다.[43]

아담의 범죄 후에 장애가 발생했기에, 신약성경은 장애를 범죄의 결과이자 하나님의 징계로 종종 설명한다(막 2:5; 요 5:14). 긍휼에 풍성하신 예수님은 장애인과 인격적인 소통을 통해 그들의 필요를 확인 후 치유하셨다(마 15:21-28, 32; 17:14-18; 20:34; 막 10:52).[44] 예수님은 장애인을 치유하시고 관련 표적을 행하심으로써, 성부께서 파송하신 메시아로서의 자신의 신성을 드러내셨고, 하나님 아버지께 영광을 돌리셨고, 육체와 영혼 그리고 근원적인 죄의 문제를 해결하셨다(마 9:1-8; 11:5; 15:31; 눅 13:13; 요 9).[45] 예수님은 장애인에게 참된 안식과 사회로의 복귀라는 선물을 주셨지만(막 1:45; 3:1-6; 눅 13:16), 치유와 공감에 무능한 유대인들은 인과응보 사상에 사로잡혀 있었다(요 9:2; 1에녹 98:2; 욥의 유언 15:6-9).[46]

유대인과 그레코-로마의 장애인관을 주목해 보자. 쿰란공동체는 입회 조건으로 신체 및 지적인 장애가 없음을 내걸었다(참고. 4QMMT 49-54).[47] 죄와 장애를 직접 연결하기를 선호한 유대인들과 달리, 그레코-로마인들의 장애에 관한 인식은 다양했다.

첫째, 그레코-로마인들은 죄가 아니라 초자연적인 신의 개입이나 자연적 현상으로써 사람은 질병이나 장애에 빠지며, 역으로 행운으로 건강해진다고 보았다.[48]

둘째, 그레코-로마인들은 '약함'과 '장애'를 동일시하면서, 신의 심판이나 나쁜 인성의 결과로 간주하기도 했고, 장애 유아는 쓰레기나 오물 더미에

43　Contra 이재서 외, 『성경과 장애인』(서울: 도서출판세계밀알, 2013), 180.
44　박경미, "한국인의 장애인 인식 개선을 위한 종교적, 문화적, 성서적 연구," 90, 99.
45　R. T. France, *The Gospel of Matthew*, NICNT (Grand Rapids: Eerdmans, 2007). 599; 이재서, "칼빈의 장애인관," 297.
46　이슬람은 장애를 알라의 뜻이라 간주하지만 장애인 복지와 재활에 소홀하다. 불교는 장애를 전생의 업보로 보는데, 내세를 위한 선행을 쌓기 위해 장애인을 구제하라고 강조한다. 김홍덕, 『장애신학: 하나님 앞에서 나는 누구인가』(대전: 대장간, 2010), 28-29.
47　김홍덕, 『장애신학: 하나님 앞에서 나는 누구인가』, 217-20.
48　M. Burnett, "Disabled Ancients: Societal Positions of Disabled Persons in the New Testament World," (M.A. Thesis, New Orleans Baptist Theological Seminary, 2014), 9-11.

유기(遺棄)되기도 했다(참고. 호머, 히에로클래스).[49]

셋째, 그레코-로마인들은 경쟁 속에서 강함을 미덕으로 삼았다. 그들은 사람이 신을 제대로 숭배하지 않을 경우 불명예스럽게 질병과 장애에 걸린다고 믿은 점에서 A.D. 1세기 유대인들의 사고와 유사하다.[50]

넷째, 그레코-로마인들은, 특히 다리에 장애를 가진 사람은 악취를 풍길 수 있으므로, 그들의 존재 자체가 신들을 불쾌하게 만들 수 있다고 판단했다.[51]

다섯째, 그리스인들은 장애를 해당 가족이나 시민의 일로 간주하여, 노인과 장애인에게 복지 기금을 제공했으며, 심지어 시각 장애인은 판사나 상원의 회원이 되기도 했다.[52]

예수님은 그 당시 유대인과 그레코-로마의 그릇된 사회적-종교적 관습과 미신 그리고 우생학적 발상을 배격하셨기에, 장애를 수치나 혐오 혹은 짐으로 간주하지 않고 장애인을 사랑하셨다(요 3:16). 종말의 새 창조자이신 예수님은 장애인을 구속사적으로 접근하여 해결하셨다.[53]

'빈자와 약자를 위한 복음서'를 기록한 의사 누가는 종종 남성과 여성을 병행시키는데(눅 2:25, 36), 장애인의 치유와 그들이 회복한 안식에 대한 내러티브에서도 마찬가지다(눅 13:10-12; 14:2-5).[54] 이 대목에서 가부장적 관습을 비판하는 페미니즘 장애신학의 문제점이 드러난다. 장애를 하나님의 심판으로 간주하여 번영신학에 빠진 유대 종교 지도자들의 불행한 처지와 반대로, 치유 받은 장애인들은 천국 잔치에 초청 받아 기뻐한다(눅 13:29; 14:21). 이것은 장

---

49 C. S. Keener, *Acts, An Exegetical Commentary-Volume 2* (Grand Rapids: Baker, 2013), 1051-1052, 2130.

50 P. Leshota, "From Dependence to Interdependence: Towards a Practical Theology of Disability," *HTS Teologiese Studies* 71/2 (2015), 3. 참고로 네로의 아버지 글라우디오 황제는 선천성 무릎 장애인이었는데, 긴장하면 머리가 흔들리고 혀가 굳어졌기에, 그의 어머니는 '신이 만들다 완성하지 못한 괴물'이라 불렀다. 김홍덕, 『장애신학: 하나님 앞에서 나는 누구인가』, 391.

51 Keener, *Acts, An Exegetical Commentary-Volume 2*, 1051.

52 A. Yong, *Theology and Down Syndrome* (Waco: Baylor University Press, 2007), 28.

53 Yong, *Theology and Down Syndrome*, 44.

54 K. McReynolds, "The Gospel of Luke: A Framework for a Theology of Disability," *Christian Education Journal* 13/1 (2016), 175-76.

애인이 남은 자가 될 것이라는 예언의 성취다(참고. 미 4:7). 마틴 루터는 한센병자가 믿음과 은혜로 치유된 것을 기독교 신앙의 모델로 삼았다(마 8:1-4).[55]

여리고의 세리장 삭개오를 저신장 장애인으로 보는 경향이 있다(눅 19:1-10).[56] 하지만, 그의 신장이 얼마였는지 알 수 없으며, 키가 작은(τῇ ἡλικίᾳ μικρὸς) 그가 일상생활에 지속적으로 지장을 겪었다는 암시도 없다.[57] 예수님께서 골고다 십자가에 죄수들과 함께 달리신 장면이 무력한 신체, 고통스럽고 고독한 마음, 수치스럽고 고립된 사회적 관계와 같은 장애 이미지로 묘사된다는 주장이 있다(눅 23:33).[58] 그러나 사람이 신체·정서·영혼·사회라는 다차원적인 고통을 겪는다고 해서 장애 이미지로 볼 수 없다. 대속을 위한 십자가상의 고난은 장애인 이미지를 언급하지 않더라도, 세상 죄를 지신 어린양 그리고 여호와의 고난당한 종의 예언이 성취된 것으로 충분히 그리고 자연스럽게 해석된다.

그레코-로마인들은 삼출액이 고여 몸이 부어오르는 수종(水腫, ὑδρωπικός)을 탐욕의 결과로 간주하고 욕망에 대한 은유로 사용했다(눅 14:2).[59] 하지만, 예수님은 병자와 같은 잃은 사람을 부정적으로 평가하지 않으시고 찾아 구원하신다(눅 19:10). 예수님은 질병과 장애와 같은 외모를 따라 사람을 차별하지 않으신다(갈 2:6; 3:28).

위에서 간단히 언급했듯이, 장애에서 영적 측면은 간과될 수 없다. 고대인들은 정신 장애를 신의 저주를 받거나 죽은 자의 영혼이나 별자리 혹은 월식의 악영향으로 악령이 들린 것으로 간주했다.[60] 다시 말해, 고대인에게 악령들림과 정신 장애는 동의어였다. 그러나 신약의 악령 들림은 정신병과 동일하지 않으며, 별자리나 월식과 직결되지 않는다.[61]

---

55 참고. 대한예수교장로회총회 사회봉사부 장애인신학준비위원회 편,『장애인신학』, 130.
56 김홍덕,『장애신학2: 장애의 랜즈를 통해 본 성경』, 248.
57 신약성경에서 형용사 μικρός는 사람의 신장(身長)과 관련하여 잘 사용되지 않으므로, 다른 본문과 비교하여 삭개오의 키를 가늠하기 어렵다.
58 김홍덕,『장애신학2: 장애의 랜즈를 통해 본 성경』, 249-50.
59 D. E. Garland, *Luke*, ZECNT (Grand Rapids: Zondervan, 2011), 566.
60 목소리가 변하거나 예배와 같은 영적 환경에 저항하는 악령 들린 자에게 정신과 약물은 효능이 없다. 안석, "귀신들림인가 정신 장애인가?" 124.
61 Contra 김홍덕,『장애신학: 하나님 앞에서 나는 누구인가』, 271.

예수님은 마귀가 부리는 악한 영에게 육체와 지·정·의가 사로잡힌 자들을 치유하셨다(막 1:25; 5:13; 9:26). 이런 메시아의 치유 사역은 '약함의 영'(πνεῦμα ἀσθενείας)에 사로잡힌 사람에게 새로운 출애굽 및 희년과 같다(눅 13:11; 참고. 눅 4:19; 레 25; 사 49:8-9; 61:1-2; 고후 6:2).[62] 사람의 질병과 장애와 같은 모든 약함을 짊어지신 예수님에 의해 치유 받은 장애인들 가운데 일부는 주님을 따르는 증인으로 성장한다(사 53:4; 마 8:16-17; 막 7:36; 11:52). 예수님의 제자들이 선교할 때도 치유가 중요했다(마 10:8; 행 3:1-10; 14:8-10).

유경동은 사회와 종교적 편견을 받으신 예수님께서 골고다로 향하시면서 십자가의 무게를 이기지 못해 쓰러지신 것을 장애인의 모습으로 본다.[63] 그러나 예수님은 장애인이 아니시므로 이것은 지나치게 장애를 부각시킨, 무리한 해석이다.[64]

천국 비유에서 장애인은 중요한 교훈을 제시한다. 예수님은 지체 장애인이었던 걸인 나사로를 등장시키신다(눅 16:20). 천국 백성은 장애와 질병, 가난에도 불구하고 나사로, 곧 '하나님의 도움으로 사는 사람'이다. 예수님은 이 비유를 통해 나사로가 나사로를 돌보는 세상의 도래를 위해 힘쓸 것을 권면하신다. 누가는 장애인들이 참여하는 종말의 잔치도 놓치지 않는다(눅 14:15-24).

그리고 예수님은 예루살렘 양문 근처의 베데스다 연못가의 38년 된 병자를 치유하셨다(요 5:5-6). 특이하게도 예수님은 장애인의 믿음과 상관없이 그를 찾아가셔서 치유하셨다. 그러므로 장애인의 치료는 예수님의 주권에 속함을 알 수 있다(요 5:21).[65] 다윗의 후손이신 예수님은 바디매오와 그의 동료를 치유하셔서 메시아로서의 왕권을 증명하셨고, 그들을 제자로 만드셨다(마 20:29-34; 막 10:47-52). 따라서, 장애신학은 치료 자체를 목적으로 여기지 않고 선교

---

62 Garland, *Luke*, 200, 548.
63 유경동, "장애인신학과 삼위일체," 199-200.
64 Contra C. J. Anne, *Jesus the Disabled God* (Searcy: Resource Publications, 2017); 김홍덕, 『장애신학2: 장애의 랜즈를 통해 본 성경』, 228.
65 요 5장에서 예수님은 안식일 준수 율법과 하나님의 징계로서의 질병의 고리를 끊으셨다는 설명은 N. Hahn & E. van Eck, "The Lame Man at the Pool of Bethesda: Christological and Doxological Significance of Characterisation in John 5," *In die Skriflig* 55/1 (2021), 4를 보라.

적 제자도라는 궁극적 목적으로 옮겨간다.[66] 최대열은 요한복음 9장 3절을 '예수님의 장애 해방선언'이라고 과감히 명명하는데, 논거는 다음과 같다.

> 요한복음 9장, 특히 3절은 죄-장애의 이데올로기에 매여 있던 장애인을 사회의 죄의식의 사슬에서 해방시키고 있다는 점에서 장애 해방 선언이라고 할 수 있다. 뿐만 아니라, 사회의 죄-장애의 이데올로기에 사로잡힌 사람들과 사회를 역시 해방시키고 있다는 점에서 장애 해방 선언이라고 할 수 있다. 예수의 장애 해방 선언은 장애인만이 아니라 비장애인과 사회 전체를 위한 해방 선언이다.[67]

그러나 예수님을 장애와 사회를 해방하러 오신 분으로 환원하는 장애신학의 한계에 유의해야 한다.[68] 여기서 기억해야 할 사항은 세상의 빛으로 오신 예수님께서 자유케 하신 가장 중요한 사역은 죄-장애의 인과 관계를 고착화한 이념이라기보다 죄와 사망의 연결고리다(요 1:4; 3:21; 9:5).[69] 에스겔 18장 2-3절을 염두에 두신 예수님은 아버지의 범죄와 그 결과가 자녀에게 유전된다는 유대인들의 오류를 교정하신다(출 20:5; 신 5:9; 토빗 3:3-5).[70]

시각 장애인의 치유 표적을 요한복음의 1차 독자인 요한공동체의 상황으로 투영한다면, 어떤 메시지를 찾을 수 있는가?

교회는 욥의 친구들처럼 장애를 인과응보 사상이나 하나님의 형벌로 간주하지 말고, 하나님의 영광을 위한 수단으로 이해해야 한다.[71]

66　France, *The Gospel of Matthew*, 766.
67　최대열, "예수의 장애 해방 선언," 151, 165.
68　참고로 죄-장애 모델을 거부하면서 장애를 일상과 정상으로 수용해야 한다는 주장은 M. E. Lowe, "Rabbi, who sinned?: Disability Theologies and Sin," *Dialog* 51/3 (2012), 186-93을 보라.
69　참고. 이재서 외, 『신학으로 이해하는 장애인』, 163.
70　J. R. Michaels, *The Gospel of John*, NICNT (Grand Rapids: Eerdmans, 2010), 540.
71　참고. 최대열, "예수의 장애 해방 선언," 166-68. 참고로 행 3:1 이하에서 베드로와 요한이 예루살렘 성전의 미문 앞에서 구걸하던 장애인을 고친 사건에서, 그 장애인을 부정한 자로 본다면 두 사도는 제의 상 부정하게 된다. 하지만, 장애인은 회당 예배에 참석했고 부정한 자로 낙인찍히지 않았다(막 3:1).

예수님의 몸에 붙은 지체는 선한 일을 위해 부름 받은 새로운 피조물이다 (고전 12:12; 엡 2:10, 15). 장애인을 포함한 믿음의 공동체가 누리는 교제는 일방적이지 않고, 오히려 사랑과 환대의 정신에 의한 상호 의존적인 관계다.[72] 성령은 교회에서 장애인과 비장애인의 교제를 촉진하신다(고후 13:13).[73] 성령 충만한 그리스도인은 지리적 한계는 물론 장애의 한계를 뛰어넘는 공교회성을 추구하기를 소망한다.[74]

바울신학에서 장애는 구원론, 교회론, 성령론, 윤리론적으로 유의미하다. 바울은 자신의 '약함'(ἀσθένεια), 곧 '육체의 가시, 사탄의 사자'를 자랑하는데(고후 12:5, 7, 9), 그 약함은 누가-행전에서 '장애'를 가리키는 단어다(눅 13:11; 행 4:9). 분명한 사실은 장애인은 약자라는 점이다. 그러나 성령님은 그들이 약함에 머무르지 않도록 능력을 주신다.[75] 토기장이이신 하나님은 장애인을 만드시고, 그들이 영적으로 깨끗한 상태에서 사용되기를 원하신다(롬 9:20-21; 딤후 2:21).[76]

신약성경은 신유의 은사를 활용하여 장애를 치료해야 한다고 분명히 가르치지 않는 것으로 보인다. 오늘날도 신유의 기적이 일어날 수 있지만, 믿음으로써 기도하여 질병과 장애를 치유 받을 것을 지나치게 강조하는 '완전한 건강의 복음'은 자칫 번영신학의 사촌이 되기 쉽다(참고. 빌 2:27; 약 5:14-16; 요삼 2).[77] 이러한 과도하게 실현된 종말론은 장애인이 치유되지 못한 것을 믿음의 부족이라고 몰아간다.[78]

사도 바울을 장애인으로 볼 수 있을지는 '육체의 가시'(σκόλοψ τῇ σαρκί) 그리고 '사탄의 사자'(ἄγγελος σατανᾶ)를 어떻게 해석하는가에 달려 있다. 바울을

---

72 Leshota, "From Dependence to Interdependence," 7-8.
73 대한예수교장로회총회 사회봉사부 장애인신학준비위원회 편, 『장애인신학』, 229.
74 이재서 외, 『성경과 장애인』, 135-36.
75 채은아, "구약성경에 나타난 장애인의 현실과 장애인신학의 한 시도," 46.
76 장애인신학자들은 승리주의가 아니라, 함께 고통당하시는 하나님, 십자가 신학 그리고 수직적 구원과 수평적 구원의 균형에 호의적이고 민감하다. T. J. Basselin, *Flannery O'Connor: Writing a Theology of Disabled Humanity* (Waco: Baylor University Press, 2013), 81, 91.
77 김세윤 외, 『탐욕의 복음을 버려라: 부와 건강의 복음을 해부한다!』(서울: 새물결 플러스, 2011), 46.
78 김세윤 외, 『탐욕의 복음을 버려라: 부와 건강의 복음을 해부한다!』, 105, 127.

괴롭힌 가시는 안과 질환과 같은 질병이나 장애로 볼 수 있다(갈 4:13-14). 하지만, 바울이 선교 활동 중에 겪은, 찌르는 가시같은 혹독한 고난을 가리킬 수 있다(민 33:55; 겔 28:24; 고후 4:11; 11:14-15; 12:10).[79] 장애신학에서 예수님과 바울을 장애인으로 속단하는 것은 금물이다.[80]

김홍덕에 따르면, 요한계시록 21장 1-5절의 신천신지와 새 예루살렘 환상은 영원한 천국에서 장애인이 장애를 벗어버리게 될 것을 가르치지 않는다. 왜냐하면, 예수님도 십자가에서 찔리고 못 박힌 장애의 흔적을 지우지 않으셨기 때문이다(계 5:6).[81]

요한계시록은 완성될 하나님 나라에서 장애인은 현재 장애의 몸 그대로 부활하여 살게 될 것을 암시하지 않고, 오히려 통전적이며 영광스러운 회복을 교훈한다(참고. 사 65:25; 고전 15:43). 부활하신 예수님의 몸은 제자들을 위해서 특별한 표적으로 기능했기에(요 20:24-29), 일반 성도의 부활의 몸을 위한 모델로 삼기 어렵다.

구약성경처럼 신약성경도 장애인을 하나님의 경고를 위한 은유로 활용된다. 눈과 손과 발을 빼거나 잘라버리고 영생에 들어가는 것이, 장애가 없는 몸을 가지고 영원한 불에 던져지는 것보다 낫다(마 5:29-30; 18:8-9).[82] 범죄의 유혹에 결연히 맞서라는 교훈을 위해 활용된 이런 은유적 표현에 장애인을 비하할 의도는 없다. 그리고 이 은유가 장애인이 장애의 몸으로 부활할 것을 가르치는 것도 아니다.[83] 영적으로 시각 장애인의 처지에 놓였던 라오디게아 교회의 경우도 마찬가지다(계 3:17-18). 또 우상은 보거나 듣거나 걸어 다니지 못하는 중증 신체 장애인과 같다(계 9:20).

---

79 G. H. Guthrie, *2 Corinthians*, BECNT (Grand Rapids: Baker, 2015), 591-92.
80 Contra 하나님은 언제나 약자 편이셨고, 예수님께서 장애의 몸을 입고 부활했다고 보는 한승진, "한국 교회의 장애와 장애인관에 대한 비판적 고찰," 169, 175-76, 184; 대한예수교장로회총회 사회봉사부 장애인신학준비위원회 편, 『장애인신학』, 230, 248; 김홍덕, 『장애신학: 하나님 앞에서 나는 누구인가』, 394; 이재서 외, 『신학으로 이해하는 장애인』, 120.
81 김홍덕, 『장애신학2: 장애의 랜즈를 통해 본 성경』, 285; Yong, *Theology and Down Syndrome*, 273; S. J. Melcher, M. C. Parsons, and A. Yong (ed), *The Bible and Disability: A Commentary* (Waco: Baylor University Press, 2017), 375.
82 France, *The Gospel of Matthew*, 206, 683-84.
83 France, *The Gospel of Matthew*, 206.

따라서, 신체 장애는 죄와 영적 장애를 깨닫게 만드는 도구다.

2. 선교적 장애(인)신학

예수님께서 현대에 공사역을 다시 하신다면, 구원하시기로 작정된 장애인들을 찾아가 그들의 영과 육을 회복시키실 것이다. 다시 말해, 예수님은 장애인들을 하나님 나라 안으로 초대하실 것이다(마 4:23; 11:4-5). 이런 추론은 지교회의 장애인 목회에 관한 교훈을 준다.

삼위일체의 사랑의 사귐과 존중 그리고 연합(페리코레시스)으로부터 비장애인과 장애인의 교제를 배운다.[84] 따라서, 하나님 나라를 추구하는 공동체에 장애인의 차별과 같은 악이 발붙일 여지가 없어야 마땅하다. '장애 친화적'(disability-friendly)인 갱신신학은 장애인을 성령 충만한 교회의 구성적이며 내적인 존귀한 지체로 인정하는 것이다.[85] 약함 중에 강함이라는 바울신학에 따르면(고후 12:9-10), 그리스도인은 덜 존귀한 지체를 더 귀하게 여길 수 있어야 한다(고전 12:22).[86] 하나님의 능력에 붙잡힌 장애는 결핍이라기보다 개성이며 다양성이기 때문이다. 그리스도인이 공동선을 추구한다면 하나님의 형상을 가지고 있는 고통당하는 장애인을 돕고, 동역해야 한다.[87]

실천적 제안을 한다면, 장애인도 예수님의 몸의 지체이므로, 성령의 하나되게 하시는 역사를 무시하여 주일에 장애인 예배를 별도로 드리는 것은 재고되어야 한다(고전 12:12-28).[88] 그리고 발달 장애인이 비장애인과 함께 드리는

84　유경동, "장애인신학과 삼위일체," 195.
85　Yong, "Disability and the Gifts of the Spirit," 77.
86　박혜전·조영길, "장애인 재활과 기독교적 소명," 166; 김한옥, "장애인선교를 위한 교회 패러다임," 『복음과 실천신학』 11 (2006), 268; Yong, "Disability and the Gifts of the Spirit," 87-88.
87　칼빈 in 이재서, "칼빈의 장애인관," 290; T. M. I. Bjørnaas, "Imago Dei as Imago Trinitatis: A Theology of Disability and Embodied Cognition," (Ph.D. Thesis, Graduate Theological Union, 2018).
88　김홍덕, 『장애신학: 하나님 앞에서 나는 누구인가』, 440; 대한예수교장로회총회 사회봉사부 장애인신학준비위원회 편, 『장애인신학』, 264; 이은미, "장애인에 대한 기독교적 접근의 문제점과 대안 모색 연구," 236.

예배에서 아무런 의미를 찾지 못한다면, 설교와 예배 음악 등에 성령의 현존을 생생하게 누리도록 다시 디자인하고 개혁할 필요가 있다.[89]

장애인 포괄적이며 친화적 공동체는 장애인이 은사를 가지고 활용하도록 격려해야 하는데(벧전 4:10), 교회는 장애인과 더불어 사역하는 공동체이기 때문이다.[90] 이것이야말로 참된 실용이며 효율이다. 하나님께서는 가난하고 무지하며 약한 사람들을 선택하셔서(고전 1:18-31) 하나님의 선교를 진행하시므로, 지금까지 '주변인'으로 내몰린 장애인이 선교의 주역이 되도록 하는 공동체적인 노력이 필요하다.[91]

> 1998년 하라레에서 열린 제8차 WCC 총회를 계기로 결성된 '에큐메니컬장애옹호네트워크'(EDAN, Ecumenical Disabilities Advocates Network)가 10여 년의 연구 노력의 결과물로 만들어낸 '선물로서의 존재'는 2006년에 발표된 '유엔장애인권리협약'(CRPD)에 나타나는 장애인식에 대한 패러다임의 변화에 전적인 긍정으로 응답한다. UN의 '장애인권리협약'이나 WCC의 '선물로서의 존재' 모두는 장애인을 더 이상 연민의 대상으로 보지 않고 보장된 자발적 시민권자로 보겠다는 깨달음이며 약속이며 동시에 운동이라는 점에 동의하는, 사회학과 신학의 동반자적 걸음을 내딛고 있는 것이다.[92]

WCC와 차별화된 성경적 장애인신학의 정립과 실천을 위해 보수적인 복음주의교회와 개혁교회의 분발이 필요하다. 앞에서 언급했듯이, 장애인신학은 신체와 지적 측면을 함께 다룬다. 여전히 뜨거운 감자인 지적 장애인이 세례를 받을 수 있는가의 여부는 유아세례의 원칙에 준한다. 태어난 지 8일 만에 남아에게 시행한 구약의 할례처럼, 신약에서 유아는 언약 때문에 부모의 신앙으로 세례를 받는다. 마찬가지로, 지적 장애인의 세례 여부는 자신의 능력 여

---

89 Yong, *Theology and Down Syndrome*, 213.
90 이재서 외, 『신학으로 이해하는 장애인』, 278; M. Retief & R. Letšosa, "Models of Disability: A Brief Overview," *HTS Teologiese Studies* 74/1 (2018), 1-7; Yong, "Disability and the Gifts of the Spirit," 92-93.
91 S. Amenyedzi, "We are Forgotten: The Plight of Persons with Disability in Youth Ministry," *Scriptura* 120 (2021), 4; 이병성, "장애인, 평화를 만드는 사람들(마 5:9)," 419.
92 이병성, "장애인, 평화를 만드는 사람들(마 5:9)," 401.

부가 아니라 예수님께서 이루신 구원 사역과 주님과의 신비적 연합과 예정에 근거해야 한다.[93]

장애인신학은 성경적 장애인의 권리를 옹호하고 모든 차별을 없애는 시도다. 이를 위해, 교회 내적으로, 특히 집사와 권사는 장애인을 섬기고 그들의 필요를 채워야 할 직분들이다.[94] 유아세례를 받은 아이를 가정과 교회공동체가 함께 양육해야 하듯이, 장애인 지체 그리고 한 걸음 더 나아가 가능하다면 장애인을 돌보는 가족의 경우에도 같은 원칙이 적용되어야 한다.

궁극적으로 하나님의 선교의 한 요소인 장애인 선교는 비장애인이 아니라 장애인 당사자가 주체가 되어, 개교회의 사역을 넘어 교회들 간 그리고 교회들과 관련 단체의 협력을 구성하는 것이 효율적이다.[95] 전 세계 장애인을 위해 사용되는 재정의 약 80퍼센트는 소수의 선진국에 사는 장애인들을 위해 사용된다. 장애인에게도 예외 없이 빈익빈부익부가 엄정히 적용된다. 장애인 사역을 위해서 재정이 열악한 소형 교회들은 서로 협력하는 게 중요하다.

나오면서

장애인의 중요성을 부각하려고 장애라는 관점에서 성경을 해석할 때 주의가 필요하다. 성경은 장애인을 다각도로 언급하지만, 성경을 관통하는 거대 담론이나 주제로 보기란 쉽지 않다. 페미니즘이나 후기 식민주의와 같이 장애 역시 성경 위에서 본문을 억누를 수 있다는 사실을 잊지 말아야 한다. 따라서,

---

[93] 정성원, "지적 장애인 세례의 신학적 정당성," 『신학지남』 82/3 (2015), 72-73, 78; 김홍덕, 『장애신학: 하나님 앞에서 나는 누구인가』, 419. 참고로 토마스 아퀴나스는 지적 장애인의 세례는 물론 성찬 참여도 지지했다(신학대전 3.30.9). 그리고 A.D. 4세기의 교회 결정에 따라, 천주교는 성직자가 서품을 받은 후에 장애인이 되더라도 계속 직무를 수행할 수 있다고 본다. 참고. 대한예수교장로회총회 사회봉사부 장애인신학준비위원회 편, 『장애인신학』, 109-110. 예장통합의 '총회 장애인주일 목회 자료'(2021:68, 71-75)에 따르면, 부모와 함께 주일 예배에 참여하고 장애인 부서에서 신앙생활을 하는 15세 이상 지적(발달)장애인 가운데 다양한 방식으로 자신의 신앙을 표현할 수 있거나 믿음의 가족, 혹은 후견인을 둔 경우 세례를 베풀지 않는 것은 또 다른 차별이라고 설명한다.

[94] 김한옥, "장애인선교를 위한 교회 패러다임," 270.

[95] 이재서 외, 『성경과 장애인』, 266.

장애신학을 선호하는 해석가의 전제는 적절히 활용되고 통제되어야 한다. 그리고 장애를 다양한 은유로 풀이할 경우, 오해를 방지하기 위해 절제하여 사용해야 한다.

구약성경의 장애인에 대한 규정은 옛 언약의 규정에 머물지 말고 계시의 전진을 따라 예수님의 구원과 치유 사역의 빛으로 이해되어야 한다. 예수님은 하나님의 형상인 장애인들을 차별하지 않으셨고, 그들을 찾아가셔서 사랑과 능력으로써 구원과 치유의 은혜를 베푸셨다(롬 8:29-30; 갈 3:28). 교회는 장애인을 보호할 뿐 아니라, 기독 장애인이 하나님의 형상이며 은사를 가지고 있음을 주지해야 한다. 교회는 장애인의 일평생 순례 여정에 좋은 길벗이어야 한다. 믿음의 공동체는 장애인들의 충격, 분노, 슬픔, 순응과 재활에 동참할 수 있어야 한다. 장애인은 비장애인과 더불어 하나님 나라의 일원이며 선교적 교회로 주체적으로 발돋움하도록 성령의 은혜를 구해야 한다. 바로 그때, 약할 때 강하게 되는 은혜를 장애인과 비장애인 성도는 더불어 경험할 것이다. '빈자가 부자의 성례'라면, '장애인은 비장애인의 성례'와 같다.

지금까지 주로 당사자가 장애인이거나 장애인 자녀를 둔 신학자들이 장애신학을 연구해 왔다(예. 이재서, 김홍덕, 채은하, 장승익, 최순진, 이계윤, Ulrich Bach, Flannery O'Connor, Nancy Eiesland[1964-2009]). 이 분야에 비장애인의 관심이 그만큼 적다는 방증이다. 이를 보완하기 위해, 신학 커리큘럼에 장애인신학이 포함된다면, 인간의 고통에 대한 실상과 의미를 배우고, 장애인 지체들과 더불어 목회할 수 있는 통찰도 갖출 것이다. 별도의 장애인신학을 교수하는 것이 어렵다면, 실천신학에서 이 주제를 다룰 수 있으며, 장애인 교직원의 채용도 바람직하다.[96]

예비 장애인들이 다수인 교회는 장애인 친화적인, 따뜻한 분위기를 조성해야 하고, 자료와 건축과 시설에서 장애인의 접근성을 높이며(주차장, 점자 주보, 수화 등), 장애에 관한 정보를 제공하여 회중의 이해를 도와야 한다.[97] 그리고 설교자는 비장애인과 장애인이 새로운 피조물로서 하나님의 형상을 함께 회

---

[96] 이재서 외, 『성경과 장애인』, 250. 참고로 레소토대학교의 Leshota는 장애인들의 경험이라는 참여를 중심으로 하여 전개되는 상황실천적 장애인신학을 '아래로부터의 신학'이라 규정한다. Leshota, "From Dependence to Interdependence," 2.

[97] Amenyedzi, "We are Forgotten," 13.

복해 가는 하나님 나라의 그랜드 스토리를 들려주어야 한다. 공공실천신학자로서의 목사는 하나님과 성경의 진리를 송영하며 주해함으로써 장애인을 포함하는 회중에게 복음을 먹이고, 그들을 선교적 교회로 세상에 파송하는 일에 진력해야 한다.[98]

앞으로 장애인신학 가운데 간학문적인 방식으로 구체적이고 실제적인 연구가 활성화되기 소망한다(예. 지적 장애인의 성찬 참석 여부, 독신의 은사가 없음에도 미혼으로 인해 고통당하는 장애인 성[性] 담론).[99] 김홍덕의 일갈(一喝)로 본 장을 마무리한다.

전통보수주의자들은 신학적 안전을 이유로 자유주의자들의 올바른 주장을 2-30년 뒤로 따르는 경향이 있다. 그러나 장애신학을 위해서는 좀 더 빠르게 움직일 필요가 있다. 자신의 신학적 안전을 내세우는 동안 너무나 많은 소외계층이 잘못된 신학적 노선 때문에 눈물과 고통을 당하고 있기 때문이다.[100]

---

98 참고. Wall, "Disability and Theology," 72.
99 장애인은 성적 매력이 떨어진다는 선입견을 극복하고, 장애인 부부의 성행위를 성기의 접촉과 삽입으로 국한하지 않고, 상호 즐거움과 사랑의 표현으로 다시 정의하여 성적 만족을 얻을 수 있다는 주장은 R. S. Chance, "To love and be loved: Sexuality and People with Physical Disabilities," *Journal of Psychology and Theology* 30/3 (2002), 202를 보라. 참고로 복음을 담아낸 역할극이나 놀이를 통한 장애 아동의 치유법은 S. L. Eddins, N. Grogan and B. Frick, "Healing and Belonging: Godly Play in Pediatric Medicine and the Theology of Disability," *Journal of Pastoral Care & Counseling* 68/3 (2014), 9를 보라.
100 김홍덕, 『장애신학: 하나님 앞에서 나는 누구인가』, 43.

제7장

성경의 치유에 나타난 공공선교적 특성

들어가면서

영국인이 생각하는 중산층의 기준은 불의에 저항하고 약자를 돕는 것이지만, 한국인의 중산층의 기준은 철저히 경제력인데, 부채 없는 30평 아파트, 2,000cc급 자가용과 1억 원 이상의 예금 보유 등이다.[1] 한국처럼 탐욕이라는 우상 숭배에 빠져 경쟁과 성과에 목을 매는 '피로사회'일수록 질병과 중독이 많다. 이런 차제에 예술, 독서, 가족, 인지, 음식, 성경 드라마를 통한 갖가지 새로운 치료 기법이 계발, 발전되고 있다.[2] 질병과 건강은 인류의 보편 관심인데, 의료 행위를 통하여 복음의 문을 여는 의료 선교는 매우 효율적이다.[3]

범죄로 깨어진 세상에서 질병은 자연스러운 현상이므로, 치유는 하나님의 사랑과 은혜의 결과다. 의술과 치료가 발전할수록 치료에 있어 종교의 몫과 자리는 줄어들지만 질병을 초래하는 영적-정서적 요인은 교회와 그리스도인의 통전적 치유 사역의 중요성을 상기한다.[4] 그리고 사람은 창조주 하나님의

---

1 https://blog.naver.com/china-hao/222818808227 (2022년 8월 8일 접속).
2 구약 이스라엘의 음식법(kashrut)에 기반하여 성경적 먹거리를 통한 치유는 황금주, "성경시대의 음식과 관련하여 치유선교의 도구로서 푸드테라피의 필요성 고찰," 『선교신학』 61 (2021), 242-66을 보라. 그러나 구약과 신약의 음식의 불연속성 및 신구약 중첩기를 고려해야 한다(막 7:19).
3 1883년에 호레이스 알렌의 입국 이래, 조선에서 활동한 해외 선교사 중에 약 4분의 1은 의료 선교사였다. 선교사 존 로스와 더불어 성경을 한글로 번역한 서상륜(d. 1926)도 의료 선교의 혜택을 입었다. 그리고 1920년대 중국에서 기독교로 개종한 사람의 절반이 의료 선교의 혜택을 받았다. 안승오, "지역 교회와의 협력을 통한 의료 선교 활성화 방향," 『신학과 목회』 40 (2013), 244, 252.
4 바울은 치유되지 않은 육체의 질병에도 불구하고, 주님과 함께 거할 날을 열망했다(고후 12:7-10; 빌 1:21-23). 따라서 영과 육의 통전적 치유가 없더라도, 적어도 영적 그리고 심리적 웰빙은 가능하다. T. D. Mashau, "Moving to Different Streams of Healing Praxis: A

능력으로써 전인적으로 치유될 수 있으며, 하나님께서 주시는 웰빙과 샬롬을 누려야 할 존재다(요삼 1:2).[5]

삼위 하나님의 '직무 내용 설명서'(job description)와 같은 하나님의 선교(missio Dei)에 있어 선교를 누가, 어떤 범위와 영역에서, 무슨 일을 수행하는가가 중요하다.[6] 복음과 하나님 나라는 공적인 것이므로, 그것을 탐구하는 신학도 공적 현장의 상황과 통찰을 반영하고 적용하여 그리스도인이 정의로운 사회의 웰빙을 건설하도록 안내해야 마땅하다.[7] 만유이신 예수님은 하늘과 땅과 바다의 만물들과 화목하기를 원하시는데, 선교에서 교회는 '플랜 A'로 활용된다(엡 1:22-23). 화목은 치유를 동반하기에 교회는 의료 영역을 하나님의 선교에서 포기할 수 없다. 사실 의료 선교는 개혁주의 선교의 특장(特長)인 영역 선교의 일환이다.[8]

본 장은 성경의 치유에 나타난 다양한 차원을 살핀 후, 치유의 공공선교적 의미를 탐구한다. 마지막으로 교회와 고신대학교 복음병원과 같은 기독교 의료 기관이 추구해야 할 공공선교적 방향을 모색해 본다.

1. 구약성경에 나타난 치유의 다차원적 의미

하나님은 사람의 영과 육을 창조하셔서 사회관계 안에 살도록 두셨으므로, 그분의 관심도 영육과 사회 전체를 아우른다. 이집트제국과 바벨론제국에서 의료 체계가 발달했지만, 당시 이스라엘에서 전문 의료인을 찾아보기란 쉽지 않았다(참고. 창 50:2; 대하 16:12; 욥 13:4; 렘 8:22). 혹자는 하나님께서 범죄한 아

Reformed Missionary Approach of Healing in the African Context," *Verbum et Ecclesia* 37/1 (2016), 7.
5 그리스도인이 치유공동체 안에서 각자 역할을 감당하는 것을 만인제사장직의 일환이라고 간주하는 경우는 에즈베리신학교의 F. B. Stanger, 『위대한 의사 예수』(*God's Healing Community*), 배상길 역 (서울: 도서출판나단, 1993), 28을 보라.
6 P. J. Isaak, "God's Mission as Praxis for Healing and Reconciliation," *International Review of Mission* 100/2 (2011), 322.
7 D. A. Forster, "African Public Theology?: A Conceptual Engagement to keep the Conversation Alive," *In die Skriflig* 56/1 (2022), 2-8.
8 송영목, "영역 선교에 대한 성경적 고찰," 『KPM R&D』 5 (2021), 31-51.

담 부부에게 가죽옷을 입혀주신 것을 그들의 정신적 상처를 고치신 것으로, 곧 성경의 첫 치유 사건으로 본다(창 3:21).[9] 하지만, 하나님께서 하와를 만드시려고 아담의 갈비뼈를 빼내시고, 그 부위가 살로 채워져 아문 것이 성경에 기록된 첫 번째 치유다(창 2:21). 이것은 하나님께서 종말에 행하실 치유를 시초적으로 보여주는 밑그림과 같다(참고. 계 21:4; 22:2).[10] 박형대에 따르면, 창세기의 전체 족장 내러티브 관점에서, "'불임'뿐 아니라 창세기의 창조 기사에 이어 소개되는 족장 기사에서의 '길 떠남'과 '갈등'과 '회복'도 창조 기사에서 발견되는 '치료'의 연장선상에서 이해될 수 있다."[11]

치유는 기도 응답으로 종종 발생한다(창 20:17; 민 12:9-16; 16:41-50; 왕하 20:7; 대하 30:20; 시 6:3; 41:4).[12] 따라서, 치유는 근본적으로 하나님의 사역이자 기도 응답의 선물이다(참고. 시락 38:1-14). 질병은 사람의 영적 상태와 밀접한데, 치유는 하나님의 소관이다(신 32:39). 하나님은 교육 차원에서 치유가 필요한 질병을 허락하시거나 주시기도 한다(사 19:22).[13]

기독교 신학은 치유를 구원의 하위 범주에 둠으로써, 이 둘의 상호 관련성을 밝히려고 시도해 왔다. 그 결과 비본질적인 치유는 본질적인 구출 작전/구원/구원자의 권위를 가리키는 표지(sign) 정도로 이해되어왔다(시 107:19-20).[14] 치유는 구원을 얻는 한 가지 방법이지만, 치료와 치유 자체로 의미가 있으며 인간 존재에 있어 필수 요소와 같다.[15]

---

9 김요섭, "성경적인 치유 개념에 대한 신학적 고찰," 『헤르메네이아 투데이』 55 (2013), 9.
10 J. T. Carroll, "Sickness and Healing in the New Testament Gospels," *Interpretation* 49/2 (1995), 130-31.
11 박형대, "치료를 통해 평강주시는 하나님과 예수님," 35.
12 치유를 위한 기도는 진정으로, 적극적으로, 구체적으로, 기대하며, 감사함으로, 믿음으로 수용하며 드려야 한다는 설명은 Stanger, 『위대한 의사 예수』, 126-28을 보라.
13 제2성전시기 유대 문헌에서 치료와 의술에 관한 입장은 다양했다. 희년서 10:10-13는 의술은 지혜가 사람에게 계시된 것으로 긍정적으로 평가하며, 쿰란공동체는 헬라식 치료법을 사용했다. 그러나 1에녹서는 의술의 가치를 평가절하한다. 토빗서는 라파엘이 치료하며, 의술은 상태를 악화한다고 보았다. R. A. Culpepper, "Jesus as Healer in the Gospel of Matthew, Part 1: Methodology," *In die Skriflig* 50/1 (2016), 2; 박형대, "치료를 통해 평강주시는 하나님과 예수님: 치료와 치유와 회복과 평강의 성경신학적 정리," 『헤르메네이아 투데이』 55 (2013), 26.
14 D. C. Westermann, "Salvation and Healing in the Community: The Old Testament Understanding," *International Review of Mission* 61/241 (1972), 9.
15 Westermann, "Salvation and Healing in the Community," 11.

출애굽기 15장 26절은 '치유에 대한 하나님의 대헌장'과 같다(참고. 요 5:17). 구약에 86회 나타나는 단어 '치유하다'(רָפָא)는 출애굽하여 신실하게 행하는 언약 백성에게 선물이자 복이었다(시 103:3; 147:3; 사 58:6-9; 말 4:2).[16] 반대로, 종종 질병은 이스라엘의 범죄에 대한 하나님의 심판이다(민 12:8-10; 신 28:20-22; 삼상 12:14-18; 대하 16:10-12; 26:16-21; 사 1:6; 24:1-13; 38:16; 57:19; 렘 8:22; 14:19; 17:14; 30:12-17; 33:6; 51:8-9).

사람의 범죄가 초래한 상처와 질병은 누가 치료하시는가?

바로 여호와 라파시다. 그분은 치료를 위해 여러 수단을 동원하신다. 음악치료의 예는 다윗이 연주할 때 사울이 치유된 경우지만(삼상 16:14-23), 이런 축귀를 통한 치유는 음악 자체의 힘이 아니라 성령의 역사로 발생한다. 여호와 라파의 대행자인 선지자 엘리사는 아람의 나아만 장군을 치유했다(왕하 4-5). 나아만이 나병에서 치유 받은 후 하나님께만 제사 드리겠다고 고백한 것은 치유와 새로운 삶을 살도록 만드는 선교의 열매가 어우러진 증거로 보인다(왕하 5:15-17).[17] 반면, 엘리사의 종 게하시의 탐욕은 치유가 하나님의 은혜임을 무시하는 악한 처사였다(왕하 5:20-27). 열방의 주재이신 여호와는 이방인도 치유하신다(창 20:17; 사 19:1-22; 욥 1:21).

에스겔 34장 4절은 이스라엘 지도자들이 병든 자를 치유하지 않음을 책망한다(참고. 슥 11:16). 이스라엘의 지도자들은 언약 백성 중 환자가 자신의 질병을 여호와 라파에게 가지고 오도록 안내해야 했다. 이런 맥락에서 소선지서의 중요한 공통 주제 중 하나가 하나님께서 자기 백성에게 종말에 죄 용서와 치유를 주셔서 의의 열매를 맺는 것이라는 사실은 의미심장하다(호 14:4; 말 4:2).

---

16 구약성경에 '라파'의 동사형 67회를 비롯하여(영적 치유를 강조하는 선지서에 30회), 관련 용어는 총 86회나 나타난다. D. T. Adamo, "I am the LORD Your Healer-Exodus 15:26: Healing in the Old Testament and the African (Yoruba) Context," *In die Skriflig* 55/1 (2021), 3; D. F. O'Kennedy, "God as Healer in the Prophetic Books of the Hebrew Bible," *Horizons in Biblical Theology* 27/1 (2005), 90-91, 110; 오성종, "신약 시대의 질병과 치유: 신약신학적 관점에서 1," 『신약연구』 17/2 (2018), 149-50.

17 Westermann, "Salvation and Healing in the Community," 12; 김진의, "성경에 나타난 신유(神癒)의 선교적 이해와 필요성," (석사논문, 백석대학교, 2020), 60. 그런데 김진의는 아브라함과 아비멜렉(창 20:17-18)에서도 치유와 선교 모티브를 찾지만, 실제로 후자는 나타나지 않는다.

호세아 2장 16-23절의 문맥에서 볼 때, 호세아 14장 4-8절의 치료 모티프는 하나님이 죄 용서함을 통해 새로운 씨(공의와 인애와 의)를 뿌려 자신의 백성을 새롭게 창조시키고, 그 씨에 합당한 공의와 인애와 의의 열매를 맺도록 하는 데에 그 목적이 있음을 알 수 있다. …이런 신학적 주제는 말라기 4장 2절에서 하나님을 경외하는 자들을 위한 치료에서도 다시 엿볼 수 있다. 종말에 여호와를 경외하는 자의 치료는 악인에 대한 하나님의 심판과 극명한 대조를 이룬다. … 이것은 소선지서의 종말 사상이 죄 용서라는 치료를 통해 하나님의 성품을 닮은 공의와 인애 그리고 의의 모습으로 백성을 만드는 데 있다는 것을 보여준다.[18]

그렇다면 하나님은 이런 종말론적 치유를 어떻게 수행하시는가?

이사야는 여호와께서 자신의 종 메시아를 통해 자기 백성을 치유하실 것을 예고했다(사 35:5; 53:5; 참고. 마 11:2-5). 성령은 메시아와 더불어 하나님의 백성을 치유하시고 위로하신다(사 61:1-2).

그런데 장애인은 육체적인 치유나 회복 없이도 메시아 안에서 하나님의 형상으로서 온전함을 누릴 수 있다(사 56:3).[19] 이것은 장애인을 회원으로 받아들이지 않은 쿰란공동체의 신념과 다르다. 그리고 여호와는 이방인도 치유하시기에, 이것도 유대인 중심의 쿰란의 사상과 다르다(사 19:22; 렘 46:11; 51:8-9).

구약 시대에 자연적 치유와 기적적 치유는 구분되지 않았고, 모두 하나님의 소관이었다. 이 둘의 구분은 계몽주의의 산물이다.[20] 구속사가 전진하면 치유 개념도 메시아 중심으로 노정(路程)된다. 치유는 하나님께서 창조의 상태로 돌이키셔서 하나님 앞에서 살도록 회복하시는 것이며, 메시아의 '대속적 고난'을 통한 치유는 가장 치명적 상태도 해결한다(사 53:5).[21]

---

18 김창대, "소선지서의 통일성 관점에서 호 14:4와 말 4:2의 치료(רפא)에 대한 고찰,"『성경과 신학』 56 (2010), 300, 303-304.

19 T. K. Christiani, "Mission as Healing and Reconciliation," *International Review of Mission* 101/2 (2012), 364.

20 Westermann, "Salvation and Healing in the Community," 14.

21 Westermann, "Salvation and Healing in the Community," 18-19.

2. 신약성경에 나타난 치유의 다차원적 의미

신약성경은 '건강이나 힘'과 관련하여 13개 용어를 소개한다. 하지만, '질병과 약함'과 관련하여 43개 용어를 언급함으로, 치료가 필요한 다양한 질병을 강조한다.[22]

복음서에 예수 그리스도의 치유(神癒, divine healing)는 20여 차례에 걸친 축귀를 포함하여 총 72회 나타난다(중복된 치유를 제외하면 41회). 치유 보도는 예수님의 정체성과 사명을 보여주는데, 복음서 전체 분량에서 20퍼센트나 차지한다(특히, '기적장'인 마 8-9).[23] A.D. 1세기 치유자들과 비교할 때, 예수님은 메시아로서 지리·문화·사회·관습·종교적 장벽을 넘어 치유하심으로써 복음서의 주요 주제인 하나님 나라의 역동적인 확장과 연결하시는 특징을 보인다.[24] 이런 치유를 패러디하는 사탄적 치유도 간과할 수 없다(마 12:24; 막 13:22; 행 8:9; 고후 11:14).

스스로 천국이신 예수님은 공적으로 복음을 가르치시고 전파하시며, 병자를 치유하셨다(θεραπεύω, 마 4:23; 눅 17:21).[25] 구약의 예언을 따라 수행된 이 세 가지 사역은 성령의 능력으로 가능한 착한 일이다(행 10:38). 예수님은 병든 자의 의사(ἰατρός, Christus medicus)로서 하나님 나라 건설을 목표로 하여, 긍휼과 사랑으로 인간의 전인적 필요를 채우시는 '공감적 돌봄 사역'을 펼치셨고, 더 나아가 돌봄과 치유의 대상이 주님의 제자가 되어 다른 사람을 돌보도록 가르

---

22 J. P. Louw and E. A. Nida, *Greek-English Lexicon on the New Testament based on Semantic Domains, Volume 1* (Cape Town: BSSA, 1993), 268-74.

23 Carroll, "Sickness and Healing in the New Testament Gospels," 132. 참고로 복음서 편집자들이 치유 전승을 정확하거나 부정확하게 편집했기에 치유 기사의 역사성을 담보할 수 없다는 견해는 김건호, "예수의 치유와 그 의미에 대한 이해: 마르 1, 40-45를 중심으로," (석사논문, 대구가톨릭대학교, 2016), 18-19를 보라.

24 R. A. Culpepper, "Jesus as Healer in the Gospel of Matthew, Part II: Jesus as Healer in Matthew 8–9," *In die Skriflig* 50/1 (2016), 2-8; 루돌프 쉬낙켄부르크를 인용하는 김건호, "예수의 치유와 그 의미에 대한 이해: 마르 1, 40-45를 중심으로," 67.

25 (주로 하나님의 기적적 방식으로) '치료하다'라는 의미의 두 동사 θεραπεύω와 ἰάομαι는 교차적으로 사용된다(요 5:10, 13). 바울서신과 일반서신에 θεραπεύω는 사용되지 않으며, 바울서신에는 ἰάομαι도 나타나지 않는다. C. D. Stanley, "Paul and Asklepios: The Greco-Roman Quest for Healing and the Mission of Paul," *JSNT* 41/3 (2019), 279-80; F. E. Payne Jr., 『의료의 성경적 접근』(*Biblical Healing for Modern Medicine*),김민철 역 (서울: 한국누가회출판부, 2001), 285.

치셨다(마 14:14; 8:18-22; 9:9-13; 막 1:41; 2:17; 참고. 골 4:14).[26]

오리겐은 마태복음 주석에서, 예수님께서 성육하신 동기는 병자에 대한 '사랑의 열정'(passio caritatis)이라고 설명한다.[27] 요세푸스는 『유대고대사』 18:63-64에서 예수님을 '현인'이자 신유처럼 '놀라운 일들을 행하는 분'이라고 소개한다(참고. 눅 5:26). 이를 오늘날에 적용하면, 빈자와 같은 약자들이 단지 도움을 받는 데서 그치지 않고 치료를 통해 전인적 변화를 경험하도록 교회 교육/기독교교육, 신학 그리고 기독교보건/교회복지 간의 협업이 필요하다는 의미다.[28] 예수님의 3대 사역을 따라서 오늘날도 복음을 전파하기 위해 육체의 치유가 동반되면 더 효율적이다.

따라서, 의료 선교를 사람의 영혼보다 육체에 더 관심을 두는 것으로 이해하면서 성경적 치유로 볼 수 없다고 주장한다면, 영육 이원론에 빠지게 된다(고전 11:1; 살전 1:6; 5:23).[29] 하나님께서 인간에게 주신 선물인 의술로 병자를 치유하여 회복시킨다면 그것은 새 창조를 일으키시는 하나님의 선물이다.[30]

신약성경의 가장 중요한 치유는 복음서에 나타난 예수님의 치유 사역이다. 이를 세분하면 아래와 같다.[31]

---

26 참고로 『아폴로니우스의 생애』 4:45에는 죽은 자를 살리는 기적에서 긍휼의 동기는 나타나지 않는다. 김준, "교회의 돌봄 사역: Heinz Kohut의 자아심리학과 신약 제자의 모습을 통한 돌봄 사역자의 자세," 『복음과 실천신학』 18 (2008), 21-25, 28; 김건호, "예수의 치유와 그 의미에 대한 이해: 마르 1, 40-45를 중심으로," 20. 참고로 '크리스토쎄라피'는 성경에 반하지 않는 자연적인 심리 치료기법을 수용하면서도, 그런 기법을 성경의 최종 판단 아래에 두면서 치유의 기독론적 의미와 가치에 참여함으로써 사람의 삶과 심리에 자리 잡은 파괴적 요소들을 치료하는 방식이다. 이 치유법은 실존주의 및 해방신학에 접맥되어 있다. B. Tyrrell, "Christotherapy and the Healing of Communal Consciousness," *Thomist* 40/4 (1976), 613, 623-27.

27 S. F. Eyzaguirre, "Passio Caritatis according to Origen in Ezechielem Homiliae VI in the Light of DT 1,31," *Vigiliae Christianae* 60/2 (2006), 142.

28 최무열, "마태복음에 투영된 예수 그리스도의 치유사역에 대한 사회복지 철학 및 방법론 적용에 관한 연구: 케이스웤(Social Case Work)을 중심으로," 『신학과 목회』 13 (1999), 299, 312.

29 C. H. Grundmann, "Proclaiming the Gospel by Healing the Sick: Historical and Theological Annotations on Medical Mission," *International Bulletin of Missionary Research* 14/3 (1990), 120.

30 Grundmann, "Proclaiming the Gospel by Healing the Sick," 124.

31 구규창, "통전적 선교의 빛 안에서 바라본 통전적 치유목회의 새로운 패러다임," (박사논문, 호남신학대학교, 2015), 36; Stanger, 『위대한 의사 예수』, 43-44.

(1) 가르치시며 병을 고치심(마 4:23; 눅 9:11).
(2) 손을 대시며 말씀으로 고치심(마 8:1-4, 막 1:41; 6:56; 눅 7:14).
(3) 환자의 손을 만져 고치심(마 8:14-15).
(4) 손으로 환처를 만져 고치심(눅 22:50-51).
(5) 말씀으로 고치심(마 8:16; 12:9-13; 15:21-28; 20:29-34; 막 1:25; 3:5; 7:29; 10:51-52; 눅 5:20; 6:10; 17:14; 18:41-42; 22:50-51; 요 4:50; 5:1-9; 11:43-44).
(6) 손을 잡아 일으키심(마 9:18-25; 막 1:31; 5:41).
(7) 눈을 만져 명령하심으로 고치심(마 9:28-31).
(8) 옷 가라도 손대기를 간구하는 자들을 허락하심으로 고치심(마 14:35-36).
(9) 악령을 쫓아내어 고치심(마 4:24; 8:28-34; 9:32-33; 12:22-37; 15:29-31; 17:14-20; 막 1:23-26, 34, 39; 5:1-20; 7:24-30; 9:25 등).
(10) 안수로 고치심(막 6:5; 눅 4:40; 13:12-13).
(11) 손가락을 양쪽 귀에 넣고 침을 뱉어 혀에 손을 대시며 명령하심으로 고치심(막 7:32-35).
(12) 눈에 침을 뱉으시며 안수하셔서 고치심(막 8:23).[32]
(13) 능력이 나와서 고치심(막 5:30).
(14) 땅에 침을 뱉어 진흙으로 이겨 눈에 발라 고치심(요 9:6).

마가와 누가가 이해한 예수님의 치유 방식을 비교하면 아래와 같다.

(1) 마가와 누가는 예수님께서 연민을 가지고 도움을 요청하던 병자를 치유하셨는데, 치유는 전도와 맞물린다고 밝힌다(막 1:38-39; 눅 4:38-43).
(2) 마가는 누가보다 주님의 치유와 가르침을 더 쉽게 분리하는데, 누가는 치유를 더 자주 언급하면서 가르침과 더 긴밀히 연결한다(눅 10:13; 13:32).
(3) 누가는 마가보다 더 자주 축귀를 언급하면서, 치유와 축귀의 구분을 허문다.

---

32 공관복음 기자들과 달리(예. 마 4:23-24; 막 1:34; 눅 4:40), 요한복음은 예수님께서 동시에 여러 병자를 치유한 사건을 기록하지 않고 맞춤식 치료를 소개한다.

(4) 마가와 누가는 예수님의 치유가 주님의 신성과 관련되지만, 그것을 증명하려는 목적은 아니라고 밝히는 점에서 요한복음과 다르다.
(5) 누가는 예수님의 치유가 구약의 메시아 예언의 성취라는 사실과 치유의 사회적 회복을 마가보다 더 강조한다(눅 7:18-23).
(6) 마가가 예수님의 치유 능력을 주님께서 약함 가운데 죽으심과 대조한다면, 누가는 치유를 하나님의 능력의 증거이자 예수님의 부활에 나타난 성부의 영광과 결부한다.[33]

예수님의 치유 사역에서 세 가지 사실에 더 주목해 보자.

첫째, 축귀와 소생은 하나님 나라를 강력하게 도래시키는 메시아의 치유 사역이었다.
둘째, 예수님께서 말씀만으로 치유하신 경우인 베데스다 연못가에서의 38년 된 병자 치유는 특이하게도 불신자가 치유 받은 표적이다(요 5:1-9). 이를 통해 예수님은 치유에서 공간(베데스다 연못 안), 시간(연못 표면 물결이 요동칠 때), 범위의 한계(먼저 입수하는 한 사람)를 제거하셨다.[34] 이 표적은 신약 교회가 구약보다 더 확장된 치유 사역을 할 수 있는 기반을 제공한다.
셋째, 예수님의 나병 환자의 치유는 전통적인 정결과 경계선을 허물고 종말론적 하나님 나라의 도래를 위한 사회공동체성도 회복했다(막 1:40-45).

---

[33] A. A. Dawson, "Perspectives on Healing in the New Testament: A Comparative Study of Mark, Luke and Paul," (Ph.D. Thesis, University of Aberdeen, 2005), 221-30. 참고로 축귀를 영적 차원이 아니라, 사회 질서를 회복하는 '정치적 행동'으로 이해한 예는 J. J. Pilch and B. J. Malina, 『성서 언어의 사회적 의미』(*Handbook of Biblical Social Values*), 이달 역 (서울: 한국장로교출판사, 1998), 234를 보라.

[34] 베데스다 연못에서 일어난 표적은 천년왕국기의 안식일(사 66:23; 겔 46:1)을 예표한다는 미래 전천년적 해석은 S. S. Kim, "The Christological and Eschatological Significance of Jesus' Miracle in John 5," *Bibliotheca Sacra* 165/660 (2008), 423을 보라. 안식일의 근원이자 주인이신 예수님은 치유를 통해 유대인들의 안식일 개념을 초월하시고 성취하셔서 참 안식을 주셨다. 이것을 거부하는 자에게는 이 표적이 심판이다(요 5:17, 27-29). N. Hahn & E. van Eck, "The Lame Man at the Pool of Bethesda: Christological and Doxological Significance of Characterisation in John 5," *In die Skriflig* 55/1 (2021), 5-8.

예수님이 행하신 놀라운 일 혹은 기적은 그를 통해 하나님 나라가 임하고 있음을 알려주는 표적이었다. 그가 행한 표적을 통해 엿볼 수 있는 하나님 나라의 특징은 죄 용서(막 2:5, 10; 10:45; 14:22-24), 악령 축출(막 1:25-26, 34; 3:11; 5:1-20; 9:14-29 등), 사람의 몸 기능의 회복(막 3:5; 5:25-34, 35-43), 사회적 관계의 회복(막 1:31; 2:11; 5:34, 43) 그리고 혼돈의 자연에 질서를 부여하는 것들을 포함하는 총체적 회복(4:35, 41; 6:45-52)이라는 특징을 가지고 있다.[35]

예수님의 치유 사역은 그 당시 그레코-로마 세계의 치유와 비교할 때 몇 가지 면에서 독특하다.

(1) B.C. 1세기 그레코-로마 세계에는 치유에 대한 불신감이 대중 사이에 팽배했다. 특히, A.D. 1세기에는 상류층을 중심으로 기적적인 치유를 매우 불신했지만, 예수님(과 제자들)의 치유는 전도, 기도와 어우러져 큰 호응을 이끌었다(참고. 막 16:20; 약 5:14-15; 집회서 38:9; m Ber 5:5의 병에 대한 축복).[36]

(2) 로마제국에서 치유의 신 아스클레피오스나 세라피스에게서 보듯이, 신전의 사제가 치유를 담당했기에 의사의 의료 행위와 정확하게 구분되지 않았다. 그리고 히포크라테스를 따르는 의사들은 아스클레피오스를 후견신으로 섬겼다. 신전 제사장과 의사는 치료를 위해 협업했지만, 비체계적인 치료로 인해 치유 여부는 불확실했다.[37] 환자는 아스클레피오스에게 제물을 바치고 신전에서 자기도 했는데, 초기 기독교에도 치료를 열망하는 환자가 성인의 무덤이 있는 교회당에서 자기도 했다.[38] 하지만, 예수님의 치유는 미신이나 성전의 제사장과의 협업과 무관했기에, 주님은 '새로운 아스클레피오스'라 불릴 수 없다.

(3) 통전적 치유자 예수님의 보혈, 곧 그분이 주시는 사죄의 은총은 치유의 근본 원인이다(마 9:6; 벧전 2:24). 하지만, 그레코-로마 세계에서 "신비 제의 가

---

35 박윤만, "예수, 총체적 종말론적 구원자," 277.
36 김건호, "예수의 치유와 그 의미에 대한 이해: 마르 1, 40-45를 중심으로," 23.
37 이 단락은 김건호, "예수의 치유와 그 의미에 대한 이해: 마르 1, 40-45를 중심으로," 19 와 Stanley, "Paul and Asklepios," 280-81에서 요약.
38 G. H. Grundmann, "Mission and Healing in Historical Perspective," *International Bulletin of Missionary Research* 32/4 (2008), 185.

운데서 심지어 가장 극적인 타우로볼리움(taurobolium, 황소의 피에 목욕하는 것)도 어떤 내세의 통행을 보장하는 것이 아니라 이 세상에서의 권력, 정력, 풍성한 생활을 주고 앞으로 닥칠지 모르는 모든 악으로부터 보호해주는 것을 의미한다. 그러나 그 혜택은 오직 20년 동안만 효력이 있었다."[39]

(4) 예수님은 '모든 병'을 고치셨다(마 4:23-25; 8:16-18; 9:35). 이것은 여호와의 치유 사역을 계승하셔서 구약의 메시아 예언을 성취하신 것으로서, 하나님 나라와 샬롬을 현시하려는 선교 목적이다(마 10:13; 살전 5:23).[40] 예수님의 치료는 육체의 회복에 머물지 않고, 하나님 나라의 샬롬, 즉 평강으로 이어진다(막 5:34; 눅 1:79; 7:39, 50; 8:48). 그러나 그레코-로마 세계에서 치유의 목적은 구원 곧 죽음이나 고통에서 벗어나는 세속적 복과 번영이었다.[41]

위의 특징 가운데 (4)와 관련하여, 요한복음에서 예수님은 치유를 통하여 하나님 아버지의 아들 및 메시아임을 증명하기에 치유 사역은 표적에 해당한다(요 4:43-54; 5:1-9; 9; 11:1-44; 참고. 마 8:16-17; 눅 7:20-22). 종종 범죄가 질병을 초래하므로, 치유에서 죄 해결이 중요하다(막 2:1-12; 요 5:14). 예수님은 질병의 영적 원인에 주목하셨고, 전인 구원을 위해 긍휼을 베푸신다. 그러므로 예수님의 치유에는 구속사적 의미와 관계의 회복이 강하게 나타난다.[42] 요한복음에서 "모든 치유 표적 기사는 예수가 십자가에서 들려질 것을 예언한 구절(요 3:14-15)과 실제 그렇게 된 것(19:34) 사이에 위치한다는 것인데, 이것은 치유 표적이 십자가 사역 속에 감싸여진 것이라고 말할 수 있는 것이다."[43]

치유의 이러한 구속사적 의미는 널리 전파되어 적용되어야 마땅하다. 따라서, 거라사의 광인 치유와 나사로의 부활에서 보듯이, 치유는 구원의 복음이 전파되는 결과를 가져왔다(눅 8:26-39; 요 4:53; 11:45).

---

39 윤철원, "신약성서에서 치유와 구원의 상관관계," 525.
40 박형대, "치료를 통해 평강 주시는 하나님과 예수님," 39; 오성종, "신약 시대의 질병과 치유: 신약신학적 관점에서 1," 158.
41 윤철원, "신약성서에서 치유와 구원의 상관관계,"『신약논단』11/2 (2004), 526.
42 김요섭, "성경적인 치유 개념에 대한 신학적 고찰," 21-22.
43 김동수, "신약성서에서 기적적 치유의 신학적 위치,"『피어선신학논단』8/1 (2019), 17.

나사렛 회당 설교(눅 4:18-19)와 이후의 치유 보도는 천국과 구원의 복음을 설명한다(눅 4:39; 참고. 행 10:38).[44] 예수님의 치유는 은혜의 해를 실행하는 희년 사역이다(사 61:2). 마가복음에 치유는 '구원'(σώζω) 관련 용어로 6회 나타나는데, 하나님의 아들 예수님을 종말론적으로 총체적 구원을 주시는 분으로 소개한다(막 3:4; 5:23, 28, 34; 6:56; 10:52).[45]

다시 말해, 예수님은 비이성적 생물학적 목숨(βίος, 막 12:44), 인간에게 있는 이성적 목숨(ψυχή, 막 3:4)과 그리스도인에게 있는 영생(ζωή, 막 9:43) 모두를 회복하신다.[46] 이를 위해 예수님은 자신의 생명(ψυχή)을 버리셨다. 여기서 예수 그리스도의 치유와 구원, 생명의 상관관계가 분명히 드러난다.

> 인간이 하나님의 형상으로 삶의 의미가 회복되어 사회의 온전한 구성원으로 복귀하는 것이야말로 예수의 치유가 궁극적으로 지향하는 바다. 그러므로 사회적 의미가 결여된 예수의 치유에 대한 해석은 불완전한 것이다. 예수는 사회 병리적 현상을 치유하고 하나님의 나라를 확장하는 데 힘썼다. 신약성서의 많은 사례가 치유 이후의 사회적 회복을 언급하는데, 장애인들이 치유 받아 온전하게 되어 사회와 공동체의 일원으로 당당히 서게 하는 것에서 확인된다.[47]

교회는 십자가를 통한 치유와 화해라는 원칙에 입각하여 치유공동체(healing community)를 추구하며, 수직적·수평적 화해공동체를 지향해야 한다(눅 4:14-19; 엡 2:12-20; 골 1:20).[48] 예수님의 제자들은 성령의 능력으로 세상을 치유하여

---

44 오성종, "신약 시대의 질병과 치유: 신약신학적 관점에서 1," 169.
45 박윤만, "예수, 총체적 종말론적 구원자: 마가복음의 예수의 치유와 축귀 그리고 죽음을 중심으로," 『성경과 신학』 77 (2016), 261. 하지만, 바울서신에 치유와 관련하여 동사 σώζω는 사용되지 않는다. 라틴어 'salus'(구원)도 건강을 함의한다. Stanger, 『위대한 의사 예수』, 76.
46 안호숙, "신약 사복음서에 나타난 치유 기사들이 지닌 구원과 생명의 의미," (박사논문, 백석대학교, 2019), 17, 151-52.
47 윤철원, "신약성서에서 치유와 구원의 상관관계," 519.
48 R. J. Schreiter, "Reconciliation and Healing as a Paradigm for Mission," *International Review of Mission* 94/372 (2005), 80-82. 참고로 초대 교회가 '영적 실재에 관해 마술적 힘'을 가지고 치료했다는 그릇된 주장은 I. W. C. van Wyk, "Finding a Place for Jesus as Healer in Reformed Mission in Africa," *HTS Teologiese Studies* 67/1 (2011), 1을 보라.

천국을 확장해야 한다(막 16:15-18; 눅 10:8-9; 계 11:15; 22:2). 예수님의 치유 사역은 교회의 선교 사역으로 전수된다(마 10:1; 행 3:6). 사도행전의 치유를 요약하면 아래와 같다.[49]

(1) 베드로와 요한은 성령이 충만한 상태로 나면서부터 장애를 입은 사람을 일으킴(행 3:1-10).
(2) 사도의 손으로 민간에 (성령의) 표적과 기사가 많이 나타남(행 5:12-15).
(3) 솔로몬 행각에서 병든 사람과 더러운 악령에게 괴로움 받는 사람들이 나음을 얻음(행 5:16).
(4) 성령과 지혜와 은혜와 권능이 충만한 스데반이 큰 기사와 표적을 민간에 행함(행 6:3-8).
(5) 빌립 집사의 치유 사역(행 8:5-8).
(6) 아나니아의 치유 사역(행 9:17-18).
(7) 베드로의 룻다에서의 치유 사역(행 9:32-35).
(8) 베드로의 욥바에서의 치유 사역(행 9:36-42).
(9) 바울의 바보에서의 선교와 치유 사역(행 13:4-12).
(10) 바울과 바나바의 이고니온과 루스드라에서 복음 전파와 선교를 위한 치유 사역(행 14:1-7).
(11) 바울의 빌립보, 에베소, 드로아, 멜리데에서 선교와 치유 사역(행 16:16-18; 19:10-12; 20:7-12; 28:1-10).

위의 치유 사례를 염두에 두고, 오성종의 진술을 들어보자.

> 교회의 유익을 위하여 지체들에게 성령의 능력을 나타내는 은사들이 주어지는데, 그 중 치유와 축사의 은사가 있다. 이 은사들은 사도나 목회자의 은사와 구별된 것이며 교회공동체에게 주신 것이다. 그러므로 사도들의 메시지의 신적 신임을 위해 주신 것이었으므로 지금은 중단되었다고 보는 '은사중

49　구규창, "통전적 선교의 빛 안에서 바라본 통전적 치유목회의 새로운 패러다임," 40-41; Stanger, 『위대한 의사 예수』, 47.

단론'은 근거가 없다. … 신약의 서신들에는 질병과 치유에 대한 언급이 드물게 나타난다. 서신의 서두에서 기원하였던 '평강'은 히브리어 '샬롬'의 의미로 쓰인 말로 형통과 건강의 의미가 포함되어 있다. 그러나 편지 중 문안이나 기도나 권면 중 건강이나 치유에 대한 언급이 적은 것은 사실이다. 이는 세상에서의 건강과 형통을 최고의 가치로 삼는 세속적 가치관을 따르지 않고, 그리스도 안에서 새로워진 신분에 상응하게 예수 그리스도의 이름으로 영적인 싸움을 싸우면서 성령을 따라 성화를 이뤄가는 종말론적인 삶을 살라고 권면하는 내용이 중심이었기 때문이다. 그러므로 '건강'/'번영복음'은 복음의 왜곡이며 남용이다.[50]

오성종이 은사지속론을 지지하고 치유와 관련하여 번영복음을 반대하는 것은 정당한가?
오늘날의 신유는 사도의 메시지의 신임성을 증명하기 위함인가?
다시 말해, 지금도 사도가 전한 복음은 치유나 축사로써 증명되어야 하는가?
신유 이외에 다른 증명 방법은 없는가?
더 근본적으로 사도의 메시지의 정당성은 지금도 증명되어야 하는가?
치유의 은사는 지속되는가?(고전 12:9)[51]

꼬리를 무는 이런 질문들에 긍정적으로 답하기 어렵다. 그러나 신약 서신서들의 샬롬은 건강을 포함하지만, 건강이 최고의 가치는 아니며 건강이 없더라도 성도의 정체성에 따라 성화를 이루어 갈 수 있다는 주장은 정당하다. 그런데 어원상 샬롬은 온전한 상태를 가리키기에, 그리스도인이 예수님의 부활의 은덕을 선취하는 측면도 간과할 수 없다(참고. 시 13:15-16).[52]

50　오성종, "신약 시대의 질병과 치유: 신약신학적 관점에서 2," 398, 400, 비슷한 견해는 Stanger, 『위대한 의사 예수』, 50-51을 보라.
51　조지아주립대학교 가정의학 교수이자 신학과 의학의 접목과 의사가 진료 시에 하나님의 주권을 인정하며 기도해야 한다고 주장하면서 성경적 의료윤리를 연구 중인 Payne Jr., 『의료의 성경적 접근』, 212, 308-309는 은사지속론을 반대한다.
52　V. Magezi & B. S. Keya, "'The Concept of Shalōm as a Constructive Bereavement Healing Framework within a Pluralist Health seeking Context of Africa," HTS Teologiese Studies 692

베드로의 전도와 치유는 복음이 전파되는 긍정적 결과를 가져왔다(행 3:2-4:4; 9:32-35, 36-42).[53] 마찬가지로, 바울의 사역에 전도와 치유는 함께했고, 그는 자신의 사도성을 '오래 참음과 기적과 표적과 능력'에서 찾았다(행 19:11-20; 고후 12:12). 신약 교회는 치유를 위한 기도를 병자 자신 그리고 장로나 목회자와 더불어 해야 한다(약 5:14-16). 그리고 고통을 치유하신 긍휼의 예수님과 연합된 교회라면 참된 선교적 경건을 실천하기 위해 우는 자와 함께 울어야 한다(마 14:14; 눅 10:33; 롬 12:15; 고후 5:14; 약 1:27).[54]

A.D. 1세기에 치유를 위해 협력했던 종교와 의학은 '쌍둥이 과목'(twin disciplines)이라 불릴 만하며, 지중해 연안 세계에서 기독교는 '치유의 종교' 혹은 '치유 운동'이라 불릴 만했다.[55] 이 사실은 이른바 '역사적 예수 탐구'의 주제에 맞닿는다.

팔레스타인의 역사 속에서 사역하신 예수님의 가장 중요한 정체성은 용한 의사인가, 아니면 개인과 사회를 점진적으로 변혁하신 '공공 건강 전문가'(public health expert)인가?[56]

예수님이 구약이 예언한 주, 하나님의 아들, 그리스도이심을 제쳐두고 치유자라고 간주한다면, 눈을 감은 채 코끼리의 코만 만져보고 큰 그림을 그리는 격이다. 예수님은 사람의 영혼만 치유하시지 않고 악한 영을 제압하시고 육체를 치유하시며, 더 나아가 가족 관계 및 사회적 관계도 고치셨다(눅 7:11-17; 9:37-45; 17:11-19).[57] 그런데 사도행전과 달리 바울서신에서 바울은 기적적으로 치료하는 사람으로 거의 언급이 안 된다.

그 이유는 무엇인가?

(2013), 6-7.
53   구규창, "통전적 선교의 빛 안에서 바라본 통전적 치유목회의 새로운 패러다임," 51.
54   김승호, "선교적 경건(敬虔)으로 긍휼(Compassion)에 대한 성경신학적 고찰," 『신학지남』 87/3 (2020), 96, 108.
55   지금도 일부 아프리카 지역에서는 병원이 아니라 교회가 치료를 담당해야 한다고 믿는다. J. Beate, "Healing: An Essential Dimension of the Church's Mission," *Ogbomoso Journal of Theology* 18/1 (2013), 2.
56   Beate, "Healing," 9.
57   Van Wyk, "Finding a Place for Jesus as Healer in Reformed Mission in Africa," 6.

교회 밖의 미신적이고 이교적인 치유를 반대하기 위함인지, 바울이 치유를 통해 선교했지만 그것은 그의 서신에서 주요 논점이 아니었든지, 복음서나 사도행전과 달리 말씀 위주의 신앙생활을 강조하기 위함인지 정확히 알 수 없다.[58] 아마도 바울서신은 약한 가운데 주님의 강함이 나타남을 시종일관 강조하려는 의도 때문에, 바울이나 다른 사도의 치유 사역을 거의 언급하지 않은 것으로 보인다(고후 12:9-10).[59]

치유의 미래 종말론적 특성은 교회에게 위로가 된다. 질병과 썩음에 종노릇 하는 것은 옛 질서의 한 부분인데, 특히 범죄가 이런 긴장을 유발한다면(롬 8:21; 참고. 시 32; 38; 88), 기도하는 어린양의 종말론적 신부에게 더 이상 사망, 애곡, 아픈 것이 없을 것이다(고전 15:54; 계 21:4; 참고. 시 91:5-6; 13-16).[60]

하나님 나라와 복음을 대적하던 자들은 부귀영화가 사라지면 고통과 애곡에 빠지지만(계 18:15), 예수님은 자기 신부를 위로하시고 치료하신다(계 21:4).[61] 그리고 범죄와 저주에 빠진 열방을 치유하는 생명수 강과 생명나무 잎들은 교회의 치유 사역이 성령의 능력으로 온 세상에 펼쳐져야 함을 가르친다(계 22:2-3; 참고. 슥 14:11; 요 7:37).[62] 요한계시록 22장 2절의 회개한 열방이 경험하는 '건강한 시나리오'(healthy scenario)에 담긴 치유는 하나님과의 친밀한 교제가 회복되는 영적 치유는 물론 육체의 치유를 포함하기에, 어떤 굶주림이나 목마름도 없을 것이다.[63]

그리스도 사건에 근거하여 성령님은 교회와 지면을 새롭게 하시는 치유와 화해, 갱신과 선교의 영이시다(시 104:30; 행 2:17 이하; 고후 3:17 이하; 계 5:6).[64]

그렇다면 치유는 교회의 선교에서 부수적인가, 아니면 본질적 차원인가?[65]

---

58 참고. Stanley, "Paul and Asklepios," 303.
59 Dawson, "Perspectives on Healing in the New Testament," 230.
60 R. Hibbert, G. G. Harper, and E. Hibbert, "The Role of Divine Healing in Cross-Cultural Ministry," *Evangelical Review of Theology* 41/4 (2017), 348-50.
61 K. L. Gentry Jr., *The Divorce of Israel: A Redemptive-Historical Commentary on the Book of Revelation*, Volumes 2 (Dallas: Tolle Lege, 2017), 751-54.
62 Gentry Jr., *The Divorce of Israel*, Volumes 2, 812.
63 J. A. du Rand, *A-Z van Openbaring* (Vereeniging: CUM, 2007), 609.
64 K. Schäfer, "Come Holy Spirit, heal and reconcile!: Called in Christ to be Reconciling and Healing Communities." *International Review of Mission* 94/372 (2005), 142-43.
65 치유가 종말론적 천국을 현시하고 은사 활용하여 종말을 체험한다는 측면에서 예수님

지역 교회가 육신의 질병을 치유하는 것을 주요 사역으로 간주하지는 않지만, 치유를 위해 중요한 요소인 믿음을 전도로 심도록 애써야 한다. 그리고 교회 내의 보건의료 전문가들을 적절히 활용해야 한다.

3. 치유 사역의 공공선교적 특성

선교에서 말씀의 우선성은 늘 견지되어야 하므로, 치료는 복음의 선포를 위한 수단이다.[66]

코로나19 시대에 '공공의료 서비스'를 강화해야 한다는 필요성이 제기되었는데, 아쉽게도 의료 영역에서 안정적인 공동선을 확보할 수 있었던 공공의대 설립이 논의로 그치고 말았다. 그리스도인 개인의 치유를 넘어, 공적이면서도 선교적인 치유를 위한 노력은 중요하다. 예수 그리스도 안에서 성령님의 역사로써 구원의 은혜와 사랑으로 전쟁과 경제 불평등 그리고 인종 혐오와 같은 열국의 상처를 치유하는 교회의 선교가 필요하다(계 22:2).[67] 무엇보다 '성육신적 성령론'은 하나님의 구속을 기다리며 신음하는 생태계의 정의와 치유를 위한 성령론적 치유신학에 중요한데, 교회는 이런 성령의 에토스를 공유하여 선교해야 한다(롬 8:18-30).[68]

교회의 치유 사역은 영적 특성에 특화되어야 한다. 이를 위해 경건주의자들의 치료에 대한 논의를 참고할 필요가 있다. 경건주의자들은 의사의 치료를 존중하면서도 의사이신 예수님께 드리는 합심 기도가 환자의 영혼의 건강을 위해 유익하다고 보았다(참고. 집회서 38:1-7).

의 전인적인 치유로서의 구원(마 8:16-17; 10:7-8; 26:28; 벧전 2:24)에 비춰볼 때, 교회의 본질적 사역이라는 주장은 김동수, "신약성서에서 기적적 치유의 신학적 위치," 7, 10-12; Beate, "Healing," 2를 보라. 하지만, 예수님과 사도의 선교에 있어 치유는 항상 필요했던 요소는 아니었다.

66 Mashau, "Moving to Different Streams of Healing Praxis," 6.
67 G. Müller-Fahrenholz, "Healing the Wounds of the Nations: Towards a Common Mission of the Churches," *HTS Teologiese Studies* 56/2-3 (2000), 610, 612.
68 피조물의 고통에 함께 탄식하시는 성령님의 사역을 '하등 성령론'(low Pneumatology)이라 부를 수 있다. M. Wenk, "An Incarnational Pneumatology based on Romans 8.18-30: The Spirit as God's Solidarity with a Suffering Creation," *Religions* 13/3 (2022), 3-10.

경건주의 저작들은 질병을 눈먼 운명이라거나 우연을 통해 도래하는 것이라는 그릇된 입장에 반대해서 언제나 질병 가운데는 하나님의 손이 관찰된다고 주장했다. … 그분의 보혈은 구원과 치료를 위한 기적의 치료제가 된다. 질병과 죄의 재앙이 동일시된 것처럼, 보혈(피)-신비주의는 영혼의 의사이신 그리스도를 표현하는 경건주의의 핵심 주제가 되었다. 그리스도는 하나님이 죄인들에게 보내신 의사요, 치료제인 동시에 그분의 상흔은 모든 질병의 약국이자 치료의 원천이다.[69]

교회는 환자 개인의 치유나 영적 돌봄을 넘어서야 한다. 교회는 공공신학에 기반하여 하나님 나라의 샬롬이 도래하는 '건강 도시'(사회와 자연적 환경 등을 포괄하는 전인적 웰빙을 누리는 도시)를 형성하는 데 노력해야 한다(골 1:18-20).[70]

세계교회협의회(WCC)는 하나님의 선교에서 치유와 화해를 매우 강조하지만, 탈식민주의 관점에서 논하기에 사회복음의 요소를 여전히 견지한다.[71] 하지만, 진정한 치유와 화해에 있어, 성부의 사랑과 예수님의 십자가의 대속 그리고 성령님의 새롭게 하심이 핵심 사항이다(고후 5:18).[72] 그리고 그리스도인이 성만찬 예배를 통하여 화해와 치유를 경험해야만 '예전 이후의 예전'(liturgy after liturgy)이라는 선교가 가능하다.[73]

---

69 이은재, "질병과 치유: 경건주의의 신학적 질문," 『신학과 세계』 100 (2021), 87-88.
70 Grundmann, "Mission and Healing in Historical Perspective," 187; 조무성, "공적 신학 관점의 건강 도시와 샬롬 커뮤니티의 형성: 성남시 대형 교회의 사례 분석," 『신학과 실천』 38 (2014), 694-728.
71 N. S. Kang, "Towards Healing and Recognition of 'Regardless': Radicalizing Christian Mission for Today," *International Review of Mission* 94/374 (2005), 375-85.
72 P. Vassiliadis, "Healing and Reconciliation: A Challenge for Orthodox and Ecumenical Common Witness," *Greek Orthodox Theological Review* 51/1-4 (2006), 172, 176.
73 Vassiliadis, "Healing and Reconciliation," 179, 181.

나오면서

교회의 감동력과 영향력 그리고 미래는 생태와 사회 속에서 활동하는 사람의 영과 육을 어떻게 치료하느냐에 달려 있다고 해도 과언이 아니다.[74] 하나님의 은혜로써 치유 받은 선교적 교회는 세상 속에 은혜로 임하는 하나님 나라를 보여주어야 한다(마 10:8). 치유선교의 목표는 새 피조물이 예수님의 새 창조 사역, 곧 사망이나 애통하는 것이나 곡하는 것이나 아픈 것이 다시 없는 상태를 맛보도록 돕는 것이다(계 21:4-5).[75]

아래에서 교회 및 기독교 병원의 치유 사역을 위해 실제적 방향을 제안해 본다.

첫째, 치유 받은 공동체인 교회는 성령의 능력을 입어 세상을 치유하는 공동체(healing community)로 자리매김해야 한다(참고. 막 2:3-4). 지역 교회는 성경적 건강 교육과 생물·의학 윤리를 가르쳐야 하고, 특히 사탄과 죽음이라는 질병을 초래하는 영적 측면을 인지하고 대처해야 한다. 치유의 방법은 그리스도 안에서 경험하는 성령의 능력이며, 이때 복음과 기도와 긍휼의 사역을 간과할 수 없다. 성산 장기려가 남긴 명언처럼, 환자는 구약과 신약도 복용해야 한다.

둘째, 치유의 궁극적 목적은 하나님의 영광을 드러내는 선교다. 다시 말해, 선교지향적 기독교 가치를 따라, '소마-프쉬케'를 회복하여 '조에'를 얻도록 해야 한다. 이를 위해 중요한 접촉점은 교회가 '돌봄공동체'가 되어 사회의 다양한 약자를 섬기면서 공동선을 추구하는 것이다.[76]

---

74 Grundmann, "Mission and Healing in Historical Perspective," 185.
75 G. N. Cattermole, "Global Health: A New Paradigm for Medical Mission?" *Missiology* 49/2 (2021), 191.
76 1884년 이래로 조선에서 선교사들은 의료 선교를 통해 기독교에 호감을 가지게 만들고 공공보건사업에 힘썼다. 미국 북장로교 선교사 어을빈(Dr. C. H. Irvin)은 1909년에 부산시 감만동에 나환자 수용시설인 상애원과 상애교회를 건립했으며, 구라선교회의 도움을 받아 1910년에 조선 최초의 나병원을 개원했다. 그 후 스코틀랜드 출신 목사이자 의사인 맥켄지(J. N. Mackenzie, 1865-1956)는 어을빈을 이어 1912년부터 부산나병원을 맡아 28년간 헌신했는데, 그는 나환자에게 '우리 아버지', '경남의 주 하나님'이었다. 이가연, "호주 장로교의 부산 지역 의료 선교: 맥켄지의 부산나병원 운영과 부산부의 나환자 대책을 중심으로," 『역사와 경계』 121 (2021), 3, 6-7, 9. 오늘날 독일 개신교가 운영하는 의료기관 Diakonie와 천주교가 운영 중인 Caritas는 공공의료 선교의 모델과 같다.

셋째, 교회는 보건 서비스와 의료 기관과 분리되어 있기에, 치료 사역을 의료 기관에 전적으로 외주화(outsourcing)하고 있지 않는가?[77]

건강한 농어산촌 및 도시의 구현과 통전적 구원과 치유를 위해 지역 교회는 기독교 병원 및 단체와 협업하여 역할을 분담해야 한다.

넷째, 일부 선교지에 설립된 기독교 병원은 외국 선교 단체의 후원으로부터 자립하기 위해 진료비를 인상하다 보니, 빈자가 의료 서비스를 누리기 어렵게 되자 성경적 정의가 문제로 대두되었다.[78]

의료 기관을 운영하되 누구나 공평하게 접근이 가능한 공공의료의 정의를 어떻게 충족할 수 있는가?

재정이 아니라 하나님의 형상을 지닌 사람의 가치에 기반한 접근이 필요하다.[79]

다섯째, 치유신학(healing theology)은 교회가 주도하는 치유 선교(healing mission)와 기독교 기관이 수행하는 의료 선교(medical mission)에 기독교 신앙이라는 맥락에서 성경적 건강의 정의와 치료의 목적 등에 관한 통찰을 제시해야 한다.[80] 성경에서 질병의 원인을 찾을 때, 생물-의학적 요인은 물론 사회·경제·영적 정의와 평화가 왜곡되거나 결핍하여 기인한 경우가 더 많다면, 건강은 한 개인에게 질병이 없는 상태를 넘어 하나님의 (새) 창조의 원리에 따라 육체적·사회적·경제적·영적 웰빙이 어우러지는 역동적 상태다.[81]

범위를 좁혀, 선교적 교회는 성경의 화해와 치유의 내러티브로부터 피로사회에 만연한 트라우마, 우울, 슬픔, 분노를 어떻게 치료할 것인가?

여섯째, 기독교/교회의 의료 기관은 선교적 사명을 달성하기 위해, 재정 우선의 경영적 사고를 극복하고, 전인 치유를 위한 전문적인 인재를 양성하여 양질의 서비스를 제공해야 한다.

77　Beate, "Healing," 15.
78　Beate, "Healing," 4.
79　Beate, "Healing," 7.
80　Beate, "Healing," 4-5.
81　Beate, "Healing," 6.

기독교 병원이 우리 사회의 일반 병원에서 난무하는 탈세와 부적절한 의료 서비스의 제공, 부당한 의료비 청구 등을 근본적으로 일소하고 사회에 존재해야 할 가장 이상적 의료 기관으로서의 역할과 기능을 다함으로써 이 사회의 빛과 소금된 역할을 구체적으로 실천할 수 있다면 그 자체로서 우리 사회의 복음이 살아있다는 사실을 전파하는 기회를 가질 수 있을 것이다.[82]

이를 위해, 기독교선교병원 원목실의 사랑의 수고와 복음 전도가 중요하다. 그리고 재정과 인력을 갖춘 병원 인근의 지역 교회는 원목실 사역에 동참하여 환자가 퇴원 후에 신앙을 유지하도록 협력해야 한다.[83] 또한, 수익은 교육과 구제와 선교를 위해 다시 투자해야 한다.

일곱째, 선교적 교회는 그리스도인을 의료 영역에 파견하여, 비록 잠정적이고 부분적이기는 하지만 하나님의 통치의 표지인 치유와 자유와 온전함과 화해를 보여주는 사역을 감당하도록 해야 한다(미 6:8; 참고. BAM).[84] 치유하는 선교적(therapeutic-missional) 교회의 사역은 창조 세계 전체(예. 생태적 관심), 인생 전체(종교, 문화, 사회, 경제, 사회) 그리고 인간 전체(영과 육)를 아우른다.[85] 선교적 교회가 지구 가열화로 대변되는 기후 변화가 초래하는 다양한 질병에 대처하려면, 정부, 비정부기관 그리고 크리스천 전문가들의 협업은 필수다.[86]

여덟째, 특정 국가의 건강이 아니라 글로벌 건강(global health)을 추구하기 위해 세계의 보편교회는 단기-중기-장기적으로 협력해야 한다.[87] 코로나19는 세계의 의료 격차를 노출했고, 지구촌의 백신 보급과 방역에 협력이 중요함을

---

82 배성권·오창석, "기독교 세계관에서 본 한국기독병원의 방향," 『로고스 경영연구』 4/2 (2006), 38.
83 안승호. "지역 교회와의 협력을 통한 의료 선교 활성화 방향." 262.
84 Cattermole, "Global Health: A New Paradigm for Medical Mission?" 202; Isaak, "God's Mission as Praxis for Healing and Reconciliation," 323-24.
85 Isaak, "God's Mission as Praxis for Healing and Reconciliation," 325.
86 목회신학이 신앙을 전제로 하여 현장에서 벌어지는 사회문화적 현상을 집중적으로 분석한다면, 사회 속에서 감당해야 할 교회의 정체성과 목표를 정립하는데 기여할 것이다. 교회가 복음과 신앙으로 세상을 치유하도록 신학 분과들 간의 협업을 추구한다면, '공공-선교-목회학'이라는 통합적 패러다임을 시도할 필요가 있다. H. U. Ashby Jr., "Pastoral Theology as Public Theology: Participating in the Healing of Damaged and Damaging Cultures and Institutions," *Journal of Pastoral Theology* 10 (2000), 25-27.
87 Cattermole, "Global Health: A New Paradigm for Medical Mission?" 190.

인식시켰다.

 성장지상주의에 매몰된 교회와 치열한 경쟁 속에서 생존과 세속적 경영을 우선순위에 둔 자칭 기독교(미션) 대학과 기독병원은 정체성의 위기를 겪을 수밖에 없다. 이런 위기는 구성원들이 하나님 나라 구현을 위해 파송 받았다는 선교사적 직업 소명 마인드를 가지고 성경적 세계관과 신앙과 선교 지향성을 회복할 때만 가능하다.[88]

 예장 고신은 선교적 교회의 정체성과 사명을 인식하고 능력을 갖추기 전에 기독교(미션)대학과 기독교 병원의 덩치를 키우는 데 열중하여 현재 난관에 부딪힌 것은 아닌지 진솔하게 평가하고 가능한 해결책을 모색하고 실행해야 하지 않는가?[89]

 본 장은 '선교적 교회', '복음과 신앙의 활력이 회복된 기독교 대학' 그리고 '기독교 선교병원'으로 자리매김하여, 상생과 협력하는 것이 해답이라고 제안한다. 교회와 학교와 병원의 머리이신 예수 그리스도께서 남은 자로서 선교적 노력과 헌신을 아끼지 않은 구성원들을 기억하셔서 지금까지 보존해 오셨고, 그렇게 하실 것이다.[90]

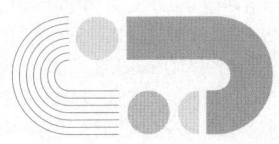

---

88 배성권·오창석, "기독교 세계관에서 본 한국기독병원의 방향," 39-40.
89 고신대학교는 '기독교 대학'을 지향하지만 안타깝게도 '미션대학'으로 변하고 있다. 기독교 대학의 이상을 구현하기 위해서는 선교적 교과과정을 수립하고, 기독 교직원과 학생들의 선교사화 및 불신 학생의 전도를 병행하는 '선교적 대학'을 추구해야 한다.
90 칼빈의 제네바교회는 집사를 통해 병원을 운영했다. 교회가 직분을 통하여 의료 선교 및 공동선을 추구한 예이다. 이런 종교개혁의 전통을 감안하면, 현대 교회가 기독 병원을 운영하고, 수익 창출을 통해 지속 가능한 봉사를 실천할 수 있을 것이다.

제8장

후기 식민주의 퀴어 신약해석에 대한 평가:
Jeremy Punt를 중심으로[1]

들어가면서

최근 퀴어신학 개론서에 이어, 퀴어 성경 주석이 한글로 번역 출판되었다.[2] 혹자는 이 주석이 전통적 역사비평이 놓친 본문의 의미를 찾아낸 기여가 있다고 평가한다.[3]

퀴어 지지자들 중 혹자는 성경 본문의 다중적 의미를 사전에 차단하면, 동성애 혐오(homophobic)는 물론 퀴어 혐오(queerphobic)가 조장된다고 주장한다.[4]

---

1   이 글은 『신약연구』 23/3 (2024), 507-550에 실린 논문을 보완한 것으로, 『신약연구』 편집위원회의 허락을 받아 사용한다.
2   The Queer Bible Commentary(2006; 한역 『퀴어 성서 주석 1-히브리성서』[2021])의 신약성경 집필진 15명(남성 9명, 여성 6명)은 다음과 같다. 마태복음은-골로새서(Thomas Bohache, Metropolitan Community Churches[이하 MCC], 미국 성공회신학교 Th.D. 게이 남성), 마가복음(Marchella Althaus-Reid, 에든버러대학교 교수, 여성), 누가-요한복음-에베소서(Robert E. Goss, MCC, 하버드대학교 Th.D, 남성), 사도행전(Thomas Bohache, Robert E. Goss, Mona West[MCC, 남침례신학교 Ph.D, 여성]), 로마서와 히브리서(Thomas Hanks, 컨콜디아신학교 Th.D. PCUSA 목사, 남성). 고린도전후서(H. E. Hearon, 크리스천신학교 교수, PCUSA 목사, 여성), 갈라디아서(Patrick S. Cheng, 성공회신학교 교수, MCC, 게이 남성), 데살로니가전후서(T. W. Jennings, 시카고신학교 교수, 양성애 남성), 목회서신(R. E. Goss, Kristen D. Krause[에덴신학교 교수, PCUSA목사, 여성]), 빌레몬서(Stephen Moore, MCC, 남성), 야고보서와 요한서신과 유다서(Louis William Countryman, 버클리교회신학교 교수, 남성), 베드로전후서(R. H. Gorsline, MCC, 남성), 요한계시록(T. Pippin[아그네스대학교 교수, 여성], J. M. Clark[위렌윌슨대학교 교수, 남성])이다. 따라서 이 주석의 신약은 MCC 소속(6명) 남성 목사 겸 신학자(9명)가 주도한다. 참고. D. Guest, R. E. Goss, M. West & T. Bohache (ed), The Queer Bible Commentary (London: SCM, 2006), vii-xii. 그리고 P. S. Cheng, 『급진적 사랑: 퀴어신학 개론』 (Radical Love: An Introduction to Queer Theology), 임유경·강주영 역 (고양: 무지개신학연구소, 2019)도 참고하라.
3   체스터대학교 P. Middleton, "The Queer Bible Commentary: Review," Theology & Sexuality 16/1 (2010), 113.
4   L. Menendez-Antuna, "Is There a Room for Queer Desires in the House of Biblical Scholar-

이런 해석학적이고 현실적인 흐름과 상황을 고려하여, 국내 퀴어 성경해석은 여성 구약학자들이 주도하고 있다.[5]

이에 대하여 개혁주의 조직신학 및 기독교윤리학에서 강력한 비판을 제기했다.[6] 그런데 퀴어신학이 인접 방법론인 페미니즘과 후기 식민주의 해석과 맞물려 있기에, 복합적인 분석과 비평이 요청된다. 넓은 의미의 개혁주의 진영에서 후기 식민주의 퀴어 신약해석을 주도하는 학자들 중 한 명은 남아공 화란개혁교회(이하 DRC) 소속 스텔렌보스대학교 신약학 교수 예레미 푼트(Jeremy A. Punt, b. 1962)다. 신약주해와 신약해석학으로 푼트를 적절히 비평한다면, 하나님의 포도원 안으로 들어와 거닐고 있는 퀴어신학과 후기 식민주의신학이라는 두 마리 여우의 정체를 밝혀 그런 흐름에 적절히 대응할 수 있다.

이 글의 목적은 푼트의 신약학 소논문들에 나타난 후기 식민주의 퀴어(postcolonial queer)해석을 신약주해를 통해 평가하는 것이다. 이를 위해, 먼저, 푼트의 후기 식민주의 퀴어 신약해석을 장르별로 소개하고, 푼트의 후기 식민주의 퀴어 해석의 입장과 특성을 분석하기 위해 최근의 퀴어 및 여성주의 주석들(*The Queer Bible Commentary*[2006], *The Women's Bible Commentary*[2012], *The IVP Women's Bible Commentary*[2002])의 해당 신약 주석과 비교한다. 그리고 푼트의 후기 식민주의 퀴어 해석에 나타난 전제, 방법 그리고 특징을 종합적으로 평가한다.

---

ship?" *Biblical Interpretation* 23 (2015), 402.

5 창 1-3장을 이성애 규범성이 아니라 무화과 나뭇잎으로 만든 유니섹스 의상에 주목하며, 혼돈에서 질서 있는 창조로, 흙에서 남성과 여성으로, 아담과 하와, 곧 둘에서 하나로 그리고 유토피아에서 디스토피아로 트랜스 된다는 퀴어 해석을 추구하는 감신대학교 유연희, "창세기 1-3장을 퀴어링하기," 『구약논단』 26/4 (2020), 196-216. 그리고 성경은 동성애를 인간 본성에 어긋나거나 죄라고 단정하지 않으며 성에 대해 낯선 개념을 제시하고, 고대 근동의 원시 안드로진 사상의 영향을 고려하여(잠 18:8 LXX) 아담과 하와는 안드로진의 연합이라는 이상을 이루어야 했다고 주장하는 한신대학교 이영미, "성서의 퀴어성과 해석의 다양성: 인간 창조(창 1:27; 2:7, 24) 본문을 중심으로," 『신학연구』 71 (2017), 37, 49-54.

6 이상원은 하나님의 창조 질서(창 1:27; 2:24)와 보편규범(레 18:22; 20:13)을 해치고 프로이드와 마르크스의 성해방과 혁명 전략을 접목하여 규범이 없는 성해방사회를 추구하고 삼위 하나님을 난교와 양성애를 나누는 분으로 간주하는 '신학적 쓰레기'와 같은 퀴어신학의 이단성을 강하게 비판한다. 이상원 외, 『개혁주의 입장에서 본 퀴어신학 비판』 (서울: 대한예수교장로회총회, 2020), 116-80을 보라.

1. 푼트의 후기 식민주의 퀴어 해석

푼트의 세부 전공인 바울서신에 대한 후기 식민주의 퀴어 해석을 살피기 전에, 그가 드물게 다루는 복음서와 요한계시록에 관한 그의 해석을 간략히 소개한다.

1) 푼트의 복음서와 요한계시록에 대한 후기 식민주의 퀴어 해석

(1) 복음서

푼트는 무엇보다 사회·역사적 상호텍스트성을 염두에 두면서, 복음서의 족보를 남성성과 권력이라는 로마제국주의 정치적 맥락에서 해석한다. 푼트는 누가복음 1-3장이 '신의 아들'과 '제국의 아버지'로 추앙 받던 황제가 통치하던 제국의 상황 속에서 정치적 함의를 가진 단어들을 의도적으로 사용한다고 본다(예. 하나님의 아들[1:32; 3:22], 그리스도[2:26]).[7] 다시 말해, 누가는 군사력이라는 남성성 위에 건설된 제국의 축소판 같은 황제 가문은 사람이라면 불완전하고 열등한 몸을 가진 여성이 아니라 강하고 이성적이며 덕스러운 남성과 같아야 한다는 제국의 이념을 보급한 그 당시 상황을 염두에 두었다.

푼트는 마태복음 1장 족보의 여성 5명은 후기 식민주의 퀴어 해석이 중요하게 여기는 변방과 주변성을 도드라지게 만든다고 보면서, 당시 남성 엘리트 위주의 위계질서와 지위를 다시 정의하도록 만든다고 본다.[8] 푼트는 복음서의 족보에 담긴 가부장적인 사회-정치적 의미를 아버지 아브라함의 역할보다는 하나님의 약속을 강조하는 갈라디아서 4장 21절-5장 1절과 대비한다. 푼트가 볼 때, 바울은 율법의 종이 아니라 자유하는 사라를 강조함으로써, 정복을 통해 사람을 종으로 삼던 당시 제국의 남성성 행태를 비판한다.[9] 이러한 족보의 정치적 해석은 기존의 구속사적 해석과 사뭇 다르다.

---

7   J. A. Punt, "Politics of Genealogies in the New Testament," *Neotestamentica* 47/2 (2013), 375, 379-80.

8   Punt, "Politics of Genealogies in the New Testament," 385.

9   J. A. Punt, "Writing Genealogies, Constructing Men: Masculinity and Lineage in the New Testament in Roman Times," *Neotestamentica* 48/2 (2014), 303, 305-308, 317-20.

복음서의 족보에 이어 푼트는 마가복음의 후기 식민주의적 읽기를 시도한다. 푼트가 볼 때, 마가복음의 저자와 그가 속한 공동체의 상황을 파악하려면, 무엇보다 제국의 사회·정치적 상황에서 벌어지던 권력 관계와 힘의 정치학에 주목해야 한다. 다른 신약성경처럼 마가복음은 중립적인 시간과 공간에서 산출되지 않았고, 무시간적 신학이나 윤리를 위한 보고로 축소될 수 없기 때문이다.[10] 푼트는 마가복음 5장 1-9절의 축귀 사역에서 로마군단을 가리키는 λεγιών(9절), 마가복음 7장 24-30절에서 이방인이자 여성이라는 수로보니게 여인의 혼종적 정체성, 마가복음 8장 34절-9장 1절에서 제국의 질서를 유지하기 위한 처형 방식인 십자가 그리고 마가복음 10장 32-45절에서 권력을 요구한 세베대의 두 아들에 대한 주님의 설명을 후기 식민주의로 해석하는 단초를 간단히 설명한다.[11]

(2) 요한계시록

푼트는 지금까지 요한계시록의 후기 식민주의 해석 및 경제·정치·종교적 비평은 다소 많이 시도되었지만, 젠더 이데올로기 비평은 적다고 평가한다.[12] 그는 요한계시록 17장 5절, 18절 4절과 24절을 큰 성 음녀인 로마제국의 '묵시적이고 폭력적인 자궁'의 이미지를 들어 그 당시 상황을 해석한다(참고. 사 48:20).[13] 다시 말해, 음녀의 폭력적 자궁은 제국의 식민 정책을 위해 자식을 낳는 'Baby(maker)lon'과 같은데, 이것은 새 창조와 생산을 하시는 하나님에 대한 패러디다(계 21:5).[14]

(3) 요약

푼트는 복음서의 족보의 언어와 인물에 묻어난 정치적 의미를 파헤쳐 중심과 주변화를 전복하고, 요한계시록의 음녀, 곧 로마제국의 체제의 참 모습을

---

10 J. A. Punt, "Teaching Mark through a Postcolonial Optic," *HTS Teologiese Studies* 71/1 (2015), 2-3.
11 Punt, "Teaching Mark through a Postcolonial Optic," 3-8.
12 J. A. Punt, "An Apocalyptic Womb?: The Great Harlot of Revelation 17-18," *African Journal of Gender and Religion* 26/2 (2020), 59.
13 Punt, "An Apocalyptic Womb?" 52, 55-56.
14 Punt, "An Apocalyptic Womb?" 57.

드러내어 하나님의 관점을 통해 반로마적 메시지를 찾는다. 그러나 계시록에 '자궁'이 나타나지 않기에, 푼트는 그런 이미지를 강압적으로 찾는다.

2) 푼트의 서신서에 대한 후기 식민주의 퀴어 해석

푼트는 바울서신 중에서 로마서와 고린도전후서 그리고 갈라디아서의 후기 식민주의 퀴어 해석에 집중한다.

(1) 로마서

푼트는 동성애 논의에서 뜨거운 감자인 로마서 1장 18-32절을 다음과 같이 해석한다. 그에 의하면 로마서 1장에서 동성애를 반대하는 전통주의자들은 동성애가 하나님의 뜻을 거스른다는 이성애 규범성(heteronormativity)을 지지하는 얇게 감추어진 확언(thinly veiled affirmation)에 호소한다. 그런데 이런 전통적 해석은 하나님에 대한 반역이라는 원인과 동성애라는 결과를 혼동하기에, 동성애는 이미 죄의 자연스러운 결과로 나타난다는 사실을 간과한다. 따라서, 사람이 동성애로써 하나님께 반역했다고 말한다면 원인과 결과를 뒤바꾼 것이 되고 만다.

성과 사회적 지위가 밀접했던 로마 세계에서 성관계를 삽입(penetration)과 동일시하는 것은 의미를 축소하는 것이 되고 만다. 로마서 1장 18-32절에서 유대인 출신 바울은 윤리 문제가 아니라 문화적 정결을 다룬다. 바울이 이방 세계에 사는 그리스도를 따르는 사람들의 정결에 관심을 두고 이방 불신자의 성행위를 반대한 것을 사실이지만(참고. 살전 4:3-6), 로마서 1장은 오늘날 동성애를 반대하기 위해 단순하고 직접적으로 인용할 수 있는 본문은 아니다. 그리고 푼트는 A.D. 1세기에는 찾아보기 어려운 하나님을 알 뿐 아니라 남을 해롭게 만들지 않는 레즈비언과 게이를 위한 특정한 규정을 로마서 1장이 제시하지 않는다고 주장한다.[15]

15　J. A. Punt, "Romans 1:18-32 amidst the Gay-Debate: Interpretative Options," *HTS Teologiese Studies* 63/3 (2007), 967, 977-78.

푼트는 우상 숭배가 부도덕한 성행위를 유발했음을 다루는 로마서 1장 18-32절과 솔로몬의 지혜서 14:12-14(c. B.C. 30)를 상호본문으로 연결하여, 종교와 정치가 결합한 1세기 상황에서 해석한다. 다시 말해, 남성화된 제국을 지지하는 참된 종교와 달리, 거짓 종교는 기존의 성 질서를 바꾸어 제국의 권위와 군사력을 약화시킬 뿐 아니라 어리석음과 혼란을 유발한다고 주장한다. 종교와 정치처럼, 도덕과 정치도 서로 섞여 있다. 남성성 윤리를 추구했던 로마제국에서 정치·경제 이슈를 남성적 특성과 덕을 따라 다루는 일은 도덕적인 것으로 여겨졌다. 바울과 솔로몬의 지혜서는 사회를 위험에 처하게 만드는 이방인들의 우상 숭배와 연관된 자연스런 성행위를 거스르는 '여성적 행동'(feminine behavior)을 비판한다. 로마의 시민권자는 동성애에서도 남성 역할을 수행한다면 명예를 지킬 수 있었다.

로마서 1장에서 바울은 이런 로마제국의 정치적인 비난의 수사학을 염두에 두고 활용함으로써, 로마 교회의 성도에게 새로운 윤리적 삶을 권면한다. 남성성을 특징으로 하는 로마제국은 식민지에 여성성을 부여함으로 그들의 도전을 물리치고 제국의 질서를 유지하려 했다(예. 유대아, 브리타니아, 갈라디아, 히스파니아).[16]

(2) 고린도전후서

고린도전서 7장 17-24절의 후기 식민주의 퀴어 해석에 앞서, 푼트는 1994년에 있었던 남아공의 제국주의적 인종 차별 정책을 펼친 백인 정권의 몰락과 '무지개 나라'의 새로운 사회·정치적 국면의 시작을 먼저 언급한다. 제국주의적 인종 차별을 반성하는 한 명의 백인 아프리카너로서 푼트는 1994년 이후로 제대로 개선되지 않는 상황(에이즈, 실업, 부패, 강도와 살인, 인종 및 부족 간 갈등, 문란한 성, 빈부 차, 일부 부족의 가부장적 문화)을 권력과 중간 단계의 모호한 경계성(liminality)이라는 관점에서 고린도전서 7장 17-24절을 해석한다.[17]

---

16 J. A. Punt, "Religion, Sex and Politics: Scripting Connections in Romans 1:18-32 and Wisdom 14:12-14," *HTS Teologiese Studies* 73/4 (2017), 3-7.

17 J. A. Punt, "1 Corinthians 7:17-24. Identity and Human Dignity amidst Power and Liminality," *Verbum et Ecclesia* 33/1 (2012), 1-3.

푼트가 볼 때, 고린도전서 7장 17-24절은 신앙심의 정도와 사회·경제적으로 다양한 형편에 처한 고린도 교인이 특정 상황에서 하나님의 소명을 따르는 삶을 다룬다. 종전에 고린도전서 7장 20절은 현상을 유지하면서 하나님의 소명을 따라 그리스도를 섬기라는 취지로 이해되어 왔다. 그러나 사회 해방적이며 기존 질서에 도전하는 해석은 '하나님의 부르심'에서 자신이 처한 사회적 위치와 차이에 주목한다(고전 7:17, 18, 20, 21, 22, 24).

바울에게 부르심은 하나님께서 주인이 되시는 자유로운 영역으로의 소명이다(참고. 고전 1:1, 2). 바울은 사회적 지위는 낮지만 하나님의 부르심의 은혜를 입은 거룩한 빈자와 약자를 특별히 중요하게 여긴다(고전 1:26-27; 7:21). 주인의 억압과 폭력이라는 취약한 처지에 있던 노예에게 자유로울 기회가 주어지면 활용해야 했다(7:21). 바울은 사람들의 종을 만드는 기존의 사회 질서의 변화를 꾀하는데, 하나님과 함께 사는 그리스도의 종이라는 지위가 중요하기 때문이다(7:22-24). 고린도 교회의 과도히 실현된 종말론은 노예와 빈자의 즉각적인 해방을 소망하고 행동으로 실천하게 만들었을 수 있다. 바울은 이런 상황을 염두에 둔 채, 유동적이고 경계적인 상황에서 '의도적으로 모호함'을 유지하면서 다각도로 독자를 설득한다. 성, 인종, 지위로 인해 초래된 주변화의 문제는 오직 그리스도 안에서 그리고 하나님의 부르심의 빛에서 비판되고 해석되어야 하기 때문이다.[18]

푼트는 고린도후서 10-13장을 해석하면서, 남성성이란 힘이 작동하여 정치적 이익을 발생시키는 의미의 체계라는 이념으로 이해한다. 남성성은 사회를 규정하는 격자(grid)로서 성과 사회적 역할을 규정하지만, 바울이 사용한 여성적 이미지에서 추론할 수 있듯이 반여성적 태도에서 기인한 것은 아니다(참고. 갈 4:19; 살전 2:7). 그런데 이런 남성성은 말솜씨와 성적 능력과 통제력으로 표현된다. 이런 맥락에서, 도마복음 114도 남성성을 사람이 도달해야 할 구원의 목표로 제시한다.[19]

---

[18] Punt, "1 Corinthians 7:17-24. Identity and Human Dignity amidst Power and Liminality," 5-7.

[19] J. A. Punt, "Mr Paul: Masculinity and Paul's Self-Presentation (2 Cor 11-13)," *In die Skriflig* 50/2 (2016), 2-3.

바울은 노예의 형편처럼 약함을 통하여 하나님 안에서 새로운 강함을 논함으로써, 제국의 권력 이념과 개념에 도전한다(고후 10:10; 12:5, 10; 13:3-4). 바울은 몸이 찢기신 예수님처럼, 남을 지배하기보다 섬기는 것을 남을 통제하는 새로운 방식을 역설적으로 제시한다.[20]

(3) 갈라디아서와 베드로전서

갈라디아서 3장 28절을 후기 식민주의 퀴어로 해석하기 전에, 푼트는 자신의 해석 원칙과 방식을 먼저 소개한다. 개인이나 공동체의 일상을 규정하고 통제하는 성과 젠더에 나타난 정치적 차원은 그들의 정체성을 밝히기 위한 퀴어 비평에 궁극적으로 의존하는 것은 아닌데, 이는 후기 식민주의 해석이 본문 안에 담긴 헤게모니-정치적 구조와 요소들을 파악하는 유일한 방법이 아닌 것과 유사하다. 하지만, 퀴어 비평과 후기 식민주의 해석은 본문 안에서 젠더와 성이 구성되는 이유와 작동하는 방식을 비롯하여, 정치적인 가정, 영향, 결과 그리고 식민주의의 강자에 의해 만들어진 모호한 정체성을 분석하는 데 적절하다.[21] 그러므로 바울의 이념적 매트릭스 안에 작동하는 권력과 사회를 통제하는 개념에 주목하면서, 본문의 사회·정치·젠더적 함의를 찾아야 한다.

푼트는 갈라디아서의 형제 됨과 젠더, 노예를 당시의 가족 관점에서 다룬다. A.D. 1세기 로마제국에서 아이와 마찬가지로 노예는 이성, 성숙함, 젠더가 없는, 온전하지 못한 존재였다. 교회를 가상의 가족(fictive family)으로 규정하는 바울은 자신을 그리스도의 노예로 간주하면서(갈 5:13; 6:17), 11회에 걸쳐 '형제'(갈 5:13)도 언급한다. 갈라디아서 3장 28절은 젠더 포괄적인 진술로써 하나님 가족의 결속력을 강화한다(갈 6:10). 로마제국의 경제적 기득권을 떠받치던 노예 제도를 염두에 둔 채, 바울은 그리스도인은 노예처럼 서로를 섬겨야 한다고 역설적으로 말한다(갈 5:13).[22]

---

20 Punt, "Mr Paul," 7-9.
21 J. A. Punt, "Power and Liminality, Sex and Gender, and Gal 3:28: A Postcolonial, Queer Reading of an Influential Text," *Neotestamentica* 44/1 (2010), 142.
22 J. A. Punt, "Pauline Brotherhood, Gender and Slaves: Fragile Fraternity in Galatians," *Neotestamentica* 47/1 (2013), 151-61.

갈라디아서 3장 28절에 대해 푼트는 기존 해석을 부정하지 않지만, 다른 접근을 활용하여 그것을 넘어서려 한다.[23] 바울은 세례문답이었던 이 구절을 활용하여, 조화롭고 다문화적 공동체를 이루기 위해, 인종과 계층, 성과 젠더의 자유를 촉진한다.[24]

성과 젠더 이슈와 관련하여, 로마제국주의는 개인과 가정을 넘어 사회·정치 영역을 위계질서가 작동하는 몸으로 간주했다.[25] 갈라디아서 3장28절은 종말에 여성과 남성의 구분이 사라져 '안드로진'(Androgyne)이 될 것이라는 고대 사상을 반영한다.[26] 안드로진 종말론에 따르면, 여성은 안드로진이 되어갈수록 더 남성화되어 보완되기에, 갈라디아서 3장 28절은 성 평등이 아니라 양성의 보완성을 가르친다. 그럼에도 이 구절은 성의 경계가 사라져야 한다고 말하는 대신 급진적 남성됨(radicalised maleness)을 교훈하면서, 세례를 받은 여성이 완전한 남성성으로 간주된 하나님의 형상 안으로 들어가는 것을 가르친다.[27] 여기서 바울은 여성의 열등성과 성불평등이라는 현실을 염두에 두고, 로마제국이 관습과 전통으로 설정한 성, 젠더, 권력의 경계를 넘어선다.[28]

갈라디아서 3장 28에 관한 전통적 해석은 인종, 계층, 성의 차이가 예수님 안에서 사라졌다는 사실을 강조하지만, 당시 상황이 만들어낸 갈등은 간과한다.[29] 바울은 세례 문구를 활용하여 적어도 어느 정도는 정체성(도시, 가정)에 대한 전통적 자료를 퀴어링하는데, 정체성과 공동체의 조화에 대한 새로운 자료는 다름 아니라 그리스도의 남성 몸(the male body of Christ)임을 밝힌다.[30]

푼트는 갈라디아서 3장 28장의 빛에서 볼 때, 3장 26절과 4장 7절의 '아들'(υἱός)이 하나님의 자녀인 남성과 여성 모두를 포함한다고 이해한다. 여기서 '아들'의 남성 이미지는 당시 법적인 관행, 즉 재산은 아버지에게서 아들로 넘어감을 반영한 것이다. 그러나 성령께서 만드신 새 공동체에서는 남성과

---

23 Punt, "Power and Liminality, Sex and Gender, and Gal 3:28," 147.
24 Punt, "Power and Liminality, Sex and Gender, and Gal 3:28," 144, 147.
25 Punt, "Power and Liminality, Sex and Gender, and Gal 3:28," 151.
26 Punt, "Power and Liminality, Sex and Gender, and Gal 3:28," 152.
27 Punt, "Power and Liminality, Sex and Gender, and Gal 3:28," 154.
28 Punt, "Power and Liminality, Sex and Gender, and Gal 3:28," 156-57.
29 Punt, "Power and Liminality, Sex and Gender, and Gal 3:28," 161.
30 Punt, "Power and Liminality, Sex and Gender, and Gal 3:28," 162.

여성 모두 약속을 상속한다.³¹

푼트는 갈라디아서 4장 21절-5장 1절에서 족장의 아내는 하나님의 약속을 성취하는 수단이라고 풍유적으로 해석한다. 아내를 팔아 버릴 정도로 잔인하고 힘센 남성, 아브라함 같은 남편으로부터 버림받은 하갈은 모든 삶의 영역에서 제국주의의 억압을 받아 버림받은 여성들을 연상시킨다. 그럼에도 바울이 언약과 영적인 계보를 밝히기 위해, 창세기의 아브라함과 사라 그리고 하갈의 내러티브를 풍유적으로 해석하려고 집중하는 것을 본문 주해 시에 놓치지 말아야 한다.³²

푼트는 갈라디아서 4장 21절-5장 1절과 베드로전서 3장 6절을 연결한다. 사라는 남편 아브라함의 안전을 위해서 팔릴 뻔한 희생자였지만, 여종 하갈을 통해 자신의 이익을 챙기고 약자를 희생자로 만든 여인이기도 하다(창 12, 20; 참고. 롬 4:19; 9:6-9; 히 11:11). '약속'이라는 알레고리의 관점에서 볼 때, 수치스런 불임 상태의 사라는 결국 자유하는 여인으로 신자의 어머니가 되었다(갈 4:21-5:1). 한편, 베드로는 가정 규례에서 이방의 적대적 사회에 거주했던 사라를 불신 남편을 전도해야 할 신자 아내의 선행에 관한 이상적인 모델로 제시한다(벧전 3:6).

그런데 구약에서 늙은 아브라함은 사라의 '주'였지만, 사라는 남편에게 순종하는 모습을 보이는가?(창 16:2, 6; 18:12; 21:12; 22:1-19)

베드로는 사라가 아들 이삭을 죽는 데 내어줄 정도로 그리고 남편 아브라함에게 버림받을 정도로 특정 경우에 순종적인 여인임을 염두에 두었을 수 있다(창 12; 20; 22:1-19).³³

(4) 요약

푼트는 로마서 1장의 범죄 결과인 동성애를 하나님에 대한 반역으로 간주하여 비판하는 전통적인 해석에 반대하고, 지혜서 14장 12-14절과의 상호본

---

31 Kroeger & Evans (ed), *The IVP Women's Bible Commentary*, 686.
32 J. A. Punt, "Revealing Rereading Part 2: Paul and the Wives of the Father of Faith in Galatians 4:21-5:1," *Neotestamentica* 40/1 (2006), 107-108, 111-13.
33 J. A. Punt, "Subverting Sarah in the New Testament: Galatians 4 and 1 Peter 3," *Scriptura* 96 (2007), 455-62.

문적 해석을 통해 남성성 중심의 제국 이데올로기와 윤리를 비판한다. 그리고 고린도전서 7장 17-24절에서 하나님의 부르심의 다양성과 모호성을 인정하며, 바울이 고린도후서 10-13장에서 남성성으로 특정된 로마제국의 이념적 수사학을 활용해, 하나님의 관점에서 약함 중에 강함을 역설적으로 논증한다고 본다. 갈라디아서 3장 28절에서 제국이 설정한 경계가 사라지는 자유를 강조하고, 4장 21절-5장 1절을 베드로전서 3장 6절과 상호본문적으로 자유하는 여성 사라를 퀴어적으로 해석한다.

2. 푼트의 후기 식민주의 퀴어 해석과 The Queer Bible Commentary(2006, 이하 QBC), The Women's Bible Commentary(2012, 이하 TWBC) 그리고 The IVP Women's Bible Commentary(2002, 이하 IVPWBC) 비교

여기서는 퀴어 해석이 선호하는 신약의 모든 구절이 아니라, 푼트가 연구한 본문을 중심으로 QBC, TWBC 그리고 IVPWBC와 비교한다.

1) 복음서와 요한계시록

(1) 복음서

푼트의 족보에 담긴 정치적 수사학은 정당하며, 마가복음의 후기 식민주의적 해석은 어느 정도 지지를 받는가?

QBC의 마태복음 1장과 누가복음 3장 족보 해석은 다음과 같다. 독자반응비평을 지지하면서 시리아의 마태공동체가 저항문서로 기록한 마태복음의 지정학 및 제국주의 배경을 살핀다(참고. 워렌 카터, 리차드 호슬리). 2003년에 보하체는 누가복음 3장 족보의 역사성을 믿지 않고 공동체의 기발한 상상력의 결과물로 간주하면서 퀴어 해석을 시도했다.[34]

---

34 Guest, Goss, West & Bohache (ed), *The Queer Bible Commentary*, 493.

족보와 예수님의 유아 기사를 비롯한 성경 이야기는 하나님의 계시적 진리를 담아내지만, 그렇다고 역사적 사실에 근거하지는 않는다.[35] 마태복음 1장의 구약의 네 여성, 요셉에 가려진 가상의 희생자(virtual victim)지만 예수님을 출산한 마리아는 모두 가부장제에 이질적인(heteropatriarchal) 기대를 일삼았다(예. 시아버지와 왕 그리고 유력한 남성을 유혹함으로).[36] 그런데 게럴드 웨스트(G. West) 등에 따르면, 예수님이 출생하신 베들레헴과 같은 로마제국의 주변화된 식민지는 후기 식민주의 신학과 그리스도인의 사역과 윤리를 위한 '도약판'과 같기에 퀴어가 대상이 아니라 주체가 되도록 도와야 한다(눅 2:1).[37]

TWBC의 족보 해석은 다음과 같다. 마태복음 1장 족보의 다말, 라합, 룻, 밧세바와 마리아는 죄인들이 아니다(참고. 마 1:21). 유대 문헌과 신약의 다른 책들도 이 여인들을 죄인으로 언급하지 않는다. 족보의 주 관심 사항이 죄 자체였다면, 이 족보의 많은 남성이 후보자로 더 적격이다. 룻같은 이방 여인은 마태복음의 이방인 선교를 예고한다(마 28:19). 라합(수 6:25)과 다말(창 38:26) 그리고 룻(룻 1:5)은 취약한 여성들이지만, 의롭고 지혜와 충성심이 있으며 믿음으로써 환대를 실천한 긍정적 모델이다.[38]

IVPWBC는 마태복음 1장의 족보가 남성은 물론, 여성도 하나님의 사랑 덕분에 과거의 부정과 무가치로부터 구원을 받아, 예수님에게 무한히 가치 있는 존재로 탈바꿈했다. 그리고 예수님은 자신을 죄인과 동일시하시기를 부끄러워하지 않으신다고 설명한다.[39]

35　Guest, Goss, West & Bohache (ed), *The Queer Bible Commentary*, 493.
36　Guest, Goss, West & Bohache (ed), *The Queer Bible Commentary*, 495.
37　G. West, C. van der Walt & J. K. Kapya, "When Faith does Violence: Reimagining Engagement between Churches and LGBTI Groups on Homophobia in Africa," *HTS Teologiese Studies* 72/1 (2016), 2.
38　C. A. Newsom, S. H. Ringe and J. E. Lapsley (ed), *The Women's Bible Commentary*, Revised and Updated ed (Louisville: WJK, 2012), 677.
39　Kroeger & Evans (ed), *The IVP Women's Bible Commentary*, 522. 참고로 QBC는 마 8:6의 백부장의 παῖς, 곧 종이 아니라 동성애 파트너를 예수님께서 동성애를 비판하시지 않고 치료해주셨다고 본다. 예수님은 백부장의 믿음을 칭찬하셨는데(마 8:10), 그의 믿음은 사랑하는 사람을 위해서 조롱과 거절을 감수하고 용감하고 간절하게 희생을 감내하는 태도다. 그런데 TWBC는 마 8:5-13을 해석하면서, 마태가 유대 제의에 참여할 수 없는 주변화된 이방인을 초점화한다고 본다. 그런데 예수님의 사역 덕분에(마 8:17) 마태복음은 포괄적인 공동체를 지지하기에 이방인들은 주변화되지 않는다(예. 동방박사들, 백부장, 빌라도, 빌라도의 아내, 전도될 이방인들[마 28:19]). 따라서 QBC와 달리 TWBC는 백부

앞에서 살핀 대로, 푼트의 마가복음에 대한 후기 식민주의 해석은 상세하지 않다. 따라서, 여기서 푼트와 세 주석을 간단히 비교한다. 푼트는 마가복음 5장 1-9절의 축귀 사역인 λεγιών을 후기 식민주의로 해석하는데, QBC는 이 단락을 주해하지 않는다. TWBC는 마가복음의 농촌 수신자들은 λεγιών의 파멸을 통해 로마 군대의 파멸을 기대했을 것이라고 주석한다.[40] 그리고 IVPWBC는 구약의 여호와의 사역을 이어가시는 예수님의 권위를 드러내는 사역이라고 해석한다.[41]

푼트는 마가복음 7장 24-30절의 수로보니게 여인이 가진 이방인 및 여성과 같은 혼종적 정체성을 후기 식민주의로 설명하는데, QBC는 이 단락을 주해하지 않는다. TWBC는 하나님 나라의 포괄성에 대한 교훈을 담은 사건이라고 본다.[42] 그리고 IVPWBC는 마가의 이방인 선교에 대한 관심을 위해 포함된 수로보니게 여인 사건에서 성과 인종의 경계를 넘어선 그녀가 마가복음에서 예수님을 유일하게 '주'(막 7:28)로 고백한다는 긍정적 사실에 주목한다.[43]

푼트는 마가복음 8장 34절-9장 1절에서 팍스 로마나를 위한 수단인 십자가 처형을 후기 식민주의로 해석하여 반제국적 제자도를 찾는데, QBC는 이 단락을 주해하지 않는다. TWBC는 자기를 부인하고 십자가를 지는 것은 기

장의 게이 종이라는 젠더 해석을 피한다. 그리고 IVPWBC에 따르면, 예수님은 유대인 전도를 명하셨지만(마 10:5-6), 정작 마 8:5-13에서 이방 백부장을 칭찬하셨다. 이를 통해, 예수님은 이방인이 아브라함과 함께 천국에 앉을 것을 교훈하셨다(마 8:11). QBC와 달리 IVPWBC는 παῖς가 백부장의 동성 파트너라는 암시는 없다. 마태복음에서 사용된 단어들을 해석할 때, '문화적' 맥락보다 중요한 것은 '본문의 문맥'이다. 그리고 여기서 본문의 일차적 배경은 동성애를 죄악시했던 유대 문화기에, 친동성애 성향의 그레코-로마 배경은 이차적이다. 마태복음의 1차 독자가 유대인 출신 그리스도인이므로 παῖς를 그 당시 그레코-로마의 문화적 배경에서 해석하는 것은 부차적인 것을 우선시 하는 우를 범하게 된다. 그리고 상호본문인 눅 7:2-3이 일관되게 '노예'(δοῦλος)를 사용하고, 로맨스나 성 그리고 젠더에 대한 언급이 없는 점은 중요하게 고려해야 할 사항이다. 참고. Guest, Goss, West & Bohache (ed), *The Queer Bible Commentary*, 16; Newsom, Ringe and Lapsley (ed), *The Women's Bible Commentary*, 470-71; Kroeger & Evans (ed), *The IVP Women's Bible Commentary*, 528; 채영삼, "동성애, 혼돈속의 사랑," 『생명과 말씀』 14 (2016), 157; C. B. Zeichmann, "Rethinking the Gay Centurion: Sexual Exceptionalism, National Exceptionalism in Readings of Matthew 8:5-13/Luke 7:1-10," *Bible & Critical Theory* 11/1 (2015), 36.

40 Newsom, Ringe and Lapsley (ed), *The Women's Bible Commentary*, 483.
41 Kroeger & Evans (ed), *The IVP Women's Bible Commentary*, 554.
42 Newsom, Ringe and Lapsley (ed), *The Women's Bible Commentary*, 484.
43 Kroeger & Evans (ed), *The IVP Women's Bible Commentary*, 555.

존 질서와 권력자에게 굴복하라는 의미가 아니라, 섬김으로써 그것에 저항하라는 의미이자, 주님의 십자가 수난 예고는 제자들의 수난에 대한 예고이기도 하다고 본다. 그리고 십자가는 로마제국의 기존 질서와 위계를 허무는 자들을 위한 처형 도구였다.[44] 그리고 IVPWBC는 이 단락은 주님의 대속의 죽음을 오해하던 제자들에게 십자가의 제자도에 관한 교훈이라 간단히 언급한다.[45]

푼트는 마가복음 10장 32-45절의 세베대의 두 아들의 요구를 반 권위적 견지에서 상대화한다는 후기 식민주의 관점으로 해석하는데, QBC는 이 단락을 주해하지 않는다. 하지만, QBC는 관련된 구절을 주해하면서, 예수님께서 십자가에서 죽으심으로 메시아의 사역은 종결되었고, 잉여 인간처럼 시장에서 평가 절하되어 '해고된 하나님'(unemployed God)이 되었다고 보며, 예수님은 커밍아웃한 '하나님의 퀴어 아들'(queer son of God)로서 동성인 가룟 유다의 입맞춤을 받았지만 버림받아 비참하게 죽었으나, 퀴어 하나님은 부활하여 퀴어들 가운데 현존한다고 해석한다.[46]

TWBC는 예수님은 미래의 아버지 하나님의 영역에서 야고보와 요한에게 명예를 줄 권한을 가지고 있지 않으며, 예수님은 이방 로마제국에서 권세자들이 기득권을 유지하기 위해 약자를 억누르는 관행과 달리, 자신보다 어려운 사람들을 섬기는 제자도를 가르치셨다고 본다.[47] 그리고 IVPWBC는 세 번째 수난 예고 단락에서 주님은 고난당하는 메시아로서 자신의 정체성과 섬김의 제자도를 오해하던 제자들을 교훈하는 내용이라고 간단하게 설명한다.[48]

---

44 Newsom, Ringe and Lapsley (ed), *The Women's Bible Commentary*, 846.
45 Kroeger & Evans (ed), *The IVP Women's Bible Commentary*, 555.
46 참고로 QBC에 따르면, 막 5:1-20의 무덤에 거한 악령 들린 자는 가난하고 집이 없는 퀴어를 가리키며, 5절에서 돌로써 자기 몸을 해친 것은 퀴어가 섹스나 약물 혹은 알코올을 사용하는 것이라고 본다. Guest, Goss, West & Bohache (ed), *The Queer Bible Commentary*, 520, 523-25; E. A. Thomas, "Tales from the Crypt: A Same Gender Loving (SGL) Reading of Mark 5:1-20-Backwards," *Journal of the Interdenominational Theological Center* 41 (2015), 46-51.
47 Newsom, Ringe and Lapsley (ed), *The Women's Bible Commentary*, 487-88.
48 Kroeger & Evans (ed), *The IVP Women's Bible Commentary*, 556.

(2) 요한계시록

푼트는 요한계시록 17-18장에서 음녀의 묵시적 자궁을 찾는다. 그는 명사 '자궁'(κοιλία, 참고. 요 3:4)이 등장하지 않음에도 불구하고 그런 이미지를 상정하여, 후기 식민주의와 젠더 이데올로기로 본문을 과도히 그리고 침묵으로부터 논증하여 읽는다. 또 푼트는 '음녀'의 구약 상호본문을 찾지 않는다(예. 겔 16).

QBC에 따르면, 무저갱에서 올라온 동성애를 일삼은 짐승(계 11:7)이 죽였던 요한계시록 11장의 두 남자 증인은 동성 커플인데 하나님께서 그들을 신원해 주셨다.[49] 요한계시록 7장과 14장의 144,000명은 어린양의 동정(virginal) 노예로 유대인 총각들 혹은 게이들이다.[50] 그런데 새 예루살렘 성에 들어갈 144,000명은 성욕이 없어 발기가 되지 않고 거세된 엑스 게이다.[51] "내가 속히 가리라"와 "주여 속히 오시옵소서"(계 22:17, 20)는 오르가즘에 열광한 여흥을 위한 외침이다.[52] 요한계시록에서 음녀 바벨론은 초대 교회를 박해하던 로마제국을 가리키는데, 이를 적용하면 오늘날 게이들의 목적은 더 많은 성행위를 통해 음녀 바벨론이 되는 것이다.[53]

TWBC에 따르면, 음녀 바벨론은 전사인 여신 로마(Roma)를 가리킨다. 이 음녀는 왕들, 상인들, 선원들에게 집단 성폭행을 당한다(계 17:16; 18:9, 17). 이런 해석은 미국의 섹스 노동자들을 남성 폭력의 희생자들인 이 음녀와 동일시한다.[54] 그런데 여기서 TWBC를 간략히 비평하면, 요한계시록 내러티브에 따르면, 왕들, 상인들, 선원들은 음녀를 집단으로 강간하지 않았으며, 하나님의 심판을 받은 음녀를 위하여 애통하며 노래를 불렀다.

---

49 Guest, Goss, West & Bohache (ed), *The Queer Bible Commentary*, 757.
50 Guest, Goss, West & Bohache (ed), *The Queer Bible Commentary*, 759, 761.
51 Guest, Goss, West & Bohache (ed), *The Queer Bible Commentary*, 761-62.
52 Guest, Goss, West & Bohache (ed), *The Queer Bible Commentary*, 763.
53 참고로 미국 남부의 바이블 벨트의 기독교 근본주의자를 혐오하면서, 계시록의 음녀와 666을 통해 음경 숭배와 마귀의 정액 이미지로 에이즈 퇴치를 시도한 퀴어 전위 예술도 있다. Guest, Goss, West & Bohache (ed), *The Queer Bible Commentary*, 763; L. R. Huber, "Pulling Down the Sky: Envisioning the Apocalypse with Keith Haring and William S. Burrough," *Association for Religion and Intellectual Life* 62/2 (2019), 292-98.
54 Newsom, Ringe and Lapsley (ed), *The Women's Bible Commentary*, 629-30.

IVPWBC는 요한계시록 17-18장이 음녀 바벨론을 통해 여성을 부정적으로 묘사할 의도를 가지지 않는다고 본다. 음녀는 구약의 여호와의 불신실한 아내인 이스라엘에 대한 확장된 신약 이미지로서 신실한 교회를 가리키는 신부의 반대 이미지다. 로마제국을 가리키는 음녀의 미혹하는 이미지는 사람들을 용과 짐승들과 교제하도록 부추긴다.[55]

2) 바울서신

(1) 로마서

푼트는 로마서 1장의 동성애의 전통적 해석에 의문을 제기하며, 바울서신은 오늘날 동성애에 대해 해답을 제공하지 않는다고 주장한다. 푼트처럼 DRC 소속의 프레토리아대학교 구약학 교수 헤리 스네이만(G. Snyman)은 이전에 시간제약적(time-bound)이라고 간주된 본문을 해체하고, 본문의 상황이 아니라 해석자의 선입견이 더 작용한 시간지향적(time-oriented) 해석을 비판하며 동성애 및 퀴어 해석을 지지한다.[56]

QBC에 따르면, 로마서의 '의'는 약자, 성소수자, 여성과 같이 억눌린 자를 하나님께서 은혜로 받아들여서 해방시키는 정의다.[57] 그리고 로마서 1장 26, 28절의 "그들(이방인들)을 내버려 두신다"는 죄가 아니라 벌에 내어주셨다는 뜻이다. 바울은 24절에서 이방인의 동성애 관습을 가리키는 '몸을 욕되게 함'을 우상 숭배, 곧 불결(ἀκαθαρσία)에 대한 징벌로 본다. 그러나 불결 자체가 반드시 죄는 아니다. 바울은 이방인 남자들을 성욕이 지나쳐 당황스럽고 억제할 수 없을 정도라고 비난한다. 그들은 성욕이 지나쳐 여자들을 성적으로 '자연스럽게' '사용하는' 것을 포기했다. 여기서 바울은 여자가 남자의 쾌락에 적절한 도구라는 유대인의 사고를 반영한다. 성욕이 지나친 이방인 남성의 강요 때문에 수치스럽게 여성 역할을 하는 남자가 발생했다.[58]

55　Kroeger & Evans (ed), *The IVP Women's Bible ommentary*, 830.
56　G. Snyman, "Homoseksualiteit en Tydgerigtheid: 'N Etiek van Bybellees?" *In die Skriflig* 40/4 (2006), 720-21, 741.
57　Guest, Goss, West, & Bohache (eds), *The Queer Bible Commentary*, 584.
58　Guest, Goss, West, & Bohache (eds), *The Queer Bible Commentary*, 9.

로마서 1장에서 바울이 이방인의 성적 관습을 비판할 때 레위기 18장과 20장의 율법의 문자를 의존하지 않는다. 부드러운 남자를 가리키는 μαλακός는 동성애적이건 이성애적이건, 남성이 여성처럼 행동하여 남성성에 오류를 보인 것을 가리킨다(참고. 고전 6:9).[59] 그리고 로마서 1장 26절은 레즈비언의 성관계를 가리키기보다, 성관계에 미친 이방인 여성이 낯선 상대들과 음부 성관계가 아닌 구강이나 항문과 같은 변태적인 성관계를 추구한다는 의미다.[60]

로마서 1장 24-27절에서 바울의 주 관심은 성 파트너의 젠더가 아니라 제10계명을 어긴 과도한 욕망인데(출 20:17), 다시 말해 주 관심은 잘못된 방향의 욕망이 아니라 과도한 욕망이다. 그레코-로마 세계에서 정욕(ἐπιθυμία)은 여성의 특징으로(롬 1:24), 남성의 자제력이 결핍된 상태다. 나중에 바울은 이 여성의 수치스러운 욕망을 여러 차례 더 다룬다(롬 6:12-13; 7:7-8; 13:8-10, 13).[61] 그리고 로마서 1장 28절의 "그들을 타락한 마음에 내버려두다"에서 바울은 성적인 불결을 피하는 것을 종교적 의무가 아니라 개인적 혹은 집단적 취향의 문제로 본다. 바울은 타락한 마음에서 나오는 반사회적 악의 목록에 동성애를 포함하지 않지만, 이방인 남성이 남자다운 자제력을 발휘하지 못한 것은 비판한다.[62]

TWBC에 따르면, 로마서 1장의 주요 논지는 하나님과 인류의 관계일 뿐, 성관계에 대한 교훈은 아니다. 하나님은 범죄한 인간이 욕망을 따르며 살도록 넘겨주셨다(롬 1:24, 26, 28). 바울은 동성애를 죄로 규정하기보다, 하나님의 실재와 능력을 무시한 죄의 증상이며 결과로 본다. 그리고 바울은 창조 질서의 관점에서 남녀를 만드신 하나님의 뜻을 거스르는 동성애를 수용할 수 없는 것으로 간주하여 비판한다. 따라서, 바울은 부자연스러운 동성애를 성적 지향이나 성적 정체성으로 인정하지 않는다. 그러나 자기 의에 충만한 사람들이 동성애자들을 정죄하고 공동체에서 제외시키는 것은 주의해야 한다(롬 2:1).[63]

---

59   Guest, Goss, West, & Bohache (eds), *The Queer Bible Commentary*, 12.
60   Guest, Goss, West, & Bohache (eds), *The Queer Bible Commentary*, 10.
61   Guest, Goss, West, & Bohache (eds), *The Queer Bible Commentary*, 585-86.
62   Guest, Goss, West, & Bohache (eds), *The Queer Bible Commentary*, 10.
63   Newsom, Ringe and Lapsley (ed), *The Women's Bible Commentary*, 551-52.

IVPWBC에 따르면, 레즈비언의 동성애는 고고학적 증거가 있다. 예를 들어, 로마의 여신 데메테르(Demeter)축제에 참가하려면 호모에로틱 행위를 해야 했고, 디오니수스 제의가 이탈리아에 소개되었을 때도 동성애가 동반되었다.[64] 그리고 로마서 1장 18절 이하에서 바울은 당시의 문화에 무조건적으로 복종하여 동성애를 비판한 것은 아니다. 그 당시 남색(pederasty)은 느슨하게 불법이었지만 동성애는 용인되었다. 바울은 그 당시 로마의 문화 관습이 아니라 레위기 18장과 20장에 근거하여 동성애를 비판한다. 26절의 부자연스러움은 레즈비언을 가리킨다.[65]

바울은 로마서 1장에서 드물게 등장하는 창세기 1장 27절의 단어를 사용하는데, 여자는 θῆλυς고 남자는 ἄρσην이다(참고. 마 19:4; 막 10:6). 성은 예수님과 교회의 관계처럼 남녀의 언약 관계 안에서 시행되어야 한다. 바울은 선천적인 성적 지향을 인정하지 않는다. 따라서, 동성애에 관한 바울의 비판은 성적 지향자에게는 부적절하다고 말할 수 없다.[66]

(2) 고린도전후서

푼트는 고린도전서 7장 17-24절에서 하나님의 부르심의 다양성과 모호성 그리고 경계성을 인정하면서, 제국의 기존 질서에 의해 주변화된 거룩한 빈자와 약자를 중심으로 옮겨간다.

QBC에 따르면, 고린도전서 7장에 등장하는 독신은 로마제국과 유대교에서 영적 훈련으로 인정받았다. 이런 관습에서 본다면, 독신의 은사가 없는 남성은 성적 부도덕을 저지르지 않기 위해, 결혼할 처녀로 하여금 자신의 육체적이며 영적인 자율성을 꺾도록 만들어야 한다(고전 7:36-38).[67]

TWBC에 따르면, 고린도전서 7장 17-24절은 고린도 교회의 일부 사람들의 독신과 같은 금욕주의적 태도(고전 7:1)에 대해 하나의 선택 사항이 아니라 다양한 선택을 가리킨다. 독신의 은사가 없는 사람은 성적 만족 등을 위해서

---

64 Kroeger & Evans (ed), *The IVP Women's Bible Commentary*, 631.
65 Kroeger & Evans (ed), *The IVP Women's Bible Commentary*, 631.
66 Kroeger & Evans (ed), *The IVP Women's Bible Commentary*, 631-32. 이와 유사하게, 채영삼은 롬 1장에서 동성애가 심각한 이유는 우상 숭배와 창조 질서가 파괴된 증상이자 하나님의 통치를 거스르기 때문으로 본다. 채영삼, "동성애, 혼돈 속의 사랑," 149-50, 153.
67 Guest, Goss, West, & Bohache (eds), *The Queer Bible Commentary*, 608-609, 615.

결혼해야 한다(고전 7:9). 로마제국에서 결혼은 신부의 아버지가 결정하는 것처럼 가부장적 관습 하에 이루어졌지만, 바울은 독신의 은사를 가진 여성의 독신 결정을 인정하며 결혼한 부부가 성적 파트너로서 동등함도 인정한다. 바울의 결혼과 이혼에 대한 관점은 보수적 윤리와 남성적 관점을 견지한다.[68]

IVPWBC에 따르면, 고린도전서 7장 7절의 독신의 은사는 '차선책'인데, 그것은 다른 관계보다 예수님에게 집중하기 위한 의지적이며 즐거운 결정이다(마 19:29; 눅 14:26-27).[69]

바울은 은사와 은사를 가진 지체를 구분하되 분리하지 않는다. QBC에 따르면, 고린도전서 12장 14절의 몸은 사회적 통일성(unity)의 상징인데, 몸의 생명을 위협하는 위계 구조를 타파하고 지체들의 상호 의존성은 다양성을 인지하고 즐길 때 가능하다. 사회가 퀴어를 구성원, 즉 지체로 인정한다면, 그 사회는 더 강해질 것이다.[70] 이와 유사하게 퀴어와 상황적 기독론을 지지하는 쳉에 따르면, 예수님의 몸에 퀴어 그리스도인 지체를 포함하여 많은 지체가 있기에 머리이신 예수님도 퀴어다(고전 12:14).[71]

TWBC에 따르면, 바울은 고린도전서 12장의 몸 은유를 통해 여자도 성령의 은사를 가지고 있는 지체이므로 기존의 남성 중심의 위계질서에 도전하지만, 로마제국은 그 은유로써 위계질서를 강화했다.

세례 문구를 배경으로 하는 고린도전서 12장 13절은 갈라디아서 3장 28절처럼 예수님 안에서 한 성령을 마신 남자와 여자의 구분을 없애는가?

고린도전서 12장 13절에서 남자와 여자를 언급하지 않은 이유는 고린도전서 11장에서 여자는 숄을 써야 한다고 권면했기 때문이다. 그러나 여자도 한 성령을 마셔 그리스도의 몸의 지체요 은사를 받은 것은 분명하다.[72]

IVPWBC에 따르면, 고린도전서 12장 14절 이하에서 바울은 성에 관해 놀라운 진술을 한다. 감추어진 지체인 생식기(genitals)는 가장 심오한 명예와 존경을 위해 가치가 있다. 은밀한 부분(private part)은 αἰδοῖον(수치스런 지체들)이

---

68 Newsom, Ringe and Lapsley (ed), *The Women's Bible Commentary*, 559-60.
69 Kroeger & Evans (ed), *The IVP Women's Bible Commentary*, 635.
70 Guest, Goss, West, & Bohache (eds), *The Queer Bible Commentary*, 611.
71 Cheng, 『무지개신학』, 221.
72 Newsom, Ringe and Lapsley (ed), *The Women's Bible Commentary*, 563-64.

라 불렸는데, 어원인 αἰδώς는 명예와 존경을 가리킨다. 몸의 은밀한 지체들은 성적 구분은 물론, 즐거움과 친밀감 그리고 교제와 출산을 위해 감추어져 있다.[73] 이를 간단히 비평하면, 신약성경에 명사 αἰδοῖον은 등장하지 않는다.

푼트는 고린도후서 10-13장에서 남성성을 이상으로 삼는 로마제국의 수사학을 나름대로 활용하여 역설적으로 약함 중의 수사학으로 해석한다.

QBC에 따르면, 고린도후서 10-13장은 예수님처럼 바울도 약함 중에 하나님의 능력으로 강하게 됨을 밝힌다(고후 1:9; 12:9; 13:4). 그레코-로마 세계에서 남성이 타인을 위해 고통과 죽음을 감내하는 것은 자신의 고상하고 용감한 남성성을 지키는 것이었다. 바울이 교회를 위해 자신이 약함을 설명하는 것도 유사하다. 그러나 오늘날 남성만 고난을 감내하며 명예롭게 헌신할 수 있다는 의미로 축소하지 않아야 한다. 오늘날 주변화된 여성들은 남성성을 강화하기보다 성전환을 택할 수 있다. 할례와 무할례가 중요하지 않다고 믿은 바울은 자신이 할례 받은 히브리인임을 궁극적으로 자랑하지 않는다(고후 11:22, 30). 마찬가지로 퀴어들이 이성애자가 되어야 하나님을 믿을 수 있다는 주장은 어불성설이다.[74]

TWBC에 따르면, 바울은 순회 전도하던 경쟁자들부터 남성성이 떨어진, 약한 자라는 수치를 당했다. 이에 맞서 바울은 역설과 비꼼이라는 수사학적 기법을 동원하여(고후 12:11-13 등), 고린도후서 10-13장의 약함을 통한 강함을 십자가 지신 예수님을 모델로 삼아 논증한다. 십자가의 역설적 관점에서 바울의 약함은 참 사도의 표지이며 수치가 아니다(고전 12:10).[75]

IVPWBC에 따르면, 고린도후서 10-13장에서 바울은 경쟁자들처럼 자기를 칭찬하지 않고 예수님의 온유함을 닮는다(고전 10:12). 바울은 하나님께서 주시는 힘만 자랑한다. 그런데 오늘날 여성이 은사를 활용할 지위나 기회를 얻지 못하는 경우가 많다. 에덴동산의 뱀처럼 고린도 교인들을 미혹하는 경쟁자들과 거짓 선생들에 맞서(고후 11:3), 바울은 속아 넘어간 여성 하와를 통해 고린도의 남자와 여자 모두에게 교훈을 준다. 그런데 오늘날 바울의 라이벌처럼 자신의 권한과 지위를 오용하는 남성 목회자들을 지적하지 못하는 경우가 적

---

73 Kroeger & Evans (ed), *The IVP Women's Bible Commentary*, 661.
74 Guest, Goss, West, & Bohache (eds), *The Queer Bible Commentary*, 620-21.
75 Newsom, Ringe and Lapsley (ed), *The Women's Bible Commentary*, 568-69.

지 않다. 이것은 바울이 감내하라고 권면한 내용이 아니다. 하나님의 능력을 약함 중에 경험한 바울에게 육체의 가시, 곧 사탄의 사자는 바울의 성욕을 자극한 여성이라는 남성 중심적인 해석은 본문의 근거를 확보하지 못한 채 여성을 비판하려는 잘못된 시도다(고후 12:7, 10).[76]

(3) 갈라디아서와 베드로전서

푼트는 갈라디아서 3장 28절에서 제국이 설정한 경계가 예수님 안에서 사라져서 자유가 임할 것을 강조한다.

QBC에 따르면, 갈라디아서 3장 28절은 퀴어 크리스천에게 특별히 중요한데, 남성과 남성의 항문 성교를 금하는 모세 율법(레 18:22; 20:13)에서 해방되었기 때문이다. 급진적인 평등(equality) 때문에 이제는 비동성애자(straight)와 퀴어의 구분도 없으며, 어떤 젠더(양성, 간성 등 모두 허용됨)가 되고 사랑하든 상관없다.[77] 이와 비슷하게, 로페즈(D. C. Lopez)는 바울은 비남성적으로 그리스도와 함께 못 박힌 후(갈 2:19), 제국의 지배적 이미지와 달리 약하게 되었다고 고백하면서(갈 4:13) 자신을 싱글 맘처럼 소개한다고 주장한다(갈 4:19).[78]

TWBC에 따르면, 갈라디아서 3장 28절에서 유대인과 헬라인, 종과 자유자를 연결하는 부정어와 접속사(οὐκ οὐδὲ)가 남자와 여자를 연결하는 부정어와 접속사(οὐκ καὶ)와 다른 점에 잘 주목하지 않는다(참고. 접속사를 구분하여 번역하는 NRSV). 이 구절은 5가지로 해석된다.

첫째, 모든 성 차별과 성 구분이 철폐되었다는 순진한 해석이다.
둘째, 이성적인 남성과 감성적인 여성으로 나뉘어 분열을 겪는 인간들은 세례의 구원의 은혜를 통하여 화합한다.
셋째, 바울은 당시의 남녀 상황을 언급하지 않고, 창조 당시, 곧 타락하기 전의 남녀의 동등성을 회상한다(창 1:27-28; 3:16).

---

76 Kroeger & Evans (ed), *The IVP Women's Bible Commentary*, 672-74.
77 Guest, Goss, West, & Bohache (eds), *The Queer Bible Commentary*, 626-27.
78 D. C. Lopez, "Paul, Gentiles, and Gender Paradigms," *Union Seminary Quarterly Review* 59/3-4 (2005), 103.

넷째, 미래에 모든 갈등이 사라질 것을 예고한다. 그리고 그리스도인은 그것을 현재 선취할 수 있다.

다섯째, 바울 당시의 상황과 무관하게, 요한계시록 21장 1절-22장 5절과 같이 먼 미래의 새롭고 변혁된 상황을 언급한다.[79]

IVPWBC에 따르면, 갈라디아서 3장 28절에서 바울은 세례 문구를 활용하여 구약의 할례와 달리 이제 남자와 여자 모두 세례로 그리스도의 옷을 입었다고 설명한다. 이제 인종, 성, 지위는 새 언약공동체의 정체성을 결정할 때 중요하지 않고 초월되어야 한다. 그리고 갈라디아서 3장 28절에서 볼 때, 그 당시 아들이 아버지의 재산을 상속했던 관습을 반영한 3장 26절과 4장 7절에서 '아들'에는 여성 그리스도인도 포함되어야 한다.[80]

푼트는 갈라디아서 4장 21절-5장 1절을 베드로전서 3장 6절과 연결하여, 자유하는 여성인 사라의 다중적인 특성과 풍유적 의미를 찾는다.

QBC에 따르면, 갈라디아서 4장 21절-5장 1절은 이전에 이스마엘과 같았던 자들이 예수님의 오심으로써 아브라함의 상속자인 이삭처럼 하나님의 양자가 되었다고 밝힌다(갈 4:5).[81] 갈라디아서 5장 1절의 율법의 '노예의 멍에'(ζυγός δουλείας)는 우파 근본주의자들의 성적 율법주의(sexual legalism), 비퀴어가 퀴어와 연대함으로써 그들의 정체성이 드러날까 봐 두려워하는 것, 성소수자(퀴어) 안에 참된 다양성을 방해하고 분리하는 이념적 율법주의를 가리킨다. 하나님의 은혜로 상속자가 된 퀴어는 주변으로부터 중심이 없는 중심지로 옮겨졌다.[82]

TWBC에 따르면, 갈라디아서 4장 21절-5장 1절의 두 여자, 사라와 하갈은 가부장적 내러티브에서 모계의 중요성을 설명한다. 아내 사라와 첩 하갈을 둔 아브라함은 유대인과 그리스도인, 무슬림의 공통 조상이다. 거절당한 하갈은 인종, 성, 경제적 이유 등으로 차별 받는 모든 여성의 영웅과 같다. 성경의 독자들은 예수님이 하갈처럼 배척 당하던 자들을 구원하셨음을 잘 알고

---

79 Newsom, Ringe and Lapsley (ed), *The Women's Bible Commentary*, 572-73.
80 Kroeger & Evans (ed), *The IVP Women's Bible Commentary*, 685-86.
81 Guest, Goss, West, & Bohache (eds), *The Queer Bible Commentary*, 627.
82 Guest, Goss, West, & Bohache (eds), *The Queer Bible Commentary*, 627.

있다.[83]

IVPWBC에 따르면, 갈라디아서 4장 21절 -5장 1절에서 바울은 율법 아래 살고자 하는 자들에게 출생 언어를 활용하여 권면한다. 이 단락에서 바울은 갈라디아 교회의 영적 계보를 아버지 아브라함이 아닌, 어머니와 연결한다(참고. 창 16:1-17:15; 21:1-21). 바울은 자유한 여인 사라와 여종 하갈을 대조함으로써, 그리스도를 믿는 하나님의 약속의 언약과 모세 언약을 대조한다. 바울은 혈통적 유대인은 사라와 연결되고 혈통적 이방인은 하갈과 연결된다고 가르친 거짓 선생들을 반박한다. 여종, 곧 율법을 따라 난 자들이 자유한 여자, 곧 성령을 따라 새 창조된 자들을 박해하지만(갈 6:15), 여종과 그녀의 아들은 내쫓아야 한다(30절).[84]

QBC에 따르면, 베드로전서 3장 1-7절 가정 규례의 저자는 베드로가 아니라 백인 게이와 같은 인물인데, 자신의 전문적이고 공동체적 지위를 상실하지 않으려고 변호하는 내용이다. 아내는 억압하는 남편에게 복종하라는 말을 퀴어시킴으로써 여성을 해방해야 한다.[85]

TWBC에 따르면, 베드로전서 3장 1-7절에서 주인과 종의 관계는 남편과 아내 관계의 유비가 된다. 남자-남편처럼 제사장 나라가 된 여성 그리스도인은 '왜 남편에게 복종해야 하는가'라고 물을 수 있다. 그러나 아내는 불신 남편에게 순종하며 복음을 전하는 것이 하나님의 택함 받은 자신의 책무임을 깨달았을 것이다. 그러나 페미니스트들은 창세기에 복합적인 인물로 소개된 하갈을 남편에게 복종하라는 모델로 제시하는 베드로전서 3장의 논리에 다양한 의문을 제기한다.[86] IVPWBC에 따르면, 베드로전서 3장 1-6절의 아내에게 준 가정 규례에서, 신자 아내의 정결하고 두려워하는 행실은 불신 남편의 구원을 위한 것이다. 음란한 시대에 성적 정결은 칭찬받을 일이다. 바울 당시에 남편은 아내로부터 정절, 존경 그리고 예의를 받을 권리를 가지고 있었다. 이런 요소들은 아내가 남편을 전도할 도구였다.[87]

83　Newsom, Ringe and Lapsley (ed), *The Women's Bible Commentary*, 573-74.
84　Kroeger & Evans (ed), *The IVP Women's Bible Commentary*, 686-87.
85　Guest, Goss, West, & Bohache (eds), *The Queer Bible Commentary*, 732.
86　Newsom, Ringe and Lapsley (ed), *The Women's Bible Commentary*, 618.
87　Kroeger & Evans (ed), *The IVP Women's Bible Commentary*, 784-85.

3) 요약

푼트는 IVPWBCP의 전통적 해석을 배격하지 않지만, 자신의 후기 식민주의 퀴어 해석에는 거의 반영하지 않는다. 그리고 그는 QBC에 동의하기도 하지만(고후 10-13; 갈 3:28), 과도한 페미니즘 퀴어 해석과 종종 차이를 보인다(롬 1; 갈 4:21-5:1; 벧전 3:1-7; 계 17-18). 푼트는 TWBC와 맥을 같이하기도 하지만(고후 12-13; 벧전 3:1-6), 반퀴어적 해석에 동의하지 않는 경우도 있다(예. 롬 1).

3. 푼트의 후기 식민주의 퀴어 해석에 대한 평가

푼트에 의하면, 페미니즘과 후기 식민주의는 퀴어 해석에 영향을 준 중요한 두 가지 해석이며, 퀴어 해석은 후기 식민주의와 페미니즘 해석에게 피드백을 제공하는데, 이 세 해석은 기존의 이성애 규범성에 의문을 제기하고 공정된 젠더 정체성과 퀴어를 향한 문화적 편견을 거부한다.[88]

구체적으로 페미니즘 퀴어는 이성애적 가부장제와 제국주의를 동전의 양면으로 간주한다. 스텔렌보스대학교는 DRC의 기관이다. 그런데 푼트의 후기 식민주의 퀴어 해석은 역사적 개혁주의에 어느 정도 충실한지 여부는 그의 전제, 방법 그리고 특징을 분석함으로 알 수 있다.

1) 푼트의 후기 식민주의 퀴어 해석의 전제

성경해석의 전제는 그 사람의 성경관을 통해 쉽게 확인된다. 푼트는 제2성전기의 유대교와 그레코-로마 세계를 배경으로 하는 신약성경을 매우 정치적인 배경과 성격을 가진 문서로 본다. 그는 기독교가 신약성경의 정치적·군사적 차원과 특성을 영적화(spiritualisation)하거나 지워버림으로써 성경을 무(無) 혹은 탈(脫)문맥화된 신앙과 신학을 위한 백과사전식 지침서로 만들어 버렸

---

[88] J. A. Punt, "Review: Postcolonial Feminist Interpretation of the Bible-A South African Perspective and Comments," *Scriptura* 92 (2006), 282.

고, 성경과 기독교는 게토처럼 되었다고 평가한다. 그는 성경을 비정치화, 비유대화, 비군사화하지 못하도록 저항할 것을 촉구한다.[89]

푼트는 후기 식민주의 퀴어 해석을 통해, 성과 젠더 이슈를 성소수자나 남성과 여성의 관계에 국한하기보다 제국주의가 지배한, 신약성경이 기록될 당시의 전체 사회 구조로 확대한다. 푼트는 이전의 정경으로서의 하나님의 말씀이며 교회의 본문으로서 확정적이고 고정적인 말씀의 의미를 담은 저수지와 같은 성경관으로부터 역동적이고 관계적이며 (본문 앞의 세계의) 이념적인 관점으로 전환되었다고 주장하는 동시에 그는 성경의 권위가 부정될 수 없으며, 간학문적 비교 연구도 배제할 수 없다고 인정한다. 푼트는 후기 식민주의 페미니즘이 성경의 권위를 해체하거나 다른 본문을 성경과 대등하게 상호본문으로 다루는 점에 우려를 표하지만, 그 방법론이 성경의 역사성을 부인한 점에 대해서는 해석학적으로 가능하다면서 긍정한다(예. M. W. Dube가 여리고의 라합의 역사성을 부정).[90]

그리고 푼트는 과거의 역사비평 해석에 비해 독자와 이념 중심의 상이한 성경 이해가 작동하기에 다른 결론을 도출한다고 본다.[91] 푼트는 문법·역사적 해석으로 분명히 드러난 본문의 의미는 현대 독자의 사회·정치·경제·종교적 관점과 대화하면서 '다른 의미'를 산출한다고 본다.[92] 실제로 푼트가 속한 DRC는 역사비평을 넘어 독자비평과 이념비평을 수용한다. 무엇보다 그는 성경을 성령이 영감하신 말씀이라기보다 제국주의 시대 그리스도인의 수용으로 인한 문화적 산물로 격하시킴으로써 정통 성경관에서 이탈한다. 그리고 성경의 역사성을 부정하고 독자의 이념을 따른 해석을 지지하면서 저자가 의도한 의미와 다른 의미를 찾으려고 시도하는 것은 해체주의나 상대주의의 전제와 방법에 가깝다.

---

89 J. A. Punt, "The New Testament as Political Documents," *Scriptura* 116/1 (2017), 2-8.
90 참고. Punt, "Review: Postcolonial Feminist Interpretation of the Bible-A South African Perspective and Comments," 285-86.
91 J. A. Punt, "What are Authoritative Scriptures?" *Religion and Theology* 26/1-2 (2019), 52-71; "The Bible, Its Status and African Christian Theologies: Foundational Document or Stumbling Block?" *Religion & Theology* 53/1 (1998), 266-71.
92 Punt, "The Bible, Its Status and African Christian Theologies," 280-81, 290.

푼트의 주장과 달리, 현대의 특정 상황에 있는 독자는 본문의 '다른 의미'를 만들기보다 '적용'하는 것으로 보아야 한다. 왜냐하면, 본문의 의미는 저자와 본문 그리고 1차 독자의 대화 속에서 산출되기 때문이다.

푼트의 상대주의적 성경관과 포스트모던 해석의 전제와 방법은 그의 성경 번역에도 영향을 미친다. 푼트에게 문화는 특정 지역에 거주하는 사람들을 위해 의미와 권력을 산출하고 유통하는 역동적이며 논쟁적인 과정이므로, 문화 연구는 간학문적인 이론과 이념 그리고 정치 프로젝트와 같다.[93] 그의 포스트모던 해석 경향 안에 명료하고 객관적이며 중립적인 의미는 자리 잡을 여지가 없으며, 성경 번역에서도 저자가 의도한 단어의 의미를 타 언어로 번역하기보다, 페미니즘과 같은 이념비평에 따라 성 정체성과 역할을 번역에 반영해야 한다고 주장한다.

예를 들면, 로마서 16장 1절의 뵈뵈는 διάκονος, 즉 여집사(deaconess)가 아니라 그 이상의 의미인 사도의 동역자(coworker)나 사역자(minister)다.[94] 또 로마서 1장 26절의 πάθος ἀτιμίας는 '잘못된 방향(disoriented)의 욕망'이 아니라, 만족하지 못해 절제 되지 않은 '과도한 욕망'(inordinate)을 가리킨다.[95] 그리고 푼트는 ἀρσενοκοίτης와 μαλακός(고전 6:9; 딤전 1:10)를 번역할 때, 성적으로 모욕을 주는 번역이 아니라(예. Sodomites[NRSV], sexual perverter[RSV]), 윤리적 책임성과 인권을 존중하는 번역이 필요하다고 본다(예. man-sleeper, pansies).[96] 그러나 푼트의 주장과 달리 성경 번역에서 성 이데올로기가 아니라 그 단어가 속한 전후 문맥을 존중하는 것이 무엇보다 중요하다.

아파르트헤이트 트라우마로 식민주의나 제국주의에 매우 민감한 남아공의 상황에서 이념비평과 의심의 해석학에 근거한 후기 식민주의 해석을 선택하면서, 푼트는 라틴계로서 미국에서 활동 중인 세고비아(F. F. Segovia)의 정의에

---

93 J. A. Punt, "(Con)figuring Gender in Bible Translation: Cultural, Translational and Gender Critical Intersections," *HTS Teologiese Studies* 70/1 (2014), 3.

94 Punt, "(Con)figuring Gender in Bible Translation: Cultural, Translational and Gender Critical Intersections," 4-5.

95 Punt, "(Con)figuring Gender in Bible Translation: Cultural, Translational and Gender Critical Intersections," 7-8.

96 Punt, "(Con)figuring Gender in Bible Translation: Cultural, Translational and Gender Critical Intersections," 9.

동의한다. 다시 말해, 후기 식민주의 성경 연구는 제국주의와 식민주의가 영향을 미쳐 새로운 제국주의와 새로운 식민주의가 남아 있는 곳의 관점에서 제국주의 담론과 관행에 대한 이념적 반성이다(참고. 리차드 홀슬리).[97]

푼트는 후기 식민주의 해석이 이전의 해방신학적 흑인신학의 기여를 인정해야 한다고 보는데, 후자는 압제자와 피압제자의 사회·정치적 관계에서 나온 산물임을 인정하지만, 성경을 흑인신학자 자신들의 사회·정치·경제적 경험 아래에 두는 것은 아니라고 하면서 긍정적으로 평가한다.[98]

푼트에게 후기 식민주의 해석은 폭넓은 정치적 문제에 관심을 둠으로써 흑인신학을 반복하기보다, 흑인신학이 봉착한 아프리카-흑인 성경 연구에서 상이한 해석학적 패러다임과 같은 문제를 '의심의 해석학과 회복의 해석학'을 통해 문화와 정체성 그리고 제국 권력의 표상(representation) 등을 강조함으로써 돌파하도록 돕는 것이다.[99]

후기 식민주의 퀴어신학과 마찬가지로 남아공의 해방신학적 흑인신학은 퀴어를 억압하는 것을 아파르트헤이트의 잔재이자 척결 대상이라고 보며, 교회는 모든 종류의 약자와 소수자의 편에 서야 한다고 주장한다(예. A. A. Boesak, Belhar Confession).[100] 푼트의 이런 주장처럼, 2000년 이후 남아공의 공공신학이 서구의 공공신학과 달리 해방신학적 특성을 지닌 점은 흑인신학 때문인데, 후기 식민주의도 이 특징을 공유한다. 실제로 2015년에 스텔렌보스대학교 신학과 베이어스 나우데(Beyers Naude)공공신학센터는 교회의 현상에 도전하면서 퀴어를 위한 세미나를 공동으로 개최한 바 있다.[101]

성경을 해방과 정치 투쟁을 위한 문서로 삼는 것은 무엇보다 푼트의 정치 해방적 성경관에서 기인한다. 푼트에 따르면, 후기 식민주의 해석은 이념비

---

97 J. A. Punt, "Postcolonial Biblical Criticism in South Africa: Some Mind and Road Mapping," (Paper read at NTSSA 2002), 60.
98 J. A. Punt, "Why not Postcolonial Biblical Criticism in (South) Africa: Stating the Obvious or Looking for the Impossible?" *Scriptura* 91 (2006), 64.
99 Punt, "Why not Postcolonial Biblical Criticism in (South) Africa," 64-65.
100 G. A. Duncan, "Positioning LGBTIQ as the Human Sexuality Agenda for Black Theology of Liberation: Reflection on Vuyani Vellem's Black Theology of Liberation," *HTS Teologiese Studies* 76/3 (2020), 9-10.
101 West, Van der Walt & Kapya, "When Faith does Violence," 3.

평의 한 형태인데, 해석자가 서 있는 사회·정치적 상황을 매우 중요하게 간주한다. 그러나 동시에 후기 식민주의 해석은 특별히 식민지화된 단어의 의미를 비움으로써, 제국주의자에게 억압받는 피지배인의 형편을 살피는 식민주의 전략을 통해 침묵하는 타자에 대해 진술한다는 점에서 단순한 이념비평은 아니다.[102]

푼트에게 가장 큰 우산은 이념비평이고, 중간 우산은 후기 식민주의이며, 작은 우산은 퀴어다. 푼트는 묵시적 사상을 후기 식민주의 퀴어 해석에 접목한다. 이를 위해 바울을 예로 들면서, 푼트는 바울이 당시 제국주의의 자유와 질서 개념과 다른 그리스도의 새 창조, 천국의 자유 개념 그리고 질서와 체제를 영적화하지 않았으며, 그것을 일차적으로 교회 안에서 구현하도록 만든 후에 더 넓은 사회·정치적 맥락에서 제시했다고 본다.[103] 그는 바울의 이런 해석이 오늘날 후기 식민주의 퀴어 해석자들에게 사회적 분석을 통해 노예와 여자와 다른 성적 지향자와 타 종교인들을 포용하도록 만든다는 데 반대하지 않는다. 따라서, 여기서 푼트는 심지어 종교혼합주의의 여지를 남겨둔다.

쉬슬러 피오렌자(E. Schüssler-Fiorenza)의 해석의 윤리성에 동의하면서 푼트는 해석학적 윤리와 책임성을 갖추어 게이를 해석하려면, 다른 전제나 해석방식에 개방적인 태도를 견지하고, 시대착오적 해석이나 자기중심적 해석을 지양하며, 분명한 의미를 찾을 수 있다는 자신감 대신에 간학제적으로 접근해야 한다고 주장한다.[104] 간단히 평가하면, 이것은 포스트모던의 전형적인 해석방식이다.

이상에서 살핀 푼트의 후기 식민주의 퀴어신학의 전제는 쳉(P. S. Cheng)과 몇 가지 측면에서 결을 같이하는 듯하다. 쳉은 퀴어신학을 LGBTIQ가 섹슈얼리티와 젠더에 대한 사회적 통념과 생물학적 성에 따른 정체성과 센터 정체성이라는 이분법에 맞서면서 하나님에 관해 말하는 것으로 정의한다.[105] 그리

---

102 Punt, "Postcolonial Biblical Criticism in South Africa," 63.
103 J. A. Punt, "Towards a Postcolonial Reading of Freedom in Paul," in *Reading the Bible in the Global Village: Cape Town*, ed. A. Masoga, G. O. West, and J. S. Ukpong (Atlanta: SBL, 2002), 140-48.
104 J. A. Punt, "The Bible in the Gay-Debate in South Africa: Towards an Ethics of Interpretation," *Scriptura* 93 (2006), 423-28.
105 Cheng, 『무지개신학』, 34.

고 퀴어신학이 기독교가 동성결혼과 젠더 정체성을 인정한다는 것을 증명하는 길을 모색해야 한다고 주장함으로 푼트의 주장을 넘어선다.[106]

그리고 쳉은 퀴어신학을 위해 노숙자 개념을 전제처럼 확대하여 적용한다. 예를 들어, 예수님은 하나님과 인간 중간 지점에 사셨던 노숙자(은유적 개념)이며(마 8:20; 눅 9:58), 바울도 중간 지점의 정처 없는 노숙자였고(고전 4:11-13), 나아가 모든 인류는 타락과 재림의 중간 지점에서 하나님의 집에서 얻을 안식을 바라보는 노숙자로 살고 있다고 한다.[107]

노숙자 개념은 푼트의 경계성 개념과 어느 정도 연관있다고 볼 수 있다(고전 7:17-24). 갈라디아서 3장 28절에서 푼트의 안드로진 해석과 비슷하게, 쳉은 자신의 퀴어신학을 위해 자웅동체(안드로진) 개념을 전제처럼 적극 활용한다. 예를 들어, 예수님은 할례 받은 남성이지만 남편 요셉의 도움 없이 마리아가 출산했기에 여성성도 가진다. 쳉에 따르면, 자웅동체인 예수님은 십자가에 달리셔서 여성의 자궁을 가리키는 옆구리에서 피와 물을 쏟으셨다(요 19:34; 비교. 푼트의 계 17-18장의 묵시적 자궁).[108] 부활 후 예수님은 여성처럼 남자 성도의 신랑도 되시고, 남성처럼 여자 성도의 신랑도 되신다.

그렇다면 쳉의 주장은 QBC나 TWBC로부터 정당성과 지지를 받는가?

QBC에 따르면, 예수님은 아브라함 언약(창 18:18; 22:18)을 성취하셔서 죄인들과 교제하심으로써 저주를 복으로 바꾸셨기에, 교회도 죄인과 동성애자를 정죄하거나 증오하지 말아야 한다.[109] 또 하나님은 '본성을 거슬러' 교회를 사랑하시므로, 성령은 반 자연적인 동성혼을 자연적인 이성혼에 접붙여서 모두 결혼으로 만드신다(롬 11:24).[110] 그러나 TWBC는 쳉이 인용한 구절들에 대해 별다른 언급을 하지 않는데, 베드로의 장모가 열병에서 회복되어 예수님을 섬긴 것(마 8:14-15)을 두고 그녀를 신약성경의 '첫 번째 집사'라고 주장한다.[111]

---

106 참고. 이상원 외, 『개혁주의 입장에서 본 퀴어신학 비판』, 120.
107 Cheng, 『무지개신학』, 177, 189-90.
108 참고. 이상원 외, 『개혁주의 입장에서 본 퀴어신학 비판』, 138.
109 참고. 이상원 외, 『개혁주의 입장에서 본 퀴어신학 비판』, 159.
110 참고. 이상원 외, 『개혁주의 입장에서 본 퀴어신학 비판』, 157.
111 Newsom, Ringe and Lapsley (ed), *The Women's Bible Commentary*, 471.

쳉과 달리, IVPWBC에 따르면, 로마서 11장 24절의 찍힘과 접붙임 이미지는 하나님의 은혜로 이방인이 하나님의 가족으로 입양된다는 복음을 설명한다. 따라서, 그 구절은 이성혼과 동성혼과 상관없다.[112]

그리고 쳉과 달리 IVPWBC에 따르면, 요한복음 19장 34절의 피와 물은 예수님의 실제 죽으심을 설명하며, 가나의 첫 표적에 대한 거울 이미지이기도 하다(요 2:1-12). 그리고 예수님은 고통 중에 피를 흘려 자기 백성을 새롭게 출산하셨는데, 이것은 여자가 출산 후 고통을 잊고 기뻐한다는 말씀과 은유적으로 일치한다(요 16:21-22; 참고. 시 22:9; 사 66:7; 요 19:11).[113]

2) 푼트의 후기 식민주의 퀴어 해석의 방법

푼트는 남아공의 방법론 광신자들(methodolomania)인 신약학자들에게 책임성 있는 해석 윤리, 남아공의 교회·정치·사회적 상황에 적실한 해석 방법, 그것과 연관된 권력과 지배라는 이슈에 관한 이해가 부족하다고 평가하면서,[114] 남아공 신약학자들이 신약 본문을 '어떻게' 해석할 것인가에는 지대한 관심을 두었지만, 본문 앞의 세계를 잘 살펴서 '왜' 그렇게 해석해야 하는가는 제대로 묻지 않았다고 비판한다.[115]

푼트는 후기 식민주의 퀴어 해석을 유일한 해석 방법이 아니라 하나의 방법으로 간주하면서, 본문을 주해하는 사람의 지적 정직성과 사회적 적합성에 적합하다고 주장한다.[116] 그러나 푼트의 부정적 평가와 달리, 남아공의 방법론 광신자들 가운데 문화인류학에 기반한 사회·과학적 해석을 통해, 본문의 육하 원칙 가운데 '왜'라는 질문을 오래 전부터 제기하고 탐구한 자들이 있었다.

---

112 Kroeger & Evans (ed), *The IVP Women's Bible Commentary*, 640.
113 Kroeger & Evans (ed), *The IVP Women's Bible Commentary*, 604.
114 J. A. Punt, "New Testament Interpretation, Interpretative Interests, and Ideology: Methodological Deficits amidst South African Methodolomenia?" *Scriptura* 65 (1998), 123.
115 Punt, "New Testament Interpretation, Interpretative Interests, and Ideology: Methodological Deficits amidst South African Methodolomenia?" 127.
116 Punt, "Review: Postcolonial Feminist Interpretation of the Bible-A South African Perspective and Comments," 289.

푼트의 성경해석의 특징을 살피기 전에 후기 식민주의 퀴어 해석 방법론부터 평가해 보자. 수기르싸라야(R. S. Sugirtharajah)에 동의하면서 푼트는 후기 식민주의 해석의 다섯 가지 특징을 소개한다.

첫째, 서구가 주도하는 제국주의적 해석에 도전하여 문제점을 폭로하고 그런 해석에서 도출된 의미를 불안정화(destabilizing)한다.
둘째, 본문에 무시되고 감추어져 있지만 저항하고 반대하는 목소리에 특별히 주목함으로써 반헤게모니 담론을 편다.
셋째, 다양한 상황의 다양한 성경적 맥락 안에 성경을 배치하여, 더 넓은 해석학적 어젠다의 옹호를 젠더화한다.
넷째, 여자, 이민자, 퀴어와 같은 주변화된 그룹을 격려하고 환영한다.
다섯째, 후기구조주의와 포스터모더니즘 같은 다른 해석적 틀로부터 토론하여 배운다.

후기 식민주의는 빈자를 낭만화하거나 이상화하지 않고 희생자를 비난하기를 거부한다. 희생자를 돕는 사회 및 다른 구조에 관심을 둔다.[117] 그러나 후기 식민주의의 특징들 가운데, 서구의 해석을 전면 부정하는 듯한 자세는 균형감이 부족하고, 묻힌 목소리에만 특별한 관심을 두는 것도 편향적이며, 퀴어를 옹호하는 것은 정당하지 않다. 푼트는 수기르싸라야를 따라 후기 식민주의 해석의 세 가지 기준을 제시한다.

첫째, 후기식민주의 해석은 역사의 흐름에서 한때 식민지가 된 사실을 재인식함으로써 그것의 표상이 가리키는 의미를 소개한다.
둘째, 이전의 장벽을 허물어 주변화된 사람들이 이제 중심임을 인식한다. 혼종성의 중요성을 인식함으로써 중심이 된 새로운 이들의 정체성을 선전한다.

117　Punt, "Postcolonial Biblical Criticism in South Africa," 65-66.

셋째, 서구 헤게모니를 떠받쳤던 사상과 권력, 언어와 권력, 지식과 권력의 관계를 드러내기 위해 성경의 다른 독법을 요청한다.[118]

하지만, 후기 식민주의의 중요한 기준으로 제시된 반서구적 해석, 중심과 주변의 역전은 항상 필요하거나 적절한 준거로 보기 어렵다. 푼트는 퀴어 해석과 후기 식민주의해석의 공통점에 기초하여 이 둘의 접목 가능성을 다음과 같이 설명한다. 퀴어 비평과 후기 식민주의 비평은 중심(권력)과 변경(주변성)이라는 공간적 구분을 거부한다. 다시 말해, 정체성과 사회 권력 사이에 재초점화된 역동성을 통하여 도달하는 해방은 이 두 해석의 황금 줄(golden thread)과 같다.

퀴어 비평은 현대 사회의 중심기둥인 이성애 규범성을 공격하기에 후기 식민주의처럼 사뭇 정치적이다. 그리고 이 두 이론의 가장 강한 연결성은 사람의 정체성에 대한 현대 정치학, 다시 말해, 사람을 규정하고 통제하는 범주, 기관, 지식과 권력 놀음에 관심을 가지는 것이다.[119] 여기서 푼트는 위에서 비판한 바 있는 후기식민주의의 편향된 특징과 기준에 의존한다. 그리고 그는 이성애 규범을 거부할 뿐 아니라 사람의 정체성을 정치적 헤게모니로 규정하려고 시도하기에, 정치적 과잉과 편향성에 함몰되고 있다.

푼트에 따르면, 정치와 성은 종종 공적 영역 대 사적 영역으로 표현되지만, 제국주의자들이 설정한 땅이라는 장소성과 몸이 작동하는 지형학에서 볼 때 오히려 이 둘은 서로 긴밀하다. 그래서 퀴어 비평과 후기 식민주의 해석은 불평등한 권력 관계와 지배 및 종속의 관계를 비평적으로 초점화하여 부각한다.[120]

그리고 푼트는 이 두 해석의 이론은 본문의 틈(gap)과 비결정성을 오늘날 독자가 관찰하도록 허용하며, 이때 경계성과 주변화의 관점이 적절히 활용되어야 한다고 주장한다.[121] 몸은 장소성을 띤다는 데 동의할 수 있지만, 몸의 사

---

118 Punt, "Postcolonial Biblical Criticism in South Africa," 66.
119 Punt, "Queer Theory Intersecting with Postcolonial Theory in Biblical Interpretation," 31.
120 J. A. Punt, "Sex and Gender, and Liminality in Biblical Texts: Venturing into Postcolonial, Queer Biblical Interpretation," *Neotestamenica* 41/2 (2007), 383-84.
121 Punt, "Sex and Gender, and Liminality in Biblical Texts," 386.

회적 의미는 억압과 지배라는 획일화된 격자로만 이해할 수 있는 것은 아니다. 그리고 현대 독자가 찾아서 메워야 할 본문의 틈은 무한대로 많지 않고, 성경 저자가 의도적으로 모호함을 남겨둔 예외적인 경우에만 적용된다.

푼트는 성경의 신학적 해석이 정치·경제적 해석과 불가분이라 본다. 푼트는 로마제국이 명예로운 후견인이자 아버지로 자처한 황제의 잔인한 지배를 통해 위계질서를 유지했기에, 신약성경의 배경으로 인간 존엄을 파괴하는 복종과 불평등한 사회를 전제한다. 예를 들어, 바울은 로마제국의 위계와 지배체계를 거스른 예수 그리스도의 종으로서, 지배를 포기하고 중개인으로서 사역했다(고전 4:14-15).[122]

그리고 푼트는 신약성경을 통해 현대의 인권을 부각하기 위해 현대 관점을 신약 본문에 투영하는 시대역행주의(anachronism)도 주의해야 하며, 1세기 관점을 21세기에 문자적으로 투영하는 시대착오주의(katachronism)도 주의할 것을 주문한다.[123]

푼트는 성경해석에서 문자적 해석을 지양하고 간학제적 해석이 필요하다고 보며, 시대착오적 해석(예. 현대 게이와 고대 게이는 정의에 있어 차이가 있음)과 자신이 속한 단체의 가치와 인식은 다른 그룹에도 동일하게 적용되어야 한다는 자민족주의(ethnocentrism) 모두 극복해야 한다고 주장한다.[124] 하지만, 푼트가 시대착오적 해석의 예로 제시한 게이의 경우, 예나 지금이나 개념상 본질적 차이는 없다고 보아야 한다.

푼트에 따르면, 성경해석은 음식 조리법과 달리 매우 복잡하며, 가치 중립적 해석은 없기에 시대와 사회적 조건에 의해 만들어진 신학적 개념을 다시 검토해야 하고, 성경은 무시간 혹은 초시간적으로 현실 문제에 답을 주는 백과사전이 아니라고 본다.[125] 이런 원칙에 따라 그는 이성애의 가치를 수호하면서도, 하나님은 동성애자로 부르셨다는 것도 인정해야 한다고 주장한다.[126]

122　J. A. Punt, "Framing Human Dignity through Domination and Submission?: Negotiating Borders and Loyalties (of Power) in the New Testament," *Scriptura* 112 (2013), 2-11.
123　Punt, "Framing Human Dignity through Domination and Submission?" 12.
124　J. A. Punt, "The Bible in the Gay-Debate in South Africa: Towards an Ethics of Interpretation," *Scriptura* 93 (2006), 425-26.
125　Punt, "The Bible in the Gay-Debate in South Africa," 428-29.
126　Punt, "The Bible in the Gay-Debate in South Africa," 429.

그러나 성경은 현실 문제에 대해 적어도 초시간적인 '원칙'을 제공한다는 사실은 중요하며, 인간의 범죄 이후에 하나님께서 동성애자를 자연스러운 결과물로 허용한다는 주장은 석의상 지지를 얻기 어렵다.

푼트는 후기 식민주의 해석은 포스모던 해석처럼 성경의 '유일한 그 의미'(the meaning)를 찾기보다 혼종적이며 모호하고 다양한 의미를 찾아야 한다고 본다. 이를 위해 그는 해석자의 전제가 배제된 객관적이고 중립적인 진리를 찾는 해석을 반대하며, 묻힌 목소리를 부각한다.[127] 그러나 의도적으로 둘 이상의 의미를 찾아야 하는 경우가 아님에도 불구하고(예. 요 3:14의 '들리다'의 이중 의미), 본문 석의에서 주관주의와 의미의 해체, 비결정성을 추구하는 것은 저자의 의도에서 벗어난다.

푼트에 따르면, 신약에서 하나님의 퀴어성은 성부와 동등한 동정녀의 아들 예수 그리스도와 직결된다(눅 1:26-35; 빌 2:6). 예수님의 남성 추종자들도 은유적으로 예수님의 신부이므로 퀴어이며(엡 5:29-32), 여성 그리스도인은 예수님의 형제에 포함된다(롬 8:28-29).[128] 그러나 푼트도 인정하듯이, 책임성 있고 절제된 방식으로 은유를 사용해야 오해를 방지할 수 있다.

푼트는 퀴어 지지자를 자주 인용하면서 거의 비평하지 않는데, 신약성경에 퀴어 주제가 많다고 본다. 몇 가지 예를 들면, 전체 (여성) 교회는 모든 면에서 머리이신 예수님에게 자라가야 한다(엡 4:5). 그리고 성교차적 복장(cross-dressing) 은유도 긍정적으로 나타난다(롬 13:14; 골 3:9-10). 아브라함의 부성은 모성을 통해 언급되고(갈 4:21-5:1), 바울은 스스로 출산하는 어머니라는 트랜스젠더 이미지로 나타난다(갈 4:19). 남성과 여성의 이분법은 사라지고(갈 3:28),[129] 경계성의 맥락에서 지위는 도전 받고, 경계선은 허물어지고 관행은 전복된다.

여기서 푼트는 신약성경의 주제(motif)를 자신의 논거를 위해 문자적으로 활용하는 듯하다.[130]

127　Punt, "Why not Postcolonial Biblical Criticism in (South) Africa," 75-76, 79.
128　Punt, "Sex and Gender, and Liminality in Biblical Texts," 387.
129　Punt, "Sex and Gender, and Liminality in Biblical Texts," 388.
130　참고로 푼트의 해석과 어느 정도 유사한 쳉은 미국의 퀴어 원주민들은 유럽 식민주의자들의 후손들 중심으로 정복자 식민주의에 저항하고 있다고 소개한다. 쳉은 '무지개 기독론'을 주장하는데, 무지개가 하나님과 인간을 언약으로 연결하듯이(창 9:8-17) 예수님의 성육신도 마찬가지 목적을 달성한다고 본다. 쳉은 중재자로 성육하신 예수님은 여

3) 푼트의 후기 식민주의 퀴어 해석의 특징

푼트는 자신이 속한 남아공의 상황을 해석의 출발점으로 삼는데, DRC가 근본주의와 교리주의와 제국주의에 빠져 흑인과 유색인을 차별한 것을 스스로 반성한다. 그리고 그는 '본문 앞의 세계'와 관련된 페미니즘과 해방신학 그리고 사회수사학적-해방적 해석에 담긴 포스트모던 해석과 문화적 패러다임의 기여를 적극 인정한다.[131] 따라서, 푼트에게 해석자 자신의 사회적 위치성과 자의식, 가치가 적절히 반영된 자서전적 성경 읽기는 낯설지 않다.

푼트는 페미니즘의 여성의 몸에 대한 수사학적 해석을 긍정하고, 퀴어 해석의 중요한 전제 중 하나인 성이 보편적이며 영원히 결정되지 않고 사회적으로 다양하게 결정된다는 개념도 지지한다.[132] 그러나 푼트의 이런 입장은 타락 이전의 창조 질서나 상태를 도외시한 채, 인간의 타락 이후에 운명 지어지거나 사회적 영향을 받을 수밖에 없는 상황을 인정할 때만 가능하다.

푼트는 본문 앞의 세계를 성경을 궁극적 출발과 권위로 보기보다 인간의 수용의 산물임을 긍정한다.[133] 자신이 속한 교파인 DRC가 동성애에 대해 총회 차원에서 결정한 사항들(1986, 2002, 2015)이 정죄에서 포용으로 변화된 것을 두고, 푼트는 일부일처를 획일적인 규범으로 삼기보다 현대와 다른 A.D. 1세

성/남성, 이성애/동성애, 여성성/남성성의 경계를 허무셨으므로, 트랜스젠더와 양성애자 그리고 간성애자를 지지하신다고 본다(딤전 2:5; 히 8:6; 9:15). 그리고 복음서가 네 개이듯이 기독론도 다양할 수밖에 없다고 본다. 쳉은 사람을 각성(覺性)이라는 구원에 이르도록 돕는 관음보살(觀音菩薩)이 인도에서는 남성이지만 중국에서는 여성으로 성전환되었듯이, 관음보살은 무지개 기독론을 설명하고 보완할 수 있다고 본다. 쳉은 이런 종교 간의 중재는 종교혼합주의와 다르다고 본다. 그리고 쳉은 빈자와 주변화된 사람들이 있는 곳에 예수님이 계시므로, 주님을 섬기려면 그 사람들을 섬겨야 한다고 본다(마 25:31-46). 쳉은 속죄를 위해 예수님은 멍들고 찢기셨듯이, 인종 차별과 동성애혐오를 탈식민지화 시키는 아시아 게이는 속죄의 도구와 같다고 본다. 쳉은 삼위일체 간의 역동적인 다양성은 하나님의 심장 그 자체이며, 성령을 통해 모든 피조물은 열려 있는 삼위일체의 역동성을 품고 살아간다고 주장한다. 쳉과 달리, 푼트에게 무지개 기독론이나 종교혼합적인 해석 방식은 분명히 나타나지 않는다. Cheng, 『무지개신학』, 123-228.

131 J. A. Punt, "A Cultural Turn in New Testament Studies?" *HTS Teologiese Studies* 72/4 (2016), 5; "Using the Bible in Post-Apartheid South Africa: Its Influence and Impact amidst the Gay Debate," *HTS Teologiese Studies* 62/3 (2006), 888-92.
132 Punt, "A Cultural Turn in New Testament Studies?" 5.
133 Punt, "Using the Bible in Post-Apartheid South Africa," 893.

기 유대교 및 그레코-로마의 상황 속의 다양한 결혼과 관습을 고려한 해석학적 발전이라고 평가한다.[134] 즉, 그는 1986년대의 총회 결정은 일부일처의 이성애에서 발생한 해석이 배타적인 규범이 되어 본문 자체를 억누름으로써 본문을 연구하지 못하도록 방해했다고 본다. 따라서, 결과적으로 푼트는 일부일처제에 입각하여 동성애를 반대하고 정죄한 DRC의 이전 해석을 해석학적 오류로 간주하고 반대한다.

푼트는 후기 식민주의 해석을 위해 수기르싸라야와 세고비아를 거의 무비판적으로 따른다. 그리고 푼트가 페미니즘에 어느 정도 동의하는가는 요하네스버그대학교의 여성 신약학자 노르끼-메이어(Lilly Nortjé-Meyer, b. 1957)의 페미니즘 해석에 대한 그의 긍정적 평가에서 볼 수 있다.[135] 이 평가는 푼트가 페미니즘 퀴어학자인 두베(M. W. Dube)에 대해 긍정한 것과 결을 함께한다.

푼트는 로마제국을 배경으로 하는 신약성경(특히, 바울서신)을 해석할 때 반로마적 해석만 시도하지 않는다. 그런데 풍부한 역사적 통찰에 비해, 후기 식민주의 해석을 위한 도구를 독자들에게 쥐어주지 못한다는 비판을 후기 식민주의 지지자로부터 받기도 했다.[136] 푼트는 성경신학적이며 구속사적 방식과 연구를 배격하는 사회적 연구에 매진한 헤릴(J. A. Harrill)의 입장을 인용하여 지지한다.[137] 푼트는 기존의 성경신학이 구체적인 상황 속에서 권력 게임이 벌어지고 약자의 목소리를 살려내지 못했다는 데 동의하는 듯하다. 그러나 그 어떤 성경신학적 해석도 성경을 진공에서 주어진 것으로 보지 않는다.

4) 푼트에게 영향을 준 인물이나 환경

푼트의 해석은 진공에서 도출되지 않았다. '남아공 페미니즘의 어머니' 중 한 명으로 고린도전서 12장의 해방적 페미니즘 연구로 1990년에 박사학위를 취득한 데니스 아컬만(Denise Ackermann)은 퀴어 비평을 넘어 젠더 논의가 본격

---

134 Punt, "Using the Bible in Post-Apartheid South Africa," 896-903.
135 J. A. Punt, "Lilly Nortjé-Meyer's (En)Gendered New Testament Hermeneutics: Theory, Practice, Engagement," *Neotestamentica* 53/2 (2019), 232-47.
136 G. P. Fewster, "Review: Postcolonial Biblical Interpretation: Reframing Paul," *Studies in Religion/Sciences Religieuses* 46/2 (2015), 325-27.
137 Punt, "A Cultural Turn in New Testament Studies?" 6.

화된 2001년경에 스텔렌보스대학교 신학과에서 가르쳤다.[138] 2000년에 스텔렌보스대학교 신약학 여성 교수가 된 엘나 무톤(Elna Mouton)은 푼트의 동료 교수로 1995년에 에베소서의 페미니즘 윤리적 해석으로 박사학위를 받았다.[139]

스텔렌보스대학교의 신약학 교수 콤브링크(H. J. B. Combrink)는 푼트에게 수사학과 사회적 의미에 민감성을 자극했을 수 있다. 그리고 그 대학의 해석학 연구소의 라테한(B. C. Lategan)의 본문 앞의 세계에 있는 현대 독자들이 본문에 모호하게 남아 있는 틈을 매우고 본문의 의미를 만들어낸다는 주장도 푼트에게 영향을 주었을 것이다.[140]

푼트가 속한 DRC로 눈을 확장해 보면, 스텔렌보스대학교와 마찬가지로 DRC 소속 프레토리아대학교의 신약학 교수를 역임한 헤릿 스테인(G. J. Steyn)은 소돔의 심판을 동성애에 대한 직접적 심판으로 보기 어렵다고 하며(벧후 2:6-8; 유 7), 인간의 타락 이후 선천성 그리고 생물학적, 심리적, 환경적 요소로 인한 후천성 동성애의 사례는 사람과 동물에게서 증가한다고 주장한다. 스테인은 동성애자 본인의 결단으로 인한 경우만 성경에서 해답을 찾을 수 있다고 본다.[141] 그리고 스테인에 의하면, 디모데전서 1장 10절의 천국을 상속할 수 없는 성적 죄의 목록은 레위기 18장과 20장 그리고 신명기 23장 18절의 상호본문이며, 신약성경에서 동성애나 동성애 지향(homosexual orientation)을 지지하는 본문은 없지만, 성경은 다양한 원인과 형태로 나타나는 19세기 용어인 동성애에 대한 최종 해답을 제시하지 않으므로 심리학이나 사회학 등의 도움을 받아 더 연구해야 한다고 본다.[142] 이것은 동성애를 지지하는 DRC의 방향과

---

138 참고. Punt, "New Testament Interpretation, Interpretative Interests, and Ideology," 128; L. Nortjé-Meyer, "Feminist New Testament Scholarship in South Africa," *Neotestamentica* 49/1 (2015), 4.
139 참고. Nortjé-Meyer, "Feminist New Testament Scholarship in South Africa," 5-6
140 Punt, "New Testament Interpretation, Interpretative Interests, and Ideology," 127, 132.
141 스텔렌보스대학은 '젠더, 건강, 신학연구소'를 운영 중이고, 프레토리아대학교는 '여성과 젠더연구소'를 1997년 6월에 개소했다. 참고. G. J. Steyn, "Riglyne vir 'n Verantwoordelike Nuwe-Testamentiese Verstaan in die Homoseksualiteitsdebat Deel 1: 'N Komplekse Saak," *Verbum et Ecclesia* 28/1 (2007), 281-87, 296.
142 G. J. Steyn, "Riglyne vir 'n Verantwoordelike Nuwe-Testamentiese Verstaan in die Homoseksualiteitsdebat Deel 2: Nuwe Testamentiese Tekste," *Verbum et Ecclesia* 28/2 (2007), 630-36.

일치하고, 친동성애 입장을 견지하는 푼트의 경향과도 별반 차이가 없다.[143]

나오면서

푼트는 남아공의 아파르트헤이트가 종식되었음에도 여전히 차별과 어려움을 겪는 현실을 외면하지 않고, 적극적으로 직시하면서 신약학자로서 자기반성과 해석학적 노력을 계속 기울이고 있다. 이를 위해 후기 식민주의 해석이라는 큰 틀 안에 퀴어 비평을 위치시킨다. 이 두 해석 방법론은 포스트모던의 이념 및 정치적 해석들로서 여성 및 퀴어와 같은 주변화된 이들을 중심부로 위치시키려는 시도다.

그런데 푼트가 수기르싸라야와 세고비아 그리고 여러 학자들(예. 호슬리, 고트월트, 피오렌자, 무사, 노르끼-메이어, 카렌 워트)의 문제점인 성경에서 이탈하거나 편향된 주장을 무비판적으로 인용하는 것은 개혁주의 성경해석의 전통에서 멀다.[144] 그리고 그는 기존의 성경관과 문법-역사-신학적 해석의 건전한 결과를 해체하여 재구성하려는 QBC와 쳉 그리고 페미니즘 퀴어 신학자들과도 상당 부분 공통분모를 가진다.

무엇보다 푼트는 성경관을 정치적 의미로 환원하는 우를 범하고 있으며, 그 결과 본문의 석의와 정치 이념적 적용을 혼동한다. 그는 전통적인 성경의 권위와 해석학을 강화하기보다는 혼란을 가중하고 있다. 푼트는 남성과 제국이 여성과 피식민지를 억누른다는 정치적이며 가부장적인 성경관을 전제하여, '의심과 해체의 해석학'이라는 방법을 활용한다. 그러나 성경을 권력을 위한 격전장으로 환원시키지 말아야 하며, 빈자와 약자를 치유하고 회복하는 '신앙

---

143 DRC와 푼트와 달리 아프리카와 아시아의 복음주의 성경학자들의 주석은 IVPWBC와 같은 입장을 보이는데, 동성애와 퀴어를 타락한 죄의 결과이자 하나님의 형벌을 초래할 죄로 규정하면서 동성애자들과 퀴어들은 자신의 성을 그리스도에게 복종시켜야 한다고 주장한다. 그리고 하나님께서 남자와 여자를 창조하신 후에 보시기에 좋았던 것에 남성과 여성이라는 성도 포함된다(창 1:26). T. Adeyemo (ed), *Africa Bible Commentary* (Grand Rapids: Zondervan, 2006), 1381; B. Wintle (ed). *South Asia Bible Commentary* (Grand Rapids: Zondervan, 2015), 1517.

144 참고. Punt, "New Testament Interpretation, Interpretative Interests, and Ideology," 138.

과 소망의 해석학'이 필요하다.

후기 식민주의 퀴어가 중요시하는 제국적 맥락과 묻힌 목소리보다 본문의 전후 문맥과 각 권의 기록 목적을 우선적으로 살펴야 한다. 그리고 푼트도 중요하다고 간주했지만 실제로는 석의에서 간과한 구약과 유대적 문맥은 묻혀 있는 상호본문적이며 성경신학적인 목소리를 듣도록 돕는다. 그리고 신약성경의 1차 독자나 수신자의 상황과 일차 관심은 로마제국의 헤게모니나 권력 게임에 국한되지 않는다. 또한, 사회·역사적 정보가 본문의 해석을 지배하지 않도록 주의해야 하고, 본문의 명료한 의미를 찾음으로써 다양성과 모호성에 빠지지 말아야 한다. 본문의 모호성과 틈을 억지로 찾아내어 퀴어함으로써 하나님의 말씀을 혼잡하게 만들지 말아야 한다(고후 2:17). 개혁주의 성경 해석은 후기 식민주의 퀴어 해석처럼 기발하고 무언가 특별한 것을 창출하기보다, 성경의 원저자에게 책임감 있고 신실하게 반응하는 것이어야 한다.

푼트의 해석에 나타난 여러 문제로부터 역사적 개혁주의의 유산을 강화하되, 해석 방법론의 근저에 자리 잡고 있는 인식론을 제대로 고려하여 방법을 적절히 그리고 주의를 기울여 확대하는 것이 중요함을 알 수 있다.

그러나 성경이 현대 독자에게 구체적이고 생생하게 적용되도록 만드는 노력을 시도한 푼트의 기여조차 인정하지 않을 이유는 없다. 푼트의 해석은 남아공 신약학계가 '본문 안의 세계'를 주로 비역사적이고 문법적 방법으로 어떻게 해석할까에 몰두함으로써, 구체적인 현실을 외면하고 책임성 없이 해석한 데 대한 반성의 일환이다.

위의 논의에서 드러난 푼트의 여러 문제점에도 불구하고, 신약학자는 자신이 속한 현실을 직시하고 책임성 있는 해석을 통하여 교회와 사회에 기여해야 함을 배운다. 그리고 지속적으로 새롭고 다차원인 해석을 시도하면서도 책임과 신뢰의 해석을 놓치지 말아야 함을 다시 마음에 새기게 된다.

제9장

애완동물의 부활과 장례식[1]

애완동물 열풍이 거세다. 이런 차제에 '교회를 위한 신학포럼'이 주최한 '동물신학 온라인 세미나'(2024년 7월 25일)를 앞두고, 7월 15일에 방영민 목사(부전교회)가 묻고 필자가 답하는 방식으로 대담이 진행되었다. 본 장은 애완동물의 부활과 장례식에 관한 개혁주의 신학을 정립하는 기회가 될 것이다.

Q. 송영목 교수님의 최근 저서들을 보면 신앙고백서와 교리들을 아주 중요하게 여기면서, 공공신학에도 많은 관심을 가진 것을 볼 수 있습니다. 이렇게 공공신학에 이어서 동물신학에까지 연구와 강의를 하게 된 동기가 궁금합니다. 그리고 신앙고백서에 동물신학에 대한 내용이 있는지, 공공신학과 동물신학의 연결점은 무엇인지 궁금합니다.

A. 국제공공신학저널(IJPT)에 동물신학에 대한 몇몇 논문이 최근에 게재되었습니다(예. M. Barton, E, van Urk-Coster). 공공신학자가 아니더라도 공장식 축산과 공공 도축장에서 일어나는 일을 '공공'(公共)의 눈으로 살피는 데 관심을 두는 사람도 적지 않습니다.[2] 더불어 생태신학자도 동물신학에 어느 정도 관심을 보입니다. 오늘날 동물과 생태는 공공신학의 중요한 주제입니다. 최근에

---

1 이 글은 『고신신학』 26 (2024), 135-80에 실렸다.
2 프레토리아대학교의 메일란(Meylahn)에 따르면, 오늘날은 소셜미디어를 통해 각 사람이 정보를 생산하는 디지털 시대이자 인간이 생태계를 파괴하는 시대이다. 메일란은 예수님께서 약자와 소외된 자를 돌보셨기에, '기독론'을 '공공신학'으로 발전시키려면, 비종교인이건 성소수자이건 아니면 비인간 동물이건 주변화된 모든 존재를 포용하는 담론 형성을 지지한다. 그리고 그는 본문 바깥에서 초월자나 초월적 진리를 끌어오는 것을 경계하면서, 지배적인 담론에서 소외된 사람들의 다양한 목소리를 경청할 것을 주문한다. 간단히 비평하면, 메일란의 공공신학적 기독론은 선입견-상황신학-해방신학-포스트모더니즘이 본문을 통제하도록 방치한다. J-A. Meylahn, "Doing Public Theology in the Anthropocene towards Life-Creating Theology," *Verbum et Ecclesia* 36/3 (2015), 8-9.

는 간학제 연구인 '공공-생태-실천신학', 즉 예수 그리스도 중심의 구속사적 소망의 종말론에 입각하여 공공신학, 생태신학, 공적실천신학을 융합하려는 시도가 있습니다.[3] 예수 그리스도께서 붙잡고 계시면서 갱신하시는 전체 피조 세계는 '하나님의 영광이 드러나는 극장'(theatrum gloriae Dei)이어야 합니다. 동물도 이 세상에서 번성하면서(flourishing) 하나님의 영광을 드러내야 합니다.

제가 동물신학에 관심을 둔 이유는 애완동물 열풍이 일어나는 상황에 신학생과 목회자를 위한 성경적 지침을 제시할 필요를 느꼈기 때문입니다. 예장 고신 총회에 이 주제를 연구해 달라는 몇몇 노회의 청원이 기각되었다가 2023년에 허락되었는데(예. 동물장례식 가능 여부), 성경적이며 개혁주의 동물신학에 관한 탐구는 더 이상 피할 수 없는 주제입니다.

개혁주의 신앙고백서들은 '창조'를 설명하는 항목에서 동물을 필수적으로 언급할 것 같습니다. 그런데 웨스트민스터 신앙고백서 제4장 창조, 하이델베르크 교리문답서 제26문, 벨직 신앙고백서 제12조는 창조를 해설하면서 '동물'을 언급하지 않습니다.

이유가 무엇일까요?

16-17세기 신앙고백서들이 작성될 무렵, 동물이 아니라 기독론과 구원론, 성례와 같은 신학적 논쟁이 쟁점이었기 때문입니다. 그리고 중세와 17세기에는 동물을 하대하는 세계관이 지배적이었습니다. 서유럽의 경우, 주일에 동물이 교인의 무덤이 있는 뜰의 교회당에 접근하지 못하도록, 교회에 개를 때리는 사람(dog hitter)이 따로 있을 정도였습니다.

Q. 인간과 동물의 가장 큰 차이는 '하나님의 형상'이라고 할 수 있는데, 하나님의 형상(지정의, 관계, 기능)에 관한 다양한 해석이 있습니다. 그런데 피조물로서 하나님의 사랑을 받는다는 것만으로도 하나님의 형상을 발견할 수 있다고 봅니다. 그렇다면 '반려동물'의 경우도 인간에게 지극한 사랑을 받는 모습이 하나님 형상의 한 부분이라 할 수 있겠습니다.

---

3 G. E. Dames, "Towards an Eco-Practical Theology: An Eschatological Horizon of True Hope," *HTS Teologiese Studies* 80/1 (2024), 4-8. UNISA의 Dames는 인간 중심의 공공신학을 넘어서기 위해 생명 중심의 공공신학을 전개하는데, 진화론적 발전, 흑인신학, 지구 신앙(earth faith) 그리고 어머니 지구(mother earth)와 같은 몇몇 문제를 노출한다.

그런 면에서 사랑하는 반려동물을 천국에서 만날 수 없다고 단정하기보다 천국에서 볼 수 있으면 좋겠다는 소망을 담은 기도나 교육이 더 성경적이고 목회적이지 않을까요?

A. 성경이 하나님의 형상을 어떻게 정의하는가를 살펴야 합니다. 특정 개념을 재정의하여 확대하는 것은 자의적 해석의 지름길입니다. 하나님과 사람의 사랑을 받는다면 하나님의 형상이라는 개념은 성경에서 찾아보기 어렵습니다. 식물은 하나님의 형상을 가지고 있지 않지만, 하나님의 사랑과 돌봄의 대상입니다.

하나님의 형상을 이해하려면, 창세기 1장 26절의 전후 문맥과 그것을 해석하는 에베소서 4장 24절, 골로새서 1장 15절, 3장 10절 등에 집중해야 합니다.[4] 참고로 내가 사랑하는 '반려동물'을 천국에서 볼 수 있으면 좋겠다고 말한 종교개혁자(루터의 퇴펠)나 (동물의 영혼을 인정한) 청교도(존 밀턴)가 있습니다. 하지만, 동물에게 하나님의 형상과 영혼이 없기에, 천국에서 재회를 소망하는 것은 자칫 희망 고문일 수 있습니다. 목양의 주요 요소들인 기도와 교육의 내용은 성경의 원칙과 가르침에 철저히 정초해야 합니다. 첨언하면, '반려'에 해당하는 그리스어 단어들(μέτοχος, φίλος, ἕτερος, κοινωνός)은 사람에만 해당하기에 동물에게 적용하기 부적절합니다.

별다른 문제의식 없이 사용되는 '반려동물'이라는 표현에 현대 생물학의 모퉁잇돌인 진화론이 똬리를 틀고 있지는 않습니까?

언론매체들도 선호하는 표현인 '반려동물'에 동물과 인간의 차이를 축소하고 대등하게 두려는 진화론적 뉘앙스가 느껴집니다.[5] 동물신학은 사람이나

---

4   인간은 의료 서비스를 받을 때, 충분한 정보를 숙지하고, 자발적으로 동의한 채로 시행되어야 한다(참고. 유네스코의 생명윤리와 인권에 관한 보편선언 제6항). 인간은 어떤 방식도 강압도 있어서는 안 되며, '하나님의 형상'을 가진 존재로서 존엄성을 인정받아야 한다. 한 인간은 하나님, 자신 그리고 공동체와 관련을 맺고 있으므로, 성경적 생명윤리를 구축하려면, 성경에 나타난 언약과 총체적 구원 그리고 약속된 하나님 나라의 완성을 두루 고려해야 한다. R. Rheeder, "Beskerm deur Ingeligte Toestemming: 'N Gereformeerd-Etiese Besinning oor Artikel 6 van die Universele Verklaring van Bio-Etiek en Menseredte," *Scriptura* 114 (2015), 9-17.

5   국내 주요 신문사들은 '애완동물'보다 '반려동물'을 더 선호하는데, 이에 관한 보도(2004-2018년)를 분석하면 다음과 같다. "반려동물 관련 주요 이슈 및 경향을 중심으로 반려동물 문화 초창기(2010년 이전), 반려동물 문화 과도기(2010년에서 2015년), 반려동물 문화 성숙기(2016년 이후)로 구분했다. … 성숙기에는 개나 고양이 위주의 반려동물 기사

동물이 중심이 되어서는 안 되고, 창조주와 섭리주이신 하나님이 중심이셔야 합니다.

Q. 전도서 3장 21절 해설에서 신원하 교수의 글을 참조하셨습니다. "인생의 혼은 하늘로 가고 짐승의 혼은 아래로 내려간다"라는 말씀을 통해 사람과 동물의 차이를 말씀하셨는데, 여기서 강조점은 고대의 가치관이 그렇다는 의미이지, 전도서 기자의 초점은 "과연 누가 그것을 알겠느냐"에 있다고 봅니다.
사람과 동물의 차이를 나타내는 구절로는 부족하다고 보는데, 어떻게 생각하십니까?

A. 전도서 3장 21절의 영 혹은 혼에 대해 "과연 누가 그것을 알겠느냐?", 즉 아무도 알 수 없다는 사실에 방점을 두는 것은 가능한 해석이라 봅니다. 그런데 월터 카이저가 해설하듯이, 전도서 3장 21절을 수사학적 의문문으로 본다면, 사람과 달리 짐승의 육체와 혼은 불멸하지 않고 사라진다는 의미입니다.[6] 그리고 제가 소개한 기독교윤리학자 신원하 교수의 의견, 즉 사람의 영혼(하나님과 교제함)을 동물의 혼(낮은 지능)과 다르게 해석하는 개혁주의 입장도 있습니다. 그 다른 해석이란 영과 혼을 구분하지 않고 하나의 실재(實在)로 이해하는 입장입니다. 조금 더 상세히 설명하면, 사람은 몸과 '혼'(프쉬케)으로 구성되며(마 10:28), 몸과 '영'(프뉴마)으로도 구성됩니다(고전 5:3). 따라서, 사람의 프쉬케와 프뉴마는 '영혼'이라는 단일체입니다. 성경은 이런 개념을 동물에게는 적용하지 않습니다(비교. 아퀴나스, 『신학대전』, 172.1).
사람에게 영혼이 있기에 고백하며 내면을 성찰하고 그런 내용을 남에게 알릴 수 있습니다. 미셸 푸코(1990)는 심리 분석에 집중하면서 진리를 생산하는 매우 가치가 있는 기술이자 제의(ritual)를 '고백'이라 간주하면서, 오직 인간

가 줄어들고 모든 반려동물을 포괄하는 의미의 기사가 많아졌다. … 또 초창기에서 성숙기로 가면서 사건 위주의 기사가 점차 줄어들고 기획/연재 기사가 증가하는 경향을 보였다." 고은경·심재웅, "반려동물에 관한 신문 보도의 시기별 변화 특성에 관한 내용분석 연구: 2004~2018 기간 중 조선일보, 중앙일보, 경향신문 보도 분석," 『정치커뮤니케이션연구』 65 (2022), 135-36.
6 Kaiser Jr. et als, 『IVP 성경난제주석』, 304.

만 '고백하는 동물'(confessing animal)이라 부릅니다.[7] 푸코는 기독교 자체를 '고백'이라 부르는데, 교리라는 명제적 진리는 물론, 자신의 내면을 드러내고 그것을 증언하도록 만드는 기독교식의 영원한 해석에 관심을 두었습니다.[8] 영혼을 가진 인간만이 이런 고백과 자신의 내면을 드러내며 해석할 수 있습니다.

Q. "동물은 영혼이 없기에 천국에 갈 수 없다"라는 주장은 천국을 단지 죽어서 가는 공간으로 의미하는 협소한 주장이고, 이미 도래한 천국을 반영하지 못하고, 온 우주를 회복시킬 종말론적 개념도 상실한 주장 같습니다. 또 피조물의 탄식과 동물의 신음소리가 커지는 시대에서 이런 주장은 시대의 요구와 맞지 않고, 오히려 인간이 동물의 선교와 복지에 관심을 덜 두어도 안심하게 되는 근거로만 여전히 사용할 것 같습니다.

그래서 차별의 근거(영혼)였던 원리를 특별한 배려의 원리로 전환해야 할 필요성은 없는지요?

그리고 이미 이 땅에 이루어진 하나님 나라의 개념이 동물에게 적용되도록 해야 치우친 주장이 균형을 잡을 수 있지 않을까요?

A. 영혼이 없는 동물은 천국에 갈 수 없을 뿐 아니라, 이미 임한 천국을 맛볼 수도 없습니다. 하지만, 사람은 동물이 회복될 세상을 맛보도록 동물의 복지를 위해 청지기로서 도와야 합니다. 이 원칙은 식물 복지에도 적용됩니다. '동물의 선교'라는 용어는 교회의 선교 대상에 동물을 포함합니다. 예를 들어, 크리스토퍼 라이트(C. J. H. Wright)는 그리스도인이 생태 정의를 확립하기 위하여 생태계를 전문적으로 섬기면서 '총체적 선교'에 힘써야 한다고 봅니다.[9] 이를 위해, 라이트는 '마가복음의 대위임명령'에 해당하는 마가복음 16장 15절의 '온 창조 세계에'(πάσῃ τῇ κτίσει)를 한글개역개정처럼 '만민에게'라고 이

---

7 참고. B. Plant, "The Confessing Animal in Foucault and Wittgenstein," *Journal of Religious Ethics* 34/4 (2006), 536.
8 참고. Plant, "The Confessing Animal in Foucault and Wittgenstein," 539-40. 하지만, 푸코는 이교도 윤리가 기독교 안으로 들어와 혼합된 고백을 지지한다. 오리겐은 인간의 영혼을 짐승에 비유했으며, 악인이 동물로 윤회한다고는 보지 않았다. P. Cox, "Origen and the Bestial Soul: A Poetics of Nature," *Vigiliae Christianae* 36/2 (1982), 121-24.
9 Wright, 『하나님 백성의 선교』, 404.

해하지 않습니다(참고. 시 96).[10]

라이트의 말대로, 주님의 제자들은 온 세상으로 흩어져서 동식물을 포함하여 모든 생명체에게 복음을 전파해야 했습니까?

아닙니다.

제자들이 동물에게 어떤 방법으로 의사소통하면서 복음을 전할 수 있었겠습니까?

그리고 마가복음 16장 15절은 신약 본문비평에 있어 큰 논란이 되고 있으며, 마가복음의 원본에 포함되었는지 확실하지 않습니다.[11] 또한, 마가복음은 하나님의 아들이신 예수 그리스도의 복음을 도시 로마에 있던 그리스도인에게 소개합니다. 따라서, 마가복음의 기록 목적에 비추어 볼 때, 마가복음 16장 15절의 '온 창조 세계'로 보기 어렵습니다. 그리고 뒤따르는 마가복음 16장 16절은 "믿고 세례를 받는 사람들은 구원을 얻을 것이요"라고 밝힙니다.

상식적인 말이지만, 동식물은 예수님을 성부의 아들이자 그리스도로 믿거나 세례를 받을 수 없습니다. 마가복음 16장 15절과 더불어 지상명령 혹은 대위임령은 신약성경에서 4회 더 언급됩니다(마 28:16-20; 눅 24:45-49; 요 20:19-23; 행 1:6-8). 이 본문들 가운데 어떤 구절도 모든 피조물을 선교의 대상으로 삼아 예수님의 제자로 삼을 것을 명령하지 않습니다.

그러므로 마가복음 16장 15절의 '온 천하'와 '온 창조 세계'는 서로 유사하고, 이 둘은 마태복음 28장 19절의 '모든 민족'에 해당합니다.[12]

10　Wright, 『하나님 백성의 선교』, 433.
11　막 16:8로 마가복음 주석을 마친 경우는 France, 『마가복음』, 1076을 보라. 참고로 고영렬은 막 16:15의 본문비평 문제를 다음과 같이 설명한다. "15절에서 복음 선포가 언급된 것은 마태복음 28:19과 누가복음 24:47의 영향으로 생각된다. '온 천하에'(πάσῃ τῇ κτίσει)는 바울의 후기서신으로 여겨지는 골로새서 1:23에서 흔적을 찾을 수 있다. 다른 복음서에 등장하는 선교명령이 결여된 마가복음은 필사자에게 불편함으로 다가왔을 것이다. 이런 불편을 해소하고자 필사자는 마태와 누가를 인용하여 그의 독자들에게 예수의 선교명령을 분명히 하였다." 고영렬, "마가복음 세 결말 부분에 대한 분석: Freer Logion과 막 16:9-20을 중심으로," 『신약논단』 26/2 (2019), 360. 하지만, 고영렬의 설명에는 몇 가지 문제가 있다. (1) 막 16:15의 '온 천하에'는 그리스어로 전치사구이다(εἰς τὸν κόσμον ἅπαντα)이다. (2) 막 16:15의 '온 세상'과 '만민'은 골 1:23의 '하늘 아래 만민 안에'(ἐν πάσῃ κτίσει τῇ ὑπὸ τὸν οὐρανόν)와 표현이 다르며, 골로새서는 사도 바울이 성령의 영감으로 쓰지 않은 소위 '후기서신' 혹은 '제2 바울서신'으로 분류할 수 없다.
12　참고. C. Lawless, "To All the Nations: The Great Commission Passages in the Gospels and Acts," *SBJT* 15/2 (2011), 20.

동물을 새 창조와 회복과 돌봄의 대상으로 자리매김하는 것이 성경의 가르침이 아닐까요?

하나님 나라는 세 요소, 즉 하나님의 통치 주권, 그 통치를 받는 대상인 교회 그리고 통치가 이루어지는 영역으로 구성됩니다. 마지막 요소인 '영역'은 교회를 통해 예수님의 통치를 받아야 하는 만유입니다(엡 1:10). 따라서, 하나님 나라에서 동물의 영역을 간과할 수 없습니다. 하나님의 통치에 동물도 당연히 포함됩니다. 많은 개혁주의자가 동의하는 신칼빈주의를 고려한다면, 그리스도인은 '영역 선교'(sphere mission)을 열심히 수행해야 합니다. 하지만, 동물은 회개하고 주님께로 돌아오는 대상은 아닙니다. 일부 신학자들은 요나서에 나타난 니느웨의 동물을 예로 들면서, 동물을 회개의 주체로 격상하는 오류를 범합니다.

사람이 어떻게 동물과 복음을 두고 소통할 수 있습니까?

동물이 스스로 죄인인 줄 깨닫고 주님께 돌아올 수 있겠습니까?

Q. 창세기에 나오는 방주를 보면 모든 동식물이 들어 있어서, 모든 생물이 평등하다는 것을 알 수 있습니다. 물론, 방주에 있는 단 하나의 창으로 하나님과 교제하는 노아는 특별한 존재임은 분명합니다. 그러나 방주가 인류의 구원을 예표하는 것으로 볼 때, 이사야 11장에 나오는 샬롬의 모습을 볼 때 그리고 노아 언약에 생물체가 포함되는 것을 볼 때, 또한 예수님의 전 우주적인 구원의 범위를 볼 때, 하나님의 구원에 동물이 포함되는 것으로 보입니다.

그래서 성경에 나오는 이런 구원과 회복의 모습을 보며 교회가 동물의 생존뿐만 아니라 동물의 복지에도 관심을 갖는 것이 성경적이지 않을까요?

그리고 목회자가 비신자의 장례식을 인도하는 것처럼 사랑하는 반려동물이 죽었을 때 가족을 위로하고 죽음을 애도하는 차원에서 동물의 장례식을 할 수 있지 않을까요?

A. 방주를 탄 생물들(창 6:19-20; 7:2)에서 세상을 보존하시려는 하나님의 의지를 봅니다. 세상 보존을 위한 언약은 육체를 가진 땅의 모든 생물과 맺은 영원한 언약입니다(창 9:10, 16). 노아 언약은 만유가 예수 그리스도 안에 함께 서 있으면서 보존되는 방식으로 성취됩니다(골 1:17; 히 1:3).

예수님께서 주시는 '우주적 구원과 회복'에 동물이 포함될까요?

여기서 용어를 정의하고 구분할 필요가 있습니다. '우주적 구원'은 통상적으로 구원의 대상에 유대인과 이방인이 모두 포함된다는 의미로 사용됩니다. '구원'을 예수님의 구속 혹은 대속을 통한 통전적이고 총체적 회복으로 정의한다면, 구원의 대상은 교회로 제한됩니다(참고. '구원'[σωτηρία, ἀγοράζω], '화해'[καταλλάσσω], '속죄'[atonement, νηστεία], 속량[ransoming, ἀπολύτρωσις]).[13]

'우주적 회복'은 지구의 갱신을 가리키기에, 회복에는 동식물도 포함됩니다. 동물은 우주적 회복의 대상이기에, 동물복지는 당연히 중요합니다. 이사야 11장이 그리는 샬롬에 관하여는 특히, 세대주의자나 몰몬교도가 문자적으로 해석하기를 선호하지만, 문맥을 고려하면 장차 예수님께서 주시는 샬롬의 상태를 상징적으로 예언합니다. 이사야서를 문자적으로 해석하면, 사자가 있다고 말하는 이사야 11장 6절과 사자가 존재하지 않을 것이라고 말하는 35장 9절은 서로 모순됩니다.

그리스도인은 애완동물을 잃은 가족을 위로하고 동물의 죽음을 애도할 수 있습니다.[14] 남성보다는 여성의 경우, 이혼과 낙태와 사별을 겪고 난 후에 애완동물을 키우면서 대체할 수 없는 상호 의존 관계에 돌입합니다.[15]

하지만, 그 방식이 '장례식'이어야만 할까요?(참고. 웨스트민스터 예배모범 XIII의 '장례식'이라는 용어의 부재; 『기독교 강요』 3.25.9의 '하나님 자녀의 부활')

기독교 장례식은 몸의 부활과 영생을 대망하는 시간입니다. 펫로스 증후군을 이겨내도록 공동체가 함께 애써야 할 것입니다.

그런데 사람이 동물을 가까이 두며 아끼는 것은 인간의 정서가 그만큼 말랐다는 증거가 아닐까요?

---

13 십자가의 피로써 만유를 화해하신다(ἀποκαταλλάσσω)라고 밝히는 골 1:20은 독특하다.
14 미국의 경우, 펫로스 증후군을 겪으면서 슬픔의 정도가 높은 사람일수록 교육 수준이 낮고, 남성보다 여성이 많으며, 애완동물에 애착이 많았고, 사후 기도를 더 많이 사용하고, 부정적 방식으로 종교적 대처를 시도한 것으로 나타났다. S. A. Lee, "Religion and Pet Loss: Afterlife Beliefs, Religious Coping, Prayer and Their Associations with Sorrow," *British Journal of Guidance & Counseling* 44/1 (2016), 126.
15 펫로스 증후군을 극복하려면, 가족과 친구와 상담사 그리고 수의사의 도움이 필요하다. 호주의 경우 펫로스 증후군에 빠진 사람 중 44퍼센트는 다른 애완동물을 키우면서 공백을 메울 의사를 보였다. M. Cleary et als, "Grieving the Loss of a Pet: A Qualitative Systematic Review," *Death Studies* 46/9 (2022), 2172-2175.

Q. 요한복음 3장 16절 "하나님이 세상을 이처럼 사랑하사 독생자를 주셨으니, 이는 저를 믿는 자마다 멸망치 않고 영생을 얻게 하려 하심이라"에서 하나님이 독생자를 주신 이유는 인간을 사랑해서가 아니라 '세상'을 사랑해서라고 말씀하고 있습니다. 그런데 우리는 인간만을 사랑해서 독생자를 주셨다고 생각합니다.

그리스도의 속죄와 구원의 은혜가 인간에게만 있다고 제한하기보다, 지구의 위기는 인류의 위기이고 동물의 위기는 인간의 위기로 이어지듯이, 니느웨에서 짐승들의 회개나 성경에서 천국의 묘사 등을 볼 때, 그리스도의 속죄와 구원의 은혜가 모든 피조 세계를 포함한다고 볼 수 있지 않을까요?

A. 요한복음 3장 16절의 '세상'(κόσμος)은 죄악에 빠졌지만 예수님을 믿어 영생을 얻을 성도를 가리키지, 온 세상 즉 지구의 모든 생명체를 가리키지 않습니다.[16] 다시 말해, '세상'을 특정 시간과 장소에 제한되지 않는, 구원 받기로 예정된 모든 성도로 보는 것이 요한복음의 기록 목적에 적절합니다(요 20:31). 그리고 요한복음 3장 16절의 '세상'이 가리키는 강조점은 멸망치 않고 영생을 얻게 될 '성부의 독생자를 믿는 자'에 있습니다.[17]

또한, 선지자 요나 당시에 니느웨의 짐승들은 회개할 수 없었는데, 회개는 성령의 역사가 임한 사람만 할 수 있는 영적인 일이기 때문입니다(고후 7:10-11; 계 22:14). 요나서는 아브라함 언약의 성취가 이방 세계에서 어떻게 진행되는지를 하나님의 선교를 통해 보여줍니다.

Q. 범죄로 파괴된 피조 세계를 회복하는 것은 동물이 하는 게 아니라 인간이 하는 겁니다. 그러나 "생육하고 번성하고 땅에 충만하라"는 명령은 모든

---

16 요 3:16의 '세상'을 구원 받을 죄인들이 아니라(요 3:15; 참고. 엡 2:3-5) 죄악에 빠진 세상이라 보더라도(요 1:10), 동물을 염두에 두지 않았다. 왜냐하면, 요 3:16의 전후 문맥에 따르면, 선교적 성부께서 성자를 보내셔서 구원하시는 대상은 사람이기 때문이다(요 3:17-18). D. A. Carson, *The Gospel according to John* (Grand Rapids: Eerdmans, 1991), 204-206. 참고로 '진녹색 생태'(dark green ecology) 혹은 '진녹색 종교'(dark green religion)는 인간이 아니라 생태를 중심으로 하는 해석에 기반하여 모든 종(種)이 가지고 있는 내재적 가치를 존중하면서, 인간이 생태와 연관된 상태에 있음을 강조한다. Ferreira and Sutton, "Ecological Hermeneutics as a Current Trend in Old Testament Research in the Book of Psalms," 312.

17 J. J. Kanagaraj, *The Gospel of John* (Secunderabad: OM Books, 2005), 128.

피조 세계에 다 해당됩니다. 다만, 인간은 청지기로서 그런 하나님의 뜻이 잘 이루어지게 할 책임과 의무가 있습니다. 그동안 인간은 지배와 우월의 개념에 사로잡혀 동물을 억압과 착취와 도구로 생각해 왔습니다. 근래에는 동물의 생존권은 받아들이지만 복지권을 수용하지는 못합니다. 왜냐하면, 동물과의 평화와 조화를 추구하는 것은 대가 지불이 필요하기 때문입니다. 그래서 역으로 더 인간 중심의 신학 해석이 이루어지는 건 아닌가 하는 생각도 듭니다.

인간이 동물의 복지와 권리를 위한 제도와 법을 펼치지 못하는 이유는 무엇이라고 생각하시나요?

A. 문화명령을 수행하는 사람은 물론(창 1:28), 비인간 생물도 생육하고 번성하며 땅에 충만해야 합니다(창 1:22). 인간은 동물을 착취한 죄에 대해 반성 중입니다. 이런 반성을 일으킨 촉매제 중 하나는 수십 년 전에 인간 중심의 신학 터에 폭탄을 던진 동물입니다. 적어도 경제 발전을 이룬 국가들에서 동물 복지를 위한 제도와 법은 상당히 발전해 있습니다(예. 한국의 동물보호법[1991]; 영국의 동물보호법[1822년]). 전 세계적으로 동물복지 편차는 여전히 심합니다. 동물복지가 미진한 몇몇 이유로 재정의 여력과 인간 복지를 우선하는 정서, 인간의 '편향적 이타주의'와 '효율적 이기주의'가 작용한다고 볼 수 있습니다.[18]

2024년 7월 10일부로 서울특별시 서대문구가 서울시 자치구 최초로 반려동물 전담 부서를 신설했습니다. 신설된 '반려동물지원과'는 '반려동물'과 '반려인'을 지원하고 동물 유기와 학대 같은 사회적 문제에 대응하며 동물 존

---

18 피터 싱어는 동물이나 인간 중에 어느 한 편에 치우치지 않으면서 공리주의자(功利主義者)로서 살아가려 애쓴다. 공리주의는 행복을 선으로 보면서, 이익을 동등하게 나누려 하고, 최대 다수의 최대 행복을 추구한다. 싱어가 사명감을 가지고 확산 중인 "효율적 이타주의(effective altruism)란 세상을 개선하는 가장 효율적인 방법을 이성과 실증을 통해 모색하고 실천하는 철학이자 사회운동이다. … 최대한 행복을 도모하고 고통을 줄이는 방법이 무엇인지를 의식하면서, 동기보다 결과를 중요시하며 모두의 이익을 동등하게 고려하며 살아가라는 요청인 것이다." 싱어는 '한계 효용 지점'(marginal utility point)까지 이타성을 실천하라고 주문한다. 그러나 사람은 '편향적인 이타성'을 보이기에, 식용으로 사용하는 가축에게 보이는 이타성은 애완견보다 훨씬 못 미친다. 그리고 사람은 '효율적 이기주의'를 본성적으로 가지고 있기에, 고통당하는 사람을 위해서도 선뜻 기부하지 않으므로 '동물해방'이나 동물복지를 위해 선뜻 발 벗고 나서려 하지 않을 것이다. 참고. 김성한·이창근, "피터 싱어의 효율적 이타주의 그리고 나눔," 『인격교육』 16/4 (2022), 7-8, 17-19.

중과 보호 문화를 확산하는 데 선도적 역할을 맡을 예정입니다.

지자체의 이런 역할이 중요하지만, 동물복지의 일차 책임은 애완동물을 키우는 사람에게 있다고 봅니다. 그래서 미국과 독일 등에서 동물복지 증진을 위한 '반려동물(개) 보유세'를 부과하고 있습니다. 이런 세금으로 유기 동물을 보호하고 공중위생을 강화하며, 동물을 보유하는 사람과 그렇지 않은 사람 간의 갈등을 줄이고, 애완동물의 과도한 증가를 예방할 수 있을 것입니다.

Q. 동물의 고통을 주장한 피터 싱어, 동물의 권리를 주장한 톰 리건, 관대함의 윤리를 설파한 앤드류 린지는 대표적인 동물신학자들입니다. 이들의 주장을 보면, 모순이 발견되고 이데올로기적인 느낌도 받습니다. 싱어의 경우 고통의 수준과 기준은 어디로 할 것인지, 린지는 동물이 권리를 가지고 있는 주체자라고 말하지만 그게 어디까지 적용이 되는지, 관대함의 차원으로 볼 때 모든 생명체를 다 죽이면 안 되는 건지, 여러 의문과 모순이 느껴집니다.

그러나 이들의 동물신학을 통해 우리가 얻을 수 있는 유익이 있다고 보이는데, 교수님께서는 우리가 배울 수 있는 점은 무엇이고 조심해야 할 점은 무엇이라고 생각하시는지요?

A. 피터 싱어는 교회 밖에서 그리고 앤드류 린지는 교회 안에서 동물을 옹호합니다. 피터 싱어는 동물에게 쾌고감수능력'(쾌락과 고통을 느낄 수 있는 능력, sentience)이 있다고 보면서 동물을 인간의 억압에서 해방하려 합니다. 윤리적 채식주의를 주창하는 톰 리건은 하나님께서 동물에게 부여하신 권리를 주장하면서 인간의 소유와 지배를 거부합니다. 앤드류 린지는 동물을 향한 관대함의 윤리를 넘어 '동물성경'과 동물 예전까지 도입하자고 주장합니다.

이 동물친화론자들은 우리에게 윤리적 채식주의나 동물의 형편에 민감하도록 만들고, 공장식 사육과 같은 인간의 이기주의를 반성하도록 기회와 통찰을 제공한 기여가 있습니다. 하지만, 한계와 주의점도 놓치지 말아야 합니다. 예를 들어, 이들이 동물의 인지력과 쾌고감수성, 도덕성과 제의성을 긍정적으로 설명할 때, 대체로 성경보다는 진화론에 기반합니다. 그리고 애완견을 인간 차원으로 격상시켜서 인간의 동물화를 추구하거나,[19] 동물 종 간의 새로운

---

19 "생명윤리(특히, 영미 철학계)의 측면에서 동물의 윤리적 고려 가능성을 처음 열었던 벤

차별주의를 조장합니다. 한 예로, 남아공인들은 양고기 갈비 바비큐(lamb chop braai)를 매우 즐기면서도 역설적이게도 애완견은 아낍니다.

무엇보다 예수님께서 성육하신 목적을 인간과 동물 간의 종 차별주의를 철폐하려는 차원으로 격하하는 것에 동의할 수 없습니다. 예수님께서 사람이 되셨다고 언급하는 성경 어느 본문도 그렇게 말하지 않기 때문입니다.

Q. 구원은 인간에게 주어지는 성령의 역사입니다. 주님의 보혈은 성도에게 덮이고 성령은 우리의 마음을 변화시켜 하나님께로 돌이키게 합니다. 인간 중심으로 본다면, 이 사실은 동물에게는 적용될 수 없습니다. 그러나 유한한 인간이 이 놀라운 은혜의 범위를 다 알 수는 없습니다.

그래서 동물의 구원 여부는 비성경적이라고 배제하기보다 우리가 구원의 확장성을 두고 열어두는 것이 더 성경적이지 않을까요?

반려동물을 위한 기도도 피조물을 향한 관심을 뗄 수 없는 하나님의 심정으로 가능하지 않을까요?

A. 성도는 삼위 하나님께서 자기 자녀에게 주시는 구원의 은혜를 믿습니다. 그리스도인에게 주어진 독특한 구원의 범위를 동물에게 확장하여 열린 결론으로 마무리할 수 없습니다. 하나님의 '갱신'과 '새 창조' 사역의 대상에는 동물이 포함됩니다. 그러므로 '예수 그리스도를 통한 성도의 구원'과 신천신지에서의 '새 창조'를 구분할 필요가 있습니다. 다시 말해, '구원'은 성도에게만 해당하지만, '새 창조'는 만유에 해당합니다.

만약, 동물이 '구원'의 대상이라면, 식물이나 지구를 구성하는 물질도 거기에 포함되어야 할 것입니다(벧후 3:10).[20] 새 창조의 영이신 성령은 세상에 질서

덤, 밀, 시즈윅의 전통에 서 있는 피터 싱어(Peter Singer)가 (칸트적 영감으로 생명윤리에 접근한 톰 리건[Tom Regan]과 동물권이 인권과 불가피하게 연루됨을 보여준 파올라 카발리에리[Paola Cavalieri]를 포함하여) 대표 인물이다." 김동규, "후기 하이데거 철학의 동물론: 아감벤, 데리다 비판의 맹점," 183, 193. 참고로 칼라르코(M. Calarco)는 싱어, 리건, 카발리에리를 인간과 동물의 윤리적 동등성을 강조하는 '동일성의 윤리학'(ethics of identity)지지자에 포함한다. 그리고 하이데거가 인간 중심주의를 완전히 극복하지 못했다고 비판하면서, 이탈리아 철학자 조르조 아감벤(G. Agamben)은 "동물의 완벽한 인간화는 인간의 완벽한 동물화와 일치한다."라고 보았다. 김동규, "후기 하이데거 철학의 동물론: 아감벤, 데리다 비판의 맹점," 193.

20 예수님의 구원 사건으로 새 창조는 이미 시작되었다. 계 21:2의 현재 동사 '내려오다'

를 부여하시고 갱신하십니다. 그렇다면 그리스도인이 '생태적 정적주의'(ecological quietism)에 빠진 채로 생태 질서를 회복하는 데 무관심하고 오히려 훼손하는 것은 성령님을 거스르는 악행이 될 것입니다.[21]

이 원칙을 적용해 봅시다. 인간과 동식물이 지구가열화(global heating)에 직면한 상황에서, 한국 교회는 '생태주일'을 지킬 필요가 있습니다. 성도는 생태계의 일부인 동물을 포함하여 피조물을 위해 기도할 수 있고, 기도해야 합니다. 질문자의 언급대로, 목회자는 물론 모든 그리스도인은 애완동물을 위해 기도할 수 있습니다. 왜냐하면, 우리는 일상과 주변 환경을 위해 기도해야 마땅하기 때문입니다. 그러나 이때도 균형감과 우선성을 잘 염두에 두어야 합니다. 가족과 신앙공동체, 불신 지인들을 위해 드리는 기도는 더 중요합니다.

Q. 저도 동물 세례식, 동물 축복식, 반려견과 함께하는 예배 등은 아직 받아들이지 않습니다. 그러나 교회사적으로 그런 사례가 있었습니다. 아시시의 프란체스코는 식물과 동물들에게도 설교했고 늑대가 회심했다는 이야기도 들었습니다. 외경을 보면 동물을 치유하고 동물과 어울리는 예수님의 모습이 있고, 복음서도 광야에서 시험을 받을 때 예수님은 들짐승과 함께 계셨다고 기록합니다.

이런 사례들을 보면 성경에 기록되지 않았을 뿐이지 그러한 의식들도 가능하다고 볼 수 있지 않을까요?

그리고 앞으로 이런 현상이 더 개방적이고 많아질 거라고 예상이 됩니다.

A. 그리스도인은 신음하고 있는 피조 세계와 생태계 그리고 동물을 위해 기도해야 합니다. 가축이 중요한 재산이었던 농경 문화 시대 그리고 최근까지 농촌에서 가축 주인이 목회자를 초대하여 가축을 위해 기도해 달라고 부탁한 경우가 있었습니다. 어떤 목회자는 가축을 위해 기도하는 것을 거부하거나 회피했습니다. 기도하더라도 병든 가축이 죽는다면, 목회자의 권위나 사역에 부

(καταβαίνουσαν)와 21:5의 현재 동사 "새롭게 만들다"(καινὰ ποιῶ)는 새 창조가 진행 중임을 가리킨다. Gentry Jr., *The Divorce of Israel: A Redemptive-Historical Interpretation of Revelation*, Volume II, 1620, 1649.

21 D. T. Williams, "Ecological Disharmony as the Sin against the Spirit," *Scriptura* 112 (2013), 2, 10-11.

정적 영향을 줄 수 있다는 판단이 작용했는지 모릅니다. 아니면, 가축은 기도의 대상이 아니라는 인간 중심주의가 작용했을 수 있습니다.

그런데 이런 현상은 번영복음이 발전한 한국 교회의 아이러니입니다. 목회자는 성도의 영혼, 신앙, 건강, 자녀, 직장과 사업 그리고 재산을 위해 기도할 수 있고, 마땅히 기도해야 합니다. 그런데 가축 전염병이 확산 중일 때 그리고 병든 가축을 위하여 기도할 책임은 목회자에게만 있는 게 아닙니다.

모든 교인이 이를 두고 기도해야 하지 않겠습니까?

예를 들어, 목회자가 아니라 구역장(가정교회의 목자)이 구역원의 가축을 위해 기도할 수 있습니다. 가축이나 애완동물은 기도 대상에서 제외되어 마땅하거나 꺼릴 만한 특별한 존재가 아닙니다. 이에 대한 성경적 근거는 요한삼서 1장 2절입니다. 사도 요한은 가이오의 "범사를 위하여 기도합니다"(περὶ πάντων εὔχομαί). '범사', 즉 '모든 것'에 가이오의 생계가 포함됩니다. 참고로 한글개역개정은 "범사가 잘 되고"라고 오역합니다.[22]

성도의 존재론적 웰빙과 영육의 건강은 그 자체로 목적이 아닙니다. 그리스도인에게 웰빙과 건강은 진리 안에서 살고 하나님의 선교에 동참하는 수단입니다(요삼 1:4, 7; 참고. 요 17:11, 17-19).[23] 따라서, 목회자와 성도가 함께 성도의 가정과 소유와 직장을 위해서 기도하되, 모든 것은 진리의 복음을 따라 살아가는 도구로 삼아야 합니다.

그런데 외경에 나타난 동물친화 사상을 참고함으로써, 동물 세례식, 동물 축복식,[24] 반려견과 함께 하는 예배가 진정으로 가능하겠습니까?

그리고 기독교의 성례인 세례와 언약 갱신으로서의 예배에 대해 '성경의 지지를 받는 새롭고도 확장된 이론'을 만들 수 있을까요?

---

22 비슷한 번역의 오류는 S. L. Adams, "An Examination of Prayer in 3 John 2 and the Farewell Discourse in Light of the Mission of God," *Neotestamentica* 54/2 (2020), 192를 보라.

23 Adams, "An Examination of Prayer in 3 John 2 and the Farewell Discourse in Light of the Mission of God," 193, 204.

24 한국 기독교인은 '복'과 '축복'을 자주 혼용한다. 그래서 "하나님, 축복하여 주옵소서"라고 종종 기도한다. 그러나 '축복'(祝福)은 복을 빈다는 의미다. 하나님은 복을 주시는 분이지, 비는 분이 아니다. 그렇지만 '동물 축복식'이라는 용어에 "하나님께서 동물에게 복을 주옵소서"라는 의미가 담겨 있을 것이다.

그것은 불가능합니다. A.D. 3-4세기의 은둔 수도사 안토니는 동물을 축복했는데, 그는 '동물 세계의 후견 성인'이라 추앙받습니다. 천주교는 아시시의 프란시스코를 '생태계의 후견 성인'으로 숭상하지만, 프란시스코의 채식주의와 비인간 동물 존중 사상에 미친 마니교와 불교 그리고 조로아스터교의 영향을 간과할 수 없습니다.[25] 그리고 외경이나 사막교부와 은둔 수도사들의 일화에 미신적 내용이 적지 않기에 비평적으로 참고해야 합니다(예. 수도사가 용과 상생함).

'오직 성경'과 '전체 성경'이라는 종교개혁의 원칙이 중요합니다. 성경에 무언가가 부족하여, 성경 바깥으로부터 신비적 내용이 보충되어야 하는 것은 아닙니다. 변화되는 상황에 따라 세례나 예배를 다시 규정한다면, 신앙의 절대 규범인 성경은 상대화되고 가변적일 수밖에 없습니다. 성경에서 출발하기보다, 상황에서 출발하여 어떤 문제에 대한 성경적 해법을 찾을 때, 상황이 성경을 지배하지 않도록 주의해야 합니다.

Q. 이 세상에서 가난한 자가 가장 고통당한다고 생각했습니다. 그런데 이 대담을 준비하면서 이 땅에서 가장 고통당하는 것은 사람이 아니라 피조 세계와 연약한 동물일 수도 있겠다는 생각이 들었습니다.

하나님께서는 항상 힘이 없는 약자들의 편에 서서 그들을 보호하시는데, 인간 중심적인 생각을 벗고 연약함의 측면에서 본다면 이런 동물들을 향한 보살핌과 복지와 선교가 이루어지는 것도 하나님의 뜻을 이루는 게 아닐까요?

---

25 1225년에 프란시스코가 작사한 '온 천하 만물 우러러'(All Creatures of Our God and King)은 21세기 찬송가 69장에 수록되어 있다. 4절의 '저 귀한 땅'은 'Dear mother earth'(사랑하는 어머니 지구)이다. 그런데 성경은 지구가 아니라, 하나님과 사도와 교회를 '어머니' 이미지로 묘사한다(민 11:12; 신 32:18; 욥 38:28-29; 시 22:9-10; 사 45:9-10; 46:3; 49:15; 66:13; 호 11:3; 마 23:37; 갈 4:19, 26). 1224년에 프란시스코는 'Canticle of the Sun'(태양의 찬가)에서도 "내 주님은 '어머니 지구'를 통해서 우리를 보존하시고 다스리시고 화려한 화초와 더불어 각종 과실을 주신다"(my Lord, through 'Sister Mother Earth', who sustains us and governs us and who produces varied fruits with coloured flowers and herbs)라고 밝힌다. 프란시스코는 '별'과 '달'과 '죽음'에게도 '형제자매' 호칭을 부여한다. 그런데 프란시스코가 작사한 찬송가 69장에서 '동물'을 전혀 언급하지 않은 사실이 놀랍고 의아하다. 참고. D. J. A. Cline, "Alleged Female Language about the Deity in the Hebrew Bible," *JBL* 140/2 (2021), 230-43.

인간이 우선이기보다 고통받는 피조물이 우선이라는 생각은 비성경적일까요?

A. 세상에서 고통당하는 존재를 고찰할 때, 전체를 아우르는 총체성이나 통전성도 중요하고, 이에 못지 않게 우선성(priority)도 중요합니다. 하나님은 고아와 과부와 나그네와 장애인은 물론 구덩이에 빠진 가축에도 큰 관심을 가지고 계십니다(신 27:18-19; 시 146:8-9; 잠 31:8; 마 12:11). 구약성경에서 히브리어로 '게르'라 불리는 외국인 이주민도 약자입니다. 고통당하는 사람, 곧 약자에게 우선성을 두면서, 동물이라는 또 다른 약자를 배제한다면 통전적 이해는 약화됩니다. 그러므로 사람에게 우선권을 두면서도 동물을 아우르며 이해해야 할 것입니다.

1869년에 '동물을 잔인하게 대하는 행위를 방지하는 협회'(ASPCA)가 미국에서 조직되었으며, 현재 이 협회는 칠천 개 이상의 조직을 거느리고 있습니다.[26] 미국에서 1980년대는 '동물 권리를 위한 행동가의 시작 시기'라 불리는데, 정치와 법과 문화와 같은 여러 영역에서 동물을 보호하려는 운동이 체계화되었습니다.[27] 그러나 서유럽과 북미에 비해, 동유럽과 극동 및 중동 국가에서는 동물복지법이 취약합니다.

그런데 여러 언약이 성취되어 가면서 펼쳐지는 구원의 복음 내러티브를 염두에 두고 '인간'으로 구성된 교회를 중요하게 여긴다면, '인간 중심성' 혹은 '인간 우선성'은 잘못된 표현이라고 보기 어렵습니다(마 6:26).

인간의 존엄성이 훼손된다면, 하나님의 형상이 손상을 입는 것이며, 결국 하나님을 모욕하는 행위가 되지 않을까요?(잠 14:31; 17:5; 22:2; 마 25:40; 고전 11:7; 약 3:9)[28]

하나님은 지존하시며 절대적인 가치를 가지고 계십니다(시 77:10). 특별히 그리스도의 형상(imago Christi)을 닮아가는 그리스도인은 '파생되지만 중대한

---

26 M. S. Silberman, "Animal Welfare, Animal Rights: The Past, the Present, and the 21st Century," *Journal of Zoo Animal Medicine* 19/4 (1988), 162.

27 Silberman, "Animal Welfare, Animal Rights," 162.

28 R. Rheeder, "Bio-Etiek sonder Grense en Menswaardigheid: 'N Gereformeerd-Etiese Beoordeling," *Verbum et Ecclesia* 34/1 (2013), 6-8. 참고로 스위스의 종교개혁자 프란시스 튜레틴(d. 1687)은 인간이 다른 피조물보다 우월하고 탁월하지만, 하나님을 의존하면서 자선을 베푸는 통치를 해야 한다고 주장했다. 참고. 이신열 (ed), 『종교개혁과 인간』, 319.

가치'를 가지고 있습니다(롬 8:29; 갈 4:19; 골 1:15).[29] 물론, 우리는 동물의 고통에 더욱 민감해야 합니다. 그렇지만 앞에서 살핀대로, 동물을 돌봄의 대상으로 보아야 하지, '선교'의 대상으로 볼 수 없습니다. 다시 말해, 돌봄의 대상과 선교 대상은 구분되어야 합니다.

마지막으로 언급하고 싶은 말은 '반려동물' 열풍이 초저출산 시대를 더 악화할 가능성이 높다는 우려입니다. 저출산 문제와 반려동물 열풍 사이의 연관성은 다음과 같습니다.

(1) 경제적 부담: 자녀 양육 비용 대신 상대적으로 저렴한 반려동물 양육을 선택하는 경향
(2) 정서적 만족: 자녀 대신 반려동물을 통해 정서적 욕구를 충족
(3) 라이프스타일 변화: 1인 가구 증가와 함께 반려동물 선호도 상승[30]

혹자는 '반려동물'이 사람의 생애 주기에 미치는 영향을 연구합니다. 이 연구에 따르면, '반려동물'에 대한 매우 강한 집착은 독거노인은 물론이거니와, 미혼인과 자녀가 없는 부부에게서 볼 수 있습니다. 이들이 볼 때, 동물은 룸메이트나 베스트 프렌드가 되어 인간과 같은 반려인 역할을 합니다.[31] 자녀가 없는 부부가 애완견을 '내 새끼'(my kids; my babies)라 부르며 키우면서, 자녀 양육을 미리 연습하는 경우도 있다고 합니다.[32]

애완견의 이런 긍정적 역할은 인정되어야 합니다. 하지만, 애완견이 사람의 가장 친한 친구와 자식이 될 수 없는 법입니다. 한국에서 유기견이 매우 많다

---

29   Rheeder, "Bio-Etiek sonder Grense en Menswaardigheid," 9. 참고로 루터에 따르면 타락한 인간에게 주님의 은혜가 임하지 않는다면 나쁜 나무가 되어 나쁜 열매를 맺을 수밖에 없는데, 이런 현상은 동물이나 생태를 대하는 태도에도 나타난다. W. Harris, "Grasping for God in the Material: A Meditation on Luther's Theology of Creation and Account of Sin as Critical Response to the Ecological Crisis," *Scriptura* 119 (2020), 9-19.
30   https://claude.ai/chat/ee57ff1b-733a-43a5-8f92-90f653273e6c (2024년 7월 27일 접속).
31   W. G. Turner, "The Role of Companion Animals throughout the Family Life Cycle," *Journal of Family Social Work* 9/4 (2005), 13, 17.
32   애완견을 키우는 어린이의 자존감이 높다는 통계도 있다. Turner, "The Role of Companion Animals throughout the Family Life Cycle," 13, 15.

는 사실이 이를 방증합니다.³³

아가서 5장 16절은 부부를 연인과 친구로 부릅니다. 초저출산 시대일수록, 크리스천 청년은 기독 신앙을 소유한 이성 친구와 거룩하게 교제함으로써, '뼈 중의 뼈, 살 중의 살'인 연인과 부부라는 동반자로 발전하는 은혜를 사모해야 합니다.³⁴

---

33 2024년 6월 17일, 천주교 교황은 G7 정상들에게 인공지능을 장착한 자율무기시스템 (Autonomous Weapon System)의 사용 금지를 요구했다. AWS는 로봇과 같은 기계에다가 군사용 인공지능을 입혀 인간화시킨 결과물이다. AWS는 인간의 조종이 없이도 스스로 표적을 선택하여 타격하기에 기술-생명윤리 문제를 대두시킨다. 자폭 드론과 같이 치명적인 무인 AWS가 확산 중이다. 지뢰 제거를 위해 로봇이 동원된 지 오래이며, 미국 국방부는 2012년 이래로 AWS를 본격적으로 발전시키고 있는데, '인간 군인'을 닮은 '기계 전투병' 덕분에 소중한 인명 피해를 어느 정도 줄일 수 있다. 인간의 존엄성과 생명 보호가 지고선처럼 가장 중요하기에, AWS는 허용될 수 있는 전쟁 방식인가? 그러나 대량 살상과 파괴를 자행하는 타락한 인간이 져야 할 책임을 '동료 기계 전투병'에게 전가하는 문제가 발생한다(창 3:12). 이런 현상은 애완견을 인간화하다가 매년 10만 마리나 내버리는 한국인의 무책임한 모습을 떠올리게 한다. 참고. W. Engelhardt & V. Kessler, "The Ethical Debate about the Use of Autonomous Weapon Systems from a Theological Perspective," *Verbum et Ecclesia* 45/1 (2024), 4-8.

34 제74회 고신총회에 보고되어 채택된 '동물 장례에 대한 질의'에 대한 고신대 신대원 교수회 보고서를 요약하면 다음과 같다. "동물 장례는 그리스도인에게 적절하지 않으나 목회적 관점에서 상실을 겪은 성도에 대한 돌봄은 유익하다…성경은 동물의 사후에 대해 말하지 않으며, 죽음 후 사라지는 것으로 기술한다(시 49:12)…동물은 인간으로 하여금 하나님의 형언할 수 없는 지혜와 능력과 위대함을 찬송하도록 돕는다(니사의 그레고리)…인간은 하나님만을 즐거워하기 위해 동물을 '사용'하며 사랑한다(어거스틴)…인간은 하나님과 닮아가도록 창조된 하나님의 '형상'(imago)임에 반해, 동물은 흔적(vestitium)이다. 인간과 동물은 존재론적인 차이가 있다(보나벤투라)…하나님은 인간을 통해 동물을 보살피기를 원하시며, 무엇보다 동물을 통해 인간이 하나님의 창조와 섭리의 놀라운 능력을 찬송하기를 원하신다(칼빈)…동물신학은 전통적인 교회의 가르침과 칼빈이 강조하는 인간과 동물 사이의 존재론적 차이를 무시한다…교의사에서는 동물에게 생장과 감각을 주관하는 능력이 있음을 말하면서 '영혼'이라는 단어를 사용하기도 하였지만, 이 능력 혹은 영혼이 인간의 영혼과 동일하다고 이해되지 않았다…성경이나 웨스트민스터 예배지침 (1645)은 사람의 장례식과 죽은 사람의 친구나 친척을 위한 위로를 말하고 있을 뿐 동물의 장례에 관하여 말하지 않는다. 장례는 오직 하나님으로부터 생기 곧 영을 부여받은 인간을 위한 것이다." 그런데 고신대 신대원 교수회는 '반려견'이라는 표현을 사용하는 데 긍정적으로 보인다. 성경적 동물신학에 대한 논의는 가정호, 송영목, 홍석진,『동물신학』(서울: 세움북스, 2024)을 참고하라.

제4부

국가,
교회의 공적 역할
그리고
개혁주의 신앙고백서들

제1장

교회와 국가의 관계:
아파르트헤이트와 신약성경 해석을 중심으로[1]

들어가면서

2019년은 3.1운동과 상해임시정부 수립 100주년이었고, 2020년은 한국 전쟁 발발 70주년이었다. 그리스도인은 애국을 실천하기 위해서 자유와 평화의 가치를 되새겨보아야 한다. 왜냐하면, 억압과 갈등과 불평등이 여전히 똬리를 틀고 있는 한국에서 교회가 감당해야 할 역할이 있기 때문이다.

다민족과 다인종이 어우러진 "무지개 나라" 남아프리카공화국(이하: 남아공)으로 눈을 돌려보면, 인종 간의 "분리 발전"(eiesoortige ontwikkeling)이라는[2] 명목으로 시작된 인종 차별 정책인 아파르트헤이트(Apartheid: 1948-1994)가 종식된 지 26년째다.[3] 하지만, 남아공에서 인종과 사회 계층 간의 화해와 평등은 아직도 요원하다.[4] 정부와 교회의 부적절한 결탁이 초래한 문제는 세계 곳곳

---

[1] 이 논문은 『개혁논총』 51 (2020), 9-52에 실렸다.

[2] S. R. Ritner, "The Dutch Reformed Church and Apartheid," *Journal of Contemporary History* 2/4 (1967): 18.

[3] 명사 "Apartheid"는 "인종연구를위한남아공연맹"(Suid-Afrika Bond vir Rassestudie; 설립 1935년)이 처음 사용했으며, 1936년에 이 연맹은 공식 표어로 채택했다. 1943년 아프리카너(Afrikaaner, 남아공의 네덜란드계 백인)가 중심이 된 국민정당(National Party)의 지도자 말란(D. F. Malan)이 연설 중에 이 용어를 자주 언급함으로써 대중화되었다. 1958년에 국민정당의 "아파르트헤이트의 건축가"라 불린 페르부르트(H. F. Verwoerd)가 집권한 이후로, 이 용어는 국가 차원에서 공식적으로 선호되었다. 페르부르트는 화란개혁교회(DRC) 소속 스텔렌보스대학교에서 신학을 공부했으며 독일 유학 중에 우생학(優生學)을 배워 아파르트헤이트에 적용했다는 의심을 받는다. 참고. Ritner, "The Dutch Reformed Church and Apartheid," 32; S. Dubow, "Afrikaner Nationalism, Apartheid and the Conceptualization of 'Race'," *The Journal of African History* 33/2 (1992): 211. 필자는 각주에서 남아공 신학자와 목회자의 소속을 밝혀 독자의 이해를 돕는다.

[4] 네덜란드인이 남아공에 정착한 1652년에 기원을 둔 DRC의 1994년 총회는 아파르트헤이트를 공개적으로 반성했기에 "속죄의 총회"라 불린다. 하지만, 아직까지 DRC가 아파

에 나타났지만[5] 심각한 인종 차별과 사회 분열을 겪고 치유 중에 있는 남아공의 국가와 교회의 상황은 갈등과 분열을 직면하고 있는 한국에서 교회와 국가의 정당한 관계를 설정하는 데 거울 역할을 한다.

본 장의 목적은 교회가 신약성경을 오용함으로써 교회가 국가와 잘못 결탁한 대표 사례인 아파르트헤이트를 통해서, 한국에서 교회와 국가의 올바른 공적 관계를 정립하는 방안을 찾는 데 있다.[6] 이를 위해, 아파르트헤이트를 찬성한 이들과 반대한 이들의 신약성경 사용을 각각 살핀 후, 아파르트헤이트 이후의 신약성경 해석이 남아공 사회에 미치는 영향도 탐구한다. 마지막으로 교회가 국가와 정당한 관계를 설정하기 위해서 무엇보다 올바른 성경 해석과 적용이 중요함을 논증할 것이다.

르트헤이트에 대해 진심으로 무조건적으로 사과할 준비가 안 되었다는 평가가 DRC안에서 일어난다. 1997년 DRC가 "진실과화해위원회"(TRC)에 제출한 보고서 "Road with Apartheid"는 교회가 정부와 바람직한 비평적 거리를 유지하지 못한 채 정부의 아파르트헤이트 정책을 다방면에 걸쳐 지지했다고 인정했다. 하지만, 남아공 북쪽 지역의 노회는 TRC에 비판적이었으며, 죄를 공적으로 인정하지 않으려 했다. 아프리카너 언론 역시 TRC의 활동을 부정적 수사학을 동원하여 "마녀 사냥"이라고 비판했다. 참고. 스텔렌보스대학교(DRC 소속)의 C. Thesnaar, "Reformed Churches Struggle for Justice: Lessons learnt from Their Submissions before the TRC," *Nederduitse Gereformeerde Teologiese Tydskrif* 54/3-4 (2013): 2-8; 프레토리아대학교(Section B. DRC 소속)의 A. B. du Toit, "Revisiting Church and Society after a Quarter of a Century: A Critical Reappraisal," *Nederduitse Gereformeerde Teologiese Tydskrif* 55/1 (2014): 29-42; 프레토리아대학교(DRC 소속)의 J. M. van der Merwe, "Kerk en Samelewing 25 Jaar Later: Was die Kool die Sous werd?" *Nederduitse Gereformeerde Teologiese Tydskrif* 52/3-4 (2011): 572; 스텔렌보스대학교(DRC 소속)의 J. Kinghorn, "DRC Theology: A Theology of Exploitation?" *Journal of Theology for Southern Africa* 49 (1984): 12-13; 스텔렌보스대학교(DRC 소속)의 D. A. Foster, "A Public Theological Approach to the (Im)possibility of Forgiveness in Matthew 18:15-35: Reading the Text through the Lens of Integral Theory," *In die Skriflig* 51/3 (2017): 1.

5 프랑스, 네덜란드, 영국, 미국은 노예 제도의 정당성 확보를 위해, 독일 나치 정권은 아리안족의 우월성을 찾기 위해 각각 극우적 성향의 제국-민족 교회를 이용했다. 그리고 조지 부시는 이라크 전쟁의 명분을, 오바마는 외국인의 미국 거주의 원칙을 성경에서 찾았다 (신 10:19). 참고. 추태화, "민족주의와 신흥 종교 운동: 1930년대 '독일 영성'을 배경으로," 『신학과 실천』 제28호 (2011): 813-817; 프레토리아대학교(DRC 소속)의 M. Speckman, "Bible Subversion: An Ideology Critique of the Manner and Motif behind the Use of Scriptures by Politicians," *Hervormde Teologiese Studies* 72/1 (2016): 2.

6 국내에서 아파르트헤이트에 대한 연구는 신학적 비평보다는 남아공의 정치와 경제 측면에서 주로 진행되어 왔다. 참고. DBPia에서 검색된 58개의 논문 목록(http://www.dbpia.co.kr/SearchResult/TopSearch?isFullText=0&searchAll=%EC%95%84%ED%8C%8C%EB%A5%B4%ED%8A%B8%ED%97%A4%EC%9D%B4%ED%8A%B8; 2019년 2월 23일 접속).

1. 아파르트헤이트 지지자들의 신약성경 해석

아파르트헤이트와 신약성경 해석의 관련성을 살피려면, 남아공에서 교회와 국가 관계의 역사에 대한 이해가 필요하다. 남아공의 역사는 총 4기로 나뉜다.

(1) 네덜란드의 지배(1652-1795)
(2) 대영제국의 지배(1795-1924)
(3) 아프리카너의 지배(1924-1994)
(4) 만델라 집권 이후 민주주의 시대(1994-현재)[7]

남아공 최대 개혁교회인 화란개혁교회(이하 DRC) 총회는 1857년에 아무런 성경적 근거를 제시하지 않고 신앙이 약한 아프리카너를 고려하여 인종에 따라 예배를 따로 드리기로 결의했다. 이 결정은 향후 DRC의 인종 차별 정책의 중요한 분수령이 되었다.[8] 그리고 1881년에 DRC는 흑백의 혼합인을 위해 DRC선교교회(이하 DRMC)를 따로 설립했는데, 1986년 DRMC 총회는 DRC의 아파르트헤이트 정책을 비판하는 "벨하(Belhar) 신앙고백"을 채택했다.[9] DRC와 정부 간의 결속력은 앵글로-보어 전쟁의 패배(1899-1902), 1912년에 설립된 아프리카국민회의(ANC)의 전신인 아프리카원주민국민회의(ANNC)에 대응할 필요 그리고 세계 경제 불황과 맞물린 가난한 아프리카너의 곤경으로

---

[7] 대영제국이 지배하던 1918년에 조직된 비밀결사 단체인 아프리카너형제단(Afrikaner Broederbond)은 아프리카너 민족주의의 출발점이 되었다. 참고. 프리스테이트대학교(DRC 소속)의 J. A. Naudé, "The Afrikaans Bible Translations and Apartheid," *Acta Theologica* 21/1 (2001): 107.

[8] 20세기 중순 인종별로 분리하여 예배를 드려야 한다는 신학적 지지는 프레토리아대학교(Section A. NHK 소속) 윤리학 교수 A. B. du Preez, *Eiesoortige Ontwikkeling tot Volksdiens: Die Hoop van Suid-Afrika* (Kaapstad: HAUM, 1959)를 보라. 그러나 1960년에 프레토리아대학교(NHK 소속)의 신약학 교수 A. S. Geyser(1918-1985)는 Du Preez의 주장은 해외는 물론 남아공 신학자들의 공통된 의견이 아니라, 아파르트헤이트를 지지하기 위한 자의적 해석이라고 비판했다. 참고. 비트바테스란드대학교(초교파. 국립)의 P. J. Hartin, "Apartheid and the Scriptures: The Contribution of Albert Geyser in this Polemic," *Journal of Theology for Southern Africa* 64 (1988): 20.

[9] 스텔렌보스대학교(DRC 소속)의 L. C. Jonker, "The Biblical Legitimization of Ethnic Diversity in Apartheid Theology," *Scriptura* 77 (2001): 169.

인해 강화되었다.¹⁰

아프리카너가 국민정당(NP. 1914년에 설립)을 설립했을 때, 말란(D. F. Malan) 목사를 비롯한 DRC 소속의 많은 목회자가 참여했다. 따라서, "DRC=국민정당"(Volksparty)이라는 등식이 점차 성립되었다. 1941년 남아공칼빈주의학생협회연맹(FCSSA) 모임에서 DRC 소속 스트레이돔(J. D. Strijdom) 목사는 하나님의 말씀과 하나님의 복으로써 인종 차별을 수행해야 인종 혼합과¹¹ 야만성의 심각한 위험으로부터 구원을 받을 수 있다고 주장하면서, 인종 차별을 구원의 수단으로 격상시켰다. 결과적으로, DRC를 정당(정부)과 동일시하는 국민교회(volkskerk)와 국민정당이라는 두 기둥은 아프리카너왕조(Afrikanerdom)를 형성하고 떠받치게 되었다.¹²

1) 아파르트헤이트의 성경관 및 성경해석 원칙

17세기 중순 남아공에 백인이 정착한 이래로, 기독교와 교회는 사회의 가치와 규범과 결속을 형성하는데 가장 큰 영향력을 미쳤다. 특히, 성경은 아프리카너에게 있어 기독교 정책인 아파르트헤이트를 수립하고 수호하는 무기와 같았다.¹³ 아프리카너가 지배하던 1933년에 출판된 아프리칸스성경(Afrikaans

---

10 Jonker, "The Biblical Legitimization of Ethnic Diversity in Apartheid Theology," 166. 참고로 제2차 앵글로-보어 전쟁(1899-1902) 당시 화란의 Wilhelmina여왕이 보어인을 도운 사실은 E. R. J. G. Picard, "Queen Wilhelmina and the Boers, 1899-1902," (M.A. diss, Leiden University, 2018), 1-61을 보라.

11 1936년에 생물학자 H. B. Fantham은 흑백의 혼합은 육체와 정신적 질병을 초래한다고 주장했고, 프레토리아대학교(DRC 소속) 신약학 교수 E. P. Groenewald(1905-2002)가 이에 동조했으며 결국 이것을 DRC는 수용했다. 참고. Kinghorn, "DRC Theology," 4-5.

12 Ritner, "The Dutch Reformed Church and Apartheid," 19-24. 참고로 1991년 남아공개혁교회(GKSA) 총회는 진실과 화해에 대한 공개적인 입장을 표명하지 않았는데, 지난 31년간의 아파르트헤이트에 대해 스스로 충분히 비판적이었다고 판단했기 때문이다. 그러나 DRC처럼 GKSA의 일부 구성원들도 아파르트헤이트를 지지했다. 참고. UNISA(초교파. 국립)의 T. D. Mashau, "Unshackling the Chains of Coloniality: Reimagining Decoloniality, Africanisation and Reformation for a Non-Racial South Africa," *Hervormde Teologiese Studies* 74/3 (2018): 4-5.

13 최근에도 전체 인구의 80퍼센트가 기독교인이라고 자처하는 남아공에 백인과 흑인 쌍방의 인종 차별은 계속되고 있는데, 일각에서 성경(창 4:15; 롬 2:1 등)을 통해서 인종 차별을 비판한다. 스텔렌보스대학교(DRC 소속)의 J. Punt, "Post-Apartheid Racism in South Africa: The Bible, Social Identity and Stereotyping," *Religion & Theology* 16/3-4 (2009):

Bybel) 초판은 자연스럽게 아파르트헤이트를 강화하는 용어를 반영했다. 성경 번역이 진공 상태에서 나오지 않는 사실을 인정하더라도, 이 번역은 아프리카너의 정치·사회·신학적 특징을 지나치게 많이 반영했다.[14] 신칼빈주의신학자들이 중심이 된 성경 번역자들은 천지 창조와 바벨탑 사건 그리고 구약 이스라엘의 역사를 실제 역사적 사건으로 믿었다. 이런 역사성에 기초하여 번역자들은 유비를 통해 이방 나라와 분리되어 살아야 했던 구약 이스라엘과 아프리카너를 동등시했다.[15] 아파르트헤이트 용어는 아프리칸스성경 제2판(1983년)에 더욱 강화되었지만, 시대 상황을 의식하여 성차별적이거나 공격적인 용어 대신 화해의 용어도 반영되었다.[16]

아프리카너의 60퍼센트를 차지하는 DRC의 신학적 입장은 1974년 10월 DRC 총회가 승인한 "성경의 빛에서 본 인종, 나라, 국가 그리고 인종들 간의 관계"("Ras, Volk en Nasie en Volkereverhoudings in die Lig van Skrif": 이하 "RVN")에

248-253, 269.

[14] 앵글로-보어 전쟁 시, 남아공의 흑인은 영국 편을 들었기에, 화란계 보어인(Boer)은 흑인을 더 차별했다. 해방신학적 흑인신학의 정반대편에 아파르트헤이트의 국가 신학과 백인 신학이 있다. 참고. 스텔렌보스대학교(DRC 소속)의 J. Kinghorn, "Wit Teologie," *Scriptura* 12 (1984): 54-67.

[15] 나치 통치 기간인 1933-1936년, 독일의 유대인 363명이 남아공으로 이주를 할 무렵, 아프리카너 말란(D. F. Malan)이 이끌던 순수국민정당(PNP)은 반유대주의 이념에 따라 이주를 반대했다. 그리고 스텔렌보스대학교와 포체프스트룸대학교(현/ 노스-웨스트대학교)에서 유대인의 유입을 반대하는 시위가 열렸다. 포체프스트룸대학교의 라부샤그네(F. J. Labuschagne)교수는 유대인의 조상 때문에 유대인들은 남아공에 적절치 않은 이방인이므로 백인은 그들과 섞일 수 없다고 주장했다. 그러나 이 주장은 구약 유대인들과 아프리카너를 동일시한 아파르트헤이트의 주장과 모순된다. 참고. M. Cohen, "Anatomy of South African Antisemitism: Afrikaner Nationalism, the Radical Right and South African Jewry between the World Wars," (Ph.D. diss, Monash University, 2014), 199-206.

[16] 예를 들어, BHS는 창 1:11을 "각기 종류대로"(after its own kind)로 번역하지만, 아프리칸스성경(1933년)은 "그들의 종류(sorts/species)를 따라"(volgens hulle soorte)로, 1983년판은 "각기 그것의 본성을 따라"(elkeen na sy aard)라고 번역했다. 그리고 BHS는 신 7:3을 "너는 그들의 사위가 되지 말아야 한다."로 번역하지만, 1933년판은 "너는 그들의 사위가 되지 말아야 한다."(Jy mag jou ook nie met hulle verswaer nie)로, 1983년판은 "너는 그들과 혼합결혼을 하지 말라"(Jy mag nie met hulle ondertrou nie)로 번역한다. 참고로 1986년 DRC 총회의 보고서 "교회와 사회"(Kerk en Samelewing)를 수용하기를 거부하여 DRC의 40퍼센트에 해당하는 467교회가 1987년에 아프리칸스 개신교회(APK)를 설립했다. APK는 1933년 초판 성경과 1953년 개정판만 인정한다. 참고. Naudé, "The Afrikaans Bible Translations and Apartheid," 107-120; Van der Merwe, "Kerk en Samelewing 25 Jaar Later," 571.

서 가장 분명히 볼 수 있다.[17] "Landman보고서"라고도 불리는 RVN은 성경 구절 약 50개를 인용하지만, 하나님의 창조와 때와 거주지의 경계를 언급하는 몇몇 구절에 근거하여 논증한다(창 1:28; 11:1-9; 신 32:8-9; 행 2:5-11; 17:26).[18] RVN에 따르면, 성경은 하나님의 말씀이며, 시간과 장소와 상황을 초월하여 적용할 수 있는 근본적인 자료와 규범과 원칙을 제공한다.[19]

RVN에 나타난 성경해석 원칙은 4가지로 요약된다.[20]

(1) 성경 본문의 실제적 의도를 염두에 두고, 개혁주의-과학적-해석학적 원칙에 따라 해석해야 한다.

---

17 영문은 The General Synod of the Dutch Reformed Church, "Human Relations and the South African Scene in the Light of Scripture," (Cape Town; Pretoria: Dutch Reformed Church Publishers, 1974)이다. 1970년에 조직된 DRC 위원회가 4년에 걸쳐 이 보고서를 작성했는데, 위원장은 스텔렌보스대학교 재학 시절부터 논쟁에 뛰어났던 란드만 목사(W. A. Landman; 1909-1986)였는데, 1978년 12월 7일 스텔렌보스대학교는 그에게 명예박사를 수여했다. 그러나 1978-1979년에 독일, 네덜란드, 스위스교회가 "Ras, Volk, en Nasie"를 이단적 문서라고 비판했고, DRC 소속 신학자 8인이 DRC 교단지 Kerkbode(1980년 11월 5일자)에 교회의 선지자적 사명을 촉구하며 아파르트헤이트를 비판한 글을 기고했으며 (소위 "종교개혁의 날 증언"), 1982년 6월 9일에 DRC 소속 목회자 123명(D. J. Bosch 등) 이 서명하여 국가를 향한 교회의 선지자적 사명을 촉구하는 공개 서한을 보냈고, 1982년 8월 캐나다 오타와에서 열린 WARC 총회는 아파르트헤이트 신학을 이단으로 규정하여 DRC와 NHK를 제명했는데, 성경의 근본적인 교리를 의도적으로 위반하여 성경에 복종하기를 완고히 거부할 뿐 아니라 기발한 신학을 고안하여 보편적 교회를 허물었기 때문이다. 반 아파르트헤이트 기류가 국내외에서 확산되자, 1982년 10월 DRC 총회는 RVN을 성경적으로 교정할 것이라고 결의했으며, 1986년 DRC 총회에서 진일보한 보고서 "교회와 사회"(Kerk en Samelewing)를 채택했다. 참고. N. Richardson, "Apartheid, Heresy and the Church in South Africa," *Journal of Religious Ethics* 14/1 (1986): 6-8; Van der Merwe, "Kerk en Samelewing 25 Jaar Later," 565-566; 남아공 장로교 목사 D. S. Bax, "The Bible and Apartheid 2," in *Apartheid is a Heresy*, eds. J. W. de Gruchy and C. Villa-Vicencio (Cape Town; Grand Rapids: Eerdmans, 1983), 113.

18 The General Synod of the Dutch Reformed Church, *Human Relations and the South African Scene in the Light of Scripture*, 13-19; Bax, "The Bible and Apartheid 2," 114; UNISA(초교파. 국립)의 W. S. Vorster, "The Bible and Apartheid 1," in *Apartheid is a Heresy*, eds. J. W. de Gruchy and C. Villa-Vicencio (Cape Town; Grand Rapids: Eerdmans, 1983), 99.

19 The General Synod of the Dutch Reformed Church, *Human Relations and the South African Scene in the Light of Scripture*, 7.

20 The General Synod of the Dutch Reformed Church, *Human Relations and the South African Scene in the Light of Scripture*, 11.

(2) 문자주의 방식(biblicistically)으로 해석하지 말아야 한다.[21] 성경은 경험적인 사회학이나 인류학 교과서가 아니기에 전체 문맥과 구속사적 문맥을 따라 해석해야 한다.

(3) 본문을 주해할 때 중심 주제인 예수님을 믿어 얻는 구원과 하나님 나라의 도래를 염두에 두어야 한다. 그리고 삶의 모든 영역이 바로 이 중심 주제와 올바르게 일치되도록 해야 한다.

(4) 성경적 규범과 원칙이 삶의 모든 영역에 적용되어야 하지만, 그 원칙이 존중되지 못할 경우 교회는 국가를 향해 선지자 역할을 해야 한다.

위의 성경해석 원칙들을 하나씩 비평해 보면, 해석 원칙 (1)은 RVN에 상술되지 않는다. 즉, 무엇이 개혁주의적이며 과학적이고 해석학적 원칙인지 용어만 나열한다. 그러나 RVN 전체를 고려할 때, "개혁주의적"의 의미는 다음과 같다.

첫째, 하나님 말씀인 성경이 근본적인 자료와 원칙을 삶의 모든 영역에 제공하며,

둘째, 성경을 문자주의적으로 해석하는 대신 구속사적 맥락을 따라 해석하되, 성경의 통일성과 신구약의 불연속성 혹은 연속성을 고려하고, 구원과 천국의 도래라는 중심 사상을 고려하는 것이며,[22]

셋째, 역사적 상황이 해석의 원칙으로 작동하지 않도록 주의하는 것으로 이해할 수 있을 것이다.

---

21 DRC가 1867년에 자체적으로 신학 대학교육을 시행하기 전에 네덜란드와 경건한 스코틀랜드로부터 목회자를 초빙했다. 특히, 스코틀랜드의 경건주의자들(예. Andrew Murray)이 남아공의 성경문자주의의 형성에 영향을 미쳤다는 주장은 넬슨 만델라 메트로폴리탄대학교(초교파. 국립)의 P. Naudé, "From Pluralism to Ideology: The Roots of Apartheid Theology in Abraham Kuyper, Gustav Warneck and Theological Pietism," *Scriptura* 88 (2005): 171을 보라.

22 이런 개혁주의 성경관과 해석의 특징은 노스-웨스트대학교(GKSA 소속)의 J. C. Coetzee, *The Canon of the New Testament* (Potschefstoom: EFJS Drukkers, 1995), 31-46; J. C. Coetzee, *Keys to God's Revelation in the New Testament* (Potchefstroom: EFJS Drukkers, 1995), 25-48을 참조하라.

하지만, 실제로 남아공의 역사적 상황이 성경 번역과 주해에 원칙으로 작용했기에 RVN은 자체 모순을 범했다. 또 RVN은 성경을 환원주의 방식으로 선별하여 사용하지 말고 문맥을 고려하라고 강조하지만(특히, 10페이지 참조), 인종의 분리를 지지하는 듯 보이는 본문들을 선별하여 문맥을 무시한 채 오석(誤釋)했다.[23]

해석 원칙 (2)는 문자주의를 예방하기 위해 문맥만 강조했다. 그러나 문자주의의 오류는 문맥은 물론 그 이상에 영향을 미치는데, 아파르트헤이트를 정당화하기 위해 성경 본문의 문맥을 고려하지 않은 큰 문제점을 보였다(참고. 이 논문 2.2-2.5). 그리고 RVN의 주장대로 구속사적 문맥이 중요한 것은 사실이지만, 본문의 중요한 문맥과 역사적 상황은 간과했다.

해석 원칙 (3)은 올바른 주장이다. 그리고 해석 원칙 (4)와 관련하여, RVN은 성경적 규범이란 성경적인 사랑과 정의와 진리와 평화를 통해서 인종과 문화의 정체성을 보존하는 것이라고 주장한다.[24]

그러나 이런 규범은 인종 분리를 정당화하는 수단으로 활용되었다. 모든 장소와 시간과 상황에 성경의 규범이 적용되려면, 본문의 일차 상황을 무시하고 풍유적이거나 성경문자주의적으로 해석할 때만 가능하다.[25] 또 성경이 초역사적 규범을 제시한다고 주장하면서도 그 규범을 찾는 방법을 제시하는 대신 인종 분리의 규범을 찾는 데 집중했다.[26]

결국, RVN을 작성한 DRC는 아파르트헤이트의 가장 안전한 피난처이자 아프리카너의 이상이 실현되는 장소로 전락했다.[27] DRC 총회가 지역 교회의

---

23 Vorster, "The Bible and Apartheid 1," 100-101.
24 The General Synod of the Dutch Reformed Church, *Human Relations and the South African Scene in the Light of Scripture*, 12.
25 Vorster, "The Bible and Apartheid 1," 107.
26 Vorster, "The Bible and Apartheid 1," 108.
27 1948년 DRC총회에서 프레토리아대학교(DRC 소속) 신약학 교수 흐루네발트(E. P. Groenewald)는 성경은 인종 차별에 대해 근거와 하나님의 뜻을 제공한다고 주장했다. 그는 성경의 구속 역사의 후속편은 DRC의 역사이기에, 남아공에서 하나님 나라는 선민인 화란개혁교회 안에 나타난다고 보았다. 참고. Jonker, "The Biblical Legitimization of Ethnic Diversity in Apartheid Theology," 180. 남아공의 건전한 개혁주의 신약학자와 교의학자들이 흐루네발트를 비판한 것은 J. A. du Rand, *A New Testament Theology of South Africa: Focused on Johannine Theology of Jan du Rand*, 송영목 역, 『남아공의 신약신학: Jan du Rand의 요한신학을 중심으로』 (서울: 생명의양식, 2018), 11, 16; P. J. Naudé, "Public

재정에 영향을 미쳤기에 아파르트헤이트를 반대하던 목회자들을 제어할 수 있었고, 반대하던 신학자들은 이단의 낙인을 찍어 파면했다.[28]

DRC의 신학은 아파르트헤이트의 조력자이자 포로가 되고 말았다.[29] 아파르트헤이트는 성경적 근거로 특히 창세기 1장과 10-11장을 중요하게 여기는데,[30] 여기서는 신약성경으로 제한한다.

Theology from within the Church?: A Reflection on Aspects of the Theology of W. D. Jonker (1929–2006)," *Verbum et Ecclesia* 35/1 (2014), 8을 보라.

[28] 참고로 남아공의 오순절교회(사도적 신앙 선교[AFM], 하나님의 성회[AOG], 순복음 하나님의 교회[FGC])에 소속한 백인 교인은 성령의 역사로써 영적인 거듭남을 강조하여 아파르트헤이트를 방관했으나, 흑인 오순절주의자들은 사회의 변혁이 없는 회심은 의미가 없다고 보았다. 참고. 프리스테이트대학교(DRC 소속)의 K. T. Resane, "Pentecostals and Apartheid: Has the Wheel turned around since 1994?" *In die Skriflig* 52/1 (2018): 1-8.

[29] 1930-1940년대에 아프리카너는 (국가의 전체주의적 교육을 사탄적인 것으로 평가했던) 아브라함 카이퍼의 영역주권 사상을 오용하여, 수직적인 사회 계층화와 분리 정책을 펼쳤으며, 아프리카너의 전도로 기독교인이 된 흑인은 자체 기독교 문화와 교회를 가져야 한다고 보았다. 아프리카너 신학자들(예. 포체프스트룸대학교의 Toitus와 Stokker)은 카이퍼의 영역주권과 연관된 지주화(支柱化, verzuiling), 즉 종교와 이념을 따라서 정부의 강압 없이 자발적으로 독립된 영역을 확보한다는 사상도 오용했다. 그리고 아파르트헤이트는 19세기 독일 낭만주의적 국가주의와 결탁했으며(국가를 개인보다 우선적으로 이해한 신 피흐트주의[New-Fichteanism]), 성경의 예정과 언약을 재해석했다. 아프리카너는 나치 이데올로기와 전체주의적 국가주의에 호의적이었다. 1899년에 남아공의 사실상 국교는 NHK(1853년에 설립. 남아공 백인의 6퍼센트를 차지)이었고, 그 후 2년 동안 국교는 DRC였다. 따라서, 이 두 교단은 아파르트헤이트를 지지하며 "Afrikanerdom"이라는 기득권을 유지하기 원했다. 참고. Dubow, "Afrikaner Nationalism, Apartheid and the Conceptualization of 'Race'," 216; 프레토리아대학교(NHK 소속)의 P. J. Baskwell, "Kuyper and Apartheid: A Revisiting," *Hervormde Teologiese Studies* 62/4 (2006): 1269, 1288-1289; G. F. Manavhela, "An Analysis of the Theological Justification of Apartheid in South Africa: A Reformed Theological Perspective," (Ph.D. diss, Vrije Universiteit Amsterdam, 2009), 149, 152; Naudé, "From Pluralism to Ideology," 111, 164; 조성국, "네덜란드 기독교학교 운동의 역사가 한국 기독교학교의 과제에 주는 함의," 『기독교교육 논총』 제20집 (2009): 38-40; Richardson, "Apartheid, Heresy and the Church in South Africa," 4.

[30] RVN은 구약성경에 근거하여 인종 차별을 아래와 같이 옹호한다. 창 10장의 족보는 인류의 통일성과 평등을 강조하지만, (동일 언어와 관습이라는 문화적으로 결정된) 민족(volk)과 생물학적 개념인 인종(ras)의 다양성도 인정한다. 따라서, 성경은 시대마다 민족이 어떻게 살았는가를 보여주기에, 하나님의 계시는 가족, 민족, 국가 안에서 표현되며, 성경에서 민족의 사회-역사적 패턴을 찾을 수 있다. 그러므로 구약에서 민족 문제는 볼 수 없는데, 문화명령을 따라 각 민족과 인종은 따로 나뉘어 존재했기 때문이다(창 1:28; 9:1, 7; 행 17:26). 성경은 특정 민족우월주의를 가르치지 않지만, 사해동포주의도 반대하므로, 세상이 나누어지는 과정 중에(창 10:25) 바벨탑 주위에 모여 산 것은 죄다(창 11). 이스라엘 선민이 국가를 이룬 국가교회 모델을 신약에 적용하지 말아야 하지만, 교회의 존재 이유는 국가 안에서 발견된다. 교회는 국가를 하나님의 종으로 수용하고 인정해야 하며, 교

2) 복음서 해석

흐룬에발트는 예수님께서 수로보니게 여인을 "딸"이 아니라 "개"라고 부르셨으므로(마 15:26), 인종과 민족의 구분을 유지하셨다고 주장했다.[31] 예수님의 입에서 유대인이 이방인을 비하할 때 사용한 "개"가 나온 것은 의아하지만, 이것은 유대인과 이방인 사이의 울타리가 제거되기 이전의 상황을 반영한 일종의 수사학적이며 문학적 기법으로 볼 수 있다.[32]

RVN은 마태복음 28장 19절이 국가와 교회 안에서 인종과 백성의 다양성과 분리를 가르친다고 본다.[33] 프레토리아대학교(NHK 소속)의 윤리학 교수 두 프리에(A. B. du Preez)는 마태복음 24장 14절, 28장 19절에 기초하여, 교회 안에서도 언어와 인종과 문화별로 분리되어야 한다고 주장했다. 그러나 같은 대학교의 신약학 교수 헤이설(A. G. Geyser)은 마태복음 28장 19절의 복음 전파와

회는 국가에 무관심하지 말아야 한다. 교회가 정당이 되어서는 안 되며, 교회가 기구로서 사회 참여하는 것도 바람직하지 않다. 그럼에도 교회는 국가와 연합되어야 한다. 교회는 국가에게 왕, 선지자, 제사장 역할을 해야 하며, 교회는 예배적 삶과 복음 증언으로 사회를 항상 개혁해야 한다. 모든 교회는 그리스도 안에서 본질적으로 하나이지만, 교회의 시행 방식은 다양하다. 이런 다양성이 우월감으로 나타나지 않도록 주의해야 한다. 구약에서 종교 문제로 인해 이스라엘은 타 민족과 결혼을 금했다(출 23:23-33; 민 33:50-56; 참고. 고후 6:14-15). 인종 간의 결혼은 성경이 찬성 혹은 반대를 명시하지 않지만, 언어-종교-인종-생물학 및 문화적 차이로 인해 적절한 결혼 관계가 저해 받을 수 있기에 (특히, 남아공에서) 바람직하지 않다. 하지만, 이런 저해 요소가 제거되면 인종 간 결혼은 허용될 수 있다. The General Synod of the Dutch Reformed Church, *Human Relations and the South African Scene in the Light of Scripture*, 12-47, 97-99에서 요약. 그러나 1999년에 남아공의 대표적인 세 개혁교회(DRC, NHK, GKSA) 소속 성경학자들이 펴낸 단권 성경주석은 이런 인종 차별적 해석을 포기했다. W. Vosloo and F. J. van Rensburg (eds), *Die Bybellennium: Eenvolumekommentaar* (Vereeniging: CUM, 1999), 12, 34.

31 E. P. Groenewald, "Apartheid en Voogdyskap in die Lig van die Heilige Skrif," in *Regverdige Rasse-Apartheid*, ed. G. Cronjé (Stellenbosch: CSV Boekhandel, 1947), 54-55. 스텔렌보스대학교(DRC 소속)의 F. J. M. Potgiter(1907-1992) 등은 마태복음의 다른 구절들도 아파르트헤이트를 지지하는 본문으로 오용했다(마 7:12; 18:17; 19:4; 22:39; 24:7; 25:14, 32). 참고. 스텔렌보스대학교(DRC 소속)의 H. J. B. Combrink, "The Use of Matthew in the South African Context during the Last Few Decades," *Neotestamentica* 28/2 (1994): 343-344.

32 G. Maier, *Matthäus-Evangelium*, 송다니엘 역, 『마태복음』 (서울: 진리의깃발, 2017), 551; T. Adeyemo (ed), *Africa Bible Commentary* (Grand Rapids: Zondervan, 2006), 1168.

33 The General Synod of the Dutch Reformed Church, *Human Relations and the South African Scene in the Light of Scripture*, 31, 36.

제자화를 통하여 분리된 교회가 아니라 하나님의 백성이 하나가 되어야 한다고 적절히 비판했다(마 8:10-11 참조).[34] 환언하면, 마태복음 28장 19절은 주님의 유대인 제자들이 원심적 선교를 통해서 그리스도의 우주적 권세와 구원이 온 세상에 미치도록 해야 한다는 취지다.[35]

RVN에 따르면, 요한복음 15장(그리고 고전 12장)에서 교회의 구조적 통일(structural unity)은 교회의 본질이 아니며, 그런 통일은 예수님의 재림 때에 이루어질 종말론적 교회의 특성이라고 본다.[36] 하지만, 초대 교회부터 하나의 교회 안에 인종과 언어의 다양성에도 불구하고 구조적 통일을 이룬 경우는 시리아 안디옥 교회 등에 자주 나타난다.

흐룬에발트는 예수님은 요한복음 4장에서 유대인과 사마리아인 사이의 사회적이며 인종적인 연합을 가르치신 바 없으며, 요한복음 17장 20-26절의 하나 됨을 위한 주님의 기도는 교회 안에서 고차원적인 "영적 통일성"을 강조할 뿐이라고 보았다.[37]

그러나 예수님의 대제사장적 기도의 결론인 17장 20-26절은 장차 복음을 믿어 구원 받을 교회를 염두에 둔다. 주님의 파송을 받은(요 17:18) 제자들은 삼위 하나님께서 서로 공유하신 유기적 연합과 하나 됨으로부터 유비적 교훈을 얻어 복음을 전함으로써 교회의 하나 됨과 연합을 추구해야 했다.[38]

---

34 Hartin, "Apartheid and the Scriptures," 23-24에서 재인용.
35 G. R. Osborne, *Matthew* (ZECNT; Grand Rapids: Zondervan, 2010), 877, 1079.
36 Hartin, "Apartheid and the Scriptures," 28에서 재인용.
37 D. Hoekstra, "Ideology and Race Relations," *Reformed Journal* 14/10 (1964): 18-19에서 재인용. 암스테르담 자유대학교에서 "바울 서신의 교제"를 연구하여 F. W. Grosheide의 지도로 박사학위를 취득한 흐룬에발트는 바울이 고린도에서 헬라인 장막 제조업자 대신 동족 유대인 브리스길라와 아굴라와 협업했다고 주장한다(행 18:1-3). 그리고 그는 이스라엘이 애굽에서 나와야 하나님을 제대로 섬길 수 있듯이(출 9:1), 남아공 백인도 따로 예배를 드려야 한다고 봄으로써 구약 본문을 곧바로 남아공에 적용했다. 성경 본문을 곧바로 현대에 적용할 때 발생하는 문제는 D. M. Doriani, *Putting the Truth to Work: The Theory and Practice of Biblical Application*, 정옥배 역, 『적용, 성경과 삶의 통합을 말하다』 (서울: 성서유니온선교회, 2009), 53을 참고하라.
38 E. W. Klink III, *John* (ZECNT; Grand Rapids: Zondervan, 2016), 723-724.

3) 사도행전 해석

RVN은 사도행전 2장 5-11절을 통해 인종의 다양성을 지지한다.[39] 즉, 각 민족의 문화적 정체성, 언어적 장벽, 심리적 특유성이 유지되는 것이 하나님의 뜻이며, 바벨탑 사건의 영향은 교회 안에 존속되어야 한다고 주장한다.[40] 하지만, 누가는 오순절 성령 강림 사건을 통해 각 사람은 반드시 자신의 언어로만 복음을 들어야 한다거나, 각 언어를 따라 분리된 기독교공동체를 형성해야 한다고 가르치지 않는다.[41] 또 다양한 국가에서 예루살렘을 방문한 유대인들에게 베드로는 맞춤식으로 각각 다른 언어로 설교하지 않고 한 가지 언어(아마 아람어)로 설교했으며(행 2:14 이하), 언어적 장벽이라는 바벨탑 사건의 영향과 결과가 역전되어 지중해 연안 세계의 이질적 문화 속에서도 복음 전파가 가능하게 되었다(행 1:8).[42] 그리고 유대파 크리스천과 헬라파 크리스천으로 구성된 예루살렘 교회는 성령의 역사로 말미암아 언어·문화·민족의 한계를 넘어 한 곳에 모여 한 언어로 함께 예배를 드렸다(참고. 행 2:1, 44, 47). 그럼에도 불구하고 두 프리에는 사도행전 2장 5-11절을 국가와 언어의 장벽을 무너뜨린 단회적 사건으로서 현재에는 적용되지 않는다고 주장했지만, 오순절 사건 당시 동일한 디아스포라 유대인들이 각처에 모여서 복음을 들었고, 장소와 언어의 장벽은 영원히 무너졌다(행 2:39).[43]

두 프리에는 사도행전 15장 28-29절이 이방인이 개종 시 유대인이 될 필요가 없다고 밝히므로, 예배 중에 언어와 인종 별로 따로 예배를 드려야 한다고 주장한다.[44] 그러나 이 본문의 문맥은 이방인 교회와 유대인 교회가 성령(행

---

39 The General Synod of the Dutch Reformed Church, *Human Relations and the South African Scene in the Light of Scripture*, 27.
40 The General Synod of the Dutch Reformed Church, *Human Relations and the South African Scene in the Light of Scripture*, 46-47.
41 Bax, "The Bible and Apartheid 2," 128.
42 C. S. Keener, *Acts*, Volume 1 (Grand Rapids: Baker, 2012), 804-805; Bax, "The Bible and Apartheid 2," 129.
43 Hartin, "Apartheid and the Scriptures," 23에서 재인용. 참고. 스텔렌보스대학교(DRC 소속)의 J. L. de Villiers, *Die Handlinge van die Apostels*. Deel 1 (Kaapstad: NGKB, 1977), 46.
44 Hartin, "Apartheid and the Scriptures," 27에서 재인용.

15:28)과 복음 안에서 하나 됨과 평화를 강조한다(행 15:31-33).⁴⁵

RVN에 따르면, 바울의 아레오바고 연설의 일부인 사도행전 17장 26절은 창세기 1장 28절과 11장 그리고 아모스 9장 7절의 취지와 일치하는데, 하나님은 인종의 사는 때와 거주지의 경계를 정하셨다.⁴⁶ 이런 사상을 반영하여, 최근 2012년 헬라어-아프리칸스 행간 성경은 사도행전 17장 26상반절에서 무정관사 헬라어 형용사 πᾶν을 "각각"(elke)으로 번역한다.⁴⁷ 그리고 아프리칸스성경(1983년)은 17장 26하반절을 "그분께서 그들이 얼마나 오래 존재하며 어디에 살아야 할지를 결정하셨다"(Hy het bepaal hoe lank hulle sal bestaan en waar hulle sal woon)라고 번역한다."⁴⁸

하지만, 사도행전 17장 26상반절의 무정관사 헬라어 형용사 πᾶν은 "각각"(every)이라기보다 모든(whole)을 가리킨다.⁴⁹ 따라서, 바울은 아테네 철학자들이 다른 문화와 인종보다 우월하다고 생각한 것에 반대하면서, 인류는 한 사람, 곧 아담의 후손임을 강조한다.⁵⁰ 아레오바고 연설에서 바울은 사람이 창조되기 전에 하나님께서 바다가 침범하지 못하는 마른 땅 위에 인류가 살 수 있도록 준비하셨음을 언급하지만, 각 인종이 따로 거주할 영토를 가르치지 않는다. 바울은 이스라엘 백성이 살 지역을 언급하는 신명기 32장 8절이 아니라, 인류 창조 전에 온 인류가 거주할 육지를 언급하는 창세기 1장 9절 이하와 시편 74편 17절을 염두에 둔다.⁵¹ 그리고 사도행전 17장 26절의 '때'(καιρός)는 국가의 흥망성쇠와 같이 역사적으로 결정된 중요한 시간(voorafbepaalde tyd)을 가리키기보다,⁵² 시간의 흐름 속에 있는 한 해의 계절을 가리킨다(행 14:17).⁵³

---

45 C. S. Keener, *Acts*, Volume 3 (Grand Rapids: Baker, 2014), 2293; 스텔렌보스대학교 (DRC 소속)의 J. L. de Villiers, *Die Handlinge van die Apostels*. Deel 2 (Kaapstad: NGKB, 1983), 69.
46 The General Synod of the Dutch Reformed Church, *Human Relations and the South African Scene in the Light of Scripture*, 31, 49-50.
47 J. van der Watt, J. Barkhuizen, and H. du Toit (eds), *Interliniêre Bybel: Grieks-Afrikaans* (Vereeniging: CUM, 2012), 749.
48 참고. Naudé, "The Afrikaans Bible Translations and Apartheid," 116.
49 Keener, *Acts*, Volume 3, 2645.
50 Bax, "The Bible and Apartheid 2," 131.
51 Keener, *Acts*, Volume 3, 2645, 2649; Bax, "The Bible and Apartheid 2," 132.
52 Van der Watt et als, *Interliniêre Bybel*, 750.
53 Bax, "The Bible and Apartheid 2," 132.

4) 바울서신 해석

RVN에 따르면, 로마서 1장 16절은 인종의 다양성을 지지한다.[54] 하지만, 로마서 1장 16절은 인종의 다양성이 아니라 "모든 믿는 자들"이라는 통일성을 강조할 뿐 아니라, 로마서 전체의 문맥에서 볼 때 바울은 다인종이 섞인 로마 교회 내의 유대인 성도와 이방인 성도의 갈등 문제를 다루면서 그리스도 안에서 하나 됨을 강조한다(참고. 롬 15:5-6). 따라서, 복음의 능력은 한 민족에게만 배타적이고 특권을 누리는 방식에 국한되지 않는다(고전 1:24 참조).[55]

로마서 13장 1-7절의 국가신학(state theology)적 해석은 문자적 해석을 통해 국가의 무제한적 권한을 지지했고, 시간과 상황을 초월하여 국민이 국가에 무조건적으로 복종할 것을 강요했다.[56] 그 결과 백인 우월적 인종신학(racial theology)을 표방한 아프리카너는 다수의 흑인의 유익을 배제하여 국가신학을 교회신학과 동일시했고,[57] 둘 사이에 유지되어야 했던 창조적 긴장과 본질적 차이는 무시되고 말았다. 로마서 13장을 적절히 해석하려면, 하나님의 종으로서의 국가가 부여받은 제한적 권세, 로마에서 유대인들이 두 번이나 추방되었던 역사(A.D. 19, 49년) 그리고 폭력적인 혁명을 반대하면서 로마 교회의 안녕을 우선적으로 생각하는 바울의 취지를 종합적으로 고려해야 한다.[58]

---

54   The General Synod of the Dutch Reformed Church, *Human Relations and the South African Scene in the Light of Scripture*, 31.
55   F. Thielman, *Romans* (ZECNT; Grand Rapids: Zondervan, 2018), 81.
56   Speckman, "Bible Subversion," 3; Kairos Theologians, "The Kairos Document: A Theological Comment on the Political Crisis in South Africa," *Cross Currents* 35/4 (1985-6): 368-369; W. Munro, "Romans 13:1-7: Apartheid's Last Biblical Refuge," *Biblical Theology Bulletin* 20/4 (1990): 161-168. 1985년에 작성된 카이로스 문서는 독일 나치 정권에 저항한 고백교회의 전통에 서 있다는 평가는 P. Walshe, "The Moment of Truth," *Cross Currents* 35/4 (1985-6): 365를 보라.
57   크와줄루-나탈대학교(초교파. 국립)의 J. A. Draper, "Humble Submission to Almighty God and Its Biblical Foundation: Contextual Exegesis of Romans 13:1-7," *Journal of Theology for Southern Africa* 63 (1988): 53.
58   Thielman, *Romans*, 610; 스텔렌보스대학교(DRC 소속)의 D. W. Jonker, *Die Brief aan die Romeine* (Kaapstad: NGKB, 1967), 174; G. B. Ndhlovu, "The Theology of Truth and Social Justice in the Present Context: An Examination of the Relevancy of the Kairos Document 30 Years after Its Draft," *Conspectus* 21 (2016): 91; Draper, "Humble Submission to Almighty God and Its Biblical Foundation," 35.

흐룬에발트는 바울이 고린도전서 7장 17-24절에서 크리스천이 국가를 향해 혁명적인 저항을 하지 말 것을 권면한다고 주해한다.[59] 하지만, 이 단락의 문맥은 혁명적 저항을 금지하고 국가에 절대적으로 복종하라는 교훈과 무관하다.[60] 두 프리에는 고린도전서 7장 17-24절을 교회 안에서 육체적인 차이점(할례자, 무할례자, 종, 자유인)을 인정하고 영적 통일성만 유지하면 되는 것으로 해석한다.[61] 하지만, 바울은 유대인 출신과 헬라인 출신이 혼재했던(고전 1:22-23 참조) 고린도 교회 안에서 인종과 사회적 차이로 인해 따로 예배를 드려야 할 것을 명하지 않고, 절대적인 복음과 비교할 때 그런 차이는 상대적일 뿐이라고 주장한다.[62] 이런 원칙에 입각하여 바울은 자신의 명예로운 유대인 신분을 자랑하지 않고 배설물로 여겼으며, 그것이 하나님 앞에 자신을 의롭게 만들지 못함을 인정한 바 있다(고후 12:5; 빌 3:1-11 참조).

RVN에 따르면, 고린도전서 12장 4-27절은 교회가 그리스도 안에서 통일된 하나이지만, 다양성 속에서 통일성이 유지되어야 함을 가르친다.[63] 두 프리에는 이 성경 단락에서 신자의 육체적 차이를 찾는다.[64] 그러나 바울은 한 교회 안에서 나타난 동일한 성령의 다양한 은사와 직무를 다룬다.[65]

두 프리에는 고린도전서 15장 39-41절이 교회 안의 다양성을 지지한다고 본다.[66] 그러나 문맥은 현재의 육체와 비교할 수 없는 죽은 자의 부활 시의 영광스러운 특성을 다루지(고전 15:42-44 참조), 교회 안의 인종의 다양성을 정당화하지 않는다.[67]

두 프리에는 고린도후서 4장 5절에서 복음은 기독교인이 될 때 국가적이며 문화적 긍지를 포기할 것을 요구하지 않기에, 남아공 안에서 기독교 민족교회

---

59 프레토리아대학교(DRC 소속)의 E. P. Groenewald, *Die Eerste Brief aan die Korinthiërs* (Kaapstad: NGKB, 1967), 92.
60 D. E. Garland, *1 Corinthians* (BECNT; Grand Rapids: Baker, 2003), 298.
61 Hartin, "Apartheid and the Scriptures," 29에서 재인용.
62 Adeyemo, *Africa Bible Commentary*, 1398; Garland, *1 Corinthians*, 304.
63 The General Synod of the Dutch Reformed Church, *Human Relations and the South African Scene in the Light of Scripture*, 29.
64 Hartin, "Apartheid and the Scriptures," 26에서 재인용.
65 Garland, *1 Corinthians*, 588.
66 Hartin, "Apartheid and the Scriptures," 26에서 재인용.
67 Garland, *1 Corinthians*, 731.

와 국가교회의 설립을 주장한다.[68] 그러나 이 구절의 문맥은 그리스도인이 유지해야 하는 문화적 긍지와 무관하며, 예수님의 주 되심이라는 복음을 전파하기 위해서 바울이 고린도 교회를 종처럼 섬기는 것을 강조한다.[69]

RVN에 따르면, 갈라디아서 3장 28절과 골로새서 3장 11절은 인종 간의 사회 통합을 위한 명령이나 규범이 아니라, 예수님 안에서 새로운 통일성이 중요함을 강조할 뿐이므로, 개인과 공동체의 다양성을 인정해야 한다.[70] 그리고 RVN은 갈라디아서 3장 28절에 근거하여, 인종의 다양성은 수용되어야 하지만, 그것이 최고의 법칙으로 격상되지 말아야 한다고 주장한다.[71] 따라서, RVN에 따르면, 그리스도 안에서 하나 됨은 교회의 영적 통일성을 가리킬 뿐이며, 인종과 언어와 민족의 특유성은 보존되어야 한다.[72]

두 프리에는 바울이 교회의 획일성(uniformity)이 불가능함을 알고 실제 통일성(unity)을 가르치지 않으므로, 한 나라 안에 여러 인종이 공존하지만 분리되어 살아야 한다고 주장한다.[73] 그러나 바울은 갈라디아서 3장 28절에서 교회의 획일성이 아니라 그리스도 안에서 통일성과 하나 됨을 교회가 존재하는 중요한 원칙으로 강조한다.[74] 즉, 바울은 문화와 인종의 차이나 특성이 새 사람 됨(골 3:10 참조)과 아브라함의 자손 됨을 결정하지 못하며(갈 3:29 참조), 이런 차이가 초래할 수 있는 문제를 그리스도 안에서 해결해야 함을 권면한다.[75]

---

68 Hartin, "Apartheid and the Scriptures," 26-27에서 재인용.
69 흐룬에발트도 고후 4:5를 인종 차별적으로 주해하지 않는다. E. P. Groenewald, *Die Tweede Brief aan die Korinthiërs* (Kaapstad: NGBK, 1967), 62-63.
70 The General Synod of the Dutch Reformed Church, *Human Relations and the South African Scene in the Light of Scripture*, 32.
71 The General Synod of the Dutch Reformed Church, *Human Relations and the South African Scene in the Light of Scripture*, 32.
72 Ritner, "The Dutch Reformed Church and Apartheid," 27에서 재인용.
73 Hartin, "Apartheid and the Scriptures," 29에서 재인용; The General Synod of the Dutch Reformed Church, *Human Relations and the South African Scene in the Light of Scripture*, 32.
74 Adeyemo, *Africa Bible Commentary*, 1448; 스텔렌보스대학교(DRC 소속)의 B. C. Lategan, *Die Brief aan die Galasiërs* (Kaapstad: NGKB, 1986), 75-77; T. R. Schreiner, *Galatians* (ZECNT; Grand Rapids: Zondervan, 2010), 257; D. W. Pao, *Colossians & Philemon* (ZECNT; Grand Rapids: Zondervan, 2012), 227.
75 Punt, "Post-Apartheid Racism in South Africa," 257-258.

RVN이 바울서신을 통해서 인종 차별을 정당화하는 또 다른 주장을 요약하면 다음과 같다. 하나님의 계획 속에 국가의 다양성은 특별한 가치를 가지므로, 바울은 자신의 민족적 정체성을 포기하지 않았다(예. 롬 9:3; 빌 3:5). 따라서, 국가는 처한 형편을 고려하여 인종 및 언어적으로 분리 개발(separate development)을 함으로써 민족과 인종 간의 관계를 규명해야 한다.[76] 이웃 사랑과 사회 정의가 구현되는 사회를 위한 윤리적 규범은 병행(parallel) 발전이다.[77]

인간의 죄성 때문에 갈등, 우월감, 억압, 적대감, 영적 소외를 초래할 수 있기에(갈 2:11; 딛 3:3; 참고. 막 15:9; 눅 10:33; 요 4:9; 18:36; 행 6:1), 교회는 사랑과 상호 이해와 존경을 위해 이런 문제를 극복하도록 노력해야 한다.[78] 그런데 사랑 실천은 무엇보다 정의에 기초해야 하는데, 인종 간의 동등성과 더불어 하나님이 허락하신 상호성과 책무성을 고려하여 은사와 달란트의 차이(비동등성)를 인정해야 한다(고전 12:4; 참고. 마 25:14).[79]

정의는 특수한 상황 속에서 하나님의 뜻을 이루는 것이기에 상황에 따라 다양하게 적용되어야 한다. 예수님 안에서 그리고 복음으로써 이런 다양성은 성화되어야 하므로, 타인을 희생시키며 자기 유익과 영광을 추구하지 말아야 한다. 인종의 다양성이 영적 차별이라는 범죄로 이어지지 않도록 주의해야 하므로, 형제 사랑과 코이노니아를 존중해야 한다(롬 12:10; 살전 4:9; 참고. 요 13:14; 히 13:1; 벧전 1:22; 벧후 1:7; 요일 4:11).[80] 교회는 민족과 인종의 다양성 속에서 하나님 나라를 섬겨야 한다.[81]

---

76 The General Synod of the Dutch Reformed Church, *Human Relations and the South African Scene in the Light of Scripture*, 32.

77 The General Synod of the Dutch Reformed Church, *Human Relations and the South African Scene in the Light of Scripture*, 32.

78 The General Synod of the Dutch Reformed Church, *Human Relations and the South African Scene in the Light of Scripture*, 33.

79 The General Synod of the Dutch Reformed Church, *Human Relations and the South African Scene in the Light of Scripture*, 35.

80 The General Synod of the Dutch Reformed Church, *Human Relations and the South African Scene in the Light of Scripture*, 38.

81 The General Synod of the Dutch Reformed Church, *Human Relations and the South African Scene in the Light of Scripture*, 43.

RVN은 바울서신에서 몇몇 본문을 선별하여 손쉬운 교리적 결론을 내릴 뿐 아니라, 바울서신 각 권의 중심 주제에 비추어 선별한 본문을 이해하는 데 실패했다.[82] 그리고 RVN이 사랑과 정의를 주관적인 방식이지만 나름 강조하고, 복음으로써 인종과 민족의 비동등성과 다양성이 성화되어 가야 한다고 주장하는 것은 인종 차별에 대한 비판을 모면하기 위한 수사학적 구실로 보인다. 아프리카너가 처한 형편이 신약성경 해석에 영향을 미쳤고, 그들의 성경 해석은 아파르트헤이트를 지지하는 상호 관련성을 보인다. 결국, RVN은 나름대로 성경의 지지를 임의로 확보하여 자신의 이념을 합리화한다.[83]

5) 요한계시록 해석

RVN에 따르면, 계시록 5장 9절, 7장 9절, 21장 24, 26절은 인종의 다양성을 지지하며,[84] 독립되고 구별된 인종과 국가는 성경적 사실이며 긍정적 명제이다(계 21:24, 26).[85] 두 프리에는 계시록의 찬송 중에 나타나는 "나라와 민족과 언어"를 민족, 언어, 문화, 국가의 분리를 주장하는 근거로 활용한다.[86] 그리고 RVN에 따르면, 교회는 다양한 인종과 사회 구조 속에 복음을 전해야 하기에, 교회는 존재하는 인종들 가운데 구별을 제거하지 말아야 한다.[87] 따라서, 인종 간의 구별을 유지하되, 상호 관계성 속에서 사랑, 정의, 진리, 평화 구현이 중요하다(마 22:37-40; 참고. 신 6:5; 잠 14:34; 시 85:11). RVN은 팍스 로마나처럼 무력과 폭력을 통해서 평화를 유지할 수 없기에, 하나님 나라 확장과

---

82 참고. Combrink, "The Use of Matthew in the South African Context during the Last Few Decades," 143.

83 Jonker, "The Biblical Legitimization of Ethnic Diversity in Apartheid Theology," 180-181.

84 The General Synod of the Dutch Reformed Church, *Human Relations and the South African Scene in the Light of Scripture*, 31.

85 The General Synod of the Dutch Reformed Church, *Human Relations and the South African Scene in the Light of Scripture*, 30-31.

86 Hartin, "Apartheid and the Scriptures," 24에서 재인용. 참고로 흐룬에발트는 계 5:9, 7:9, 21:24, 26을 복음이 온 세상에 전파된 구원의 완성의 시점에서 해석함으로써 인종 차별적 주해를 피한다. 프레토리아대학교(DRC 소속)의 E. P. Groenewald, *Die Openbaring van Johannes* (Kaapstad: NGKB, 1986), 97, 216.

87 The General Synod of the Dutch Reformed Church, *Human Relations and the South African Scene in the Light of Scripture*, 26.

사랑의 실천을 위해서 교회와 인종은 독립적으로 존재하며 상호 관계를 맺어야 한다고 주장한다.[88]

그러나 요한계시록의 환상 중에 보좌 주위에서 찬송을 부르는 이들의 배경은 다양하지만, 그들은 모두 어린양의 피로 구원 받은 하나님의 한 백성, 곧 새 이스라엘 백성이다(계 7:5-9 참조).[89]

6) 종합적 비평

이상의 신약성경 해석에서 볼 수 있듯이, DRC로 대변되는 아프리카너는 성경의 영감과 권위를 인정하면서도, 자신과 다른 종교적 관점을 가진 이를 참된 동료 그리스도인으로 인정하지 않는, 배타적이고 근본주의적 방식으로 성경을 이용했으며, 자신의 정치·사회적 상황을 합리화하기 위해서 성경을 자의적으로 오용했다.[90] 아파르트헤이트 신학의 문제는 본문을 선별적으로 오용한 점, 본문의 문맥을 무시한 점, 계시의 점진성을 무시하고 알레고리 방식으로 초역사적 원칙을 찾은 점, 아파르트헤이트 이념을 성경 본문에 주입하다가 결국 성경 본문에 근거한 이념을 만든 점 등이다.

DRC가 의도적으로 간과한 많은 신약성경 본문은 유대인과 이방인의 갈등 문제를 다루면서, 교회의 통일성과 하나 됨을 강조한다. 한 예로, 이방인의 뜰을 포함하는 예루살렘 성전은 만민이 기도하는 집(막 11:17; 사 56:3-7)이라는 원칙을 DRC는 신약 교회에 제대로 적용하지 못했다. DRC의 주장과 달리 성경은 인종 간 결혼을 언급할 때 그것을 부정적으로 소개하지 않는다(민 12:1; 행 16:1). 신약성경의 교훈에 따르면, 가족이나 민족과 혈연의 유대보다 하나님의 가족이 우선한다(마 3:9; 막 3:35; 요 8:39-47; 17:20-23; 계 2:9; 3:9). 만유이신

---

88 The General Synod of the Dutch Reformed Church, *Human Relations and the South African Scene in the Light of Scripture*, 28.

89 요하네스버그대학교(초교파. 국립)의 DRC 소속 목사인 J. A. du Rand, *A-Z van Openbaring* (Vereeniging: CUM, 2007), 258, 307, 604; G. K. Beale, *The Book of Revelation* (NIGTC; Grand Rapids: Eerdmans, 1999), 424, 1095.

90 UNISA(초교파. 국립)의 I. J. J. Spangenberg, "Is God a Ventriloquist and is the Bible God's Dummy?: Critical Reflections on the Use of the Bible as a Warrant for Doctrines, Policies and Moral Values," *Scriptura* 116/2 (2017): 210.

예수 그리스도께서 십자가 사건으로 성과 민족과 인종과 신분의 차별을 없애 버리신 한 새 인류(엡 2:15)인 교회가 분열되는 것은 불신자와 국가를 섬기는 데 큰 걸림돌이다(갈 3:28; 엡 2:11-22; 골 3:11).

아파르트헤이트의 언어 정책과 달리, 팔레스타인 이외의 초대 교회에서는 주로 공용어인 헬라어로 예배를 드렸다. 그리고 인종적이며 언어적 우월감으로 인해 교회가 분열되는 것은 위선이자 복음을 저버리는 것이다(갈 2:11-21). DRC는 신약성경이 지역별로 여러 교회들을 언급하기에(예. 고린도 교회, 갈라디아 교회) 어머니 교회와 딸 교회의 구분은 합법적이라고 주장하지만, 지리적으로 다른 교회가 존재하더라도 동일 장소에서 분리된 교회를 성경은 가르치지 않는다.[91] 1829년까지 DRC는 성찬에서 피부와 인종의 차별을 두는 것은 성경에 위배된다고 인정했지만, 1857년부터 교회 안에 믿음이 약한 자를 배려하여 흑백(그리고 백인과 컬러드[흑백 혼혈인])이 나누어져 예배를 드렸다. 하지만, 아프리칸스를 사용하는 아프리카너와 컬러드는 문화도 비슷하게 공유하기에 같은 장소에서 나뉘어 예배할 필요가 없다.[92]

그러나 DRC가 성경을 적용하려는 노력과 성경의 구속사적 이해와 성경의 영감을 인정한 점은 긍정적으로 평가할 수 있다.

2. 아파르트헤이트 반대자들의 신약성경 해석

아파르트헤이트에 격렬한 저항이 진행되던 1985년에 소웨토(Soweto)에서 132명의 목회자와 그리스도인들이 서명한 후 작성된 카이로스 문서(Kairos Document; 이하 KD)는 아파르트헤이트를 반대한 "풀뿌리 저항신학"이라고 평가받는다(특히, KD 368-389페이지). KD는 해방신학적 상황신학 그리고 아래로부터의 신학적 입장을 취했다. 교회가 취해야 할 결정적인 행동의 때와 하나님의 심판의 때(눅 19:44)를 강조하는 KD는 아파르트헤이트를 지지하는 국가신학(State Theology)과 정의를 간과하고 화해를 촉구하는 교회신학(Church The-

---

91   The General Synod of the Dutch Reformed Church, *Human Relations and the South African Scene in the Light of Scripture*, 34, 50, 82.
92   Bax, "The Bible and Apartheid 2," 134-140.

ology)을 비판하면서, 아파르트헤이트를 지지한 부패한 국가와 교회를 향한 예언자적 신학(Prophetic Theology)을 남아공의 바람직한 교회와 신학적 모델로 제시했다.[93]

KD는 시민 불복종은 물론 최후 수단으로서 무장 봉기도 지지했는데, 아파르트헤이트가 초래한 살인이라는 더 큰 악을 해결하기 위해서는 무질서와 같은 필요악이 필요하다고 보았다.[94] 하지만, 겟세마네 동산에서 예수님이 취한 입장은 칼을 사용한 베드로와 달리 평화롭고 질서가 있었다(마 26:50-53).

KD에 의하면, 로마서 13장 1-7절은 바울의 의도와 로마 교회의 상황(두 번에 걸친 유대인들의 로마에서 축출)을 고려하여 해석해야 하고, 부패한 국가 권력을 "짐승"이라고 부르는 계시록 13장과 더불어 해석되어야 한다. 따라서, 교회는 현상 유지와 특정 그룹의 이익을 위해서 국가 권력을 무한대로 인정하는 것을 신학적으로 정당화하는 국가신학을 거부해야 한다.[95]

그런데 KD는 로마서 13장 1-7절과 같은 중요 본문의 철저한 성경 주해 대신 감정주의에 기반하여 흑인이 처한 현실을 출발점으로 삼았다.[96] KD의 주장과 달리 본문의 문맥과 역사적 배경을 고려하면, 바울은 정부에 맹목적으로 순종할 것을 권면하지도 않지만, 정부에 무력으로 저항하여 로마에서 다시 축출되지 않도록 주의를 준다. 또 KD는 아프리카너의 철저한 회개와 인종 차별 정책의 포기를 통한 화해를 제시하는 데 그쳐, 어떤 국가를 만들어 갈 것인가라는 미래 지향적인 구체적 대안을 제시에 한계를 보였다. 그리고 KD는 모든 흑인 교회를 억압받는 교회라고 단정하지만, 흑인으로 구성된 시온기독교회(ZCG)는 아프리카너인 보타(P. W. Botha) 대통령을 그들의 집회에 초청함으로써, 예언신학보다 교회신학을 따른 그룹에 속한다고 평가할 수 있다. 그리고

---

93 Kairos Theologians, "The Kairos Document," 368.
94 Ndhlovu, "The Theology of Truth and Social Justice in the Present Context," 95에서 재인용. 참고로 남아공의 흑인 중심의 교회 중 정치에 무관심한 대표적인 교회는 오순절 계통의 레마교회(Rhema Church)이다. 반면 사도적 신앙 선교(AFM)가 가장 적극적이고 조직적으로 아파르트헤이트에 맞서 투쟁했으며 현재도 그러하다. 참고. 크와줄루-나탈대학교 (초교파. 국립)의 A. Balcomb, "From Apartheid to the New Dispensation: Evangelicals and the Democratization of South Africa," *Journal of Religion in Africa* 34/1-2 (2004): 9, 11.
95 Kairos Theologians, "The Kairos Document," 379-380.
96 Ndhlovu, "The Theology of Truth and Social Justice in the Present Context," 98에서 재인용.

KD는 흑인 종족 간의 폭력의 문제에 대해서 침묵하는 약점을 보였다.[97]

KD에 의하면, 교회는 "화해, 협상, 비폭력, 평화적 해결"과 같은 절대적 원칙을 무비판적으로 모든 상황과 시대에 적용하는 대신, 사회를 분석하고 시대의 표징을 읽을 수 있어야 한다(마 16:3; 눅 12:56). 그리고 성경은 모든 억압을 반대하고 영적 그리고 사회 전반의 해방의 복음을 알린다(눅 4:18-19).[98] 따라서, KD에 의하면, 교회는 아프리카너의 유익만 대변한 아파르트헤이트처럼 공공의 유익(공공선)을 해치는 요소를 제거해야 한다.

환언하면, 원수를 사랑해야 하지만, 공공선을 해치는 아파르트헤이트의 전제 정권은 원수처럼 대해야 한다(마 5:44). 그리고 교회는 하나님의 뜻을 거스른 아파르트헤이트 정권에 협력하는 대신, 선한 시민을 징벌하는 아파르트헤이트 정권에 저항하여(비교. 롬 13:3-4) 하나님께 순종해야 하기에 시민불복종 운동을 전개해야 한다(행 4:19-20; 5:29). 이때 교회는 공공선, 정의, 사랑이 승리할 것이라는 소망의 메시지를 붙잡아야 한다(계 7:17; 21:4). 주일 신앙을 넘어 성도를 동력화하여 공의의 하나님(시 103:6)을 따라 예언적 신앙을 통해 억압과 부정을 (정기적인 행동, 캠페인, 프로젝트를 통해) 제거하는 것이 사랑을 실천하는 것이다.[99] KD에 의하면, 사람은 사회와 구조 안에 사는데(롬 8:18-24), 하나님은 피조계의 한 부분인 사람을 구원하시기 원하신다.[100] 하나님은 사람을 외모로 차별하지 않으신다(행 10:34). KD는 남아공 내 다양한 백인 인종들(포르투갈인, 프랑스인, 독일인, 영국인)은 왜 따로 예배를 드리지 않고 흑인만 따로 예배를 드려야 하는지 문제를 제기한다. 이것은 아파르트헤이트의 자체 모순이기 때문이다.[101]

아파르트헤이트 정권은 반 아파르트헤이트 세력을 모두 "공산주의자"로 낙인찍어 불경건한 무신론자요 악의 상징처럼 간주했다. 마치 로마제국이 그리스도인을 무신론자라고 간주한 것과 같다.[102] "예수님을 위해서 공산주의자

---

97 Ndhlovu, "The Theology of Truth and Social Justice in the Present Context," 98에서 재인용.
98 Concerned Evangelicals, "Evangelicals Critique Their Own Theology and Practice," *Transformation* 4/1 (1987): 22, 27.
99 Kairos Theologians, "The Kairos Document," 370, 378-384.
100 Kairos Theologians, "The Kairos Document," 385.
101 Concerned Evangelicals, "Evangelicals Critique Their Own Theology and Practice," 27.
102 Kairos Theologians, "The Kairos Document," 371.

혹은 테러리스트를 쏘라"고 외치는 아파르트헤이트 지지자들은 실제로 "사탄의 회당"과 같다(계 2:9; 3:9).[103]

하지만, KD에 따르면, 복음의 증인들이 권세자 앞에서 고난받을 것이라는 예수님의 말씀을 기억하며(마 10:17-18; 요 16:1-4), 예언적 사명을 감당하는 교회는 그런 고난을 두려워하지 말아야 한다. 그리고 그리스도인이 갈등을 해결하기 위해서 정치·사회적 현실에 대한 통찰력을 갖추어야 하며, 교회가 화평케 하는 자로 살기 위해서는 회개, 정의, 고통 그리고 희생이 필요하다(롬 5:10; 고후 5:18-20; 요일 1:9).[104]

아파르트헤이트를 지지한 정치인과 군인은 하나님의 이름을 자주 사용했다.

> 우리 조상을 남아공으로 인도하시고 어려움을 이기게 하신 전능하신 하나님에게 겸손히 순종하라(아파르트헤이트 새 헌법 서문).

그러나 KD에 의하면, 백인만을 위한 하나님은 최루 가스, 고무탄, 투옥 그리고 고문의 신이자 우상에 불과하며, 교만한 자를 높이고 가난한 자를 낮추는데 열중하는(비교. 눅 1:51-52) 하나님을 가장한 마귀요 적그리스도다. 따라서, 아파르트헤이트는 하나님의 이름과 말씀을 오용한 이단적이며 신성모독적 사상이다.[105] 이처럼 성경이 극단적인 오류를 지닌 이념을 지지하는 도구로 전락하면, 그런 이념은 성경의 옷을 입은 이단이 된다.[106]

---

103 Concerned Evangelicals, "Evangelicals Critique Their Own Theology and Practice," 19-20.
104 Concerned Evangelicals, "Evangelicals Critique Their Own Theology and Practice," 20-21.
105 Kairos Theologians, "The Kairos Document," 372; Concerned Evangelicals, "Evangelicals Critique Their Own Theology and Practice," 23.
106 DRC 내에서 아파르트헤이트에 대한 비판은 "Mr. DRC"라 불린 프레토리아대학교 교의학과 윤리학 교수 헤인스(J. Heyns)에게서 본다. 헤인스는 1980년 종교개혁주간에 아파르트헤이트를 비판한 "Witness"를 발표한 바 있는데, 1986-1990년까지 DRC 총회장(moderator)을 역임하면서, 1986년과 1990년에 DRC 총회가 아파르트헤이트를 포기하는 보고서 "교회와 사회"(Kerk en Sameleving; 영문: Church and Society: A Testimony of the Dutch Reformed Church [Bloemfontein: General Synodical Commission])를 채택하는데 기여했다. 그 결과 DRC는 1992년에 개혁주의 에큐메니컬 협의회(REC), 1998년에 세계개혁교회연맹(WARC), 2015년에 세계교회협의회(WCC)에 다시 가입했다. 그리고 WARC로부터 축출된바 있는 NHK는 2013년 9월 제70회 총회에서 아파르트헤이

1986년에 최종 완성된 KD의 서명자 132명은 개인 구원이 사회 변화를 보장할 수 없듯이, 사회 변화가 개인을 구원할 수 없으므로 사회복음과 지나친 인간의 능력의 낙관주의를 경계했다.[107]

3. 아파르트헤이트 이후의 신약성경 해석

아파르트헤이트가 종식된 1994년 이전에 남아공신약학회(NTSSA, 1965년 설립)의 절대 다수 회원은 개혁주의 아프리카너라는 동질 그룹이었다. 따라서, 흑인이 다수를 차지한 남아공 상황이나 아파르트헤이트에 대한 반성을 반영한 신약학 연구는 거의 없었다. 대신 신약학자들은 사회적 진공(social vacuum)이라는 탈상황화 상태를 유지하면서, 유럽이나 미국의 연구 흐름을 따라갔다. 그리고 그들은 본문 내적인 세계를 살피는 데 집중하는 수사학적 해석이나 내러티브 해석을 통해 남아공의 상황을 외면하기도 했다.[108]

하지만, 라테한(B. C. Lategan) 등의 노력으로 남아공 현실을 고려한 신약 연구가 차츰 인정받았으며, NTSSA의 구성원에도 변화가 있었다.[109] 1990년 277명 회원 가운데 여성은 7명에 불과했지만, 2013년에 30명으로 확대되었다. 그리고 아파르트헤이트가 종식된 후, 탈식민주의해석과 페미니즘 그리고 다양한 상황화를 다루는 신약학 연구가 가속화하고 있다.[110]

트의 의도와 실천은 비성경적임을 인정했다. 참고. 프리스테이트대학교(DRC 소속)의 P. J. Strauss, "Johan Heyns and Critique in the Dutch Reformed Church against Apartheid: The Moderator a Prophet?" *Hervormed Teologiese Studies* 74/3 (2018), 1-3; 프레토리아대학교(NHK 소속)의 A. G. van Aarde, P. G. R. de Villiers, and J. Buitendag, "The Forgotten Struggle of Albert Geyser against Racism and Apartheid," *Hervormde Teologiese Studies* 70/1 (2014): 1-3.

107 Concerned Evangelicals, "Evangelicals Critique Their Own Theology and Practice," 25.
108 참고. 남아공 성공회 소속으로 계시록을 사회저항 문서로 간주하면서 남아공 독자반응비평으로 읽는 T. M. S. Long, "Reading the Book of Revelation in South Africa: Some Methodological and Literary Observations in Response to Du Rand," *Journal of Theology for Southern Africa* 83 (1993): 80-83.
109 스텔렌보스대학교(DRC 소속)의 B. C. Lategan, "Reading the Letter to the Galatians from an Apartheid and a Post-Apartheid Perspective," in *The Personal Voice in Biblical Interpretation*, ed. I. R. Kitzberger (London: Routledge, 1999), 128-141.
110 UNISA(초교파. 국립)의 S. M. Tshehla, "Africa, Where art Thou?: Pondering Post-Apart-

아프리카너 신약학자들은 흑인 정권 하에서 나그네로서 생존하는 방안을 모색하는 신약해석을 시도하거나, 만델라와 데스몬드 투투(Desmond Tutu)의 기여를 인정하면서 공공신학적 신약신학을 시도하고 있다.[111]

신약학자들 이외에 신약성경을 주관적으로 활용하는데 익숙한 이들은 남아공의 정치인이다. 만델라를 이어 대통령이 된 음베키(T. Mbeki)는 부정과 부패를 척결하려는 목양적 관심을 가지고 나름대로 복음서와 잠언을 활용했다. 그 뒤를 이은 주마(J. Zuma)대통령은 성경으로부터 몇 가지 주제어를 반복하고 기독교의 상징을 연설에 활용했다. 예를 들어, "흑인 예수님처럼", "검은 옷을 입은 천사", "ANC(아프리카국민회의)를 지지하는 것은 하나님이 우리와 함께 하시면 누가 우리를 대적하리요(롬 8:31)라는 진리에 일치함", "ANC회원 카드는 곧 천국의 복" 등이다.[112] 그러나 이것은 흑인 정권을 유지하고 통치를 강화하기 위해서 신약성경을 오용한 사례다.

만델라 대통령의 집권 이후, 아파르트헤이트를 비판하면서 남아공 사회의 통합을 염두에 둔 개혁신학을 추구한 아프리카너 신약학자들이 있었다.[113] 흑인신학이 대세처럼 자리를 잡게 되었는데, 흑인신학을 구축하기 위한 이념적 입장과 다양한 정치적 전략은 이미 1980년대에 구체화되었다. 흑인신학의 핵심 어젠다는, 첫 국면에서는 흑인 해방이라는 "인종"이, 둘째 국면에서는 흑인들의 빈곤 문제라는 "사회 계층"이,[114] 셋째 국면에서는 여성 해방이라는

---

heid South African New Testament Scholarship," *Neotestamentica* 48/2 (2014): 264-277; 프리스테이트대학교(DRC 소속)의 P. G. R. de Villiers, "Turbulent Times and Golden Years: The First Twenty Five Years of the New Testament Society of South Africa (1965-1990)-Part One," *Neotestamentica* 39/1 (2005): 75-110; 송영목, "성경해석에 대한 소고: 남아공 신약학계에서 한국적 상황으로," 『진리와 학문의 세계』 제16권 (2007): 194.

111 송영목, "공공신학에서 본 세상 속의 천국," 『교회와 문화』 제42권 (2019): 96-97; Foster, "A Public Theological Approach to the (Im)possibility of Forgiveness in Matthew 18:15-35," 4-9; 노스-웨스트대학교(GKSA 소속)의 B. J. de Klerk, "Nelson Mandela and Desmond Tutu: Living Icons of Reconciliation," *The Ecumenical Review* 55/4 (2003): 322-334.

112 Speckman, "Bible Subversion," 8.

113 요하네스버그대학교(초교파. 국립)의 J. A. du Rand et als, *Togetherness in South Africa: Religious Perspectives on Racism, Xenophobia and Economic Inequality* (Durbanville: AOSIS 2017).

114 흑인의 가난 문제를 상업화된 번영복음으로써 해결하려는 움직임에 대해 상생과 연대를 강조하는 우분투(Ubuntu)신학을 대안으로 제시하는 경우는 UNISA(초교파. 국립)

"성"(性)으로 변천했다.[115]

하지만, 넓게는 흑인 해방, 좁게는 흑인 빈곤층의 해방에 집중하는 흑인신학은 약자의 상황에서 출발하여 성경을 해방과 투쟁이라는 배타적인 주제로 축소하며, 아파르트헤이트 신학처럼 상황이 본문을 지배하는 우를 범한다.[116]

현재 진행 중인 셋째 국면을 더 살펴볼 필요가 있다. 여성 목사 안수를 반대하는 남아공 개혁교회(GKSA) 소속 신학 교수들은 교단의 방침과 달리, 피오렌자(E-S. Fiorenza)와 같은 페미니스트의 해석적 기여를 긍정적으로 부각시켜 교회의 여성 역할에 적용하려는 시도를 했다.[117] 그리고 여성 목사 안수를 오래 전에 시행한 NHK 소속 아프리카너 여성 교수는 흑인 여성해방적 해석을 시도하거나,[118] 페미니즘과 생태신학을 간학문적으로 연구하기도 한다.[119] 동성애와 같은 중요한 윤리적 이슈를 연구함에 있어, 사도 시대와 현대 상황 사이의 불연속성을 강조함으로써 동성애(게이신학)를 정당화하려는 시도도 있다.[120] 이러한 포스트모던의 다양한 이념적 해석은 아파르트헤이트처럼 교회와 사회에 위협 요소가 된다.[121]

의 M. S. Kgatle and D. Mashau, "Prosperity Gospel and the Culture of Greed in Post-Colonial Africa: Constructing an Alternative African Christian Theology of Ubuntu." *Verbum et Ecclessia* 40/1 (2019): 4-7을 보라.

115 크와줄루-나탈대학교(초교파. 국립)의 G. O. West, "The Legacy of Liberation Theologies in South Africa, with an Emphasis on Biblical Hermeneutics," *Studia Historiae Ecclesiasticae* 36 (2010): 163; 프레토리아대학교(NHK 소속)의 Y. Dreyer, "Bybelwaardes 'n Vroom Refrein," *Beeld* 4 (2013): 10.

116 참고. Combrink, "The Use of Matthew in the South African Context during the Last Few Decades," 349-350.

117 노스-웨스트대학교(GKSA 소속)의 C. Nunes and H. J. M. van Deventer, "Feminist Interpretation in the Context of Reformational Theology: A Consideration," *In die Skriflig* 43/4 (2009): 737-760.

118 프레토리아대학교(NHK 소속)의 Dreyer, "Bybelwaardes 'n Vroom Refrein," 10; G. O. West, "Liberation Hermeneutics after Liberation in South Africa," in *The Bible and the Hermeneutics of Liberation*, eds. A. F. Botta and P. R. Andinach (Atlanta: SBL, 2009), 366.

119 UNISA(초교파. 국립)의 A. van Schalkwyk, "Women, Ecofeminist Theology and Sustainability in a Post-Apartheid South Africa," *Journal of Theology for Southern Africa* 130 (2008): 6-23.

120 참고. UNISA(초교파. 국립)의 I. J. J. Spangenberg, "Is God a Ventriloquist and is the Bible God's Dummy?: Critical Reflections on the Use of the Bible as a Warrant for Doctrines, Policies and Moral Values," *Scriptura* 116/2 (2017): 217.

121 아프리카너 신학이 아파르트헤이트를 정당화하려고 잘못된 상황화를 시도했다고 보면

아파르트헤이트 이후 신약성경 해석의 또 다른 경향은 신약성경이 권위 있는 정보의 중요 자료라는 토대주의(foundationalism)를 벗어나서, 다양한 인식론과 해석 방법론의 개발을 추구하는 것이다.[122] 그러나 성경의 토대를 무시하는 포스트모던 해석은 의미의 비결정성을 초래할 것이다.

나오면서: 교회와 국가의 정당한 관계 설정

1930년대 국민정당 지도자 말란(D. F. Malan)이 성경을 정치 연설에 오용한 현상은 현재도 남아공 국회와 같은 공공영역의 공적 담론에 나타난다.[123] DRC 목사였던 말란은 1948-1954년에 총리로서 인종 간 결혼 금지, 인구등록법, 그룹지역법과 같은 차별 정책을 본격적으로 추진했는데, DRC 목회자들의 신학적이며 정서적인 후원을 받았다. 이렇게 기독교인들이 사회의 공적 영역에서 왜곡된 신앙과 성경의 오석으로써 여론을 조작하고 국론을 분열시킬 수 있다는 경고를 한국 교회는 교훈으로 삼아야 한다.

성경은 특정한 교회나 인종 혹은 국가의 이념을 지지하지 않으므로, 교회와 사회를 분열시키는 도구로 활용되지 않도록 주의해야 한다. 성경의 사람들은 특정 지역이나 계층의 상황이나 이념에 좌우되지 않아야 한다. 대신 교회는 국가의 공공선을 촉진하기 위해서 특정 계층이나 지역의 이익을 대변하는 배타성을 극복해야 한다.

한국 교회는 남아공의 일부 복음주의교회가 에센파처럼 이원론적 사고에 빠져 국가 일을 "세상 일"로 분류하여 무관심하거나 국가의 죄악을 묵인했던 죄를 교훈으로 삼아야 한다. 또 남아공의 대부분 개혁교단의 목회자와 교인

서, 최근의 포스트모던의 이념적 해석도 잘못된 상황화를 초래한다는 주장은 A. Bae, "A Case Study on Justification of Unbiblical Contextualization: An Analysis of the Afrikaner's Theology for Apartheid," 『개혁논총』 48 (2018 겨울호): 151-176을 보라.

122 스텔렌보스대학교(DRC 소속)의 F. E. Deist, "Post-Modernism and the Use of Scripture in Theological Argument: Footnotes to the Apartheid Theology Debate," *Neotestamentica* 28/3 (1994): 261-262.

123 J. Punt, "Popularising the Prophet Isaiah in Parliament: The Bible in Post-Apartheid, South African Public Discourse," *Religion & Theology* 14/3-4 (2007): 206-223.

이 아파르트헤이트에 동조하며 묵인한 죄를 반면교사로 삼아야 한다. 신칼빈주의를 표방한 남아공의 개혁교회 목사가 명사 "아파르트헤이트"를 교회에 도입함으로써, 교회를 정쟁의 장소로 전락시킨 것과 유사하게,[124] 선거철이면 한국 교회도 정당의 세를 과시하는 장이 된다. 성도는 자신 속의 들보를 제거하는 노력을 기울이면서(마 7:3-5), 설교와 교회의 결정 사항과 사회 참여 방식을 성경적 관점에서 평가할 수 있는 지혜와 능력을 키워야 한다(마 10:6; 롬 12:2).[125]

남아공의 아프리카너로만 구성된 아프리카 개신교회(APK)에 동참한 비율이 높았던 중북부 지역에 소재한 프리스테이트대학교와 노스-웨스트대학교의 신학 교수들은 아파르트헤이트를 지지했던 과거를 반성하는 연구를 수행하는 데 여전히 소극적이다.[126] 한국의 신학 교수는 자신의 신학 동기와 방법 그리고 교회와 사회에 미치는 영향을 점검하면서, 스스로 항상 개혁해 가는 태도를 견지해야 한다.

네덜란드 개혁교인들인 아프리카너가 남아공에 정착한 1652년 이래로, 그들과 원주민 사이에 많은 혼혈인이 태어났다. 이 사실은 인종 간 결혼을 금지한 아파르트헤이트 신학의 자체 모순을 드러내지만, 아프리카너가 역사에 대한 진지한 반성을 한 흔적은 찾아보기 어렵다. 반공 이념과 교세 확장을 달성하기 위해 한국 교회가 정부와 결탁하여 국민과 사회에 상처를 준 일이나, 신앙고백과 다르게 처신한 역사를 성찰하고 재발을 방지해야 한다.[127]

---

124 남아공의 전신(前身) 중 하나인 오렌지프리스테이트공화국의 수도였던 프리스테이트의 선교사인 J. D. Strydom목사는 1938년에 교회 안에서 처음으로 "아파르트헤이트"라는 용어를 사용했다. Dubow, "Afrikaner Nationalism, Apartheid and the Conceptualization of 'Race'," 213.

125 Concerned Evangelicals, "Evangelicals Critique Their Own Theology and Practice," 17, 21.

126 카이퍼가 설립한 암스테르담 자유대학교에서 박사학위를 취득한 포체프스트룸대학교(현. 노스-웨스트대학교)의 J. D. du Toit(Totius)는 창 10장의 바벨탑 사건과 카이퍼의 영역주권(sowereiniteit in eie kring)으로부터 하나님을 "위대한 분리자"(great divider)라고 보았다. 1933년부터 포체프스트룸대학교(현. 노스-웨스트대학교) 저널 Koers(방향)는 인종 분리에 대한 남아공 칼빈주의 학생연합동맹의 대변지 노릇을 했다. Dubow, "Afrikaner Nationalism, Apartheid and the Conceptualization of 'Race'," 211, 218-219.

127 한국 교회는 미군정기(1945-1948)에 친미 보수를 자처하여 적산을 많이 불하받았고, 하와이에서 교역자로 활동한 바 있는 이승만의 집권기(1948-1960)에 기독교인 대통령 당선과 집권 유지를 위해 조직적으로 지원했다. 박정희집권기(1961-1979)에는 신학자의 5.16쿠데타 지지, 기독실업인연합회(CBMC)의 정경유착, 베트남전을 하나님의 성전

아파르트헤이트 당시의 DRC와 그 이후의 흑인교회에서 보듯이, 성경이 해석되고 적용되는 곳은 힘과 이념과 상황이 충돌하여 대결이 벌어지는 장소와 같다.[128] DRC의 역사는 극우 정치이념으로 무장하여 사회를 분열시키는 일부 한국 교회의 현실과 유사하다.

아파르트헤이트 그리고 독일의 아리안주의에서 보듯이, 국가와 교회가 잘못 결탁하면, 개인, 사회 그리고 국가 전체를 파괴한다.[129] 교회와 국가의 올바른 관계 정립을 위하여, 한국 교회는 교회와 국가를 일치시키는 국가신학을 주의해야 하는데, 창조적이고 생산적인 거리와 긴장을 유지해야 한다. 또한, 한국 교회는 특정 그룹의 우월성과 이익을 대변하는 신학적 오류를 경계하는 동시에, 성경을 해방의 교과서로 여겨 자신의 이념을 사회에 관철하려는 경향을 주의해야 한다.[130]

교회는 좌우로 치우치기 쉬운 이념보다 복음 정신을 위에 두고, 신앙고백과 실천의 일치에 힘씀으로써, 모든 이들의 평화를 촉진하는 복음의 공공성을 사회 속에 나타내야 한다.

(聖戰)으로 간주하여 기독교인으로 구성된 임마누엘부대의 파견 등의 예를 들 수 있다. 그 후 군사정권 때에도 교회와 정권의 결탁은 이어졌다. 정권과 결탁한 한국 교회에 반공 이데올로기와 국가의 성장 이데올로기가 복음보다 위에 있었던 것은 아닌지 자아 성찰이 필요하다. 그리고 한국 교회는 정경분리에 대한 이해 부족으로 종교의 내면화와 사사화 그리고 내세 지향성으로 치우친 면도 있었다. 다른 한편 1960년대부터 민중의 해방과 사회 구원을 이데올로기로 내세운 다른 극단적 경향도 있었다. 윤경로, "분단 70년, 한국 기독교의 권력유착 사례와 그 성격," 『한국기독교와 역사』 제44권 (2016): 28-29, 48; 조창연, "한국 사회의 변화에 따른 개신교의 변화와 그 이념적 분화," 『신학과 실천』 제19권 제2호 (2009): 255-256, 262-270.

128 Thesnaar, "Reformed Churches Struggle for Justice," 3.
129 추태화, "민족주의와 신흥 종교 운동," 828.
130 West, "Liberation Hermeneutics after Liberation in South Africa," 351, 358.

제2장

남아프리카공화국에 정착한 위그노의 공적 역할에 대한 평가

들어가면서

위그노(Huguenot)는 16세기 프랑스에서 칼빈의 개혁파를 따른 프랑스인과 그들의 후손을 가리킨다. 1562년 3월 1일(Wassy에서의 위그노 학살 사건)부터 1598년(앙리 4세의 '낭트칙령')까지 프랑스에서 위그노와 로마가톨릭 간에 전쟁이 일어났다. 프랑스 위그노의 저항 정신은 목회자의 가르침보다 과격했다.[1]

1540년대에 형성된 프랑스 개혁파는 그 당시 전체 인구의 10퍼센트를 차지했는데, 프랑스를 개신교 국가로 만들기 위해서 위그노라는 정치당파를 형성하여 정치·군사적 역량을 확보하기 위해 활동했다. 하지만, 1572년 바돌로매 축일에 위그노들이 학살 당함으로써 그들의 정치적 계획은 수포로 돌아갔다. 1572년 8월 24일 위그노와 천주교의 화합을 위한 왕실 결혼 축하연이 성 바돌로매 축일에 있었는데, 약 1만 명에 이르는 위그노의 학살로 이어졌다.

1685년 10월 22일 루이 14세는 '퐁텐블로칙령'을 통해 위그노를 악으로 규정하였고,[2] 위그노는 천주교로 개종하든지, 아니면 2주 안에 프랑스를 떠나든지 결정해야 했다. 프랑스에 남아 천주교의 폭정에 저항한 위그노가 있었다.

그러나 1560년대부터 1760년대까지 약 20-30만 명의 위그노는 남아프리카공화국(이하 남아공)을 비롯하여 여러 나라로 이주했는데, 상인, 목사, 수공업자, 농부 등 직업은 다양했다.[3] 1787년 11월 7일 루이 16세의 '관용령'으로

---

1 J. J. Woltjer, "Violence during the Wars of Religion in France and the Netherlands: A Comparison," *Nederlands Archief voor Kerkgeschiedenis* 76/1 (1996), 37.
2 절대군주정을 지향했던 루이 14세는 위그노가 천주교로 개종하도록 유도했다. 천주교에서 위그노로 다시 개종할 경우 공개 사형과 재산몰수를 당했다. 김충현, "루이 14세 시대 (1661-1678) 위그노에 대한 종교적 강요," 『서양사학 연구』 18 (2008), 55, 68.
3 조병수, 『위그노, 그들은 어떻게 신앙을 지켰는가?』 (수원: 합신대학원출판부, 2018), 101.

위그노의 지위가 회복되었다.[4]

위그노의 신앙을 집약하여 보여주는 것은 위그노 십자가(Huguenot Cross)다. 상징들은 다양하다. 십자가에서 죽음과 승리를 상징하는 십자가, 심장을 신속히 그리고 기꺼이 바친다는 칼빈의 신앙고백을 연상시키는 십자가와 백합화 사이의 4개의 하트, 산상설교의 8복을 가리키는 십자가 끝의 둥근 8개의 점, 12 사도를 상징하는 백합화 꽃잎 12개, 4복음서를 가리키는 백합화 4송이 그리고 성령님을 상징하는 십자가 아래의 비둘기. 이 상징들을 종합하면 예수님과 사도가 전한 복음을 믿는 이는 성령의 충만을 받아 자기의 목숨을 바쳐 고난을 승리로 바꾸어야 한다. 위그노의 광야 시대(1685-1787), 마리 뒤랑(Marie Durand)은 1730-1768년까지 38년 동안 투옥되었다. 그녀가 감옥의 우물 테두리에 새긴 '저항하라'(Résister, 리지스티)는 문구는 위그노의 신앙을 위한 투쟁을 잘 보여준다.[5] 위그노는 박해 중에 신앙을 수호했고, 칼빈주의 직업소명론을 따라 이주해 간 곳에서 깨끗한 부자로 살도록 노력했다는 평가를 받는다.[6]

본 장은 남아공으로 이주한 위그노가 기독교와 사회에 어떤 기여를 했는가를 살필 것이다. 이를 위해 먼저 위그노의 남아공 이주와 정착 후 활동을 살피고, 그 다음 범위를 좁혀 위그노와 아파르트헤이트의 관계를 추적해 본다.

1. 위그노의 남아공 이주와 활동

위그노 시인 Agrippa D'Aubigné(1552-1630)는 성경으로부터 영감을 받은 서사시(敍事詩) Les Tragigues(비극)를 썼다. 도비니에 의하면, 위그노는 약속의 땅 가나안을 차지하기 위해 음녀 바벨론을 떠나야 했던 하나님의 선민으로서,

---

[4] 이 단락은 박경수, "위그노, 그들은 누구인가?" 『기독교사상』 694 (2016), 249-63 그리고 박효근, "위그노 정체성의 역사 변화: 16세기 종교내전에서 18세기 이민공동체의 형성까지," 『프랑스사 연구』 33 (2015)," 290, 296에서 요약.

[5] 이 단락은 박경수, "위그노 정신과 상징." 『기독교사상』 699 (2017), 66, 71-72에서 요약. 조병수, 『위그노, 그들은 어떻게 신앙을 지켰는가?』, 114-15도 참고하라. 성 바돌로매 축일의 학살 이후, 위그노 여성의 신앙의 절개와 저항 정신은 박효근, "종교개혁 시대 프랑스에서 위그노 여성으로 산다는 것: 샤를로트 아르발레스트의 경우," 『프랑스사 연구』 30 (2014), 39-64를 보라.

[6] 양창삼, "위그노의 삶이 주는 사회학적 함의," 『사회이론』 (2017), 39-40.

하나님의 섭리를 따라가는 곳마다 구원의 유일한 길인 하나님의 말씀을 전파해야 했다.7 1680년대에 뉴잉글랜드의 청교도 교회들은 위그노들이 적그리스도의 세력에 맞서다 고난당했다고 판단하여 그들을 돕는 데 힘썼고, 그들을 위해 여러 차례에 걸쳐 공식적으로 금식 기도했다. 이런 구제와 자선의 근저에 천주교의 박해를 피해 멀리 떠난 청교도와 위그노 사이의 신앙적 연대감이 작용한 것으로 보인다. 뉴잉글랜드의 위그노 목사 Ezechiel Carré는 교회가 단지 위그노뿐 아니라, 신분이나 인종을 초월하여 고난당하는 모든 이에게 자선을 베풀어야 한다고 설교했다.8

이런 기독교의 자선과 박애 정신이 동일한 시대에 남아공으로 이주한 위그노에게 해당되는가?

17세기 말에 약 7만 명의 위그노가 화란으로 이주했지만, 화란에서 남아공으로 다시 이주해 온 이도 많았다. 1671년 10월에 위그노 Francois Villion이 케이프로 이주했으며, 1726년까지 이주는 이어졌다.9 1688년 4월 13일 위그노들이 화란에서 남아공으로 3달에 걸친 항해 끝에 이주했는데, 1685년 10월 3일에 암스테르담의 동인도회사가 식민지 남아공을 개발하려고 위그노를 이주시키려고 결정한 바를 실행한 것이다.10 동인도회사는 케이프 지역의 생산과 무역을 위해서 동일한 종교와 기술을 구비한 위그노를 설득하여 1688년부터 1698년까지 남아공으로 이주시켰다.11

---

7   M. J. H. du Plessis, "Bybelse Inspirasie in die Poësie van 'n Hugenoot: A. D'Aubigné," *Koers* 46/4 (1981), 335-43.
8   뉴잉글랜드의 일부 목사(예. Samuel Willard)는 청교도와 위그노가 음녀 바벨론(계 17-18)과 종말론적이며 묵시적 방식으로 싸웠다고 이해하면서 상호 연대를 강조했다. 그리고 Willard 목사는 하나님께서 주일성수를 어기는 것과 같이 주님의 계명에 순종하지 않은 유럽의 개신교를 징계하셔서 그들이 박해를 당했다고 이해했다. A. C. Weimer, "Huguenot Refugees and the Meaning of Charity in Early New England," *Church History* 86/2 (2017), 366-70.
9   http://www.hugenoot.org.za/timeline.htm(2019년 4월 23일 접속). 참고로 네덜란드인의 남아공 이주는 1652년부터 시작되었다.
10 P. Coertzen, "The Huguenots of South Africa in History and Religious Identity," *Nederduitse Gereformeerde Teologiese Tydskrif* 52/1-2 (2011), 45.
11 Coertzen, "The Huguenots of South Africa in History and Religious Identity," 46.

위그노는 1688-1689년에 집중적으로 남아공으로 이주했으며, 숫자로 볼 때 화란계 아프리카너(보어인)의 약 22.5퍼센트인 193명이었다(1692년 기준).[12] 1729년까지 남아공에 이주한 위그노는 279명이었는데, 193명이 동인도회사를 통해서 왔다. 따라서, 동인도회사와 무관하게 자발적으로 남아공으로 이주한 위그노는 30퍼센트 정도였다.[13] 동인도회사는 남아공 이주 조건으로 개혁 신앙을 가지고 있으며 순종적이고 평화를 사랑할 것을 내걸었다.[14] 이것은 경제가 종교를 보호하는 동시에 통제하려는 차원으로 보인다.

1618-1619년에 개최된 도르트회의의 신조 제2조 제5항은 해외 선교를 강조했는데, 이에 맞추어 화란 동인도회사는 칼빈주의를 중요시하면서 선교 사역을 나름대로 전개했다. 동인도회사는 총독의 임면권과 군인 고용의 권리를 가지고 경제와 군사를 관장했다. 하지만, 일본과 무역을 했던 동인도회사는 회사원들의 사적 신앙을 장려하되(예. 주일 예배, 기도회, 성탄절 축하), 전도와 같은 공적 신앙은 자제시켰다.[15] 이런 신앙의 사사화는 일본의 선교 반대 정책을 따른 것이다. 기독교 선교가 자유로웠던 남아공과 기독교 선교를 반대했던 일본의 형편은 달랐다. 남아공의 위그노의 신앙과 경제 활동 방식은 동인도회사, 곧 아프리카너의 정책에 좌지우지되었다. 동인도회사는 경제와 종교를 구분했지만 완전히 분리하지는 않았다. 그러나 동인도회사가 위그노를 통하여 공적인 선교 활동을 힘썼다는 자료는 찾아보기 어렵다.

1730년경 케이프 지역의 농촌 인구 중 10-20퍼센트는 부유한 지주(hereboere)였는데, 이 가운데 절반은 위그노 후예였다.[16] 위그노 목사는 위그노를 목양했을 뿐 아니라, 점차 신학 교수와 아프리카 선교사로도 사역했다. 위그노는 이주 4세대 만에 아프리카너와 완전히 하나가 되었으며, DRC를 신앙의

---

12 프랑스에서 절대왕정으로부터 박해를 경험한 위그노는 남아공에 이주한 후에도 민감한 정치 의식을 가지고 있었을 것이다. W. A. Dreyer, "South Africa: The Early Quest for Liberty and Democracy," *HTS Teologiese Studies* 71/3 (2015), 3-4.
13 Coertzen, "The Huguenots of South Africa in History and Religious Identity," 46.
14 P. Coertzen, "The Huguenots of South Africa in Documents and Commemoration," *Nederduitse Gereformeerde Teologiese Tydskrif* 52/3-4 (2011), 302.
15 백종구, "네덜란드 개혁교회와 일본 선교: 동인도회사의 일본인 선교와 네덜란드인 회사원 목회(1609-1853)," 『선교와 신학』 46 (2018), 249-59.
16 Coertzen, "The Huguenots of South Africa in History and Religious Identity," 49.

고향처럼 여겼다.[17] 1852년 케이프 지역의 DRC 목사 26명 중 16명은 위그노 계열이었다. 1858년부터 2019년 사이에 스텔렌보스대학교 신학 교수 56명 중 적어도 23퍼센트에 해당하는 13명은 위그노의 후손이다.[18]

유럽에 정착한 위그노보다 더 가난했던 남아공의 위그노들은 얼마 지나지 않아 아프리카너와 결혼하여 남아공 국민의 일원으로 뿌리를 내렸다.[19] 아프리카너 남자의 배우자가 될 유럽 여성이 부족했기에, 그들은 위그노 여성과 결혼하기 원했다. 따라서, 아프리카너 남자가 백인 이외의 여성과 결혼하는 비율은 감소하였다. 현재 위그노의 후예는 전체 아프리카너의 24퍼센트 정도를 차지한다.[20]

남아공에 사용되는 위그노의 성(surname)은 약 40개인데, 잘 알려진 것들은 다음과 같다. Cilliers, Coetzee, Cronjé, De Buys, De Klerk, De Villiers, Du Plessis, Du Rand, Du Toit, Fouché, Fourié, Gouws, Jordaan, Joubert, Labuschagne, Le Roux, Lombard, Malan, Malherbe, Marais, Meyer, Minnaar, Mouton, Naudé, Nel, Pienaar, Retief, Rossouw, Senekal, Theron, Viljoen, Vivier.[21] 위그노의 흔한 이름(first name)으로는 Francois, Pierre, Etienne, Jacques, Louis 등이다. 위그노가 이주한 초기에 학교와 교회에서 프랑스어 사용이 허용되었다. 그러나 1700년 경 아프리칸스(화란어의 단순한 형태)는 남아공에서 확고한 언어로 자리를 잡았고, 위그노의 이주가 현격히 줄어들자 1707년부터 네덜란드

17　Coertzen, "The Huguenots of South Africa in History and Religious Identity," 47.
18　명단은 다음과 같다: J. I. Marais(23/8/1827-27/8/1919), J. du Plessis(25/7/1868-16/2/1935), D. G. Malan(23/3/1880-3/3/1937), D. W. de Villiers(30/11/1919-15/5/2002), J. L. de Villiers(8/3/1922-2010), J. du Preez(b. 16/8/1927), D. A. du Toit(8/1/1942-2/4/2010), P. F. Theron(4/8/1942-7/7/2010), B. A. du Toit(b. 22/11/1937), A. E. J. Mouton(b. 21/1/1952), J. H. Cilliers(b. 10/8/1954), I. A. Nell(b. 28/4/1961), A. L. Cloete(b. 12/6/1971). 참고. Coertzen, "The Huguenots of South Africa in History and Religious Identity," 47. 참고로 17세기에 남아공에 정착한 독일인의 수는 위그노를 능가했다.
19　남아공 이주 초기에 위그노끼리 결혼한 경우가 있었다. A. Grant and R. Mayo, 『프랑스 위그노 이야기』(The Huguenots), 조병수 역 (용인: 가르침, 2018), 124.
20　http://www.hugenoot.org.za/huguenots.htm(2019년 4월 23일 접속).
21　http://www.hugenoot.org.za/surname.htm(2019년 4월 23일 접속). 남아공에서 큰 혈통을 형성한 유럽의 성(surname) 36개 가운데 위그노 후손은 9개이다: Nel, Du Plessis, Coetzee, Fourie, Du Toit, Le Roux, Viljoen, Marais, Du Preez. 물론 프랑스 성을 따르지 않지만 위그노의 후손인 경우도 적지 않다.

인들(아프리카너)은 공공장소에서 프랑스어 사용을 금지했다.[22] 돌아갈 조국이 없어 남아공에 정착해야만 한다고 판단한 위그노는 열정적으로 일할 뿐 아니라 아프리칸스어를 단기간에 배웠다. 아프리카너는 아프리칸스에 자신의 순수한 정체성을 담고자 했기에 영어나 프랑스어의 사용이나 영향을 경계했으므로, 18세기 중반에 이르러 아무도 프랑스어는 사용하지 않았다.[23]

남아공으로 이주해 온 위그노의 직업은 다양했다. 농부, 포도 재배자(특히, De Villiers 가문), 목수, 석공, 마차 제조자, 구두 수선공, 이발사, 교사, 의사, 목사 등.[24] 이주 후 정착 단계에서 위그노는 화란 동인도회사의 자금을 빌려 농사와 상업에 종사했다. 보어인들은 자신과 동일하게 개혁주의를 추구할 뿐 아니라, 숙련된 기술을 구비한 위그노들에게 적대적이지 않았다고 볼 수 있다.[25]

네덜란드인이 남아공을 지배했던 1691년에 위그노는 자체적으로 교회를 설립할 수 있도록 허락을 받았다. 남아공에서 다수의 위그노는 웰링턴, 프랑슉(뜻: France Corner), 스텔렌보스에 정착했는데, 이 도시들은 포도 산업으로 유명하다. 1699년에 케이프의 총독 Simon van der Stel(1639-1712)은 위그노를 위해 웰링턴에 농장 15개를 할당했다.

희망봉 케이프 지역의 첫 번째 문학적인 신학서적은 『위그노의 시편가』였다. 동인도회사의 방침에 따라 1688년 8월 29일에 화란의 위그노교회(Walloon Church)에서 목회하다 남아공으로 이주해 온 Pierre Simond(1651-1713)의 활동은 중요하다. 제네바 아카데미를 모델로 하여 설립된 프랑스의 디 아카데

---

22 Y. Stoops, "The Afrikaner and His Language," *Studies in African Linguistics* 10/3 (1979), 313. 프랑스어가 아프리칸스에 영향을 미친 것은 P. Coertzen, "The Contribution of the French Huguenots to Calvinism in South Africa," in *Our Reformational Tradition: A Rich Heritage and Lasting Vocation*, ed. T. van der Walt, L. Floor and B. J. van der Walt (Potchefstroom: Institute for Reformational Studies, 1984), 432를 보라.

23 1723년에 고작 25명의 노인만 프랑스어를 말했다. 참고로 19세기까지 남아공에서 "위그노"라는 말이 (문서 이외에) 사용되지 않은 점은 연구 대상이다. Coertzen, "The Huguenots of South Africa in History and Religious Identity," 48.

24 http://www.hugenoot.org.za/histSA.htm(2019년 4월 23일 접속). 17세기 말 영국에 정착한 위그노의 직업은 직물공(textile worker) 노동자, 목사, 군인 그리고 상인이 많았는데, 그들은 영국의 산업 발전에 적지 않게 기여했다. E. H. Varley, "The Occupations of Protestant Refugees in the 17th Century," *Geography* 24/2 (1939), 131-33.

25 "프랑스 개혁주의 난민"(French Reformed Refugee)이라 불린 위그노의 게으름과 말썽에 관한 정보는 Coertzen, "The Huguenots of South Africa in Documents and Commemoration," 303을 보라.

미(Die Academy)에서 신학 교육을 받은 피에르 시몽 목사는 1703년에 새로운 『시편가』를 출간했는데, 이것은 남아공에서 출판된 첫 번째 (신학) 책이다. 시몽목사는 이듬해에 *Les Veilles Afriquaines ou les Pseaumes de David mis en vers Francois*(아프리카 야경꾼[26] 혹은 프랑스어 다윗의 시편)라는 제목으로 암스테르담에서 출판했다.[27] 하나님의 섭리를 따라 하나님의 영광과 교회의 유익을 위해 작업을 시작하게 되었다고 확신했던 시몽의 시편 번역에 칼빈의 신학과 주석의 영향이 담겨있다(예. 시 8:4와 칼빈의 다니엘 주석 비교).[28] 1689년 11월 20일에 피에르 시몽 목사는 판 덜 스텔에게 위그노교회 설립을 청원하여, 1691년에 Drakenstein에 자체 교회당을 완공했다. 이것은 남아공에 세워진 세 번째 교회였다. 하지만, 판 덜 스텔은 더 이상 프랑스인 교회를 허용하기를 원치 않았으며 위그노를 그다지 신뢰하지 않았다. 1702년 5월 피에르 시몽 목사가 화란으로 돌아간 후,[29] 같은 해에 Paul Roux목사가 후임으로 목회를 시작했다. 하지만, 1806년에 케이프 지역이 영국 식민지가 된 이래, 영국인의 눈에 '아프리카너=위그노'라는 등식이 자연스럽게 형성되었다.[30]

대영제국의 통치 시기 동안, 위그노의 후예이자 DRC목사인 Abraham Faure(1795-1875)는 남아공 최초의 화란어 신문인 Het Nederduitsch-Zuid Afrikaansch Tijdschrift(1824)의 편집인이었고, DRC 목회자 양성 기관으로 출발한

---

26 피에르 시몽은 베들레헴에 할당 받은 자신의 농장에서 밤에 1699년부터 시편송 (그리고 십계명 노래, the Nunc Dimittis) 작업을 했다. 1708년에 시몽은 시편송을 개정하여 출판했다. Coertzen, "The Huguenots of South Africa in History and Religious Identity," 50.
27 http://www.hugenoot.org.za/histSA.htm(2019년 4월 23일 접속).
28 P. Coertzen, "Les Veilles Afriquaines ou les Pseaumes de David mis en vers François: A First Religious and Literary Writing from South Africa," *Nederduitse Gereformeerde Teologiese Tydskrif* 45/1-2 (2004), 32. 1700년대 초 남아공의 위그노의 (Simond과 Paul Roux가 목회했던 Drakenstein교회의 하이델베르크교리문답) 교리 교육 교재(1723), 시편가책, 공문서 그리고 일기장 등에 하나님의 주권과 영광을 강조하는 삶과 칼빈주의 경건을 발견할 수 있다. 그리고 위그노에게 1600-1750년경 화란의 제2차 종교개혁(Nadere Reformatie)의 영향도 감지된다. Coertzen, "The Huguenots of South Africa in History and Religious Identity," 52-54.
29 1701년은 위그노가 실질적으로 DRC의 한 부분이 된 해이다. Coertzen, "The Huguenots of South Africa in Documents and Commemoration," 302.
30 Coertzen, "The Huguenots of South Africa in Documents and Commemoration," 305. 참고로 독일에 정착한 위그노는 자체 교회와 문화를 발전시켰는데, 독일의 국교인 루터교가 독점하던 상황이어서 위그노 노회 설립은 불허되었다.

스텔렌보스대학교(1859)와 아프리카대륙 최초의 대학교인 케이프타운대학교의 설립(1829)에 기여했으며, 1868년까지 DRC의 소식지인 De Gereformeerde Kerkbode의 편집인을 역임했다.[31] 1824년 4월, Het Nederduitsch-Zuid Afrikaansch Tijdschrift의 제1호 69-71페이지에 기고한 글에서, Faure는 하나님의 섭리로 남아공으로 오게 된 위그노의 후예들이 조상의 신앙의 열정을 잃어버리고 기독교에 대해 무관심하고 냉정해진 점을 비판하고 회복을 촉구했다.[32] 위그노가 본격적으로 남아공에 이주한지 30여년이 지나자 신앙의 열정이 식어버렸는데, 이 모습은 첫 사랑을 잃어버린 소아시아의 에베소 교회를 떠올리게 한다(계 2:4).

1853년 4월 6일, 위그노 자녀를 위한 첫 번째 학교가 개교했다.[33] 16세기부터 프랑스의 위그노 총회는 젊은이 교육에 주력할 것을 밝혔다(참고. 프랑스 신교 치리서 2장 1절).[34] 칼빈주의가 가르친 직업소명론과 청부론(清富論)이 프랑스의 부르주아 계층으로부터 호응을 받았는데, 1560년대부터 1610년까지 프랑스에서 제네바아카데미를 모델로 삼아 자치 단체와 교회들의 도움으로 35개의 위그노 대학들이 설립되었다.[35] 남아공의 위그노 역시 학교 설립을 통해서 교육에 힘썼다. 남아공 화란개혁교회(이하 DRC)소속으로 웰링턴에서 목회했던 앤드류 머레이 박사가 주도하여 1874년에 설립된 위그노신학교(Huguenot Seminary)는 위그노대학(Hugenote Kollege; 1951년 2월 28일에 설립)의 전신이다.[36] 1960년대까지 위그노대학의 재정은 DRC의 웨스턴케이프노회가 책임졌으

31　Coertzen, "The Huguenots of South Africa in Documents and Commemoration," 305-306.
32　이 신문은 약 2달치를 묶어서 발행했기에 페이지가 많았다. Coertzen, "The Huguenots of South Africa in Documents and Commemoration," 306.
33　Coertzen, "The Huguenots of South Africa in Documents and Commemoration," 308.
34　조병수, 『위그노, 그들은 어떻게 신앙을 지켰는가?』, 42.
35　서정복, "프랑스 프로테스탄트 교육 이념과 위그노 콜레주의 설립," 『湖西史學』 44 (2006), 223, 229.
36　1873년 10월 25일에 있었던 위그노신학교 건물 완공식에 스텔렌보스대학교 신학과 N. J. Hofmeyr교수 등이 참석했으며, 이를 보도한 Kerkbode는 남아공에서 처음으로 "위그노"라는 말을 사용했다. 위그노신학교의 공식 언어는 영어였고, 여학생 교육에 초점을 두었다. 1882년 2월 1일에 "참 아프리카너"(Ware Afrikaner)라는 가명(필명)을 사용하기도 한 S. J. du Toit목사는 위그노기념학교(Gedenkschool der Hugenoten)를 설립하여, 위그노 정신에 입각한 아프리카너의 민족주의 교육에 힘썼다(1910년에 폐교됨). 따라서 "아프리카너"는 화란계 백인과 위그노의 후손을 포함한 용어로 자리 잡았다. Coertzen, "The Huguenots of South Africa in Documents and Commemoration," 310.

며, 이사회에 DRC소속이 다수 포함되었다. 위그노대학은 1970년대 초반부터 2012년까지 UNISA와 협력하여 학위를 수여했다. 위그노대학은 비기독교인도 입학이 가능하며, 선교 사명을 수행하기 위해 세상을 섬기는 인재를 양성하기 위해 사회복지와 선교 교육에 집중한다.[37] 위그노대학은 위그노의 자유, 평등, 박애의 정신을 반영하여, 흑인 학생을 다수 선발하여 봉사와 선교에 헌신할 일꾼을 양성하고 있다.

위그노의 남아공 이주 200주년 무렵인 1885년 10월 18일 주일에 DRC 소속 모든 교회는 낭트칙령을 철회한 퐁텐블로칙령을 기념했다.[38] 화란계 아프리카너가 주축이 된 DRC는 프랑스에서 위그노가 겪은 역사를 자신의 것으로 여겼다. 천주교로부터 박해 받아 이주해 온 위그노의 역사는 영국의 정복으로 인해 남아공 북동부 내륙으로 대이주(Groot Trek)를 했던 화란계 아프리카너와 유사한 면이 있다. 위그노와 아프리카너는 구약 이스라엘 백성처럼 스스로 하나님의 선민이라고 보았다. 앵글로-보어 전쟁 동안 위그노 후손은 완전히 아프리카너로서 아프리카너 민족주의자처럼 활동했다.[39]

낭트칙령(1598)이 시행될 당시, 위그노 목사 Jean Daillé(1594-1670)는 천주교에 저항하면서, 위그노의 정체성을 성경과 역사로부터 내려온 내러티브와 강력한 은유를 통해 강조했다. 존 다이 목사는 박해 받던 고대 이스라엘 백성과 초대 교회처럼 위그노 교회도 참 교회로서 하나님의 섭리를 따라 시련을 당한다고 회중을 격려했다. 그리고 그는 개혁파 교리와 도덕 문제 그리고 사회적 관심사도 설교에서 다루었다. 또 위그노가 프랑스 사회에서 정당한 위치를 차지하고 공적 역할을 담당해야 한다고 강조했는데, 이를 위해 칼빈의 가르침을 프랑스 상황 안에서 걸러서 수용했다. 그는 설교 출판, 서신 교환 그리고 후견인 연락망을 통해 위그노가 하나님의 선민으로서 프랑스의 사회·정치적 문제에 적극 참여할 것을 가르쳤다. 그러나 17세기 남아공의 위그노 목회자들에

37　https://hugenote.com; https://en.wikipedia.org/wiki/Huguenot_College(2019년 4월 23일 접속).

38　Coertzen, "The Contribution of the French Huguenots to Calvinism in South Africa," 431; "The Huguenots of South Africa in Documents and Commemoration," 315.

39　Coertzen, "The Contribution of the French Huguenots to Calvinism in South Africa," 431; "The Huguenots of South Africa in Documents and Commemoration," 319-20.

게서 이런 복음의 공공적 모습은 찾아보기 어렵다.[40]

이제 20세기의 아파르트헤이트 당시에 아프리카너가 된 위그노 후손이 어떤 공공적 모습을 보였는가를 살펴 볼 차례다.

2. 위그노와 아파르트헤이트

남아공에서 칼빈주의를 발전시킨 위그노의 기여는 아파르트헤이트를 저지하는데 실제적으로 공헌했는가?

아파르트헤이트를 정당화하고 가속화한 위그노의 후예 D. F. Malan 총리(1874-1959; DRC 소속)와 달리, 아파르트헤이트를 종식하는 데 중요한 역할을 했던 F. W. de Klerk대통령(b. 1936; GKSA 소속)도 위그노의 후손이다. De Klerk는 De Clercq에서 온 성으로 영어 Clergy(목사, 성직자)에 해당하기에, 그는 위그노 목사 가정 출신으로 보인다.[41] 드 클레르크 대통령은 백인만 투표권을 행사한 마지막 투표(1989년 9월 6일)를 앞두고 아파르트헤이트의 철폐를 물었다. 대다수 아프리카너는 아파르트헤이트의 폐지를 지지했다.[42] 위그노 이주 300주년이었던 1988년의 기념 행사 준비 위원들은 국가 차원의 행사로 확대하기 위해 모든 국민과 다른 교단 인사의 참여를 독려했다.[43]

남아공과 칼빈의 가교 역할을 한 위그노는 남아공에서 칼빈 연구에 활력을 불어넣었다. 1894년에 남아공칼빈주의학생연합연맹이 조직되었는데, 영국이 남아공을 지배할 당시 트렌스발공화국의 수도였던 포체프스트룸이 활동 본거지였다. 개혁신학연구소(IRS)를 통해 칼빈 연구를 진작시킨 포체프스트룸대학교의 저널 Koers가 연맹의 대변지였다. 1930년에 스텔렌보스에 칼빈주의학생연합이 조직되었고, 1934년에 케이프타운에 칼빈협회가 조직되었고, 웰링턴과 블룸폰테인에도 협회가 조직되었다. 블룸폰테인에 칼빈연구서클이 조직

---

40 N. Must, "Preaching the Place of Huguenots in France," *Journal of Early Modern Christianity* 2/2 (2015), 225, 238-39.
41 양창삼, "위그노의 삶이 주는 사회학적 함의," 48.
42 Coertzen, "The Huguenots of South Africa in Documents and Commemoration," 321-22.
43 Coertzen, "The Huguenots of South Africa in Documents and Commemoration," 322-23.

되었다.⁴⁴ 그러나 위그노의 영향을 적어도 간접적으로 받은 칼빈협회나 칼빈 연구는 아프리카너가 중심이 되었으므로, 아파르트헤이트를 비판하는 역할을 거의 감당하지 못했다.

위그노는 자유, 평등, 박애를 중요하게 여겼다.⁴⁵ 그러나 위그노가 아프리카너가 됨으로써, 본격적으로 아파르트헤이트 정책이 시행될 당시에 비판적 기능을 수행하지 못했다. 한 예로 위에서 언급한 위그노대학은 DRC와 재정과 행정에서 연계되기에, 아파르트헤이트에 대해 공식적이고 적극적으로 반대하기 어려웠다. 위그노 후예들 중에 개혁신학을 보급한 신학자들과 목회자들조차 아파르트헤이트에 많이 동조했다. 오래전 프랑스에서 (전체가 아니라할지라도) 위그노는 칼빈의 비폭력 시민불복종 가르침을 넘어서 폭군을 정벌(征伐)하기 위한 전쟁도 불사했다.⁴⁶ 이런 적극적 저항에 비추어 볼 때, 아파르트헤이트 시절 위그노의 후손들이 인종 차별에 동조하고, 위그노대학이 DRC와 연계한 것은 위그노의 정신을 반영하지 못한 것이다.

1948년 4월 17일에 위그노기념관(Huguenot Monument)은 프랑슈에 설립되었다. 그리고 1953년 3월 12일에 남아공위그노협회(Huguenot Society of South Africa)가 조직되었고, 그해부터 「위그노 블루틴」(Huguenot Bulletin)을 매년 발간하고 있다. 그런데 「위그노 블루틴」은 정치 이슈를 거의 다루지 않으므로, 아파르트헤이트를 언급하지 않는다. 그러나 「위그노 블루틴」에 아파르트헤이트를 강력히 추진했던 P. W. Botha 대통령(1916-2006)과 위그노의 연관성을 다룬 글이 있다.⁴⁷

종교개혁기념주일 하루 앞날인 10월 마지막 토요일에 프랑슈에서 남아공위그노협회의 연례회의가 개최된다.⁴⁸ 아파르트헤이트 시기 동안 아프리카너의 중요한 구성원으로 자리를 잡은 위그노의 후예들은 프랑스에서 선조들이 신앙을 위해 투쟁한 정신과 종교개혁 정신의 개혁 정신을 제대로 기리는 데

44　Coertzen, "The Contribution of the French Huguenots to Calvinism in South Africa," 434-46.
45　양창삼, "위그노의 삶이 주는 사회학적 함의," 50.
46　전준봉, "위그노들의 정치사상," 『개혁논총』 17 (2011), 75; 양창삼, "위그노의 삶이 주는 사회학적 함의," 52.
47　R. T. J. Lombard가 Huguenot Bulletin 22 (1984-1985), 18-19에 기고한 글이다.
48　http://www.hugenoot.org.za/begin-e.htm(2019년 4월 23일 접속).

역부족이었다. 하지만, 위그노의 후손인 A. B. du Toit와 J. A. du Rand 등은 아파르트헤이트를 반대했다.

나오면서

1671년부터 주로 1700년 사이에 위그노는 종교의 자유를 위해 남아공까지 이주해 왔다. 그것은 미지의 세계를 개척하는 것과 같은 모험이었다. 남아공으로 이주한 후, 위그노의 후예는 아프리카너와 결혼하여 활발한 경제 활동을 펼쳐 아프리카너의 중요한 구성원이 되었다. 위그노는 남아공의 칼빈주의 신학과 경건, 교육, 언론, 경제, 문화 그리고 사회 전체를 발전시킨 공로가 있다.

하지만, 위그노의 후예는 아파르트헤이트에 제대로 저항하지 못했는데, 이주 후 얼마 지나지 않아 아프리카너의 일원으로 동화되어 버렸기 때문이다. 동인도회사의 남아공 식민지 개발 정책이 이주의 중요한 동인이었기에, 경제적 예속으로 인해 바람직하지 못한 동화는 자연스러운 귀결이었다.

"위그노" 명칭을 따른 위그노대학은 DRC의 재정적 후원을 받았기 때문에 아파르트헤이트를 반대하지 못했다. 위그노 후손 가운데 아파르트헤이트를 적극 지지한 이들도 있었다(예. 프레토리아대학교의 A. B. du Preez; 노스-웨스트대학교의 J. D. du Toit; D. F. Malan총리). 아파르트헤이트와 관련하여, 위그노의 후손은 아프리카너와 동일한 입장을 견지했다고 결론 내릴 수 있다.[49] 남아공의 위그노 후손은 위그노 십자가가 증언하는 순교 정신과 개혁주의 신앙과 저항 정신(폭군정벌론)이 기득권 및 세속 권력에 동화되어 변질되는 실례다.

따라서, 남아공의 위그노가 칼빈주의 이론은 발전시켰지만, 국가와 사회 안에서 칼빈주의가 실제로 기능을 하도록 만들지는 못했다는 비판이 제기되는 것은 자연스럽다.

---

49 아프리카너가 자신의 정체성을 강화하기 위해서 위그노에 대한 신화를 만들어 활용했다고 보는 경우는 P. Denis, "The Cape Huguenots and Their Legacy in Apartheid South Africa," in *Memory and Identity: The Huguenots in France and the Atlantic Diaspora*, ed. B. van Ruymbeke and R. J. Sparks (Columbia: University of South Carolina Press, 2003), 303을 보라. 그러나 위그노는 신화가 아니라 실재다.

제3장

하이델베르크 교리문답서의 공공선교신학[1]

들어가면서

하이델베르크 교리문답서(1563, 이하 HC)는 성경의 진리를 개혁신학과 성경신학의 체계를 따라 문답식으로 탁월하게 풀어냄으로써 전 세계적으로 확산했다.[2]

그런데 HC는 오늘날 여전히 사랑받고 활용되고 있는가?

긍정적으로 대답하기 어려운 이 질문은 HC는 물론 다른 개혁주의나 장로교 신앙고백서들의 현대적 활용 문제와 맞물린다. 오늘날 활발히 논의 중인 공공신학과 선교적 교회 혹은 2010년경부터 이 둘을 통합한 공공선교신학(public missional theology)의 관점에서 HC를 연구한 경우는 아직까지 찾아볼 수 없다.[3] 그런데 최근 이런 주장이 제기되었다.

> HC에는 교회로부터 세상으로 나아가는 역동성이 부족하기에, 교회가 명시적으로 선교의 책무를 가지고 있다고 언급하지 않는다. 만약 교회가 암시적 방식으로 선교해야 한다면 세상으로부터 사람들을 불러 모으는 것이다.[4]

---

1 이 논문은 『갱신과 부흥』 30 (2022), 157-88에 실렸다.
2 J. R. Beeke and E. D. Bristley, "Teach All Nations: The Use of the Heidelberg Catechism in North America and throughout the Non-European World," *WTJ* 78 (2016), 287.
3 S. Kim, "Mission's Public Engagement: The Conversation of Missiology and Public Theology," *Missiology* 45/1 (2017), 7-24; R. S. Heaney, "Public Theology and Public Missiology," *Anglican Theological Review* 102/2 (2020), 203-212.
4 E. A. J. G. van der Borght, "The Heidelberg Catechism and the Church," *Acta Theologica Suppl* 20 (2014), 277.

HC에는 교리적 내용은 물론 사회적 윤리에 대한 보완이 필요하며, 현대의 복잡하고 다양한 문제에 답하기 위해서는 HC와 별도로 새로운 신앙고백서를 만들어야 한다는 주장도 있다.[5]

본 장은 HC에 교회가 공적 영역에서 수행해야 할 선교에 대한 강조가 결여되어 있는가라는 질문을 염두에 둔 채, HC의 기독론, 교회론, 종말론 그리고 십계명 해설에 담긴 공공선교신학적 의미로 범위를 좁혀 살핀다. 몇 가지 신학 주제들로 제한한 이유는, 교회란 성령께서 예수 그리스도와 연합시켜서 하나님의 선교를 위해 부름받은 종말의 백성이기 때문이다. 본 장은 공공성(公共性)과 공동선(公同善)의 회복이라는 큰 숙제를 떠안은 현대 교회가 HC와 같은 역사적 정통 개혁주의 신앙고백서를 어떻게 적절히 활용할 수 있는가라는 문제에 답할 것이다. 항상 개혁하는 교회는 물려받은 귀한 유산을 오늘날에 유의미한 방식으로 계승하고 발전시키려는 노력을 멈추어서는 안 된다.

1. HC의 기독론의 공공선교신학적 함의

HC의 기독론 문답들은 기독론에 정초한 선교적 교훈을 어느 정도 그리고 어떻게 담아내는가?

유베르(L. K. Joubert)는 HC가 선교적 사명을 고취하기보다는 개인적 차원의 구원과 경쟁을 통한 성공주의를 부추길 여지가 있다고 보면서, 다음과 같이 몇 가지 근거를 제시한다.[6]

첫째, 구원을 설명하는 용어(예. HC 12-18)가 현대인에게 지나치게 신학적이고 추상적이다.

둘째, 예수님 안에서 변화된 그리스도인의 정체성이나 그리스도인의 덕스러운 성품 형성을 덜 강조한다.

---

5 유현철, "하이델베르크 요리문답의 효과적인 적용연구," (Th.M. 논문, 총신대학교, 2013), 46.

6 L. K. Joubert, "Salvation according to the Heidelberg Catechism," *Acta Theologica Suppl* 20 (2014), 105-112.

셋째, 대속의 은혜를 통한 개인적 구원주의를 강화시켜 공공선교적 강조는 약화된다.

넷째, HC의 '얻다', '유익' 그리고 '성취'와 같은 용어는 오늘날 맘몬주의와 경쟁주의 및 성공제일주의를 부추길 우려가 있다.

유베르의 반선교적 분석은 비평이 필요하다. HC가 작성될 무렵의 신성로마제국의 상황은 현대와 같이 국내외 선교를 적극적으로 수행할 절박한 필요가 부족했다. HC가 어린이의 신앙 교육을 위한 것이라는 사실은 두 작성자가 신학적이고 추상적 용어의 사용을 최대한 자제했음을 의미한다. 그리고 성령으로 변화된 그리스도인의 정체성과 그것에 걸맞는 선행을 제3부 감사의 생활과 선교에서 강조한다(참고. HC 90-91). 또한, '얻다, 유익, 성취'는 인간적인 경쟁과 성공을 조장하지 않고, 예수님께서 성취하신 구원의 은덕이 그리스도인에게 주어졌다는 위로를 설명한다(참고. HC 28, 36, 43, 45, 49, 51). 그러므로 유베르의 반선교적 해석은 설 자리를 잃고 만다.

먼저, 예수님 자신의 정체성으로부터 HC에 나타난 선교적 의미를 찾아보자. HC의 기독론은 사도신경의 기독론을 해설하는 HC 29-52문에서 확인된다. 34개에 달하는 기독론 문답에서 예수님이 교회와 만유를 자신의 통치하에 두신다는 내용이 있다면 기독론에 입각한 공공선교적 의미를 찾을 수 있다. 예수님은 온 교회(whole church)를 포섭하신다는 언급이 종종 나타나지만(HC 31, 37, 38, 43, 45, 49, 50-52), 예수님께서 만유를 포섭하셔서 다스리신다는 암시는 드문데, HC 32문은 그리스도인은 예수님과 함께 모든 피조물을 영원히 다스릴 것을 밝힌다.

예수님께서 교회를 통해 만유를 통치하신다는 공공선교적 메시지는 HC 123문에 분명하다. HC 123은 주기도문의 둘째 간구인 하나님의 나라가 임하는 것(마 6:33)을 설명하는데, 주님께서 만유 안에 만유가 되시려면(고전 5:58) 두 가지가 충족되어야 한다.

첫째, 복음과 성령의 다스림을 받는 교회는 부흥하고,

둘째, 주 예수님과 복음을 대항하는 사탄의 모든 권세와 악한 모의가 격파되는 것이다.

따라서, 복음으로 역사하시는 성령님으로 충만한 선교적 교회라면 사탄의 권세와 모의에 맞서 영적 전투를 벌이면서 의로운 하나님 나라를 우선순위에 두고 추구해야 한다. 바로 그때 HC 128에서 밝힌 대로, 만유의 창조자와 왕이신 예수님은 모든 선한 것을 자신의 교회에게 베풀어주신다. 그런데 사탄의 권세와 모의는 교회당 바깥에서도 벌어지므로, 선교적 교회를 통한 하나님 나라의 임함은 공적일 수밖에 없다.

주기도문의 셋째 간구인 하나님의 뜻이 이 땅에서 이루어지는 것을 설명하는 HC 124문에도 공공선교적 메시지가 드러난다. 이것은 주기도문의 둘째와 셋째 간구가 유사한 맥락에서 연이어 언급되기에 자연스럽다. HC 124문은 그리스도인이 직분(ampt)과 소명(beruff)을 기꺼이 그리고 성실히 이행함으로써 하나님의 뜻을 실천할 수 있다고 밝힌다(고전 7:24). 그리스도인은 교회의 직분은 물론, 세상 속에서 주님의 선하신 뜻을 받들어 직업 등을 통하여 소명을 구현해야 한다. 이때 사탄의 악한 모의와 권세의 저항이 있기 마련이다. 그런데 예수님은 십자가의 대속과 부활로써 성부의 나라와 뜻을 이 세상에 결정적으로 구현하셨다.[7] 그러므로 HC 123-124문의 주기도문 둘째와 셋째 간구는 공공선교적인 기독론으로 종합되며, 결국 천국 백성의 교회당 안팎의 소명을 구현하고 천국 윤리를 실천하는 삶으로 확장된다.

HC는 제35문의 성령으로 가능했던 예수님의 성육신을 설명하기 위해 마태복음 1장의 족보에 나타난 이방 여성들을 포함하지 않는데, HC의 독일어 원본은 증거 구절로 이방 여성들과 무관한 마태복음 1장 18절과 20절을 언급한다. 만약 HC의 두 작성자인 우르시누스와 올레비아누스가 마태복음 1장의 이방 여인들을 염두에 두었다면 이방인 전도를 통한 보편교회에 대한 강조를 찾을 수 있다.[8] 그러나 이것은 침묵으로부터의 논증에 불과하다.

HC 17문의 유일한 중보자와 구원자이신 예수님의 부활의 능력에 대한 설명에서 선교적 의미를 찾을 수 있다. 예수님의 역사적인 회복 사건으로서의 몸의 부활은 성도에게 죄 사함이라는 칭의와 중생의 은덕을 누리며 새 생명

---

7   최갑종, 『예수님이 주신 기도』(서울: 이레서원, 2000), 185.
8   참고. H. R. Boer, "Missions and the Creeds II: The Heidelberg Catechism," *Reformed Journal* 3/1 (1953), 13.

가운데 몸의 부활이라는 영화를 소망하도록 만든다.[9] 그렇다면 부활이라는 새 생명을 선물로 받은 그리스도인이라면 칭의와 중생 그리고 영화를 선취하는 회복의 복음을 전파해야 한다.

HC 49문의 예수님의 승천의 유익들 중 하나는 성령을 통한 임마누엘의 은혜인데, 그 문답은 지상명령(마 28:18-20)을 근거 구절로 제시하지 않는다.[10] 마태복음의 결론인 28장 18-20절은 임마누엘을 언급하지만 예수님이 승천하실 때 주신 말씀이 아니므로 HC 49문의 필수적인 구절이라고 볼 필요는 없다. 그런데 우르시누스의 대교리문답(1562) 96문은 예수님의 승천으로써 '하늘문이 우리와 우리 형제와 구성원들'을 위해 열려있다고 설명한다. 여기서 '하늘 문'이라는 하나님 나라의 우주적 강조점과 더불어 언급된 '구성원들'은 장차 복음을 받아들여서 교회의 회원이 될 사람들을 포함하므로, HC에 나타난 예수님의 승천의 유익에 관한 해설은 우르시누스의 대교리문답의 관련 설명보다 선교적 의미를 다소 약하게 제시한다고 평가할 수 있다.

그럼에도 불구하고 HC에서 공공선교적 교훈은 승천하신 예수님의 천상 통치에서 찾을 수 있다. 그리스도인의 존재와 삶은 예수 그리스도 안에서 보호와 통치를 받는다. 그래서 HC는 그리스도의 통치를 29-52문(아들 하나님)은 물론 53-64문(성령 하나님) 그리고 65-85문(성례)에서도 반복하여 다룬다. 왕과 제사장과 선지자로서 예수 그리스도의 유효한 사역(31문)은 성자와 성령의 권능 아래 살아가는 그리스도인을 위로하며 삼중직을 수행하도록 만든다(32문).[11] 여기서 모든 피조물을 다스려야 하는 그리스도인의 선교적 책무는 특히 자신을 산 제물로 드리는 만인제사장직을 통해 나타난다.

상술하면, 그리스도인은 성부 예수님의 섭리적 통치 하에서(26문) 성령을 통하여 예수님의 왕적 권능을 받아 약자를 사랑하고 봉사하면서 선교 사역을 행하고, 주님의 제사장적 권능을 받아 하나님의 영광을 위해 예배와 기도와 성례전적 삶을 통해 기쁨과 복을 누려야 한다(32문).[12] 그리고 그리스도인은

---

9   J. P. Labuschagne, "A Hermeneutical Reflection on the Resurrection of Jesus Christ in Question and Answer 45 of the Heidelberg Catechism," *In die Skriflig* 47/2 (2013), 4-5.

10 참고. Boer, "Missions and the Creeds II," 13.

11 M. Welker, "What Profit is the Reign of Christ to Us?: The Heidelberg Catechism and Its Potential for the Future," *Acta Theologica Suppl* 20 (2014), 287.

12 Welker, "What Profit is the Reign of Christ to Us?" 289-90.

머리를 들어 자신과 함께, 자신 안에, 자신 곁에 임한 하나님의 통치와 구원을 경험하고, 심판을 받을 처지에 놓인 사람들에게 알려야 한다(52문).[13]

예수님은 성령을 통해 사역하시고 성령은 예수님을 위해서 사역하신다는 성령론적 기독론은 예수님의 잉태(HC 35), 사역(HC 31), 승천(HC 47, 49), 은사주심(HC 51), 공교회(HC 54), 통치에 계속 나타난다(HC 123).[14] 그런데 성령은 성자와 교회를 묶는 띠다(HC 53). 따라서, 성령론적 기독론은 성령론적 교회론으로 이어질 수밖에 없으므로, 보편교회는 성령의 충만을 간구하면서 은사를 활용하여 그리스도의 온 세상적 통치를 선교로 구현해야 함을 알 수 있다.

2. HC의 교회론의 공공선교신학적 함의

HC는 오늘날 적지 않은 지 교회에서 실제로 적용되고 있는 선교적 교회에 대한 개념을 다루는가?

HC에서 선교적 교회, 곧 모든 그리스도인이 세상에서 선교사로 살아야 함을 설명하는가?

이 두 질문에 관한 답은 긍정적이다. 하나님의 사랑 덕분에 구원을 받은 사람이라면 타인도 그런 은혜를 입도록 이신칭의의 복음을 증언하고 사랑으로 섬김으로써 보편교회로 그들을 불러 모으는 하나님의 선교(missio Dei)에 동참해야 함을 설명한다(HC 4, 9, 21, 32, 34주일).[15] 그리고 그리스도인의 감사의 생활은 특히 언약의 말씀인 십계명을 준수하는 선행으로써 나타나야 한다(HC 32주일). 이처럼 선교적 교회론과 윤리론은 동전의 양면이며, 이 둘은 원인과 결과와 같다.

HC 21주일에서 '믿다'(credo) 그리고 48주일 등에서 '기도하다'(ora)라는 단어를 사용하지만, 선교를 위해 '힘쓰다'(labora)라는 용어는 등장하지 않기에

---

13 Welker, "What Profit is the Reign of Christ to Us?" 291.
14 D. R. Hyde, "The Holy Spirit in the Heidelberg Catechism," *Mid-America Journal of Theology* 17 (2006), 215-19.
15 J. J. F. Krüger, "The Reformed Confessions: Embarrassment or Blessing to a Missionary Church?" *In die Skriflig* 41/4 (2007), 555-60.

HC가 선교를 적극적으로 강조한다고 보기 어렵다는 비판이 제기되었다.[16]

그러나 사상은 용어를 통해 전달되지만, 용어에 제한되지 않는다는 사실에 주목해야 한다. HC 21주일은 공교회를 위한 하나님의 선교를 설명하기에 사실상 선교를 공교회의 본분으로 간주한다. 그리고 HC 48주일은 주기도문의 둘째 간구를 해설하면서, 하나님께서 만유 안에서 만유의 주님이 되실 때까지 하나님 나라가 확장되고 임하도록 간구한다(고전 15:28). 그리고 공교회가 선교라는 책무를 수행하려면, 기도에 힘쓰면서 성령과 말씀과 선행으로 충만해야 한다(HC 54).[17] 종교개혁 전통에 따르면, 잠에서 깰 때, 배우러 갈 때, 식사 전후에 그리고 잠들기 전에 기도할 때, 이웃의 유익을 빠뜨리지 않았다.[18] 좁게는 기도에 힘써야 하는 목사의 설교, 넓게는 그리스도인의 복음 증언은 천국의 열쇠를 활용하는 선교 행위이며, 교회와 하나님 나라를 확장하는 도구다(HC 83, 123).[19] 따라서, HC 123문은 종말론적 하나님 나라의 도래를 하나님의 선교로 설명하는 것이므로 교회의 선교 임무에 대해 언급하지 않는다는 위의 성급한 주장은 설득력이 없다.[20]

이런 선교적 교회에 대한 설명은 HC 제1판이 교회의 선교, 설교 그리고 세례를 강조하는 마태복음 28장을 여러 문답에서 언급했다는 사실(HC 22, 25, 31, 47, 48, 50, 53, 65, 71)[21] 그리고 우르시누스의 HC 54문 해설에도 교회의 세 표지(교리 고백, 성례 시행, 교리에 대한 복종 고백)와 더불어 마태복음 28장 19절을 언급한 데서 간접적이나마 확인할 수 있다.[22]

HC 64문과 관련하여 올레비아누스는 1567년의 *A Firm Foundation*(특히, 제170문답)에서, 성령의 기름부음을 받은 그리스도인은 교회에서 말씀의 사역자로부터 복음을 배워 선지자와 교사의 직무를 세상에서 수행해야 한다고 설명

---

16 Boer, "Missions and the Creeds II," 13.
17 Boer, "Missions and the Creeds II," 13.
18 참고. 최준혁, "마르틴 부쳐의 요리문답 연구," (Ph.D. 논문, 안양대학교, 2017), 243-44.
19 F. H. Klooster, "Missions: The Heidelberg Catechism and Calvin," *Calvin Theological Journal* 7/2 (1972), 200-201.
20 Contra Boer, "Missions and the Creeds II," 13.
21 Klooster, "Missions," 202.
22 Z. Ursinus, 『하이델베르크 요리문답해설』(*The Commentary of Dr. Zacharias Ursinus on the Heidelberg Catechism*), 원광연 역 (서울: 크리스챤다이제스트, 2006), 475.

한다. 그리고 올레비아누스는 그리스도인이 선지자로 활동하려면 교회당 안 밖에서 참되고 공적인 신앙을 고백함으로써 하나님을 찬양해야 하고(막 8:36; 눅 9:26), 기회와 가능성이 있을 때마다 자신의 이웃들을 주님 안에서 세워주어야 한다고 힘주어 선교적으로 적용한다.[23] 따라서, 올레비우누스는 교회를 만인 선지자로 간주하여 공공선교적 교회론을 강조하고 있다는 방증이다.

성령님은 교회가 선교공동체로서 만인선지자로 활동하도록 인도하신다. 성령은 믿음을 주시고(HC 21) 기도와 성화의 주체가 되시므로(HC 24, 32, 115-16), 성령은 하나님의 형상으로 회복된 성도의 선행과 감사의 근거이시다(HC 86-129; 특히, HC 115-16).[24] 성령께서 성도를 예수님에게 접붙여 주님의 은혜로운 사역과 덕에 참여하며 교제하도록 만드시기에, 그들은 선행이라는 열매를 감사함으로 그리고 필연적으로 맺을 수밖에 없다(HC 64, 86).[25] 성령으로 교회가 수행하는 하나님 나라의 선교 그리고 성화와 감사는 성령의 일인 동시에, 하나님의 일에 대한 인간의 반응이기도 하다.[26] HC 5문은 사람에게 하나님과 이웃을 미워하는 반선교적 본성이 있다고 밝히는데, 성령은 그리스도와 연합된 성도가 죄를 죽이도록 역사하신다(HC 88).

그리스도인은 예수 그리스도로 말미암아 믿음과 의의 열매들이 가득하여 하나님의 영광과 찬송이 되도록 힘써야 한다(HC 86; 참고. 고전 10:31; 빌 1:11). 이를 위해, 성도는 예수 그리스도를 본받고 하나님의 성품에 참여함으로써 소망 중에 믿음으로 사랑을 실천해야 한다(엡 5:1-2; 살전 1:3; 벧전 2:21-24; 벧후 1:5-11).[27] 실제로 우르시누스는 전도를 위하여 그리스도인이 수행해야 하는 선한 일의 근거로 여러 구절을 제시한다(눅 22:32; 롬 6; 8:1-16; 14:19; 벧전 3:1).[28]

---

23 이 단락은 De Boer, "Christology and Christianity," 5-6에서 요약 인용.
24 Hyde, "The Holy Spirit in the Heidelberg Catechism," 214, 223-26; 이상은, "하이델베르크 요리문답의 성령론, 그 윤리적 함의," 이상은, "하이델베르크 요리문답의 성령론, 그 윤리적 함의," 『한국개혁신학』 40 (2013), 285-86.
25 D. J. Smit, "Vervreemding en Gawe: Sleutelmotiewe in die Heidelbergse Kategismus?" NGTT 54/1-2 (2013), 14-15.
26 Boer, "Missions and the Creeds II," 13.
27 우르시누스의 소교리문답 79문은 그리스도인의 '선행'을 하나님께서 십계명에서 명한 바라고 짧게 규정한다. J. Vanderkemp, Heidelberg Catechism, Volume 2, trans. by J. M. Harlingen (Grand Rapids: RHB, 1997), 168-69.
28 Ursinus, 『하이델베르크 요리문답해설』, 740.

HC 54-55문에 따르면, 교회는 성자의 의의 전가와 성자와의 교제라는 '기독론적 도장'(Christological stamp)을 가지고 있을 뿐 아니라(E. A. J. G. van der Borght의 용어), 죄인을 교회로 불러 구원하시는 하나님의 선교를 위해 은사를 활용해야 한다.[29] 성도가 자신의 은사를 남을 위해 기꺼이 사용한다면 그것은 즐거운 선교적 의무가 된다(참고. HC 30문의 웰빙 개념). 더 정확히 말하면, 선교적 교회에게 '삼위일체론적 도장'이 주어졌다. 왜냐하면, 교회를 위한 성부의 예정과 성자의 대속 그리고 성령의 보존과 은사 주심이 유기적으로 어우러지기 때문이다(참고. 엡 1:3-14).

우르시누스는 HC 91문답 해설에서 선행을 우리 자신의 의견이나 관습이 아니라 '하나님의 율법에 따라, 하나님의 영광을 위해 그리고 복음을 자신에게 적용시켜 참된 믿음과 선한 양심으로만 행하는 일'이라고 규정한다. 따라서, HC와 우르시누스는 선행을 '성경의 규범적 측면, 자신이 아닌 하나님의 영광과 존귀라는 상황적 측면, 복음을 자신의 실존에 적용시킨 실존적 측면'으로 규정한다.[30] 그런데 사랑과 순종에서 나온 선행의 경건은 그리스도인의 내면적이고 사적인 차원은 물론 공적 삶도 형성한다.[31]

다시 말해, 그리스도인의 감사의 복종에서 나오는 선행을 생산해 내는 구원에 이르는 믿음은 그 사람의 성향, 가치, 태도 그리고 행동조차 바꾼다.[32] 선교적 선행(missional good works)과 관련하여 한 예를 든다면, HC 110문의 제8계명 해설은 도둑질을 금하는 것을 넘어, 거짓 저울, 위조 화폐, 탐욕과 하나님의 선물을 목적 없이 낭비 그리고 속임수로 남의 재산을 자신의 것으로 만드는 모든 행위를 언급한다. 그리고 HC 110문은 인간의 이기적 목적 때문에 감사와 경건이 왜곡됨을 경고한다. 나아가 HC 111문은 이웃의 유익을 증진하기 위해 남을 돕도록 성실히 일하라고 적극적으로 권면한다. HC 1문에서

---

29 Van der Borght, "The Heidelberg Catechism and the Church," 264-65.
30 Z. Ursinus, 『하이델베르크 요리문답해설』 (*The Commentary of Dr. Zacharias Ursinus on the Heidelberg Catechism*), 원광연 역 (서울: 크리스챤다이제스트, 2006[1562]), 756-60; 이경직. "하이델베르크 요리문답 해설에 나타난 믿음과 선행," 『한국개혁신학』 40 (2013), 12.
31 M. D. Hugen, "The Shaping Influence of the Heidelberg Catechism on the Pastoral Care of the Church," *Reformed Review* 55/2 (2001), 133.
32 Hugen, "The Shaping Influence of the Heidelberg Catechism on the Pastoral Care of the Church," 135.

밝힌 생사간의 위로를 가지고 있는 사람에게 하나님을 위해 기꺼이 살려는 경건의 실천을 십계명 해설은 강조한다. 요약하면, HC는 하나님과 이웃을 섬기려는 동기로 하나님의 영광을 위해 주님의 뜻에 순종하려는 전체 삶의 경건을 가르친다.[33]

섭리하시는 하나님의 돌보시는 사역을 고백하는 HC 27문은 성도가 이웃과 더불어 살면서 그들을 돌보는 윤리적 행위로써 선교하라고 가르친다.[34] 같은 맥락에서, 아브라함 카이퍼(A. Kuyper)는 제8계명을 설명하는 HC 42주일을 설교하면서, 남에게 기회를 선용하여 선을 베풀라는 잠언 3장 27절과 은사를 활용하여 청지기로 살라는 베드로전서 4장 10절을 언급하면서, 수전노와 낭비하는 자를 거부하고 남을 적극적으로 섬길 것을 제안한다.[35]

HC의 자료가 된 폴란드의 칼빈주의 개혁자 라스코(Jan a Lasco, d. 1560)의 교리문답서와 우르시누스의 소교리문답서의 주제는 '위로'였는데, 이것에 의하면 그리스도인은 이웃과 세상을 위로하여 공공선을 세운다.[36] 우르시누스가 주도한 팔츠교회법(Palatinate Church Order, 1563)에 따르면, 팔츠의 교회들은 주일 예배 시(종종 설교 이후)에 범죄와 부패 가운데 출생한 자신들의 가난과 비참을 영원토록 자비로우신 하늘 아버지께 아뢰었으며, 기도 끝에 자신을 산 제물로 바침으로써 하나님의 이름의 영광과 이웃의 교화(edification)를 위해 힘쓸 것을 다짐했다.[37]

선교적 교회를 강조하는 HC는 16세기 말에 라틴어, 히브리어, 그리스어, 영어, 불어 등 11개 언어로 번역되었으며, 17세기에는 스페인어와 포르투갈어, 말레이어, 자바어 등으로 번역되었는데, 바로 선교를 위한 목적이었다.[38]

33　Hugen, "The Shaping Influence of the Heidelberg Catechism on the Pastoral Care of the Church," 137.

34　F. de Lange, "The Heidelberg Catechism: Elements for a Theology of Care," *Acta Theologica Suppl* 20 (2014), 158.

35　A. Kuyper, "Commentary on the Heidelberg Catechism Lord's Day 42(1895)," trans. by A. Gootjes, *Journal of Markets & Morality* 16/2 (2013), 741-49.

36　B. Thompson, "The Palatinate Church Order of 1563," *Church History* 23/4 (1954), 346.

37　Z. Ursinus et als.. "Palatinate Church Order 1563," in *Reformation Worship: Liturgies from the Past to the Present*, ed. J. Gibson (Greensboro: New Growth Press, 2018), 610-61.

38　Klooster, "Missions," 207-208.

HC는 전통적인 전도, 곧 복음을 증거함으로써 불신자를 교회로 불러 모으는 것도 중요하게 여긴다. 교회는 중보자와 구주이신 예수님의 대속과 화해 사역을 성령께서 주시는 믿음으로써 수용하는 공동체다(HC 21; 37, 40; 53; 64). 하나님은 모든 인종으로부터 불러 교회로 모으시므로(HC 54), 교회도 경계와 장벽을 넘어서는 화해를 위한 사랑과 선교공동체로 부름을 받았다(HC 55; 참고. HC의 영향을 받은 남아공 개혁교회의 벨하신앙고백 제2항의 예수님의 화해 사역을 증명하는 교회의 일치; 고후 5:19).[39]

3. HC의 종말론의 공공선교신학적 함의

HC의 종말론은 구원을 받은 그리스도인이 감사하며 윤리적으로 생활하는 추동력이자 동인(動因)과 같다.

HC 52문은 사죄의 은혜를 입은 사람이라면 주님께서 자신을 포함하여 택하신 모든 사람과 함께 하늘의 기쁨과 영광 안으로 장차 이끌어 가실 것을 믿는다고 설명한다. 이것은 죄와 비참을 치유하는 데 수고하는 교회의 종말론적 윤리로 이어진다. HC 52문은 예수님께서 재림하셔서 최후 심판을 하실 때도 성도가 두려움이 아니라 기쁨 가운데 심판을 받을 수 있다고 고백한다. 이 사실은 감사의 열매인 선교적 선행에 힘쓴 성도에게 매우 적실하다.

종말의 은사이신 성령은 성도를 중생시키시며, 믿음을 주셔서 선행의 열매를 맺게 하시고, 만인 왕·제사장·선지자인 교회가 선교적 윤리를 실천하도록 도우신다(HC 8, 32, 49, 51, 65, 88, 91).[40] 성령은 하나님의 자녀들이 십계명 문답에 설명된 것처럼 하나님과 이웃을 사랑하여 섬기도록 은혜를 주시고 기도를 인도하시고 가르쳐 다스리신다(HC 115-116).[41] 성령 충만한 성도는 남의 비

---

39   D. F. Ottati, "Learning Theological Ethics through the Heidelberg Catechism," *Acta Theologica Suppl* 20 (2014), 145-47.
40   D. R. Hyde, "The Holy Spirit in the Heidelberg Catechism," *Mid-America Journal of Theology* 17 (2006), 219; 이상은, "하이델베르크 요리문답의 성령론, 그 윤리적 함의," 285-98.
41   Hyde, "The Holy Spirit in the Heidelberg Catechism," 225; J. van Vliet, "Experiencing Our Only Comfort: A Post-Reformation Refocus in the Heidelberg Catechism," *Puritan Reformed Journal* 6/2 (2014), 163.

참을 간파하고(HC 3) 자신의 은사를 활용하여 남의 유익과 복을 위해 사랑으로 섬길 것이다(HC 4, 55).⁴² 성령은 모든 율법의 요약이자 성령의 열매인 사랑을 실천하여 맺도록 하나님 나라 백성의 삶을 선교적 방향으로 인도하신다(갈 5:14-18, 21; 요일 4:9). 그리고 성령은 하나님의 자녀가 서로 사랑하여 주님의 명령을 즐거이 준행하도록 도우신다(요일 5:2-3).⁴³

HC 117문은 주기도문을 해설하는 서론인데, 증거 구절로 로마서 8장 26절의 탄식하며 성도의 기도를 도우시는 성령님을 언급한다. 이처럼 기도의 영이신 성령은 선교적 교회를 도우신다. 성도는 감사의 가장 중요한 부분(HC 116)인 기도를 하나님을 경외함, 겸손 그리고 소망으로 해야 한다. 그리고 고난 중에 있는 이웃을 사랑으로 돌보려는 마음으로 기도해야 하는데, 이런 기도로 빚어지는 사람은 선교적 교회로 살 수 있다.⁴⁴

교회는 예수님의 재림 때까지 구원의 은혜에 자원하여 기꺼이 감사하며 적극적으로 선을 행해야 하지만 실패한다. 이때 HC의 세 주제인 '비참, 구원, 감사'를 기억한다면, 하나님께서는 사랑하는 데 실패한 자기 백성을 비참에서 다시 건져주실 것이다. 승천하신 예수님은 재림 때까지, 모든 원수를 자신의 발아래에 복종시키고 계시므로, 교회는 승리의 종말론을 굳게 붙잡아야 한다(참고. HC 123문답의 증거구절인 고전 15:28).⁴⁵

4. HC의 십계명 해설의 공공선교신학적 함의

신앙고백의 필수적인 세 내용은 사도신경, 십계명, 주기도문이다. 이 셋은 각각 구원에 이르는 믿음, 그리스도인의 생활 표준에 대한 사랑, 기도하면서

---

42   D. Mashau, "John Calvin's Theology of the Charismata: Its Influence on the Reformed Confessions and Its Implications for the Church's Mission," *Missionalia* 36/1 (2008), 93-94.
43   G. Meilaender, "The Decalogue as the Law of Christ," *Pro Ecclesia* 27/3 (2018), 343.
44   A. Verhey, "Prayer and the Moral Life according to the Heidelberg Catechism," *Reformed Review* 48/1 (1994), 32-33.
45   G. I. Williamson, 『하이델베르그 요리문답 해설』(*The Heidelberg Catechism: A Study Guide*), 이길호 역 (서울: 도서출판베다니, 1995), 284.

얻는 소망에 상응한다(고전 13:13).[46]

HC 92-115문답에 나타난 십계명 해설의 요지는 비참에서 구원의 은혜를 받은 사람이 하나님과 이웃을 사랑하며 감사히 지켜야 할 윤리다. 이미 HC 4문은 율법이 요구하는 바는 하나님, 나 그리고 언약공동체(그리고 피조물)의 삼각형 관계 속에서의 사랑 실천이라고 미리 밝힌 바 있다.[47]

HC가 십계명을 제유법(synecdoche)으로 종종 설명하는 것에 주목해야 하는데, 이것은 HC가 십계명을 준수하도록 제시하는 몇 가지 방안이 전부가 아니라는 의미다.[48] 따라서, 십계명의 각 계명은 돋보기처럼 그리스도 안에서 새 사람이 된 구원론에 입각한, 사랑의 동기에서 나온 적극적이고 풍성한 의무론적 윤리(deontology)를 지지한다. 십계명 해석의 출발점과 목표는 사랑인데, 하나님을 사랑하는 것이 사람을 사랑하는 것보다 우선한다.[49]

제1계명은 모든 우상 숭배와 마술, 미신적 주문, 성인이나 다른 피조물에 대한 기도를 금한다(HC 94). 그런데 HC 94문은 부정적인 명령으로 마치지 않고 긍정적인 명령, 즉 참 되신 한 분 하나님만 바르게 알고 신뢰하고 경외하고 영화롭게 하라고 설명한다. 이처럼 부정적 명령에서 긍정적 명령으로의 전환은 제6계명과 제9계명 그리고 제10계명 해설에도 나타난다(HC 105-107, 112-113).

HC의 포괄적인 해설 방식을 염두에 두고, 폴스터(J. M. Vorster)는 제1계명이 천연 자원이나 약자를 착취하는 자본주의, 쾌락주의, 사람을 파괴하고 비인간화하는 국가사회주의와 같은 이데올로기 숭배 등을 포괄적으로 금하는 것으로 보면서 그리스도인의 공적인 사회 윤리를 찾는 방식으로 넓게 해석하고 적용한다.[50] 제1계명을 비롯하여 십계명은 2인칭 단수 '너'에게 명령하므로 개인의 책임성이 무너지면 사회 윤리는 실패로 돌아감을 교훈한다.[51] 다시 말해, 십계명을 성취하신 예수님 안에서 개별 그리스도인은 자유의 헌장으로

---

46   유해무·김헌수, 『하이델베르크 요리문답의 역사와 신학』 (서울: 성약, 2006), 206.
47   Vorster, "'N Etiek van Liefde," 2-3.
48   J. Douma, *The Ten Commandments: Manual for the Christian Life* (Phillipsburg: P&R, 1996), 12.
49   Douma, *The Ten Commandments*, 12.
50   Vorster, "'N Etiek van Liefde," 4.
51   Douma, *The Ten Commandments*, 10.

삼아 감사함으로 실천해야 한다.

'하나님의 이름'은 피조물을 향하여 사랑과 은혜를 베푸시는 하나님을 가리키므로(요일 4:16), 그리스도인의 사랑 없는 언행은 하나님의 본질적 속성인 사랑과 그분의 영광을 거스르므로 제3계명을 어기는 것이며(HC 99-100).[52] 하나님의 형상인 사람(신자, 불신자)을 모욕하는 것도 제3계명을 어긴다(약 3:9).[53]

HC 103문은 제4계명을 해설하면서 먼저 공예배를 강조한 후에 가난한 자들에게 기독교적 자비를 행할 것을 촉구한다(고전 16:2). HC 103문에서 기독교적 자비 시행의 증거 구절인 고린도전서 16장 2절은 고린도 교회가 모교회인 예루살렘 교회를 돕는 내용이다. 따라서, 제4계명은 교회의 사회적 구제 활동을 배제하지 않지만, 연보를 통한 교회들 간의 연합이라는 공교회성을 강조한다. 제4계명은 한 주간의 첫날인 주일에 성령 충만한 예배를 드린다면, 주중의 일상생활을 부지런히 감당하여 이웃을 섬기며 살 수 있다는 사회·윤리·선교적 함의를 표현한다.[54]

그런데 제1-4계명은 종교적이고 수직적인 계명이며, 제5-10계명은 수평적이고 사회-윤리적인 계명인가?

제5-10계명도 하나님으로부터 온 계명들이므로, 이웃을 향한 계명을 어기는 것은 그 계명을 주신 하나님에게 불순종하는 것이 된다. 출애굽한 이스라엘 백성에게 세속적 영역이란 없다.[55] 교회당 안과 주일이라는 종교적 의미와 교회당 밖과 주중이라는 사회·윤리적 의미를 날카롭게 구분할 수 없다. 기독교 역사를 보면, 교회의 직분자들과 헌신적인 그리스도인은 주일에 병자와 약자와 갇힌 자를 찾아 위로하고 섬기는 데 헌신했다.[56] 이런 의미에서 안식일 규정은 복음의 열매를 맺기 위해서, 즉 선교 명령을 수행하기 위해 주어졌다고 보아도 무방하다.[57]

---

52 Vorster, "'N Etiek van Liefde," 5.
53 Vorster, "'N Etiek van Liefde," 5.
54 Vorster, "'N Etiek van Liefde," 5.
55 P. Enns, *Exodus* (Grand Rapids: Zondervan, 2000), 419-20.
56 E. P. Clowney, 『예수님은 십계명을 어떻게 해석하셨는가?』 (*How Jesus transforms the Ten Commandment*), 신호섭 역 (서울: 크리스찬출판사, 2008), 99.
57 Clowney, 『예수님은 십계명을 어떻게 해석하셨는가?』, 99.

제5계명은 다시 제유법을 통해 부모, 곧 모든 권세자에게 존경과 사랑을 보일 것을 강조한다. 모든 권세는 하나님께서 세우셨기에(롬 13:1), 그리스도인이 권세에 순종하는 것은 사회의 안정과 공동선의 촉진을 위해 중요하다.[58]

제6계명 해설도 제유법을 통해 사랑의 윤리를 설명한다(HC 105-107). 따라서, 제6계명이 금하는 살인은 모든 폭력적 행위와 자살 등을 가리킨다. 제6계명을 설명하는 HC 107문은 "우리가 우리 이웃을 자기 자신처럼 사랑하여, 인내와 화평과 온유와 자비와 친절을 보이고, 우리가 할 수 있는 한 그들을 해악으로부터 보호하며, 심지어 원수에게도 선을 행하라고 하셨습니다"라고 밝힌다. 그리스도인은 적극적인 선행으로 이웃의 생명을 보호해야 한다. 그러므로 사람의 건강과 생명을 위협하는 격투기나 위험한 레저 활동은 제6계명을 범할 수 있다.[59] HC 107문은 이웃의 범위를 원수에게로 확대하면서, 마태복음 5장 44-45절과 로마서 12장 20-21절을 적절히 근거 구절로 제시한다.

HC 108문은 제7계명을 제유법을 통해 설명하는데, 성령의 전인 성도가 부부 관계는 물론 모든 삶에서 언행심사에 있어 바르고 순결한 삶을 강조한다(살전 4:3-5; 히 13:4). 불신자도 부부 관계를 해치는 행위를 부도덕하게 간주할 뿐 아니라, 건강한 사회를 위한 기초 단위인 가정을 파괴하는 반사회적인 범죄로 이해한다. 그리스도인은 하나님을 증인 삼아 사랑의 언약으로 맺어진 가정을 사회의 가장 작은 단위로 이해하기에, 간통은 가정은 물론 사회를 파괴하는 행위라고 언약신학적이면서도 사회적인 맥락에서 파악한다.[60] 그러므로 그리스도인이 제7계명을 준수할 때 불신자와 협력함으로써 건강한 가정을 보존하여 사회의 공동선을 추구할 수 있다.

종말의 은사이신 성령께서는 진리와 정의의 영이시다. 성령의 전인 그리스도인의 감사 행위는 하나님의 은덕에 대한 시인과 고백이라 할 수 있는 '진실한 자세' 그리고 자신이 받은 은덕과 동등한 감사를 하나님에게 순종과 선행으로써 되돌려드리는 '정의의 실천'을 포함한다.[61]

58　Vorster, "'N Etiek van Liefde," 6.
59　P. J. de Bruyn, *The Ten Commandments* (Pretoria: Varia Publishers, 1993), 147.
60　C. J. H. Wright, "The Israelite Household and the Decalogue: The Social Background and Significance of Some Commandments," *Tyndale Bulletin* 30 (1979), 123-24.
61　Ursinus, 『하이델베르크 요리문답해설』, 737.

제8계명과 관련하여 성령님은 성도에게 경제 정의를 구현하도록 지혜와 힘을 주신다. 제8계명은 탐욕에서 나오는 고리대금, 사기, 부패 도박과 같은 도둑질을 금하며, 청지기로서 정당한 노동과 소득을 긍정하고, 빈자를 적극 돌볼 것도 명한다(HC 110-111).[62] 도둑질은 남의 경제적인 이익에 손실을 가하는 사회적 차원을 넘어, 하나님께서 주신 기업과 복을 파괴한다는 언약신학적 의미도 가진다.[63]

성도는 도둑질을 멈춤으로써 새 언약의 동료를 향한 하나님의 복을 귀하게 여길 수 있다. 그리고 언약 밖의 사람들과 더불어 살아가는 그리스도인이 제8계명을 지키기 위해, 빌린 돈을 성실하게 갚지 않음, 합법성을 가장한 부정과 위조 행위, 중독에 빠트리는 도박 산업, 청탁성 및 선심성 뇌물 그리고 고리대금과 같이 사회의 공공선을 파괴하는 행위도 거부해야 한다.[64] 남을 억압하고 약탈하고 부정을 행하는 것은 사회-윤리적 함의를 강하게 담은 열 번째 계명을 어기는 것이기도 하다(HC 113).[65]

'천국의 환전상'과 같은 그리스도인이 제8계명을 적극적으로 준수하려면 열심히 일하여 이웃의 빈자를 긍휼히 여기며 구제해야 한다(참고. 마르틴 부처의 교리문답[1537] 중 제8계명 해설).[66] 다우마(J. Douma)는 HC보다 더 강한 공공적 어조로 제8계명을 사회 부정의(social injustice)와 직결시킨다. 이를 위해, 다우마는 약자의 토지와 주택과 재산을 강탈한 권력자들의 범죄를 고발하는 성경 본문(사 5:8; 렘 22:13-17; 암 8:4-6; 합 2:9-12; 마 23:14; 약 2:7; 5:4), 안식년 제도와 추수 때 약자를 위해서 남겨두어야 했던 곡식과 빈자를 향한 구제를 근거로 제시한다(출 23:11; 레 19:10; 신 15:4-5, 8).[67]

---

62 J. M. Vorster, "'N Etiek van Liefde: Die Etiese Perspektiewe van die Heidelbergse Kategismus," *In die Skriflig* 47/2 (2013), 7.
63 Wright, "The Israelite Household and the Decalogue," 112.
64 De Bruyn, *The Ten Commandments*, 234.
65 Vorster, "'N Etiek van Liefde," 8. 참고로 제8계명을 기득권 계층이 낮은 계층의 사람들을 착취한 사회적 행태를 넘어, 양육강식 방식에 따른 제국주의의 횡포로까지 확대 적용한 경우는 김홍전, 『십계명 강해』(서울: 성약, 1996), 200-205를 보라.
66 참고. 최준혁, "마르틴 부처의 요리문답 연구," 166-67.
67 Douma, *The Ten Commandments*, 290-91.

여기서 놓치지 말아야 할 사항은 HC 110문답이 십계명을 준수하는 방법을 적극적으로 제안한다는 사실이다. 다시 말해, 그리스도인이 도둑질하지 말라는 부정적 명령을 능동적으로 준수하려면, 자신이 받은 은사들을 무익하게 낭비하지 않고 선교적 자세로 적극 활용해야 한다(벧전 4:10).[68] 그리스도인이 사회 속에서 공공선교적으로 제8계명을 실천할 때, 관련 법률을 만들고 개정하여 개혁을 시도해야 하지만, 먼저 그 계명의 정신을 이웃과의 삶에서 형제애로 실천하여 하나님 나라를 현시하는 것이 중요하다.[69]

HC 112문 제9계명의 공공선교적 메시지는 거짓 증언, 남의 말을 왜곡함, 남을 험담하거나 중상하거나 정죄하거나 속이는 행위를 금하므로, 다른 계명들과 마찬가지로 매우 강한 사회 윤리를 가르친다. HC 123문은 그리스도인이 거짓의 아비인 사탄에 맞설 것을 강조한다(요 8:44). 새 사람을 옷 입은 바울은 자신이 거짓말쟁이가 아님을 하나님께 호소했듯이(고후 11:31), 예수 그리스도를 옷 입은 새 사람은 옛 사람의 습성인 거짓말을 경계해야 한다(골 3:9).[70]

HC 113문의 제10계명과 관련하여, 중보자 예수님을 통하여 의, 곧 회복된 관계를 선물로 받은 그리스도인은 이웃에 대한 약탈과 부정을 일삼지 않고 적극적으로 사회·윤리적 실천으로 발전시켜야 한다(시 82:3; 렘 22:17; 암 5:7-13). 그리스도인은 경제·사회·정치적 정의를 위한 공적 역할을 수행해야 한다.[71] 한 예로, 오늘날 그리스도인은 가난을 심화시키는 정당이나 정의의 원칙을 존중하지 않는 정치 체계를 지지하지 않도록 주의해야 한다.[72]

십계명은 '그리스도의 법'이다(갈 6:2). 그렇다면 제10계명에서 언급하는 이웃의 정체는 HC의 강한 기독론적 특성을 감안할 때, 예수님께서 내리신 정의에 달려있다. 예수님은 산상설교에서 사랑해야 할 이웃의 범위에 심지어 원수를 포함하셨다(마 5:43-48). 이 사실은 제6계명을 설명한 HC 107문에서 이미 확인한 바 있다. 따라서, 한 사람의 사회적 영역과 윤리적 책무는 애정과

---

68 HC 112문의 은사 낭비를 금하는 증거 본문은 잠 5:16인데, 그 구절은 부부의 성적 정절을 가르치므로 적절한 본문이라고 보기 어렵다.
69 김홍전, 『십계명 강해』, 209-210.
70 L. Novakovic, "The Decalogue in the New Testament," *Perspectives in Religious Studies* 35/4 (2008), 385.
71 Vorster, "'N Etiek van Liefde." 8.
72 Vorster, "'N Etiek van Liefde." 9.

신앙을 공유하는 사람들을 넘어서서 확장된다.[73] 하나님께서 일반은총인 햇빛과 비를 불신자들에게도 내려주시듯이(마 5:45), 성도는 불신자들과 원수에 해당하는 사람들의 존엄과 소유까지 존중할 수 있어야 한다.

HC의 십계명 해설을 통해 그 누구도 삼위 하나님의 구원의 은덕을 입지 않거나 그리스도와 연합되지 않는 한 하나님의 계명을 지키거나 선행으로 그분께 영광을 드릴 수 없음을 알 수 있다.[74] 환언하면, 예수 그리스도 안에서 자신을 계시하신 아버지 하나님의 구원의 은덕을 기억해야만 그리스도인은 십계명을 마음과 뜻과 목숨을 다해 감사하며 준행할 수 있다.[75]

이 사실은 십계명을 기독교 교리문답 안에 처음으로 조직적으로 풀어낸 어거스틴이 십계명을 신랑 예수님이 자신이 사랑하는 신부 교회에게 준 사랑의 선물이자 아름다운 찬송을 연주하는 열 줄 비파와 같다고 소개한 것과 잘 부합한다(시 144:9).[76] 그리고 HC가 십계명을 해설하는 원칙은 그리스도인은 각 계명을 준수할 때, 무엇보다 더욱 더 하나님을 경외하고 사랑하고 신뢰해야 한다고 반복하여 강조한 루터의 입장과도 조화된다.[77]

그리스도인이 교회당 안팎에서 하나님의 영광과 이웃을 전도하기 위해 십계명을 즐거이 지킨다면, 불신자들은 어떻게, 그리고 무슨 이유로 그렇게 실천하며 살 수 있는지 물어올 것이다(벧전 3:15). 십계명은 출애굽한 개인에게 주어진 언약적 삶의 지침서라기보다, 언약 백성 전체에게 주어진 공동체적 말씀이라는 사실을 먼저 기억할 필요가 있다. 마찬가지로, 예수님 안에서 새로운 출애굽을 경험하여 생사 간에 위로를 받으며 사는 보편교회가 하나님의 영광을 위하여 그리고 이웃의 선교를 위해 협력한다면 불신자들보다 더 탁월하게 공동선을 추구할 수 있으며, 그들과 적절히 연대할 수도 있다(고후 1:4).

HC는 "이 사실은 당신에게 어떤 유익/위로를 줍니까?"라고 여러 차례 묻는다(HC 36, 49, 52, 56, 57, 58 등). 결국, HC는 이웃과 세상에 유익을 줄 수 있

73　Novakovic, "The Decalogue in the New Testament," 386.
74　Enns, *Exodus*, 432.
75　Douma, *The Ten Commandments*, 353.
76　참고. C. E. Braaten and C. R. Seitz (ed), *I am the Lord Your God: Christian Reflections on the Ten Commandments* (Grand Rapids: Eerdmans, 2005), 250-51.
77　참고. Braaten and Seitz (ed), *I am the Lord Your God*, 251-52.

는 공적 신앙인을 양육하려는 데 목적을 둔다고 말해도 무방하다. 이런 선행은 구원을 위한 조건이 아니라 구원의 은혜에 대한 결과다(HC 86).

HC가 작성될 당시에 그리스도인의 선행은 뜨거운 감자였다. 당시 천주교의 주장과 유사하게, 지난 세기 중하순 경에 본격화한 바울의 새 관점주의자들은 시초 칭의가 최종 칭의로 이어지지 않을 수 있다고 주장하면서 선행을 매우 강조한다. 그러나 최종 구원에서 탈락할 수 있다는 주장은 HC의 주장에서 이탈할 뿐 아니라, 기독교인의 선행을 장려하는 해결책으로는 역부족이며 지옥 형벌의 두려움을 상기시키고 조장할 뿐이다.

그런데 HC가 비판의 대상으로 염두에 두었던 천주교는 오늘날 『교회헌법』 제795조의 참된 교육에서 사회의 공동선을 추구하도록 교육해야 한다는 점을 빠트리지 않는다.

> 인간의 최종 목적과 동시에 사회의 공동선을 지향하는 온전한 인격 양성(전인 교육)을 추구하여야 하므로, 어린이들과 젊은이들이 신체적, 윤리적 및 지성적 자질을 조화 있게 계발할 수 있고 더 완벽한 책임감과 자유의 올바른 사용을 터득하며 사회생활에 능동적으로 참여하게 되도록 육성되어야 한다.[78]

이 조항은 교회당 밖과 주중에 선교적 교회로서 제 기능을 하지 못하고 공동선이 미흡하다고 평가받는 개신교회를 분발하도록 자극한다.

HC는 인간 자신과 사회가 초래하는 비참에 관하여 정확히 분석하고 설명하는데, 십계명 해설은 개별 그리스도인의 윤리 실천을 포함하지만 그 이상이다. 그리하여 HC는 정치, 법률, 도덕 그리고 종교적 한계와 비참에 처한 사람들에게, 종교적·도덕적·정치적 저항을 위한 기독교의 모델이 되기도 했다. 예를 들어, 독일의 국가사회주의에 저항한 바르멘 선언문(1934)과 남아공의 아파르트헤이트에 저항한 벨하신앙고백서(1986)는 HC의 중심 개념과 진술을 따랐다.[79]

---

78 한국 천주교 주교회의,『교회헌법』(https://cbck.or.kr/Documents/Canon, 2021년 9월 6일 접속).

79 Welker, "What Profit is the Reign of Christ to Us?" 283.

나오면서

HC의 공공선교적 메시지는 첫째로 유일한 중보자와 구원자로서 성부의 구원과 선교를 성취하신 온 교회적이며 만유적 정체성을 가지신 예수 그리스도를 강조하는 기독론에 나타난다. 그리고 공공선교적 교훈은 생사 간에 유일한 위로를 예수 그리스도에게 두면서 감사의 열매를 맺기 위해 삼직분을 수행해야 하는 선교적 교회론을 통해서 확인된다. 또한, 성도는 주님의 원수를 재림 때까지 자신의 대적으로 간주하여 싸우고 성령의 권능으로 선교적 소명(missional calling)을 수행함으로써, 결국 최후 심판대에 기쁘게 설 수 있어야 한다는 종말론 해설에서 확인할 수 있다.

공공선교적 교훈은 HC의 십계명 해설에서 가장 선명하다. 그것은 새 언약 백성인 공교회가 하나님의 영광을 위해 그리고 하나님의 계명을 따라 사랑과 돌봄의 선행과 의무를 수행하는 하나님 나라의 공공선교적 윤리다.

HC는 하나님의 선교에 감사함으로 동참해야 하는 선교적 공교회를 비중있게 가르치므로, 한 개인이나 지 교회에 국한하지 않고 하나님 백성의 사회 윤리적 교훈을 여러 문답에서 강조한다. 물론, HC에는 오늘날 기독교윤리학자들의 적극적인 공공선교적 해석과 적용에는 미치지 못하는 측면이 있지만, 이 교리문답서가 약 460년 전의 상황 속에서 결코 신앙의 사사화나 내면화 그리고 개교회 중심주의를 조장하지 않았음은 분명하다.

HC가 작성될 당시에 생사간에 완전한 위로를 요청했던 상황은 유럽을 강타한 흑사병과 잦은 전쟁, 개신교와 가톨릭의 종교 갈등 그리고 개신교 안의 분열 등이었다. 그런 곤경들은 오늘날도 유사하게 재현되고 있으며, 주님께서 재림하시기까지 사람과 만물의 피곤함은 계속될 것은 분명하다. HC의 배경이 되던 상황과 오늘날의 상황을 적절히 고려한다면, HC의 의미를 존중하면서 현대에 적실하게 적용할 수 있다. 오늘날 그리스도인은 생사간의 유일한 위로자이신 예수 그리스도의 사랑과 생명을 가난과 죄와 비참에 빠져있는 교회당 안팎의 이웃에게 적극 증언해야 한다.

코로나19 시대에 성도는 물론 불신자들도 위로를 갈망한다. 그런데 많은 사람은 비트코인이나 부동산 투기와 같은 데서 위로를 찾는 불상사가 벌어지고 있다. 더욱이 안타깝게도 많은 불신자는 교회를 신뢰하지 않고, 교회로부터 위로를 기대하지 않는다. 그런 차제에 HC가 제시하는 따뜻한 공공선교적 메시지는 한국 교회가 많이 상실해버린 공교회성과 대사회적 공공성을 회복하는 데 중요한 지침이 된다.

　HC가 전 세계 교회에 오랫동안 사랑을 받아온 이유는 성경에 충실한 위로의 메시지를 따뜻한 목회적 돌봄을 위해 풀어내었기 때문이다. 그럼에도 이 교리문답서가 개혁교회로부터 점점 외면을 받는 현실은 안타깝다. HC를 가르치거나 설교할 때, 오늘날에도 여전히 유효하고 적실한 내용과 적용을 발견하려는 적극적인 시도가 필요하다. 성경은 하나님의 선교를 통하여 세상을 천국으로 변혁시키는 하나님 중심의 그랜드 내러티브다. 그렇다면 성경을 요약한 HC를 비롯하여 역사적 신앙고백서를 공공선교적 관점으로 읽는 시도는 타당하다. 현대 교회가 수 백 년 전의 신앙고백서라는 유산을 반복하는 데 그치지 말고, 그것을 신학과 신앙의 길동무로 삼아 다시 해석하고 적용하는 시도를 게을리하지 말아야 한다.

　개혁교회는 교리문답이나 신앙고백서를 연역적인 질문과 대답이라는 전통적 방식을 넘어, 귀납적 학습법과 찬송가에 담아 전수하려고 노력해 왔다.[80] HC의 공공선교적 함의를 가사와 선율에 적절하게 담아낼 수 있다면, 현대 교회는 '오래된 새것'을 향유할 수 있다. 앞에서 살핀 기독론, 교회론, 종말론 그리고 십계명 해설의 공공선교적 의미를 각각 한 절씩 총 4절에 걸친 가사에 담되, 한국인의 정서에 익숙하면서도 공예배에 사용하기 적합한 선율로 표현하기를 제안한다.[81]

80　유현철, "하이델베르크 요리문답의 효과적인 적용연구," 47; R. Sherman, "The Catechetical Function of Reformed Hymnody," *Scottish Journal of Theology* 55/1 (2002), 79-99.
81　하이델베르크 교리문답의 공공선교적 찬송가:
　1절) 온 교회와 만유의 창조주와 머리이신 예수님은 우리의 유일한 중보자요 구원자이시네
　2절) 생사 간에 구원과 위로를 받는 제사장 나라여 우리 주님께 영광을 돌리며 선을 행하세
　3절) 성령께서 선행의 마음과 능력을 우리에게 주시니 주님의 다시 오실 날 기뻐 준비하세
　4절) 그리스도 안에 있는 우리에게 언약의 십계명은 가볍고 즐거운 하나님 나라 복음일세
　후렴) 선교적 교회여, 위로의 하나님께 큰 영광을 드리고 온 세상에는 위로를 보내세 아멘

제4장

신약성경에서 본 벨하신앙고백서[1]

들어가면서

남아프리카공화국(이하 남아공)에서 가장 큰 트라우마로 남은 오욕(汚辱)의 역사는 인종 차별 정책인 아파르트헤이트다. 아프리카너(Afrikaaner) 정권과 거짓 복음인 아파르트헤이트 신학은 아파르트헤이트를 지지했는데, 그런 인종 차별은 역사적으로 영국제국주의의 잔재이기도 하다.

이에 맞서 등장한 개혁교회의 신앙고백은 '벨하신앙고백서'(Die Belydenis van Belhar; 이하 BB)이다. 1982년 10월 6일 케이프타운 교외의 벨하(Belhar)에서 열린 남아공화란선교교회(1881년 설립, 이하 DRMC)총회가 초안으로 채택한 신앙고백서다. 인종 차별의 가장 어두운 시기에 등장한 BB는 세계 개혁교회에서 약 300년 만에 다시 등장한 신앙고백서이자, 근대 이후 아프리카 대륙에서 처음 작성된 고백서라는 점에서 역사적 의의가 있다.[2]

BB는 남아공의 인종 차별을 반대하는 점에서 비슷한 시기에 작성된 카이로스 문서(Kairos Document, 1985)와 흡사하다. BB 작성자들에게 1982년은 '진리와 카이로스의 순간'이었다.[3]

그런데 아직까지 BB가 증거 구절로 언급한 신약 본문 43개에 대한 주석적 평가는 찾아볼 수 없다. 본 장은 BB의 역사 그리고 내용에 대한 담론 분석, (2) BB의 신학, 신약성경에서 본 BB의 일치, 화해, 정의의 개념, BB의 한국 상황

---

1 이 글은 『신약연구』 22/1 (2023), 140-76에 실렸으며, 『신약연구』 편집위원회의 허락을 받아 사용한다.
2 A. A. Boesak, "To stand where God stands: Reflections on the Confession of Belhar after 25 Years," *Studia Historiae Ecclesiasticae* 34/1 (2008), 144.
3 Boesak, "To stand where God stands," 144.

에 적용을 차례로 연구한다.

모든 종류의 차별에 맞서 일치와 화해 그리고 하나님의 정의를 천명한 BB가 신약성경의 가르침을 어떻게 담아내는지를 분석하고 평가한다면, 한국 교회와 사회가 겪고 있는 분열과 갈등을 치유하는 데 교훈을 얻을 수 있을 것이다.

1. 벨하신앙고백서의 역사 그리고 내용에 대한 담론 분석

1) 벨하신앙고백서의 출현과 세계 교회의 반응

네덜란드인이 남아공에 첫발을 디딘 1652년에 남아공화란개혁교회(Dutch Rreformed Church, 이하 DRC)가 출범했는데, 모(母)교회는 화란의 개혁교회였다. 남아공에서 인종 차별 정책이 절정으로 치닫던 1982년, 웨스턴케이프대학교 교수 스미트(D. J. Smit)와 남아공의 혼혈인 신학자이자 세계개혁교회연맹(WARC)의 회장 부삭(A. A. Boesak) 등이 주도하여 BB의 초안을 아프리칸스(Afrikaans)로 작성했다.[4] 1986년 9월 26일 부삭이 소속된 DRMC 총회는 투표에 부쳐, 압도적인 지지로(찬성 400, 반대 71) BB를 그 교파의 네 번째 신앙고백서로 채택했다.

1994년 4월 14일에 흑인 중심의 아프리카화란개혁교회(DRCA, 1963년에 설립)와 혼혈인 중심의 DRMC가 통합하여 설립된 남아공연합개혁교회(URCSA, 이하 URCSA)는 즉시 BB를 채택했다.[5] DRC가 나미비아에 설립한 복음주의개혁교회(ERCA, 1975년 설립)가 URCSA와 1997년에 통합되면서 BB를 채택했고, 그 이듬해 벨기에연합개신교회(VPK)도 신앙고백으로 채택했다. 이와 비슷한 시기에 독일 북서 지방과 바이에른의 복음주의개혁교회(ERK)와 개혁교

---

4 L. J. Modise, "The Unification Process in the Dutch Reformed Church (DRC) Family and United Reformed Church in Southern Africa (URCSA): The Confessional Basis of the Belhar Confession," *Studia Historiae Ecclesiasticae* 42/2 (2016), 33.

5 J. C. Adonis, "The History of Belhar," *NGTT* 47/1-2 (2006), 237.

회연맹(RB)은 URCSA와의 '공식협력문서'로 BB를 채택했다.[6]

미국의 장로교회와 개혁교회도 BB에 적지 않은 관심을 보였는데, 미국에서 현재 진행형인 흑백 갈등에 대한 경각심 때문으로 추정된다. 1980년대 중순부터 URCSA와 협력을 해오던 미국개혁교회(이하 RCA)는 2010년 총회에서, 미국장로교회(PCUSA)는 2016년 총회에서 BB를 각각 채택했다.[7] 북미개혁교회(이하 CRCNA)는 2012년에 세 일치신조(하이델베르크 교리문답, 벨직 신앙고백서, 도르트 신경)와 동등하지 않은 '에큐메니컬 신앙 선언'(Ecumenical Faith Declaration)으로 BB를 채택했다가, 2017년에 '현대 증언'(modern testimony)으로 이름을 바꾸었으며, 묵상(QT)을 위해 활용하고 있다.[8]

남아공과 같은 남반구에 위치한 뉴질랜드의 경우, 백인교회와 마오리인교회 간의 인종 및 문화적 경계를 넘어서기 위해서 BB의 통찰을 비평적으로 적용해야 한다는 제안이 있다.[9] DRC는 1911년에 나이지리아에 선교사들을 파송하여 인종 분리 정책에 따른 선교활동을 전개했다가 인종 간 분쟁을 초래했는데, 인종을 따라 설립된 개혁교회들(NKST, CRCN, RCCN)도 BB의 정신을 따라 가시적인 연합을 이루려고 시도하고 있다.[10] 남아공을 넘어 아프리카, 유럽, 미국, 오세아니아의 교회들이 BB에 호응하고 있다.

DRC와 URCSA는 자매 교파로, 두 교파의 대표들은 2006년에 요하네스버그의 에셀렌파크(Esselenpark)에서 교단 통합을 위한 회의를 성공적으로 개최했지만, 실제적인 합의를 도출하는 데는 실패했다.[11]

---

6   P. Naudé, "Confessing the One Faith: Theological Resonance between the Creed of Nicea (325 A.D.) and the Confession of Belhar (1982 A.D.)," *Scriptura* 85 (2004), 42; D. J. Smit, "Oor die Teologiese Inhoud van die Belydenis van Belhar," *Acta Theologica* 32/2 (2012), 197.

7   A. J. Janssen, "Confessing Belhar in America," *Journal of Reformed Theology* 1/2 (2007), 198; R. J. Feenstra, "The Belhar Confession for North America," *Perspectives* 23/5 (2008), 9-11.

8   R. Smith, M. J. Hofman, and K. Vandergrift, *From the Heart of God: Thirty Devotional Readings on the Belhar Confession* (Grand Rapids: Faith Alive Christian Resources, 2010). 참고로 칼빈신학교의 John Cooper와 PCUSA의 Peter Borgdorff는 CRCNA의 교단지 The Banner에 BB의 신앙고백서로서의 가치를 두고 논쟁을 벌였다(2010년 11월; 2011년 5월).

9   P. Naude and D. Pratt, "South speaks to South: A New Zealand Response to the *Kerygma* of Belhar," *NGTT* 44/3-4 (2003), 429-32.

10 G. I. Akper, "Belhar beyond Southern Africa: A Nigerian Reformed Perspective," *Journal of Theology for Southern Africa* 135 (2009), 9-13, 21.

11 H. van der Westhuizen, "The Reception of Belhar in the Dutch Reformed Church," *Studia Historiae Ecclesiasticae* 45/3 (2019), 6-11.

이런 와중에서 URCSA와 교단을 통합하기 원하는 DRC의 남부 및 서부 케이프노회는 2011년 5월에 BB를 공식적인 네 번째 신앙고백서로 채택했다. 그리고 2011년 10월 DRC 총회는 90퍼센트 이상의 찬성으로 신앙고백의 기초의 일부로 BB를 수용했지만, 전체 10노회의 3분의 2 이상의 찬성을 이끌어내는 데 실패했다.[12] 그후 2015년 DRC 총회에서 그 교단이 새롭게 표방한 선교적 교회(missional church)에 따라, 화해와 평화 그리고 공공선을 통한 선교를 중요하게 여기며 흑인과 백인이 평화롭게 공존해야 할 다음 세대를 배려해야 한다는 목소리가 컸다.

하지만, BB에 담긴 흑인신학과 해방신학에 대한 문제 제기와 아파르트헤이트 신학의 오류를 반성하지 않는 DRC 회원들의 목소리도 만만하지 않았다.[13] DRC가 BB를 수용한다면, 자신들이 아파르트헤이트라는 이단 신학을 만들어 정권의 어용 단체로 활동한 죄를 시인하는 격이므로 주저하고 있다.[14] 여전히 BB는 DRC와 URCSA의 통합에 걸림돌로 작용하고 있다.

2) 벨하신앙고백서의 담론 분석

BB를 하나의 담론으로 볼 때, BB의 한글 번역본은 아래와 같다.[15]

1. 우리는 아버지, 아들, 성령이신 삼위일체 하나님을 믿습니다. 그는 말씀과 성령으로 교회를 모으시고 보호하시고 돌보십니다. 하나님은 세상의 시작부터 이 일을 해오셨고 세상 끝날까지 행하실 것입니다.[16]

---

12 DRC 교회 질서 제44조에 따르면, 헌법 개정을 위하여 전체 노회의 3분의 2 이상의 동의가 필요하다. Modise, "The Unification Process in the Dutch Reformed Church (DRC) Family and United Reformed Church in Southern Africa (URCSA)," 36, 48.
13 Adonis, "The History of Belhar," 238-39; G. J. van Wyngaard, "The (Non) Acceptance of Belhar in the Dutch Reformed Church: Analysing Synodical Debates of 2011 and 2013," *Studia Historiae Ecclesiasticae* 45/3 (2019), 5-12.
14 아파르트헤이트를 지지한 DRC의 신약학자들이 성경을 오용한 내용은 송영목, "교회와 국가의 관계: 아파르트헤이트의 신약성경 해석을 중심으로," 『개혁논총』 51 (2020), 20-31을 보라.
15 한글판은 류호준 교수의 번역을 수정한 것이다. http://blog.daum.net/cleansingsam/17429324(2020년 9월 5일 접속).
16 DRC의 불평과 달리, BB의 1-2조는 하나님께서 빈자와 약자만 교회로 부르신다고 고백

2. 우리는 하나의 거룩하고 보편적인 기독교회와 온 인류로부터 불러내신 성도의 교제를 믿습니다.

  2.1. 우리는 그리스도의 화해 사역이 하나님과 서로에게 화해되어 온 신자들의 공동체로서 교회 안에 나타나신 바 되었음을 믿습니다(엡 2:11-22).[17]

  2.2. 그러므로 하나 됨은 예수 그리스도의 교회에게 주어진 선물이자 의무입니다. 또한, 하나님의 영의 일하심을 통해 묶는 힘이며 동시에 열렬하게 추구하고 찾아야 하는 실체입니다. 하나님의 백성은 이 하나 됨을 이루기 위해 지속적으로 세워져가야 합니다(엡 4:1-16).

  2.3. 이 하나 됨은 가시적이어야 합니다. 그러므로 세상이 사람들과 그룹들을 나누는 분리와 적대감과 증오가 그리스도께서 이미 정복하신 죄라는 것을 믿도록 해야 합니다. 따라서, 이 하나 됨을 위협하는 것이 어떤 것이든지 교회 안에 있어서는 안 되며 반드시 저항해야 합니다(요 17:20-23).

  2.4. 하나님의 백성의 이러한 하나 됨은 다양한 방식으로 나타나야 하고 적극적으로 활동적이어야 합니다. 우리가 서로 사랑하고, 서로가 공동체를 경험하고 실행하고 추구하고, 서로에게 유익하고 복이 되기 위해 자발적이고 즐거운 마음으로 우리 자신들을 내어 주고, 한 신앙을 공유하고, 한 소명을 지니고, 한 마음과 한 뜻을 품고, 한 하나님과 아버지를 모시고, 한 성령으로 채움을 입고, 한 세례를 받고, 한 떡을 먹고 한 잔을 마시고, 한 이름을 고백하고, 한 주님께 순종하고, 한 목적을 위해 일하고, 한 소망을 나누고, 함께 그리스도의 사랑의 높이와 너비와 깊이를 알게 되고, 함께 그리스도 분량과 새로운 인간됨에까지 세워지고, 함께 서로의 짐들을 알아 짊어짐으로 그리스도의 법을 성취하며, 서로를 권면하고 위로함으로써 우리가 서로를 필요로 하고 서로를 세워 주게 되고, 우리가 의를 위해 함께 고난을 당하고, 함께 기도하고, 이 세상에서 함께 하나님을 섬기고, 이 하나 됨을 위협하거나 방해하는 모든 것들에 대항하여 같이 함께 싸우는 것입니다(빌 2:1-5; 고전 12:4-31; 요 13:1-17; 고전 1:10-13; 엡 4:1-6; 엡 3:14-20; 고전 10:16-17; 고전 11:17-34; 갈 6:2; 고후 1:3-4).

하지 않는다. M. Laubscher, "Belhar, Liturgy and Life?" *Studia Historiae Ecclesiasticae* 45/3 (2019), 5.

17 BB에 대번호만 있고(1, 2, 3, 4, 5) 소번호(2.1 등)는 없지만, 이 글에서 독자의 편의를 위해 추가한다.

2.5. 이 하나 됨은 강압적으로가 아니라 오직 자유 안에서만 수립될 수 있습니다. 다양한 영적 은사들, 기회들, 배경들, 확신들, 또한 다양한 언어와 문화는 그리스도 안에서 이루어진 화해 때문에 서로를 섬기기 위한 기회들이며 하나님의 가시적인 한 백성 안에 풍요가 됩니다(롬 12:3-8; 고전 12:1-11; 엡 4:7-13; 갈 3:27-28; 약 2:1-13).

2.6. 예수 그리스도에 대한 참된 믿음만이 이 교회의 지체가 될 수 있는 유일한 조건입니다.

2.7. 그러므로 우리는 자연적 다양성을 절대화하거나, 사람들을 (나누는) 죄악된 분리를 절대화하는 가르침들을 배격합니다. 이러한 절대화는 교회의 가시적이고 활동적인 하나 됨을 방해하거나 깨뜨리며 심지어 분리된 교회를 만들도록 인도합니다.

2.8. 한편으로는 동일한 고백을 하는 신자들이 실제로는 다양성이라는 미명 아래 서로에게서 소원(疏遠)하게 되어 더 이상 화해할 수 없는 지경에 있으면서도 말로는 이러한 영적 하나 됨은 평화의 결속 안에서만 진정으로 유지된다고 고백하는 그 어떠한 가르침도 우리는 배격합니다.

2.9. 값으로 매길 수 없는 이러한 가시적 하나 됨을 열렬하게 추구하기를 거절하는 것이 죄임을 부인하는 그 어떠한 가르침도 우리는 배격합니다.

2.10. 혈통적 혹은 어떠한 인간적 혹은 사회적 요소가 교회의 지체됨을 결정하는데 고려사항이 되어야 한다고 명시적으로든지 암시적으로든지 주장하는 그 어떠한 가르침도 우리는 배격합니다.

3. 우리는 믿습니다.[18]

3.1. 하나님은 예수 그리스도 안에서 그리고 그분을 통하여 교회에게 화해의 메시지를 위탁하셨음을 우리는 믿습니다. 또한, 우리는 교회가 세상의 소금과 세상의 빛으로 부르심을 받았다는 것을 믿습니다. 또한, 우리는 교회가 평화를 만드는 자이기 때문에 복이 있음을 믿습니다. 또한, 우리는 교회가 말과 행동을 통해 의가 거하는 새 하늘과 새 땅을 증언해야 함을 믿습니다(고후 5:17-

---

[18] 매 조마다 "우리는 믿습니다"(Ons glo)로 시작하고, 제 2-4조는 "우리는 배격합니다"(Daarom verwerp ons)로 마친다.

21; 마 5:13-16; 마 5:9; 벧후 3:13; 계 21-22).

3.2. 우리는 생명을 주시는 하나님의 말씀과 성령이 죄와 사망의 세력들을 이미 정복하셨으며, 따라서 불화와 증오와 비정함과 적대감의 세력들도 정복하셨음을 믿습니다. 우리는 생명을 주시는 하나님의 말씀과 성령이 교회로 하여금 사회와 세상을 위한 삶의 새로운 가능성들을 열어놓을 수 있는 새로운 순종 가운데 살게 하실 것을 믿습니다(엡 4:17-6:23; 롬 6; 골 1:9-14; 2:13-19; 3:1-4:6).

3.3. 우리는 이 메시지가 기독교인이라고 고백하면서도 인종적 근거에 의해 사람들을 강제적으로 나누어 소외와 증오와 적대감을 증진하고 영속화하는 땅에서 이 메시지의 신뢰성이 심각하게 영향을 받고 이 메시지가 주는 혜택의 사역이 방해를 받는다고 믿습니다.

3.4. 우리는 복음에 호소하면서 그러한 강요된 차별을 정당화하려 들고, 또 순종과 화해로 가는 길에 과감하게 나가지 못하고, 오히려 편견과 두려움과 이기주의와 불신에서 화해하는 복음의 능력을 부인하는 그 어떤 가르침도 이데올로기이며 거짓 교리라고 믿습니다.

3.5. 그러므로 우리는 그러한 환경에서 복음의 이름으로나 하나님의 뜻을 들먹이면서 사람들을 인종이나 피부색에 근거하여 사람들을 억지로 나누고 따라서 사전에 그리스도 안에서 화해의 사역과 경험들을 방해하거나 약화시키는 그 어떤 가르침도 배격합니다.

4. 우리는 믿습니다.

4.1. 우리는 하나님께서 자신을 사람들 사이에 정의와 참된 평화가 있기를 바라시는 분으로 드러내오셨다고 믿습니다.

4.2. 우리는 불의와 반목으로 가득한 세상에서 하나님은 특별한 방식으로 버림받은 자들과 가난한 자들과 억울한 자들의 하나님이심을 믿습니다.

4.3. 우리는 하나님께서 교회를 불러 이 일에 자기를 따르라고 하셨음을 믿습니다. 왜냐하면, 하나님은 억눌린 자에게 정의를 주시고 배고픈 자에게 먹을 것을 주시기 때문입니다.

4.4. 우리는 하나님께서 옥에 갇힌 자를 풀어주시고 앞을 못 보는 자에게 시력을 회복시켜 주심을 믿습니다.

4.5. 우리는 하나님께서 짓밟힌 자들을 지지하시고, 이방인을 보호하시며, 고아들과 과부들을 도우시며, 경건하지 못한 자들의 가는 길을 막으심을 믿습니다.

4.6. 우리는 하나님에게 순전하고 깨끗한 경건은 고아들과 과부들이 고난 가운데 있을 때 찾아가는 것이라고 믿습니다.

4.7. 우리는 하나님께서 교회에게 착한 일을 행하고 옳은 것을 찾기를 가르치시기 원한다고 믿습니다(신 32:4; 눅 2:14; 요 14:27; 엡 2:14; 사 1:16-17; 약 1:27; 눅 1:46-55; 눅 6:20-26; 눅 7:22; 눅 16:19-31; 시 146; 눅 4:16-19; 롬 6:13-18; 암 5장).

4.8. 그러므로 교회는 어떤 형태든 상관없이 고통이나 궁핍 가운데 있는 사람들 곁에 서 있어야 한다고 우리는 믿습니다. 이것이 뜻하는 바는 무엇보다도 교회는 어떤 형태든 불의에 대항하여 증인이 되어야 한다는 것입니다. 그렇게 함으로써 정의가 하수 같이 흐르고 공의가 끊임없이 흐르는 시내처럼 되어야 할 것입니다.

4.9. 우리는 하나님의 소유로서 교회는 주님이 서 계신 곳에 서 있어야 한다고 믿습니다. 즉, 불의에 대항하여야 하고 억울한 사람들과 함께 있어야 합니다. 그리스도를 따르는 일에 있어서 교회는 이기적으로 자신들만의 이익들을 추구하고 따라서 다른 사람들을 통제하고 해를 끼치는 모든 힘 있는 자들과 특권계급의 사람들에 대항하여 증언해야 합니다.

4.10. 그러므로 우리는 온갖 형태의 불의들을 정당화시키려는 어떤 이데올로기도, 또한 복음의 이름으로 그러한 이데올로기에 저항하지 않는 그 어떤 가르침도 배격합니다.

5. 비록 권세들과 인간의 법들이 혹이라도 이 모든 것들을 금지하거나 그에 복종하지 않는다고 형벌과 고난을 준다고 해도, 우리는 교회의 유일한 머리이신 예수 그리스도께 순종함으로, 교회는 이 모든 것들을 고백하고 행하도록 부르심을 받았음을 믿습니다(엡 4:15-16; 행 5:29-33; 벧전 2:18-25; 벧전 2:15-18). 예수님은 주님이십니다. 한 분 유일하신 하나님이신 아버지와 아들과 성령께 존귀와 영광이 영원히 있기 원합니다.[19]

---

19 BB가 아파르트헤이트의 이단 사상을 고발할 뿐 아니라, 주일 공예배와 예전적 삶에 대

BB에 2회 이상 반복된 단어를 가리키는 표지(markers)는 26개에 달하는데, 이 신앙고백서는 많은 단어를 시종일관 반복한다. 이 가운데 BB의 전반과 후반에 걸쳐 등장하는 수직적 표지(vertical markers)는 총 20개로, 등장 횟수가 많은 순서대로 소개하면 다음과 같다.

교회/신자들/성도/기독교인/공동체/백성/지체됨(33회), 하나 됨/결속(28회), 믿습니다(22회),[20] 저항하다/대항하다/배격하다/싸우다(13회), 이데올로기/가르침/거짓 교리(11회), 불의/죄(8회), 말씀/말/복음(8회), 함께(8회), 세상/땅(7회), 화해(7회), 정의/공의/의/옳은 것(7회), 분리/나누다(5회), 고통/고난(4회), 고백(4회), 증인/증언하다(3회), 법(2회) 그리고 성부/아버지/하나님(6회), 성자/예수/그리스도/예수 그리스도/주/아들/머리(22회), 성령/하나님의 영(7회), 삼위일체/하나님/주(20회).

이상의 수직적 표지를 종합하면, 삼위 하나님을 믿고 화해한 교회는 믿음을 함께 고백하고 말씀을 증언해야 하며, 거짓 이데올로기와 불의가 세상과 교회를 분열시키고 고통에 빠트릴 경우 정의를 위해 하나 되어 저항해야 한다.

BB의 전반, 중반, 혹은 후반에만 잠시 등장하는 수평적 표지(horizontal markers)는 총 6개인데 다음과 같다. 순종/복종(4회), 그리스도 안에서(2회), 증오와 적대감(2회), 고아들과 과부들(2회), 복(2회), 믿음/신앙(2회).

이상의 수평적 표지를 종합하면, 믿음의 (공동체는 예수님에게만) 순종하면서 고아들과 과부들의 (편에 서서) 증오와 적대감에 (맞서 인간이 아니라 그리스도의) 법을 이루어 가야 한다.

따라서, 수평적 표지는 수직적 표지의 내용을 약간 보완한다. 예를 들어, 고통당하는 사람들인 고아들과 과부들을 소개하고, 분열의 원인으로 증오와 적대감을 밝히며, 믿음의 공동체는 주님께 순종하고 서로에게 복이 되어야 함을 설명한다.[21]

해서도 교훈하는데, BB를 활용한 예전의 실례는 Laubscher, "Belhar, Liturgy and Life?" 4, 7-16을 보라.

20 BB의 아프리칸스 원문에는 '믿습니다'(glo)가 총 7회만 등장하지만(제2조에 3회 등장), 믿는 내용이 약 20개의 dat절(that-sentences)로 계속 이어진다.

21 부삭은 BB가 '하늘의 하나님 보좌로부터' 관념적으로 작성되지 않고, 자기 의에 빠지기 쉽고 눈에 들보가 있는 죄인들이 '하나님과 사람들 앞에서' 실제적으로 만들었다고 해설한다. Boesak, "To stand where God stands," 158-59.

2. 벨하신앙고백서의 신학

다른 신앙고백서처럼 BB도 진공 상태에서 나온 게 아니다. BB 작성에 영향을 미친 문서의 목록은 다음과 같은데, 모두 아파르트헤이트에 대한 비판을 담고 있다. '아파르트헤이트에 관한 베인버그(Wynberg) 지역의 결정'(1948), '아파르트헤이트에 관한 남아공 천주교주교회의'(1957), 세계교회협의회(WCC) 소속 8개 교파가 참석하여 아파르트헤이트의 본질적 문제를 다루지 못한 채 발표한 '코테슬루(Cottesloe)성명서'(1961), 아파르트헤이트의 비성경적 문제를 지적한 '남아공교회협의회의 남아공국민을 향한 메시지'(1968), '세계루터교연맹의 남아공에 관한 성명서'(1977), DRC의 형제됨에 대한 신학선언(1979), '남아공개혁주의 흑인기독교연맹의 헌장과 선언'(1981), 'DRC목회자와 신학자 123인의 공개서한'(1982년 3월) 그리고 '세계개혁교회연맹(WARC)의 인종차별과 남아공에 대한 성명서'(1982년 8월).[22]

그런데 이상 여덟 개의 문서는 특정 교파가 전체 구성원의 합의하에 작성하고 채택하지 않았으므로, '신앙고백'(confession)이라 불리지 않는다.

BB의 내용은 제1조는 삼위일체에 대한 간결한 신앙고백으로서의 서론, 제2조는 교회의 일치(eenheid), 제3조는 교회의 미션으로서 화해(versoening), 제4조는 교회의 정당한 행동으로서의 정의(geregtigheid) 그리고 제5조는 결론적 권면을 다룬다.

그런데 BB는 성경의 복음 진리에 부합하는 내용을 교회에 증언하고, 그 교회로 하여금 고백한 내용을 세상에 증언하도록 격려하며, 궁극적으로 하나님을 찬양하도록 만드는가?[23]

---

[22] 특히, 개혁교회 전통에서 많은 신앙고백(적 문)서가 만들어졌던 16-17세기처럼, BB 이후에도 '예전적 고백과 신앙고백'(1983), 카이로스문서(1985), '복음주의 증언'(1988) 그리고 '오순절교회 적실한 선언'(1988)이 뒤따랐지만, 공식적인 신앙고백으로는 자리매김하지 못했다. 참고. W. D. Jonker, "Die Moderne Belydenisbeweging in Suid-Afrika en Calvyn," *In die Skriflig* 27/4 (1993), 443-45; P. Naudé, "The Theological Coherence between the Belhar Confession and Some Antecedent Church Witnesses in the Period 1948-1982," *Verbum et Ecclesia* 24/1 (2003), 158-59; R. S. Tshaka, "The Significance of Karl Barth's Theology for the Belhar Confession: An Analysis of Theology of German Origin in South Africa during the Apartheid Epoch," *Studia Historiae Ecclesiasticae* 41/1 (2015), 193-94.

[23] Janssen, "Confessing Belhar in America," 203.

이런 질문들의 해답은 BB와 이전의 몇몇 신앙고백적 문서들(예. 니케아 신조, 도르트 신경, 바르멘 선언)과 비교하면 어느 정도 찾을 수 있다.

가장 오래된 에큐메니컬 신조로 로마제국의 정치·교회적 통합의 취지로 콘스탄틴 황제의 요청으로 작성된 니케아 신조(A.D. 325/381)와 가장 최근의 개혁교회 신앙고백문서(bekenntnisschrift)로 정치·교회적 분리 상황에서 작성된 BB의 관련성은 무엇인가?

BB는 니케아신경에 표현된 사도적 신앙을 지지하는가?

BB는 이단으로 정죄된 아파르트헤이트를 신학적·교회론적으로 해석했는데, 단순히 이론에 머물지 않고 실천적이며 정치적 의의를 강조했다.[24]

정통교회의 유산인 사도적 신앙을 따라서, BB의 참된 하나님에 대한 신앙(1조)과 복종(5조)은 제2-4조, 즉 일치, 화해, 정의를 감싼다.

제2-4조는 "그러므로 우리는 배격합니다"(Daarom verwerp ons)로 마치기에 이단 아파르트헤이트를 거부하고, 참 신앙을 고수함을 반복하여 천명한다. 이와 유사하게, 325년판 니케아 신조는 381년 최종판보다 더 분명히 예수님의 신인양성을 부인한 아리우스(Arius)를 염두에 두고 "보편적이며 사도적 교회는 (성자에 대한 아리안의 주장을) 거부한다"(저주한다, anathema)를 포함했다.[25]

니케아 신조는 에베소 공의회(431)와 칼케돈 공회의(451)에서 수용되었다. "우리는 믿습니다"를 니케아 신조(4회)와 BB(7회)는 반복하는데, 둘 다 송영 받으실 삼위일체 하나님은 믿음의 대상이시며 더불어 '교회'를 언급한다.[26]

BB와 URCSA가 고백하는 도르트 신경(1618/1619)의 관련성도 중요하다. BB처럼, 아르미니우스(Armenius)의 신입협력적 구원론을 배격한 도르트 신경은 오직 은혜로만 구원을 얻는 은혜가 교회 안에 구체화되어야 한다고 고백하며, 복음은 차별 없이 범죄로 타락한 모든 사람에게 전파되어야 한다는 삼위 하나님의 선교(missio Trinitatis Dei)를 인정한다.[27]

---

24 Naudé, "Confessing the One Faith," 40.
25 Naudé, "Confessing the One Faith," 41.
26 Naudé는 니케아 신조와 BB가 신인 양성을 가지신 주권자이신 예수님에 대한 고백, 생명과 예언을 주시는 성령님에 대한 고백, 사죄를 위한 세례와 미래 종말론에 있어서도 일치한다고 본다. Naudé, "Confessing the One Faith," 45, 47-51.
27 G. van der Watt, "Van 1619 na 1857 en 1986: 'N Lyn van Dordt na Belhar?" *Studia Historiae Ecclesiasticae* 45/3 (2019), 2-4; Smit, "Oor die Teologiese Inhoud van die Belydenis van Bel-

그런데 아프리카너 정권과 DRC는 화란개혁교회의 산물인 도르트신조를 수용했지만, 그 신조를 실천으로 옮기지 않고 BB가 채택되기까지 거의 130년 동안 흑인과 혼혈인을 차별했다.

BB가 독일 국가교회의 나치화(Nazification)를 거부하고 예수 그리스도의 통전적 통치를 고백한 독일 고백교회의 바르멘 선언(1934)에 빚지고 있다고 공히 인정되는 바다. 아프리카너(Afrikaaner)의 우월주의와 선민사상을 주장한 DRC와 아파르트헤이트 정권을 거부한 BB는 아리안인(Aryan) 우월주의를 내세운 나치 독일이 교회의 의제를 국가의 의제로 맞추도록 강요한 것에 저항한 바르멘 선언을 떠올리게 한다.[28] 바르멘 선언처럼 BB는 정치·경제적 용어를 지양하고 신학적 표현을 주로 사용했지만, 신학이 정치·경제·사회와 동떨어질 수 없음을 분명히 천명했다. 그리고 BB에 영향을 준 '남아공교회협의회의 남아공 국민을 향한 메시지'(1968), '남아공개혁주의흑인기독교연맹의 헌장과 선언'(1981) 그리고 'DRC목회자와 신학자 123인의 공개 서한'(1982)도 칼 바르트의 주도로 작성된 바르멘 선언에 빚지고 있다.[29]

개혁교회의 고백서인 BB는 칼빈주의에 잘 부합하는가?

'급진적 칼빈주의자'라고 불리는 것을 명예롭게 여기는 부삭은 1982년 WARC 오타와 총회에서 『기독교 강요』 4.17(특히, 4.17.38)을 통해 그리스도인의 가시적 연합을 위한 성찬을 강조하면서, DRC가 1857년부터 백인이 유색인종과 성찬을 함께 시행하지 않기로 결정한 것을 비판했다.[30]

---

har," 188-90.

28 1960년대 Beyer Naudé를 중심으로 독일 고백교회를 모델로 삼아 남아공 고백교회와 고백운동을 의도한 바 있었지만 실행에 옮기지 못했다. 참고. R. S. Tshaka, "Was the Belhar Confession a Rejection of Modern Protestant Theology?: Invoking the Past as a Shield for the Future," *NGTT* 48/1-2 (2007), 12; "The Significance of Karl Barth's Theology for the Belhar Confession," 191-93; Jonker, "Die Moderne Belydenisbeweging in Suid-Afrika en Calvyn," 446.

29 바르트는 신앙고백이 특정 지역의 공동체가 자발적으로 하나님의 뜻에 나타난 중요한 측면을 표현함으로써 그것의 영향은 교회 안팎에 걸쳐 공적 성격을 가진다고 보았는데, BB가 여기에 부합한다는 주장은 P. Naudé, "Would Barth sign the Confession of Belhar?" *Journal of Theology for Southern Africa* 129 (2007), 6, 13-18을 보라.

30 Van der Watt, "Van 1619 na 1857 en 1986," 10. 참고. J. Calvin, 『1559년 라틴어 최종판 직역 기독교 강요. 제4권』(*Institutio Christianae Religionis*), 문병호 역 (서울: 생명의말씀사, 2020).

그렇다면 BB의 일치, 화해 그리고 정의는 부삭이 인용한 『기독교 강요』와 칼빈의 신학에 어느 정도 부합하는가?

BB처럼 칼빈도 불의로 억압받는 사람들을 위하시는 하나님에 주목했다(합 2:6 주석). 또한, 칼빈이 강조한 예수님의 세 직분 가운데 왕직은 일치, 대제사장직은 화해, 선지자직은 정의를 위한 중요한 근거가 된다(『기독교 강요』 2.15).[31] 그리고 BB처럼 칼빈도 정치를 세속 영역으로 내버려두지 않고, 그리스도의 만유적 통치 하에서 이해하면서 불의한 권력에 합법적으로 저항하는 것을 인정했다(『기독교 강요』 4.20.31).[32] 하지만, BB가 사회 속에서 활동하는 개별 그리스도인의 활동이나 책무를 강조하더라도, 칼빈 당시 재세례파처럼 교파나 교회 차원에서 사회의 불의에 (신앙고백서를 통하여) 공적으로 대응하라고 독려하는 것이 칼빈의 의도에 부합하는가는 별도의 문제다.

BB의 제1조 서론은 삼위 하나님에 대한 신앙, 제2조의 일치는 교회론, 제3조의 화해는 구원론, 제4조의 정의는 교회의 윤리, 제5조 결론은 하나님께 순종함과 송영을 다룬다. 제2조의 교회론은 교회의 가시적 일치를, 제3조의 구원론은 예수 그리스도의 주되심을 그리고 제4조의 정의는 차별 없는 인간론을 다룬다.[33]

그런데 BB와 DRC 케이프타운 총회(1986년 10월)가 발표한 '교회와 사회'(Kerk en Samelewing, 이하 KS) 사이에 신학적 유사점이 많다. 교회는 삼위 하나님의 백성으로서 보편적이며 사도적 신앙을 계승한다(KS 42-48, 60-61, 82; BB 제1조). 교회의 가시적 일치는 하나님의 새 세상을 바라보는 창문과 같다(KS 81, 94; BB 제2조). 예수님을 통해 화해된 공동체인 교회의 제사장적 임무는 사랑과 화해를 말과 행동으로 실천하는 것이다(KS 51, 77-80, 112, 223; BB 제3조). 권리가 침해 당하는 개인과 사회적 구조는 정의롭게 변화되어야 하는데(KS 136-137), 하나님은 특히 고난당하고 불의에 눌린 사람들을 특별히 돌보시기 때문이다(KS 144-147; BB 제4조). 불의한 정부에게 시민불복종과 평화로운 저항을 할 수 있다(KS 328; BB 제5조).

---

31 참고. Koopman, "On Violence, the Belhar Confession and Human Dignity," 164.
32 Jonker, "Die Moderne Belydenisbeweging in Suid-Afrika en Calvyn," 454-55.
33 Naudé, "The Theological Coherence between the Belhar Confession and Some Antecedent Church Witnesses in the Period 1948-1982," 167-71.

KS도 송영으로 마친다(빌 1:9-11; KS 383; BB 제5조).[34] 그러나 KS 307은 아파르트헤이트가 남아공의 유색인들의 모든 고난을 초래한 원인으로 보지 않으며, KS 81과 94는 비강제적이며 자발적인 교회의 가시적 일치만 지지하고, 불의한 정부에 평화로운 저항을 실제로는 반대했다. 이런 차이점들은 KS가 DRC의 '인종, 민족 그리고 국가'(Ras, Volk, en Nasie, 1974)를 1980년대 남아공 상황의 빛에서 새롭게 해석한 결과물이지, 성경에서 출발하여 새로운 신앙을 고백하고 실천한 차원이 아니기에 발생했다.[35]

BB를 긍정적으로 평가하는 이들은 신앙에 대한(about faith) 소극적 고백이 아니라, 신앙을 향한(toward faith) 능동적 고백이면서 행동을 독려하는 고백으로 간주한다.[36] 환언하면, BB는 고백과 실천의 간격을 극복하도록 돕는다.[37]

또한, 인종 차별을 반대한 공적인 문서로 분류되는 BB는 하나님과 이웃 사랑이라는 성경의 핵심 실천 명령을 따라 공동선을 증진한다. 그리고 하나님의 사랑은 교회당 안은 물론 세상의 모든 영역을 향하므로 공적 특성을 가지는데, 회중이 삶에서 그런 정신을 실천해야만 공동선은 증진될 것이다.[38] RCA 총회(2002)에서 URCSA사절단은 16-17세기의 신앙고백서들이 일치, 화해 그리고 정의를 충분히 담아내지 못하기에 20-21세기에는 적절하지 않다고 주장하면서, 공공적 성격의 새로운 신앙고백서의 필요를 설파했다.[39]

그렇다면 이런 긍정적 주장과 평가에 맞추어 URCSA는 BB를 실제 삶에서 구현하고 있는가?

적어도 그들의 교회 정치는 그것을 구현하기 위해 애쓰고 있다.

---

34 P. Naude, "The *Belhar Confession* and *Church and Society*: A Comparative Reading in Five Statements," *Acta Theologica* 32/2 (2012), 148-55에서 요약.

35 Naude, "The *Belhar Confession* and *Church and Society*," 153.

36 Naude and Pratt, "South speaks to South," 428. 참고로 2014년 URCSA총회는 목회자 형성(ministerial formation), 즉 신학 교육은 BB에 맞추어 통전적이며 실천적으로 시행해야 한다고 공식적으로 선언했다. J. N. J. Kritzinger, M. S. Maponya and K. K. Mokoena, "25 Years of Ministerial Formation Praxis in the Uniting Reformed Church in Southern Africa: How Belharic have We become?" *Studia Historiae Ecclesiasticae* 45/3 (2019), 2-3.

37 Van der Watt, "Van 1619 na 1857 en 1986," 11.

38 A. R. Brunsdon, "The Limited Public Good of a Confession: A Public Theological Reflection on Enhancing the (Public) Good of the Belhar Confession in the Reformed Church Family of South Africa," *Stellenbosch Theological Journal* 1/2 (2015), 350-52, 362.

39 Janssen, "Confessing Belhar in America," 199-201.

신자는 영적이며 물질적인 필요에 있어 서로에 대한 상호 책임성을 진다. 하나님의 가족으로 살아가는 교회는 친밀하게 서로 연대하여 기쁨과 슬픔을 나눈다. 각자는 남을 높이 여기며, 자신의 필요는 물론 남의 필요를 충족시켜야 한다. 이런 방식으로 그들은 남의 짐을 지고 그리스도의 법을 성취한다 (URCSA 교회 정치 4.3).[40]

한편, BB를 부정적으로 평가하는 이들은 성경이나 교리적 기초가 아니라 반 아파르트헤이트라는 정치적 상황에서 출발하여 효력이 다한 마르크스주의와 사회복음 그리고 해방신학을 반영한다고 본다.[41] 그리고 BB가 상황과 시간에 제한되어 묶인(bound) 고백서라면, 아파르트헤이트가 종식된 1994년 이후의 남아공 상황 그리고 다른 나라들에는 유효하지 않게 된다고 비판한다.

하지만, 1980년대 남아공 기독교인의 삶과 가치의 특정 부분에 초점을 맞추더라도, 이 고백서가 복음의 원리를 잘 반영했다면 보편적 교회를 위한 고백서로서 긍정적 역할을 계속 감당할 수 있을 것이다.[42]

그리고 BB가 세 일치신조에 설명된 일치, 화해, 정의를 반복한다는 비판도 있다.[43] 또 BB에 대한 부정적 비판은 강제로 보여주기식의 가시적 일치 개념을 문제 삼는데, 다음과 같이 길게 인용하여 들어보자.

> 교회의 가시적 일치를 교회의 의무와 추구해야 할 무언가로 부르는 것은 일치를 교회의 다른 기능들과 나란히 추구해야 할 내재적인 선으로 간주하여 결국 우상시하는 것이다. 하나님이 의도하신 창조 질서와 (인종, 민족적) 다양

40　참고. "Church Order of the Uniting Reformed Church in Southern Africa" http://urcorlando.weebly.com/uploads/3/8/3/8/38389477/church_order.pdf (2020년 9월 17일 접속). 참고로 스와힐리어 'Ujamaa'는 확장된 가족을 가리킨다. 교회는 삼위 하나님의 가족으로 서로 사랑하고 의존하는 공동체이므로, BB를 기초하여 DRC의 자매교회들이 다양성 속에서 일치를 추구하기에 적절한 은유이다. Modise, "The Unification Process in the Dutch Reformed Church (DRC) Family and United Reformed Church in Southern Africa (URCSA)," 38.

41　Adi, "The Heresies of the Marxist Belhar Confession," *Faith & Heritage* July 14 (2011), np.

42　Naude and Pratt, "South speaks to South," 422.

43　J. M. Vorster, "Die Belydenis van Belhar in Dogma-Historiese Perspektief," *In die Skriflig* 32/4 (1998), 481; contra Boesak, "To stand where God stands," 153.

성을(행 17:26; 롬 9:3) 무시한 채, 인위적 일치를 추구하라는 명령은 성경에서 찾을 수 없으며, 벨직 신앙고백 29의 참 교회의 세 표지와 다르다. 성령은 비가시적 교회의 연합을 이루시므로 가시적 일치는 성경이 명하는 바가 아니다. 모든 구별을 없앰으로써 일치를 지지하는 사람들은 문화적 마르크스주의와 인간 중심적 일치를 원한다. 하나님이 서 계신 곳에 서야 할 교회는 불의와 잘못된 것에 저항해야 한다는 BB의 주장은 소련의 볼셰비키, 남아공 공산당 그리고 혁명적 마르크스주의자들의 오래된 구호를 떠올리게 한다. 성경이 가르치는 해방신학의 형태는 예수님의 대속을 통하여 하나님의 선민이 죄와 사망으로부터 자유롭게 되는 것이다. 하지만, 성경은 BB가 전제로 하거나 부추기는 문화적이며 혁명적인 마르크스주의를 가르치지 않는다.[44] 그리고 교회가 약자와 억눌린 자의 편에 설 때 조건이 중요한데, '그리스도 안에 있는' 약자와 빈자와 억눌린 자를 하나님께서 특별히 돌보신다.[45]

이상의 비판에 대해 부삭은 BB가 해방신학을 출발점으로 삼지 않았으며, 교회가 다른 곳이 아니라 하나님께서 서 계신 곳에 서야 하고, 오직 그리스도의 복음과 하나님의 성령께서 세상에 소망, 해방, 구원, 참 평화를 주실 수 있다고 변호한다.[46]

그러나 부삭은 하나님의 일치와 정의의 대상인 억눌린 자에 동성애자를 적극적으로 포함한다.[47]

---

44 1990년에 DRC는 BB가 해방신학에 빠진 비성경적 내용이라거나 개혁교회의 전통을 거스르지 않는다고 인정했지만, 국가신학과 교회신학 대신 예언신학을 지지한 카이로스문서(1985) 등에서 볼 수 있듯이 BB에 미친 사회주의나 해방신학 그리고 남아공의 상황신학과 흑인신학의 영향을 부인할 수 없다. 참고. Jonker, "Die Moderne Belydenisbeweging in Suid-Afrika en Calvyn," 449, 452-53.

45 Adi, "The Heresies of the Marxist Belhar Confession," np. 참고로 BB가 지난 20-30여 년 동안 남아공 교회와 사회의 일치, 화해, 정의 구현에 어느 정도 기여해 왔는지 그리고 개발신학과 예전 그리고 전통의 교회에 어떤 기여가 있었는지 반성과 평가가 이어지고 있다. N. Koopman, "Belhar: A Transforming and Dignifying Tradition," *Journal of Theology for Southern Africa* 139 (2011), 36-38.

46 Boesak, "To stand where God stands," 161.

47 Boesak, "To stand where God stands," 151.

3. 신약성경에서 본 벨하신앙고백서의 일치, 화해 그리고 정의

성경을 인용하지 않는 제1조는 하이델베르크 교리문답 21주일과 도르트신조의 삼위 하나님의 은혜로운 선택을 반영한다.[48] 이 글 2에서 밝힌 BB의 신학의 정당성은 증거 구절로 인용된 신약성경의 주해를 통하여 평가되어야 한다. BB가 언급한 성경 본문은 총 47개인데, 요약하면 아래 표와 같다.

	구약	신약
제1조	없음	없음
제2조 (일치)	없음	요 13:1-17; 17:20-23; 롬 12:3-8; 고전 1:10-13; 10:16-17; 11:17-34; 12:4-31[1-11]; 고후 1:3-4; 갈 3:27-28; 6:2; 엡 2:11-22; 3:14-20; 4:1-6[1-16, 7-13]; 빌 2:1-5; 약 2:1-13(18개)
제3조 (화해)	없음	마 5:9, 13-16; 롬 6; 고후 5:17-21; 엡 4:17-6:23; 골 1:9-14; 2:13-19; 3:1-4:6; 벧후 3:13; 계 21-22(10개)
제4조 (정의)	신 32:4; 시 146; 사 1:16-17; 암 5(4개)	눅 1:46-55; 2:14; 4:16-19; 6:20-26; 7:22; 16:19-31; 요 14:27; 롬 6:13-18; 엡 2:14; 약 1:27; 5:1-6(11개)
제5조	없음	행 5:29-33; 엡 4:15-16; 벧전 2:15-18(18-25)(4개)
종합	총 4개	총 43개(엡 7회; 눅 6회; 고전 4회; 요, 롬, 골 3회; 마, 고후, 갈 2회; 빌, 약, 벧전, 벧후, 계 1회)

1) 일치

제2조 '일치'를 위한 근거 구절은 18개다(요 13:1-17; 17:20-23; 롬 12:3-8; 고전 1:10-13; 10:16-17; 11:17-34; 12:4-31[1-11]; 고후 1:3-4; 갈 3:27-28; 6:2; 엡 2:11-22; 3:14-20; 4:1-6[1-6, 7-13]; 빌 2:1-5; 약 2:1-13).

BB는 아파르트헤이트에 저항하면서, 동시에 DRCM 소속 크리스천에게는 위로를 제공하는 방식으로 성경의 취지를 잘 살려서 활용한다는 긍정적인 평가가 있다.[49] 이런 긍정적 평가가 정당한지는 관련 본문의 간략한 주해를 통해 확인할 수 있다.

---

48 Van der Watt, "Van 1619 na 1857 en 1986," 10.
49 A. Daniels, "Bybelgebruik in die Belhar Belydenis se Artikel oor 'Eenheid'," *Scriptura* 77 (2001), 193, 206.

사랑의 예수님은 십자가의 대속의 죽음을 앞두고 제자들의 발을 씻기심으로써 섬김을 통한 일치를 몸소 가르치셨다(요 13:1-17). 그리고 예수님은 삼위일체의 하나 됨처럼, 제자들과 제자들의 선교를 통해서 형성될 교회가 하나(ἕν)가 되도록 대제사장적 기도를 드리셨다(요 17:20-23).[50]

바울도 한 몸에(ἑνὶ σώματι) 많은 지체와 은사가 있다는 진리를 분쟁이 많던 로마 교회와 고린도 교회에게 보낸 편지의 윤리적 권면을 다루는 후반부에서 집중적으로 권면했다(롬 12:3-8; 고전 12:1-31). 로마 교회 안에 강한 자들과 부자들로 추정되는 성도가 수행한 구제, 다스림, 긍휼 베풂은 은사의 활용 및 교제와 양육의 현장인 공동 식사와도 관련되는데(롬 12:7-8), 공동체의 일치를 위해 가난한 약자들을 배려해야 했다(롬 12:13, 16; 14:21).[51]

바울은 고린도전서 서두에서 주 예수님의 은혜와 평화를 빈 후(고전 1:3), 고린도 교회가 같은(τὸ αὐτὸ) 마음과 말과 행동이 아니라 분쟁을 겪고 있음을 비판하고(고전 1:10-13), 분쟁의 해결책으로 제시하는 성찬식에 성도가 한 떡(εἷς ἄρτος)에 참여함(κοινωνία)으로 일치를 도모한다(고전 10:16-17). 그리스도인은 환난 중에 서로 위로하고 서로의 짐을 질 때 일치를 이룬다(고후 1:3-4; 갈 6:2). 인종과 성의 차이를 넘어서서 이루는 '예수 그리스도 안에서 하나가 됨'(εἷς ἐστε ἐν Χριστῷ Ἰησοῦ)은 교회의 단체복 같은 그리스도로 옷 입는 데서 나타난다(갈 3:27-28).

바울에 따르면, 교회의 일치는 그리스도 사건과 성령의 역사로 가능하다. 모퉁잇돌이신 예수님의 십자가 사역 덕분에 그리스도인은 한 새 사람(ἕνα καινὸν ἄνθρωπον), 한 몸으로(ἑνὶ σώματι) 함께 지어져가는(συνοικοδομεῖσθε) 성전이 된다(엡 2:11-22). 한 몸("Ἑν σῶμα) 된 교회의 일치는 한 분 성령(ἐν πνεῦμα)의 하나 되게(ἑνότης) 하시는 역사와 그리스도의 마음을 함께 품고(σύμψυχοι) 한 소망(μιᾷ ἐλπίδι)으로 믿음과 사랑을 겸손히 실천함으로 가능하다(엡 3:14-20; 4:1-16; 빌 2:1-5).

50　Daniels, "Bybelgebruik in die Belhar Belydenis se Artikel oor 'Eenheid'," 198.
51　로마 교회에서 공동 식탁의 자리가 도리어 불화의 장소였던 것 같은데, 1856년 이래로 DRC는 유색인 성도와 성찬을 함께 거행하지 않았다. 이상목, "로마서 12장 은사 단락이 지닌 공동체적 의미: 로마 교회 지도자들의 갈등과 바울의 일치 권고," 『한국기독교신학논총』 104 (2017), 61-65, 72.

그리스도 사건의 은덕을 믿음으로 누리는 경건한 성도라면, 가난한 자를 차별하지 말고 서로 긍휼히 여겨야 한다(약 2:1-13). 부삭은 교회가 가시적으로 참된 일치를 이루기 위한 원천을 삼위 하나님께서 성육하신 예수님 안에 가시적으로 하나가 되신 데서 찾는다.[52]

BB는 교회의 일치를 위해 특별히 예수님의 고별 설교, 분쟁을 겪던 로마 교회와 고린도 교회에게 보낸 편지들 그리고 무엇보다 교회론을 강조하는 에베소서와 빌립보서를 근거로 논증한다. BB는 교회의 일치가 예수님의 대속과 성령의 역사로 가능한 선물이자 교회에게 주어진 명령이라고 정당하게 주장한다. 그런데 BB는 하나 됨, 곧 일치를 위해서 바울이 골로새서에서 강조하는 다양한 단어와 구절을 언급하지 않는다(골 1:17의 συνίστημι; 2:2의 συμβιβάζω; 3:14의 σύνδεσμος).[53]

2) 화해

제3조 '화해'를 위한 근거 구절은 10개다(마 5:9, 13-16; 롬 6; 고후 5:17-21; 엡 4:17-6:23; 골 1:9-14; 2:13-19; 3:1-4:6; 벧후 3:13; 계 21-22). 화평케 하는 복된 자(마 5:9)는 세상의 소금과 빛으로도 살아야 한다(마 5:13-16). BB가 인용하는 산상설교는 교회가 받은 화해의 사명을 분명히 강조하는 본문이다.

BB는 교회가 감당해야 할 화해와 화평의 사명을 위해 주로 바울서신을 인용한다. 화평(καταλλαγή)케 하는 그리스도인의 사명은 예수님과 함께 죽고 살아나서 불의를 버리고 의의 종으로 살 때 가능하다(롬 6:16-18; 고후 5:17-21). 바울은 예수님의 속죄 사역(고후 5:14)이 갱신된 피조물에게 화해(고후 5:17, 19)는 물론, 평화(고후 5:18)와 의(고후 5:21)도 가져왔다고 설명한다.[54] 그리스도인이 교회당 안팎에서 감사함으로 화해를 이루려면, 옛 사람을 벗고 하나님의 형상을 따라 새 사람을 입고, 사랑을 실천하여 빛의 열매를 맺으며, 성령

---

[52] Boesak, "To stand where God stands," 159.
[53] J. P. Louw and E. A. Nida, *Greek-English Lexicon on the New Testament based on Semantic Domains*, Volume 1 (Cape Town: Bible Society of South Africa, 1993), 614.
[54] 배재욱, "바울의 화해와 생명 사상: 고린도후서 5장 17-21절을 중심으로," 『장신논단』 52/1 (2020), 22.

충만하고, 전신갑주를 입어야 한다(엡 4:17-6:23; 골 1:9-14). 예수님은 십자가를 통해 죄인을 구원하시고 온 몸이 머리를 통해 힘을 공급받아 연합하도록 (συμβιβάζω) 하시는데, 그 연합은 그리스도인의 화해의 사역으로 발전해야 한다(골 2:13-19). 만유이신 예수 그리스도로 옷 입고 가정 규례를 지키면 교회당 울타리 밖에서도 화해를 누리고 이룰 수 있다(골 3:1-4:6).

BB는 화해의 완성을 새 하늘과 새 땅에서 찾는다. 예수님의 재림으로 완성될 의가 거하는(δικαιοσύνη κατοικεῖ) 신천신지(벧후 3:13)에서 새 예루살렘 성 곧 어린양의 신부는 화해를 영원히 누릴 것이다(계 21-22). 하지만, 신천신지는 '화해'보다 '정의'에 더 적절한 장소다.

BB는 화목제물이시자 교회의 머리이신 예수님께서 주신 화해를 교회에게 선물이자 명령으로 소개한다. 교회는 세상 속에서 예수님 중심의 화해 사명을 수행해야 한다. 덧붙여 BB가 바울이 이사야 53장 4-7절을 염두에 두고 화해와 칭의를 연결한 로마서 5장 9-1절과 기독론과 교회론적으로 '화해'(καταλλαγή)가 나타나는 로마서 5장 11절을 인용하지 않은 것은 다소 의아하다.[55]

3) 정의

제4조의 '정의'를 위해 적절히 사용된 구약 본문은 4개이며(신 32:4; 시 146; 사 1:16-17; 암 5), 신약은 11개다(눅 1:46-55; 2:14; 4:16-19; 6:20-26; 7:22; 16:19-31; 요 14:27; 롬 6:13-18; 엡 2:14; 약 1:27; 5:1-6).[56]

제4항의 시작 부분은 하나님께서 정의와 참 평화를 주시기를 원하심을 고백한다. 이것을 BB는 특히 누가복음을 통해서 풀어낸다. 한나의 노래(삼상 2:1-10)를 연상시키는 마리아의 찬송(the Magnificat, 눅 1:46-55)에서, 특히 51-53절은 종말론적 역전(reversal) 주제를 다룬다(참고. 51절의 흩다[διασκορπίζω], 52절

---

55 Louw and Nida, *Greek-English Lexicon on the New Testament based on Semantic Domains*, 502; 배재욱, "바울의 화해와 생명 사상," 15-16.

56 BB가 성차별이 아니라 인종 차별에 집중하고 성차별적인 신학적 은유를 가끔 사용하지만, 증거 성경구절들(약 1:27)은 과부와 같은 여성의 차별을 금하고 있다는 주장은 P. Naude, "Can Our Creeds speak a Gendered Truth?: A Feminist Reading of the Nicene Creed and the Belhar Confession," *Scriptura* 86 (2004), 207-208을 보라.

의 내리치다[καθαιρέω], 높이다[ὑψόω]; 아크라신앙고백[2004] 제36항).[57]

이런 역전은 전능하신 하나님께서 자기 백성을 위해 이루신 구원인 출애굽 주제(신 26:8), 구약 선지서(사 13:11) 및 유대 지혜 전통(시락 10:14)과 맥을 같이 하면서, 또한 로마제국의 부와 권력에 반대하는 메시지도 함의한다.[58] 이 역전은 하나님의 자비롭고 정의로운 성품에 걸맞으며, 이제 예수님의 성육신과 사역으로 분명히 드러날 것이다. 예수님의 초림은 아버지 하나님께는 영광이며, 온 세상에 성부께서 기뻐하시는 사람들에게 참 평화를 가져다준다(눅 2:14; 참고. 사 52:7). 예수님은 나사렛 회당에서 이른바 '메시아 취임 설교'(눅 4:16-19)에서 가난한 자, 포로된 자, 장애인, 눌린 자를 위한 희년의 복음을 설파하셨다(참고. 레 25; 시 146:7-10; 사 61:1-2).[59] 마리아의 찬송을 연상시키는 평지설교(눅 6:20-26)에도 사탄과 유대교와 로마제국의 압제 하에 고통당하는 하나님 나라의 새 이스라엘 백성에게 약속된 복과 위로라는 역전 주제가 나타난다.[60]

메시아 취임 설교를 연상시키는 누가복음 7장 22절은 시각 장애인, 신체 장애인, 나병환자, 청각 장애인, 죽은 자 그리고 가난한 자를 위해 사역 중인 예수님을 소개한다. 예수님의 치유 사역은 육신과 물질적 필요를 채우는 차원에 국한되지 않고, 이사야가 예언한 대로 통전적인 메시아 나라의 도래를 알리는 표적과 같다(사 35:5). 마리아의 노래와 평지설교와 마찬가지로 부자와 나사로 비유(눅 16:19-31)에도 천국의 아웃사이더가 된 부자와 천국의 인사이더가 된 빈자의 운명의 역전이 나타난다(참고. 약 5:1-6).[61]

하지만, 누가는 이 비유에서 모든 부자가 메시아의 나라에 들어갈 수 없다고 암시하지 않으며, 누가복음의 독자 데오빌로와 같은 선한 부자와 권력가도 있다.

---

57 최영숙, "누가복음의 하나님 나라 상속자들: 마리아찬가, 복선언-화선언, 부자와 나사로에 나타난 종말론적 구원," 『신약논단』 24/2 (2017), 814-15.
58 신현우, 『누가복음 어떻게 읽을 것인가』 (서울: 성서유니온, 2016), 40-41; 최영숙, "누가복음의 하나님 나라 상속자들," 824.
59 누가복음에서 희년의 복음은 사탄의 압제로부터의 해방이라는 영적 의미를 간과할 수 없다. 신현우, 『누가복음 어떻게 읽을 것인가』, 89.
60 신현우, 『누가복음 어떻게 읽을 것인가』, 118-19; 최영숙, "누가복음의 하나님 나라 상속자들," 829.
61 최영숙, "누가복음의 하나님 나라 상속자들," 836.

이상에서 간략히 살핀 대로, BB가 인용한 누가복음 구절들은 서로 밀접한 내적 간본문성을 보이지만, 그 구절들 안에 '정의'라는 단어는 직접적으로 거의 나타나지 않는다. 그 구절들 배후에 주로 메시아 예언을 담은 구약의 예언들이 자리 잡고 있는데, 예수 그리스도를 통하여 구약의 예언이 성취됨을 알리며, DRCM 소속 크리스천에게 정의롭고 평화로운 메시아 나라의 위로와 비전을 제시한다.[62]

그러나 BB는 정의와 평화를 위해 인용한 누가복음 구절들의 배후에 있는 구약 간본문들에 나타난 메시아 예언의 통전적 성취, 특히 사탄의 세력의 도전이라는 영적 측면을 어느 정도 정당하게 다루는지 분명하지 않다. 또한, 누가는 평화의 왕이신 예수님께서 주시는 죄 사함과 치유라는 구원 그리고 그리스도의 복음 선포에서 나오는 평화를 우선적으로 강조한다(눅 1:77; 2:14; 7:50; 8:48; 10:5-6).[63] 이런 요소들을 BB의 제4항은 적절히 담아낸다고 긍정적으로 평가하기 어렵다.

BB의 성경 사용에 따르면, 정의와 평화는 긴밀히 연결된다. 십자가의 죽음을 몇 시간 앞두고 예수님은 고별설교에서 유대인들의 박해를 두려워하던 제자들에게 세상이 줄 수 없는 평안(εἰρήνη)을 약속하신다(요 14:27). 화평이신 예수님은 하나님과 사람 사이 그리고 이방인과 유대인 사이의 원수된 것 즉 막힌 담을 허무셨다(엡 2:14). 공동체의 평화가 아니라 분열을 겪던 로마 교회는 의(δικαιοσύνη)의 무기로 하나님께 헌신하고 의와 순종의 종이 되어야 했다(롬 6:13-18). 에베소 교회와 로마 교회는 유대인 성도와 이방인 성도가 혼합된 다민족 공동체이지만, 바울의 권면을 따라 가시적 평화를 이루어야 했다. 이런 평화와 정의는 경건이 실천될 때 맺히는 열매다. 교회 안의 고아와 과부처럼 약자들을 돌보는 것이야말로 참 경건(θρησκεία)의 실천이다(약 1:27).

그런데 부삭은 교회는 무조건 그리고 어디서나 약자와 억눌린 자 편을 들어야 하는 것이 아니라, 하나님께서 서 계신 곳에 함께 서야 한다고 설명한다.[64] 교회는 하나님께서 약자, 빈자, 눌린 자를 돌보시는 그 곳에 함께 하되, 유일

62　E. E. Meyer, "Interpreting Luke with the Confession of Belhar," *Scriptura* 72 (2000), 115-16; Boesak, "To stand where God stands," 154.
63　송영목, "누가-행전의 평화와 3.1운동의 평화," 『교회와 문화』 44 (2020), 78-86.
64　Boesak, "To stand where God stands," 161.

한 주님이신 예수님의 권세에 겸손히 순종하면서 세상 권력을 이용하거나 무모하고 거만한 태도는 거부해야 한다.[65]

부삭은 '불가분리적 정의'(indivisible justice)를 BB의 핵심 사상으로 꼽는다.[66] 이것은 BB가 맨 나중에 다른 정의를 일치와 화해의 결과물로 간주한 이해다.

그런데 하나님께서 빈자, 약자, 병자, 억눌린 자와 함께 하시는 것만 정의인가?

제1항의 보편교회에 대한 고백은 아니라고 답한다. 그리고 BB가 전혀 인용하지 않는 욥처럼 경건한 부자와 권력가들도 하나님의 정의와 신원을 경험했다.

하나님께서 정의를 실현하시는 약자는 구체적으로 누구인가?

BB 제4항에서 약자가 예수 그리스도 안에 있는 사람들인지, 신앙과 상관없이 온 세상의 사람들인지 분명하지 않다. BB를 초안했던 스미트(D. J. Smit)는 BB가 '해방적 개혁신학'(liberating reformed theology)을 적절히 표현했다고 평가하는데, 그 해방은 따뜻한 회복적 정의가 실현된 것이다.[67] 위기의 시대에 BB는 아프리카너와 같은 특정 세력을 공격하기보다, 아파르트헤이트와 그것의 광범위한 해악에 맞서 신앙을 확증한다.[68] BB를 초안한 사람들은 제4조의 정의가 해방신학이 아니라 성경에서 도출한 내용이라고 주장하지만, BB는 성경이 우선적으로 강조하는 수직적 칭의를 약화하거나 간과하는 측면이 있다.[69]

덧붙여 BB의 제4조에서 누가가 불의를 당하는 과부와 같은 이들에게 회복적 정의(ἐκδίκησις)가 실현되어야 함을 강조하는 누가복음 18장 3-7절을 증거

---

65 Boesak, "To stand where God stands," 145.

66 A. A. Boesak, "Reconciliation, Justice, and the Spirit of Ubuntu" (Lecture at Yale University, 2013. 2. 5). https://www.youtube.com/watch?v=7x4s_Zu5YDs (2020년 9월 18일 접속).

67 N. Koopman, "On Violence, the Belhar Confession and Human Dignity," *NGTT* 49/3-4 (2008), 162-64. 참고로 최근 BB에 대한 DRC의 인식에 대한 조사에서, BB의 해방신학적 특성에 대한 오해는 대부분 해소되었지만, 개인경건에 익숙한 DRC 회중은 공적 특성을 강조하는 BB에 의구심을 표현하고 있는 상황이다. 따라서 DRC가 선교적 교회를 자연스럽게 논의하고 있지만, 그런 학적 논의가 교파의 회중에게는 전략적이고 실제적으로 다가가지 못한 형편이다. L. E. Westhof and M. Nel, "Belhar: 'N Spiritualiteit van Resepsie in die Plaaslike Gemeente," *Verbum et Ecclesia* 35/1 (2014), 5, 7.

68 Boesak, "To stand where God stands," 144-45.

69 A. L. R. du Plooy, "Die Belydenis van Belhar en die Ekumene Teen die Agtergrond van die Drie Formuliere van Eenheid," *In die Skriflig* 44/2 (2010), 363.

구절로 인용하지 않은 점은 의아하다.[70]

4) 요약

BB는 '일치, 화해, 정의'라는 단어가 등장하지 않는 성경도 자유롭게 증거 구절로 활용한다. BB는 '일치'를 강조하기 위해 분쟁을 겪은 로마 교회와 고린도 교회에게 쓴 바울의 편지들을 비중 있게 증거구절로 사용한다. 그리고 '화해'를 위해서는 교회의 머리이신 그리스도의 구속 사역을 강조하는 에베소서와 골로새서가 자주 인용된다. 마지막으로 '정의'를 위해 '가난한 자를 위한 복음'이라 불리는 누가복음이 애용된다.

BB는 신약성경이 소개하는 복음과 구원의 '통전성'에 주목한다. 환언하면, 일치, 화해, 정의가 담아내는 영적, 육체적, 사회적, 관계적, 가시적, 비가시적, 수평적, 수직적, 교회당 안과 세상의 모든 차원을 아우르려고 시도한다.

이런 시도에도 불구하고, BB의 증거 구절이 담긴 복음의 수직 및 영적 의미가 BB에 분명하게 나타난다고 보기 어렵다.

BB의 신학적 통전성은 기독론, 구원론, 성령론, 교회론, 종말론 그리고 윤리론이 각각 분리되지 않고 함께 어우러지는 데 나타난다. 교회가 먼저 하나님의 일치, 화해, 정의의 이야기에 동참하여 공동체 안에 구체화하기를 노력한다면, 일치와 화해와 정의를 소망하는 세상의 공적 영역을 구속하고 변화시킬 수 있다.[71] 그런데 BB는 하나님께서 동성애자와 같은 약자들과 함께 하시며, 성평등과 다양성은 교회를 풍요롭게 한다고 주장한다.[72]

하지만, 성경은 이런 무분별한 일치와 화해와 정의를 지지하지 않는다. 앞으로 BB의 내용을 성경적으로 균형 있게 다듬는 보완 작업이 필요하며, 동성애자 옹호와 같은 잘못된 적용은 시정되어야 한다. URCSA의 동성애 옹호와 같은 최근 비성경적 행보에도 불구하고 교단 통합을 시도 중인 DRC 역시 동

70　Louw and Nida, *Greek-English Lexicon on the New Testament based on Semantic Domains*, 557.
71　N. Koopman, "The Confession of Belhar 1986: A Guide for Justice, Reconciliation, and Unity," *Journal of Reformed Theology* 2/1 (2008), 28-29, 37-39.
72　Boesak, "To stand where God stands," 151-52.

성애를 인정하기에, BB와 그것의 현대적 해설에 반대하지 않는 분위기다. 신앙고백서는 영감 된 성경이 아니기에 수정이 가능한데, 그런 수정과 정당한 해석은 BB가 아파르트헤이트와 같은 또 다른 비성경적 이데올로기가 되는 것을 방지할 수 있다.

나오면서: 한국적 적용

갈등의 수렁에 빠진 한국 교회와 사회는 BB에서 어떤 교훈을 얻고, 어떻게 활용할 수 있는가?

메신저의 문화에 대해 선교지의 문화가 성경적으로 응답한 신앙고백서인 BB는 선교적 교회가 복음, 메신저의 문화 그리고 선교지의 문화 사이의 대화의 이상적인 모델을 찾는 데 유용하다.[73] BB의 제1조는 삼위께서 '모으시는 교회'를 고백하는데, 유색인 크리스천이 백인의 억압과 통제하에 있었기에 선교적 교회를 천명하는 데 한계가 있어 보인다.

하지만, 1980년대는 아파르트헤이트로 인해 흩어진 교회가 모이는 것이 급선무였다. 그리고 BB는 억압받고 소외된 사람들을 위해 흩어지는 선교적 교회를 위한 함의를 간직하고 있다.[74]

또한, BB는 정치 이데올로기의 편향과 과잉에 빠진 한국 교회가 복음과 선동적인 이데올로기를 구분할 것을 촉구한다.[75] 빈부, 세대, 지역, 수도권과 지방, 중대형 교회와 작은 교회, 한국인과 외국인, 남성과 여성, 보수적 정치 이념과 진보적 이념 등, 한국에서 갈등 양상은 전방위적이다. 이런 차별과 갈등은 개인적 차원을 넘어 구조적 악에서 기인하기도 한다.

그렇다면 세 일치신조를 수용하며 칼빈주의와 개혁주의를 표방하는 한국의 교파들은 이런 다양한 악을 해결할 의지와 전략을 갖추고 있는가?

73　Westhof and Nel, "Belhar," 2-3.
74　Kritzinger, Maponya and Mokoena, "25 Years of Ministerial Formation Praxis in the Uniting Reformed Church in Southern Africa," 13.
75　Boesak, "To stand where God stands," 160.

한국 교회는 개혁주의와 신조들을 이론적으로는 믿고 찬양하지만, 그 속에 담긴 내용을 실천으로 옮기지 않고 악을 방치하고 조장했던 DRC와 유사한 형편에 있지 않은지 점검해야 한다. 그렇다고 실천의 부족과 부재를 극복하려고, URCSA처럼 무분별한 일치와 화해를 시도하는 것도 금물이다. 최근 URCSA의 남부노회(2018)는 동성결혼과 성소수자들을 목회자로 허용했다.[76] 이것은 성경이 가르치는 교회의 참된 일치가 아니며, 그리스도의 화해 사역을 오용한 것으로서 하나님의 정의로운 심판을 초래한다.

BB의 통찰을 한국 교회에 적용하기 위한 마지막 질문은 다음과 같다.

> 현대 이슈를 다루는 새로운 신앙고백서가 필요하다면, 어떤 내용을 담고, 어떤 실제적인 목적을 위해 그리고 절차를 거쳐 만들어야 하는가?

아파르트헤이트와 같이 오랫동안 교회와 사회 전체에 영향을 미친 문제에 대해 교회는 성경과 교리에 입각하여 새로운 신앙고백을 통해 입장을 밝힐 수 있다. 새로운 신앙고백을 교회들에게 설명하고, 교회들의 의견을 수렴하고 동의하는 과정이 필요하다. 이때 새로운 신앙고백서는 전통적 신앙고백서를 벗어나거나 상반되지 않고 보완해야 한다.[77] 그리고 신앙고백이 성경의 정확한 지지를 받도록 특히 본문 주해에 힘써야 한다.

하나님 나라의 통전적 복음을 세상에 드러내려는 최근의 시도인 선교적 교회는 일치, 화해 그리고 회복적 정의를 균형 있게 다룰 수밖에 없다. 삼위 하나님의 구원과 선교에 참여하는 공공선교적이며 종말론적 교회의 존재 의의와 사명을 담아내는 신앙고백서가 요청되는 시대다.

---

76 https://en.wikipedia.org/wiki/Uniting_Reformed_Church_in_Southern_Africa (2020년 9월 17일 접속).

77 Jonker, "Die Moderne Belydenisbeweging in Suid-Afrika en Calvyn," 459.

제5장

신약성경에서 본 아크라신앙고백서[1]

들어가면서

전 세계는 경제 불평등의 심화와 생태계 파괴라는 큰 위기 앞에 놓여있다. 이 두 문제를 염두에 두고, 가나의 아크라(Accra)에서 열린 세계개혁교회연맹(이하 WARC) 제24차 총회(2004)는 총 4조 42항에 걸쳐 신앙고백서(The Accra Confession; 이하 AC)를 발표했다.[2] 이 문서가 '신앙고백서'라 불리는 이유는 실천과 행동 영역에 있어 기본적으로 교회적 합의에 호소하기 때문이다.[3]

AC는 신앙적 입장과 실천에 역점을 두기에(제15항 참고), 고전적인 교리적 신앙고백서와 다르다.[4] AC를 위한 사전 회의가 방콕(1999), 케이프타운(2001년 3월), 부다페스트(2001년 6월), 수스터베르허(2002) 그리고 부에노스아이레스(2003)에서 열렸다.[5] AC를 채택하기 훨씬 전인 1920년대부터, WARC는 산업화가 초래한 문제와 같은 사회 이슈를 다루었고, 불공정한 사회 체제를 극복하고 자원을 공유하여 협조하는 사회(cooperate society)를 제안한 바 있다.[6]

---

[1] 이 글은 『교회와 문화』 45 (2021), 118-45에 실렸다.
[2] 1982년에 A. A. Boesak이 의장으로 있던 WARC는 아파르트헤이트를 이단으로 규정했다. WARC에 107개국 218교파가 속해 있는데, 예장통합, 예장 백석, 남아공 DRC, URCSA, NHK, 헝가리개혁교회(HRC), 북미개혁교회(CRCNA), 미국개혁교회(RCA), 미국장로교회(PCUSA), 화란 PKN 등이다.
[3] H-W. Haase, "Theological Remarks on the Accra Confession," *HTS Teologiese Studies* 65/1 (2009), 1.
[4] P. J. Naudé, "What has Accra to do with New York?: An Analysis of Moral Discourse in the Accra Confession," *NGTT* 49/3-4 (2008), 207.
[5] A. Rust, "The Historical Context of the Accra Confession," *HTS Teologiese Studies* 65/1 (2009), 4-5.
[6] H. S. Kuo, "The Accra Confession as Dangerous Memory: Reformed Ecclesiology, the Ecological Crisis, and the Problem of Catholicity," *Religions* 11 (2020), 6.

AC는 제1조 서론(제1-4항), 제2조 시대의 징조를 읽으며(제5-14항), 제3조 경제 불의와 생태계 파괴에 대한 우리의 신앙고백(제15-36항), 제4조 정의를 위한 언약 맺기(제37-42항)로 구성되어 있다. AC의 본론은 중앙의 제15-36항으로 경제 정의와 생태계 보존에 초점을 모은다. 그동안 남아프리카공화국의 학자들은 AC에 가장 적극적으로 학적인 탐구를 수행해 왔다. 실제로 AC와 남아공 연합개혁교회(URCSA)의 벨하신앙고백서(die Belydenis van Belhar, 1982/1986; 이하 BB) 사이에 어휘와 내용 그리고 성경구절의 사용에서 유사점이 나타난다.[7] 그런데 아직까지 AC가 언급한 성경 본문이 이 고백서의 내용에 어느 정도 부합하는가에 대한 주석적 평가는 찾아볼 수 없다.

본 장은 AC에 대한 담론 분석, AC의 두 가지 신학적 강조점 분석, AC에 대한 성경적 평가 그리고 한국적 적용을 차례로 다룬다.

1. 아크라신앙고백서에 대한 담론 분석[8]

AC의 사고 흐름, 즉 사고 구조를 파악하기 위해, 한 단어가 3회 이상 등장하는 경우, 다양한 방식으로 표기하였다.

[제1조 서론]

1. WARC 제23차 총회(헝가리 데브레첸, 1997)는 1995년 키트웨(아프리카 잠비아)에서 열린 남부아프리카 교회들의 긴급요청에 응답하고, 날로 심화되는 *세계* 경제의 불의와 생태계 파괴에 대한 인식 속에 WARC 회원교회들이 경제 불의와 생태계 파괴에 대해 '인식하고, 배우고, 고백하는 고백신앙의 과정' 에 착수하도록 촉구했다. 개혁교회는 전 *세계* 형제자매들의 부르짖음과 하나님의 선물인 창조*세계*가 위협 아래 있음을 목도하면서, "내가 기뻐하는 금식은 흉악의 결박을 풀어 주며 멍에의 줄을 끌러 주며 압제 당하는 자를 자유하

---

[7] AC는 인권을 다룬 BB를 보완하여, 경제와 생태 정의로 확장한다. Naudé, "What has Accra to do with New York?" 206; Kuo, "The Accra Confession as Dangerous Memory," 7.

[8] 이 글의 한글 번역본은 박성원의 "아크라신앙고백 한글 번역" (https://blog.naver.com/seoyc24/61068990; 2020년 10월 2일 접속)을 약간 수정했다.

게 하며 모든 멍에를 꺾는 것이 아니겠느냐?"(사 58:6)를 함께 묵상했다.

2. 데브레첸 총회 이후 아홉 회원교회가 이 부름에 응답하여 *신앙*적 입장을 천명했다. 몇몇 교회들은 언약에 참여하려는 준비 과정에 있으며, 어떤 교회들은 연구 중에, 어떤 교회들은 극심한 위기 상황을 인식하기에 이르고 있다. WARC는 더 나아가 *세계*교회협의회(이하 WCC), *세계*루터교연맹(이하 LWF) 등과 함께 1995년 서울/방콕에서 열린 심포지엄을 시작으로, 2004년 미국 스토니 포인트에 이르기까지 *세계* 곳곳에서 고백신앙 과정의 일환으로 신학협의회를 개최했다. 이에 덧붙여 2003년에는 부에노스아이레스에서 WARC 남반구 교회들이 그리고 2004년에는 런던-코니에서 남·북반구 교회들이 모여 협의회를 가졌다.

3. 우리는 가나의 아크라에서 총회를 열면서 수백만 명의 아프리카 형제자매들이 수용되었다가 노예로 팔려가서 참혹한 죽음에 이르게 한 엘미나와 케이프코스트노예 무역 현장을 방문했다. "다시는 이런 비극이 없도록 ……"라는 구호는 오늘날의 *경제*구조 속에서 계속되는 인신매매와 경제적 억압을 보면 완전히 거짓구호임이 드러나고 있다.

4. 오늘 우리는 이 상황 속에서 *신앙*적 결단을 하고자 한다.

[제2조 시대의 징조를 읽으며]

5. 우리는 하나님의 피조물이 계속해서 속박 속에서 탄식하며 구원을 갈망하고 있음을 듣고 있다(롬 8:22). 우리는 지금 전 *세계*의 고통 받는 민중과 상처받는 피조 *세계*의 탄식의 도전에 직면하고 있다. 우리는 지금 *세계*민중의 고통과 생태계에 가해진 상처가 중첩되는 극적 현실을 보고 있다.

6. 이 시대의 징조는 더욱더 경종을 울리는 지경에 이르고 있으며, 이 징조가 무엇을 의미하는지 명확히 해석되어야 한다. 생명에 대한 엄청난 위협의 근본원인은 무엇보다도 정치권력과 군사력의 비호 아래 전개되는 불의한 경제구조의 산물임이 분명하다. 경제구조는 이제 생사의 문제가 되고 있다.

7. 우리는 지금 모든 사람에게 생명을 주신 하나님의 부르심을 거역하는 부끄러운 *세계*에 살고 있다. 전 *세계* 1퍼센트의 부자들의 연간 수입은 57퍼센트의 가난한 자들의 연간 수입과 맞먹으며, 하루에 빈곤 및 영양실조와 관련하여 죽는 사람의 수가 연평균 2만 4천 명에 이른다. 가난한 나라의 외채는 끊

임없이 **원금**을 갚아나가는 상황 속에서도 계속 증가하고 있다. 여성과 어린이들이 **빈곤**층의 대다수를 차지하고 있고, 하루 1**달러** 이하의 생계비로 살아가는 절대**빈곤** 속에 *세계*인구도 계속 증가하고 있다.

8. ~~부국~~들의 무한 **경제**성장 정책과 다국적 기업의 **이윤**추구 극대화 지향이 생태계를 약탈하고 환경을 심각하게 손상시켰다. 1989년에는 하루에 한 종의 생물이 사라졌지만 2000년에는 시간당 한 종이 사라지고 있다. 황폐화의 결과는 기후변화, 어족의 고갈, 벌목, 토지의 부식, 물의 오염 등으로 나타나고 있다. 공동체는 파괴되고, 살림살이는 불가능하게 되고, 해안지역과 태평양 섬들은 침수될 위협을 받고 있고, 폭풍이 날로 증가하고 있다. 고농도의 방사능 방출이 건강과 생태계를 위협하고 있다. 생명의 구조와 문화적 지식이 **경제**적 **이윤**추구를 위해 특허화되고 있다.

9. 이 위기는 다음과 같은 *신념* 위에 서 있는 ~~신자유주의~~ 경제*세계*화의 진행과 직접적으로 관련이 있다.

- 무한경쟁, 소비주의, 무한 경제성장, **부**의 무제한 축적이 전 *세계*를 위해 제일 좋은 방안이다.
- 사유**재산**권은 사회적 의무를 가지지 않는다.
- **자본**투기, *시장*의 자유화와 탈규제화, 공기업과 국가자원의 민영화, 규제 없는 외국**자본**의 투기와 **수입**, 낮은 세율, 통제 받지 않는 **자본**의 자유이동 등이 모든 사람의 **부**를 성취하게 할 것이다.
- 사회적 의무, **가난**한 자와 사회적 약자의 보호, 노조, 사람들의 관계성 등은 **경제**성장과 **자본**축적의 과정에 부수적이다.

10. ~~신자유주의~~는 **가난**한 자와 자연으로부터 끊임없는 희생을 강요하며, 이것 외에는 대안이 없다고 강변하는 이념이다. 이것은 **경제**가 생명 위에 주권을 행사하며 우상 숭배에 이르게 하는 절대충성을 강요하면서, 부와 번영의 창조가 세상의 구원의 길이라고 주장하는 거짓 약속이다.

11. 우리는 이 문제가 간단하지 않고 아주 복잡한 것임을 잘 알고 있다. 우리는 단순한 해답을 추구하지는 않는다. 힘없이 고통 받는 자들의 눈을 통해 *세상*을 보려는 진리와 정의의 구도자로서 현 *세계*의 질서(혹은 무질서)가 제국의 극도로 복잡하고 비도덕적인 **경제**구조에 기인한다고 보고 있다. 우리가 말하는 '제국'이란 강대국이 자신의 **이익**을 보호하고 방어하기 위해 구성한 지

배구조의 *경제*적, 문화적, 정치적, 군사적 권력의 총체적 집합을 의미한다.

12. 고전적 자유주의 *경제*에서 국가는 *시장*경쟁에서 사유재산과 언약을 보호하기 위해 존재했다. 그 후 국가는 노동운동 투쟁을 통해 *시장*을 규제하고 국민의 복지를 위해 봉사하게 되었다. 그러나 1980년대부터 자본의 이동이 초국가화하면서 신자유주의가 국가의 복지기능을 해체하기 시작했다. 신자유주의 아래에서는 다수의 사람들을 *경제* 활동에서 제외하고 자연은 물자화하는 반면, 생산기업과 금융자본의 소유자들에게는 최대 이윤이 돌아가게 하는 것이 *경제* 목적이 되어버렸다.

13. *시장*이 *세계화*되면서 그들을 보호하는 정치적 법적 기구들도 *세계화*되었다. 미국과 그 동맹국들의 정부는 국제금융기관들(IMF, WTO)과 함께 정치적·*경제*적·군사적 협조를 하면서 자본가들의 이윤을 더욱 증대시키고 있다.

14. 우리는 *경제 세계화*와 국제정치 상황이 신자유주의 지원을 받으며 결합하여, 오늘의 *경제* 위기를 극도로 심화시키고 있음을 본다. 이것이 가진 자들의 이익을 보호하고 방어하는 현재의 *세계*체제이다. 우리 모두는 이 체제의 영향을 받고 있고 이 체제 아래 잡혀 있다. 성경적으로 볼 때 가난한 자를 희생시켜 이루는 부의 축적 구조는 하나님 보시기에 옳지 못하며, 예방할 수 있는 인간의 고통을 가중시키는 책임을 면치 못하며, 바로 이것이 맘몬에 해당한다. 예수님은 우리에게 "하나님과 맘몬을 겸하여 섬기지 못한다."(눅 16:13)고 말씀하셨다.

[제3조 *경제* 불의와 생태계 파괴에 대한 우리의 *신앙고백*]
15. *신앙*적 서약은 각 지역의 신학적 전통에 따라 하나님의 언약에 대한 신실함의 고백으로써 (개념에 무게중심을 둔) *신앙고백*, (행동에 무게중심을 둔) *신앙고백 행위*, *신앙*적 입장 등 다양한 방법으로 표현될 수 있다. 우리는 여기에서 *신앙고백*을 택했다. 그러나 이것이 전통적인 교리적 *신앙고백*을 의미하지는 않는다. 왜냐하면, WARC의 행동은 교리적 *신앙고백* 채택이 아니라 현 시대의 도전에 대한 적극적 응답의 필요와 긴박성을 보여주기 위함이며, 데브레첸 총회의 부름에 대한 응답이기 때문이다. 우리는 이제 모든 회원교회들이 우리의 공동증언을 수용하고 화답하도록 초청한다.

16. **WARC** 총회는 개혁전통과 시대의 징조가 가리키는데 따라, *세계경제 정의*가 하나님에 대한 우리의 *신앙*과 그리스도인의 제자 됨의 온전함과 불가분의 관계에 있음을 천명한다. 만약 우리가 ~~신자유주의~~ *경제세계화*의 현 구조에 대해 침묵하고 ~~행동~~하기를 거절한다면 우리의 *신앙*의 온전함이 위태롭게 된다고 우리는 믿는다. 그래서 우리는 이제 하나님 앞과 서로의 앞에 우리의 *신앙을 고백한다*.

17. 우리는 하나님께서 모든 생명의 창조주이시며 보존자이시며, 우리를 *세계*의 창조와 구원의 동반자로 부르시고 계심을 믿는다. 우리는 모두가 생명의 풍성함을 누리도록 예수 그리스도께서 오셨다는 약속 아래 살고 있다(요 10:10). 우리는 성령의 인도와 후원을 받으며 이 *세계*의 현실과 마주한다.

18. 우리는 하나님께서 모든 창조*세계*의 주권을 가지고 계심을 믿는다. "땅과 거기에 충만한 것과 *세계*와 그 중에 거하는 자가 다 여호와의 것이로다."(시 24:1).

19. 그러므로 우리는 ~~신자유주의~~ **자본**주의와 절대적 계획*경제*를 포함하여 그 *경제*구조가 어떤 형태를 띠든지 간에, **가난**한 자와 연약한 자 그리고 모든 피조물이 풍성한 생명을 누리지 못하도록 제외시킴으로써 그들과 언약을 맺으신 하나님에게 도전하는 현 *세계*의 *경제* 질서를 거부한다. 우리는 생명에 대한 하나님의 주권을 뒤엎고 하나님의 공의로우신 통치에 적대적 행위를 하는 모든 경제적, 정치적, 군사적 제국을 거부한다.

20. 우리는 하나님께서 모든 피조물과 언약을 맺으셨음을 믿는다(창 9:8-12). 하나님은 이 *세상*을 정의와 평화의 비전을 가지고 창조하셨다. 언약은 *시장*에서 사고 팔 수 없는 은총의 선물이다(사 55:1). 그것은 모든 피조물의 삶을 위해 주신 은총의 *경제*이다. 예수님은 이것이 가난한 자, 소외된 자를 우선적 언약동반자로 삼으시고 맺는 포괄적 언약임을 보여주셨고, 우리로 하여금 '가장 작은 자'를 위한 정의를 생명공동체의 중심에 두도록 부르신다(마 25:40).

21. 그러므로 우리는 ~~신자유주의~~ *세계시장* 구조의 광포한 ~~소비주의~~와 경쟁적 ~~탐욕~~과 이기적 속성의 문화와 그 구조가 어떤 것이든 이것 외에는 대안이 없다고 주장하는 체제를 거부한다.

22. 우리는 우리의 삶을 보존하게 하기 위해 하나님께서 언약을 맺으시고 베푸시는 생명을 위한 살림의 *경제*가 하나님의 생각과 부합됨을 믿는다. 우

리는 **경제**란 공동체에 속한 모든 사람들의 존엄과 복지를 위해 봉사하는 것이며, 그것은 창조*세계*가 유지되는 범위 안에 있어야 한다고 믿는다. 우리는 **맘몬**을 거부하고 하나님을 택하도록 부름 받고 있으며, 우리의 *신앙고백*은 하나님에 대한 복종의 행위임을 믿는다.

23. 그러므로 우리는 이미 수백만의 **생명**을 앗아가고 하나님의 창조세계의 많은 부분을 파멸로 이끈 탈규제된 부의 축적과 무한 성장을 거부한다.

24. 우리는 하나님은 **정의**의 하나님임을 믿는다. 부패와 착취와 탐욕의 세상 속에서 하나님은 특별한 방법으로 곤궁에 빠진 자, 가난한 자, 착취당하는 자, 부당하게 대우받는 자, 혹사당하는 자들의 하나님이 되심을 믿는다(시 146:7-9).

25. 그러므로 우리는 **이익**을 인간 앞에 먼저 두고, 모든 피조물을 더불어 돌보지 않으며, 모든 피조물을 위한 하나님의 선물을 사유화하는 어떤 **경제**체제나 이념도 거부한다. 우리는 이런 이념을 복음의 이름으로 지지하거나 저항하기를 거부하는 것을 정당화하는 가르침을 거부한다.

26. 우리는 하나님께서 우리로 하여금 불의의 희생자들 편에 서도록 부르심을 믿는다. 우리는 하나님께서 우리에게 정의를 행하고 인자를 사랑하고 겸손히 하나님과 함께 행하기를 바라고 계심을 안다(미 6:8). "**정의**를 물같이, **공의**를 마르지 않는 강같이 흐르게"(암 5:24) 하도록, 어떤 **경제** 불의와 환경 파괴도 거부하기 위해 일어서도록 우리는 하나님의 부름을 받고 있다.

27. 그러므로 우리는 하나님께서 오직 부자와 함께 하시고 **가난**은 **가난**한 자의 잘못이라고 주장하는 모든 신학을 거부한다. 우리는 성, 인종, 계층, 장애자, 계급을 가름으로써 올바른 관계를 해치는 모든 불의를 거부한다. 우리는 인간의 유익이 자연에 우선한다고 주장하는 모든 신학을 거부한다.

28. 우리는 하나님께서 우리에게 **가난**한 자의 부르짖음과 피조물의 신음소리를 듣고 모든 사람이 풍성한 **생명**을 누리게 하기 위해 오신 예수님(요 10:10)의 사회적 선교사명을 따르도록 부르심을 믿는다. 예수님은 압제당하는 자에게 **정의**를, 주린 자에게 먹을 것을 주시며, 포로 된 자에게 자유를, 눈먼 자에게 다시 보게 하시며(눅 4:18), 짓밟힘을 당하는 자, 나그네 된 자, 고아와 과부를 지원하고 보호하신다.

29. 그러므로 우리는 ~~교회~~의 <u>선교</u>에서 **가난**한 자를 돌보는 일과 창조*세계*를 돌봄을 <u>선교</u>에서 제외하고, 모든 사람에게 **생명**을 주시기 위해 오신 '선한 목자'(요 10:11)를 따르는 대신 '도둑질하고, 죽이고, 멸망시키려'(요 10:10) 오는 자들에게 위로를 주는 ~~교회~~의 가르침과 ~~행함~~을 모두 <u>거부한다</u>.

30. 우리는 모든 곳에서 남자와 여자, 어린이, 부자와 가난한 자를 부르시어 ~~교회~~의 하나 됨과 <u>선교</u>를 행하게 하여 <u>그리스도</u>와의 화해가 가시화되게 하심을 <u>믿는다</u>.

31. 그러므로 우리는 ~~교회~~의 삶에서 <u>정의</u>와 일치를 분리시키는 어떤 시도도 <u>거부한다</u>.

32. 우리는 <u>성령</u>께서 우리가 <u>그리스도</u>를 통하여 우리 안에 내재하고 있는 소망을 붙들도록 부르시고 계심을 <u>믿는다</u>. 우리는 끝내는 <u>정의</u>가 이기며 평화가 다스릴 것을 <u>믿는다</u>.

33. 우리는 하나님의 집에서 <u>경제</u>와 창조*세계*의 <u>정의</u>를 위한 <u>지구</u>적 <u>언약</u>을 추구하기로 서약한다.

34. 우리는 우리 자신도 다음과 같은 부족함으로 하나님의 <u>정의</u>의 심판대에 서게 될 것임을 알면서 이 소망을 겸손하게 <u>고백한다</u>.

- 우리는 아는 사이, 모르는 사이에 현 ~~신자유주의~~ *세계경제*구조에서 **이익**을 보고 있는 사람들의 복잡한 상황과 <u>죄</u>의식을 인식하고 있다. 우리는 이런 수혜자 가운데 ~~교회~~와 우리 개혁~~교회~~ 안의 가족들이 포함되어 있음을 알고 있다. 그러므로 우리는 이들이 <u>죄</u>를 <u>고백</u>할 것을 촉구한다.

- 우리는 우리 자신이 현 <u>경제</u>체제의 <u>소비주의</u>와 경쟁적 ~~탐욕~~, 이기주의 문화에 사로잡혀 있음을 알고 있다. 이것이 자주 우리의 영성까지 파고들고 있음을 알고 있다.[9]

- 우리는 창조*세계*를 오용한 <u>죄악</u>과 자연의 청지기와 친구로서의 역할을 행하지 못했음을 <u>고백한다</u>.

---

[9] 경제 선교를 위해서, 교회의 물신 숭배와 번영복음부터 회개해야 한다. 장윤재, "경제양극화 극복을 위한 화해의 선교: 교회의 공식문서에 나타난 신앙고백을 중심으로," 『대학과 선교』 31 (2016), 92.

- 우리는 개혁*교회* 안의 분열로 인하여 하나님의 *선교*를 온전하게 성취하지 못하게 한 *죄*를 *고백한다*.¹⁰

35. 우리는 비록 *세상* 권력과 인간의 법이 우리를 막고 징벌하며 그 결과로 고난이 따른다 할지라도, *교회*는 예수 그리스도에게 순종하여 *고백하고* 증언하고 *행동*하도록 *부름* 받았음을 *믿는다*.

36. 우리는 "권세 있는 자를 그 위에서 내리치셨고 비천한 자를 높이셨고 주리는 자를 좋은 것으로 배불리셨으며 *부자*는 빈손으로 보내신"(눅 1:52 이하) 창조주이시며 구속주이시며 성령이신 하나님을 함께 찬양한다.

[제4조 *정의*를 위한 언약 맺기]

37. 우리의 *신앙*을 함께 *고백*하면서 우리는 이제 하나님의 뜻에 순종하여 신실한 행함으로 서로 연대하고 상호 의무성을 지닌 관계를 맺는 *언약*을 맺는다. 이 *언약*은 우리를 서로 연결하여 *지구*적 차원과 지역적 차원에서의 ***경제정의***와 환경*정의*의 실현을 위해 함께 일하게 할 것이다.

38. 이 함께하는 *고백*의 여정에서, 어떤 *교회*들은 이미 *신앙고백* 속에 그들의 헌신을 천명하였다. 우리는 이 *교회*들이 그들의 *고백*을 이제 지역과 현장에서 구체적인 *행동*으로 옮기기를 바란다. 어떤 *교회*들은 *행동*을 취하면서 이미 이런 과정에 돌입한 *교회*들도 있다. 우리는 이 *교회*들이 교육과 *고백*과 *행동*을 통해 그런 *행동*을 더 심화시켜 나갈 것을 권유한다. 아직 인식의 차원에 머물러 있는 *교회*들은 우리의 상호 *언약*적 관계에 근거하여 교육을 심화하고 *고백*을 향해 전진하기를 *권유한다*.

39. 총회는 모든 회원 *교회*가 이 언약적 관계에 근거하여 이 *신앙고백*을 각 *교회*가 처한 상황 속에서 구체적으로 해석하는 어렵지만 예언적인 임무를 *수행*하도록 초청한다.

40. 총회는 모든 회원 *교회*가 사회 문제 위원회가 제안한 *경제 정의*와 생태계 *정의*를 위한 권고문을 따름으로써, 이 *신앙고백*을 *실천*하기를 권유한다.

---

10 제34항에서 빈국의 크리스천 지도자들의 경제적 착취라는 죄가 추가되어야 한다는 주장은 Naudé, "What has Accra to do with New York?" 210을 보라.

41. 총회는 WARC가 정의로운 경제, 창조세계의 온전함을 이루기 위해 다른 교파, 에큐메니컬공동체, 다른 신앙공동체, 시민 사회, 민중 운동과 함께 연대하여 일하는데 투신하기를 권유한다. 그리고 우리 회원 교회들도 그렇게 하도록 권유한다.

42. 이제 우리는 비장한 마음으로 경제와 창조세계를 변화시키고, 새롭게 하고, 회복하는 일을 하면서 우리 자신과 우리의 후손이 생명을 누리며 살도록(신 30:19), 생명을 택하는 일에 우리 자신, 우리 시간, 우리의 모든 힘을 바치기로 서약한다.

AC에 2회 이상 반복된 단어를 가리키는 표지(markers)는 총 36개에 달하는데, 이 신앙고백서는 많은 단어를 시종일관 반복한다.[11]

이 가운데 AC의 전반과 후반에 걸쳐 3회 이상 반복하여 등장하는 수직적 표지(vertical markers)는 총 19개인데, 등장 횟수가 많은 순서대로 소개하면 다음과 같다. 하나님, 예수, 그리스도, 여호와, 성령(1, 5, 7, 14[x3], 15, 16[x2], 17[x4], 18[x2], 19[x3], 20[x4], 22[x4], 23, 24[x4], 25, 26[x4], 27, 28[x3], 30, 32[x2], 33, 34[x2], 35[x2], 36[x2], 37; 총 51회), 세상, 세계, 세계화, 지구, 국제(1[x5], 2[x5], 5[x3], 7[x3], 9[x2], 11[x2], 13[x4], 14[x2], 15, 16[x3], 17, 18[x2], 19, 20, 21, 22, 23, 24, 29, 33[x2], 34[x2], 35, 37, 41[x2]; 총 48회), 고백신앙, 믿다, 고백하다, 고백, 신앙, 신념, 신앙고백(1[x2], 2[x2], 4, 9, 제3조 제목, 15[x9], 16[x4], 17, 20, 22[x3], 24[x2], 26, 28, 30, 32[x2], 34[x4], 35[x2], 37[x2], 38[x5], 39, 40; 총 47회), 교회, 신앙공동체(1[x5], 2[x9], 15[x2], 16, 29[x2], 30, 31, 34[x4], 35, 38[x6], 39[x2], 40, 41[x3]; 총 38회), 재산, 자본, 부, 맘몬, 이윤, 원금, 달러, 이익, 수입(7[x4], 8[x2], 9[x8], 10, 11, 12[x4], 13[x2], 14[x4], 19, 22, 23, 25, 34; 총 31회), 경제(3, 6, 8[x2], 9, 10, 11, 12[x3], 13, 14[x2], 제3조 제목, 16, 19[x4], 20, 22[x2], 25, 26, 33, 34[x2], 37, 40, 41, 42; 총 31회), 정의, 공의(11, 16, 19, 20[x2], 24, 26[x3], 28, 31, 32, 33, 34, 제4조 제목, 37[x2], 40[x2], 41; 총 20

---

11 이 글에서 별도로 표시하지 않은 2회만 반복된 표지는 총 11개이다. 멍에(1[x2]), 이제/지금(5[x2]), 위협(1, 6), 위기(2, 19), 거짓(3, 10), 징조(6[x2]), 소망(32, 34), 은총(20[x2]), 교육(38[x2]), 평화(20, 32), 압제(1, 28), 이 가운데 '평화'와 '압제'는 수직적 표지이다. 종합하면, 지금 (시대)의 징조인 멍에와 압제와 위기와 거짓은 교육, 은총, 소망, 평화로 (치유)되어야 한다.

회), **가난, 빈곤**(7[x5], 9, 10, 14, 19, 20, 24, 27[x2], 28, 29, 30; 총 16회), 언약(2, 12, 19, 20[x4], 22, 33, 제4조 제목, 37[x2], 38, 39; 총 14회), 행동, 행함, 행위, 실천, 수행(15[x3], 16, 22, 29, 35, 37, 38[x4], 39, 40; 총 14회), 생명(6, 7, 8, 17[x2], 19[x2], 22, 23, 26, 28, 29, 42[x2]; 총 14회), 거부한다(19[x2], 21, 22, 23, 25[x2], 26, 27[x3], 29, 31; 총 13회), 생태계를 위협, 생태계 파괴, 생태계에 가해진 상처, 생태계를 약탈, 환경 파괴. 환경 손상, 창조세계를 오용(1[x2], 5, 8[x3], 제3조 제목, 26, 34; 총 9회), 신자유주의(9, 10, 11[x2], 14, 16, 19, 21, 34; 총 9회), 경제적 억압, 경제적 불의, 불의한 경제구조(1[x2], 3, 6, 제3조 제목, 26; 총 6회), 부자, 자본가, 부국(7, 8, 12, 13, 27, 36; 총 6회), 고통, 고난(5[x2], 11, 14, 35; 총 5회), 부류(2, 7, 15, 22, 26, 35; 총 6회), 탐욕(21, 24, 34; 총 3회), 소비주의(9, 21, 34; 총 3회). 이상의 수직적 표지를 종합하면, 하나님께서는 부르신 **세계** 교회로 하여금 세상에 신자유주의 시장의 부자와 맘몬이 초래한 경제적 탐욕과 소비주의와 억압과 고통과 가난의 문제 그리고 생태계의 위협을 거부하고, 정의와 생명을 위한 믿음의 행동을 촉구하신다.[12]

　AC의 전반, 중반, 혹은 후반에만 3회 이상 반복하여 등장하는 수평적 표지(horizontal markers)는 총 6개인데 다음과 같다. 권유하다, 권고(38[x2], 40[x2], 41[x2]; 총 6회), 시장(9, 12[x2], 13, 20, 21; 총 6회), 선교(28, 29[x2], 30, 34; 총 5회), 죄, 죄악(34[x4]; 총 4회), 제국(11[2x], 19; 총 3회), 구원(5, 10, 17; 총 3회).

　이상의 수평적 표지를 종합하면, (하나님의) 선교에 (동참하도록) 권유(를 받은) 구원 받은 (교회)는 (신자유주의) 시장과 제국주의와 죄를 (거부해야 한다). 따라서, 수평적 표지는 수직적 표지를 약간 보완한다.[13]

12　AC가 신앙 지향적(faith-orientated) 행동을 강조한다는 주장은 Haase, "Theological Remarks on the Accra Confession," 1을 보라.
13　AC의 제국 은유는 설득력 있다는 주장은 Naudé, "What has Accra to do with New York?" 209를 보라.

2. 아크라신앙고백의 두 가지 신학적 강조점 분석

1) 신자유주의와 경제 정의

다른 신앙고백서처럼 AC는 하늘에서 갑자기 뚝 떨어졌거나, 진공 상태에서 발생한 신앙고백서가 아니다. WARC는 1970년대부터, 특히 제22차 서울 총회(1989) 이후로 경제 정의를 언약과 신앙의 문제로 여겨 집중적으로 다루었으며, 키트웨 총회(1995)에서는 BB를 참고하여 경제 정의를 논의했다.[14] WARC 케이프타운 회의(1999)에서 경제 정의를 개혁신학적으로 이해하기 위해, 칼빈(하나님은 착취 당하는 자들을 자유롭게 하시므로 가치 중립적 경제는 없음), 바르멘 선언(예수님이 모든 영역을 다스리시므로, 칭의와 성화는 예수님을 통해서만 가능함) 그리고 BB(정의의 하나님은 약자를 돌보심)를 연구했다.[15]

독일개혁교회(RCG)와 남아공연합개혁교회(URCSA)는 2005년에 WARC와 더불어 'Globalisation Project'를 가동하여, 제국주의를 거부하면서 '함께 다른 세상을 꿈꾸기'(Dreaming a Different World Together)를 선언했다.[16] 2010년에 미국 그랜드레피즈에서 WARC와 세계에큐메니컬협의회(World Ecumenical Council)가 통합하여, 세계개혁교회커뮤니온(World Communion of Reformed Churches; 이하 WCRC)을 발족했다. 당시, 양 기구의 통합 못지않게 경제 정의가 핵심 이슈였다.[17]

AC를 핵심 문서로 채택한 WCRC는 진보적 에큐메니컬 단체인 WCC, LWF 그리고 세계선교협의회(CWM) 등과 교류 중이다.[18] AC는 WCC 벤쿠

---

14   WCRC 회장을 지낸 J. Pillay, "The Accra Confession as a Response to Empire," *HTS Teologiese Studies* 74/4 (2018), 2; Rust, "The Historical Context of the Accra Confession," 1-2.

15   Rust, "The Historical Context of the Accra Confession," 4.

16   Pillay, "The Accra Confession as a Response to Empire," 4; A. A. Boesak and J. Weusmann and C. Amjad-Ali, "Dreaming a Different World: Globalisation and Justice for Humanity and the Earth-The Challenge of the Accra Confession for the Churches," Globalisation Project(2010). 참고로 북반구의 선진국인 독일의 개혁교회의 활동을 통해, AC가 남반구의 아프리카의 특정 상황에서 도출된 신앙고백서라는 주장은 재고될 필요가 있다. Contra Haase, "Theological Remarks on the Accra Confession," 2.

17   N. Botha and P. Maruping, "Reformed Christianity and the Confession of Accra: A Conversation about Unavoidable Questions in the Quest for Justice," *Studia Historiae Ecclesiasticae* 39/1 (2013), 157.

18   1977년에 WCC는 '정의, 참여, 지속 가능한 사회'라는 프로그램을 출범했다. Rust, "The

버회의(1983)와 캔버라회의(1991)가 정의와 평화와 환경에 대해 상호 헌신(언약)을 촉구한 것에 대한 하나의 반응이며,[19] WCC(2006)는 '아가페문서'(the AGAPE Document)를 통해 신자유주의 세계경제체계를 비판한 바 있다.[20] WCRC는 교제(communion)가 우선 공예배에서, 그 다음 같은 신앙(예. AC)을 고백하는 공교회(예. WCRC) 안에서 경험된다고 인정하면서, 약자를 이해하여 연대함으로써 더 깊은 정의를 실천하는 데까지 나아가려 한다. 그리고 WCRC는 예수님께서 경제·사회·정치·종교적 제국주의를 거부하셨듯이, 교회는 경제 정의·성(gender) 정의를 허무는 현대 제국주의에 맞서야 한다고 주장한다.[21] 그러나 예수님은 반제국주의적 투쟁에 헌신한 분이라기보다 사탄을 대적하시며, 악의 세력이 역사하는 제국주의와 불의를 간과하지 않으셨다고 보는 게 정당하다.

WARC가 참고한 칼빈은 "정부는 한쪽 사람들의 희생으로 다른 사람이 부를 획득하지 못하도록 막아야 하며, 사회공동체의 공익을 위하여 부의 혜택이 골고루 나누어져야 된다고 보며 정부의 책임과 기능을 강조한다"(참고. 그리스도인의 삶의 요체인 자기 부인의 열매인 이웃 사랑[『기독교 강요』 3.7.5]).[22]

그런데 AC에 의하면, 제국은 집중된 권력이므로(제11항) 권력은 여전히 제국을 작동하는 원리인데, 무엇보다 자본의 유통 방식과 경로를 파악하면 제국 이후의 제국주의(a post-imperial imperialism) 시대에 제국이 무엇인지 알 수 있다.[23] 하지만, 독일개혁연맹(RAG)과 화란개신교회(PKN)는 이런 제국 개념이 일방적이고 단순화시킨 것이라고 반대했다.[24]

이런 비판을 염두에 두면, AC에 제국의 영적이며 신앙적 측면이 보완될 필

Historical Context of the Accra Confession," 1.
19 Naudé, "What has Accra to do with New York?" 206.
20 D. E. de Villiers, "Do the Prophetic and Reformist Approaches in Christian Ethics exclude One Another?: A Responsibility Ethics Attempt at Reconciliation," In die Skriflig 46/1 (2012), 1.
21 Pillay, "The Accra Confession as a Response to Empire," 5-6.
22 칼빈 in 정미현, "칼빈 없는 칼빈주의와 자본주의?: 개혁신앙에 근거한 사회-경제 윤리," 『신학논단』 55 (2009), 114에서 재인용.
23 M. Wasserloos-Strunk, "The Concept of Empire as a Stumbling Stone: Aspects of an Ecumenical Discussion on the Theme of Empire," HTS Teologiese Studies 65/1 (2009), 2.
24 Wasserloos-Strunk, "The Concept of Empire as a Stumbling Stone," 3.

요가 있다. 예수님께서 최우선적으로 거부하신 제국적 요소는 경제 부정의가 아니라, 사탄과 죄와 죽음이기 때문이다. 경제 부정의는 인간의 타락과 범죄에서 나온 결과와 현상이기에, 그 근원에 있는 타락과 죄성에 대한 성찰이 AC에 부족하다. 이와 관련하여, AC 채택 전후로 WARC의 여러 회의가 아프리카에서 개최되었지만, 신자유시장경제의 맘몬주의를 강하게 질타하는 만큼, 후식민지 시대에 경제 부정의를 심화시킨 아프리카 정부의 부정부패와 죄성에 대한 비판은 보기 어렵다.[25]

신자유주의(제9, 12항)는 순기능이 없고 역기능뿐이라고 주장한다면 환원주의적 편견에 사로잡힌 견해가 된다. 그리고 AC는 정의로운 경제 질서에 대해 구체적으로 대안을 제시하지 못하며, 사회주의 경제체제를 지지하는 뉘앙스는 적지 않다.[26]

AC가 제11항에서 신자유경제체계의 복잡한 현상에 대한 쉽고 단순한 해결책을 제시하지 않는다고 밝히므로, 그 체계의 장단점을 분석하여 균형 있게 제시해야 했다. 이런 이유로, 신자유주의 시장경제체제가 모든 경제 불평등을 유발하는 요인이라는 AC의 주장에 동의하지 않는 회원교회도 있다.[27] 물론, 현 경제 무역체계의 유익에서 빈국이 배제되지 않는 공정한 체계를 구축하고, 세계 무역의 이익을 과거 식민주의의 피해에서 여전히 벗어나지 못한 빈국에 환원하는 제도가 필요하다.[28]

2) 생태 위기와 환경 보존

오늘날 생태 위기는 인류가 직면한 최대 위기 중 하나이다. 물론, 수백 년 전의 신앙고백은 생태 위기를 다룰 필요가 없었다. AC 이전에, 세계동방정교회의 총대주교 데메트리오 1세는 환경 보호에 관한 서신을 발송했으며(1989) 그의 후계자 바돌로매 1세는 '녹색 총대주교'(the Green Patriarch)라 불렸고, 교

---

25 참고. '아크라신앙고백서'(Accra belydenis) 대신 '아크라 선언'(Accra Verklaring)이라 명명하는 J. Rossouw, "'N Kritiese Beskouing van die Accra-Verklaring," *Tydskrif vir Geesteswetenskappe* 47/2 (2007), 260.
26 Haase, "Theological Remarks on the Accra Confession," 2.
27 Haase, "Theological Remarks on the Accra Confession," 2.
28 Naudé, "What has Accra to do with New York?" 214-15.

황 요한 바오로 2세(1990)와 프란시스 교황(2015)은 생태 보존에 대해 사목편지(encyclical)를 발표했고,[29] UN은 기후 변화에 맞서 지구정상회의를 열고 (1992) 파리기후협약서(2015)를 채택했지만 미국과 중국의 비협조로 난항을 겪고 있으며, LWF 역시 경제와 생태 주제를 다루었다(2000).[30]

그런데 AC는 국제기구와 각 나라가 생태 보존을 위해 노력하고 있는 긍정적 측면을 언급하지 않는다. 더욱이 세계 교회가 생태 위기의 엄중함을 경고하고 천명하더라도, 세계 기구나 세속 정부가 동의하거나 수용하지 않을 수 있다. 하지만, 생태계 보존에서 생태계를 인간의 가치와 동등하게 보는 것은 비성경적이다.

3) 요약

AC는 경제 불평등과 생태 위기를 오늘날 그리스도인의 신앙에 있어 최대의 문제로 간주한다. 이런 이해는 논란의 여지가 있다. 정의 실천을 선지자적으로 권고하는 AC 제40항의 설명에도 불구하고, AC는 경제와 환경 부정의를 극복하기 위한 점진적이고 개혁적이며 구체적인 대안을 제시하지 못한 한계가 있다.[31] 예를 들어, 기독 실업인이 갖추어야 할 기독교 경영과 사업 윤리에 관한 지침을 담아내었으면 더 설득력이 있을 것이다.[32]

인간의 구원을 최고 우선순위에 두면서 생태 보존을 포함하는 하나님의 선교(missio Dei)와 만유의 재 창조자이신 예수님 중심적 생태신학은 AC가 강조

---

29 참고로 1891년에 교황 레오 13세는 정의로운 교회를 넘어 정의로운 사회에 대해 사목편지를 보냈다. W. Fourie, "Can Christian Ethics be used to engage Business?: A (South) African Consideration," *Acta Theologica* 32/1 (2012), 49.

30 Kuo, "The Accra Confession as Dangerous Memory," 1-3; C. J. P. Niemandt, "Ecodomy in Mission: The Ecological Crisis in the Light of Recent Ecumenical Statements," *Verbum et Ecclesia* 36/3 (2015), 1.

31 경제 정의를 위해 희년 정신에 따라 '빚 탕감 운동'(몬 1:10-19)을 제안한 경우는 장윤재, "경제양극화 극복을 위한 화해의 선교," 99-100을 보라. 참고로 2001년에 독일복음주의 교회(ECG)는 글로벌 경제에 대해 배타적인 예언적 입장이 아니라 포용적이며 개혁적 입장을 밝혔다. 참고. De Villiers, "Do the Prophetic and Reformist Approaches in Christian Ethics exclude One Another?" 1.

32 Fourie, "Can Christian Ethics be used to engage Business?" 54-57.

하는 생태 정의를 구현하는 이론과 실재를 제공할 수 있다.[33] 하지만, AC는 공공신학과 선교적 교회의 통찰을 활용하는 데도 부족하다고 볼 수 있다.

3. 성경에서 본 아크라신앙고백

적지 않은 분량에 비해 AC가 언급하는 성경 구절은 총 17개에 그치며, 언급 횟수는 총 19회다. 이 신앙고백서의 성경 사용은 아래 표와 같이 요약된다.

	구약	신약
제1조 서론(1-4항)	사 58:6(1개)	없음
제2조 시대의 징조를 읽으며 (5-14항)	없음	눅 16:13; 롬 8:22(2개)
제3조 경제 불의와 생태계 파괴에 대한 우리의 신앙고백 (15-36항)[34]	창 9:8-12; 시 24:1; 146:7-9; 사 55:1; 암 5:24; 미 6:8(6개)	마 25:40; 눅 1:52 이하; 4:18; 요 10:10[x3], 11(5개; 7회)
제4조 정의를 위한 언약 맺기 (37-42항)	신 30:19(1개)	없음
종합	총 8개	총 9개(11회)

1) 제1조 서론(제1-4항)

AC는 WARC(제1-2항), 노예(제3항), 현 세상(제4항)의 이야기로 시작한다. 그러므로 AC는 성경이 아니라 상황을 출발점으로 삼는다. 참고로 제39항은 현 상황에 대한 선지자적 목소리를 낸다고 밝힌다. 그리고 제42항은 구약 선지자들이 예언의 후반부에서 강조한 이상적인 회복과 유사한 내용을 천명한다. 따라서, AC는 전반적으로 현 상황에 대한 선지자적 목소리를 강조한다.

그런데 AC는 성경을 종종 인용함으로써 하나님의 이야기를 들려준다.[35]

---

33 Niemandt, "Ecodomy in Mission," 2, 7.
34 제17-35항이 AC의 핵심 내용이다.
35 Naudé, "What has Accra to do with New York?" 209.

이사야 58장 6절은 신자유주의 시장경제라는 제국의 속박으로부터의 해방을 염두에 둔 구절인가?

이사야 58장의 문맥은 이스라엘이 하나님과 맺은 언약적 관계는 그들의 윤리적 행동으로 나타나야 함을 교훈한다.[36] 이사야는 경제 불평등이라는 하나의 문제를 사회적으로 분석한 선지자가 아니다. 이스라엘의 경제 불평등은 그들이 언약적 관계에 신실하지 못한 하나의 외적 증상이다. 성경 본문은 사회·경제적 상황을 고려하여 주해해야 하지만, 그것이 전부인 것처럼 과장한다면 경제 이데올로기적 해석이라는 환원주의에 빠진다.[37] AC 제1조는 사 58장 6절을 통해 언약의 특성을 밝힌다. 그러나 그 구절은 신자유주의와 맘몬이라는 불의한 제국과는 직접적으로 연결되지 않는다.

2) 제2조 시대의 징조를 읽으며 (제5-14항)

불의한 청지기 비유의 결론 구절인 누가복음 16장 13절은 하나님과 재물을 겸하여 섬길 수 없다는 말씀이다. 예수님은 맘몬 숭배를 경계하신다. 그런데 AC가 신자유주의 시장경제체제 자체를 맘몬 우상 숭배라고 일방적으로 단정하는 것은 논란의 여지가 있다.

미래의 구원과 소망을 다루는 문맥에 속한 로마서 8장 22절은 모든 피조물이 이제까지 탄식하고 고통을 겪고 있다고 밝힌다. 사도 바울 당시의 로마제국 황제들은 수많은 정복 전쟁을 통해 자연을 파괴했고, 스스로 황금시대를 다시 열 존재로 과대 선전했지만, 오직 예수 그리스도를 통해서만 피조물의 구원과 회복이 가능하다.[38]

그리스도의 나라와 예수님은 로마제국과 황제와 선명히 대조된다. 오늘날도 인간의 범죄 가운데, 무한 경제개발과 탐욕이 생태계를 파괴하고 있음은 부인할 수 없는 사실이다.

제2조의 제목은 마태복음 16장 3절의 '시대의 표적'(the signs of the times)을

---

36 J. N. Oswalt, 『이사야』 (*Isaiah*), 장세훈·김홍련 역 (서울: 성서유니온선교회, 2007), 837.
37 De Villiers, "Do the Prophetic and Reformist Approaches in Christian Ethics exclude One Another?" 3.
38 R. N. Longenecker, *The Epistle to the Romans* (Grand Rapids: Eerdmans, 2016), 724-25.

분별하지 못하는 바리새인들을 책망한 데서 나온 표현인데, AC는 이 구절을 인용하지 않는다. 그리고 세례 요한의 설교인 누가복음 3장 11절의 하나님 나라의 원칙 안에서 시행해야 하는 구체적인 사회 윤리가 언급되었다면, AC의 주장은 설득력을 더 가질 수 있었을 것이다.[39]

3) 제3조 경제 불의와 생태계 파괴에 대한 우리의 신앙고백(제15-36항)

창세기 9장 8-12절은 하나님께서 세상을 보존하시려는 영원한 언약에 대한 내용이다. 여기서 문맥이 중요한데, 창세기 9장 1, 7절의 문화명령 후에 세상 보존 언약이 등장한다. 노아 때 홍수가 질서가 있던 창조 세계의 타락과 혼돈을 초래했다면, 문화명령은 타락 이전 에덴의 상태로 회복되는 것과 같다.[40] 그리스도인이 문화명령을 수행할 때, 생태계를 마음대로 훼손할 수 없다. 창조 세계를 보존하시는 하나님의 사역에 그분의 백성은 적극 동참해야 한다.

노아 언약의 연장선상에서 자연스럽게 이해할 수 있는 시편 24편 1절에서 다윗은 땅과 거기 충만한 모든 것과 온 세계는 피조 세계에 대해 주권을 가지고 계시며 영광을 받으시기 합당하신 여호와의 것임을 선언한다.[41] 그러나 이 구절은 노아 언약은 물론이거니와, 다윗 언약이라는 더 가까운 문맥 안에서 먼저 해석해야 한다.

할렐시편인 시편 146편 7-9절은 억눌린 자에게 정의를, 주린 자에게 양식을, 갇힌 자에게 자유를, 맹인에게 시력을, 비굴한 자에게는 일어섬을, 의인에게는 사랑을, 나그네에게는 보호를, 고아와 과부에게는 붙들어줌을, 악인들에게는 굽은 길을 주시는 하나님을 찬양한다. 창조주 하나님은 사랑과 정의로써 섭리주로서 신실하게 역사하시는데(참고. 시 146:6),[42] 이것은 예수님의 나사렛 취임 설교에도 나타난다(참고. 눅 4:18).

---

39 Haase, "Theological Remarks on the Accra Confession," 2.
40 J. H. Walton, *Genesis* (Grand Rapids: Zondervan, 2001), 344.
41 A. P. Ross, 『예배와 영성: 앨런 로스의 시편 강해를 위한 주석 I』(*A Commentary on the Psalms*) 정옥배 역 (서울: 도서출판 디모데, 2015), 637-38.
42 참고. W. A. VanGemeren, *Psalms* (Grand Rapids: Zondervan, 2008), 995.

이와 유사한 맥락에서, 이사야 55장 1절에서 이사야는 목마른 자는 물을, 돈 없는 자는 값없이 포도주와 젖을 사라고 선언한다. 여호와의 고난당하는 종의 사역을 통하여 여호와의 신부와 신부가 거주할 도시가 회복될 것이며(사 53-54), 다윗의 후손 메시아를 통하여 다윗 언약이 온 세상에 성취되면 신부의 육적, 영적 필요가 통전적으로 충족될 것이다(사 55:1-3, 5).[43]

이사야 55장 1절이 하나님의 언약적 사랑에 방점을 둔다면, 아모스 5장 24절은 언약 백성들 안에서 정의를 물 같이, 공의를 마르지 않는 강 같이 흐르게 하라고 명령한다. 하나님은 이방 나라들 속에서 이스라엘 백성이 갖추어야 할 구별된 삶의 표지인 정의의 실천을 요구하시는데, 정의가 사라진 종교적 행위들은 거부 대상이다(암 5:21-23).[44] 언약 맥락에서 이해해야 하는 이사야 55장 1절과 아모스 5장 24절을 종합한 미가 6장 8절은 주 하나님께서 (모세 때부터 계속) 보이고 요구하시는 종교적 열성이 아니라(미 6:6-7; 참고. 삼상 15:22; 호 6:6), 언약 백성들 간에 정의를 행하고 인자(헤세드, 언약적 신실함)를 사랑하고 겸손히 하나님과 함께 행하는 것이라고 밝힌다(참고. 출 20-23; 신 6:5; 10:12; 호 12:6).[45] 종합하면, 노아 언약과 다윗 언약을 성취하시는 하나님은 이스라엘과 열방에 사랑과 정의를 행하신다. 이런 따뜻한 회복적 정의는 하나님의 성품이자 속성에 기인하는데, 구약의 제사장 나라인 언약 백성이 그 속성을 닮아 실천해야 했다.

AC 제3조는 신약성경도 자주 인용한다. 마태복음 25장 40절은 지극히 작은 자에게 행한 것은 예수님 자신에게 행한 것이라고 최후 심판 맥락에서 강조한다. 천국에서는 사람 눈에 지극히 작게 보이는 사람도 존귀한데, 큰 자와 부자는 소자와 빈자에게 하나님을 대신하여 사랑의 도움을 베풀어야 한다. 누가복음 1장 52절 이하는 소자와 빈자인 10대 임신부 마리아의 찬송인데, 예수님이 성육하신 후에 이 세상에 임할 종말론적 역전을 강조한다.[46] 이런 역전은 예수님께서 건설하시는 천국의 새로운 질서다. 마리아가 예고한 새 질서에 맞추어, 누가복음 4장 18절은 예수님의 나사렛 회당 설교의 시작 본문인데, 포로된 자, 눈먼 자, 눌린 자를 자유케 하고 치료하시는 사역을 소개한다.

---

43 Oswalt, 『이사야』, 804.
44 G. V. Smith, *Hosea, Amos, Micah* (Grand Rapids: Zondervan, 2001), 325.
45 Smith, *Hosea, Amos, Micah*, 552-53.
46 P. G. Ryken, *Luke*, Volumes 1: Chapters 1-12 (Phillipsburg: P&R, 2009), 51.

AC가 3회나 인용하는 요한복음 10장 10절은 양들이 생명을 얻고 더 풍성히 하도록 오신 선한 목자이신 예수님을 소개한다. 예수님은 양떼의 생명을 보존하실 뿐 아니라, 그들의 생명을 새롭게 하셔서 새 창조의 은혜를 베푸신다.[47] 참고로 뒤따르는 요한복음 10장 11절에서 신적 정체성을 강조하는 "나는…이다"(Ἐγώ εἰμι)를 사용하면서, 예수님은 목숨을 버리셔서 양들에게 생명을 자발적으로 주신다고 밝힌다. 요한복음 10장 10-11절 역시, 하나님 나라의 종말론적 회복을 강조한다.

이상의 구절들을 종합하면, 예수님께서 도래하신 천국의 새로운 질서는 생명과 회복적 정의로 가득하다. 이 사실을 제3조에 언급된 구약 구절과 연결하면, 예수님은 노아 언약과 다윗 언약은 물론 여호와의 속성을 성취하신 분이시다. 그런데 이런 다양한 성경의 사용에도 불구하고, AC를 수용한 그리스도인들이 경제 및 환경 정의를 구현하기 위하여 어떤 행동을 취해야 하는가에 대한 실제적인 지침을 찾아보기 어렵다. 경제 정의는 공산주의 강령이나 정부의 개입과 강압으로 실현될 수 없다. 따라서, AC가 성령님의 역사를 따라 공동체의 협력과 상생을 강조하는 사도행전 2장 45절을 성경적 경제 정의의 근거로 제시하지 않은 것은 아쉽다.[48] 또한, 예수님께서 교회를 통하여 통일 즉 자신의 통치하에 두시는(ἀνακεφαλαιώσασθαι) 사역을 진행 중이라는 에베소서 1장 10절도 중요한 구절이다. 왜냐하면, 만유는 경제와 환경을 포괄하기 때문이다.

4) 제4조 정의를 위한 언약 맺기(제37-42항)

신명기 30장 19절은 출애굽한 이스라엘 백성이 생명과 사망과 복과 저주를 마음대로 선택할 수 있지만, 하나님은 그들과 그들의 자손이 살기 위해서 생명을 택할 것을 명하신다. 하나님의 구원계획에 따르면, 출애굽의 구원은 언약적 저주가 아니라 영원한 생명의 누림으로 이어져야 한다. 이스라엘 백성이 언약에

---

47 E. W. Klink III, *John* (Grand Rapids: Zondervan, 2016), 463.
48 Contra AC에는 그리스도의 영과 생명 신학 그리고 성경과 개혁주의 용어로 가득하다고 긍정적으로 평가하는 P. Sheerattan-Bisnauth, "Confessing Faith Together in the Economy: The Accra Confession and Covenanting for Justice Movement," *International Review of Mission* 97 (2008), 241; Botha and Maruping, "Reformed Christianity and the Confession of Accra," 159.

신실할 경우 언약의 목표인 생명의 복을 누린다.[49] 따라서, 신명기 30장 19-20절은 제4조의 언약과 연결되는 성경 본문인데, 특히 아브라함 언약의 성취를 다룬다. 하지만, 이 사실이 신명기 30장 19절과 경제 정의와 생태 정의를 직결할 수 있다는 것을 보증하지는 않는다. AC는 평화와 정의와 의를 언약 개념에서 도출하는데, '이 언약은 성경의 언약과 일치하는가' 라는 질문이 제기된다.

AC가 밝히는 언약은 공통적인 신앙의 재헌신을 가리키므로, 구약성경에 나타난 하나님과 그분의 백성 사이의 언약 갱신과 유사하다는 긍정적 평가도 있다.[50] 하지만, 성경에서 '언약'을 분명하게 설명하는 다른 구절들이 보완되고, 그런 언약들이 예수님에 의해 성취됨을 설명할 필요가 있다(예. 렘 31:31-33).

5) 요약

수천 년 전에 기록된 성경으로써 현대 이슈를 해결하는 것은 간단한 작업이 아니다. AC의 성경 사용은 어느 정도 적절하지만, 다음 이유들로 인해 아쉬운 점이 있다.

첫째, 언급된 성경 본문을 현대 경제와 생태 정의 그리고 제국과 직결하기에는 무리가 따른다.
둘째, 각 항에 더 적절한 성경 구절을 언급하지 않는 한계가 있다.
셋째, AC가 언급한 대부분 구약 구절은 예수님께서 성취하신 언약의 맥락에서 이해해야 하는데, AC에서는 그런 기독론적 언약의 성취가 확연하게 드러나지 않는 듯하다.
넷째, 다른 간본문들로 AC의 내용을 보완하여, 개혁신학의 특징인 예수님 중심의 회복적 정의와 그리스도 완결적 언약을 상술할 필요가 있다.

---

49 J. G. McConville, *Deuteronomy* (Nottingham: Apollos, 2002), 430.
50 Naudé, "What has Accra to do with New York?" 207.

나오면서: 한국적 적용

오늘날 개혁주의와 개혁교회의 정의와 범위가 다양하다. WARC는 적어도 보수적인 개혁교회 협의체라고 보기 어렵다.[51] 위에서 살핀 대로, AC는 경제 정의와 생태 정의를 매우 중요시한다. 이 두 이슈는 개혁교회가 풀어야 할 중요한 숙제라는 주장은 다음과 같다.

> 신자유주의의 모순과 허구성을 밝히고, 개발지상주의의 논리의 문제성을 지적하면서, 녹색 성장의 가치를 부각시키며, 하나님의 모습을 간접적으로 읽어낼 수 있는 자연과의 화해를 추구하는 생태공동체 운동과 한반도의 자주적 통일을 추구하는 평화공동체 운동과 양적 성장뿐 아니라, 질적 성장을 위한 비전을 갖고 각자의 삶의 자리에서 그것을 실현하기 위하여 부단히 노력하는 것은 분명 칼빈의 후예들의 몫이다.[52]

AC의 성경 인용은 역사적 정통 개혁주의의 특장(特長)인 예수님 중심 및 그리스도 완결적으로 보완되어야 한다. 또한, AC의 신학은 역사적 개혁신학과 어느 정도 거리감이 있다. 오늘날 BB의 지지자들처럼 WARC와 AC의 지지자들도 동성애를 인정하고, 성해방을 표방한다(참고. 2005년 자메이카에서 열린 WARC 주최 '여성과 AC세미나').[53] 이런 비성경적 주장은 AC와 BB의 작성 취지와 전제, 더 나아가 두 신앙고백서의 표면적인 내용이나 행간의 의미가 성경에 철저히 정초하지 못한 결과로 볼 여지를 남긴다.

---

51 Contra AC를 개혁주의에 충실하며 공정하고 정확한 칼빈주의적 문서라고 평가하는 D. J. Smit, "Covenanting for Justice?: On the Accra Document, Reformed Theology and Reformed Ecclesiology," *HTS Teologiese Studies* 65/1 (2009), 3-5.

52 정미현, "칼빈 없는 칼빈주의와 자본주의?" 132. 참고로 기독교윤리실천운동은 설립일인 1987년 12월 '행동지침'을 밝혔는데, 13항에 "국가 간의 경제적 정의가 이루어지도록 약소국에 대한 우리나라의 불의한 침해를 감시하며 약소국의 생산품을 많이 사용하도록 한다."라고 천명했다. 정병호, 『기윤실의 어제, 오늘 그리고 내일』 (서울: 도서출판기윤실, 2020), 66.

53 '여성과 AC 세미나'의 보고서는 사 61장과 눅 4:18을 인용한다. P. LenkaBula, "African Feminist Reflections on the Accra Confession," *Studia Historiae Ecclesiasticae* 32/2 (2006), 270; Sheerattan-Bisnauth, "Confessing Faith Together in the Economy," 243.

한국 전쟁 후 한국 자본주의는 미국 주도의 냉전자유주의, 즉 제3세계에서 민족주의와 사회주의의 영향력을 차단하고, 그에 맞서 '시장' 자본주의를 '방어적으로' 구축하려는 전략의 귀결이었다. … 87년 민주화와 97년 외환위기는 한국자본주의의 큰 전환점이었고, 과거의 반공자유주의는 약화되었으나 경제적 반공주의, 즉 신자유주의적 시장주의가 그 자리를 차지했다.[54]

이런 맥락의 연장선상에서 정부의 지원하에 재벌주도의 성장 정책, 산업재해로 사망하는 노동자들, 젊은이들의 열정 페이, 비정규직에게 닥치는 위험의 외주화 등은 경제 정의가 지속적으로 필요함을 일깨운다. 세계화 덕분에 급속도록 확산한 코로나19가 지난 40년간의 세계 경제를 지배해온 미국 중심의 신자유주의 체제와 경제 패권의 지형을 어떻게 바꿀지 그리고 자국우선주의와 탈세계화 혹은 새로운 국제적 연대의 가능성은 더 지켜보아야 한다.[55]

이런 차제에 빈부 격차가 심화되는 상황에서 공동선을 강화하기 위한 일환인 공공신학은 경제와 환경에 대한 심도 있는 논의를 포함해야 한다.[56] 이와 관련하여, 기본소득에 대한 논의가 기독교 안에서도 일어나고 있다.[57]

하나님의 사랑과 회복적 정의에 따른 경륜은 경제(economy)와 세상(oikoumene)에 구현되어야 한다. 이를 위해, 앞으로 신학자와 기독교 경제 및 생태학자의 협업이 요청된다.

---

54 김동춘, "한국형 신자유주의 기원으로서 반공자유주의: 반공국가, 발전국가와 신자유주의의 연속성," 『경제와 사회』 118 (2018), 257, 268.
55 세계화는 1978년 중국의 개혁개방정책 때부터 본격화했는데, 중국은 WTO에 가입한 2001년경부터 다국적 기업을 위한 세계의 공장이 되었다가 현재는 소비 대국이다. 이상만, "코로나-19의 정치경제와 위기의 신자유주의: 변증법적 사유," 『아시아연구』 23/2 (2020), 7, 11, 37.
56 참고로 지속 가능한 환경 개발과 글로벌 시장경제에 있어 약자와 이익의 재분배를 강조하는 남아공과 독일 신학자들(그리고 WCC, WARC, EKD) 간의 두 차례에 걸친 스텔렌보스 합의서(2010, 2013)는 in R. N. Davids, "An Assessment of Recent Ethical Discourses on Globalization: Comparing the Critique of Joseph Stiglitz on Global Capital with Ecumenical Globalization Debates on the Accra Declaration," (M.A. Thesis, University of the Western Cape, 2013), 127-29를 보라. 참고로 총 20항으로 구성된 스텔렌보스 합의서에 성경 언급은 요 10:10 뿐이다.
57 이병수, "기본소득과 가난한 자들에 대한 한국 교회의 관심과 선교," (코람데오닷컴 나의 주장, 2020년 6월 21일 기사).

마무리하는 말

　필자는 예수 그리스도를 중심으로 하는 개혁주의 성경해석에 공공선교신학을 접목하여 현대 이슈에 대해 근본적 해답과 해결 '방향'(方向)을 주로 제시해 보았다. 이슈와 관련 문제를 푸는 '방법'(方法)은 숙고하며 다차원적으로 찾아야 하기에 독자의 추후 과제로 남겨둔다. 이 책은 하나님 나라 신학을 간학제적으로 발전시키기 위해 애쓴 소품(小品)이다. 만족할 만한 작품을 빚어감은 독자의 몫이다.

　새로운 이슈가 등장하면 개혁주의 성경신학자는 공공선교신학자의 손을 잡고 답을 모색해야 할 것이다. 그런 과정을 통해 개혁신학은 개선되고 발전할 것이다. 그리고 성경신학은 조직신학, 역사신학, 철학신학, 기독교윤리학, 신조학, 실천신학, 기독교교육학, 기독교상담학 그리고 교회법학이 토대로 삼고 있는 성경적 근거를 검토하고 더 정확하게 제시하여 협력해야 한다.

　이런 협업은 왜 필요한가?

　생명의 말씀으로 개혁되는 교회가 수행하는 신학이라면 세상도 잘 섬김으로써 주님 나라로 변혁해야 하기 때문이다. 이를 위해 다음과 같은 것이 필요하다.

(1) '공공선교적 목회자'를 양성하려는 교회 지도자와 신학 교수의 확고한 의지
(2) 성경으로 시대 흐름과 그 흐름에 맞물린 여러 이슈 및 세부 사항을 진지하게 파악하여 방향과 방법을 제시하기 위한 노력
(3) 공공선교적 실천과 피드백 그리고 새로운 전략의 수립의 선순환[1]

1　프레토리아대학교의 Nel에 따르면, '공적 목회 지도자'는 새로운 상황에 대처하기 위해, 다

마지막으로 주제 서른 개를 탐구하는 동안 보람과 즐거움을 필자에게 부어 주신 교회의 주님이시며 만유의 머리이신 예수님을 전심으로 송영한다.

음 사항을 구비해야 한다. (1) 신학 훈련을 받는 동안 비평과 반성을 할 수 있어야 하고, (2) 해석학적이고 소통적인 능력을 함양하여 성경의 세계와 현재 세계를 연결할 수 있어야 하며, (3) 통전적 사고를 훈련함으로써 포괄적이고 역동적이며 지속적인 증언을 할 수 있어야 하고, (4) 개인적(참 그리스도인으로서의 인격)-학문적(전문 지식)-기술적(기교)-영적(신실함, 참여성)-목회적(책임성) 계발을 지속해야 한다. M. Nel, "Public Pastoral Leaders: The Purpose of Theological Training," *In die Skriflig* 39/3 (2005), 456-59. 첨언하면, 변질될 수 없는 그리스도의 복음과 그것의 원칙이 간학제적으로 연구되어 공적 영역에 쉽고도 설득력 있게 전달되어야 한다. 교회당 바깥에서 성경적 견해를 표방하고 실천하는 일은 목회자를 비롯한 모든 그리스도인의 임무다. 공적 복음을 지닌 성도는 사회 이슈에 무관심할 수 없고, 세상과 소통할 때 사랑과 교양을 제쳐둔 채 선동하지 않도록 조심해야 한다. 교회가 사랑과 정의로 충만한 하나님 나라의 제자도와 공공선교성(public-missionality)을 회복하지 못한다면, 한국 사회, 특히 정치의 후진성을 고착하거나 악화할 수 있음을 명심해야 한다. 공공선교적 교회는 광장의 지배 논리를 여유롭게 지배할 수 있는 하나님 나라의 '초월적 논리'와 '신념 있는 시민 교양'을 갖춘 공적이고 변혁적 공동체여야 한다. 이를 위해, 공공선교적 설교자는 그리스도인의 구체적 일상을 위한 구심점이요 인생에 있어 가장 심오한 진리인 코람데오 의식과 모든 실재의 기초가 되는 전체 그리스도(the whole Christ)를 마음에 무겁게 새겨야 한다. 참고. 이승구, 『광장의 신학』 (수원: 합신대학원출판부, 2010), 45-53, 98-99, 199-201; 천종호, 『천종호 판사의 하나님 나라와 공동선: 공적 광장에 선 기독교인의 소명』 (서울: 두란노, 2022), 128, 290, 394; O. Meyer, "Preaching from the Depth: Bonhoeffer and the Challenge of Contemporary Preaching," *Stellenbosch Theological Journal* 10/1 (2024), 5-9, 16. 해방신학을 긍정하면서, 글로벌 및 지역의 정치-사회-경제적 실재에 주의를 기울이는 노력을 지지하고, 자주 인간의 삶을 형성하거나 손상하는 사회-정치-영적 권세를 간파하도록 만드는 의식화 과정을 지지한 경우는 H. A. Snyder, "If N. T. Wright is Right, How then shall We do Theology?" *Asbury Journal* 78/1 (2023), 18을 보라.